Reise A–Z
SYD ▸ BNE
BNE ▸ CNS
CNS ▸ DRW
DRW ▸ ASP
ASP ▸ ADL
ADL ▸ MEL
MEL ▸ SYD
Tasmanien
Anhang

Veronika Pavel • Australien, Osten und Zentrum

Veronika Pavel

Australien

Osten und Zentrum

IMPRESSUM

Veronika Pavel

Australien Osten und Zentrum

erschienen im
REISE KNOW-HOW Verlag

Am Hamjebusch 29
D – 26655 Westerstede

3. Auflage 2007

ISBN-10: 3-89662-231-5
ISBN-13: 978-3-89662-231-0

Printed in Germany

Websites von REISE KNOW-HOW:
www.reisebuch.de • www.reise-know-how.de

Gestaltung u. Herstellung
Umschlagkonzept: M. Schömann, P. Rump
Realisierung Carsten C. Blind
Inhalt, Karten: H. Hermann / C. Blind / Elke Krauß
Druck: Wilhelm & Adam, Heusenstamm. Bindung: Keller, Fulda
Fotos: Bildnachweis s. Anhang S. 495

Dieses Buch ist erhältlich in jeder Buchhandlung in
Deutschland, Österreich, Schweiz, Niederlande und Belgien
Bitte informieren Sie Ihren Buchhändler über
folgende Bezugsadressen:
D: PROLIT GmbH, Postfach 9, 35461 Fernwald
sowie alle Barsortimente
CH: AVA-buch 2000, Postfach 27, 8910 Affoltern
A: Mohr Morawa Buchvertrieb GmbH, Postfach 260, 1101 Wien
NL und B: Willems Adventure, Postbus 403, 3140 AK Maassluis
Wer im Buchhandel trotzdem kein Glück hat, bekommt
unsere Bücher auch über unsere Büchershops im Internet (▶ s.o.)

Wir freuen uns über Kritik, Kommentare und Verbesserungsvorschläge.
Alle Informationen und Daten in diesem Buch sind mit größter Sorgfalt gesammelt und vom Lektorat des Verlags gewissenhaft bearbeitet und überprüft worden. Da inhaltliche und sachliche Fehler nicht ausgeschlossen werden können, erklärt der Verlag, dass alle Angaben im Sinne der Produkthaftung ohne Garantie erfolgen und dass Verlag wie Autor keinerlei Verantwortung und Haftung für inhaltliche und sachliche Fehler übernehmen.
Die Nennung von Firmen und ihren Produkten und ihre Reihenfolge sind als Beispiel ohne Wertung gegenüber anderen anzusehen. Qualitätsangaben sind rein subjektive Einschätzungen von Autorenseite.

Reiseziel Australien

„Australien ist wie eine offene Tür, hinter der tiefes Blau liegt. Man lässt die Welt hinter sich und betritt Australien."

D.H. Lawrence

Grenzenloses Outback, immergrüne Regenwälder, farbenprächtige Korallenriffe, pulsierende Metropolen, herzliche Gastfreundschaft – all das und vieles mehr bietet Australien. Dazu ist der fünfte Kontinent dank seiner unterschiedlichen Klimazonen ein Ganzjahres-Reiseziel mit perfekter touristischer Infrastruktur. Besonders wer individuell unterwegs sein will, sei es per Mietwagen oder Campmobil, sei es als Backpacker mit öffentlichen Verkehrsmitteln, findet ideale Bedingungen. Neue Flugrouten und -tarife haben außerdem dafür gesorgt, daß Australien heute leichter und günstiger erreichbar ist als noch vor wenigen Jahren.

Zur Konzeption dieses Buches

Dieser Reiseführer ist in erster Linie für Leser geschrieben, die „Down under" auf eigene Faust entdecken und erleben möchten. Er liefert nach einer Einführung zu Land und Leuten alle notwendigen Informationen für Planung, Vorbereitung und Durchführung einer Reise nach und durch Australien. Zahlreiche Tipps und Hinweise helfen, unnötige Ausgaben, Zeitverlust und Ärger zu vermeiden.

Der Aufbau des Reiseteils folgt einer Fahrtroute, die zunächst entlang der Ostküste von Sydney über Brisbane nach Cairns führt. Von dort geht es weiter nach Darwin, dann durch das „Rote Zentrum" und das südaustralische Outback nach Adelaide. Über die Great Ocean Road erreicht man Melbourne und nach einer Fahrt durch die „Australischen Alpen" die Hauptstadt Canberra, von der es zum Ausgangspunkt Sydney zurückgeht. Abstecher und Alternativstrecken ergänzen die Hauptroute. Kurze Sonderkapitel zu Tasmanien und Westaustralien vermitteln einen Eindruck von den in diesem Buch sonst nicht behandelten Regionen Australiens.

Für alle Strecken und die an ihnen liegenden Ortschaften und Sehenswürdigkeiten finden sich ausführliche Erläuterungen mit Hinweisen auf Aktivitäten (Wandern, Schwimmen, Surfen etc.) sowie Quartier-, Campingplatz- und Restaurantempfehlungen. Zahlreiche Internetadressen im laufenden Text erleichtern eine erweiterte Information über Städte, Regionen und Highlights. In über 20 Exkursen geht es um besonders interessante, typisch australische Themen und Hintergründe.

Im abschließenden Anhang stehen zusätzliche Internetseiten, eine Entfernungstabelle, ein Literaturverzeichnis und der Index zum raschen Auffinden von Orten und Begriffen.

Eine gute Reise wünscht Ihnen

Veronika Pavel

Schnellübersicht

Australiens wichtigste Touristen-Ziele / Städte / Nationalparks

INHALTSVERZEICHNIS

Alles weitere von A – Z

Teil II: Unterwegs in Australien

New South Wales (NSW)

Von Sydney nach Brisbane entlang der Küste

Queensland (QLD)

Von Brisbane nach Cairns

Allrad-erlebnis Cape York (QLD, s.S. 272)

Flussdurchquerungen, ausgewaschene Pisten und Aboriginal-Felszeichnungen machen die Geländewagentour zum nördlichsten Punkt Australiens zu einem Erlebnis.

Undara (QLD, s.S. 249)

Spektakuläre Lavatunnel und ein klarer Sternenhimmel warten im Outback von Queensland.

Lawn Hill National Park (QLD, s.S. 285)

Fernab der Touristenströme kann man im einsamen Lawn Hill National Park rote, tief eingeschnittene Schluchten per Kanu oder zu Fuß erkunden.

Kakadu National Park (NT, s.S. 301)

Aboriginalkultur, Krokodile, Wasserfälle und tropische Sumpf- und Savannenlandschaft sind die Höhepunkte des größten Nationalparks Australiens.

MacDonnell Ranges (NT, s.S. 326/334)

Felsformationen und Schluchten östlich und westlich von Alice Springs bilden besonders für Allradfahrer und Campingfreunde ein lohnendes Ziel.

Uluru Kata Tjuta National Park (NT, s.S. 331)

Der Ayers Rock ist das bekannteste geologische Phänomen Australiens. Aboriginal People vermitteln auf einer geführten Tour rund um den roten Felsen Einblicke in die Kultur der Ureinwohner.

Coober Pedy (SA, s.S. 342)

Vor allem Staub, Opale und Glücksritter findet man im skurrilen Outbackstädtchen Coober Pedy am Stuart Highway. Wer will, darf selbst nach Opalen suchen.

Arkaroola u. Flinders Ranges NP (SA, s.S. 355) Auf Wanderungen und Allradtouren in den ältesten Landschaftsformationen der Erde bieten sich immer wieder grandiose Ausblicke.

Kangaroo Island (SA, s.S. 377) Das Tierparadies Kangaroo Island südlich von Adelaide beherbergt u.a. Koalas, Schnabeltiere, Seelöwen und Kängurus.

Grampians National Park (VIC, s.S. 394) Wie eine Insel erheben sich die mächtigen Formationen der Grampians aus der flachen Umgebung. Im Nationalpark gibt es viele schöne Wanderwege und naturnahe Campingplätze.

Great Ocean Road (VIC, s.S. 401) Die Great Ocean Road passiert schroffe Steilküsten, vorgelagerte Felsmonolithen, einsame Sandstrände und bietet 280 km Fahrerlebnis

Melbourne (VIC, s.S. 421) Die Metropole Victorias beeindruckt mit einer Mischung aus alter und neuer Architektur.

Wilsons Promontory (VIC, s.S. 448) An der Südspitze des Kontinents wartet im bekanntesten Nationalpark Victorias ein ausgedehntes Wanderwegenetz.

Mount Buffalo National Park (VIC, s.S. 453) Dieser kleine Park in den »Alpen« Victorias gilt mit seinem Granitplateau als Geheimtipp für Wanderer, Mountainbiker und Drachenflieger. Seine artenreiche Tier- und Pflanzenwelt ist ein Paradies für Naturliebhaber.

Croajingo-long NP (VIC, s.S. 479) Einsame Sandstrände, spektakuläre Aussichten und naturnahe Campplätze zeichnen diesen wenig besuchten Küstennationalpark aus.

Broken Hill (NSW, s.S. 413) Landschaft im menschenleeren Outback bei der Minenstadt Broken Hill.

Cradle Mountain – Lake St Clair NP (TAS, s.S. 490) Der Overland-Track, ein 80 km langer Wanderweg, läuft über das Bergmassiv Cradle Mountain des Lake St. Clair National Park, einem von mehreren Nationalparks der grünen Insel Tasmanien.

Ningaloo Reef (WA, s.S. 499) Schwimmen mit Walhaien ist die Attraktion am Ningaloo Korallenriff, das sich über 250 km Länge vor der Westküste erstreckt.

Kimberleys (WA, s.S. 502) Trockene Staubpisten und Wasserlöcher zwischen malerischen Schluchten machen die Fahrt auf der Gibb River Road zum Erlebnis für Allrad-Reisende.

Heron Island

Teil I: Vorbereitung und Planung

Australien: Daten und Fakten

Überblick

Australien besteht nicht nur aus einer der ältesten, sondern auch größten und trockensten Landmassen der Welt. Mit einer Fläche von 7.682.300 qkm ist das Land das sechstgrößte der Erde. Die weiteste Ost-West-Ausdehnung des Festlandes beträgt 3983 km, von Nord nach Süd sind es immerhin 3138 km. Damit besitzt Australien ungefähr die Größe der USA (ohne Alaska). Die gesamte Küstenlinie (einschließlich Tasmanien) beträgt sagenhafte 36.735 km.

Landschaften und Jahreszeiten

Die Oberfläche ist überwiegend flach und wird von immensen Wüsten und Halbwüsten im Landesinneren bedeckt. An der Ostküste erhebt sich die 3000 km lange *Great Dividing Range,* welche im Süden in die Australischen Alpen mündet. Der höchste Berg ist der *Mount Kosciuszko* mit 2228 m Höhe.

Die **Jahreszeiten** in „Down under" sind denen der Nordhalbkugel entgegengesetzt. Das heißt, der australische Sommer dauert von November bis Februar und der Winter von Juni bis August. Ein Drittel Australiens, nördlich des Wendekreises des Steinbocks (Tropic of Capricorn), liegt in den Tropen. Dies bringt ganzjährig kaum Schwankungen unterworfene Temperaturen sowie eine ausgeprägte Regenzeit (Wet Season) mit hoher Luftfeuchtigkeit mit sich. Im Zentrum herrscht typisches Wüstenklima mit heißen, trockenen Sommern und milden Wintern. Der Süden des Kontinents ist von mediterranem Klima geprägt: heiße Sommer und kühle Winter.

Besiedlung

Derzeit leben in Australien etwa 19,1 Millionen Menschen. Aufgrund der Großflächigkeit ergibt dies einen Durchschnitt von nur zwei Einwohnern pro Quadratkilometer. Allerdings leben 60% aller Australier in den südöstlichen Bundesstaaten New South Wales und Victoria. Das Landesinnere und der Norden sind nur äußerst dünn besiedelt. Die größten Städte sind Sydney mit 4,1 Mio. und Melbourne mit 3,5 Mio. Einwohnern. Weitere Metropolen sind Brisbane (1,6 Mio. Ew.), Perth (1,3 Mio. Ew.) und Adelaide (1,1 Mio. Ew.). Landeshauptstadt ist Canberra im Australian Capital Territory (ACT).

Australische Ureinwohner besiedelten den Kontinent vor über 60.000 Jahren. Die Europäer entdeckten Australien erst im 17. Jahrhundert, wobei es der Engländer James Cook war, der Australien dem Britischen Empire als Kolonie vorschlug. Die ersten Siedler erreichten die Botany Bay bei Sydney am 26. Januar 1788. Australien wurde in den Folgejahren ein typisches Einwanderungsland. Die Haupteinwanderungswellen fanden nach dem 2. Weltkrieg statt. Mittlerweile ist jeder vierte Australier unmittelbarer Abkömmling eines Einwanderers. Im Laufe der Jahrzehnte entstand so ein multiethnischer Bevölkerungsmix der verschiedensten Nationalitäten.

Der **offizielle Name Australiens** lautet **Commonwealth of Australia.** Obgleich das Land über ein souveränes Parlament verfügt, ist die Königin von England das offizielle Staatsoberhaupt. Die Regierung wird von der Mehrheitspartei bzw. Parteienkoalition gestellt. Das Parlament wählt den Premierminister.

Verwaltung Der australische Staat besteht aus einer Föderation von **sechs Bundesstaaten** (New South Wales, Victoria, Queensland, South Australia, Tasmania, Western Australia), **zwei Territorien** (Northern Territory, Australian Capital Territory) sowie einer Anzahl externer Territorien (Norfolk Island, Cocos Islands, Christmas Island, Macquarie Island und Australian Antarctica).

Ökonomie Die Wirtschaft basiert auf dem Handel mit den Ländern des asiatisch-pazifischen Raums (China, Japan, Singapur, Taiwan, Neuseeland), den USA und Kanada sowie den Ländern der Europäischen Union (EU). Bodenschätze, landwirtschaftliche Güter und der Tourismus sind die wichtigsten Wirtschaftszweige des Landes.

Zur Geschichte Australiens

vor ca. 60.000 Jahren Einwanderung der Urbevölkerung über damals noch existente Landbrücken zu Neuguinea oder schmale, seichte Meerengen.

Die geheimnisvolle, am anderen Ende der Welt vermutete *Terra Australis Incognita* („Unbekanntes südliches Land") blieb lange von den großen Entdeckern unerkannt.

1606 Der Portugiese **Louis Vaez de Torres** durchquert die Meerenge zwischen Cape York und Neuguinea (Torres Strait). Im selben Jahr landet das holländische Schiff *Duyfken* mit dem Forscher **Willem Jansz** an der Westküste von Cape York. Er betritt als erster Europäer Australien.

1616 Der Holländer **Dirk Hartog** erreicht die Westküste Australiens bei Shark Bay (heutiges Dirk Hartog Island) und proklamiert Neu-Holland.

1642 Erneut ist es ein Holländer, **Abel Janszon Tasman,** der Tasmanien entdeckt. 1643 segelt er, nachdem er zunächst Neuseeland entdeckt hatte, entlang der Nordküste. Die Holländer kartografieren große Teil der Küste. Gleichwohl sind ihre Berichte von „grausamen Wilden", Wüsten und Steppen keine Aufforderung für die holländische Regierung, das Land zu kolonisieren.

1688 Der Engländer **William Dampier** landet an der Nordwestküste (im heutigen Dampier) und nennt es Neubritannien.

1770 Der große Entdecker **Captain James Cook** ankert mit der *HMS Endeavour* auf dem Rückweg aus dem Südpazifik in der Botany Bay (südlich von Sydney). Zuvor erfolgt ein erster Landgang bei Cape Everard im heutigen Bundesstaat Victoria. Im Namen des British Empire nimmt er Australien für die Englische Krone in Besitz. An Bord der Endeavour befinden sich eine Reihe von Wissenschaftlern, darunter der Botaniker William Banks, der die Tier- und Pflanzenvielfalt aufzeichnet. Cook folgt der Küste in nördlicher Richtung und hält sie für fruchtbar und „eine Besiedlung geeignet". Das Land wird **New South Wales** getauft. Auf der Weiterfahrt entlang der Queensland-Küste rammt die Endeavour ein Riff bei Cape Tribulation (Kap der Leiden). Während der Reparatur lernt Cook freundlich gesinnte Aboriginal People kennen. Seine Empfehlungen zur Besiedlung Australiens stoßen jedoch in Großbritannien zunächst auf taube Ohren. Das British Empire ist zu sehr mit den Vorgängen im amerikanischen Unabhängigkeitskrieg beschäftigt. Die Englische Krone entscheidet sich dafür, zunächst einen Sträflingstransport nach Australien zu entsenden.

1788 Im Mai 1787 legt eine Flotte von insgesamt 11 Schiffen unter dem Kommando von **Captain Arthur Philipp** von England ab. Sie landen am 18. Januar 1788 in der Botany Bay. Wenige Tage später wird wegen günstigerer Siedlungsbedingungen in Sydney Cove vor Anker gegangen. Man schrieb den 26. Januar, heute der Nationalfeiertag „Australia Day". Captain Philipp wird der erste Gouverneur von New South Wales und behält dieses Amt bis 1792.

In den Folgejahren, zwischen 1788 und 1868 werden über 100.000 Sträflinge nach Australien deportiert, darunter auch Kleinkriminelle, Kinder und Jugendliche. Sie alle sind am Aufbau der neuen Kolonie beteiligt. Nach ihrer Entlassung aus der Gefangenschaft werden sie zu Siedlern und Bauern – das junge und unerschlossene Land bietet allen die gleiche Chance.

1793 Die ersten freien Siedler kommen mit Schiffen aus Großbritannien, darunter auch **John McArthur,** der das zähe Merino-Schaf einführt. 1807 geht der erste Wollexport zurück nach England.

Das Land „Down under"

Mit der Bezeichnung „Down under", wörtlich als „unten drunter" zu übersetzen, wollten die Engländer einst sagen, dass ihre australische Kolonie auf der „gegenüberliegenden" Seite der Weltkugel lag. In den Worten schwang jedoch immer auch ein wenig Spott über die primitiven Sträflingsabkömmlinge in der Ferne, denn schließlich war England geographisch „oben" und Australien „unten". Mittlerweile, erst recht nach dem Welthit „Down under" der Gruppe „Men at Work" in den 1980ern, hat sich Down under als Synonym für Australien eingebürgert und wird nicht ohne Stolz von den Aussies selbst verwendet.

1801–1803 **Matthew Flinders** umschifft den australischen Kontinent und fertigt detaillierte Karten an. Zusammen mit **George Bass** segelt er am Ende der Reise rund um Tasmanien. Die stürmische Bass Straight trägt fortan seinen Namen. **1803** wird mit Hobart die erste sträflingsfreie Siedlung gegründet. Die Entdecker Wentworth, Blaxland und Lawson finden **1813** eine Route über die Blue Mountains und öffnen so die zur Viehzucht bestens geeigneten westlich gelegenen Ebenen. **1824** wird Brisbane (Queensland), **1829** Perth (Westaustralien), **1835** Melbourne (Victoria), **1836** Adelaide (South Australia) gegründet. Die Furcht vor den ebenfalls expansiven Franzosen spielt eine treibende Rolle bei der Gründung der Kolonien.

Die Landnahme durch die Siedler erfolgt größtenteils illegal und ohne System: Viehfarmer, sogenannte Squatters, ziehen ins Land und besetzen in der unwirtlichen Umgebung Weideflächen für ihre Schafe.

Erst unter Gouverneur **Lachlan Macquarie** entsteht in New South Wales eine gesetzestreue Kolonialverwaltung. Neue Siedlungen wie Bathurst, Port Macquarie oder Newcastle werden gegründet. In Sydney entstehen unter dem Architekten Francis Greenway, einem ehemaligen Sträfling, bedeutende Gebäude.

1835 Nachdem London die Sträflingsdeportationen weitgehend einstellt, kommen immer mehr Siedler ins Land. Viehzüchter und Bauern folgen den Routen der ersten Forscher und beginnen mit der Schafzucht. Die an den Küsten gegründeten Orte entwickeln sich zu selbstständigen Provinzen.

1838 **John Eyre** meistert erfolgreich die erste Ost-West-Durchquerung des Kontinents. Begleitet von zwei australischen Ureinwohnern bewältigt er die trostlose Nullarbor Plain und stößt im heutigen Albany wieder auf die Zivilisation.

1844 **Ludwig Leichhardt,** ein emigrierter Deutscher, schafft die Durchquerung von Brisbane nach Darwin. Seine zweite Expedition, diesmal von Ost nach West durch das Landesinnere, endet tragisch, er bleibt für immer verschollen.

1850 Das britische Parlament beschließt, dass die neuen Kolonien sich eine eigene Verfassung geben dürfen.

1851 **Der erste Goldrausch.** Das erste Gold wird in Ophir in New South Wales gefunden. Die Kunde davon breitet sich schnell aus und allerorten setzen sich die „Digger“ in Bewegung, um das Edelmetall zu finden. So werden vor allem in Victoria in Ballarat, Bendigo und Castlemaine bedeutende Goldfunde gemacht. In den Folgejahren zieht der Goldrausch über eine Million Glücksritter und Siedler an. Mit den Goldfunden von Kalgoorlie (Westaustralien) im Jahr **1892** folgt eine zweite große Einwanderungswelle.

1860 **O'Hara Burke, William J. Wills** und **William King** durchqueren erstmals den Kontinent von Melbourne in Richtung Norden. Die Gruppe erreicht den Golf von Carpentaria an der Nordküste. Auf dem Rückweg finden Sie ihr Lager am Cooper Creek verlassen und nur King kann sich mit der Hilfe von Aboriginal People retten.

1862 **John MacDouall Stuart** erreicht die Nordküste beim heutigen Darwin. Seine Angaben sind später der Grundstein für den Bau der Telegrafenlinie durch das heutige Alice Springs. Der Stuart Highway (Explorer Highway) folgt ungefähr seiner Route.

1891 Die australische **Labour-Partei** wird gegründet.

1901 Gouverneur Lord Hopetoun erklärt am 1. Januar 1901 Australien zum **Mitglied des Commonwealth.** Die Kolonien New South Wales, Victoria, South Australia, Queensland, Western Australia und Tasmanien werden damit in einem gemeinsamen Staat zusammengefasst. Der Herzog von York und Cornwall eröffnet in Melbourne, der vorläufigen Hauptstadt, das erste Bundesparlament. Das offizielle Staatsoberhaupt ist die britische Königin Victoria. In Australien erfolgt die Vertretung der Englischen Krone bis heute durch einen von ihr ernannten General-Gouverneur. **1907** erhält der australische Bund den Dominion-Status zuerkannt und damit die nahezu vollständige Unabhängigkeit von Großbritannien.

1914–1918 Australien folgt den Briten gemeinsam mit Neuseeland in den 1. Weltkrieg. Die ANZAC-Truppen (Australian and New Zealand Army Corps) besetzen die deutschen Kolonien Neuguinea, das Bismarck-Archipel und West-Samoa. Am 25. April müssen die Australier in der Schlacht gegen die Türken bei Gallipoli eine verlustreiche Niederlage mit über 8500 Opfern hinnehmen. Der Tag gilt seitdem, im Gedenken an die australischen Kriegstoten, als ANZAC-Day.

1927 Die neue Hauptstadt **Canberra,** seit dem 12. März 1913 bereits offizielle Hauptstadt, wird nun auch Regierungssitz. Canberra gewinnt damit den Wettstreit zwischen Melbourne und Sydney.

1928 **John Flynn** gründet den *Royal Flying Doctor Service* in Cloncurry (Queensland).

1929 Die **Weltwirtschaftskrise** trifft Australien hart: Die Weltmarktpreise für die wichtigen Exporte von Weizen und Wolle brechen dramatisch ein, und die Arbeitslosenquote steigt auf über 25%.

1938 Premierminister **Robert Menzies** verhängt, wie die Amerikaner, ein Wirtschaftsembargo gegen Japan.

1939 Australien folgt den Briten in den **2. Weltkrieg** und entsendet Truppen nach Europa.

1941/1942 Die Japaner rücken unaufhaltsam näher. Nach dem Überfall auf Pearl Harbour (Hawaii) im Dezember 1941 besetzen sie Singapur und bombardieren im Februar 1942 die nordaustralischen Städte Darwin und Broome. Später folgen Cairns und Townsville. Auch die Küste um Sydney wird das Ziel japanischer Bomben. Gemeinsam mit dem US-General Mac Arthur werden die Japaner in der Schlacht im Korallenmeer und im Dschungelkrieg von Neuguinea zurückgedrängt. Nach dem Ende des 2. Weltkriegs beginnt unter Premierminister **Benedict Chifley** (Labour Party) eine neue Einwanderungspolitik.

1951 Der **ANZUS-Pakt** (Australia–New Zealand–USA) wird als Verteidigungsbündnis geschlossen. Der Pakt ist die Basis für die Kriegsbeteiligung in Korea (1953). 1954 tritt Australien der **SEATO** (South East Asia Treaty Organisation) bei und nimmt von 1965 bis 1972 am Vietnamkrieg teil.

1954 In Mary Kathleen (Queensland) wird Uran entdeckt.

1956 **Olympische Spiele** in Melbourne.

1962 **Wahlrecht für Aboriginal People.**

1966 Das Englische Pfund wird abgeschafft und vom Australischen Dollar als Währung abgelöst – ein weiterer Schritt zur Loslösung von der Englischen Krone.

1967 Die *White Australia Policy* der konservativen Regierung wird aufgehoben. Zum ersten Mal werden indigene Australier bei einer Volkszählung berücksichtigt und erhalten alle Bürgerrechte.

1972 Der Labour-Politiker **Gough Whitlam** wird Premierminister. Die Aboriginal People erhalten das Selbstbestimmungsrecht, und in den verschiedenen Bundesstaaten werden Land Councils gegründet. Die Kolonie Papua Neuguinea wird aufgegeben. Australien öffnet sich wirtschaftlich den südostasiatischen Ländern. Große Einwanderungswellen aus allen Teilen der Welt führen erstmalig zum Begriff des Multikulturismus. 1973 erhält **Patrick White** den Nobelpreis für Literatur für sein Werk „Voss", welches vom deutschen Einwanderer Ludwig Leichhardt erzählt.

1973 Einweihung des **Sydney Opera House.**

1974 Der tropische Wirbelsturm „Tracy" verwüstet die nordaustralische Stadt Darwin.

1975–1983 **Malcom Fraser** von der liberalen Partei wird neuer Premier, nachdem Gough Whitlam nach einer Korruptionsaffäre vom General-Gouverneur des Amtes enthoben wurde.

1976 Der **Aboriginals Land Rights Act** wird verabschiedet. Er regelt die Rückgabe wichtiger Stammesgebiete an die Ureinwohner.

1983–1992 **Bob Hawke** von der Labour Party wird zum Premierminister gewählt. Er führt die Politik seiner Vorgänger fort.

1985 **Uluru** und **Kata Tjuta** (Ayers Rock und Olgas) werden den australischen Ureinwohnern zurückgegeben. Im sogenannten „Australia Act" werden die letzten Vollmachten der Englischen Krone (z.B. Vetorechte des General-Gouverneurs) abgeschafft.

1988 Die **200-Jahr-Feier** der weißen Besiedlung wird von massiven Protesten der Aboriginal People begleitet. Königin Elisabeth II eröffnet das neue Parlamentsgebäude in Canberra.

1991 Australien kämpft im ersten Golfkrieg an der Seite der USA.

1992 **Paul Keating** (Labour) löst Bob Hawke in einer Kampfabstimmung als Premierminister ab. Der Wirtschaftskrise mit über 11% Arbeitslosigkeit begegnet Keating mit einer massiven Privatisierungskampagne (u.a. Telstra, Qantas) und Subventionsabbau. Keating leitet den Versöhnungsprozess mit den Ureinwohnern ein.

Das **Mabo-Gesetz** des High Court regelt die grundsätzlichen Landrechte der australischen Ureinwohner, nachdem Australien nicht mehr als „Terra Nullius" (unbewohntes Land vor der Ankunft weißer Siedler) begriffen wird. Kontroverse Diskussionen über die Bindung zur Englischen Krone entbrennen beim Besuch der Königin von England.

1994 Die bislang längste und größte Dürreperiode in der Geschichte Australiens zwingt viele Farmer zur Aufgabe. Die Regierungen von Großbritannien und Australien entschädigen die Testopfer der Atombombenversuche von Maralinga mit 13,5 Mio. Dollar.

1996 Wahlsieg der Liberal-Demokraten unter **John Howard.** Seine Politik begrenzt die Landrechts-Forderungen der Aboriginal People.

1999 Bei einer Volksabstimmung entscheidet sich eine knappe Mehrheit der Australier wider Erwarten für die Beibehaltung der Monarchie und den Verbleib im Commonwealth.

2000 **Olympische Spiele in Sydney.** „The best games ever" (IOC-Präsident Samaranch) steigern die Popularität Australiens als Reiseziel und Einwanderungsland. John Howard führt die Mehrwertsteuer ein und sorgt durch weitere Privatisierungsmaßnahmen und teilweise unpopuläre Reformen für einen nachhaltigen Wirtschaftsaufschwung. Die Arbeitslosenquote sinkt auf 5,8%.

2001 Nach den Anschlägen vom 11. September in den USA gilt das Interesse der Howard-Regierung der inneren Sicherheit. Der Bombenanschlag der sich auf Bali im Jahr 2002 gegen australische Touristen richtet, bestätigt diesen Kurs.

2003 Australien nimmt trotz massiver Bevölkerungsproteste mit einem kleinen Soldatenkontingent am zweiten Golfkrieg im Irak teil.

2004 Australiens Wirtschaft boomt. Die Arbeitslosigkeit sinkt auf 5,3%. Die Eisenbahnverbindung von Alice Springs nach Darwin wird eröffnet. Die Schienen durchqueren nun den Kontinent von Süd (Adelaide) nach Nord (Darwin). Im Oktober wird *John Howard* als Premierminister für seine vierte Amtszeit gewählt.

2005 Kurz vor Weihnachten machen Krawalle zwischen weißen australischen Jugendlichen und Jugendlichen mit muslimischem Hintergrund an den Stränden von Sydney Schlagzeilen.

2006 In Melbourne finden im März die Commonwealth Games statt, das größte Sportereignis in Victoria seit den Olympischen Spielen 1956. Die australischen Sportler gewinnen 221 Medallien und sind damit die erfolgreichste Nation der Spiele. Die „Socceroos", die australische Fußballnationalmannschaft, nimmt an der WM in Deutschland teil und scheidet unglücklich im Achtelfinale gegen Italien aus.

Aboriginal People

In my dreams I hear my tribe
Laughing as they hunt and swim
But dreams are shattered by a rushing car
By grinding tram and hissing train
And I see no more my tribe

Kath Walker

Die australische Geschichte begann vor über 60.000 Jahren, als erste Nomadenstämme den australischen Norden über damals noch existente Landbrücken besiedelten. Zeugen dieser frühen Besiedlung sind Skelettfunde am Lake Mungo (Mungo National Park) in New South Wales. Vermutlich begann die Besiedlung von Neuguinea aus. Durch einen steigenden Meeresspiegel und driftende Landmassen trennte sich der australische Kontinent wieder vom asiatischen Subkontinent.

Die Aboriginal People (von lat. *ab origine*) oder *Indigenous People* (Eingeborene), wie die Ureinwohner genannt werden, entwickelten durch die Jahrtausende lange isolierte Lage Australiens eine eigene Kultur. Schnell breiteten sie sich vom fruchtbaren Norden über den gesamten Kontinent aus. Sie erwarben erstaunliche Fähigkeiten, selbst im rauen und trockenen Inland zu überleben. Als Nomaden zogen sie durch das Land oder lebten in Höhlen und unter Felsüberhängen. Zur Jagd wurden Speerschleudern (Woomera), Keulen (Nulla Nulla) und Bumerangs (Kylie) benutzt. Nur einige Stämme entlang der Ostküste bauten aus Baumrinde Hütten (sog. Miamias). Die Frauen waren beim Sammeln von Früchten, Beeren und Gräsern von großer Bedeutung. Sie sicherten die Nahrungsgrundlage, wenn der Jagderfolg der Männer ausblieb.

Terra Australis

Vor der Besiedlung durch den „Weißen Mann" lebten die Ureinwohner auf der *Terra Australis* („Land im Süden") ungestört von äußeren Einflüssen. In der übrigen Welt nahm man an, dass die *Terra Nullius* (Niemandsland) von keinem Volk bewohnt wurde. Die Schätzung über die tatsächliche Zahl der Bewohner schwankt zwischen 300.000 und 1 Million. Sie lebten in Gruppen ohne Hierarchien, Entscheidungen wurden gemeinschaftlich getroffen. Die Stammesältesten waren für die Übermittlung der traditionellen „Traumzeit-Geschichten“ (dreamtime stories) zuständig.

Das Land wurde nie im heutigen Sinne bewirtschaftet. Die Nutzung erfolgte durch kontrolliertes Verbrennen *(Fire stick farming)*, einer Urform der Landwirtschaft. Der Begriff des Eigentums war nicht bekannt. Das Land wurde genutzt und gehütet, jedoch nicht besessen. Stets wiederkehrende Gewohnheiten im Umgang mit der Natur wurden streng befolgt.

300 verschiedene Sprachen

Man schätzt, dass es einst fast 300 verschiedene Sprachen und Dialekte gab. Davon werden heute lediglich noch rund 70 von größeren Gruppierungen gesprochen. Um dem Land und dem naturverbundenen Leben gerecht zu werden, verfügen die Sprachen beispielsweise über Dutzende Ausdrücke für die verschiedenen Tageszeiten. Aus dem gesprochenen Wort haben sich einige wenige Schreibsprachen entwickelt, die jedoch nur in Poesie und Literatur Verwendung finden.

Da die Schriftform unbekannt war, waren Schnitzereien, Gravuren, Felsbilder und Rindenmalereien die bevorzugten Ausdrucksmittel der australischen Ureinwohner. Ein typisches Merkmal ihrer Malerei ist die Verwendung von Erd-farben (Ocker), Holzkohle und Tonerde sowie die Reduktion auf einzelne Punkte (Dot Paintings). Im Arnhemland und Kakadu National Park sind Felsmalereien fast ausschließlich im Röntgenstil zu sehen, während in der Kimberley Region der *Bradshaw-Stil* mit figürlichen Darstellungen vorrangig Anwendung findet. Musik und Tanz werden in gemeinschaftlichen *Coroborees* ausgedrückt. In ihren Tänzen werden Traumzeitwesen, Jagd und Fruchtbarkeit dargestellt. Durch den erzählerischen Charakter entwickeln sich die Tänze zu theatralischen Darbietungen mit inszenierter Dramaturgie. Rhythmisches Klopfen mit Schlag-hölzern und das bekannte **Didgeridoo** – eine aus ausgehöhlten Eukalyptusstämmen hergestellte Bass-pfeife – begleiten die Tänze in monotoner, tranceähnlicher Weise. Geschichten der Traumzeit, Traditionen, Naturheilver-fahren und Naturkunde wurden vielfach durch Gesang weitervermittelt – ein Grund dafür, dass das Wissen heute zunehmend verkümmert.

Dreamtime

Mangels einer geschriebenen Aufzeichnung sind nur mehr Fragmente der Traumzeitgeschichten geblieben. Der Begriff *Dreamtime* (Traumzeit) ist dabei schwer und nur unzureichend zu definieren. In der endlosen Traumzeit wurden Tiere, Menschen, Pflanzen, das Land und spirituelle Wesen erschaffen und stehen seitdem in enger Verbindung zueinander. Aus diesem komplizierten Beziehungsgeflecht entstanden Stämme, Gesetze, Rituale, Kunst und Sprachen. Zauber und Magie sind dabei ein wichtiger Teil des Glaubens. Magische Kräfte dienen dazu, Nahrung zu finden, Kranke zu heilen oder Kriminelle zu bestrafen. Die Aboriginal People glauben, dass jede Person ein Abkömmling eines Tieres oder einer Pflanze ist.

Noch heute herrscht in Aboriginal-Communities zweierlei Recht: die australische Gesetzgebung zum einen und das Stammesrecht (Tribal Law) zum anderen. Wobei letzteres von den Behörden nur teilweise geduldet wird. Die Strafzeremonien sind Teil einer zu alten Traditionen zurückkehrenden Bewegung.

Einfluss der Siedler

Mit den ersten Sträflingstransporten der Briten und den in das Land ausschweifenden Siedlern kam es zu den ersten, meist feindseligen Kontakten. Die kulturellen Gegensätze hätten nicht größer sein können, die „Steinzeit" wurde mit der „Zivilisation" konfrontiert, und umgekehrt. Für die Aboriginal People begann das traurigste Kapitel ihrer langen Geschichte. Sie wurden gejagt, getötet oder versklavt und als Untermenschen behandelt. Später versuchte die Kolonialregierung durch die Entsendung von Missionaren und die Errichtung von Reservaten dem Verfall der Kultur Einhalt zu gebieten. Es schien jedoch nur ein vordergründiges Interesse gewesen zu sein. Rücksichtslos wurde den Aboriginal People weiterhin das Land enteignet. In den Jahren von 1953 bis 1964 fanden in der südaustralischen Wüste sogar Atombombenversuche statt, ohne dass ein Schutz oder eine Umsiedlung der dort lebenden Menschen stattgefunden hätte. Erst in den 1990er Jahren erreichten die Ureinwohner, nach zähen Verhandlungen mit den Briten, dass Entschädigungsgelder in Höhe von 13,5 Mio. Austral-Dollar gezahlt wurden.

In den 1960er Jahren trat langsam ein Gesinnungswandel in der australischen Gesellschaft ein. 1961 wurde den australischen Ureinwohnern das Wahlrecht zuerkannt. 1967 wurden sie erstmals bei Volkszählungen erfasst. Im 1976 beschlossenen *Aboriginal Lands Right Act* wurden den ursprünglichen Besitzern wichtige Heiligtümer zurückgegeben, so z.B. der Uluru (Ayers Rock). Erst 1980 wurde die Rassentrennung an Schulen und in manchen Stadtbezirken endgültig aufgehoben.

Mabo-Urteil

1992 annullierte der Oberste Gerichtshof im sog. Mabo-Urteil die Terra-Nullius-Doktrin, nach der Australien zum Zeitpunkt der Kolonisierung unbewohntes Land war. Das Grundsatzurteil führte 1993 zur Verabschiedung des *Native Title Act* (Gesetz zu Ureinwohnerlandrechten). Zentraler Aspekt war ein Verhandlungsrecht (Right to Negotiate), also ein Recht auf Verhandlung in Konfliktfällen.

Mit der konservativen Regierung **John Howards,** die seit 1996 im Amt ist, mussten die Ureinwohner im Versöhnungsprozess der frühen 1990er Jahre Rückschläge hinnehmen. Entschädigungen, Sozialprogramme und Absicherung traditioneller Landrechte sind nicht im Repertoire Howards enthalten. Vielmehr verfolgt die aktuelle Regierungspolitik die Förderung der Eigenverantwortlichkeit (Self Management, Self Empowerment), wobei sie sich der durch jahrhundelange Unterdrückung und Diskriminierung entstandenen Verantwortung zu entziehen versucht. Insbesondere die auf ihre Traditionen bedachten Aboriginal-Gemeinschaften werden es dadurch zukünftig noch schwerer haben, ihre eigenen Lebensformen gegenüber den gängigen Entwicklungsvorstellungen der Mehrheitsbevölkerung durchzusetzen.

Auch die Landrechte der Aboriginal People sind gefährdet. Durch die Mabo-Entscheidung von 1992 und das Wik-Urteil von 1996 hatten die Ureinwohner endlich das Recht erhalten, auf öffentliches Land Anspruch erheben zu können. Der Zutritt zu heiligen Stätten und zu traditionellen Jagd- und Fischfanggebieten wurde rechtlich abgesichert. Wiedergutmachungsforderungen standen in Aussicht.

1998 verfügt die Regierung im *Native Title Amendment* eine Einschränkung zum Landrechte-Gesetz (Native Title Act): Ansprüche auf Gebiete, die vom Staat an Minen- und Bergbaugesellschaften oder Landwirte verpachtet sind, können ab sofort nicht mehr erhoben werden. Lediglich fi-

CST ist eine halbe Stunde früher als EST, WST ist zwei Stunden früher als EST. In den australischen Staaten – außer im Northern Territory, Queensland und Western Australia –, herrscht von Ende Oktober bis Ende März Sommerzeit, d.h., die Uhren werden dort um eine Stunde zurückgedreht. MEZ – Eastern Time: plus 9 h.

Aufgrund dieser komplizierten Regelung empfiehlt sich nach Überquerung einer Staatsgrenze stets der Blick auf eine lokale Uhr, um die eigene auf die offizielle Zeit umzustellen.

Flora und Fauna

Die Geschichte der australischen Tier- und Pflanzenwelt steht in engem Zusammenhang mit „Gondwana" – dem südlichen Teil des Urkontinents. Die einstige geologische Landverbindung der Kontinente ist bei Flora und Fauna noch heute erkennbar. So sind in Südamerika – ebenso wie in Australien – Beuteltiere, Laufvögel und Palmfarne heimisch. Aufgrund der erdgeschichtlichen Isolation konnten sich, unbeeinträchtigt von evolutionären Vorgängen, einzigartige Pflanzen- und Tierformen entwickeln. Sie blieben bis heute als sog. endemische Arten erhalten. Beispiele aus der Tierwelt sind eierlegende Säugetiere sowie zahlreiche Beuteltiere, die in anderen Erdteilen fast vollständig von höheren Säugetieren verdrängt wurden.

Die Tierwelt

Zur Fauna des Fünften Kontinents gehören etwa 300 wildlebende Säugetierarten. Zu den heimischen Reptilien und Amphibien werden 480 Echsen-, 170 Schlangen-, zwei Krokodil- und 20 Schildkrötenarten gezählt. Nicht zu vergessen sind ca. 3500 Fischarten, die in den australischen Süß- und Meeresgewässern heimisch sind. An Land kommen dann noch etwa 750 Vogelarten sowie unzählige wirbellose Landtiere wie Spinnen, Insekten und Krebse hinzu.

Säugetiere

Eierlegende Säugetiere (Monotremes)

Die wohl außergewöhnlichste Tiergruppe, die nur noch in Australien und, mit Ausnahmen, in Neuguinea vorkommt, sind die eierlegenden Säugetiere. Zu den **Kloakentieren** gehören das Schnabeltier und der Ameisenigel. Harn, Kot, Eier und Sperma verlassen ihren Körper durch die selbe Öffnung, die sogenannte Kloake. Dies ist bei Reptilien und Vögeln ebenso der Fall, jedoch säugen Schnabeltiere und Schnabeligel ihre Jungen.

Das **Schnabeltier** (Platypus), mit dunkelbraunem Fellkleid, Entenschnabel und Schwimmhäuten, hält sich an Flüssen und Bächen auf, meist in den tropischen Regenwäldern, aber auch im kühleren Süden. Durch die fortschreitende Zivilisation schrumpft der Lebensraum der scheuen Tiere leider enorm. Gute Beobachtungsplätze sind der Eungella National Park und der Carnarvon Gorge National Park (beide Queensland), sowie Kangaroo Island (South Australia).

Schnabeligel (Echidna) sind, wie der Name schon sagt, den Igeln ähnlich und haben einen röhrenartigen Schnabel. Die Tiere bringen 2-7 Kilogramm auf die Waage und kommen in allen Klima- und Vegetationszonen des Kontinents vor. Sichtungen erfolgen am besten auf Kangaroo Island (Südaustralien) und im Royal National Park (New South Wales).

Beuteltiere
(Marsupials)

Die altertümliche Unterklasse der Säugetiere ist fast ausschließlich in Australien und auf den umliegenden Inseln beheimatet. Wichtigstes Kennzeichen ist der Beutel der Weibchen, in dem sich das in embryonalem Zustand geborene Junge, fest mit einer Zitze verbunden, in einer Zeitspanne von zwei bis sieben Monaten weiterentwickelt. Anschließend verlassen die Winzlinge den Beutel zeitweise und kehren nur noch zum Säugen oder bei Gefahr dorthin zurück.

Zu den bekanntesten Beuteltieren zählen die **Känguruhs** und ihre Verwandten. Häufigste Arten sind die Riesenkänguruhs (Red Kangaroo, Grey Kangaroo), Wallaroos und die kleineren Wallabies. Die kleinste Art misst im Sitzen gerade 23 cm, die größte Art dagegen 1,80 m. Das Gewicht der hüpfenden Gesellen liegt zwischen 500 Gramm und 90 kg. Mit ihren bis zu 3 m hohen und 12 m weiten Sprüngen erreichen sie eine Geschwindigkeit von 80 km/h.

Känguruhs sind praktisch im ganzen Land heimisch. Durch die Veränderung des Lebensraumes (Rodung, Straßenbau etc.) und die Einführung natürlicher Feinde (Wildkatzen, Füchse) wurden die kleineren Arten stark dezimiert. Die größeren indes erfreuen sich der erweiterten Futterflächen und vermehren sich stark. Viele Landwirte klagen über die Tiere, die ihnen die Wiesen abgrasen (insbesondere bei Trockenheit) und schießen die Wappentiere ab, was in gewissem Maße sogar offiziell gestattet ist. Das Fleisch wird in erster Linie als Tierfutter verwendet. Seit den 1990er Jahren hält es jedoch vermehrt Einzug in die Speisekarten der Restaurants. Zahlreiche Exemplare und seltene Känguruh-Arten findet man beispielsweise in den Flinders Ranges (South Australia), auf Tasmanien und rund um Broken Hill.

Wombat

Nach den Riesenkänguruhs zählen die **Wombats,** aus der Familie der Plumpbeutler, zu den größten Beuteltieren. Die kurzbeinigen und pummeligen Gestalten wiegen bis ca. 30 kg. Sie leben vorzugsweise im Busch und in den lichten Eukalyptuswäldern des Südens. Die dämmerungs- und nachtaktiven Tiere schlafen in Erdhöhlen und ernähren sich trotz ihres kräftigen Gebisses von Blättern, Wurzeln und Gras. Wombats lassen sich im Wilsons Promontory National Park (Victoria) sowie im Blue Mountains National Park (New South Wales) gut beobachten.

Der **Koala** zählt zur Familie der Beutelbären und lebt in lichten Eukalyptuswäldern. Die Baumbewohner, die übrigens nichts mit Bären gemeinsam haben, sind im Norden (Queensland) kurzhaarig und silbergrau und wiegen zwischen 5 und 7 kg. Im Süden (Victoria) hingegen sind sie langhaarig und mit Gewichten von 8 bis 12 kg deutlich schwerer. Die vorwiegend nachtaktiven Tiere ernähren sich ausschließlich von Eukalyptusblättern. Auf den Boden kommen sie nur herunter, um den Futterbaum zu wechseln. In Zeiten der weißen Besiedlung waren Dingos und australische Ureinwohner die Hauptfeinde

der plüschigen Tiere, heute ist es die Abholzung, der Autoverkehr und Infektionskrankheiten, die den Bestand am meisten gefährden. Gute Chancen, Koalas in freier Wildbahn zu erleben, ergeben sich im Grampians National Park (Victoria), auf Magnetic Island (Queensland) und auf Kangaroo Island (Südaustralien).

Eine weitere große Familie sind die **Kletterbeutler** (Possums). Sie leben in den Bäumen der australischen Wälder. Es gibt maus- bis fuchsgroße Tiere, solche mit langen Schwänzen und andere mit Flughäuten zwischen den Gliedmaßen. Die Ernährung reicht von Insekten und Blättern bis hin zu Fleisch. Zu Gesicht bekommt man sie eher selten, doch nachts geben sie unüberhörbare Geräusche von sich. Gerne räumen sie auch mal die Mülltonnen auf Campingplätzen aus. Mit einiger Sicherheit können sie im Wilsons Promontory (Victoria), in den Atherton Tablelands (Nordqueensland) oder im Kosciuszko National Park (New South Wales) gesehen werden.

Weitere Beuteltierarten sind die acht Arten der Familie der **Nasenbeutler** bzw. **Beuteldachse.** Dazu gehören beispielsweise der dachsartige Gefleckte Kurznasenbeutler *(Northern Brown Bandicoot)* oder der kaninchenartige Große Kaninchennasenbeutler (Rabbiteared Bandicoot). Zur Familie der **Raubbeutler** bzw. **Fleischfresser** werden unter anderem der Tasmanische Teufel (Tasmanian Devil), der Fleckschwanzbeutelmarder (Spotted-tailed Quoll), der Ameisenbeutler (Numbat), der Beutelmaulwurf (Marsupial Mole) sowie der bereits ausgestorbene Beutelwolf (Tasmania Tiger) gerechnet.

Höhere Säugetiere

Zu den sogenannten höheren Säugetieren Australiens zählen die **Nagetiere** mit 51 Arten, **Flughunde** und **Fledermäuse** (58 Arten) sowie die **Meeressäuger** wie Robben, Seelöwen, Seekühe, Wale (▶ s.S. 207) und Delphine mit etwa 60 Arten. Hinzu kommen noch 17 Arten eingeführter und verwilderter Säugetiere wie Fuchs, Kaninchen, Dingo, Ziege, Katze, Schwein, Esel, Kamel, Wasserbüffel und Rotwild.

Kriechtiere und Lurche *(Reptiles, Amphibians)*

Krokodile

In Australien leben etwa 675 Reptilienarten. Die bekanntesten sind die beiden **Krokodilarten.** Das große **Leistenkrokodil** oder „Saltie“, wie es in Down under verharmlosend genannt wird, lebt in den Gewässern des nördlichen Teils Australiens. Die für den Menschen meist ungefährliche Gattung der **Süßwasserkrokodile** (Johnstonkrokodile oder „Freshie“) lebt in tropischen Süßgewässern. Zu den Hotspots der Salties zählen der Kakadu National Park (Northern Territory) sowie der Daintree River im tropischen Queensland. Generell muss jedoch im gesamten tropischen Norden und in allen Flussläufen von einer latenten Krokodilgefahr ausgegangen werden. Warntafeln sind deshalb unbedingt zu beachten!

Mehr Information dazu im Exkurs „Krokodile“, ▶ s.S. 300.

Echsen

Weitere Reptilien sind die zahlreichen **Echsen** (Lizards), die überwiegend in den warmen Regionen des Landes leben. In Australien leben fünf Echsenfamilien, die alle nicht giftig sind. Man unterscheidet Geckos (7–25 cm lang, großer Kopf), Flossenfüßler (Snake Lizards, 15–75 cm lang, keine Vorderbeine), Agamen (Dragons, 0,2–1 m lang, drachenähnliche Gestalt), Warane (Goannas oder Monitor Lizards, 0,2–2,5 m lang, sehen aus wie kleine Saurier) und Skinke (Skinks, 8–75 cm lang, eidechsenähnliches Aussehen).

Schlangen

Australien wird von sechs **Schlangenfamilien** mit 165 Arten besiedelt: Die *ungiftigen* Blindschlangen, Pythons und Warzen-Wasserschlangen (nicht zu verwechseln mit den sehr giftigen Sea Snakes) sowie die *giftigen* Familien der Nattern, Giftnattern bzw. Giftschlangen sowie die Ruderschwanz- und Plattschwanz-Seeschlangen. Insgesamt gelten 25 Schlangenarten als für den Menschen gefährlich.Schlangen kommen im trockenen Gebiet wie auch in Wald- und Buschlandschaften vor. Daher gilt beim Camping und Wandern: Zelt und Auto stets verschließen, nachts Taschenlampen benutzen, Schuhe, Kleider und Schlafsäcke kontrollieren, festes Schuhwerk beim Wandern tragen und laut auftreten, damit die Tiere durch die Erderschütterung die Flucht ergreifen. Doch keine Panik, in Australien werden zwar einige Menschen pro Jahr von Schlangen gebissen, aber durch entsprechende Hilfen und Gegengifte sterben davon nur ein bis zwei Personen. Die meisten Schlangen sieht man als Reisender tot am Straßenrand liegen. Auch hier nochmals Vorsicht: ihr Beißreflex funktioniert noch 50 Minuten nach ihrem Tod!

Erste Hilfe bei Schlangenbiss

- Opfer beruhigen und möglichst nicht mehr bewegen, damit das Gift nicht durch den gesamten Körper pulsiert
- Bissstelle nicht behandeln
- mit flexibler Binde oder mit gerrissenen Stoffstreifen das gebissene Körperteil straffbinden – aber nicht abbinden! Bei der Bissstelle beginnen, zuerst nach unten und dann nach oben, möglichst um das gesamte Körperteil.
- den Körperteil schienen – wenn der Biss in der Hand ist, dann nur den Unterarm und in eine Schlinge legen. Wenn der Biss im Fuß oder am Bein ist, dann das gesamte Bein schienen (z.B. mit Ast, Fotostativ o.ä.).
- Patient liegend und ruhig lagern. Arzt holen oder in das nächstliegende Krankenhaus fahren.
- Druckverband nie selbst lockern!

Für die Erste Hilfe eignet sich ein Breitbandserum oder ein schlangenspezifisches Serum. Durch die Giftspuren am Biss kann die Art der Schlange bestimmt werden, daher den Biss nicht auswaschen oder aussaugen (es gibt dafür spezielle Vakuumpumpen).

Detaillierte Informationen über Schlangengifte und Gegengifte stellte die Universität Melbourne ins Internet: www.avru.org.

Giftnotruf: 131126

Schildkröten

Schildkröten (Turtles) sind nur im Wasser vertreten. Interessanterweise lebt trotz klimatisch optimaler Bedingungen keine Landschildkröte auf dem Kontinent. Neben den sechs Arten von Meeresschildkröten (Sea Turtles) kommen 15 Arten Süßwasserschildkröten (Freshwater Turtles) vor. Gute Plätze, die großen Meeresschildkröten zu beobachten, sind Heron Island und der Strand Mon Repos bei Bundaberg (Queensland). Kleine Süßwasserschildkröten sind in den Wasserläufen des Kakadu National Park (Northern Territory), im Eungella National Park und in den Seen auf Fraser Island (beides Queensland) anzutreffen.

Vögel

Die Vogelwelt Australiens umfasst etwa 720 Arten, wovon rund 300 als Zugvögel regelmäßig nach Australien kommen. Alle Arten aufzuführen, übersteigt die Möglichkeiten dieses Buches, daher sind hier nur die auffälligsten Arten genannt.

Nationalsportarten in Australien

Cricket

Cricket, die Nationalsportart Nummer 1, beeinflusst das Leben der Australier so stark wie der Fußball die Europäer. Das für Laien schwer verständliche und ewig dauernde Spiel (ein Spiel kann mehrere Tage andauern) ist das beherrschende Thema im Sommer. Egal ob am Strand, in den Kneipen oder beim Busfahren – jeder unterhält sich gerne über die letzten „Runs" und „Wickets". Das Spiel erinnert stark an Baseball – nur ein wenig komplizierter und länger. Wer die Regeln verstehen möchte, sollte sich auf der Website des Australischen Cricketverbandes näher einlesen (http://aus.cricinfo.com). Wesentlich kurzweiliger ist es allerdings, sich die Regeln von einem echten Aussie erklären zu lassen (möglichst in einem Pub oder live beim Spiel). Egal, ob Sie es dann verstanden haben oder nicht, wird die Begeisterung für den Sport wenigstens ein wenig greifbarer.

Australian Rules Football

Was im Sommer das Cricket, ist im Winter **„Australian Rules Football"** – kurz „Footie". Das dem Rugby ähnliche Spiel wird nur auf nationaler Ebene gespielt und findet seine größten Anhänger in Victoria, Südaustralien, Tasmanien und Westaustralien. Die „Australian Football League" (www.afl.com.au) findet jährlich von März bis September statt und endet mit dem Grand Final. Ziel des Spiels ist es, einen ovalen Ball, über das oben offene Tor zu kicken. Gespielt wird viermal 30 Minuten, Handspiel ist erlaubt – nur die Tore müssen mit dem Fuß erzielt werden. Schnelligkeit, harter körperlicher Einsatz und ein begeistertes Publikum zeichnen diese Sportart aus. Ein Stadionbesuch ist ein echtes Australienerlebnis!

Soccer

Fußball ist in Australien weit weniger verbreitet als andere Mannschaftssportarten. Doch mit der Qualifikation für die WM 2006 in Deutschland und dem starken Turnierauftritt der *Socceroos,* wie die australische Nationalmannschaft genannt wird, wird sich dies in Zukunft sicherlich ändern.

Rugby

In Queensland und New South Wales, aber auch in den anderen Staaten in Down under, erfährt **Rugby** eine riesige Popularität. Der Spielbetrieb ist untergliedert in Rugby League (Profi-Liga) und Rugby Union (Amateur-Liga). Insbesondere wenn Spiele der Rugby-Nationalmannschaft anstehen, fiebert die ganze Nation mit. Das Spiel mit dem eiförmigen Ball ähnelt dem Aussie Rules Football.

Pferderennen Es gibt sicherlich einige pferdeverrückte Nationen, aber dem wettfreudigen Australien ist in diesem Kreis der Lorbeer kaum zu nehmen. Wo sonst gibt es ein **Pferderennen,** das Anlass für einen offiziellen Feiertag ist, wo ein Pferd, das beinahe zu einem internationalen Konflikt geführt hätte? So geschehen mit *Phar Lap*, dem erfolgreichsten australischen Rennpferd aller Zeiten. Als es bei einem Renntermin in den USA unter mysteriösen Umständen umkam, hätte dies fast zu diplomatischen Verwicklungen geführt. Das Tier steht heute ausgestopft im National Museum in Melbourne. Alljährlich am ersten Dienstag im November findet das größte Rennen des Landes statt, der Melbourne Cup – ein offizieller Feiertag im Bundesstaat Victoria! Auch in den anderen australischen Staaten wird am Cup Day in den Büros und Werkhallen mehr gefeiert als gearbeitet. Die Rennergebnisse vom Wochenende füllen ganze Seiten in den Montagsausgaben der Tageszeitungen.

Pferderennen haben eine lange Tradition in Australien. Bereits 1799 wurde der erste Wettlauf ausgetragen. Die Pferde kamen mit den Sträflingstransporten ins Land. Einige von ihnen entkamen in die Wildnis und gelten als die Urahnen der „Brumbies", die als Wildpferde herrenlos im Landesinneren umherstreifen.

Wassersport Weil mehr als 80% der Bevölkerung an der Küste lebt und die Sonne (meist) im Übermaß scheint, hat **Wassersport** jeglicher Art eine enorme Bedeutung für Jung und Alt. Wellenreiten, Windsurfen, Tauchen, Schwimmen, Segeln und Rudern erfreuen sich großer Beliebtheit. Ein besonderes Highlight sind die Wettkämpfe der braungebrannten und gestählten Rettungsschwimmer (Lifesaver). Bei sogenannten Surf-Carnivals messen sie sich beim Brandungsschwimmen, Surfboardpaddeln und Laufen.

Tennis, Golf Aufgrund des meist guten Wetters haben sich Tennis und Golf zu Volkssportarten entwickelt. Die meisten Tennis- und Golfplätze sind der Öffentlichkeit zugänglich. So kann man sich selbst als Anfänger auf einem der über 1400 Golfplätze des Landes versuchen. Das Tennisspiel hat seinen Saisonhöhepunkt während des Grand Slam Turniers „Australien Open" im Januar in Melbourne (▶ s. „Melbourne / Sport" S. 431).

Bowling Bei den älteren Jahrgängen ist das gemächliche und gesellige Bowling außerordentlich beliebt. In beinahe jedem Ort befindet sich eine Anlage, auf der fein in weiß gekleideten Senioren ihre Kugeln rollen lassen.

Skifahren Zugegebenermaßen klingt es etwas ungewöhnlich, wenn Aussies vom Skisport sprechen. Tatsächlich ist der Skilauf in den alpinen Regionen von New South Wales, Victoria und auf Tasmanien in den Wintermonaten von Juni bis August möglich. Für Langläufer (Cross-Country) bestehen in der sanften Hügelwelt allerdings deutlich mehr Möglichkeiten als für Alpin-Skifahrer. Ambitionierte Australier zieht es eher nach Neuseeland, Europa oder Nordamerika.

Tauchen

Die Vielfalt der Tauchplätze reicht von kalten, stürmischen Gewässern rund um Tasmanien und in Südaustralien bis hin zu warmen, ruhigen Plätzen am Great Barrier Reef. Tauchen (Scuba-Diving) ist in Down under bei Einheimischen und Touristen eine sehr beliebte Sportart. Das Netz der Tauchschulen und Tauchtourenanbieter ist dicht, insbesondere im tropischen Norden in der Ferienmetropole Cairns. Neben dem artenreichen Tier- und Korallenbestand zählen Höhlen und Schiffswracks zu den Highlights der Unterwasserwelt vor Australiens 36.735 km langen Küstenlinie.

Voraussetzungen für das Tauchen Ein gültiger, international anerkannter Tauchschein sowie das Logbuch muss vor Antritt eines Tauchgangs und beim Ausleihen von Equipment vorgelegt werden.

Wer einen Tauchschein in Australien erwerben möchte, benötigt eine tauchärztliche Gesundheitsuntersuchung („Medical"), welche am schnellsten vor Ort durchgeführt wird. Wer sich bereits vor Reiseantritt Gewissheit über die Tauchtauglichkeit verschaffen möchte, sollte in der Heimat einen Tauchmediziner aufsuchen. Im Internet unter www.prodive.com.au ist ein englischsprachiges Tauglichkeitsformular abzurufen, welches unterschrieben werden muss. Tauchanfänger müssen mindestens 12 Jahre alt sein.

Tauchkurse Die weltweit größten Tauchverbände sind PADI, SSI, NAUI und CMAS. In Australien und im pazifischen Raum dominieren die Verbände PADI und SSI. Die meisten Tauchschulen bilden nach PADI-Richtlinien aus. Die Inhalte der Ausbildungen sind mehr oder weniger identisch und die Verbände erkennen die Lizenzen gegenseitig an. Daher kommt es weniger auf den Verband als auf die Qualität der Tauchschule und ihrer Lehrer an. Nach erfolgreichem Abschluss eines Tauchkurses erhält jeder Teilnehmer ein Logbuch, in das die Tauchgänge eingetragen werden müssen. Beim Ausleihen von Tauchaussrüstung oder auf Tauchschiffen wird fast immer nach Schein und Logbuch gefragt.

Es werden verschiedene Stufen bei der Tauchausbildung angeboten:

Schnuppertauchen Hierfür ist keine Erfahrung notwendig – man muss allerdings Schwimmen können. Das Angebot ist lediglich eine Erfahrung, bei der man das Tauchen mit Gerätschaft bis max. 5 m Tiefe ausprobiert wird. Es qualifiziert nicht zum Tauchen!

Open Water Die 4–5 Tage dauernden Kurse qualifizieren zum Tauchen mit Partner ohne Aufsicht, bis zu einer empfohlenen Tiefe von etwa 18 m. Mindestalter ist 12 Jahre.

Advanced Open Water Für die Teilnahme am Kurs ist der Open Water Schein notwendig. Nach dem meist dreitägigen Kurz zählt man zu den fortgeschrittenen Tauchern. Die empfohlene maximale Tauchtiefe wird mit 40 m angegeben.

Rettungstaucher (Rescue Diver) Der Schein ist der erste Schritt zum professionellen Tauchen. Die Voraussetzung für die vier- bis fünftägigen Kurse ist ein bestandener Advanced Open Water Diver.

Divemaster Der Schein ermächtigt den Besitzer zur Arbeit in der Tauchindustrie, wie zum Beispiel Führen von Tauchgängen, Mitarbeit bei der Ausbildung etc. Voraussetzung für den Erwerb des Divemasters ist der Rettungstaucher.

Tauchlehrer (Dive Instructor) Nach bestandenem Kurs darf man als qualifizierter Tauchlehrer arbeiten und Taucher eigenständig ausbilden. Voraussetzung ist der bestandene Divemaster. Daneben gibt es weitere Spezialkurse wie Wracktauchen, Höhlentauchen und Unterwasserfotografie.

Fragen ... Was ist bei der Auswahl eines Tauchkurses und einer Tauchexkursion zu beachten?

- Wieviel **Zeit** wird am Tauchplatz tatsächlich verbracht, und wie lange dauert die Schiffsfahrt dorthin? Ist die Zeit zwischen den Tauchgängen zu knapp bemessen (meist schlingt man noch ein Mittagessen hinunter), so wird alles hektisch und der Genuß unter Wasser geht verloren. Bei mehrtägigen Exkursionen ist es stets ratsam, auf dem Boot zu übernachten (Liveaboard), um tägliche Transferfahrten zu sparen. Ebenso sollten Sie beim Veranstalter nach der **Anzahl der Tauchgänge** pro Ausflug fragen. Bei Tagesausflügen sind es in der Regel zwei. Doch auch dies hängt von der Verweildauer am Tauchplatz ab.
- **Wieviel ausgebildete Tauchlehrer bzw. Betreuungspersonen** sind auf dem Schiff und wie viele gehen wirklich mit ins Wasser? Als frisch gebackener Taucher fühlt man sich in der Nähe eines Tauchlehrers immer am sichersten.
- **Wie groß ist das Tauchboot** und wieviel Gäste werden mitgenommen? Nichts ist schlimmer als ein kleines Schiff, auf dem es vor lauter Passagieren kaum Platz für die eigene Ausrüstung gibt.
- Welche **Ausrüstungsgegenstände** sind im Preis inkludiert? Sinnvoll ist es, die eigene Taucherbrille (Mask) und Schnorchel (Snorkel) mitzunehmen. Für Fehlsichtige gibt es Korrekturbrillen, die gegen einen kleinen Aufpreis verliehen werden. Wer besonders große oder kleine Füße hat, sollte dies gleich bei Buchung angeben, um passende Flossen an Bord zu erhalten. Langarmige Neoprenanzüge werden in der Regel gegen Mehrkosten verliehen, üblich sind „Shorties“.

Verpflegung ist im Preis meist enthalten, nicht jedoch die Getränke.

Achtung: Zwischen dem letzten Tauchgang und einem Flug müssen *mindestens 24 Stunden* liegen!

Australiens Tauchplätze

Queensland Das **Great Barrier Reef** ist die Traumdestination für Taucher aus aller Welt.

Cooktown/Lizard Island: Die Insel nördlich von Cooktown (Ausflüge auch ab Cairns) bietet eine lohnende Unterwasserwelt.

Port Douglas: Von hier werden Touren zu den nördlichen Riffen angeboten.

Cairns: „Tauchhauptstadt“ in Queensland mit unzähligen Tauchschulen und einem großen Ausflugsangebot zum Riff.

Townsville/Ayr: Von Townsville und Ayr aus locken neben dem Riff auch interessante Schiffswracks.

Whitsunday Islands/ Airlie Beach: Günstige Tauchkurse zwischen den Inseln und am Riff, jedoch eher trübe Wasserqualität.
Mackay: Hervorragende Tauchreviere am Creedlin Reef und Catacombes.
Rockhampton: Ausgangspunkt für Ausflüge auf die vorgelagerten Keppel Islands, wo relativ kostengünstige Tauchgänge angeboten werden.
Gladstone/Heron Island: In Gladstone werden mehrtägige Touren nach Heron Island angeboten – einer der besten Plätze am Riff überhaupt.
Bundaberg: Ausflüge nach Lady Elliot Island, mit bestem Tauchrevier und Mantarochen. Ist wie Lady Mushgrave Island von besonderem Korallenreichtum umgeben.

New South Wales

Byron Bay: Interessant ist vor allem Julian Rocks Marine Reserve, mit Schildkröten, Walen (saisonal), Haien, tropischen Fischen und Delphinen.
Sydney: Im Aquarium (Oceanworld) in Manly werden Tauchgänge und Kurse angeboten.
Jervis Bay: Von Huskisson aus werden Tauchgänge in der Bucht, mit Delphinen und Walen (je nach Jahreszeit), angeboten

Victoria

Wilsons Promontory: Große Population Seerobben, die unter und über Wasser beobachtet werden können.
Warrnambool/Port Campell National Park: Wracktauchen an der legendären Shipwreck-Coast, für erfahrene Taucher.

Südaustralien

Mount Gambier: Im Kratersee kann man in bis zu 60 m tiefe Sinklöcher tauchen.
Kangaroo Island: Schiffswracks sind die Hauptattraktion vor der nordwestlichen Landspitze Cape Borda.
Port Lincoln: Für unerschrockene Taucher werden Käfigtauchgänge zu Weißen Haien angeboten (www.rodneyfox.com.au).

Westaustralien

Esperance: Ausflüge zum Recherche-Archipel und zum größten tauchbaren Schiffswrack Australiens.
Bunbury, Rottnest Island, Abrolhos Island: Allesamt gute Wracktauchgebiete.
Exmouth und Coral Bay: Das Ningaloo Reef ist *der* Tauchtipp in Westaustralien, eine gute Alternative zum riesigen Great Barrier Reef. Die Sicht ist meist gut und Mantarochen und Walhaie ziehen von April bis Juni vorbei.

Walhai

Broome: Das 300 km vor der Küste befindliche Rowley Shoals Atoll zählt zu einem der zehn besten Tauchplätze der Welt, mit Sichtweiten bis zu 60 Meter. Nur per Bootscharter erreichbar.

Tasmanien

King Island: Hier liegen Schiffswracks jeglichen Alters. Nur für erfahrene Taucher!
Tasman Peninsula: Tauchprofis finden hier Höhlen, Steilwände, Seetangwälder, Robben und Delphine.

Sprache

In Australien wird Englisch gesprochen. Für eine Individualreise reicht das herkömmliche Schulenglisch aus. Problematisch wird es, wenn Sie einen waschechten Australier treffen, der breites australisches Englisch, das sogenannte „Strine“, spricht. Als Ausländer versteht man davon zunächst recht wenig, bis der Gewöhnungseffekt allmählich einsetzt.

Durch die Aussprache und eigene Wortkreationen hebt sich das australische Englisch vom Britischen ab. Für Ausdrücke des „Aussie-Slang“ gibt es ganze Wörterbücher (s. „Literaturhinweise“).

Nachfolgenden einige Aussie-typische Wörter und Ausdrücke:

Abbo	Aboriginal (abwertend) – niemals selbst verwenden!
Alice	Abk. für Alice Springs
Anzacs	Kriegsveteranen des Australia and New Zealand Army Corps
apple eaters	/apple islander Bewohner der Insel Tasmanien
Aussie	Australier
Aussie Rules	kurz für *Aussie Rules Football,* auch *Footy*
ay?	Wie bitte? Hä?
B.Y.O.	Abk. für „Bring Your Own“, für Restaurants ohne Ausschanklizenz
back of beyond	Outback
Backpacker Hostel	privat geführte Jugendherbergen; Budget-Unterkunft mit Mehrbettzimmern
banana bender	Bewohner von Queensland
barbie/BBQ	Abk. für Barbecue = Grill
barra	Abk. für Barramundi, wohlschmeckender Süßwasser-Speisefisch
bathers	(swimmers, cozzies, togs) – Badeanzug
beef road	Strecke, auf der Rinderlastzüge (Road Trains) fahren
bikies	Motorradfahrer
bikkies	Kekse
billabong	Wasserloch, Teich, Tümpel
billy	Teepott aus Blech – *billy tea* = Tee über dem offenen Feuer
bitumen	Asphalt
blackfella	Aboriginal („Schwarzer Kumpel“)
bloke	Kerl, Typ, Kumpel
bloody	beliebtestes Adjektiv zur Verstärkung in jeglicher Form, z.B. „bloddy hot“, „bloody booze“, „bloody gate“
blue	(to have a) Streit, körperliche Auseinandersetzung
bogged	im Schlamm oder im Sand festfahren
boogie board	halbgroßes Surfbrett zum Draufliegen und Dünen surfen
boomer	großes Känguruh
boomerang	hölzerne Wurfwaffe
booze	Alkohol
bore	Bohrloch, Brunnen – das Wasser daraus ist nicht immer genießbar, meist sehr salzhaltig
bottle shop	Spirituosengeschäft
bottoms up!	Trinkspruch: das Glas in einem Zug leeren!
breckie	Frühstück
brumbie	Wildpferd
bucks	Dollar
bugger	Mist, so ein Sch …
bull dust	feiner Staub im Outback
bullbar	(oder roobar) Rammschutz vor dem Autokühler
bullshit!	Quatsch! Das stimmt nicht!
bunks	Etagenbetten (z.B. im *Backpacker* Hostel)
bunyip	Fabelwesen der Aboriginal-Legenden
bush	alles außerhalb der Städte
bush tucker	Essen im australischen Busch

Cabin	Wohncontainer oder kleine Hütte
campoven	großer gußeisener Topf mit Deckel, der traditionell beim Kochen und Backen am offenen Lagerfeuer zum Einsatz kommt
carbie	Vergaser
chasm	enge Schlucht, Klamm
chink	Chinesen
chips	Pommes frites
chook	Huhn
cocky	Kakadu oder Farmer
cooler/esky	Kühlbox
coon	abwertend für Ureinwohner
cop, copper	Polizist
corroboree	zeremonielles Fest, Zusammenkunft der Ureinwohner
corrugated road	Wellblechpiste
counter meal/lunch	Thekenessen im Pub
creek	Flusslauf, Bach
crow eater	Südaustralier
cuppa	kurz für „a cup of …“, eine Tasse
Damper	Buschbrot aus Mehl, Wasser und Backpulver, wird direkt im Feuer gebacken
deli	Lebensmittelgeschäft
didgeridoo	Aboriginal-Blasinstrument
digger	früher Goldgräber, später Soldat
dill	Trottel, Idiot
dip	Senke, verbreitetes Warnschild, wenn z.B. ein ausgetrockneter Wasserlauf durchquert wird. Achtung – langsam fahren!
dirt road	Piste, nichtasphaltierte Straße
distillate	alter Ausdruck für Diesel
dreamtime	Schöpfungszeit in der Aboriginal-Mythologie
drink with the flies	alleine trinken
dugout	künstliche Wohnhöhle in Opalstädten (typisch für Coober Pedy)
dunny	Plumps-Klo
Ear basher	Schwätzer
early bird	Frühaufsteher, Frühbucher
esky	tragbare Kühlbox/Kühltasche
Facilities	sanitäre Einrichtungen
fair dinkum	ehrlich
fair enough	okay, gut
fill up station	Tankstelle
footy	kurz für *Aussie Rules Football,* auch Aussie Rules
fossicking	Edelsteine suchen
freshies	Abk. für Freshwater Crocodile
G'day	Guten Tag *(= Good Day, G'Day Mate*)
gap	schmaler Felsdurchbruch
gravel road	Schotterstraße
grid	in die Fahrbahn eingelassene (Vieh-)Gitter
grog	jede Art von trinkbarem Alkohol
Hang on	Moment noch! Komme gleich!
homestead	Farmhaus / Gebäudekomplex
Jack	Wagenheber
jackaroo	(junger) Outback-Cowboy
jerry can	Benzin-Reservekanister (gemeint waren urspr. die typischen 20-l-Wehrmachtskanister; jerry = deutscher Soldat)
joey	Babykänguruh
jug	Bierkrug
jumbuck	Schafsbock

Kiwi	Neuseeländer
krauts	Deutscher (veraltet)
Larrikin	Halbstarker, Rocker
line	extrem schwere Geländewagenpiste
loo	Toilette, Waschraum
Mate	Kumpel, Freund
middy	Biermaß (285 ml)
mozzy/ mossies	Moskitos, Stechmücken
mud map	Landkarte, die mit einem Stock auf dem Boden gemalt wird oder einfache Kartenskizze
Never never	Wüstengebiet im Inland
nips	Japaner
no worries	keine Sorge, alles okay
nulla nulla	Schlagkeule der Ureinwohner
Outback	unwirtliches Hinterland, abseits der Zivilisation
Oz	„Land of Oz" nennen Aussies gern ihr Land, in Anlehnung an den Kinderbuch-Klassiker *Wizard of Oz* („Zauberer von Oz"), das in einem magisch schönen Zauberland spielt (auch als Musical, Lied *Over the Rainbow*)
Paddock	eingezäunte Weide
pansy	Schwuler
petrol	Benzin
pissed	betrunken
pokies	Spielautomaten
pom, pommie	abwertend für Engländer
pot	Biermaß in WA/VIC/QLD
Quack	Arzt
Reckon	aber sicher, darauf kann man wetten („I reckon")
rego	Abk. für Registration = Fahrzeugzulassung
road train	langer Lkw mit bis zu drei Anhängern
roo	Abk. für Känguruh
roofrack	Dachständer fürs Fahrzeug
Salties	Abk. für Salzwasser-/Leistenkrokodile
schooner	Biermaß (NSW, QLD, SA)
scrub	Buschgebiet
sealed road	asphaltierte Straße („bitumen")
she'll be right	Alles in Ordnung
shout	Aufforderung eine Runde zu spendieren („it's your shout, mate!")
singlet	ärmelloses T-Shirt/Muskelshirt
slab	Packung mit 24 Bierflaschen/-dosen
station	Farm im Landesinneren
stinger	Qualle (auch *box jellyfish)*
stockman	Viehtreiber, Cowboy
stubby	kleine Bierflasche
sunbake	Sonnenbaden
sundowner	Drink zum Sonnenuntergang
surfie	Wellenreiter
swag	Outback-Schlafsack
swagman	australischer Landstreicher
Tassie	Abk. für Tasmanien
telly	Abk. für Television = Fernseher
thongs	Badeschlappen
true blue	waschecht („a true blue Aussie")
tucker	Essen, Lebensmittel
Undies	Unterwäsche
unsealed road	nicht asphaltierte Straße

ute	Abk. für Utility Truck = kleiner Lieferwagen mit Pritsche
Walkabout	rituelle Wanderung der Aboriginal People
washout	Auswaschung auf der Straße
waxhead	Surfer
wet	Regenzeit im Norden („the wet season", „in the wet")
willy willy	Wirbelsturm, Sandhose
X-ing	Pedestrian Crossing = Fußgängerüberweg
X-mas	Christmas = Weihnachten
Yabbie	Süßwasserkrebs
yank	Amerikaner

Bildungswesen

In Australien besteht für Kinder zwischen 6 und 15 Jahren Schulpflicht. Das Erziehungswesen liegt in der Verantwortung der Regierungen der Bundesstaaten und Territorien und wird auch von diesen finanziert. Der normale Ausbildungsgang beginnt mit dem Kindergarten oder einer einjährigen Vorschule, gefolgt vom Besuch der Grundschule. In der 7. bzw. 8. Klasse erfolgt der Wechsel in die Sekundarstufe. Insgesamt umfasst die schulische Ausbildung 12 Jahre, wobei die Jugendlichen auch nach dem 10. Schuljahr abgehen können. Allerdings wird nur der Abschluss nach dem 12. Jahr als Zulassung für die Universität oder das College anerkannt. Der Anteil privater Schulen ist in Australien relativ hoch, obwohl diese verhältnismäßig teuer sind. So besuchen fast 30% aller Schüler private Lernanstalten, deren Träger meist Religionsgemeinschaften sind. Außerdem werden von unterschiedlichen Volksgruppen private Schulen betrieben, um den Fortbestand ihrer Kultur und Sprache zu sichern.

Die berufliche Aus- und Weiterbildung erfolgt an Lehranstalten, wie den TAFE-Colleges (Technical And Further Eduction). Sie bieten parallel zur praktischen Ausbildung berufsbegleitenden Unterricht. Über 200 unabhängige Universitäten und Fachhochschulen bieten Studiengänge an.

Für die Kinder und Jugendlichen im Outback und in den dünn besiedelten Gebieten gibt es eine australischen Besonderheit im Bildungswesen, die **„School of the Air".** 1951 wurde dieser besondere Fernunterricht ins Leben gerufen: Kinder auf abgelegenen Farmen, in Aboriginal-Communities, Bergbausiedlungen, Straßenbaulagern und auf Reisen erhalten ihren Schulunterricht über Funk. Die Funkschule umfasst die Vorschule und die Primary School bis zur 7. Klasse. Zweimal in der Woche wird Gruppenunterricht für Kinder gleichen Bildungsstands per „radio" erteilt. Ansonsten schickt der Lehrer schriftliche Arbeiten per Post oder per Internet und korrigiert sie auch auf diesen Wegen. Die Schüler werden größtenteils von ihren Eltern betreut, manche Familien stellen sogar eigene Lehrer für ihre Kinder ein. Damit sich die Schüler der Unterrichtsgruppen auch persönlich kennenlernen, werden in regelmäßigen Abständen Treffen organisiert. Der Abschluss der „School of the Air" entspricht dem der öffentlichen Schulen in Australien. Die weitere Schullaufbahn kann theoretisch ebenfalls per Fernunterricht fortgesetzt werden, doch wechseln die meisten „Funkschüler" dann auf ein Internat, um den höheren Schulabschluss zu absolvieren.

Reisevorbereitung

Einreisebestimmungen

Zur Einreise nach Australien sind ein **Reisepass** sowie ein **Einreise-Visum** erforderlich. Der Reisepass muss noch mindestens 6 Monate gültig sein. Kinder müssen über einen gültigen Kinderausweis (mit Bild) verfügen und sollten zusätzlich im Reisepass beider Eltern eingetragen sein. Bei Reisen via USA müssen selbst Kleinkinder im Besitz eines gültigen Reisepasses sein – ein Kinderausweis genügt nicht mehr. Bitte beachten Sie unbedingt die verschiedenen Einreisevorschriften der asiatischen Länder, falls Sie dort einen Stopp einlegen.

Das einfache **Touristenvisum** gilt für Aufenthalte von maximal drei Monaten, bei mehrmaliger Einreise, innerhalb eines Jahres. Es wird von Ihrem Reisebüro oder Reiseveranstalter zusammen mit der Flugbuchung kostenlos erstellt. Dies funktioniert auf elektronischem Weg durch das Flugreservierungssystem. Für diese sog. Electronic Travel Authority (ETA) werden folgende Angaben benötigt: Name, alle Vornamen, Geburtsdatum, Nationalität, Reisepass-Nummer, Reisepass-Gültigkeit. Die Daten werden beim Abflug von der Fluggesellschaft und bei der Einreise von den australischen Behörden geprüft. Lassen Sie sich in jedem Fall von Ihrem Reiseveranstalter eine Kopie der ETA geben. Wer möchte, kann sich die ETA auch selbst im Internet erstellen lassen. Staatsangehörige osteuropäischer Staaten müssen das Touristenvisum nach wie vor direkt bei der australischen Botschaft einholen. Sollten Sie ohne Visum am Flughafen erscheinen, so besorgt Ihnen die Fluggesellschaft oder ein kommerzieller Visa-Service ein Touristenvisum gegen eine individuelle Gebühr.

Das **Touristen-Langzeitvisum** (Long Stay Visa) gilt für Aufenthalte von maximal sechs Monaten bei mehrmaliger Einreise innerhalb von vier Jahren. Im Rahmen dieses Aufenthalts dürfen ein Studium oder ein Sprachkurs absolviert werden. Das Langzeitvisum muss direkt bei der australischen Botschaft beschafft werden. Die Kosten betragen € 45. Die Visagebühren werden von der australischen Botschaft nur noch per Kreditkarte akzeptiert. Allein der Immigration Counter der australischen Botschaft in Berlin akzeptiert noch Bargeld.

Eine **Visa-Verlängerung** in Australien ist über das Department of Immigration (in jeder australischen Großstadt) gegen eine Gebühr von A$ 200 möglich, jedoch mit strengen Auflagen und Überprüfungen.

Das **Working Holiday Visa** beinhaltet eine Arbeits- und Aufenthaltsgenehmigung für maximal 12 Monate. Dabei darf bei einem Arbeitgeber nicht länger als jeweils drei Monate gearbeitet werden. Um die Arbeitsstellen muss sich der Reisende selbst kümmern – die besten Tipps kursieren üblicherweise in den Backpacker-Hostels und Jugendherbergen. Die *Youth Hostel Association* (www.yha.com.au) hat ein spezielles Paket für arbeitssuchende Backpacker geschnürt, so dass der Einstieg erleichtert wird. Das Working Holiday Visum kann zweimal im Leben von kinderlosen ledigen Personen im Alter von 18 bis 30 beantragt werden, und zwar nur noch online im Internet.

Infos

In Deutschland: Australische Botschaft, Wallstr. 76–79, 10179 Berlin, Tel. 030-8800880, Fax 030-880088210, www.germany.embassy.gov.au.

In Österreich: Australische Botschaft, Matthiellistr. 2–4, 1040 Wien, Tel. 01-5128580, www.australian-embassy.at.

In der Schweiz: Australian Immigration & Trade Service, Postfach 457, 3800 Interlaken, Tel. 033-8230953, Fax 033-8230952, www.aits-australia.ch. Visa-Anträge müssen über die Botschaft in Berlin abgewickelt werden.

Sämtliche Visa-Anträge und Informationen sind auf der Internetseite der australischen Botschaft in Berlin aufgeführt.

Botschaften und Konsulate in Australien

In Australien verfügen Deutschland, Österreich und die Schweiz über Botschaften in Canberra und Konsulate in den wichtigsten Städten (Adressen s. bei den Städten). Sie sind behilflich, wenn Dokumente oder Geldmittel verloren gehen oder rechtlicher Beistand erforderlich ist.

Deutsche Botschaft, 119 Empire Circuit, Yarralumla, Canberra, Tel. 02-62701911, Fax 02-62701951, www.germanembassy.org.au.

Österreichische Botschaft, 12 Talbot St, Forrest, Canberra, Tel. 02-62951533, Fax 02-62396751; www.austriaemb.org.au.

Schweizer Botschaft, 7 Melbourne Ave, Forrest, Canberra, Tel. 02-61628400, Fax 02-62733428, www.eda.admin.ch.

Einreise

Im Flugzeug erhalten Sie eine **Einreisekarte** (Passenger Incoming Card) und ein Zollformular (Customs Form), das Sie wahrheitsgemäß ausfüllen müssen. Auf der Einreisekarte wird u.a. nach dem Zweck Ihrer Reise (Holiday), der Reisedauer und einer ersten Adresse gefragt. Die Einreisekarte wird bei der Passkontrolle zusammen mit dem Reisepass vorgelegt.

Das **Zollformular** enthält Fragen zu den mitgeführten Gütern, Devisen und Lebensmitteln. Zollfrei dürfen persönliche Gegenstände und Sportgeräte, 250 Zigaretten (oder 250 g Tabak), 1,125 Liter Alkohol (inkl. Wein oder Bier) und A$ 5000 in bar ohne Deklaration eingeführt werden.

Quarantänebestimmungen: Australiens einzigartige Flora und Fauna ist potenziell von Schädlingen und Erregern bedroht, die eingeführt werden könnten. Bestimmte Krankheiten, wie z.B. Tollwut, existieren auf dem Fünften Kontinent bislang nicht. Verboten sind daher die Einfuhr lebender Tiere, Muscheln, Felle, Häute, Elfenbein, frische Lebensmittel (Fleisch, Obst, Gemüse, Milchprodukte) und Pflanzen (Saatgut, Nüsse, Blumen etc.). Die Quarantänebestimmungen sind streng. Teilen Sie den Behörden bei der Einreise unbedingt und ehrlich alle Waren mit, die möglicherweise unter die strengen Auflagen fallen. Die Kontrollen erfolgen durch speziell geschulte Beagle-Hunde, die alles und jeden am Gepäckband beschnüffeln, außerdem wird das gesamte Gepäck durchleuchtet. Zuwiderhandlungen werden mit sofortigen Geldbußen geahndet. Haustiere müssen zunächst sechs Monate in Quarantäne – die Mitnahme des eigenen Hundes erübrigt sich deshalb in den meisten Fällen.

Nähere Informationen erteilt der *Australian Quarantine Inspection Service* (www.aqis.gov.au).

Ausreise

Die australische **Ausreisesteuer** wird, ebenso wie alle anderen anfallenden Flugsteuern und -gebühren, bereits mit dem Ticketpreis vorab bezahlt. Der Geldbeutel muss vor Ort also nicht noch einmal gezückt werden.

Mehrwertsteuer-Erstattung (Tax Refund): Für Güter, die mindestens A$ 300 kosten und höchstens 30 Tage vor Abreise in einem Geschäft gekauft wurden, kann am Ausreise-Flughafen eine Erstattung der 10%igen australischen Mehrwertsteuer (GST – Gross Sales Tax) eingefordert werden. Wichtig ist dabei, dass Sie bei der Ausreise eine Quittung des Händlers (Tax Invoice) sowie die Ware (im Handgepäck) vorlegen.

Führerschein

Zusätzlich zum gültigen nationalen Führerschein fordern die australischen Behörden im Falle von Kontrollen entweder einen internationalen Führerschein oder eine beglaubigte englischsprachige Übersetzung des nationalen Führerscheins. Diese Vorschrift gilt für alle im Mietvertrag eingetragen Fahrer.

Wichtig: Ein internationaler Führerschein wird in Deutschland nur noch ausgestellt, wenn gleichzeitig der alte „graue Lappen" oder der rosafarbene EU-Führerschein in den neuen EU-Kartenführerschein umgewandelt werden. Dies ist zum einen mit Kosten und zum anderen mit erheblicher Wartezeit (ca. 4–6 Wochen) verbunden. Handeln Sie also frühzeitig!

Tipp zur Sicherheit

Fertigen Sie sich von allen Dokumenten (Reisepass, Kreditkarte, EC-Karte, Führerschein, Flugticket) **zwei Sätze Kopien** an. Verwahren Sie diesen getrennt von den Original-Dokumenten (z.B. im Koffer oder in der Reisetasche). Den anderen Satz lassen Sie daheim bei Freunden oder Verwandten, die notfalls aktiv werden können.

Geld und Devisen

Die offizielle Landeswährung ist der **australische Dollar** (abgekürzt AUD, AU$ oder A$). 1 A$ = 100 Cent. Im Umlauf sind Münzen (5, 10, 20, 50 Cents sowie 1 und 2 A$) und Scheine (5, 10, 20, 50 und 100 A$). Die Ein- und Ausfuhr ist ohne Beschränkung möglich. Beträge über A$ 5000 müssen allerdings deklariert werden.

Der australische Dollar ist weder an den US-Dollar noch an den Euro gekoppelt. Entsprechend eigenständig ist sein Kursverlauf. Ob und inwieweit ein frühzeitiger Dollarkauf zur Absicherung der Urlaubskosten sinnvoll ist, hängt vom Währungsverlauf ab. Wer sich gegen einen plötzlich teureren australischen Dollar absichern möchte, kauft die meisten Reiseleistungen vorab in Europa und bezahlt in Euro oder Franken. So lassen sich Mietwagen/Camper, Hotels und auch Tagesausflüge vorab buchen und das Budget bleibt ohne Kursrisiko.

Unterwegs und für den täglichen Bedarf sind folgende Geldmittel empfehlenswert:

Bargeld

Bereits vorab in Europa sollten Sie einen gewissen Betrag in australische Dollar tauschen. So verfügt man nach Ankunft am ersten Flughafen in Australien über das nötige Kleingeld, um beispielsweise das Taxi oder den Flughafenbus zum Hotel oder zur Vermietstation zu bezahlen. Ausländische Banknoten werden in Australien am Flughafen, in großen Hotels und in den Banken in Bargeld getauscht.

EC-/ Maestro-Karte Um das Risiko des Verlusts und Diebstahls gering zu halten, sollten nie größere Mengen Bargeld mitgeführt oder im Auto deponiert werden. Sinnvoll ist es deshalb, Bargeld an Bankautomaten, sogenannten Automatic Teller Mashines , kurz ATM, mit der EC- bzw. Maestro-Karte zu holen. Alle Bankautomaten, die das „Maestro"-Zeichen tragen, können zur Bargeldabhebung genutzt werden, was praktisch an jedem Bankautomaten der großen Banken (ANZ, Westpac, Commonwealth, National) der Fall ist. In kleineren Orten (ohne Banken) sind die Automaten in Hotels, Geschäften oder Bars zu finden. Zur Abhebung benötigen Sie die EC-Karte und Geheimzahl. Der Bankautomat will die Art der Transaktion wissen: Drücken Sie „CR" (für Credit). Die Gebühren sind mit € 4–6 pro Abhebung moderat. Das Geld wird dem heimischen Girokonto sofort belastet. Kunden der Deutschen Bank erhalten bei *Westpac* kostenlos Bargeld. Dank der problemlosen Anwendung und der weiten Verbreitung der Bankautomaten hat die EC/Maestro-Karte dem klassischen Austral-Dollar-Reisescheck mittlerweile den Rang abgelaufen.

Kreditkarten Die gängigsten Kreditkarten sind **Visa** und **MasterCard,** mit Einschränkung auch American Express und Diners Club. In Geschäften, Supermärkten, Tankstellen, bei Tourveranstaltern, in Hotels und Restaurants werden sie als Zahlungsmittel gerne akzeptiert. An Geldautomaten kann mit der entsprechenden Geheimzahl ebenfalls Bargeld abgehoben werden. Die Gebühren richten sich nach dem Kartentyp sowie nach dem Guthaben, welches sich eventuell auf dem Kartenkonto befindet.

Einige Kreditkarten bieten zusätzliche Versicherungsleistungen, wie z.B. eine Reiserücktrittskosten- oder zusätzliche Fahrzeugversicherungen. Diese Versicherungen gelten i.d.R. nur, wenn die Reise oder Fahrzeugmiete mit der Karte bezahlt wird. Bei Fahrzeugversicherungen ist zu bedenken, dass es dem Vermieter egal ist, welche Zusatzversicherungen Sie eventuell über eine Karte bereits haben. Er wird trotzdem von Ihnen die Kaution verlangen oder Ihnen entsprechende Zusatzversicherungen anbieten, denn der Mietvertrag kommt zwischen Ihnen und dem Vermieter und nicht zwischen der Kreditkartenfirma und dem Vermieter zustande. Informieren Sie sich in jedem Fall genau, welche Versicherungsleistungen tatsächlich mit der Kreditkarte abgedeckt sind. Im Kleingedruckten sind es meist weniger, als die Werbung verspricht.

Geben Sie Ihre Kreditkarte nie unbeaufsichtigt aus der Hand. Dies gilt vor allem für Restaurants und Ladengeschäfte und vor allem für Einkäufe in südostasiatischen Ländern!

Im Falle des Kartenverlusts oder des Missbrauchs sollte die Karte sofort gesperrt werden. Hierfür werden folgende kostenlose Rufnummern in Australien angeboten:

- **Mastercard (BankCard):** 1-800-120113
- **Visa:** 1-800-805341
- **American Express:** 1-800-230100 oder 02-92718664
- **Diners Club:** 1-300-360060

Zentrale Sperrnummer in Deutschland: 0011-49-116116 (für Kreditkarten, EC/Maestro-Karten und Chipkarten für Mobiltelefone)

Reiseschecks Nach wie vor können Sie Austral-Dollar-Reiseschecks bei Ihrer Hausbank kaufen. Sie können in Australien in Banken oder bei der Post in Bargeld getauscht werden, was meist mit einer zusätzlichen Gebühr verbunden ist. Außerdem können Austral-Dollar-Reiseschecks direkt als Zahlungsmittel verwendet werden – es erfordert jedoch in manchen Fällen einen kundigen Filialleiter, der schon einmal einen Reisescheck gesehen hat. Vorteil: Reiseschecks werden bei Verlust ersetzt (Kaufquittung getrennt aufbewahren!) und stellen so ein sehr sicheres Zahlungsmittel dar. Wenig sinnvoll ist es, Euro- oder US-Dollar-Reiseschecks mitzuführen. Sie können nur gegen Gebühren und zusätzlichen Kursverlust in Banken zu Bargeld gemacht werden.

Eigenes Konto in Australien

Reisende, die sich über einen längeren Zeitraum im Land aufhalten, können sich in Australien ein eigenes Konto anlegen. Dieses sog. ***Savings Account*** ist bei einigen Banken, wie z.B. der ANZ-Bank (www.anz.com.au) kostenlos, inklusive Bankkarte und Online-Banking. Ein größerer, einmaliger Geldbetrag kann auf ein solches Konto von Europa überwiesen (oder vor Ort eingezahlt werden) und landesweit an allen Filialen abgehoben werden.

Reiseversicherungen

Bei Buchung der Reise empfiehlt sich grundsätzlich der Abschluss einer **Reiserücktrittskosten-Versicherung.** Sie trägt mögliche Stornokosten, falls die Reise aus Krankheitsgründen, Arbeitsplatzverlust oder wegen nicht bestandener Prüfungen abgesagt werden muss. Campermieten, Kreuzfahrten und generell Leistungen mit höherem Stornokostenrisiko sollten außerdem mit einer **Reiseabbruch-Versicherung** abgesichert werden, denn Vermieter oder Reedereien erstatten normalerweise nichts, wenn die Reise erstmal angetreten wurde.

Beispiel: Ihr Reisepartner stolpert nach drei von 30 Campermiettagen unglücklich und bricht sich das Bein. Sie müssen die Reise gemeinsam abbrechen. Der Vermieter berechnet trotzdem die volle Miete. In diesem Fall erstattet eine Reiseabbruch-Versicherung die nicht in Anspruch genommenen Miettage.

Gesundheit

Bei einer Reise durch Australien ist man nur wenigen Gesundheitsrisiken ausgesetzt. Die Hygiene ist hervorragend, die Trinkwasserqualität in aller Regel gut. Es genügt, die gleichen Gesundheitsregeln zu beachten wie zu Hause. Die medizinische Versorgung ist flächendeckend. Entlang der Küsten findet man in jedem größeren Ort ein Hospital und niedergelassene Ärzte. Das großflächige und dünn besiedelte Outback wird vom ***Royal Flying Doctor Service (RFDS)*** versorgt. Im Notfall hilft der RFDS selbstverständlich auch Touristen. Die Australier sind über das staatliche Gesundheitssystem ***Medicare*** oder private Krankenversicherungen versichert.

Mit deutschen, österreichischen und Schweizer Krankenkassen besteht kein Gesundheitsabkommen mit Medicare. Reisenden wird deshalb der Abschluss einer **Auslands-Krankenversicherung** für die gesamte Dauer des Aufenthalts dringend empfohlen! Behandlungskosten müssen zunächst vor Ort in bar bezahlt werden. Die Kosten (alles quittieren lassen) können nach Rückkehr bei der Versicherung zur Erstattung eingereicht werden. ▶ Weitere Informationen unter www.health.gov.au.

Adressen von Ärzten und Krankenhäusern sind in den *Yellow Pages* (Telefonbuch, Gelbe Seiten) sowie für die Städte im Reiseteil des Buches aufgeführt.

Die **Notrufnummer** für ganz Australien lautet: **000**, der **Giftnotruf** ist unter **131126** erreichbar.

Der Royal Flying Doctor Service (RFDS)

„Wie kann Australien flächendeckend medizinisch versorgt werden?“ Diese Frage stellte sich der Presbyterianer Priester John Flynn (1880–1951). Seine Idee war es, ein Netz von Flugbasen zu schaffen, so dass auch der entlegenste Winkel des Landes im Notfall schnell erreicht werden konnte. Sein Traum wurde im Mai 1928 verwirklicht, als das erste Flugzeug in Clonourry (QLD) zum ersten medizinischen Notfall beordert wurde, damals noch als Ableger der Qantas unter dem Namen Aerial Medical Service.

Die erste RFDS-Basis wurde 1939 in Alice Springs gegründet. Die Kommunikation basierte lange Jahre auf dem „Pedal-Radio“, einer Erfindung des deutschstämmigen Technikers Alfred Traeger. Sein Funkgerät wurde durch Pedalantrieb mit Strom versorgt und war bald auf jeder Outback-Farm installiert. Neben modernen Funkgeräten wird heute meist das Telefon benutzt, um die fliegenden Ärzte zu ordern. Sie kommen nicht nur in Notfällen, sondern auch in regelmäßigen Abständen zu Sprechstunden auf die Farmen und zu den Aboriginal-Communities. Mal fliegt der Zahnarzt ein, mal ist es ein Kinderarzt und oft wird Selbsthilfe über Funk angewiesen. Jede Farm verfügt über eine standardisierte Notfallapotheke.

Das gesamte Inland wird heute über 17 RFDS-Basen mit 38 Flugzeugen versorgt. Kein Patient muss länger als zwei Stunden auf Hilfe warten! Der australische Staat ist an der Finanzierung zu zwei Dritteln beteiligt, der Rest des Budgets muss über Spenden und Sponsoren aufgebracht werden. Die RFDS-Basen können in verschiedenen Orten Australiens besichtigt werden, beispielsweise in Alice Springs, Port Augusta oder Mount Isa.

Alle gängigen **Medikamente** sind in Apotheken und Drogerien (Pharmacies, Chemists) erhältlich, teilweise nur auf Rezept eines australischen Arztes. Verschreibungspflichtige Medikamente dürfen mitgeführt werden – im Zweifel sollte ein ärztliches Attest im Handgepäck sein. Mietfahrzeuge und Camper verfügen über keinen Verbandskasten, packen Sie daher ein kleines Notfallset mit Pflastern, Verbandsmaterial, Dreieckstuch etc. ein!

Impfungen Für die Einreise nach Australien sind offiziell keine Impfungen erforderlich, sofern Sie sich innerhalb der letzten sechs Tage vor Einreise nicht in einem Gelbfiebergebiet aufgehalten haben. Besondere Gesundheitsbescheinigungen werden bei Einreise nicht benötigt. Prüfen Sie dennoch bei dieser Gelegenheit Ihren allgemeinen Impfschutz. Das in den nordaustralischen Tropenregionen periodisch auftretende Dengue Fieber und Ross River Fieber wird durch Moskitos übertragen. Hierbei handelt es sich um eine Arbovirus-Infektion mit guter Prognose, die durch Einnahme von Antibiotika bekämpft werden kann. Suchen Sie bei Unwohlsein und Fieber schnellstmöglichst einen Arzt auf. Beim Besuch südostasiatischer Stopover-Ziele gilt es, die besonderen Gesundheitsbestimmungen der bereisten Länder zu beachten. Aktuelle Informationen unter www.travelmed.de oder bei den Tropeninstituten.

Sonnenschutz

Aufgrund der geographischen Lage Australiens ist die UV-Strahlung der Sonne extrem stark. Schützen Sie sich vor allzu langer Sonneneinstrahlung und vermeiden Sie Sonnenbäder in den Mittagsstunden von 11 bis 15 Uhr. Schützen Sie sich mit einem breiten Hut, bedeckender Kleidung (T-Shirt oder langarmiges Hemd), einer guten Sonnenbrille und Sonnenschutzmittel. Wenn Sie zu allergischen Hautreaktionen neigen, nehmen Sie die bewährte Sonnencreme von zu Hause mit. Ansonsten erhalten Sie Sonnenschutzcreme mit hohem Lichtschutzfaktor (LF 15+, LF 25+) preisgünstiger in Australien, z.B. in den Supermarktketten Coles oder Woolworth. Der australische Standard für Sonnencreme ist weltweit einer der strengsten.

Kinder sollten besonders vor der Sonne geschützt werden. Hierzu eignet sich besonders UV-Sonnenschutzbekleidung, welche auch zum Baden getragen wird (s.a. Kapitel „Unterwegs in Australien – Reisen mit Kindern").

Vermeiden Sie unter allen Umständen einen Sonnenbrand, denn „die Haut vergisst nichts". Die hohe Hautkrebsrate hat bei den meisten hellhäutigen Australiern zu einem Umdenkprozess geführt. „Modische Bräune" ist nur noch an wenigen Szene-Stränden angesagt.

Insektenschutz

Schützen Sie sich in den tropischen Regionen vor Insektenstichen (Moskitos und Sandfliegen), da diese, neben dem unangenehmen Juckreiz, immer auch eine mögliche Gefahr von Krankheitsübertragungen bedeuten. Tragen Sie in der Dämmerung möglichst helle, dichtgewobene Bekleidung (z.B. das legendäre moskitodichte G1000-Gewebe von Fjällräven) und benutzen Sie ein Mückenschutzmittel. Bewährt sind z.B. die australischen Mittel *RID* oder *Aerogard*. Beide Mittel sind recht aggressiv gegenüber Schleimhäuten und Kunststoffen – vermeiden Sie daher den Kontakt mit Augen, Kunststoffbrillengläsern und Plastikuhren. Eine Daueranwendung sollte vermieden werden. Erhältlich sind die Mittel in Supermärkten und in Drogerien. Bei Stichen gibt es zur Linderung des Juckreizes „After-Bite"-Stifte und -Salben beim Chemist. Hotelzimmer, Wohnmobile und Zelte sollten über Fliegengitter verfügen, damit die unangenehmen Plagegeister draußen bleiben. Die Fliegenplage trifft im australischen Sommer alle Outback-Reisenden – im Winter (Mai bis September) ist sie dank kühler Nächte kein Thema. Gegen die nervigen Plagen hilft nur ein Fliegennetz, welches man sich über den Hut stülpt, oder das Warten auf die hereinbrechende Dämmerung.

Wasser

Angesichts warmer Temperaturen und des damit verbundenen Flüssigkeitsverlusts ist eine regelmäßige und ausreichende Flüssigkeitszufuhr zwingend erforderlich. Führen Sie stets eine Wasserflasche auf Wanderungen mit sich. Im heißen Sommer sollten pro Person und Tag mindestens drei bis fünf Liter Trinkwasser einkalkuliert werden. Ein Wasserkanister mit fünf oder zehn Liter Fassungsvermögen kann in jedem Supermarkt gekauft werden und sollte als Reserve im Mietwagen an Bord sein. Bei Touren abseits der Zivilisation muss zusätzlich eine Reserve von 20 Liter pro Person eingeplant werden. Leitungswasser kann fast überall getrunken werden, jedoch schwankt die Wasserqualität stark. Mal ist es stark chloriert, mal schmeckt es sehr mineralisch, wenn es aus unterirdischen Reservoirs stammt.

Thrombosegefahr auf Langstreckenflügen Langes Sitzen in unveränderter Position kann zu Beinthrombosen führen. Besonders gefährdet sind Raucher, Bluthochdruck-Patienten, Übergewichtige und Frauen, welche die Pille einnehmen. Beachten Sie deshalb einige Vorsichtsmaßnahmen: Trinken Sie keinen Alkohol, aber ausreichend und viel Wasser während des Fluges, stehen Sie in regelmäßigen Abständen auf und machen Sie Dehnungs- und Anspannungsübungen, tragen Sie eventuell Kompressionsstrümpfe. Halten Sie ggf. Rücksprache mit Ihrem Arzt.

Checkliste ☑ Was muss alles ins Gepäck?

Handgepäck (Tagesrucksack, Reisetasche)

- ☐ Reisepass (noch mind. 6 Monate gültig)
- ☐ Visum
- ☐ Kreditkarte
- ☐ Australische Dollars (Anfangsbestand)
- ☐ EC/Maestro-Karte (+ Geheimzahl)
- ☐ Führerschein
- ☐ Internationaler Führerschein
- ☐ Reiseplan/Reiseverlauf
- ☐ Flugtickets
- ☐ Bahnfahrkarte (Rail & Fly Fahrschein = 1. Coupon vom Flugschein)
- ☐ Voucherheft (Gutscheine für Mietwagen, Camper, Hotels etc.)
- ☐ Telefonkarte (evt. vor Ort kaufen)
- ☐ Zahnbürste (evt. Rasierzeug)
- ☐ Feuchtigkeitscreme, Lippenfettstift
- ☐ Foto/Videokamera
- ☐ Filmmaterial
- ☐ Speicherchips für Digitalkamera
- ☐ Pullover/Jacke
- ☐ Ersatz-T-Shirt
- ☐ Reiselektüre
- ☐ Reiseführer

Reisegepäck (Koffer, Reisetasche, Rucksack)

- ☐ Unterwäsche
- ☐ Kurze Hose
- ☐ Lange Hose
- ☐ T-Shirts
- ☐ Socken
- ☐ Hemd/Bluse
- ☐ Fleece-Jacke/Weste
- ☐ Regenjacke
- ☐ Sandalen
- ☐ Joggingschuhe/Halbschuhe
- ☐ Mütze/Hut
- ☐ Taschenlampe
- ☐ Waschzeug
- ☐ Mückenschutz (evt. vor Ort kaufen)
- ☐ Sonnencreme (evt. vor Ort kaufen)
- ☐ Badehose/Badeanzug
- ☐ Kleines Handtuch
- ☐ Wäscheklammern
- ☐ Wäscheleine/Seil
- ☐ Kopien von Reisepass/Führerschein/Kreditkarte

Für Daheim

- ☐ Kopien von Reisepass/Führerschein/Kreditkarte
- ☐ Adressenliste
- ☐ Auslands-Krankenversicherung abgeschlossen?
- ☐ Reiserücktritts-/Reiseabbruchversicherung abgeschlossen?

Reiseplanung

Dauer einer Australienreise

Ein Kontinent wie Australien hat es verdient, umfassend bereist zu werden. Doch die zur Verfügung stehende Urlaubszeit ist erfahrungsgemäß begrenzt. Wohl dem, dessen Arbeitgeber noch sechs Wochen am Stück Urlaub gewährt oder dessen aktives Arbeitsleben dem Rentnerdasein gewichen ist. Tatsächlich sieht die Realität jedoch anders aus. Mehr als drei oder vier Wochen Urlaub sind heutzutage oft nicht möglich. Da bleibt es nicht aus, dass Kompromisse gemacht werden müssen. Einerseits will man möglichst viel sehen, andererseits soll die Erholung nicht zu kurz kommen. Vermeiden Sie unter allen Umständen, dass Sie täglich im Auto mehrere hundert Kilometer abspulen müssen und vom ersten bis zum letzten Urlaubstag auf Achse sind. Planen Sie Ruhetage ein und lassen Sie auf Wanderungen und Ausflügen Landschaft und Natur aktiv auf sich wirken. Im Reiseteil des Buches sind bei den jeweiligen Routen Vorschläge zur Zeiteinteilung verzeichnet. Wer mehr Zeit hat, umso besser!

Verschiedene Regionen

Die Vielfalt der Landschaften und Städte lassen jede Region in einem besonderen Licht erscheinen. Wenn das australische Fremdenverkehrsamt in seinen Werbekampagnen „Australien in drei Wochen" bewirbt, so ist es meist die klassische „Reef, Rock and Opera"-Tour, die im Vordergrund steht: die Regenwälder und Great Barrier Reef im tropischen Queensland, das Rote Zentrum und das Outback im Landesinneren, sowie die Weltmetropole Sydney. Eine solche Reise ist für Erstbesucher sicherlich eine gute Wahl, zeigt sich doch die immense Vielfalt und Abwechslung des Fünften Kontinents in relativ kurzer Zeit. Bei etwas mehr Zeit kommen die Ostküste (Sydney – Cairns) oder der Südosten (Adelaide – Melbourne – Sydney) hinzu. Zweit- und Drittbesucher wenden sich dann Zielen abseits der touristischen Schauplätze zu. So zum Beispiel auf einer Reise durch das südaustralische Outback, auf die Insel Tasmanien oder in den tropischen Norden. Zu beachten sind neben den rein landschaftlichen Gesichtspunkten auch die gewünschten Aktivitäten. Taucher planen eine längere Tauchkreuzfahrt am Great Barrier Reef ein. Wüstenfans bevorzugen eine intensive Allradtour durch das Outback. Wanderer erleben die Natur am intensivsten in den Nationalparks des Landes. Städteliebhaber verbringen dafür eher mehrere Tage in den Metropolen Sydney oder Melbourne. Und Badeurlauber beschließen den Urlaub mit einem erholsamen Strand- oder Inselaufenthalt am Ende der Reise. Oder am liebsten von allem etwas? Unter den Routenvorschlägen finden Sie vielfältige Kombinationsmöglichkeiten!

Die besten Reisezeiten

Australien kann grundsätzlich ganzjährig bereist werden. Jedoch verfügt der Kontinent über verschiedene Klimazonen mit unterschiedlichen Reisezeitempfehlungen. Kein Monat ist für alle Regionen gleichermaßen gut geeignet. Umgekehrt gibt es für jede Klimazone und jede Region eine beste Reisezeit. Neben den klimatischen Aspekten spielen natürlich auch persönliche Interessen (Flora, Fauna, Städte, Verwandtenbesuche) und zwingende Gegebenheiten, wie z.B. Schulferien, eine gewichtige Rolle. Es kommt also darauf an, sich die Vorteile einer bestimmten Klimazone zu Nutze zu machen und die Reiseroute so zu legen, dass möglichst überall ein Optimum erzielt wird. Das Land erstreckt sich vom tropischen Norden mit extrem heißen Sommern bis zum gemäßigten Süden mit kühlen Wintern.

Tropischer Norden

Regionen: Far North Queensland (Mackay – Townsville – Cairns – Cooktown – Cape York), Gulf Savannah (Cairns – Darwin), Top End (Darwin, Kakadu NP, Litchfield NP), Kimberley-Region (Kununurra – Broome – Port Hedland – Exmouth).

Die **beste Reisezeit für den tropischen Norden** ist die Trockenzeit von Mai bis Oktober. Warme bis heiße Temperaturen (25–35 °C) und eine geringe Niederschlagwahrscheinlichkeit kennzeichnen die **Dry Season**. Besonders schön ist das Land kurz nach der Regenzeit (April bis Juni), wenn die Pflanzenwelt saftig grün ist und Wasserfälle und Flüsse noch ausreichend Wasser haben. Gegen Oktober/November ist die Pflanzenwelt trocken und verdorrt. Häufig werden kontrollierte Buschfeuer entfacht und eine schwarze, verbrannte Vegetation begleitet den Reisenden über viele Kilometer. Die asphaltierten Highways sind ganzjährig zu befahren. Viele Pisten hingegen, z.B. nach Cape York oder der Gulf Track öffnen erst ab Mitte Mai.

Die **Regenzeit im tropischen Norden** reicht von November bis März, gelegentlich auch in den April hinein. Beginn und Ende der Regenzeit schwanken von Jahr zu Jahr, so dass absolut verlässliche Angaben nicht möglich sind. Klimatisch ist es zu dieser Zeit extrem heiß (35–40 °C), verbunden mit einer hohen, annähernd 100%-igen Luftfeuchtigkeit. Die Atmosphäre gleicht einer Sauna. Reisende, die im Dezember, aus Europa kommend in Darwin landen, werden buchstäblich vom „Dampfhammer" erschlagen und suchen schnellstmöglich das nächstbeste klima-tisierte Gebäude auf. Hinzu kommen periodische Starkregenfälle, die Flüsse über die Ufer treten lassen und zu Straßensperrungen durch „Floodways" führen können. Von Zeit zu Zeit fegt ein tropischer Wirbelsturm (Cyclone) vom Meer kommend über das küstennahe Land. An der Küste Queenslands (nördlich von Rockhampton) kann wegen giftiger Quallen (Box Jelly Fish, Marine Stinger) nur innerhalb abgesperrter Netze im Meer gebadet werden. Bei Ausflügen an das äußere Riff (20 bis 60 km vor der Küste) existiert die Quallen-Gefährdung nicht.

Überschwemmung im Norden

Zentrum (Outback)

Regionen: Südaustralisches Outback (Stuart Highway, Flinders Ranges, Oodnadatta Track, Simpson Desert), Rotes Zentrum (Alice Springs, Ayers Rock, westliche und östliche MacDonnell Ranges), Westaustralien (Great Central Road, Tanami Track), Canning Stock Route, Outback von Queensland und New South Wales (Birdsville Track, Broken Hill u.a.).

Die **beste Reisezeit für das Zentrum** ist der australische Winter, von April bis Oktober. Die Temperaturen liegen in dieser Zeit tagsüber zwischen angenehmen 24 und 30 °C, die Nächte kühlen in den Monaten Juli und August bis zum Gefrierpunkt ab. Dieses typisch kontinentale Wüstenklima hat den weiteren großen Vorteil, dass sich die Belästigung durch Fliegen in Grenzen hält: eine kalte Nacht und die lästigen Plagegeister sind millionenfach dezimiert. Der größte Nachteil des australischen Winters sind sicherlich die kurzen Tage. Das Tagesziel sollte gegen 17 Uhr erreicht sein, da es wenig später bereits stockfinster wird. Reisende sollten es zu dieser Zeit den Australier gleich tun: früh bei Sonnenaufgang aufstehen und den Tag nutzen!

Das Outback ist im australischen Sommerhalbjahr (Oktober bis März) extrem heiß. Backofenartige Gluthitze von 40 bis 45 °C im Schatten ist keine Seltenheit. An Aktivitäten wie Wanderungen ist kaum zu denken und Flüssigkeit sollte literweise konsumiert werden. Gegen einen relativ begrenzten Aufenthalt, z.B. zum Besuch des Ayers Rock (Uluru Kata Tjuta National Park) ist nichts einzuwenden, doch für ausgiebige Outback-Touren gibt es bessere Zeiten im Jahr.

Ost- und Westküste

Regionen: New South Wales – Queensland (Sydney – Brisbane – Cairns), Western Australia (Perth – Broome)

Die Ostküste von Sydney bis Cairns und die Westküste von Perth bis Broome lassen sich ganzjährig bereisen, doch sollten die Hinweise zur Regenzeit im tropischen Norden beachtet werden. Planen Sie Ihre „Reiserichtung" mit den Klimazonen! Eine Tour von Sydney nach Cairns findet am besten von März bis Juli statt, die Reise in umgekehrter Richtung besser von August bis November. Im ersten Fall ist die Regenzeit im Norden gerade vorbei, im anderen Fall steht sie bevor. Sydney selbst ist in den Wintermonaten (Juni, Juli, August) mit Tagestemperaturen von 10 bis 18 °C immer recht kühl – ein Umstand, der sich bei einem Städteaufenthalt verschmerzen lässt.

Süden

Regionen: New South Wales, Victoria, South Australia (Sydney – Melbourne – Adelaide, Kangaroo Island, Eyre Peninsula, Nullarbor Plain), Südwesten (Perth – Albany – Esperance), Tasmanien

Die **beste Reisezeit für den südlichen Kontinent** ist der australische Sommer von Oktober bis März. Zu dieser Zeit herrschen warme Tagestemperaturen (25 bis 35 °C), wobei wie überall in Australien mit länger andauernden Hitze- und Trockenperioden zu rechnen ist. Entlang der Südküste weht im Sommer meist ein angenehm frischer Wind.

Im Winter indes wird es kühl und ungemütlich. Die Niederschläge nehmen zu und die Tagestemperaturen sinken auf 8 bis 15 °C, in den Australischen Alpen und auf Tasmanien auch unter den Gefrierpunkt.

Empfehlungen

Reisen durch Australien sollten daher wie folgt geplant werden:

Reisezeit April – Juni: Tourbeginn im Süden (eher kühl), Tourende im Norden (ideales Klima nach der Regenzeit).

Reisezeit Juli – August: Verzicht auf den Süden (kühl), schwerpunktmäßige Reise durch das Zentrum (ideales Outback-Klima mit kalten Nächten) und den Norden (trocken und warm).

Reisezeit September – November: Tourbeginn im Norden (noch vor Beginn der Regenzeit), Tourende im Süden (frühlingshaft warme Temperaturen).

Reisezeit Dezember – März: Verzicht auf den Norden (heiß, feucht, Regenzeit), schwerpunktmäßige Reise durch den australischen Süden (warme Sommer) und Tasmanien.

Anreise per Flugzeug

Dass ein Flug nach Australien 24 Stunden oder länger dauert, ist mittlerweile kaum noch richtig. Tatsächlich beträgt die reine Flugzeit zwischen 17 und 20 Stunden, hinzukommen die Stunden beim Umsteigen in Asien. Die kürzesten Flugverbindungen bestehen von Deutschland via Asien nach Perth oder Darwin (ca. 12,5 Std. plus 4,5 Std.), nach Sydney oder Melbourne dauert es etwas länger (ca. 12,5 Std. plus ca. 8 Std.). Sanfter formuliert: Down under liegt nur vier Mahlzeiten und drei Kinofilme entfernt!

Buchungsklassen

Die günstigste Buchungsklasse ist die Economy Class, auch Tourist Class genannt. Der übliche Sitzabstand beträgt 79 bis 86 cm. Jeder Zentimeter zählt naturgemäß bei einem solch langen Flug und dennoch: nach einer Weile wird's überall eng! Regelmäßiges Aufstehen und Herumlaufen streckt die gebeugten Glieder. Gute Airlines bietet mittlerweile in jedem Sitz Bildschirme mit Unterhaltungsprogrammen (Videofilme, Spiele) an. Die Business Class bietet mit 120–150 cm deutlich mehr Sitzplatzabstand, breite Liege- oder Schlafsessel und einen besseren Service. Die First Class (1. Klasse) wird nur noch von wenigen Fluggesellschaften angeboten. Sie bietet für viel Geld ein Optimum an Komfort und Service.

Flugpreise

Die Flugpreise sind je nach Airline und Saisonzeit unterschiedlich. Last-Minute Preise sind nicht erhältlich – im Gegenteil: je früher ein Linienflug gebucht wird, desto günstiger ist er! Nutzen Sie die Angebote der Reiseveranstalter, die beispielsweise spezielle Fly-Drive Pakete zu vergünstigten Konditionen auflegen. Die günstigste Saisonzeit ist traditionell der Zeitraum Mai/Juni, die teuerste Zeit von Anfang bis Ende Dezember. Bei flexibler Reisezeit lassen sich hier schnell 500 € pro Person und Flug einsparen! Wenden Sie sich für weitere Informationen an einen erfahrenen Australienveranstalter (▶ z.B. in Deutschland: Best of Travel Group, Tel. 0180-3307273, Fax 0180-5352595, www.best-of-australia.de).

Flugrouten

Die **Ostroute über Asien** ist die günstigste und schnellste Flugverbindung nach Australien. Die **Westroute über Nordamerika** (USA oder Kanada) ist mit Air New Zealand, United Airlines und Air Canada möglich. Der große Vorteil liegt in den höheren Freigepäckgrenzen (2 x 32 kg pro Person). Weiterhin sind Flüge über Südafrika (mit British Airways/Qantas), über Chile (mit Lan Chile) und über Mauritius (Air Mauritius/ Malaysia Airlines) möglich. Weltreisende bevorzugen meilenbasierende **Round-The-World-Tickets** der Flugallianzen Star Alliance und One World, welche die vielfältigsten Kombinationen ermöglichen.

Langstreckenflüge

Die Wahl der richtigen Fluggesellschaft hängt von verschiedenen Faktoren ab.

Flugziel: Die Flugroute sollte möglichst direkt zum gewünschten Flugziel erfolgen. Es nützt nichts, wenn innerhalb Australiens zusätzliche (kostenpflichtige) Inlandsflüge erforderlich sind, die zudem die Reisezeit erheblich verlängern.

Stopover-Ziel: Wird ein bestimmtes Stopover-Ziel gewünscht, so muss die Auswahl der Fluggesellschaft entsprechend erfolgen.

Sonstige Faktoren sind eventuelle Meilenguthaben bei einem bestimmten Vielfliegerprogramm, der Flugpreis und natürlich die Themen Sicherheit, Platzangebot, Unterhaltungsprogramme und der „Ruf" einer Airline.

Flughäfen

Australien hat **sieben internationale Flughäfen (Gateways):**

Adelaide, Brisbane, Cairns, Darwin, Melbourne, Perth und *Sydney.* Alle anderen Flughäfen müssen mit einem (zusätzlichen) Inlandsflug angeflogen werden.

Überblick Airlines

✈ **Qantas** (**QF,** www.qantas.com.au) fliegt alle sieben Gateways an Abflughäfen in Europa sind Frankfurt und London. Stopover sind in Singapur, Bangkok, Hongkong und Denpasar (Bali) möglich. Die QF-Business-Class mit echten Liegebetten ist preislich attraktiv. QF und ihr Billig-Ableger **Jetstar (JQ,** www.jetstar.com**)** verfügen über das größte Inlands-Flugnetz und besitzen auf vielen Strecken ein „Quasi-Monopol". Im Rahmen der OneWorld-Allianz wird ein Round-The-World-Ticket angeboten. So ist z.B. die Flugroute Frankfurt – Santiago de Chile – Osterinsel – Papeete – Neuseeland – Australien – Hongkong – Frankfurt eine verführerische Option.

✈ **Cathay Pacific** (**CX,** www.cathaypacific.com) fliegt von Frankfurt via Hongkong nach Adelaide, Brisbane, Cairns, Melbourne, Perth und Sydney. Unter Geschäftsreisenden gilt CX als erste Wahl. Die (nicht ganz billige) Business Class verfügt über fast flache Betten und die exzellente First Class über völlig flache Betten. CX erlaubt auch in der Economy Class 30 kg Freigepäck.

✈ **Emirates** (**EK,** www.emirates.com) fliegt von Frankfurt, Düsseldorf, Hamburg oder München via Dubai nach Perth, Sydney, Melbourne und Brisbane. In Dubai, Bangkok und Singapur sind Stopover möglich. Zu moderaten Aufpreisen kann in die Business- oder First Class gewechselt werden.

✈ **Singapore Airlines** (**SQ,** www.singaporeairlines.com) fliegt von Frankfurt via Singapur nach Adelaide, Brisbane, Melbourne, Perth und Sydney. Die Aufpreise für die bekannt gute Business- und First Class sind recht hoch.

✈ **Austrian Airlines** (**OS,** www.aua.com) fliegt von Deutschland/Schweiz via Wien nach Sydney und Melbourne. Die Austrian (ehemals Lauda Air) ist seit jeher für ihren außergewöhnlichen Service in der Economy- und Business Class berühmt.

✈ **Malaysia Airlines (MH,** www.malaysiaairlines.com) fliegt von Frankfurt via Kuala Lumpur nach Adelaide, Brisbane, Melbourne, Perth und Sydney. Besondere Kennzeichnen sind günstige Zuschläge für Business Class und die Möglichkeit zu einem Aufenthalt auf den malaysischen Inseln ohne Flugmehrkosten.

✈ **Royal Air Brunei (BI,** www.bruneiair.com) ist die Fluggesellschaft des kleinen Sultanats Brunei auf der Insel Borneo. Sie fliegt von Frankfurt zu den Zielflughäfen Perth, Darwin (ideal für Westaustralien-Touren), Brisbane und Sydney. Die Business-Class-Zuschläge sind günstig.

Weitere Airlines über die Asien-Route sind:

Thai Airways (www.thaiairways.com), **Korean Air** (www.koreanair.com) und **Asiana** (via Seoul, www.flyasiana.com), **China Airlines** (über Taiwan, www.china-airlines.com) und **Japan Airlines** (via Tokio, www.jal.com).

Stopover-Aufenthalte

bieten die angenehme Möglichkeit, die lange Flugstrecke aufzuteilen. Je nach Airline sind Stopover in Dubai, Singapur, Bangkok, Denpasar, Kuala Lumpur, Brunei, Seoul oder Hongkong möglich. Ein Stopover-Programm enthält idealerweise die Flughafen-Hotel-Transfers, Hotelübernachtung(en) und eine Stadtrundfahrt. Der Erholungsfaktor eines Stopover-Aufenthalts in einer asiatischen Metropole sollte jedoch bei 95% Luftfeuchtigkeit und 35 °C Hitze nicht überbewertet werden. Oftmals ist es angenehmer, das Zielland schnellstmöglich zu erreichen. Eine gute Alternative zu den relativ hochpreisigen Insel-Resorts Queenslands bieten Badeaufenthalte auf malaysischen Inseln oder in Thailand. Hier lässt sich im Anschluss an eine Australien-Rundreise noch ein preiswerter Strandurlaub anhängen. Auch ein kurzer **Transit-Aufenthalt** lässt sich sinnvoll nutzen: In Singapur kann am Flughafen das Schwimmbad besucht werden (Badehose einpacken, Handtücher werden gestellt). In Hongkong werden von Cathay Pacific kostenlose Stadtrundfahrten angeboten.

Tipps zum Langstreckenflug

- **Anreise zum Flughafen:** Die Anreise zum nächstgelegenen Flughafen kann per Zubringerflug oder per Bahn **(Rail & Fly Ticket)** erfolgen. Viele Flugtarife beinhalten eine der beiden Möglichkeiten oder bieten sie gegen geringen Aufpreis an. Bei mehreren Reisenden lohnt oft ein Mietwagen für die Anreise zum Flughafen. Die großen Autovermieter wie Europcar, Hertz, Budget , Sixt oder Avis bieten hierfür günstige Pauschalen.
- Die **Flugroute** sollte möglichst direkt mit maximal einem Stopover zum Ziel in Australien führen. Achten Sie auf die Dauer des Zwischenaufenthalts bei direkten Flügen. Bei Tagesaufenthalten (z.B. Ankunft in Hongkong am Morgen, Weiterflug am Abend) buchen Sie am besten ein Tageszimmer in einem Flughafen-Hotel. Mit einigen Stunden Schlaf zwischendurch kommt man deutlich entspannter in Australien an.
- **Gabelflüge:** Nutzen Sie die Möglichkeit zu Gabelflügen ohne Aufpreis, d.h. der Zielflughafen muss nicht identisch mit dem Abflughafen sein. Beispiel: Hinflug nach Sydney, Rückflug von Cairns wäre bei Qantas oder Cathay Pacific problemlos möglich.
- **An Bord:** Tragen Sie unterwegs bequeme, lockere Kleidung. Nehmen Sie einen warmen Pullover oder eine Jacke mit an Bord – durch die Klimaanlagen kann es empfindlich kühl werden. Bewegen Sie sich regelmäßig, trinken Sie viel Wasser und wenig Alkohol, um einer möglichen Thrombose-Gefahr vorzubeugen.
- **Vielflieger-Programme:** Melden Sie sich beim Vielflieger-Programm der gebuchten Fluggesellschaft an, um Meilen zu sammeln – beim nächsten Mal springt vielleicht schon ein Upgrade oder ein Freiflug raus. Die Anmeldung erfolgt direkt bei der Airline im Internet.

- **Sitzplatzreservierung:** Bei vielen Airlines ist eine Sitzplatzreservierung im Vorfeld möglich. Sitzplätze an den Notausgängen können grundsätzlich nicht vorab reserviert werden, sondern erst beim Check-in.
- **Mahlzeiten an Bord:** Vegetarisches Essen und spezielle Kindermahlzeiten müssen vorab bestellt werden!
- **Gepäck:** Beachten Sie die maximalen Gepäcklimits für aufgegebenes Gepäck und Handgepäck. Das Handgepäck darf folgende Maße nicht überschreiten: 55 cm x 40 cm x 20 cm (Länge x Breite x Tiefe), Gewicht max. 8 kg. Keinesfalls dürfen gefährliche Gegenstände wie Taschenmesser, Scheren oder Gaskartuschen mit an Bord – diese werden bei der Kontrolle gnadenlos konfisziert. Packen Sie wegen der sehr trockenen Luft an Bord eine Feuchtigkeitscreme ein. Zahnbürste und ggf. Rasierzeug dürfen ebenfalls ins Handgepäck. Für das aufgegebene Gepäck gilt auf der Asienroute 20 kg (Business Class: 30–40 kg), für die USA-Route 2 x 32 kg Freigepäck. Auf australischen Inlandsflügen gelten jedoch wieder max. 20 kg! Für Übergepäck werden Sie beim Check-in zur Kasse gebeten Beachten Sie, dass eine Reisetasche ein deutlich geringeres Eigengewicht hat als ein Hartschalenkoffer! Das Gepäck sollte nicht abgeschlossen werden, da die Flughafenbehörden aus Sicherheitsgründen zum Aufbrechen von Koffern oder Schlössern berechtigt sind.
- **Ohrenprobleme:** Ohrstöpsel mit Ventil ermöglichen den automatischen Ausgleich des Luftdrucks, was bei Starts und Landungen sehr angenehm ist (www.earplanes.de, erhältlich in Apotheken).
- **Raucher:** Alle Flüge nach Australien sind grundsätzlich Nichtraucher-Flüge. Nehmen Sie notfalls Nikotin-Pflaster oder Nikotin-Kaugummis mit.
- **Business Class:** Überlegen Sie, ob sich angesichts der langen Flugdauer nicht der Aufpreis für die bequeme Business Class lohnt. Viele Airlines bieten hierfür attraktive Tarife. Manchmal können auch Teilstrecken in Business Class gebucht werden.
- **Flugsteuern und -gebühren:** Sämtliche europäische und australische Flughafensteuern, Sicherheitsentgelte, Abflugsteuern, Lärmsteuern, Treibstoffzuschläge etc. sind bereits im Flugschein enthalten. Vor Ort muss am Flughafen nichts mehr extra bezahlt werden. Diese Gebühren belaufen sich mittlerweile auf 190 bis 350 € pro Person, je nach Anahl der Flüge und angeflogenen Städte! In bestimmten asiatischen Ländern (z.B. Indonesien) und in Neuseeland muss vor Ort eine separate Abflugsteuer bezahlt werden.

Inlandsflüge

Die australische Fluggesellschaft **Qantas** und ihr Billig-Ableger **Jetstar** haben ein ausgezeichnetes Flugnetz im Inland – selbst entlegene Winkel und Orte werden regelmäßig angeflogen. Auf wichtigen Hauptstrecken fliegt außerdem der Qantas-Konkurrent **Virgin Blue,** ein sogenannter „No-Frills"-Carrier, bei dem am Service unterwegs gespart wird. Virgin Blue gilt als zuverlässig und ist der einzige ernsthafte Konkurrent der lange Zeit monopolistischen Qantas.

Die Buchung der Inlandsflüge sollte vorab erfolgen, da es ansonsten vor Ort bei begrenzter Reisezeit zu Engpässen, Wartetagen oder sehr hohen Tarifen kommen kann. Zu jedem Langstreckenticket können Inlandsflüge hinzugebucht werden.

Buchung im Internet

Auf den vielbeflogenen Strecken zwischen den Metropolen (z.B. Sydney – Melbourne, Brisbane – Sydney) lohnt die Buchung einzelner Strecken über das Internet. Unter www.qantas.com.au, www.jetstar.com oder www.virginblue.com.au lassen sich günstigste Tarife direkt buchen. Sie sind allerdings meist nicht umbuchbar oder im Falle einer Stornierung nicht erstattungsfähig. Das Geld wird sofort von Ihrer Kreditkarte abgebucht, das Ticket muss online ausgedruckt werden.

Was zu beachten ist: Inlandsflüge müssen nicht rückbestätigt werden. In Sydney oder Melbourne sollte man allerdings gut zwei Stunden vor Abflug am Flughafen sein, da sich insbesondere in den Morgenstunden lange Schlangen an den Schaltern bilden. Beachten Sie die strikten Gepäcklimits: 20 kg für das aufgegebene Gepäck und 8 kg für das Handgepäck, welches die üblichen Maße (55 cm x 40 cm x 20 cm) nicht überschreiten darf.

Nagelscheren, Taschenmesser u.ä., nun auch Flüssigkeiten, dürfen nicht in das Handgepäck. (Bitte erkundigen Sie sich nach den neuesten Bestimmungen.) Gaskartuschen und Benzinflaschen sind verboten. Schusswaffen nur nach vorheriger Genehmigung im aufgegebenen Gepäck.

Reisen in Australien

Neben den individuellen Fortbewegungsmitteln Mietwagen und Camper lässt sich Australien auch per Überlandbus, Eisenbahn oder Flugzeug bereisen. Ein Nachteil haftet den drei letztgenannten an: Der Reisende gelangt damit lediglich von Stadt zu Stadt. Sehenswürdigkeiten unterwegs, Nationalparks entlang der Route oder individuelle Rast- und Fotostopps entfallen zwangsläufig. Ein „Reisen auf eigene Faust" ist nur bedingt möglich. Das „eigene" Fahrzeug in Form eines Campers oder Mietwagens bietet sich also an. Australien ist aufgrund seiner hervorragenden Infrastruktur für Selbstfahrertouren in idealer Weise geeignet. Das Land ist ein ausgesprochen sicheres Reiseziel für Mietwagentouristen. Wer sich in bestimmten Regionen, z.B. im Outback, nicht sicher fühlt, oder das Reisen in einer Gruppe Gleichgesinnter erleben will, sollte sich einer geführten Tour anschließen.

Autofahren in Australien

In Australien wird links gefahren! Der Fahrer sitzt rechts, der Beifahrer immer links zum Straßenrand. Viele Reisende bevorzugen aufgrund dieser Umstellung ein Automatik-Fahrzeug, um das ungewohnte Schalten mit der linken Hand zu vermeiden. Dies ist bei den größeren Mietwagentypen kein Problem, bei Campmobilen jedoch nur in Ausnahmefällen (bei den großen 4- und 6-Bett-Wohnmobilen) erhältlich. Erkundigen Sie sich daher bereits bei der Buchung danach! Allrad-Camper haben generell ein Schaltgetriebe. An den Linksverkehr gewöhnt man sich schnell. Hat man erst einmal den lebhaften Großstadtverkehr überstanden, reist es sich außerhalb der Städte entspannt. Auch beim Linksverkehr gilt an Kreuzungen rechts vor links! Bei den zahlreich vorhandenen Kreisverkehren hat immer der „Kreis" Vorfahrt. Einfahrende Autos müssen warten.

Alle Hauptverbindungsstraßen sind asphaltiert. Im Outback und in den Nationalparks sowie in abseits der Hauptrouten gelegenen Regionen findet man zahlreiche Schotter- und Sandpisten (gravel roads, unsealed roads), die aus versicherungsrechtlichen Gründen nur mit Allradmietfahrzeugen befahren werden dürfen. Beachten Sie Schilder, Warntafeln und offizielle Straßensperrungen.

Achtung Roadtrains! Rechnen Sie einen langen Überholvorgang ein, wenn ein bis zu 50 m langer Roadtrain (Lastwagen mit bis zu 3 Anhängern) überholt wird. Achten Sie auf den enormen Windsog, der beim Überholen entsteht. Entgegenkommende Roadtrains sollten insbesondere auf Pisten mit Respekt behandelt werden. Verlangsamen Sie die Geschwindigkeit oder halten Sie ggf. am Straßenrand an, um sich keinen Stein in der Windschutzscheibe einzufangen.

Das **Tempolimit** innerhalb geschlossener Ortschaften beträgt 50 km/h, auf Autobahnen und Landstraßen gelten 100 km/h oder 110 km/h. Nur im Northern Territory gibt es keine Geschwindigkeitsbeschränkung. Schulen und Kindergärten dürfen während der Schulzeiten nur mit 30 km/h passiert werden. Halten Sie sich an die Tempolimits. Überschreitungen werden mit hohen Bußgeldern geahndet!

Die **Alkoholgrenze** beträgt 0,5 Promille. Einige Autovermieter schreiben gar 0,00 vor. Beachten Sie hierzu das Kleingedruckte im Mietvertrag. An Wochenenden werden verstärkt Kontrollen durchgeführt. Für alle Fahrzeuginsassen gilt Anschnallpflicht. Kinder müssen in speziellen Baby-Seats (Kindersitze) oder Booster-Seats (Sitz-Erhöhungen) sitzen (▸ s.a. Kapitel „Reisen mit Kindern“, S. 104ff).

Führerschein: ▸ s.S. 59

Das **Mindestalter,** um einen Wagen/Camper zu mieten, beträgt 21 Jahre, das Höchstalter in manchen Fällen 75 Jahre. Manche Autovermieter verlangen einen Aufpreis, wenn der Fahrer unter 25 Jahre alt ist.

Fahrzeugversicherung

Beschädigungen am Fahrzeug sind immer möglich. Bedenken Sie, dass Sie in Australien weit höhere Kilometerleistungen erbringen als zu Hause. Schon ein kleiner Stein in der Windschutzscheibe kann einen kostenpflichtigen Schaden verursachen. In Australien deckt die gesetzlich vorgeschriebene Haftpflichtversicherung (über die jeder Mietwagen/Camper verfügt) nur Personenschäden, nicht jedoch Sachschäden. Es fahren daher eine ganze Menge unversicherter Leute durchs Land. Sollte einer von diesen Ihr Fahrzeug beschädigen oder ein Unfallgegner begeht Fahrerflucht, so nimmt Sie der Vermieter erst einmal in die Pflicht und behält die maximal mögliche Selbstbeteiligung (SB) ein. Ob es etwas vom Unfallgegner zu holen gibt, ist äußerst ungewiss.

Im Klartext: Selbst wenn Sie nicht Schuld am Fahrzeugschaden sind, so haften Sie in der Höhe der maximalen SB für den Schaden. Es empfiehlt sich daher, die angebotenen Zusatzversicherungen abzuschließen, um die SB deutlich zu reduzieren.

Bei fast allen Vermietern muss bei Anmietung eine **Kaution per Kreditkarte** hinterlegt werden. Die Kaution wird zurückerstattet, wenn das Fahrzeug unbeschädigt und vollgetankt zurückgegeben wird. Wird keine Zusatzversicherung abgeschlossen, wird die maximal mögliche Kaution tatsächlich von der Kreditkarte abgebucht – im Falle von Campermieten sind dies i.d.R. A$ 5000. Die Rückbuchung erfolgt erst nach Abgabe des intakten Fahrzeugs. Der Verfügungsrahmen der Karte ist in solchen Fällen für die Dauer der Miete und bis zur erfolgten Rückbuchung massiv eingeschränkt!

Treibstoffversorgung

Die Versorgung mit Benzin und Diesel ist sehr gut. Selbst auf langen Etappen wie dem Stuart Highway liegen selten mehr 250 km zwischen den einzelnen Rasthäusern und Tankstellen. Auf Outback-Pisten muss immer regelmäßig nachgetankt werden – hier liegen oftmals 400 km oder mehr zwischen den Vorsorgungsstützpunkten. Hinzu kommt ein erhöhter Verbrauch der Fahrzeuge bei Allradbetrieb auf sandigen Passagen. Rasthäuser (roadhouses) bieten neben Treibstoff ein Restaurant mit herzhaften, üppigen Trucker-Menüs. Dem Roadhouse ist außerdem oft ein Campingplatz oder ein einfaches Motel angeschlossen.

Die Kosten für Benzin und Diesel sind ungefähr gleich. Entlang der Küsten im Osten und Süden liegt das Preisniveau bei A$ 1,20–1,50 pro Liter. Im Outback können es jedoch auch über A$ 1,60 pro Liter sein. Fast alle Tankstellen akzeptieren die gängigen Kreditkarten. Nur entlegene Farmen (Stations) verlangen Bargeld. Einen Überblick über die aktuellen Spritpreise bietet www.exploreoz.com/OntheRoad.

„On the road“

Halten Sie sich an die vorgeschriebenen **Geschwindigkeitsbeschränkungen und schnallen Sie sich an,** Kinder müssen in Kindersitzen gesichert werden.

Niemals den **Linksverkehr** in Vergessenheit geraten lassen! Faustregel: Der Beifahrer muss immer zum Straßenrand hin sitzen. Lassen Sie in den Großstädten das Auto stehen und besichtigen Sie zu Fuß!

Für Mietfahrzeuge gilt: Kontrollieren Sie in regelmäßigen Abständen **Ölstand, Kühlwasser** und **Keilriemenspannung.** Der Mieter ist speziell bei Langzeitmieten für die Einhaltung von Inspektionsintervallen verantwortlich.

Lassen Sie keine **Wertsachen** im geparkten Auto liegen. Planen Sie die **Tagesetappen** mit ausreichend Zeit für Rastpausen, Fotostopps, Wanderungen und Besichtigungen. Auf endlosen, schnurgeraden Highway-Routen (z.B. Stuart Hwy) dürfen es ruhig mal 600 km am Tag sein, die bei einem Schnitt von 100 km/h in sechs Stunden abgespult werden können. Auf Küstenetappen sinkt die **Durchschnittsgeschwindigkeit** erfahrungsgemäß auf 60 bis 80 km/h. Mit jedem Kilometer mehr sinkt die Aufmerksamkeit und das Unfallrisiko steigt. Muten Sie sich nicht zuviel zu. Lieber einen Landesteil intensiv erleben und einen Part des Landes auslassen, als unter Zeitdruck und in Hektik zu reisen. Nutzen Sie die Möglichkeit, besonders schöne **Streckenabschnitte** auf den ausgeschilderten *Tourist Drives* oder *Scenic Roads* zu befahren.

Nationalparks liegen selten direkt am Highway, sondern müssen über schmale, oft kurvenreiche Stichstraßen angefahren werden. Fahren Sie hier besonders vorsichtig, insbesondere, wenn es sich um unbefestigte Wege handelt.

Vermeiden Sie **Nachtfahrten!** Die Kollisionsgefahr mit Tieren ist enorm groß. Weite Teile Zentralaustraliens sind „Unfenced Cattleland", Rinder laufen ohne Begrenzung von Weidezäunen frei herum. Fahren Sie deshalb immer vorausschauend. Wenn ein Tier vor Ihnen die Straße überquert, bremsen Sie sanft und weichen Sie nicht abrupt aus.

Die **Automobilclubs** versorgen Mitglieder europäischer Autoclubs mit ermäßigten Landkarten und Unterkunftsverzeichnissen. Mitgliedskarte daher nicht vergessen!

Verhalten bei Pannen

Selbst bei bestens gewarteten und neuwertigen Autos sind Pannen und Defekte möglich. Im Pannenfall bewahren Sie Ruhe und informieren sich über den Schaden. Ein Reifenschaden kann mit Hilfe des verfügbaren Bordwerkzeugs schnell behoben werden. Mietwagen und Camper verfügen i.d.R. nur über *ein* Ersatzrad. Bei nächster Gelegenheit (Roadhouse, Reifenwerkstatt) sollte das defekte Rad deshalb ausgetauscht werden. Tritt ein Mechanik- oder Elektrikschaden auf, so ist der regionale Automobilclub zu verständigen, der ein Pannenfahrzeug schickt. Die entsprechende Notrufnummer finden Sie bei den Fahrzeugunterlagen und im Reiseteil des Buches. Alle renommierten Vermieter sind mit ihren Fahrzeugen Mitglied im Automobilclub. Sofern das Auto bestimmungs- und vertragsgemäß eingesetzt wurde, trägt der Vermieter die Kosten für eine Bergung oder Reparatur.

Da die Kommunikation im Pannenfall, abseits der Städte, selbst per Handy oft nicht möglich ist, müssen andere Autofahrer über die Notlage informiert werden, was dank der allgemeinen Hilfsbereitschaft kein Problem ist. Eine offene Kühlerhaube genügt meist, damit die ersten anhalten, um ihre Hilfe anzubieten. Bei gravierenden Defekten oder Unfällen mit Mietfahrzeugen ist der Vermieter bemüht, so schnell wie möglich ein Ersatzfahrzeug zu organisieren oder das vorhandene Fahrzeug zu reparieren. Mit Wartezeiten muss in beiden Fällen aufgrund der beträchtlichen Entfernungen gerechnet werden. Ein Anspruch auf Erstattung nicht genutzter Miet- und Urlaubstage besteht nicht – ein kulanter Vermieter bezahlt jedoch eventuell erforderliche Übernachtungen.

Die Beschaffung von Ersatzfahrzeugen ist insbesondere bei defekten Wohnmobilen während der Hochsaison (August bis Oktober und Dezember bis Februar) schwierig. Zögern Sie nicht, in solchen Fällen ein Alternativ-Programm zu realisieren, z.B. die Teilnahme an einer geführten Tour. Keinem ist geholfen, wenn Sie drei Tage im Hotelzimmer Trübsal blasen, während die Ersatzteile für Ihr Auto irgendwo im Land unterwegs sind.

Hilfreiche Begriffe für Autofahrer

Abblendlicht	headlight
Abschleppseil	tow rope
Allradantrieb einschalten	engage four wheel drive
Anlasser	starter
Auspuff	muffler
Automatikgetriebe	automatic transmission
Batterie	battery (low, empty)
Benzinmangel	lack of fuel
Benzin	Regular
Superbenzin	Premium
Autogas	LPG (Liquid Petroleum Gas)
Diesel	Diesel, Distillate
Benzintank	fuel tank
Bergungsgurt	snatch strap
Beule	dent
Birne	light bulb
Blinker	indicator
Bremse	break
Dichtung	seal, gasket
Elektr. Sicherung	electric fuse
Entlegenes Gebiet	remote area
Ersatzrad	spare wheel (spare tire)
Erste-Hilfe-Kasten	first aid box
Felge	rim
Freilaufnaben sperren	to lock the free hubs
Gaspedal	accelerator
Handbremse	hand brake
Kabel, Leitung	wire, cable
Keilriemen	fan belt
Klimaanlage	air condition
Kopfverletzung	head injury
Kühler	radiator
Kühlwasser	cooling water
Kühlwasserschlauch	radiator hose
Kupplung	clutch
Landkarte	touring map
Lenkung	steering
Lichtmaschine	generator, alternator
Luftdruck	air pressure
Medizinische Hilfe	medical assistance
Motor	engine, „donk“
Motoröl	oil
Notfall	emergency
Panne	breakdown
Plattfuß	flat tire
Radaufhängung	suspension
Radkreuz	wheelbrace
Reifen	tire, nobbies
Reifenschlauch	tube
Reifenprofil	tire tread
Riss in der Frontscheibe	cracked windscreen
Schalter	switch
Schaltgetriebe	gearbox
Scheibenbremse	disc brake
Servolenkung	power steering
Sicherungskasten	fuse box
Trommelbremse	drums
Überbrückungskabel	jumper cable, battery jumper leads
Undichte	leaking water
Wasserpumpe	pump
Unfall	accident
Ventil	valve
Verletzter	injured person
Wagenheber	jack
Werkzeug	tool, tool box
Winde	winch
Zündschlüssel	ignition key
Zündung	ignition
Zündkerze	spark plug
Zusammenstoß	crash
Zylinderkopf	cylinder head

Mietwagen

Mietwagenstationen befinden sich in allen größeren Städten. Die großen Anbieter wie Hertz, Avis, Thrifty, Budget oder Europcar verfügen außerdem über Flughafendepots. Die Anmietung an den privatisierten Flughäfen ist jedoch mit höheren Tagessätzen verbunden, die für die gesamte Mietdauer berechnet werden! Häufig lohnt es sich daher, zur Anmietung das nächstgelegene Stadtdepot per Taxi anzufahren. Die Camperanbieter Apollo und Britz/Maui verfügen ebenfalls über eine kleine Pkw-Flotte, die über die jeweiligen Camperdepots abgewickelt wird. Daneben existieren eine Reihe lokaler Vermieter, die jedoch häufig nur innerhalb eines bestimmten Radius tätig sind. Die meisten Vermieter unterscheiden die städtischen Zonen (Metropolitan Areas = Städte entlang der Ost- und Südküste) und entfernten Zonen (Remote Areas = Städte im Northern Territory und Western Australia). Bei letzteren Mieten fallen neben höheren Mietpreisen meist auch Einweg- bzw. Rückführgebühren an.

Das Angebot verschiedener Fahrzeugtypen ist groß. Wählen Sie das Fahrzeug lieber eine Kategorie höher, der Fahrkomfort und das Platzangebot sind gleich um Klassen besser, und Ihr Rücken wird es Ihnen auf den langen Fahretappen danken. Die Mietpreise sind ganzjährig auf einem erfreulich niedrigen Niveau. Schwankungen durch Saisonzeiten sind nur bei Allrad-Mietwagen vorhanden. Die Mietpreisberechnung erfolgt durch die 24-Stunden-Regel: erfolgt die Annahme morgens um 9 Uhr, so muss die Abgabe ebenfalls bis 9 Uhr erfolgen. Andernfalls werden zusätzliche Miettage in Rechnung gestellt.

Übernahme Kontrollieren Sie den Mietwagen bei Übernahme genau auf Schäden. Selbst kleinste „Chips" in der Windschutzscheibe oder Beulen im Blech sollten im Übernahmeprotokoll bzw. Mietvertrag notiert werden.

Überprüfen Sie den Zustand der Reifen und werfen Sie einen Blick auf das Ersatzrad. Lassen Sie sich zeigen, wo das Werkzeug zum Reifenwechsel und der Wagenheber verstaut sind.

Lassen Sie sich bei Mietwagen die technischen Funktionen, z.B. eines Tempomats erklären. Bei Allradfahrzeugen muss der Gebrauch von Freilaufnaben, Allradantrieb und Untersetzung erklärt werden.

Bei Übernahme wird ein rechtsgültiger Mietvertrag mit dem Vermieter geschlossen. Jeder Fahrer muss im Mietvertrag aufgeführt sein.

Die Übernahme- und Abgabezeiten müssen dem Vermieter genau mitgeteilt werden. Bei Mietwagen ist gegen Aufpreis eine Übernahme am Flughafen möglich.

Abgabe Das Fahrzeug muss vor Abgabe vollgetankt werden. Eine Reinigung des Fahrzeugs wird meist nicht verlangt. Um Ärger zu vermeiden, empfiehlt sich bei grob verschmutzten Fahrzeugen die vorherige Fahrt durch eine Waschanlage.

Mietwagen müssen zur vereinbarten Zeit am vereinbarten Ort zurückgegeben werden. Ein Miettag beträgt 24 Stunden, Verspätungen werden ab der zweiten Stunde als Extra-Tag berechnet. Über Änderungen muss der Vermieter unbedingt frühzeitig informiert werden. Verlangen Sie vom Vermieter die sofortige Rückerstattung der Kaution (bzw. die Vernichtung des Kreditkarten-Abdrucks), wenn das Fahrzeug in Ordnung ist.

Tipps zur Reise mit dem Mietwagen

- Nutzen Sie die Möglichkeit zur Hotelanlieferung des Mietwagens – eine bequeme Möglichkeit, die von den großen Vermietern für Stadthotels ohne Mehrpreis offeriert wird.
- Verzichten Sie in Sydney oder Melbourne wegen des hektischen Großstadtverkehrs und der chronischen Parkplatznot auf ein Fahrzeug. Fast alles lässt sich zu Fuß und mit öffentlichen Verkehrsmitteln erkunden.
- Die größeren Fahrzeugtypen haben mittlerweile fast ausnahmslos CD-Player statt Kassettendecks. Navigationsgeräte finden sich bislang nur in den Luxus-Modellen der großen Vermieter.
- Ist eine Einwegmiete geplant, so sollte das Fahrzeug unbedingt vorab reserviert werden. Andernfalls beginnt vor Ort eine Suche mit überraschend hohen Preisen.
- Tanken Sie bei Outback-Etappen immer rechtzeitig.

Ca Ro

Camper

Australien ist ein Land für Camper und den Campingurlaub. Jeder kleine und kleinste Ort entlang der Küsten verfügt über einen Campingplatz (Caravan Park, Holiday Park, Tourist Park), zusätzlich bieten Nationalparks und das offene Land unbegrenzte Möglichkeiten. Australische Rentner entfliehen zu Tausenden den kühlen Wintern im Süden und fahren mit ihren Wohnwagen und Wohnmobilen in die warmen nördlichen Gefilde. Von dieser hervorragenden Infrastruktur machen Touristen gerne Gebrauch. Vor allem die deutschsprachigen Gäste sind es, die den Camperurlaub in Australien schätzen gelernt haben. Nicht wenige kehren jedes Jahr nach Australien zurück, um dort ein Stück unabhängige Freiheit im „Campervan“ zu genießen.

Campertypen

Die Wahl des richtigen Gefährts hängt von verschiedenen Faktoren ab: Fahrzeuggröße (Personen/Bettenzahl), Komfortanspruch (mit oder ohne Dusche/Toilette), Preis (Reisebudget), Fahrtroute (evt. Geländetauglichkeit). Zur Auswahl stehen folgende Modelle:

Hi-Top oder Pop-Top Campervan Toyota Kleinbus (Apollo, Britz/Maui, Kea, Trailmaster u.a.) für 2 Erwachsene bzw. 2 Erwachsene und 1 Kind. Mit Kochgelegenheit und Kühlschrank, ohne Du/WC, 5-Gang-Schaltung. Die Klimaanlage funktioniert

nur während der Fahrt. Nur als Benziner erhältlich, Verbrauch ca. 14 Liter/100 km (Ausnahme: Trailmaster Diesel für Tasmanien und Westaustralien). Umbau der Sitzgruppe zum Bett täglich erforderlich.

Werfen Sie unbedingt einen Blick auf die Bettmaße – diese sind bei einigen Vermietern deutlich zu klein dimensioniert. Kinder können bei einigen Hi-Top-Modellen vorne in der Mitte sitzen (nur Beckengurt). Fazit: ein preiswertes Fahrzeug für Reisende mit einfachen Ansprüchen. (Foto: Pop-Top-Campervan)

2-Bett-Camper mit Dusche/WC Camper für 2 Erwachsene auf Mercedes-Sprinter-Basis oder Ford-Transit-Basis. Die Ausstattung genügt, mit „Nasszelle“ und Klimaanlage im Wohnbereich (nur bei Außenstrom funktionsfähig), höheren Ansprüchen. Die Sitzgruppe muss täglich zum Bett umgebaut werden. Vergleichen Sie die Bettmaße! Keine Kindersitzbefestigung möglich. Durchgang vom Führerhaus zum Wohnbereich möglich. Die Fahrzeuge sind schnell, mit 5,50 Länge noch relativ kompakt und mit Dieselmotor recht sparsam (ca. 12–15 Liter/100 km). Fazit: eine Empfehlung für alle Paare.

3-Bett, 4-Bett oder 6-Bett-Motorhomes Klassische Alkoven-Wohnmobile (Apollo, Britz/Maui, KEA, u.a.) mit großem Doppelbett über dem Führerhaus und zusätzlichen Betten im Wohnbereich. Komplettausstattung mit Klimaanlage, Dusche/WC, Küche mit Mikrowelle, teilweise TV-Gerät. Die Fahrzeuge auf Ford-Transit- oder Mercedes-Sprinter-Basis verfügen über 5-Gang-Getriebe (teilweise auch Automatik erhältlich), sparsame Dieselmotoren (ca. 14–17 Liter/100 km), Durchgang Fahrerkabine/Wohnbereich. Ein ideales Auto für komfortbewusste Reisende, Familien mit Kindern oder zwei Ehepaare. Bei vier Reisenden sollte eher das 6-Bett-Auto gewählt werden, da dann keiner im schwankenden Heckbereich mitfahren muss, sondern in der Mittelsitzgruppe Platz findet.

Allrad-Camper mit Hubdach oder festem Hochdach („Bushcamper“) Auf Basis der klassischen Toyota Landcruiser Troopcarrier (HZJ 78) gebaute Allrad-Camper (Kea, Britz). Für den rauen Geländeeinsatz (Gibb River Road, Bungle Bungles, Cape York etc.) dank 180-Liter-Dieseltank und robuster, zuverlässiger Bauweise bestens geeignet. Bulliger 4,2 Liter Dieselmotor, zuschaltbarer Allradantrieb, 5-Gang Getriebe und Untersetzung (keine Differentialsperren), Küchenblock und elektrische Kühlbox sind vorhanden. Ein kompaktes, robustes Allradfahrzeug für (fast) alle Unternehmungen. Fahrzeuge mit Hubdach sind luftiger in der Nacht und haben während der Fahrt einen niedrigeren Schwerpunkt.

Deluxe-Allrad-Camper auf Pickup Basis (Apollo, Trailmaster) Die Wohnkabine sitzt auf einem Toyota HiLux-Chassis und ist deutlich geräumiger als beim Bushcamper. Ein Hubdach sorgt für gute Belüftung, zusätzlich ist (bei Außenstrom) eine Klimaanlage im Wohnbereich vorhanden. Die Diesel-Tankkapazität von nur 70 Litern, die Ausmaße und das Gewicht schränken die Geländetauglichkeit jedoch ein. Für moderate Touren (Soft Adventure) dennoch ein komfortabler Kompromiss.

Allrad-Camper mit Dachzelt Diese praktischen Fahrzeuge werden von South Perth 4WD und Britz angeboten. Die Zelte sind geräumig und verfügen nach Afrika-Vorbild über einen leichten Aufbau und eine hervorragende Belüftung. Fahrzeugbasis ist ein Toyota Landcruiser. Nachteilig sind der aufwendige tägliche Auf- und Abbau und das umständliche Ein- und Ausräumen der Kochutensilien. Für Reisen in Schönwetterregionen (Outback, Nordaustralien) eine gute Empfehlung. Wenn's regnet, eher nachteilig. Wenn vier Personen gemeinsam reisen, ist ein zusätzliches Zelt erforderlich. Der Gepäckraum wird dann allerdings knapp. Für Familien oder zwei Ehepaare ist ein großer Geländewagen mit zwei Zelten und Campingausstattung inklusive elektrischer Kühlbox (z.B. Trailmaster Kimberley Cruiser) eine gute Alternative.

Übernahme des Fahrzeugs Die **Übernahme** (wie auch die Abgabe) ist nur in den größeren Städten Adelaide, Alice Springs, Brisbane, Cairns, Darwin, Melbourne, Perth und Sydney möglich. Broome (WA) wird von den meisten Vermietern gegen erhebliche Zusatzgebühren angeboten. Einwegmieten sind grundsätzlich zwischen allen Depots möglich. Einige Vermieter verlangen hierfür Einweg- oder Rückführgebühren, andere erlassen diese bei einer Mietdauer über 21 oder 28 Tage.

Bei Campern ist der Transfer zum Depot (und zurück) nicht im Mietpreis enthalten. Es empfiehlt sich, hierfür ein Taxi zu nehmen. Die Mietpreisberechnung beim Camper erfolgt durch die Kalendertag-Regel, d.h. Anmiet- und Abgabetag müssen als jeweils ein Miettag bezahlt werden. Die Abholung am ersten Miettag ist um 9 Uhr morgens möglich, die Abgabe am letzten Miettag um 16 Uhr. Zu beachten sind dabei jedoch die Öffnungszeiten der Depots (am Wochenende oft eingeschränkt). Bei frühem Weiterflug muss das Fahrzeug am Vortag abgegeben werden, um eine Kontrolle zu ermöglichen.

Kontrollieren Sie den Camper bei Übernahme genau auf Schäden. Selbst kleinste Macken in der Windschutzscheibe oder Beulen im Blech sollten im Übernahmeprotokoll bzw. Mietvertrag notiert werden. Kontrollieren Sie auch den Unterboden und das Dach auf Schäden!

Überprüfen Sie den Zustand der Reifen und werfen Sie einen Blick auf das Ersatzrad (spare wheel). Fordern Sie notfalls neue Reifen an, auch wenn es Ärger und Verdruss beim Personal verursachen sollte. Lassen Sie sich außerdem zeigen, wo das Werkzeug zum Reifenwechsel und der Wagenheber verstaut sind und wie sich das Ersatzrad demontieren lässt.

Der Vermieter sollte eine umfassende Einweisung erteilen: Bettenbau, Abwasser/Wassertanks (waste water tank, fresh water tank), Gebrauch von Dusche/WC (shower/toilet), Klimaanlage (air condition), Gasherd (gas stove), Mikrowelle (micro wave), Gasflaschen (LPG, gas bottle) und Stromanschluss (electric power), Sicherungskasten (fuse box). Ein Wasserschlauch zum Auffüllen des Frischwassertanks muss vorhanden sein. Bei Allradfahrzeugen muss der Gebrauch von Freilaufnaben (free hubs), Allradantrieb (four wheel drive mode) und Untersetzung (low gear) erklärt werden. Die Innenausstattung muss vollständig sein (Geschirr, Besteck, Kochgeschirr, Leintücher, Handtücher, Bettwäsche, Schlafsäcke/Decken).

Mietpreise Im Mietpreis sind i.d.R. unbegrenzte Freikilometer, die komplette Fahrzeugausstattung und eine Standardversicherung (SB) mit A$ 5000 Selbstbeteiligung enthalten. Wird keine Zusatzversicherung zur Reduktion der SB abgeschlossen, so werden A$ 5000 von der Kreditkarte als Kaution abgebucht.

Nicht im Mietpreis eingeschlossen sind i.d.R. Zusatzversicherungen, örtliche Steuern in Höhe von 2% des Mietpreises, Campingtisch und -stühle, Treibstoff. Ob Einweggebühren anfallen, hängt von der Mietdauer und der Reiseroute ab. Bei langen Mietdauern gelten Maximalbeträge für die Zusatzversicherungen.

Bei den Mietpreisen gibt es zwei Preismodelle: **Flex-Raten** und **Standard-Raten.** Die **Flex-Raten** sind ein Instrument des Vermieters, die Auslastung der Fahrzeugflotte in eine bestimmte Richtung zu lenken. Flex-Raten werden wöchentlich und für jede einzelne Mietstation neu festgelegt und können bei den Reiseveranstaltern abgefragt werden. Eine frühe Buchung ist vorteilhaft, da die Flex-Raten dann meist noch auf einem günstigen Niveau liegen. Je später die Buchung erfolgt, desto teurer werden die Autos.

Standard-Raten sind nach Miettag, Saisonzeit und Mietdauer gestaffelt und für das ganze Jahr im voraus festgelegt. Mehrere Mieten bei einer Firma können in diesem Fall zu einer Gesamtmiete zusammengefasst werden. Sie kommen dann in die günstigere Preisstaffel.

All-Inclusiv-Raten beinhalten neben der bestmöglichen Versicherungsoption die örtlichen Steuern (sog. stamp duty, 2% des Mietpreises), Einweggebühren sowie Campingtisch und -stühle. Wer möglichen Diskussionen bei der Anmietung aus dem Weg gehen möchte, sollte ein All-Inclusive-Paket („Sorglos-Paket“) buchen, da hierbei, abgesehen vom Treibstoff, keine Zusatzkosten anfallen. Die Camperbuchung sollte im Paket mit dem Flug vorgenommen werden.

Die **Camperbuchung** sollte im Paket mit dem Flug bei einem Spezialveranstalter für Australienreisen vorgenommen werden. So weiß man vorab genau, was kostenmäßig anfallen wird. Langzeitmieten bieten die renommierten Vermieter Kea, Apollo, Britz, Maui, Trailmaster sowie Travel Car Centre (Tel. 02-9905 6928, in Deutschland Tel. 0700-5272 9263).

Fahrzeugausstattung Bei den meisten Anbietern ist die gesamte Ausstattung (Kochgeschirr, Besteck, Bettwäsche, Schlafsäcke, Leintücher, Handtücher) im Mietpreis enthalten. Lassen Sie sich für kühle Outback-Nächte noch ein oder zwei Decken zusätzlich geben. Ein Campingtisch und Campingstühle sind unbedingt erforderlich. Sollten diese nicht zur Normalausstattung gehören, können sie im Depot günstig dazu gemietet werden.

Abgabe des Fahrzeugs Das Fahrzeug muss vor Abgabe vollgetankt werden. Eine Reinigung des Fahrzeugs wird meist nicht verlangt. Um Ärger zu vermeiden empfiehlt sich bei grob verschmutzten Fahrzeugen die vorherige Fahrt durch eine Waschanlage. Auf Campingplätzen sind meist Wasserschläuche zum Abspritzen verfügbar.

Der Camper muss zur vereinbarten Zeit am vereinbarten Ort zurückgegeben werden. Andernfalls muss der Vermieter unbedingt frühzeitig informiert werden. Eine Erstattung für nicht genutzte Miettage erfolgt nicht. Verlangen Sie vom Vermieter die sofortige Rückerstattung der Kaution (bzw. die Vernichtung des Kreditkarten-Abdrucks), wenn das Fahrzeug in Ordnung ist.

Tipps zur Reise mit dem Camper

- Bei der Auswahl des Campers sollte nicht allein der Grundpreis den Ausschlag geben. Achten Sie auf Dinge wie Qualität (Alter der Fahrzeuge!), Bettmaße, Ausstattungsdetails, mögliche Einweggebühren, Versicherungs- und Ausstattungskosten.
- Lassen Sie sich das Fahrzeug mit all seinen Funktionen bei Übernahme genau erklären. Halten Sie vorhandene Schäden schriftlich fest.
- Meiden Sie No-Name und Billig-Anbieter. Im Pannenfall kann meist kein Ersatzauto geliefert werden. Außerdem ist mit Wartungs- und Sicherheitsmängeln bei den meist alten Autos zu rechnen.
- Statt sperriger Hartschalenkoffer sollten weiche Reisetaschen benutzt werden.
- Besuchen Sie in der ersten großen Stadt den Automobil-Club, um einen aktuellen Campingführer zu kaufen.
- Häufigste Unfallursache sind Unachtsamkeiten beim Parken und Rangieren. Lassen Sie sich beim Bewegen der Wohnmobile auf Parkplätzen grundsätzlich vom Beifahrer einweisen!
- Nehmen Sie ein Seil (Wäscheleine) und ein paar Wäscheklammern sowie eine Taschenlampe mit.

Mietwagen oder Camper?

Für Reisende, die bereits in USA oder Kanada mit der einen oder anderen Variante gute Erfahrungen gemacht haben, stellt sich die Frage meist nicht. Camperfahrer sind Camperfahrer und sollten es auch in Australien bleiben. Mietwagenfahrer wollen den Komfort des täglichen Hotelzimmers nicht missen, was in Australien ebenfalls und fast überall problemlos möglich ist. Der Mietwagenfahrer reist zunächst sehr preiswert und flexibel. Autos sind bereits für deutlich unter EUR 30/Tag in praktisch jeder größeren Stadt Australiens erhältlich. So kann bei einem längeren Aufenthalt an der Ostküste das Fahrzeug zwischendurch auch abgegeben werden (z.B. in Airlie Beach oder Gladstone), was beim Camper nicht möglich ist. Dieser steht dann gezwungener Maßen auch mal zwei oder drei Tage nutzlos auf einem Parkplatz herum.

Wer neben dem Mietwagen ein Zelt mitnimmt oder die Zeltausrüstung vor Ort mietet, reist am günstigsten. Wer stattdessen jede Nacht in einem Zimmer übernachten will (Hotel, Motel, Cabins) nähert sich preislich dem teureren Campmobil. Mangels einer Kochgelegenheit muss der Mietwagenfahrer häufiger ein Restaurant aufsuchen – der Camperfahrer indes baut auf Selbstverpflegung. Camperreisende finden auf Campingplätzen eher den Kontakt zu anderen Reisenden und zu Einheimischen als Hotel-

Touristen. Der Erholungsfaktor ist durch die tägliche „Arbeit“ mit Kochen, Aufbauen, Abbauen etwas eingeschränkt. Für die Unentschlossenen im Folgenden eine Zusammenfassung von Vor- und Nachteilen:

Vorteile Mietwagen-Tour

- Preiswerte Fahrzeugmieten ohne saisonale Schwankungen. Einwegmieten meist ohne Aufpreis möglich.
- Mietdepots in vielen Städten und direkt am Flughafen. Hotelanlieferung möglich.
- Mietwagen sind komfortabler, wendiger und leiser als Camper.
- Ein kleiner Mietwagen mit Zelt ist die preiswerteste Individual-Reiseart.
- Die klassische Mietwagentour mit vorgebuchten Hotels gibt Planungssicherheit (feststehende Preise, Routenplanung im Vorfeld, komfortable Hotelstandards). Zeitraubende Suchaktionen nach verfügbaren Hotelzimmern werden vermieden.
- Kontakte zur Bevölkerung bei Übernachtung in Bed&Breakfast-Häusern und auf Farmen.

Nachteile Mietwagen-Tour

- Hotelübernachtungen erfolgen meist in Städten, weniger in Nationalparks.
- Tägliches Ein- und Auspacken der Koffer.
- Kaum Selbstverpflegung möglich. Restaurantbesuche treiben die Kosten nach oben.
- In den Ferienzeiten empfiehlt sich die Vorausbuchung der Hotels – ein starrer Routenverlauf ist die Folge.
- Große Mietwagentypen sind Benzinfresser.

Vorteile Camper-Tour

- Flexibles Reisen ohne festgelegtes Zeitraster – das Bett ist immer dabei. Vorausbuchung der Campingplätze außerhalb der Ferienperioden selten erforderlich.
- Naturnahes Reisen durch Übernachtungen in Nationalparks. „Wildes Campen“ möglich.
- Selbstverpflegung im Fahrzeug dank kompletter Küchenausstattung problemlos und täglich möglich.
- Tägliches Ein- und Auspacken der Koffer entfällt.
- Größere Campertypen und Allrad-Camper mit sparsamen Dieselmotoren.
- Allrad-Camper sind für Outback-Touren ideal geeignet, größere Motorhomes für den Familien-Urlaub.

Nachteile Camper-Tour

- Höhere Preise für die tägliche Miete und für die Fahrzeugversicherungen.
- Große Camper und Motorhomes für den Großstadtverkehr untauglich. Lärmpegel während der Fahrt deutlich höher.
- Fahrzeugannahme und -abgabe nur in größeren Städten. Kürzere Einwegmieten mit Gebühren behaftet.

Fazit

Die Wahl des Mietfahrzeugs hängt letztlich von der persönlichen Präferenz des Einzelnen ab. In der Praxis ist auch ein Mix möglich: An der warmen Ostküste wird mit dem Camper gefahren, im kühleren Süden wird einer Mietwagentour der Vorzug gegeben und im Zentrum eine geführte Rundreise unternommen.

Schlüssel-Tipp

Die Autoschlüssel (bei Campern sind oft mehrere an einem Bund) zu verlieren, ist ärgerlich, da die Wiederbeschaffung mit Aufwand und Zeit verbunden ist. Es empfiehlt sich, die Schlüssel bei Nichtgebrauch an einem Schlüsselband um den Hals zu hängen, oder am Hosenbund zu befestigen. Im Outback (aber nur dort!) stecken Sie den Schlüssel nachts am besten ins Zündschloss – so finden Sie ihn am nächsten Morgen garantiert wieder.

Fahrzeugkauf

Für Reisende, die sich länger als drei Monate im Land aufhalten, kann sich der Kauf eines eigenen Fahrzeugs lohnen. Interessant ist hierbei die Option **„Kauf mit garantiertem Rückkauf" (Buy Back),** den einige Anbieter offerieren. Hierbei erhält der Käufer nach einer bestimmten Nutzungsdauer einen festgelegten Rückkaufwert garantiert. Durchschnittlich ist mit einem Verlust des Kaufpreises von ca. 50% zu rechnen. Die Fahrzeuge sind versichert und amtliche Formalitäten werden geregelt. Der Mietkauf ist bereits ab einem Mindestalter von 19 Jahren möglich (die meisten Auto- und Campervermieter bestehen auf einem Mindestalter von 21–25 Jahren). Informieren Sie sich genau, welche Reparatur- und Garantieleistungen im Kaufpreis enthalten sind. Der Mietkauf sollte vorab organisiert werden. Es gibt nur wenige verlässliche Anbieter. Aus versicherungsrechtlichen Gründen sind einige ehemalige „Buy Back"-Anbieter dazu übergegangen, nur mehr Super-Langzeit-Mietpreise anzubieten. Eine empfehlenswerte Adresse ist die Firma **Travel Car Centre** in Sydney und Perth. Generell kann mit jedem Vermieter über spezielle Langzeittarife verhandelt werden (s.o., „Mietpreise"). Sie erhalten dann auf jeden Fall ein neuwertiges Fahrzeug mit der Sicherheit, im Pannenfall ein Ersatzauto zu bekommen.

Regeln beim Gebrauchtwagenkauf

Beim **Kauf eines privaten Gebrauchtwagens** müssen einige Regeln beachtet werden. Das Auto muss über eine ausreichend lange Zulassung (Registration) verfügen. Das Erneuern der Zulas-sung kostet, je nach Bundesstaat zwischen A$ 400 und A$ 800 pro Jahr. Ein sog. **Road Worthy Certificate** (ähnlich einem TÜV-Bericht) muss für jedes Fahrzeug vorhanden und gültig sein. Die Erneuerung ist mit einer eingehenden Werkstattprüfung verbunden, was meist zusätzliche Kosten verursacht. In New South Wales ist beim Verkauf zudem ein autorisierter Mängelbericht (Pink Slip) vorzulegen. Das erworbene Fahrzeug muss haftpflichtversichert (Third Party Insurance) werden – und hier liegt das Problem. Viele Versicherungen weigern sich mittlerweile, Traveller ohne festen Wohnsitz zu versichern. Andere nehmen Reisende nur zu relativ hohen Prämien unter Zugrundelegung von Fahrzeugwert, Fahreralter und Versicherungsdauer auf. Die Hürden der Zulassung sind in den einzelnen Bundesstaaten unterschiedlich hoch: Western Australia und South Australia gelten als einfach, Queensland und New South Wales als eher aufwendig. Bei Fragen zu Versicherung und Zulassung helfen die örtlichen Automobilclubs weiter.

Die typischenTraveller-Cars sind Kombis vom Typ Ford Falcon oder Holden Commodore. Sie gelten mit ihren großvolumigen Motoren zwar als Spritsäufer, aber als zuverlässig. Im Falle eines Defekts hat beinahe jede Werkstatt im Land Ersatzteile vorrätig. Zumindest die älteren Baujahre (bis Mitte der 1990er Jahre) sind weitgehend frei von kostspieliger und komplizierter Elektronik. Für ein zuverlässiges Auto mit einem Kilometerstand bis 200.000 sollten ca. A$ 4000 bis 8000 kalkuliert werden. Wer das ganze Land auch abseits der üblichen Highway-Routen erleben will, muss einen Geländewagen oder Allrad-Camper kaufen. Hier führt kein Weg an Toyotas HiLux- (Doppelkabiner) und Landcruiser-Modellen (Troopcarrier, Modell HLX 75-78) vorbei. Die robusten Dieselmotoren halten bei etwas Pflege über 400.000 km. Für ein nicht zu altes Exemplar müssen ab A$ 15.000 investiert werden.

Probleme Ein grundsätzliches Problem betrifft alle Gebrauchtwagen: Die meisten sind durchweg älteren Datums und seit vielen Jahren im harten Traveller-Einsatz. Die Kilometerleistungen sind enorm hoch. Nicht selten handelt es sich bei den Buy-Back-Modellen und gebrauchten Traveller-Autos um alte Kisten, die schon mehrere hunderttausend Kilometer abgespult haben. Die Wahrscheinlichkeit, mit technischem Defekt liegen zu bleiben, ist immens groß. Mangels regelmäßiger Wartung an Bremsen, Lenkung, Antriebswellen usw. fährt stets auch ein Sicherheitsrisiko mit. Im Falle eines Totalschadens haften Sie für den Gesamtwert des Fahrzeugs. Fordern Sie zum Vergleich immer das Angebot eines renommierten Vermieters an! Die zusätzliche Sicherheit und die Qualität eines Neufahrzeugs sollte Ihnen einen Aufpreis wert sein.

Öffentliche Verkehrsmittel und Gruppenreisen

In den Großstädten führt kein Weg an den öffentlichen Verkehrsmitteln vorbei. In Sydney oder Melbourne sollte auf ein Fahrzeug gänzlich verzichtet werden (dichter Großstadtverkehr und sündhaft teure Parkplätze). Das Angebot an öffentlichen Verkehrsmitteln ist in allen Metropolen nahezu perfekt und preisgünstig. Busse, Straßenbahnen, U-Bahnen, Züge und Fähren sind aufeinander abgestimmt. Tages- oder Mehrtagestickets sind in allen Städten erhältlich. Besorgen Sie sich im Tourist Office der jeweiligen Stadt einen Übersichtsplan für das Verkehrsnetz.

Überlandbusse Greyhound-Busse und andere regionale Busgesellschaften bringen Reisende von Ort zu Ort. Busse sind als Verkehrsmittel, dank der angebotenen Kilometer-Pässe oder Rundreisepässe, sehr preiswert. Inhaber eines Jugendherbergs-Ausweises (YHA) reisen nochmals 10% günstiger. Vor jeder Fahrt mit Greyhound muss eine Reservierung vorgenommen werden! Internet-Information: www.greyhound.com.au, Reservierung Tel. 132030.

Der größte Nachteil für Reisende ist, dass der Bus nur von Stadt zu Stadt fährt. Alle Sehenswürdigkeiten und Nationalparks unterwegs bleiben links liegen.

Für junge Leute sind daher die Touren von *OZ Experience* eine gute Alternative. Ähnlich einem Linienbus fahren deren Busse (fast) täglich, doch wird die Fahrtroute um einige touristische Sehenswürdigkeiten ergänzt. Information: www.ozexperience.com.au.

Busrundreisen und Kleingruppentouren

Hotel-Busrundreisen durch Australien sind eine komfortable Sache. Die bekanntesten australischen Veranstalter sind *AAT Kings* und *Australian Pacific Tours,* die ihre Touren in den vielfältigsten Varianten mit deutscher oder englischsprachiger Reiseleitung anbieten. Daneben gibt es Reiseveranstalter, wie z.B. *Karawane Reisen* (www.karawane.de), die neben Individualreisen (Mietwagen, Campern) ein eigenes Programm mit geführten **Kleingruppentouren** anbieten.

Der Vorteil einer geführten Reise liegt zum einen in der Reiseleitung. Kein noch so gutes Reisehandbuch kann einen leibhaftigen Reiseleiter ersetzen, der Land und Leute aus langjähriger Erfahrung kennt. Die Organisation der Reise, angefangen von der Flugreservierung bis zur Hotelbuchung, wird Ihnen abgenommen. Der Stressfaktor ist äußerst gering, denn man wird chauffiert. Diejenigen, deren Schulenglisch nur noch in Fragmenten vorhanden ist, sollten sich einer deutschsprachig geführten Gruppe anschließen. Allen anderen sei eine internationale Gruppe mit englischsprachiger Führung empfohlen. Nichts ist lustiger, als mit Australiern, Kanadiern, Amerikanern, Neuseeländern und Europäern gemeinsam zu reisen. Bei den klassischen Busreisen liegt die Gruppen-größe bei 29 bis 48 Personen, der Altersdurchschnitt bei ca. 50–60 Jahren. Kleingruppen-Veranstalter (z.B. Waratah Tours) führen Rundreisen bereits ab zwei Personen durch. Busrundreisen sind aufgrund der eingeschlossenen Leistungen und des Komforts keine billige Angelegenheit.

Wer es günstiger und naturverbundender möchte, sollte sich einer **Camping-Safari** anschließen. Hierbei wird in 2-Personenzelten, meist auf den üblichen Caravan Parks, übernachtet. Die Mahlzeiten werden gemeinsam zubereitet (und das Geschirr gemeinsam abgespült) – der Teamgedanke spielt eine beträchtliche Rolle. Längere Campingsafaris decken in 30 Tagen die klassische Australienroute ab (u.a. Austours, AAT Kings, Lets Trek). Kürzere Touren mit 3 bis 5 Tagen Dauer werden vor allem im Roten Zentrum (z.B. Sahara Tours) oder im Top End (z.B. Adventure Tours) in unterschiedlichen Komfortstufen angeboten. Informationen unter www.campingsafaris.de oder über die Reiseveranstalter.

Kreuzfahrten

Fluss- und Hochseekreuzfahrten werden in verschiedenen Landesteilen angeboten. Auf dem längsten Fluss Australiens, dem Murray River, werden mit der „PS Proud Mary“ erholsame Flussfahrten angeboten (ab/bis Adelaide). Am Great Barrier Reef fährt die sehr empfehlenswerte „Coral Princess“ in vier Tagen von Cairns nach Townsville (oder umgekehrt) bzw. in fünf Tagen von Cairns nach Lizard Island (und zurück). Drei- bis viertägige Segeltörns werden mit oder ohne Skipper in der Inselgruppe der Whitsunday Islands angeboten (ab/bis Airlie Beach). Kreuzfahrten entlang der Kimberleyküste beginnen in Broome und sind ein exklusives und außergewöhnliches Landschaftserlebnis. Spezielle Tauchschiffe unternehmen Kreuzfahrten ab/bis Cairns oder Townsville. Die bekanntesten Anbieter sind *Pro Dive, Mike Ball, Tusa Dive, Spirit of Freedom, Undersea Explorer* u.a. Die Tourangebote sind im Reiseteil aufgeführt.

Eisenbahn

Die Bundesstaaten Victoria (V-Line), New South Wales (Countrylink) und Western Australia (Westrail) besitzen ein gut funktionierendes System regionaler Eisenbahnen.

Für Touristen sind die klassischen Fernreisezüge der Great Southern Railway interessant (www.gsr.com.au):

- **The Ghan**: Sydney – Melbourne – Adelaide – Alice Springs – Darwin
- **Indian Pacific:** Sydney – Broken Hill – Adelaide – Perth
  Die Fahrt ist im Gold Kangaroo Service (1. Klasse Schlafwagen, inkl. Mahlzeiten), Red Kangaroo Service (2. Klasse Schlafwagen) und im Daynighter Seat (Schlafsessel) möglich.
- **Spirit of the Outback:** Brisbane– Longreach
- **Overlander:** Melbourne– Adelaide
- **XPT:** Sydney – Melbourne

Daneben existieren in Queensland eine Reihe interessanter Nostalgiezüge, wie z.B. die **Kuranda Scenic Railway** (Cairns – Kuranda), der **Savannahlander** (Cairns – Forsayth) und der **Gulflander** (Croydon – Normanton).

Tagesausflüge

Viele Regionen oder Attraktionen lassen sich nur besichtigen, indem man an einer organisierten Tour/Ausflug teilnimmt.
Die wichtigsten im Überblick:

- **Sydney:** Stadtrundfahrt, Hafenrundfahrt, Bridge-Climb, Rundflug, Blue Mountains
- **Hervey Bay:** Fraser Island (1–3 Tage), Lady Elliott Island (2-4 Tage)
- **Airlie Beach:** Segeltörn Whitsunday Islands (1–4 Tage), Heli-Rundflug
- **Townsville:** Magnetic Island, Great Barrier Reef
- **Cairns,** das Mekka der Tagesausflüge: Great Barrier Reef, Tauchexkursionen, Regenwaldtouren, Atherton Tablelands (Kuranda), Heißluftballonfahrt, Bungee Jumping, Regenwald-Dinner u.v.m.
- **Darwin:** Litchfield NP, Kakadu NP (2-3 Tage), Sunset Dinner Cruise
- **Alice Springs:** Stadtrundfahrt, Westl. MacDonnell Ranges, Heißluftballonfahrt
- **Ayers Rock:** Aboriginal-Touren, Sternwarte, Outback-Dinner, Rundflüge
- **Coober Pedy:** Opal-Tour, Mail-Run (Outback-Postbote)
- **Adelaide:** Barossa Valley, Kangaroo Island (2-3 Tage)
- **Melbourne:** Stadtrundfahrt, Phillip Island, evt. Great Ocean Road
- **Perth:** Nambung NP (Pinnacles), Swan River Cruise, Margaret River

Der „Overlander“ auf der Strecke Melbourne – Adelaide

Wanderungen

Beachten Sie für Wanderungen folgende wichtige Grundregeln:

- Informieren Sie sich vorab über Länge und Schwierigkeitsgrad der Wanderung. Nehmen Sie einen ausreichenden Wasservorrat mit.
- Feste Schuhe, Sonnenhut und Sonnencreme sind unbedingt erforderlich. Nehmen Sie eine Landkarte mit, und gehen Sie nach Möglichkeit niemals alleine. Bleiben Sie auf den ausgewiesenen Pfaden.
- Beachten Sie im tropischen Norden unbedingt die Krododil-Warntafeln. Füttern oder streicheln Sie keine Tiere, Sie könnten gebissen werden.

Unterkünfte

Ein Land wie Australien, das vom Tourismus lebt, bietet dem Reisenden eine breite Auswahl verschiedener Unterkunftsarten. Vom einfachen Campingplatz über das Backpacker-Hostel bis zum luxuriösen Insel-Resort ist für jeden Geschmack und Geldbeutel etwas dabei. In den meisten Küstenregionen kann i.d.R. ohne Reservierung oder mit flexiblen Hotelpässen (▶ s.u.) gereist werden. Ein umfangreiches Übernachtungsverzeichnis ist bei den Filialen der Automobilclubs in Australien erhältlich.

Preise

Die Zimmerpreise sind von der Lage, Ausstattung und Saisonzeit abhängig. **Entsprechend der Hotelklassifizierung im Reiseteil des Buches gelten als Richtwert folgende Übernachtungspreise:**

*	**bis A$ 25 pro Person** bzw. bis A$ 50 pro Zimmer Hostel, YHA im Mehrbettzimmer bzw. Doppelzimmer
**	**A$ 55–100 pro Zimmer** Motelzimmer oder Cabin
***	**A$ 105–160 pro Zimmer** Hotelzimmer Mittelklasse-Hotel
****	**A$ 165–250 pro Zimmer** Hotelzimmer Deluxe-Hotel
*****	**über A$ 250 Hotelzimmer** First-Class-Hotel oder Luxus-Resort

Ein Kind bis zu 12 Jahren übernachtet im Zimmer der Eltern umsonst. Mahlzeiten sind i.d.R. nicht im Übernachtungspreis enthalten. In den Städten sollte die Möglichkeit genutzt werden, preiswert im Coffee Shop um die Ecke zu frühstücken. Ein hoteleigener Shuttle-Bus ist nur bei Flughafenhotels im Service inbegriffen. Ansonsten muss ein Taxi, der Flughafenbus oder der Airport-Zug (Sydney, Brisbane) bezahlt werden.

Reservierung

Reservierungen sollten überall dort im voraus vorgenommen werden, wo die Reisezeit begrenzt ist und die Kapazitäten eingeschränkt sind. So sollte von Juli bis November für Hotels im Kakadu NP, Ayers Rock Resort und am Kings Canyon unbedingt eine bestätigte Zimmerreservierung vorliegen. In Westaustralien gibt es von Juni bis Oktober erfahrungsgemäß **Engpässe** für Hotels und Campingplätze in Monkey Mia und in Broome. In Sydney und Melbourne sollte für die Zeiträume großer Sportereignisse und anderer Events (z.B. Mardi Gras in Sydney) eine Reservierung vorgenommen werden. Gleiches gilt in den australischen Sommerferien (Dez–Jan) für Unterkünfte entlang der Great Ocean Road (z.B. Apollo Bay, Torquay), im Wilsons Promontory NP und für die Badeorte nördlich von Sydney (z.B. Coffs Harbour, Port Macquarie, Byron Bay).

Hotels, Motels, Apartments

Die **offizielle Klassifizierung** der Hotels bzw. Motels reicht von **2 bis 5 Sternen.** Ein gutes Stadthotel erkennt man an der zentralen Lage und der umfassenden Ausstattung. **Hotels der 3–4 Sterne-Kategorie** verfügen über Zimmer mit Bad oder Dusche/WC, Klimaanlage, Tee-/Kaffeekocheinrichtungen, Bügeleisen, Bügelbrett, Fön, TV/Radio und Selbstwähltelefon. Typische Vertreter der Mittelklasse sind die Hotels der Arcor-Kette (Novotel, Ibis, Mercure), Flag-Choice (Comfort Inn, Quality Suites) und Best Western. Hier kann im Normalfall nichts falsch gemacht werden, da Service, Sauberkeit und Komfort strengen Richtlinien unterliegen.

Die luxuriöse 5-Sterne-Kategorie besitzt größere Zimmer und eine nochmals bessere Zimmer- und Hotelausstattung, wie z.B. Swimmingpool, Sauna, Fitness-Raum, Restaurants, Bars und Konferenzeinrichtungen. Die First-Class-Hotels der Großstädte befinden sich zudem immer in exquisiter Lage. Wer entsprechend tief in die Tasche greift, darf dann beispielsweise in Sydney auf die Oper blicken.

Hotels und Motels der 2-Sterne-Kategorie liegen meist etwas außerhalb der Zentren an den Aus- bzw. Einfallstraßen. Die Zimmer sind kleiner und manchmal etwas abgewohnt. Eine Zimmerinspektion vor Bezug ist ratsam.

Für Langzeiturlauber und Familien sind **Apartments** mit einem oder zwei Schlafzimmern eine gute Wahl. Sie sind mit einer vollständig ausgestatteten Küchenzeile zur Selbstverpflegung ausgestattet.

Flexibel reisen mit Hotelpass: *Choice, Go Koala* und *Best-Western* bieten die Möglichkeit, offene Hotelgutscheine im voraus zu günstigen Preisen zu erwerben. Im Hotel der jeweiligen Hotelkette wird dann jeweils ein Gutschein „zur Bezahlung" vorgelegt. Die Reservierung für das jeweilige Zimmer sollte allerdings auch in diesem Fall einige Tage vor Ankunft erfolgen, um nicht vor ausgebuchten Hotels zu stranden.

Sowohl *Flag-Choice* als auch *Best Western* veröffentlichen ein umfangreiches Hotelverzeichnis mit der genauen Klassifizierung und Beschreibung der Hotels. Der Kauf der Hotelgutscheine erfolgt vor Abreise beim Reiseveranstalter.

Tipp Es empfiehlt sich, immer Hotelgutscheine der niedrigsten Kategorie zu kaufen (z.B. Flag „Gelb"). Bei höherwertigen Hotels wird dann vor Ort ein Aufpreis bezahlt. Im umgekehrten Fall (teure Hotelgutscheine, günstiges Hotel) gibt es keine Erstattung!

Resorts

Insel-Resorts entlang der Queenslandküste und im Great Barrier Reef eignen sich ausgezeichnet für einen erholsamen Aufenthalt nach einer Rundreise. Je nach Lage der Insel muss ein mehr oder weniger teurer Transfer per Flugzeug, Helikopter oder Boot einkalkuliert werden. Die Auswahl und das Preisgefüge sind breit gefächert. Die Palette reicht von exklusiven Luxus-Resorts wie Lizard Island oder Orpheus Island bis zu preiswerten „Budget-Inseln" wie Great Keppel Island oder Lady Elliott Island.

Long Island

Preiswerter sind die Hotels in den Badeorten auf dem Festland, z.B. an den Northern Beaches nördlich von Cairns (Trinity Beach, Palm Cove, Port Douglas).

Naturresorts findet man in den Regenwäldern Nord-Queenslands (Daintree NP, Cape Tribulation), in Süd-Queensland (Lamington NP), auf Tasmanien (Cradle Mountain NP, Freycinet NP) oder im Outback (z.B. Carnarvon Gorge NP, Arkaroola, Longitude/Ayers Rock).

Jugendherbergen, Backpacker-Hostels

Wer preiswert mit dem Bus durchs Land fährt, übernachtet meist in Jugendherbergen (Youth Hostel Association, YHA) oder Backpacker-Hostels. Der Kontakt zu anderen Travellern ist schnell hergestellt, und nicht selten trifft man immer wieder dieselben Leute. Mitfahrgelegenheiten, Autoverkäufe und Jobs werden an den schwarzen Brettern inseriert.

Viele Jugendherbergen haben mittlerweile einen guten Standard. Die Mehrbett- (Männer und Frauen getrennt), Doppel- und Einzelzimmer sind sauber, die Öffnungszeiten flexibel und die sonstige Ausstattung mit Selbstkocher-Küche, Waschmaschinen und Aufenthaltsräumen gut. Bei vielen Hostels schwankt aufgrund häufig wechselnder Besitzer allerdings die Qualität und es gibt durchaus auch „schwarze Schafe". Dauerbewohner tragen nicht immer zum gepflegten Aussehen eines Hostels bei. Lassen Sie sich die Zimmer vorher zeigen!

Für die YHs ist ein gültiger Jugendherbergsausweis erforderlich, den man auch in Australien erwerben kann. Auch wenn das Wort „Jugend" häufig fällt– es gibt keine Altersbeschränkung! Ein YHA-Ausweis verhilft zu Ermäßigungen bei Buspässen, auf Ausflügen und bei Sehenswürdigkeiten. Information: www.yha.com.au.

Backpacker-Organisationen wie *Nomads* oder *VIP-Backpackers* haben ein ähnliches System mit eigenen Hostels und kontrolliertem Qualitätsstandard. Wer Mitglied ist, erhält günstigere Raten und Rabatte. Information: www.nomads.com.au, www.vipbackpackers.com.au.

Eine Reservierung ist in den meisten Fällen nicht notwendig, aber hilfreich. Diebstahl ist in Mehrbettzimmern (dormitories) leider immer wieder ein Thema. Verschließen Sie Ihre Wertsachen im „Hostel-Safe" an der Rezeption!

Campingplätze und Cabins

Die Infrastruktur für Camper ist nahezu perfekt. Fast jeder Ort und selbst das kleinste Roadhouse am Stuart Highway verfügt über einen Campingplatz. Die Bezeichnung der Campingplätze variiert zwischen **Caravan Park, Holiday Park** und **Tourist Park.** Der australische Autoclub publiziert ein umfassendes Tourist-Park-Verzeichnis.

Die meisten Campingplätze sind sehr sauber und gepflegt. Auch hier gibt es vom Automobilclub eine Klassifizierung. Die besseren Plätze verfügen neben großzügigen Stellplätzen über Kiosk, BBQ-Area (Grillplätze), Kinderspielplatz, Schwimmbad, Waschmaschinen und Trockner. Uneingeschränkt empfehlenswert sind die großen Ketten **Big4** und **Top Tourist Park.** Viele Camperanbieter haben mit diesen Ketten ein Abkommen und bieten Mietern 10% Ermäßigung auf die Übernachtungspreise.

Wohnmobilfahrer benötigen einen Stellplatz mit Stromanschluss (powered site). Die Abwassertanks der Fahrzeuge werden an den gekennzeichneten Stellen per Schlauch entleert. Für die Fäkalientanks existieren separate Dump-Stations. Zeltreisenden genügt ein einfacher Stellplatz (unpowered site).

Eine Vorausbuchung ist praktisch nie erforderlich, sieht man von den erwähnten Ausnahmen ab (▸ s.o. Reservierungen). Ein Stellplatz kostet zwischen A$ 20 (ohne Strom) und A$ 35 (mit Strom) pro Nacht.

Statt im Zelt oder in Hotels können Mietwagenreisende auf den Caravan Parks auch in sog. **Cabins** übernachten. Dabei handelt es sich um feststehende Hütten oder Bungalows. Die besseren Varianten sind mit kleiner Küchenzeile, Dusche/WC und Klimaanlage ausgestattet. Bei der Budget-Version müssen die sanitären Gemeinschaftsanlagen des Campingplatzes genutzt werden. Der Preis für eine Cabin (2–4 Pers.) liegt zwischen A$ 70–110 pro Nacht. Die Vorgänger der Cabins sind die **On-Site Vans,** feststehende Wohnwagen, meist mit Vorzelt/Vorraum. Die Wohnwagen gehören zur aussterbenden Spezies, doch im Outback und auf kleinen Campingplätzen findet man sie immer noch. Meist sind die Wohnwagen für 2–4 Personen ausgelegt und kosten zwischen A$ 40–70 pro Nacht.

National-park-Camp-grounds

Die australische Tierwelt ist in der Morgen- und Abenddämmerung besonders aktiv. Nirgendwo lässt sie sich besser als in den zahlreich vorhandenen Nationalparks beobachten. In fast allen gibt es einen zentralen Campground oder mehrere verstreut liegende Campsites (Stellplätze). Die meisten können mit dem Fahrzeug angefahren werden. Wanderer erreichen in manchen Nationalparks entlegene Campsites zu Fuß.

Nationalpark-Campgrounds sind einfach ausgestattet, ein Plumpsklo und ein Wasserhahn sind, neben einer manchmal vorhanden Dusche, die einzigen „Komforteinrichtungen". Beim Ranger am Parkeingang oder mittels Selbstregistrierung (Geldbox) muss der Parkeintritt und der Übernachtungsobulus (ca. 3–10 A$ pro Fahrzeug) entrichtet werden. Eine Reservierung im voraus ist nur in den seltensten Fällen erforderlich, z.B. in der Ferienzeit (Dez–Jan) im Wilsons Promontory National Park (VIC) oder Royal National Park (NSW).

Offene Feuer sind in vielen Nationalparks wegen der Buschbrandgefahr nur in bestimmten Jahreszeiten gestattet (bitte erkundigen). Ein Gas- oder Benzinkocher sollte daher auf jeden Fall mitgenommen werden.

Nationalparks in Australien

Schon 1879 wurde mit dem Royal National Park der erste Nationalpark Australiens gegründet. Über 10% der australischen Fläche stehen heute unter Naturschutz, wobei der Schutzstatus der über 2000 National Parks, Conservation Areas, Wilderness Areas und State Parks sehr unterschiedlich ist. Zwölf von Ihnen gehören zum Weltkulturerbe (World Heritage Area) der UNESCO, darunter Uluru-Kata Tjuta NP (Ayers Rock Olgas), Gagudju (Kakadu NP), Purnululu NP (Bungle Bungles), Shark Bay, Fraser Island, die Regenwälder in Nord-QLD und in Central NSW, Lord Howe Island und das Great Barrier Reef.

Detailinformationen im Internet unter:
www.npws.nsw.gov.au (NSW)
www.envqld.gov.au (QLD)
www.parkweb.vic.gov.au (VIC),
www.nt.gov.au (NT)
www.dehaa.sa.gov.au (SA),
www.parks.tas.gov.au (TAS),
www.calm.wa.gov.au (WA).

Wildes Campen und Bushcamps

Einsame Strände und sternenklare Outbacknächte laden dazu ein, die eine oder andere Nacht fernab der Zivilisation zu verbringen. Wildes Campen wird grundsätzlich geduldet, sofern es sich nicht um ausgewiesenes Privatland handelt. In Stadtnähe und bei Verbotsschildern („No Camping") sollte man es allerdings unterlassen. Im Outback ein Bushcamp nie in einem ausgetrockneten Flussbett aufschlagen! Regenfälle, die Hunderte Kilometer entfernt niedergingen, können urplötzlich als Springfluten auftreten. Das Camp muss sauber verlassen werden. Für manche Zeitgenossen sei hier nochmals ausdrücklich erwähnt: Der eigene Müll muss komplett mitgenommen werden! Lagerfeuer sollten sorgsam entfacht werden. Bei großer Dürre sind offene Feuer verboten. In Nationalparks darf meist kein Feuerholz gesammelt werden. In diesem Fall muss bereits außerhalb gesammelt werden.

Reisen im Outback

Nur wenige Orte in Australien sind so spirituell und eindrucksvoll wie Ayers Rock (Uluru) oder The Olgas (Kata Tjuta). Doch es sind nicht nur die bekannten Highlights, die locken. Das schier grenzenlos scheinende Outback macht für viele den Reiz einer Australienreise überhaupt erst aus. Der funkelnde Sternenhimmel der südlichen Hemisphäre, flirrende Hitze, roter Sand und schmale Pisten, Spinifex-Gräser und Eukalypten, gastfreundliche (und manchmal wortkarge) Bewohner, Jahrtausende alte Urgebirge, Aboriginalkultur, die Stille und die Geräusche der Wüste – all das ist australisches Outback. Vielfältig, fremd und bald vertraut.

Das Befahren vieler klassischer Outback-Pisten darf heutzutage als „Soft-Adventure" bezeichnet werden. Die fahrerischen Herausforderungen halten sich dank regelmäßiger Pflege der Pisten in Grenzen. Trotzdem sollte, allein schon aus versicherungsrechtlichen Gründen, ein Allradauto (4WD) vorhanden sein. Ein „Four Wheel Drive" bietet die Sicherheit, auch unter widrigen Bedingungen weiterzukommen. Dank großer Räder und guter Bodenfreiheit reist man ausgesprochen sicher und komfortabel.

Wellblechpisten

Der Zustand unbefestigter Pisten (unsealed road, dirt road, gravel road) ist höchst unterschiedlich. Je nachdem, wann der letzte Grader-Trupp eine Piste glatt-gehobelt hat, kann sie nahezu perfekt oder absolut „terrible" sein. Schotter- und Sandpisten werden durch den Erosionsprozess von Wind, Temperatur und Regen sowie den Verkehr häufig in Wellblech- oder Waschbrettpisten verwandelt. Der Höhenunterschied dieser *corrugations* (Differenz zwischen „Kamm" und „Senke") beträgt nicht selten über 10 cm, also ein Auf und Ab in dichter Folge. Die Ermüdung für Mensch und Material ist beträchtlich. Beim Befahren einer Wellblechpiste stellt sich ein unangenehmer Effekt ein: Fährt man zu langsam, wird das Fahrzeug regelrecht zerrüttelt, fährt man zu schnell, wird die Fahrt zwar ruhiger, jedoch sinkt die Bodenhaftung erheblich. Vor Kurven muss daher zwingend abgebremst werden, sonst wird das Fahrzeug mangels Haftung geradewegs ins Abseits befördert. Auch die Bremswege sind deutlich länger!

Der hohe Schwerpunkt von Geländewagen und Allradcampern (insbesondere Hochdach- und Dachzeltfahrzeuge) bildet eine zusätzliche Gefahr. In Kurven und an seitlich abfallenden Steilpassagen kann das Fahrzeug im ungünstigen Fall umkippen. Auf gepflegten Pisten sollten 80 km/h die maximale Geschwindigkeit sein.

Bulldust Auf schlechten Passagen muss mit derben Schlägen und tiefen, kaum sichtbaren Staublöchern gerechnet werden. Man spricht bei diesem feinen, talkumähnlichen Staub, der kilometerweite Staubfahnen hinterlässt und alles mit einer roten Schicht überzieht, vom typisch australischen Bulldust. Fahren Sie auf Bulldust-Passagen langsam, um Reifen- und Achsschäden zu vermeiden.

Flussdurchquerungen Flussdurchquerungen sollten mit Bedacht angegangen werden. In krokodilfreien Regionen ist ein vorheriges Durchwaten ratsam. Im Zweifel auf andere Fahrzeuge warten. Schalten Sie vor der Durchquerung einer Furt den Allradantrieb ein, sowie, je nach Tiefe, auch die Untersetzung. Fahren Sie dann im zweiten oder dritten (untersetzten) Gang durch. Tiefe Wasserfurten dürfen nur durchquert werden, wenn das Fahrzeug über einen hoch gelegten Luftansaugstutzen („Schnorchel") verfügt. Die Fahrt durch den Fluss oder das Wasserloch sollte langsam und konstant bewältigt werden. Je weniger es spritzt, desto besser für den Motor und das Auto. Beachten Sie, dass Wasserschäden grundsätzlich nie versichert sind. Wer sein Auto am Strand bewegt, einsackt und von der Flut überrascht wird, handelt grob fahrlässig und haftet im schlimmsten Fall für den gesamten Fahrzeugwert.

Sand In tiefsandigen Gebieten kann der Reifendruck kurzfristig auf 1 bar oder weniger reduziert werden, jedoch nur, wenn ein Kompressor oder eine Luftpumpe zum Wiederauffüllen im Bordgepäck sind. Das Pannenrisiko steigt durch eine solche Maßnahme allerdings.

Tiere Rinder, Schafe und australische Wildtiere (Känguruhs, Emus) stellen mangels Weidezäunen (unfenced cattleland) eine permanente Kollisionsgefahr dar, insbesondere in der Dämmerung. Fahren Sie deshalb vorausschauend und mit angemessener Geschwindigkeit. Vermeiden Sie Nachtfahrten!

Allrad-Technik Bislang verfügen nur moderne Geländewagen (z.B. Toyota Prado, Landcruiser GXL) über einen permantenten Allradantrieb und elektronische Helfer wie Antiblockiersystem (ABS) oder Anti-Schleudersystem (ESP). Die meisten Geländewagen und 4WD-Camper, die gemietet werden können, sind weiterhin sehr simpel gebaut und folgen der klassischen Technik mit zuschaltbarem Allradantrieb ohne elektronische Helfer.

Das bedeutet, dass das Fahrzeug im Normalbetrieb von den Hinterrädern angetrieben wird (Modus H2). Die Vorderachse wird bei Bedarf zugeschaltet (H4). Hierfür müssen jedoch rechtzeitig die vorderen (manuellen) Freilaufnaben von „Free" auf „Lock" geschaltet werden. Der

Wechsel von H2 auf H4 kann dann während langsamer Fahrt vonstatten gehen. In schwerem Gelände, in tiefem Sand und bei Flussdurchfahrten muss eventuell der Untersetzungsmodus (L4) eingeschaltet werden, was nur im Stand funktioniert. Das Auto wühlt sich damit bereits im 2. oder 3. Gang fast überall heraus. In jeder Stufe stehen die üblichen 5 Gänge und ein Rückwärtsgang zur Verfügung.

Gute Pisten können allein mit dem Heckantrieb bewältigt werden. Erfahrene Allradfahrer schwören jedoch darauf, auf nicht asphaltierten Straßen grundsätzlich mit gesperrten Freilaufnaben und Allradantrieb (H4) zu fahren. Das Fahrverhalten der kopflastigen Fahrzeuge wird dadurch stabilisiert. Allerdings kostet Allradantrieb ein bis zwei Liter Sprit pro 100 Kilometer extra, in schwerem Gelände (häufige Fahrten in L4) können es bis zu zehn Liter mehr sein. Sie werden erstaunt sein, was ein 4WD so alles aushält und welche Geländefähigkeit er besitzt.

Routen, Tracks und Pisten

Die wichtigsten Outback-Routen sind im Exkurs „Outbackpisten im Zentrum" (▶ s.S. 337ff) kurz beschrieben. Zu den regelmäßig gepflegten Pisten gehören der Birdsville Track, Strzelecki Track, Oodnadatta Track, Great Central Road (Warburton-Laverton Road), Tanami Road, Plenty Highway und Sandover Highway. Die Gibb River Road (WA) ist in Teilen heftig korrugiert, aber meist gut befahrbar.

Folgende Routen sollten mit Umsicht, ohne Eile und am besten mit vorhandener Allrad-Erfahrung befahren werden: Cape York, Mitchell Plateau (Abstecher von der Gibb River Road nach Norden), Bungle Bungle NP (Purnululu NP), Simpson Desert, Canning Stock Route. Für die letzten beiden ist ein spezielles Permit des Vermieters erforderlich.

Führen Sie immer eine möglichst detaillierte Karte mit sich!

Fahrzeugausstattung

Die Liste der **wünschenswerten** Fahrzeugausstattung ist lang. Sie umfasst Flickzeug, Reifenkompressor, Kühlerschlauch, Keilriemen, Sicherungen, Bergungsgurte, Abschleppseil, Verbandskasten (kein Pflichtutensil in Australien!), Spaten und vor allem ein zweites Ersatzrad. Ein gewöhnlicher 4WD-Mietwagen oder Mietcamper verfügt selbst gegen Aufpreis nicht über solches Wunschzubehör. An den meisten Allradcampern ist z.B. überhaupt keine Vorrichtung für ein zweites Ersatzrad vorgesehen.

Vermieter wie Mieter vertrauen darauf, dass das Fahrzeug dank einer regelmäßigen Wartung und der relativen Neuwertigkeit von größeren Defekten verschont bleibt oder im Falle einer Panne besser ausgerüstete (einheimische) Outbackfahrer helfen. Bei längeren Fahrzeugmieten helfen sich manche Reisende durch Zukauf nützlicher Gegenstände selbst. Camping-, Autozubehör- und Secondhand-Shops (Schrottplätze) bieten reiche Auswahl. Der Erwerb eines Klappspatens oder eines Reifenpannen-Sprays (Tire Pilot o.ä.) hilft zumindest, das Gewissen zu beruhigen. Achten Sie bereits bei der Fahrzeugübernahme auf den guten Zustand der Reifen. Buchen Sie, falls nicht serienmäßig vorhanden, einen Satelliten-Not-Peilsender (EPIRP = Emergency Position Indicating Radio Beacon). Dieser kann im Notfall zur Ortung aktiviert werden. Ein Missbrauch wird jedoch streng bestraft!

Für extreme Unternehmungen wie die Canning Stock Route oder Simpson Desert sollte ein Vermieter gewählt werden, der in der Lage ist, Zusatz-Equipment bereitzustellen.

Vorsichtsregeln im Outback

- **Straßenzustand:** Informieren Sie sich grundsätzlich und in regelmäßigen Abständen über den Straßenzustand. Ein ordentlicher Regenschauer genügt, um eine normalerweise gut befahrbare Piste zu einer unpassierbaren Schlammfurche werden zu lassen.

  Informationen sind außerdem unter folgenden Rufnummern erhältlich:

  NT Road Report (Northern Territory) Tel. 1-800-246199, www.dpi.nt.gov.au.
  SA Road Report (South Australia) Tel. 1-300-361033, www.transport.sa.gov.au.
  QLD - RACQ (Queensland) Tel. 1-300-130595, www.racq.com.au
  WA: Für WA wird die Befahrbarkeit von Outbackpisten auf der Internetseite www.mainroads.wa.gov.au auf dem aktuellen Stand gehalten (Tel. 1-800-013314).

- **Anmelden/Abmelden:** Informieren Sie vor der Abfahrt in entlegene Gebiete das letzte Roadhouse, den Ranger oder eine lokale Polizeistation über die geplante Route. Vergessen Sie eine eventuelle Rückmeldung nicht. Bleiben Sie auf den ausgewiesenen Pisten und Tracks. Querfeldein-Touren schaden der Vegetation und führen zwangsläufig zum Festsitzen (bogging).

  Führen Sie immer einen ausreichenden **Wasservorrat** im Fahrzeug mit (empfohlen werden 20 Liter pro Person), und trinken Sie in regelmäßigen Abständen! Auf Wandertouren muss für jede Stunde mindestens ein Liter Wasser pro Person mitgenommen werden.

- **Im Falle einer Panne**: Schützen Sie sich vor der Sonne. Verlassen Sie das Fahrzeug nicht. Querfeldein-Märsche führen in der unbarmherzigen Hitze zum Kollaps.

  Umsichtiges, vorausschauendes Fahren schont die Reifen und hilft Pannen vermeiden! Unterziehen Sie das Fahrzeug vor jeder Fahrt einer kurzen Kontrolle.

Reiserouten

Die Entfernungen im Land werden häufig unterschätzt. Ein Beispiel: Die Entfernung von Sydney nach Brisbane beträgt zwar „nur" 984 km. Der Highway selbst, fälschlicherweise oft als Küstenstraße bezeichnet, verläuft aber als vierspurige Autobahn meist kilometerweit von der eigentlichen Küste entfernt im Landesinneren. Um Sehenswürdigkeiten und Landschaften genießen und erleben zu können, sind deshalb Abstecher unumgänglich. In der Praxis werden daher meist rund 1400 km gefahren. Auf dem eintönigen Stuart Highway von Darwin nach Adelaide kommt schnell Langeweile auf. Planen Sie deshalb Inlandsflüge ein, und investieren Sie die gesparte Zeit in die Erkundung der Zielregion.

Zur Zeiteinteilung für die verschiedenen Routenabschnitte finden Sie jeweils Vorschläge im Reiseteil. Diese Empfehlungen sind selbstverständlich nur Anhaltspunkte. Reisende mit mehr Zeit können zusätzliche Alternativrouten, Abstecher und Verlängerungsaufenthalte einbauen. Reisende mit weniger Zeit müssen entweder längere Tagesetappen bewältigen oder Inlandsflüge, Zug- oder Buspassagen einschieben.

Planen Sie moderate Tagesetappen, 250 bis 400 km sind genug. Mit Fotostopps, Besichtigungen und Rastpausen sind Sie damit den ganzen Tag unterwegs. Planen Sie für den Fall einer Panne auch den einen oder anderen Puffertag ein.

Entfernungstabelle ▶ Anhang

Im Internet sind verschiedene Routenplaner zu finden. Wer die Zeit hat, kann sich unter www.travelmate.com.au unterwegs im Internet-Café oder vorab die gewünschten Reiserouten kilometergenau erstellen lassen. Die Seiten der Autoclubs informieren ebenfalls über Routen und Straßenzustände: www.racv.com.au, www.aant.com.au, www.mynrma.com.au.

Reisevorschläge

Bei den folgenden, unverbindlichen Vorschlägen handelt es sich um mögliche Reiserouten, die selbstverständlich abgewandelt und verändert werden können. Wichtig ist, dass bei begrenzter Reisezeit keinesfalls versucht werden sollte, die im Reiseteil beschriebenen Fahrtrouten komplett selbst zu fahren, sondern auch mit Inlandsflügen zu arbeiten. Ganz klar: Je mehr Zeit zur Verfügung steht, desto intensiver können einzelne Abschnitte bereist werden.

Bemerkungen zur Anreise: Als Abflugort kommt natürlich nicht nur Frankfurt in Frage, und selbstverständlich sind auf Hin- und Rückflug Stopover-Aufenthalte möglich.

Osten und Zentrum (Reisezeitraum April bis Juli)

Reisebeginn im Süden, **Reiseende** im Norden (nach Ende der Regenzeit)
Reisedauer: ca. 28 Tage
Empfohlene Airlines: Qantas oder Cathay Pacific (da Hinflug nach Sydney und Rückflug ab Cairns möglich)

Ablauf

- Flug Frankfurt – Sydney
- Aufenthalt in Sydney mit Stadtrundfahrt, Hafenrundfahrt und Ausflug in die Blue Mountains.
- Flug Sydney – Alice Springs

- 3- bis 5tägige Campingsafari im Roten Zentrum, mit je einer Vor- und Nach-Übernachtung in Alice Springs.
- Flug Alice Springs – Brisbane
- Camper- oder Mietwagentour von Brisbane nach Cairns
- Bade-Hotelaufenthalt in Cairns mit Ausflügen (Great Barrier Reef, Daintree/Cape Tribulation Regenwälder, Kuranda).
- Flug Cairns – Frankfurt

Australien Nord –Süd (Reisezeitraum August bis November)

Reisebeginn im Norden (vor Beginn der Regenzeit), **Reiseende** im Süden
Reisedauer: ca. 35 Tage
Empfohlene Airline: Qantas, Royal Brunei, Malaysia Airlines/Garuda (da Hinflug nach Darwin und Rückflug ab Sydney

Ablauf

- Flug Frankfurt – Darwin
- Camper- oder Mietwagentour: Kakadu NP – Stuart Highway – Rotes Zentrum (Westliche MacDonnell Ranges – Ayers Rock/Olgas) – Alice Springs.
- Alternativ: geführte Hotel- oder Campingtour im Top End (ab/bis Darwin) und geführte Hotel- oder Campingtour im Red Centre (ab/bis Alice Springs), dazwischen entweder Flug oder Bahn („Ghan“)
- Flug Alice Springs – Cairns
- Hotelaufenthalt Cairns mit Ausflügen Great Barrier Reef und Daintree-Regenwälder
- Camper- oder Mietwagentour Cairns – Brisbane
- Flug Brisbane – Melbourne
- Mietwagen- oder Campertour: Melbourne – Abstecher Great Ocean Road – Melbourne – Canberra – Sydney
- Aufenthalt in Sydney mit Stadtrundfahrt, Hafenrundfahrt und Ausflug in die Blue Mountains
- Flug Sydney – Frankfurt

Outback und Baden (Reisezeitraum April bis Oktober)

Beste Reisezeit: das australische Winterhalbjahr
Reisedauer ca. 24 Tage
Empfohlene Airlines: Qantas, Singapore Airlines, Malaysia Airlines, Cathay Pacific (da Hinflug nach Adelaide und Rückflug ab Brisbane)

Ablauf

- Flug Frankfurt – Adelaide
- Allradtour mit Camper oder Mietwagen: Adelaide – Kangaroo Island (alternativ hier geführte Tour) – Flinders Ranges – Arkaroola – Oodnadatta Track – Coober Pedy – Ayers Rock – Olgas – Kings Canyon – Westliche/Östliche MacDonnell Ranges – Alice Springs.
- Flug Alice Springs – Brisbane – Gladstone (alternativ: Alice Springs – Cairns). Badeaufenthalt Heron Island (alternativ: Badeaufenthalt Palm Cove/Port Douglas).
- Flug Gladstone – Brisbane – Frankfurt (alternativ: Cairns – Frankfurt).

Naturerlebnis im südlichen Australien (Reisezeitraum Oktober bis April)

Beste Reisezeit: das australische Sommerhalbjahr
Reisedauer: ca. 30 Tage
Empfohlene Airlines: Qantas, Singapore Airlines, Emirates, Malaysia Airlines, Austrian Airlines, Cathay Pacific u.a. (da Hinflug nach Melbourne und Rückflug ab Sydney)

Ablauf

- Flug Frankfurt – Sydney
- Aufenthalt in Sydney mit Stadtrundfahrt, Hafenrundfahrt und Ausflug nach Port Stephens (Delphine).
- Mietwagen- oder Campertour: Sydney – Blue Mountains – Canberra – Kosziuszko NP – Croajingolong NP – Mount Buffalo NP – Wilsons Promontory NP – Melbourne – Great Ocean Road – Grampians NP – Kangaroo Island – Adelaide.
- Flug Adelaide – Hobart
- Geführte Tour Tasmanien (alternativ: Mietwagen oder Campertour)
- Flug Hobart – Melbourne
- Aufenthalt Melbourne mit Stadtrundfahrt
- Flug Melbourne – Frankfurt

Essen und Trinken

Australiens Küche war bis in die 1950er Jahre sehr von der englischen Kochkunst geprägt. Durch den Einfluss der Einwanderer anderer Nationalitäten hat sie sich in den Jahren zunehmend verändert. Eine australische Mischung aus asiatischer und kontinentaler Küche entstand. In den Großstädten ist mit thailändisch, vietnamesisch, chinesisch, indisch, afrikanisch, griechisch, italienisch oder deutsch fast jede denkbare Gourmetrichtung vertreten. Unter der eigentlichen australischen Küche versteht man in der Regel verschiedene Steak-Sorten bzw. Kotelett mit Salat und Pommes (Chips). An der Küste gibt es in jeder Ecke frische Fish-&-Chips (frittierter Fisch mit Pommes frites, in Papier gewickelt). In den letzten Jahren sind Spezialitätenrestaurants im „native australian cuisine"-Stil, mit Känguruh-Filets, Krokodil-Burgers, Macadamia-Nuss-Kuchen und weiteren Leckereien auf der Speisekarte, zunehmend erfolgreich.

Restaurantbesuche sind in Australien eher günstiger als in Europa. Restauranttipps finden sich in den lokalen Tageszeitungen, in Touristenbroschüren sowie auf den Internetseiten wie www.citysearch.com.au, www.bestrestaurants.com.au.

Frühstück
Breakfast

In Australien werden in der Regel drei Mahlzeiten pro Tag eingenommen. Zum einfachen Frühstück *(Continental Breakfast)* wird in der Regel Toastbrot mit Butter, Marmelade, Honig, Vegemite (ein bei Australiern überaus beliebter, gewöhnungsbedürftiger Brotaufstrich auf Hefebasis) und Tee/Kaffee serviert. Wird ein **„Fully Cooked Breakfast"** (oder American Breakfast) geordert, gibt es zusätzlich Rühr- und Spiegelei, Speck (bacon), Würstchen (sausages), gebratene Bohnen (baked beans), Spaghetti und Kartoffelpuffer. Bei den meisten Hotels sind – ähnlich wie in Nordamerika – keine Mahlzeiten im Übernachtungspreis enthalten. Nutzen Sie den Coffee-Shop ums Eck fürs Frühstück. Auf organisierten Rundreisen ist das Frühstück häufig inkludiert. In den Städten schmeckt das Frühstück auch in Cafés, die sich in den Einkaufszentren befinden und in der Regel ab 7 Uhr geöffnet sind. Ein Contintal Breakfast im Café kostet A$ 10–15, ein warmes Frühstücksbuffet A$ 15–25. Auf Campingplätzen, in Hostels und Jugendherbergen stehen in den Küchen Toaster, Wasserkocher und Kühlschränke zur Verfügung.

Mittagessen
Lunch

Zum Mittagessen wird nicht allzu viel gegessen – meist leichte Speisen wie Salate, Sandwiches und Blätterteigpasteten mit Füllungen aller Art (Pies). In den Großstädten besucht man dazu am besten die *Foodmalls* in Kaufhäusern und Einkaufszentren, eine Ansammlung von Imbissständen mit internationaler Prägung. Restaurants und Cafés bieten meist ebenfalls Mahlzeiten und Snacks in der Mittagszeit an. Außerhalb der Städte ist die Auswahl wesentlich geringer und man ist auf Takeaways, Fastfood-Ketten, Roadhouses oder Selbstverpflegung angewiesen. Auf geführten Touren erhält man das Mittagessen in Form von Lunchpaketen oder einfachen Picknicks mit Sandwiches und Salaten. Für ein leichtes Mittagessen in einer Foodmall müssen Sie mit Preisen zwischen A$ 6 und A$ 12 rechnen, in Restaurants und Pubs (üppige Counter-Meals) mit A$ 10–20. Zwischendurch gibt es traditionell einen Nachmittagstee mit Keksen (Bikkies oder Scones) oder Kuchen. Der Tee wird meist mit Milch getrunken.

Abendessen
Dinner

Die Hauptmahlzeit des Tages in Australien ist das Abendessen. Egal ob im Privathaushalt, beim Camping oder im Restaurant, am Abend wird grundsätzlich warm gegessen. In den Städten laden Restaurants, Hotels, Pubs und Bars zum Essen ein. In den meisten Lokalen muss gewartet werden, bis ein Tisch zugewiesen wird („Wait to be seated"). Für bekannte und beliebte Restaurants in den Großstädten ist häufig eine Reservierung sinnvoll, insbesondere freitags und samstags. Wer gut essen gehen will, sollte sich nicht unbedingt im Strandlook zum Lokal begeben, denn das Einhalten eines gewissen Dress-Codes wird erwartet. Nicht alle Restaurants schenken alkoholische Getränke aus – dies ist den sog. „Licensed Restaurants" vorbehalten. In „BYO"-Lokalen (Bring Your Own) ist es gestattet, selbst Wein oder Bier mitzubringen. Manchmal wird dann eine „Corkage Fee" („Korkengeld") verlangt. Auf dem Lande gibt es in Pubs und Hotels meist günstige und schmackhafte Gerichte am Tresen, die sogenannten „Counter Meals".

Im Reiseteil finden Sie empfehlenswerte Restaurants mit unterschiedlichem Preisniveau. Zur Orientierung für Speisen und Getränke in Restaurants gilt: Fleischgericht mit Beilage A$ 15–25; Drei-Gänge-Menü A$ 30–50; Bier (0,285 l) A$ 3,50; Tischwein (0,2 l) ab A$ 4, Softdrinks wie Cola oder Sprite (0,2l) ab A$ 2,50, Cappuccino ab A$ 3,00.

Barbecue (BBQ)

Eine besondere beliebte Variante des Abendessens ist das gesellige *Barbecue* (BBQ oder Barbie). In jedem Privatgarten, Campingplatz und in vielen öffentlichen Parks stehen Grills (meist mit Gas oder elektrisch), die für ein paar Cents aktiviert werden können. Fleisch und Wurst wird dann in rauen Mengen auf den Grills gebruzelt. Als Beilagen werden Salate und Brote gereicht. Zum BBQ gehören natürlich auch große Mengen Bier, das am liebsten eiskalt aus Cans (Dosen) oder Stubbies (Flaschen) getrunken wird.

Bushtucker

Typisch australisch ist *Bushtucker*. Dazu zählen Wild, Fische, Meerestiere, Muscheln, Ameisen, Würmer, Wurzeln, Nüsse, Blüten, Pilze und Samen, sowie andere gesammelte und gefangene Nahrung, wie sie ursprünglich von den Ureinwohner gegessen wurde. Vieles davon wird roh verspeist. Für uns Europäer ist es jedoch bekömmlicher, die Gerichte auf dem offenen Feuer zuzubereiten und mit Gewürzen und Früchten abzuschmecken. Auf einigen Touren im Outback (Northern Territory, Südaustralien, New South Wales) werden echte Bushtucker-Gerichte angeboten. Am besten schmeckt es, wenn Aboriginal People die Speisen zubereiten. Was in den Restaurants der Städte unter Bushtucker angeboten wird, besitzt meist nur noch den Hauch der ursprünglichen Naturküche.

Damper – Australisches Buschbrot

Damper ist das australische Buschbrot, das stilecht in der Asche des Lagerfeuers oder im „Campoven“, einem gusseisernen Topf mit Dekkel über heißen Kohlen gebacken wird.

Zutaten: 500 gr. Mehl, 1 1/2 Teelöffel Salz und etwas Wasser.

Mischen Sie Mehl und Salz mit etwa 3 Esslöffel Wasser und verrühren Sie dies zu einem glatten Teig (ggf. etwas mehr Wasser hinzugeben). Dann zu einem dicken Fladen kneten. Packen Sie den Teig in Alufolie (es geht allerdings auch ohne) und legen Sie ihn auf heiße Kohlen und bedecken Sie ihn ebenfalls mit Kohlen. Backzeit etwa 30 min. Anschließend warm mit Butter genießen. Eine andere Variante ist den Teig in einen gusseisernen Topf mit Deckel, dem sogenannten Campoven, auf heißen Kohlen zu backen. Wer es im gewöhnlichen Backofen probieren möchte, der sollte den Teig ohne Alufolie bei 180 °C. etwa 30 min. backen.

Restaurant-Tipps

- **Trinkgeld geben** *(tipping)* ist eher unüblich, nur in gehobenen Lokalen sind 5 bis 10% des Rechnungsbetrages angebracht.
- **Rauchen** ist in allen öffentlichen geschlossenen Räumen, dazu zählen auch Restaurants, Cafés u. Pubs, verboten. Wenn Sie trotzdem rauchen „müssen“, sollten Sie sich auf die Terrasse oder in den Garten setzen.
- Der **Brotteller** steht links vom Teller, nehmen Sie also nicht die Sachen ihres rechten Tischnachbarn.
- **Kreditkarten** sollten nur in Ausnahmefällen zur Zahlung aus der Hand gegeben werden. Selbst in den besten Restaurants Sydneys hat es schon Betrugsfälle gegeben!

Getränke

Alkoholausschank und -verkauf

Alkohol, egal welcher Art, wird nur in Pubs, Bars und lizenzierten Restaurants ausgeschenkt. Ansonsten sind Alkoholika nur in speziellen Spirituosenläden (Bottle Shops) erhältlich. Diese haben meist längere Öffnungszeiten.

Bier

Das beliebteste und meist konsumierte Getränk ist zweifelsohne **Bier.** Immer kalt, am besten direkt aus der Dose, oder aus der kleinen Glasflasche mit Drehverschluss. Zu den bekanntesten Biersorten zählen *Victoria Bitter* (VB aus Victoria), *Foster* (überregional), *XXXX* (Four Ex aus Queensland), *Tooheys* (aus New South Wales), *Emu* (Südaustralien) und *Swans* (Westaustralien). Inzwischen gibt es auch Leichtbiere (z.B. Lite Ice) und alkoholfreie Biere. Bierdosen und -flaschen werden vorzugsweise in Sixpacks, 12er oder 24er-Kisten im Bottle Shop verkauft. Einzelflaschen oder Dosen sind jedoch auch erhältlich.

Wein

Neben Bier wird **Wein** als Tischgetränk in Australien immer populärer. Der Rebensaft aus den bekannten Weinbaugebieten Südaustraliens, New South Wales, Victorias und Westaustraliens besitzt eine hervorragende Qualität.

Weinbau in Australien

Wein wird in allen australischen Staaten und Territorien angebaut. Die Hauptanbaugebiete befinden sich jedoch in New South Wales, South Australia, Victoria und Western Australien. In den anderen Staaten/Territorien ist der Anbau von Reben auf sehr kleine Flächen beschränkt.

Seit dem 18. Jahrhundert wird in Down under Weinbau betrieben. Der Rebensaft wurde in erster Linie für den inländischen Markt produziert, erst mit dem Anbau neuer Rebsorten in den 1960er Jahren und modernen Anbaumethoden erlebte die Winzerei einen starken Aufschwung, und die Produkte erhielten weltweite Beachtung. Inzwischen sind zahlreiche australische Weine qualitativ mit den bekannten Produkten aus Frankreich, Italien und Kalifornien vergleichbar. Australien ist mit einer Produktion von 9 Mio. Hektolitern Wein dersiebtgrößte Weinproduzent der Welt. Davon werden 40% exportiert. Hinter den klassischen Weinländern Frankreich, Italien und Spanien ist Australien der viertgrößte Weinexporteur weltweit. Die eingeführten Reben stammen aus Frankreich, Italien, Portugal und Deutschland. Zu den wichtigsten Sorten zählen bei den Rotweinen Cabernet Sauvignon, Shiraz, Ruby Cabernet, Pinot Noir, Merlot, Malbec und Cabernet Franc. Bei den Weißweinen sind es Chardonnay, Semillon, Chenin Blanc, Riesling, Sauvignon Blanc, Traminer, Colombard, Verdelho und Muscadelle. Besondere Spezialiäten des Landes sind Cuvées, aufwendige Kompositionen guter Weine. Zu den bekanntesten Cuvées zählen Penfolds „Grange“, Rosemount Estate „GSM“ und der Alliance „Hattrick“.

Weitere Informationen im Internet:

▶ www.wineaustralia.com.au

Nicht-alkoholische Getränke

Beliebte Erfrischungsgetränke sind (frisch gepresste) Fruchtsäfte aus Mangos, Trauben und Zitrusfrüchten. Wie überall auf der Welt sind Softdrinks wie Cola und Zitronenlimonade (Sprite) beliebt. Mineralwasser kann in Flaschen und Kanistern (5 und 10 Liter) gekauft werden. Leitungswasser ist häufig stark chloriert, kann aber überall bedenkenlos getrunken werden. Zur Geschmacksverstärkung empfehlen sich dickflüssige Fruchtsirups (Cordial), die mit Wasser gemischt werden. Besonders lecker sind Milchmischgetränke wie „Iced Coffee" und „Iced Chocolate", die auch in Rasthäusern erhältlich sind. Zum Frühstück oder nach dem Essen genießen die Australier gerne Kaffee oder Tee (morning tea, afternoon tea). Zu den Spezialitäten am Lagerfeuer gehört der traditionelle **Billy tea.** Unter dem „Billy" versteht man einen völlig verrusten Teekessel („boil the billy"), der über dem offenen Feuer erhitzt wird. Die Teeblätter werden hineingeworfen und mit einem Stock umgerührt.

Tipps für Selbstversorger und Camper

Der Lebensmitteleinkauf erfolgt am besten in den großen Shopping Centres wie *Coles* und *Woolworth,* in Victoria und New South Wales gibt es sogar die ersten Aldi-Filialen. Die großen Einkaufszentren befinden sich in der Regel an den Ein- und Ausfallstraßen der Städte. Das Parken ist zwar problemlos, aber Vorsicht bei überdachten Parkplätzen – beachten Sie die Höhe Ihres Fahrzeugs! Alle großen Geschäfte akzeptieren Kreditkarten (Visa und MasterCard). In den Innenstädten sind Supermärkte eher Mangelware – das Notwendigste ist in den rund um die Uhr geöffneten *Convenience Stores* erhältlich. Im Outback findet man in kleineren Städten, an Tankstellen und auf Campingplätzen Einkaufsmöglichkeiten. Das Preisniveau für Lebensmittel in Supermärkten liegt insgesamt etwas höher als in Europa. Fleisch und Fisch sind geringfügig günstiger, Milchprodukte, Süßwaren, Getränke, Obst und Gemüse sind teurer.

Literaturtipp: Wer beim englischen Vokabular bezüglich Essen und Trinken Hilfe benötigt, sollte sich das Büchlein „Englisch für Australien" (Kauderwelsch Band 150), Reise Know-How, zulegen.

Reisen mit Kindern

Die lange Flugreise mit Kindern anzutreten, ist zwar eine Herausforderung, aber es lohnt sich. Denn Australien ist ein sehr kinderfreundliches Reiseland, und die kleinen Gäste sind überall gerne gesehen. Bei einer durchdachten Routen- und Saisonwahl ist auch das Klima für Kinder kein Problem – im Gegenteil, in Shorts und T-Shirts fühlen sich die Kleinen pudelwohl. Die Zeitverschiebung verkraftet der Nachwuchs ohne Probleme und meist schneller als der Organismus der Erwachsenen.

Damit die Australienreise für die Familie ein schönes Erlebnis wird, sollten einige Dinge bei der Planung und Durchführung beachten werden:

Ausweis/ Visum

Alle Kinder benötigen einen gültigen Kinderausweis (am besten mit Bild) und ein gültiges Visum für die Einreise. Bei Flügen via USA ist ein Reisepass mit Bild vorgeschrieben – selbst für Babys (Infants).

Flüge

Bei den Langstreckenflügen wird für Kleinkinder unter zwei Jahre (*Infants*) 10% des Erwachsenenpreises verlangt (zzgl. volle Steuern und Gebühren). Das Kind hat dann jedoch keinen Sitzplatzanspruch und muss bei vollbesetzten Fliegern auf dem Schoß die Zeit überdauern. Schlafen auf dem Boden ist nicht gestattet! Überlegen Sie sich deshalb gut, ob Sie nicht auch fürs Kleinkind ein Ticket mit Sitzplatzanspruch erwerben – sicherer ist es sowieso. Für Kinder von zwei bis einschließlich elf Jahren muss ein Sitzplatz gebucht werden. Die Ermäßigung beträgt 33%.

Empfehlenswert sind *Abflüge am Abend* oder in der Nacht. Kinder schlafen dann in der Regel schneller und länger als auf Tagflügen. Versuchen Sie Ihre *Sitzplätze* möglichst vor dem Abflug zu reservieren oder seien Sie frühzeitig beim Check-in. In der Regel werden Familien zusammengesetzt. Für Kleinkinder (bis ca. 11 kg) sind die Babywannen (Größe 71 cm x 31 cm) an der Sitzreihe hinter den Trennwänden vorgesehen. Die ersten Sitzreihen sind für größere Kinder problematisch, da dort die Armlehnen nicht hochgeklappt werden können und ein „Querschlafen“ (falls Platz) nicht möglich ist. Bei einigen Airlines werden für Kleinkinder Zusatzgurte ausgegeben, was allerdings gefährlicher ist, als das Kind ohne Gurt festzuhalten. Die sicherste Methode ist ein eigener Sitzplatz und bei Bedarf ein mitgebrachter Autositz. Wer sowieso plant, mit dem Auto oder Camper durch Australien zu reisen, sollte diese Lösung in Erwägung ziehen. Fragen Sie aber vorher bei Ihrer Fluggesellschaft nach, ob der Sitz im Flugzeug zugelassen ist oder nicht. Qantas fordert eine schriftliche Zulassung des Kindersitzes, ansonsten darf er nicht benutzt werden.

Tipp: Melden Sie beim Betreten des Flugzeugs eventuelle Sonderwünsche der Stewardess.

Das **Unterhaltungsprogramm** an Bord ist besonders für größere Kinder sehr interessant und sorgt für einen kurzweiligen Zeitvertreib. Am besten sind Airlines mit individuellen Videobildschirmen an jedem Sitz.

Ordern Sie für Kinder spezielle Kinder-Mahlzeiten oder vegetarisches Essen. Milch oder Gläschen werden von der Crew gerne aufgewärmt, auch mitten in der Nacht. Zusätzlich können Leckereien wie Kekse oder Früchteriegel „für zwischendurch“ mitgeführt werden. Mineralwasser erhält man an Bord. Um **Ohrprobleme** beim Druckausgleich zu vermeiden, reichen Sie bei Start und Landung einen Schnuller oder ein Getränk. Grundsätzlich gilt für Kinder wie für Erwachsene: trinken, trinken und nochmals trinken!

In das **Handgepäck** gehören kleine Spielsachen – am besten als Geschenk verpackt. So vergeht schon mehr Zeit beim Auspacken. Außerdem einpacken: Schmusetier, Bücher, Hörkassetten (mit Walkman), Ersatzkleidung, Halstuch, leichte Mütze gegen die kalte Belüftung, Wickelzubehör, Schnuller, Babyflasche, zusätzliche Nahrung, kleine Reiseapotheke mit Fieberzäpfchen, Nasentropfen, Mittel gegen Erbrechen und Durchfall, Klammerpflaster, Desinfektionsmittel, ggf. ein Beruhigungsmittel oder Einschlafsaft! Sprechen Sie vorher mit ihrem Kinderarzt. Decken und Kissen sind an Bord erhältlich.

Kulanterweise darf neben dem aufgegebenen **Gepäck** ein Kinderwagen und/ oder ein Autositz ohne Extrakosten befördert werden. Kinderwagen können bis zum Gate (vor dem Einstieg ins Flugzeug) benutzt werden und müssen erst dort abgegeben werden. Im Gegensatz zum durchgecheckten sonstigen Gepäck, kann der Kinderwagen bei Zwischenlandungen eventuell angefordert werden.

Mit Kindern unterwegs in Australien

Die wohl bequemste und kinderfreundlichste Art, mit dem Nachwuchs in Australien zu reisen ist per **Wohnmobil.** Sie reisen unabhängig, und die Kinder müssen sich nicht täglich an neue „vier Wände“ gewöhnen. Campingplätze verfügen fast immer über Spielplätze und Pools – ein idealer Ausgleich zum Autofahren. In Hotels erhalten Kinder meist ohne Aufpreis ein Kinderbett. Bei der **Routenplanung** sollten lange Fahretappen und extreme Hitze vermieden werden. Planen Sie ausreichend Zeit für Besuche in Tierparks und an Stränden ein. Der Besuch eines Spielplatzes beim nächsten McDonalds-Restaurant ist durchaus nichts Verwerfliches.

Fahrzeugauswahl

Camper sind für Familien mit Kindern gut geeignet. Bei der Auswahl ist darauf zu achten, ob sich Kindersitze befestigen lassen (in Fahrtrichtung!). Hi-Top-Camper haben vorne drei Sitzplätze, wobei der mittlere Sitz nicht kindersitztauglich ist. Prüfen Sie das Fahrzeug-Layout bei der Buchung. In großen Motorhomes sitzt der Nachwuchs weit entfernt in der Hecksitz-Gruppe. Besser ist hier eine Mittelsitzgruppe! Ein wichtiges Kriterium ist der Stauraum. Wird ein Kinderwagen mitgeführt, so sollte dieser während der Fahrt sicher verstaut werden können.

Eine gute Alternative zum Wohnmobil sind große Mietwagen oder Geländewagen mit Zeltausrüstung oder Dachzelten. Allen Mitreisenden wird dabei guter Fahrkomfort geboten.

Autositze

Alle Auto- und Campervermieter bieten gegen einen geringen Aufpreis Kindersitze an. Die Benutzung ist gesetzlich vorgeschrieben. Babys bis 9 kg sitzen in einem „Babysafe" (baby capsule) gegen die Fahrtrichtung, Kleinkinder von 9–18 kg in Kindersitzen (child seat) und Kinder bis 32 kg (ca. 8 Jahre) auf einer Sitzerhöhung (booster seat). Die Sitze werden entweder per Dreipunktgurt oder mit einem zusätzlichen Gurt am sogenannten Anchor-Point befestigt. Lassen Sie sich die Befestigung des Sitzes bei der Übernahme demonstrieren. Der eigene Kindersitz darf mitgenommen werden!

Kinderwagen

Für Städte, Museen, Flughäfen und längere Wanderungen mit Kleinkindern ist ein ordentlicher Kinderwagen oder Babyjogger sehr praktisch. Allerdings sind Rolltreppen meist zu schmal (oder nicht vorhanden) und Aufzüge müssen intensiv gesucht werden. Aber die hilfsbereiten Australier fassen bei Treppen gerne mit an.

Babynahrung und -bedarf

Die Auswahl an Babynahrung (Gläschen, Milchpulver) ist gut, jedoch sind die Zutaten auf Englisch nicht für alle verständlich. Meist sind Gewürze und Konservierungsstoffe enthalten. Zuckerfreie Waren (z.B. Reiswaffeln, Früchte-Brei) gibt es meist in den „Health Food"-Regalen. Windeln, Flaschen, Schnuller findet man in den großen Supermärkten. Geschlossene und abgepackte Babynahrung darf nach Australien eingeführt werden, sie muss jedoch bei der Einreise angegeben werden.

Kleidung

Sonnenschutz-Kleidung ist Pflicht! Sinnvoll sind luftige, langarmige Kleidungsstücke, Sonnenhut (muss auch die Ohren und den Nacken schützen) und Sonnenbrille. Feste, geschlossene Schuhe sind neben Sandalen erforderlich. UV-Schutzanzüge und Bade-Shirts sind in den Supermärkten recht günstig erhältlich. Münzbetriebene Waschmaschinen und Trockner gibt es auf allen Campingplätzen, ebenso in Jugendherbergen und Motels.

Sonnen- und Insektenschutz

Sonnencremes mit hohem Schutzfaktor und Insektenschutzmittel sind in Australien deutlich billiger als in Europa. Bei empfindlicher Haut sollten die bewährten Mittel von daheim verwandt werden. Nützlich ist ein Moskitonetz, das über den Kinderwagen oder das Bett gespannt werden kann.

Souvenirs

Zur Erinnerung an das Land sind Bilderbücher mit typisch australischer Tierwelt oder australische Plüschtiere für die Kleinen von besonderer Bedeutung.

Alles weitere von A – Z

Adressen/ Auskunft **In Deutschland:** Tourism Australia, Neue Mainzer Str. 22, 60311 Frankfurt a.M., Tel. 069-2740060, Fax 069-27400640, www.australia.com.

In Österreich: Tourism Australia, Tel. 01-79567344.

In der Schweiz: Tourism Australia, Tel. 01-8385330.

In Australien Jeder Bundesstaat/Territorium unterhält ein eigenes Fremdenverkehrsbüro. Die genauen Adressen finden Sie im Reiseteil. In den Hauptstädten sind zusätzlich Niederlassungen der anderen Staaten vertreten. Für die Planung sind die jeweiligen Internetadressen zusammengefasst.

- **New South Wales:** www.tourism.nsw.gov.au
- **Queensland:** www.tq.com.au; www.queensland.de
- **Northern Territory:** www.nttc.com.au, www.northern-territory.de
- **South Australia:** www.tourism.sa.gov.au und www.southaustralia.com
- **Victoria:** www.tourism.vic.gov.au und www.visitvictoria.com
- **Australian Capital Territory/Canberra:** www.visitcanberra.com.au
- **Tasmanien:** www.discovertasmania.com
- **Westaustralien:** www.westernaustralia.net, www.westaustralien.de

Auswandern Wer für immer in Down under leben und arbeiten will, muss die *Permanent Residence* beantragen. Das Auswahlverfahren ist kompliziert und streng. Die Qualifikation erfolgt entweder über ein Punktesystem, eine hohe Geldanlage, Familienzusammenführung, Heirat oder eine Unternehmensgründung. Informationen erteilen die australische Botschaft oder das Department of Immigration (www.immi.gov.au). Unter www.australien-info.de finden sich im Forum Beiträge zum Thema Auswandern.

Banken Die großen Banken Australiens sind *ANZ, Commonwealth*, *National* und *Westpac*. Sie sind in praktisch allen Städten vertreten. Die Öffnungzeiten sind Mo–Do 9.30–16 Uhr, Fr bis 17 Uhr (▶ s.a. Kapitel Reisevorbereitung „Geld und Devisen“, S. 60).

Behinderte Die Einrichtungen für barrierefreies Reisen wurden in den letzten Jahren deutlich verbessert. Fluggesellschaften, Hotels, Campingplätze, Touristenattraktionen, Nationalparks (nur teilweise) und öffentliche Verkehrsunternehmen sind generell gut auf Behinderte eingestellt. Avis und Hertz bieten behindertengerechte Mietwagen (Reservierung zwingend notwendig). Mehr Informationen unter www.nican.com.au. Das englischsprachige Buch und die Internetseite „Easy Access Australia“ von Bruce M. Cameron (ISBN 0-9577510-1-X, www.easyaccessaustralia.com.au.) ist ebenfalls nützlich.

eMail und Internet In Australien sind eMail und Internet sehr verbreitet. In den meisten Hotels, Backpacker-Hostels und auf zahlreichen Campingplätzen sind Internet-Terminals vorhanden. Internet-Cafés bieten die günstigsten Surf-Kosten. In Bibliotheken ist oft ein Gratis-Zugang (ohne eMail-Versand) vorhanden. Im Reiseteil unter „Wie, wo, was …“ sind Internet-Cafés aufgeführt.

Für diejenigen, die ein Notebook oder einen PDA mit auf Reisen nehmen, stehen in vielen Hotels und an Flughäfen W-LAN-Hotspots zur Verfügung. Internet-Zugang dann per Kreditkarte.

Fahrradfahren Die Meinungen, ob sich Australien zum Rad fahren eignet, gehen stark auseinander. Hitze und Entfernungen sind die besonderen Herausforderungen für Radler. Entlang der Highways gibt es die Möglichkeit, auf dem Randstreifen zu radeln. Auf Sand- und Waschbrettpisten kommt man kaum vorwärts. In den Städten Brisbane, Melbourne, Adelaide und Perth sind zahlreiche Radwege angelegt, so dass sich diese Städte auch per Mietrad entdecken lassen. Sydney ist auf Radfahrer weniger eingestellt. Im Reiseteil unter „Wie, wo, was …“ sind Fahrradvermieter aufgeführt. In den Bergregionen von Victoria (z.B. in Bright) und auf Tasmanien bieten Radreiseveranstalter geführte Touren an. In Australien besteht für Radfahrer Helmpflicht!

Im Flugzeug werden Fahrräder innerhalb der üblichen Freigepäckgrenze befördert. Das Rad sollte in einen stabilen Pappkarton verpackt werden. In den Überlandbussen werden Räder nur nach vorheriger Anmeldung transportiert. Weitere Infos ▸ www.bfa.asn.au, Bicycles Federation Australia.

Feiertage und Ferien

1. Januar: New Years Day

26. Januar: Australia Day

Ostern: Good Friday (Karfreitag) und Easter Monday (Ostermontag)

25. April: Anzac Day

2. Montag im Juni: Queens Birthday (obwohl sie im April Geburtstag hat)

25. Dezember: Christmas Day

26. Dezember: Boxing Day

Hinzu kommen noch besondere Feiertage in den einzelnen Bundesstaaten. **Schulferien** sind in der Regel von Mitte Dezember bis Ende Januar, außerdem je zwei Wochen zu Ostern, im Juni/Juli und im September/Oktober. Je nach Bundesstaat variieren die Termine. Aktuelle Daten nach Bundesstaaten finden Sie unter www.oztourism.com.au/ozhols.htm

Fotografieren

Digitalbilder können von Internet-Cafés aus nach Hause gemailt oder in einem „Online-Fotoalbum“ gespeichert werden. Zur Sicherheit empfiehlt es sich, ein Kartenlesegerät plus Kabel oder zumindest das PC-Anschlusskabel der Kamera mitzunehmen. Im Internet-Café oder im Fotoshop können Sie sich eine CD Ihrer Daten brennen lassen (ca. A$ 10 pro CD). Vergessen Sie das Ladegerät für die Akkus nicht, ideal ist hierfür ein 12-Volt-Ladegerät fürs Auto (Anschluss am Zigarettenanzünder). Wenn weit und breit kein PC zum Download der Bilder zur Verfügung steht, hilft ein portables Speichergerät mit mehreren Gigabyte Kapazität. Nehmen Sie in jedem Fall genügend Speicherkarten mit.

Negativfilme sind in Drogerien (Chemists), Kaufhäusern und Fotoshops erhältlich. Sie kosten etwas gleich viel wie bei uns. **Diafilme** sind nur im Fachhandel erhältlich, die Preise sind deutlich höher als in Europa. Nehmen Sie daher genügend Material von zuhause mit. Die in Duty-Free-Shops gekauften Filme dürfen nur verwendet werden, wenn die australische Ausreise innerhalb von vier Wochen erfolgt. Filmentwicklungen und Abzüge besorgen Chemists und Fotoläden, auch von digitalen Speicherkarten. Im Flugzeug sollten Sie Filme möglichst im Handgepäck transportieren.

Fototipps:

- Ein Polfilter verdunkelt den blauen Himmel bzw. sättigt die Farben und eliminiert Spiegelungen auf dem Wasser.
- Wer beim Schnorcheln gerne fotografiert, kann sich eine wasserdichte Wegwerfkamera kaufen. Teilweise werden Unterwasserkameras auch von Tauchveranstaltern vermietet.
- Ein oder mehrere Tütchen Silica-Gel (Apotheke) in der Foto-/Filmtasche absorbieren die Feuchtigkeit, was sich besonders in feuchten Regionen und während der Regenzeit empfiehlt. Zwischendurch muss das Trockenmittel

immer mal wieder in einem Backofen oder auf einer Herdplatte getrocknet werden, um es wieder aufnahmefähig zu machen.
- Menschen, insbesondere Aboriginal People, nie ohne vorherige Erlaubnis fotografieren!

Genehmigungen / Permits für Straßen

Für die Zufahrt bzw. Durchfahrt von Aborginal-Land ist in vielen Fällen eine Genehmigung (Permit) notwendig. So benötigt man z.B. für das Befahren des Gunbarrel Highways, der Great Central Road (beide vom Roten Zentrum/NT nach WA) sowie die Mereenie Loop Road (Rotes Zentrum/NT) eine amtliche Bescheinigung.

Permits werden über folgende Stellen erteilt:

Südliches NT: Central Lands Council, www.clc.org.au
Nördliches NT: Northern Lands Council, www.nlc.org.au.
Südwest-SA: Maralinga Tjarutja, Tel.08-8625 2946
Nordwest-SA: Anangu Pitjantjatjara, www.waru.org/resources
WA: Department of Indigenous Affairs, www.dia.wa.gov.au

In den meisten Fällen kann das Permit online beantragt werden, in anderen Fällen wird es direkt vor Ort erteilt. Nähere Hinweise dazu im Reiseteil.

Heiraten

Eine **Eheschließung** ist in Australien kein Problem. Sie wird von einem *Celebrant of Marriage* vorgenommen (Adressen unter www.civilcelebrants.com.au). Zuvor ist ein offizieller Vordruck des Standesamtes „The Registras of Birth, Death and Marriages" auszufüllen (Adressen über die Website der Australischen Botschaft www.australian-embassy.de). Die erforderlichen Papiere müssen mindestens vier Wochen vor der Trauung nach Australien gesandt werden, je nach Bundesstaat sind unterschiedliche Dokumente erforderlich. Klären Sie die Details mit dem ausgewählten Celebrant of Marriage. Die Kosten der Zeremonie sind je nach Staat und Gemeinde unterschiedlich. Damit die Eheschließung zuhause auch anerkannt wird, muss eine amtliche Eintragung beim Standesamt erfolgen. Hierfür ist neben dem „Marriage Certificate" auch das beglaubigte „Full Marriage Certificate" (mit Eintragungsnummer und Angabe der Eltern) hilfreich. Die Beglaubigung wird in allen Bundeshauptstädten im Department of Foreign Affairs and Trade vorgenommen.

Internet

▸ s.o. bei „eMail und Internet"

Jobben/ Arbeiten

Für 18–30jährige („ledig und kinderlos") ist das Arbeiten in Australien dank des **Working Holiday Visa** (▸ s. „Einreise") deutlich einfacher geworden. Nehmen Sie am besten schon von zuhause aus Kontakt mit möglichen Unternehmen auf. Wer einfach nur jobben will, um sich sein Taschengeld für die Weiterreise zu verdienen, sollte sich in der Backpackerszene umhören. Beliebt sind Arbeiten auf Farmen (Obst- und Gemüseplantagen), in der Gastronomie sowie in den Hostels (Putzen, Rezeption, Management etc.). Das Lohnniveau für Aushilfskräfte ist sehr niedrig. Inzwischen gibt es eine Reihe von Organisationen, welche „Travel & Work"-Programme anbieten (z.B. Work'n OZ, www.workoz.com). Allerdings: Die meisten angebotenen Leistungen können selbständig meist günstiger organisiert werden.

Literaturhinweis: Buchspieß, A.: Australien, Reisen und Jobben, Reise Know-How

Kleidung

Den Klimazonen entsprechend sollte die Reisebekleidung gewählt werden. In Nordaustralien benötigt man außer leichten, atmungsaktiven Sommersachen und Sandalen kaum weitere Bekleidung. Für Wanderungen und Spaziergänge sollten festes Schuhwerk oder bequeme Joggingschuhe im Gepäck sein. Trekkingstiefel sind nur auf Tasmanien und in den Australischen Alpen sowie auf mehrtägigen Wanderungen erforderlich.

Für kühle Tage und Nächte im australischen Winter braucht man, bei Reisen durch das zentrale Outback und den Süden, entsprechend warme Kleidung. Am besten, man packt einen Fleece- oder Wollpullover ein und trägt bei Kälte mehrere Schichten übereinander („Zwiebelschalenprinzip"). Eine leichte Regenjacke gehört ganzjährig ins Reisegepäck. Im tropischen Norden sollte in den Abendstunden dichtgewobene Outdoorkleidung zum Schutz vor Moskitos getragen werden.

Bei Restaurantbesuchen sei an die in Australien üblichen Dress Codes erinnert. Sie werden sich beim Besuch eines gepflegten Speiselokals in Sydney oder Melbourne deplatziert fühlen, wenn Sie in rustikalen, nicht mehr ganz frischen Outback-Klamotten eintreffen. Eine saubere Stadthose/-rock und ein gebügeltes Hemd/Bluse gehören für solche Fälle in das Reisegepäck. In weniger schicken Restaurants und auf dem Lande weisen eindeutige Schilder (wie No shirt, no shoes, no service) auf die geforderte Art der Mindestbekleidung hin. Soll heißen: Mit ärmellosem T-Shirt (singlet) und Badeschlappen (thongs) wird keiner bedient.

Da im größten Teil des Landes fast ganzjährig warme Tagestemperaturen herrschen, sind als Standardkleidung kurze Hose/Rock, T-Shirt und Sandalen angesagt. Wäsche kann fast überall, in Hotels oder auf Campingplätzen, in den für jedermann zugänglichen Laundries (Waschsalons) für ein paar Dollar gewaschen werden. Als Sonnenschutz sollte möglichst immer eine Kappe oder ein Sonnenhut getragen werden. Typische australische „Souvenir"-Bekleidung sind die klassischen Akubra-Hüte, eine qualitativ hochwertige Kopfbedeckung, an der man lange Freude hat.

Landkarten

Kartenmaterial und Atlanten sind in Buchläden, an Tankstellen und in den Filialen der Autoclubs erhältlich. In den Autoclubs erhalten Sie als Mitglied deutscher, österreichischer und schweizer Automobilclubs Ermäßigungen (Mitgliedsausweis mitnehmen). Empfehlenswert sind die Karten von *Hema Maps* (www.hemamaps.com.au), in Deutschland unter www.landkarten-versand.de erhältlich.

Maße und Gewichte

In Australien gilt offiziell das metrische System. Distanzen und Geschwindigkeiten werden in Kilometern angegeben, Temperaturen in Celsius-Graden und Gewichte in Kilogramm. Trotzdem verwenden die Australier …
für Entfernungen immer noch gerne ***miles*** (1 mi = 0,62 km / 1 km = 1,6 mi),
für Größen ***feet*** (1 m = 3,28 ft),
für Temperaturen ***Fahrenheit*** (20 °C = 68 °F; Formel: °C = [°F-32] : 1,8)
und für Gewichte ***pounds*** (1 kg = 2,2 lb).

Motorradfahren

Das Motorrad ist als Fortbewegungsmittel beliebt, wenngleich die Hitze unter dem Helm manchmal unerträglich ist. Wer eine Motorradreise plant, sollte seine Ausrüstung (Helm, Lederkombi, Gepäcktaschen und Schuhe) am besten selbst mitbringen.

Mietmotorräder werden von lokalen Anbietern angeboten, sind jedoch meist mit Kilometer- und Routeneinschränkungen versehen. Einwegmieten sind fast immer ausgeschlossen. Prüfen Sie den Zustand des Fahrzeugs bei der Übernahme genau. Für den Kauf von Motorrädern gilt im Prinzip dasselbe wie für den Autokauf (▸ s.o., Abschnitt „Fahrzeugkauf").

Verschiffung: Wer sein Bike von zuhause mitbringen möchte, sollte es per Spedition verschiffen (Dauer ca. 6 Wochen) oder per Luftfracht versenden (teuer). Die Kosten sind vom Volumen (Kiste) und Gewicht abhängig. Das erforderliche *Carnet de Passage* wird vom Automobilclub ausgestellt. Details zum Transport liefern die großen Speditionen wie zum Beispiel Danzas oder Hapag Lloyd.

Eine ausgezeichnete Motorradfahrer-Website ist www.outback-guide.de.

Notfall

In ganz Australien gilt für Polizei, Feuerwehr und Notarzt die gemeinsame **Notfall-Rufnummer 000, Giftnotruf 131126. 0**. Polizeistationen sind in den großen Orten im Reiseteil angegeben, weitere Infos zur Polizei unter www.afp.gov.au.

Öffnungszeiten

Banken: ▸ s. „Banken"; **Büros/Behörden:** Mo–Fr 9–17 Uhr
Geschäfte: Die Öffnungszeiten sind zwar unterschiedlich, allerdings schließen die meisten Geschäfte in den Städten früh. In der Regel sind sie Mo–Fr 9–17 Uhr, Sa bis 16 Uhr geöffnet. Donnerstags oder freitags (je nach Stadt) ist bis 21 Uhr geöffnet. Einkaufszentren und Fußgängerzonen sind außerdem sonntags von 10 bis 16 Uhr geöffnet.

Post

Die Postämter sind Mo–Fr 9–17 Uhr geöffnet, in den Großstädten zusätzlich am Samstagvormittag. Auf dem Land übernehmen häufig Lebensmittelgeschäfte oder Tankstellen die Aufgaben der Poststelle.

In den Postshops sind Briefmarken, Verpackungsmaterial und meist auch Souvenirs erhältlich. Eine günstige Alternative zur Postkarte (A$ 1,10) und zum Brief (ab A$ 1,20) ist das Aerogramm (A$ 0,90), das ebenfalls in den Postämtern erhältlich ist.

Postlagernd: Reisende können ihre Post in den Postämtern in ganz Australien abholen. Die Post wird 30 Tage kostenlos aufbewahrt. Gegen Gebühr wird die Post länger gelagert oder weiter geschickt. Zur Anschrift des Empfängers (Vor- und Nachname) mit gewünschtem Postamt (z.B. GPO Sydney, NSW 2000) muss der Vermerk „Poste restante" stehen. Zur Abholung wird ein Reisepass verlangt. In speziell aufgestellten Terminals kann geprüft werden, ob Post vorhanden ist.

Die Adressen der wichtigsten Postämter sind im Reiseteil unter ▸ „Wie, wo, was ..." angegeben. Weitere nützliche Infos sowie die Adressen der Postämter sind unter www.auspost.com.au zu finden.

Radio und Fernsehen

Der öffentliche Rundfunk- und Fernsehsender **ABC** (Australian Broadcasting Corporation) ist landesweit zu empfangen. Die genauen Frequenzen sind unter www.abc.net.au zu erfahren. Daneben gibt es zahlreiche Privatsender. Die **Deutsche Welle** ist über Kurzwelle oder Satellit zu empfangen, Frequenzen unter www.deutschewelle.de. Der Privatsender **SBS** sendet jeweils morgens eine halbe Stunde Nachrichten in deutscher Sprache. Im Outback und fernab der Radiostationen ist ein Radioempfang nur über Mittelwelle (AM) möglich. Es lohnt sich, Musikcassetten oder CDs von zuhause mitzunehmen.

Rauchen

Rauchen ist in öffentlichen Gebäuden und in vielen Restaurants entweder verboten oder nur noch in besonders gekennzeichneten Zonen möglich. Die Nichtbeachtung des Rauchverbots wird mit A$ 500 Bußgeld geahndet. Tabakkauf ist erst ab 18 Jahren gestattet.

Reiseveranstalter

Das Fremdenverkehrsamt Australiens verteilt ein Verzeichnis deutscher, österreichischer und Schweizer Reiseveranstalter, die Australien im Programm haben. Die Reiseabwicklung über einen kompetenten Spezialveranstalter ist ratsam. Eine empfehlenswerte Buchungadresse sind die Australien-Spezialveranstalter der *Best of Travel Group,* die über 12 Büros in Deutschland, Österreich und der Schweiz verfügen. ▸ Kataloge und Beratung unter Tel. 01803-37273, Fax 01805-352595, www.best-of-australia.de.

Vorteile bei Buchung über Reiseveranstalter

- Kompetente Beratung
- Geringer Organisationsaufwand
- Kein Währungsrisiko durch Zahlung in Euro oder Schweizer Franken
- Hotels, Camper, Mietwagen werden in Verbindung mit einem Flug im

Komplettangebot (z.B. Fly and Drive-Angebote) meist günstiger angeboten als einzeln.

- Der Reisepreis-Sicherungsschein (= Kundengeldabsicherung) garantiert Ihnen, dass Sie im Falle einer Firmenpleite Ihre Anzahlung zurückerhalten. Ab zwei gebuchten Hauptleistungen (z.B. Flug und Mietwagen) tritt Ihre Buchungsstelle rechtlich als Veranstalter Ihrer Reise auf. Im Falle von Beschwerden oder Streitigkeiten wird der Prozess in Ihrem Heimatland und nicht in Australien geführt. Ein Rechtsstreit in Australien ist langwierig und kostspielig. Es ist daher ratsam, auf Direktbuchungen (z.B. übers Internet) weitgehend zu verzichten.

Sicherheit Australien ist ein sehr sicheres Reiseland. Trotzdem gilt es, die üblichen **Vorsichtsmaßnahmen** einzuhalten. Schließen Sie das Auto in belebten Gegenden und auf öffentlichen Parkplätzen immer ab. Lassen Sie keine Wertgegenstände (Fotoapparate, Geldbörsen etc.) offen herumliegen! Nutzen Sie in den Hotels die vorhandenen Zimmersafes, oder geben Sie Ihre Wertsachen (inklusive Flugticket, Reisevoucher und Reisepässe) an der Rezeption ab. Fertigen Sie Kopien von allen wichtigen Dokumenten an.

Sonnenschutz ▸ s. Kapitel Reisevorbereitung – „Gesundheit“

Souvenirs Neben Plüschkoalas, Verkehrsschildern, Hüten und T-Shirts sind Kunstgegenstände der australischen Ureinwohner beliebte Mitbringsel. Qualitativ gute **Aboriginalkunst** ist in den Galerien der Städte zu finden. Erkundigen Sie sich ruhig über die Herkunft der Gegenstände, und fragen Sie nach dem Künstler. Empfehlenswerte Geschäfte sind im Reiseteil unter „Wie, wo, was …“ aufgeführt.

Ein beliebtes Souvenir sind auch **Opale.** Der Wert eines Edelsteins ermittelt sich aus der Qualität (Großflammigkeit und Brillanz der Farben) sowie der Größe. Die teuerste Art ist der Black Opal. Der Boulder Opal ist in der Regel günstiger und häufiger anzutreffen als der White Opal oder Light Opal. Kaufen Sie nur massive Edelsteine. Bei Dubletten und Tripletten handelt es sich lediglich um eine dünne Schicht Edelstein mit aufgeklebtem Hintergrund. Vorsicht bei eingefassten Steinen, bei diesen handelt es sich sehr oft um solch dünn aufgeklebte Varianten. Die wohl persönlichste Note hat der selbst gefundene Opal – z.B. aus Coober Pedy.

Bei Outdoorfreunden sind die Wachsjacken und -mäntel von Driz-A-Bone sehr beliebt, ebenso die praktischen Workingboots (knöchelhohe Stiefel mit Gummieinsatz). Biertrinker erfreuen sich an Bierkühlern (Beercooler, Stubbieholder) aus Neopren oder Styropor mit landestypischen Aufdrucken. In den Bottleshops gibt es eine große und günstige Auswahl sowie weitere Promotionartikel der Brauereien.

Typisch australische und schmackhafte Kleinigkeiten zum Mitbringen sind Honig (bes. aus Tasmanien), Wein, Macadamia-Nüsse, Vegemite (Brotaufstrich) und Kekse (z.B Schokoladenbiskuits Tim Tam von Arnotts).

Strom Die Spannung in Australien beträgt 220–240 Volt, Wechselstrom 50 Hz. Die Steckdosen sind für drei Stifte ausgelegt, ein spezieller Adapter ist erforderlich. In Hotels gibt es in der Regel Universalsteckdosen für 240 oder 110 Volt. Hotelzimmer verfügen i.d.R. über einen Fön. Unterwegs empfiehlt sich zum Akkuladen ein KFZ-Ladegerät, das am Zigarettenanzünder angeschlossen wird.

Tipp: Kaufen Sie den Adapter schon am Abflughafen, dann ersparen Sie sich die Suche in Australien.

Studium Zum Studium in Australien benötigt man ein *Initial Student Visa* und muss grundsätzlich Studiengebühren bezahlen. Bei einigen Austauschprogrammen ist das Visum und die Studiengebühr inkludiert. Infos zu Studiengängen und Praktikas findet man auf der Webseite der australischen Regierung, www.aei.gov.au, oder über den Deutschen Akademischen Austausch Dienst, www.daad.de.

Sprachkurse Sprachkurse dürfen bis zu 12 Wochen Dauer in Voll- oder Teilzeit mit einem Touristenvisum besucht werden. Einer der führenden Anbieter ist das Australian College of English (www.ace.edu.au) mit Niederlassungen in Sydney, Brisbane und Perth.

Telefonieren **Telefonieren im Festnetz:** Australien verfügt über ein modernes Telefonnetz. Verbindungen nach Übersee funktionieren einfach und perfekt im Direktwahlverfahren. Die größte Telefongesellschaft ist Telstra. Von einer Telefonzelle können Sie problemlos Ortsgespräche (A$ 0,40) sowie Ferngespräche (nach Zeit berechnet) führen. Die Apparate funktionieren mit Münzgeld und/oder Telefonkarten, die in Zeitungsläden (News Agents) und bei der Post vertrieben werden („Phone cards sold here"). Kreditkartentelefone findet man an Flughäfen und in Großstädten.

Telefonkarten: Mit sogenannten *Phone Away Cards* können Sie von Hoteltelefonen und allen öffentlichen Anschlüssen günstig telefonieren. Es gibt unzählige Gesellschaften, die diese Karten vertreiben. Prepaid Phone Cards erhalten Sie an Zeitungskiosken. Erkundigen Sie sich, wieviel die Gesprächsminute in die Heimat kostet und ob die Einwahl kostenlos oder gebührenpflichtig ist. Mit der Karte (die häufig aussieht wie ein Kassenzettel) erhalten Sie eine Zugangs- und Kartennummer, die Sie vor der eigentlichen Rufnummer vorwählen müssen. Der Kartenwert ist begrenzt.

Mobiles Telefonieren: Die deutsche Wortschöpfung „Handy" ist in Australien nicht gebräuchlich. Mobiltelefone werden „Mobile" oder „Cell Phone" genannt. In Australien wird das 900- und 1800-MHz-Band verwendet. Entlang der Küste sowie in den größeren Städten funktionieren deshalb Handys mit D1-, D2- oder E-Plus-Vertrag. Für Vodafone (D2) besteht ein Kostenvorteil bei den Gesprächsgebühren. Im Outback besteht meist keine Verbindung. Wer überall erreichbar sein möchte, muss ein teures Satellitentelefon mieten (Anbieter: z.B. www.philcomm.com.au, www.satcoms.com.au). Der in vielen Allradcampern eingebaute Satelliten-Notrufsender leistet im Fall des Falles für weit weniger Geld gute Dienste (▶ s. „Reiseplanung / Camper").

Denken Sie daran, dass bei Handy-Anrufen teure Roaming-Gebühren anfallen – schalten Sie in jedem Fall Ihre Mailbox ab! Günstiger ist es, sich in Australien (z.B. im Telstra, Vodafone oder Optus Shop) eine vorausbezahlte SIM-Karte (Prepaid SIM Card) zu kaufen und diese in ihr mitgebrachtes Mobiltelefon einzusetzen. Das Telefon muss hierfür „SIM-Lock-free" sein.

Tipp: Der Internetdienst www.mojoknows.com.au bietet „Reisepakete" für Australien an. Sie erhalten vor Abflug eine australische SIM Karte mit Nummer (dann können Sie diese schon zuhause an Freunde und Familie weitergeben) und Gespräche und SMS in die Heimat werden dadurch billiger.

Vorwahlnummern

02 New South Wales
03 Victoria, Tasmanien, südliches New South Wales
07 Queensland
08 Südaustralien, Northern Territory, Westaustralien, westliches New South Wales

- Nationale **Auskunft**: 1234 oder 12455
- Internationale Auskunft: 1225
- Telefonbücher: White Pages (www.whitepages.com.au) oder Branchenverzeichnisse Yellow Pages (www.yellowpages.com.au).
- Alle 1-800- und 1-300-Rufnummern sind gebührenfrei (toll free), jedoch nur innerhalb Australiens erreichbar.

Internationale Vorwahlnummern von Australien aus:

- Nach Deutschland: 0011 49 + Vorwahl (ohne Null) + Rufnummer
- In die Schweiz: 0011 41 + Vorwahl (ohne Null) + Rufnummer
- Nach Österreich: 0011 43 + Vorwahl (ohne Null) + Rufnummer

R-Gespräche (Gebühr zahlt Empfänger) sind möglich: nach Deutschland unter Tel. 1-800-881490, nach Österreich Tel. 1-800-881430, in die Schweiz Tel. 1-800-881410.

▶ Weitere Infos zur Telekommunikation im **Internet** unter www.aca.gov.au, www.telstra.com.au, www.optus.com.au www.vodafone.com.au

Wandern Wandern ist in Australien, insbesondere in Victoria, NSW und Tasmanien eine beliebte Beschäftigung. Für einige Wanderwege benötigen Sie Genehmigungen. Zum Teil sind die Wege frühzeitig „ausgebucht". Daher sollten Sie zum Beispiel für den Thorsborne Trail auf Hinchinbrook Island (QLD) oder den Overland Track in den Cradle Mountains (TAS) am besten bereits von zuhause ein Permit beantragen. Ebenso wie in den europäischen Alpen sind auch auf den australischen Höhenzügen schnelle Wetterumschwünge üblich und entsprechende Kleidung ratsam. Wasser darf nie im Wandergepäck fehlen. Schwere Bergstiefel sind nur in alpinem Gelände erforderlich, ansonsten sind leichte Trekkingschuhe so gut wie immer ausreichend.

Waschen Unterwegs die Kleidung zu waschen, ist kein Problem. Größere Hotels bieten einen Waschservice (Laundry Service) an. Auf Campingplätzen, in Motels und in Hostels stehen Münzwaschmaschinen und Trockner zur Verfügung. Meist erhält man an der Rezeption kleine Waschmittelportionen. Eine paar Meter Schnur und ein paar Wäscheklammern im Gepäck ersetzen notfalls den Wäschetrockner.

Zeitunterschied MEZ zu ostaustralischer Zeit (Sydney / Melbourne): plus 9 h
MEZ zu westaustralischer Zeit (Perth): plus 7 h

Zeitungen und Zeitschriften In allen Großstädten gibt es große **Lokalzeitungen.** „The Australian" ist die wichtigste landesweite Tageszeitung. Empfehlenswerte **Nachrichtenmagazine** sind „The Bulletin" und „Time". Deutschsprachige Zeitungen, wie das Auswandererblatt „Die Woche" (www.woche.com.au), berichten über Neuigkeiten aus der europäischen Heimat. In den Bibliotheken der Metropolen sind im Lesesaal meist auch internationale Zeitungen vorhanden. Für die aktuelle Berichterstattung führt mittlerweile kein Weg mehr am Internet vorbei. Anstatt wie früher die Tageszeitung gemütlich im Café zu lesen, ertappt man sich immer häufiger dabei, im **Internet-Café** ein Stündchen vor dem Bildschirm zu sitzen. Nachrichten im Internet: www.spiegel.de, www.profil.at, www.facts.ch, u.a.

Unterwegs in Australien

Teil II Unterwegs in Australien

New South Wales

Überblick

New South Wales ist mit einer Fläche von 801.600 qkm der viertgrößte Bundesstaat Australiens. Dicht besiedelte Küstenstreifen, weitläufige Plateaus und breite Flussebenen prägen das Bild östlich der Great Dividing Range – einer Gebirgskette, die sich von Nord nach Süd durch den gesamten Bundesstaat zieht. Westlich der Berge erstrecken sich weite, fruchtbare Ebenen, die allmählich in trockene Wüstengebiete übergehen.

6,6 Mio. Einwohner zählt New South Wales. Die Mehrheit der Bevölkerung lebt in den Städten. Allein in der Hauptstadt Sydney wohnen 4,2 Millionen, in Newcastle 585.500 und in Wollongong 396.300. Man kann sich vorstellen, wie dünn besiedelt der Rest des Landes ist.

Klima

In den Küstengebieten herrscht ein mediterranes Klima. In der Wüste sind kalte Nächte und heiße, trockene Tage die Regel. Einen deutlich Wechsel der Jahreszeiten gibt es nur in den Bergen. In unregelmäßigen Abständen treten Überschwemmungen und Dürreperioden auf.

Wirtschaft

Der wichtigste Wirtschaftszweig ist mittlerweile die Dienstleistungsbranche (Banken und Versicherungen), ihr folgen Industrie (Eisen- und Stahlproduktion, Maschinenbau), Landwirtschaft und Bergbau (Kohle, Kupfer, Zink, Silber, Blei).

Highlights

Zu den Hauptattraktionen von New South Wales zählt zweifellos die Weltstadt Sydney mit all ihren Sehenswürdigkeiten, ihrem multinationalen Flair und der großartigen Lage am Naturhafen. Kaum weniger beeindruckend sind die Hochländer Blue Mountains und Snowy Mountains sowie die zahlreichen Nationalparks und idyllischen Weinbaugebiete. Im Kontrast dazu steht das endlos wirkende Outback rund um Broken Hill.

Internet

Fremdenverkehrsbüro: www.tourism.nsw.gov.au
Nationalparkbehörde: www.npws.nsw.gov.au

Sydney

Überblick

Die größte Stadt Australiens (4,2 Mio. Ew.) ist unbestritten die schönste Großstadt des Fünften Kontinents. Die Kombination aus natürlicher Schönheit, bedingt durch die einmalige Lage mit dem Naturhafen und den Pazifikstränden, und großartiger Architektur beeindruckt Besucher aus aller Welt. Hinzu kommt die ansteckende Lebensfreude der „Sydneysider“, wie die Einwohner der Vier-Millionen Metropole genannt werden. Dazu passt, dass es in der riesigen Stadt mindestens genauso laut und hektisch zugeht wie in europäischen Großstädten. Keiner sollte sich der Illusion hingeben, in Sydney werde nur gesegelt und am Strand gelegen. Im Gegenteil: Hier wird gearbeitet! Den Mythos des braungebrannten, surfenden Aussies sucht man im Zentrum der Stadt vergebens. Erst nach Feierabend geht man in Sydney an oder aufs Wasser. Die Lage der Stadt ist dafür ja wie geschaffen.

Die **Kunst- und Kulturszene** entspricht dem Rang der Stadt. Zahlreiche Museen und Galerien locken tagsüber zum Besuch. Abends sind es die Theater-, Ballett-, Opern- und Filmvorstellungen, die den Veranstaltungskalender füllen.

Einwanderer aus mehr als hundert Ländern prägen die **Gastronomie** Sydneys und erfüllen alle nur erdenklichen Gaumenwünsche. Vom frugalen Mahl über die französische Haute Cuisine bis zur australischen Busch-Küche reicht die Spannweite.

Moderne **Einkaufszentren**, kleine Boutiquen, interessante Antiquitätengeschäfte und quirlige Märkte sorgen für nahezu endlosen Shopping-Spaß.

Höhepunkte eines Sydneybesuchs sind das international berühmte Opernhaus, der Botanische Garten, das historische Hafenviertel The Rocks und das Freizeitviertel Darling Harbour. Hinzu kommt noch die einmalige Lage am Wasser. Rund um die zahlreichen Buchten des Naturhafens Port Jackson schmiegt sich die Metropole mit ihren Vororten. Das Opernhaus und die monumentale Harbour Bridge sind nur die Eckpunkte. Verzweigte Buchten, herrliche Sandstrände und exklusive Wohnviertel vervollständigen das Bild einer Traumstadt. Diese Eindrücke lassen sich am besten vom Wasser bei einer Hafenrundfahrt oder aus der Luft bei einem Helikopter-Rundflug bestätigen. Insbesondere am Wochenende, wenn sich der Hafen mit einer Flotte kleiner Segelboote und Yachten füllt, wirkt das ganze filmreif.

Sydneys Preisniveau Das Preisniveau in Sydney ist deutlich höher als in den anderen großen Städten Australiens. Egal ob öffentliche Verkehrsmittel, Lebensmittel oder Unterkünfte – Sydney hat seinen Preis!

Klima In Sydney herrscht mildes und sonniges Mittelmeerklima. April, Mai und Juni sind die feuchtesten Monate. Die mittleren Tagestemperaturen betragen im australischen Sommer zwischen 24 und 28 °C, und selbst im Winter sind es immer noch akzeptable 10 bis 16 °C. Die Stadt ist dadurch ein ganzjähriges Reiseziel, wobei die Monate März, April sowie September bis November ideal sind, da zu dieser Zeit weder extreme Hitzetage noch allzu kalte Nächte zu erwarten sind.

Geschichte

Die heutige Region Sydney war ursprünglich die Heimat der *Eora,* eines Stammes der Aboriginal People. Davon zeugen heute noch Felszeichnungen rund um Port Jackson und in den Vororten (▶ s. *Manly Scenic Walkway*, s.S. 144).

Hafen Sydney

Ankunft der weißen Siedler Am 26. Januar 1788 landete die erste Flotte (*First Fleet*) mit 736 britischen Gefangenen in Port Jackson. Unter Kapitän *Arthur Phillip*, dem späteren ersten Gouverneur der Kolonie, erreichten die elf Schiffe zunächst *Botany Bay*, eine Bucht südlich von Port Jackson. Da Phillip diese Bucht zur Besiedlung ungeeignet erschien, schickte er einen Erkundungstrupp weiter nordwärts, in die üppig bewaldete Umgebung von Port Jackson. Die Bucht rund um den Süßwasserstrom Parramatta River benannte Phillip nach *Viscount Sydney*, dem damaligen Staatssekretär von Großbritannien. Die rund 3000 Ureinwohner, die auf dem Terrain der ersten Siedlung lebten (*Sydney Cove)*, wurden von den Neusiedlern teilweise ins Hinterland gedrängt, andere starben an Krankheiten, die von den Europäern eingeschleppt wurden.

Entwicklung der Kolonie Die Anfangsjahre der Kolonie waren hart. Der Aufbau ging nur schleppend voran. Es mangelte an Baumaterialien, Fachkenntnissen, Motivation und vor allem an Nahrungsmitteln. Erst als Gouverneur Phillip auch freie Siedler auf den Fünften Kontinent lockte, verbesserte sich die Versorgungslage. Vor allem in *Parramatta* (heute ein Vorort Sydneys) und der Ebene des *Hawksburry Rivers* betätigten sich die freien Siedler erfolgreich als Landwirte. Bereits zu Beginn des 19. Jahrhunderts war aus Sydney eine beständige Kolonie und der geschäftigste Handelsposten des Kontinents geworden.

Mit **Lachlan Macquarie** als fünftem Gouverneur erfuhr die Siedlung einen weiteren Entwicklungsschub. Sträflingen, die ihre Strafe verbüßt hatten, erhielten die Bürgerrechte zurückverliehen. Erstmals konnten sie sich nun eine eigene Existenz aufbauen. Die meisten zogen als Farmer ins Hinterland und züchteten Merinoschafe. Mit viel Erfolg, wie sich zeigen sollte. 1840 endeten die Gefangenentransporte nach New South Wales schließlich. 1842 wurde Sydney offiziell zur Stadt erklärt.

Goldrausch Um 1850 veränderte sich das Bild der Kolonie durch den Goldrausch. Ein riesiger Einwandererstrom und der zunehmende Wohlstand kurbelten die Wirtschaft an und verschärften die sozialen Gegensätze. Prachtvolle Gebäude wie das *Queen Victoria Building (QVB)*, die *Town Hall* oder *The Strand Arcade* entstanden in der zweiten Hälfte des 19. Jahrhunderts. Gleichzeitig entwickelten sich extreme Armenviertel, wie zum Beispiel *The Rocks*, wo Krankheiten, Alkoholismus und Prostitution zum Alltag zählten.

Sydney heute Nach dem Zweiten Weltkrieg erlebte Sydney eine weitere Zuwanderungswelle. Meist kamen die neuen Bewohner aus England, Irland und den Mittelmeerländern. Immer weiter dehnte sich die Stadt nach Westen aus.

Der wirtschaftliche Boom in den 1970iger und 1980iger Jahren trug dazu bei, dass im *Central Business District* (CBD), dem Geschäfts- und Einkaufszentrum, imposante Wolkenkratzer zwischen altehrwürdigen viktorianischen Gebäude entstanden.

Im Jahr 2000 wurde Sydney zur berauschenden Kulisse für die *XXVII. Olympischen Spiele.* Als Gastgeber des einzigartigen Sportspektakels setzten sich die Stadt und ihre Bewohner zu Beginn des neuen Jahrtausends ein eigenes Denkmal. Zugleich wurden die günstigen wirtschaftlichen Rahmenbedingungen genutzt, um Sydney in vielerlei Hinsicht zu modernisieren. Durch die weltweite Publicity wurde nicht nur Sydney, sondern der ganze australische Kontinent mit steigenden Gästezahlen für seine Bemühungen belohnt.

Adressen & Service Sydney

An- und Abreise

Per Flugzeug

Der **Kingsford Smith Airport** liegt 9 km außerhalb der Stadt. Das nationale und das internationale Terminal liegen jeweils an den gegenüberliegenden Enden des Flughafens. Zwischen beiden Terminals pendelt alle 30 Minuten ein Zubringerbus. Für einen Transfer zwischen den Terminals sollten Sie mindestens 90 Minuten einkalkulieren.

Der **Airport Link** (Bahn) verbindet den Flughafen mit der Central Station in Sydney. Auch Circular Quay, Wynyard und Town Hall werden angefahren, wobei aber nicht alle Züge direkt verkehren. In diesem Fall müssen Sie in Central Station umsteigen. Die Züge fahren alle 10–15 Min., tägl. 5–24 Uhr, einfach A$ 13, Hin- und Rückfahrt A$ 19, Fahrkarten sind an den Eingängen der Bahnstationen erhältlich (www.airportlink.com.au).

Tipp: Der Zug lohnt nur während der Hauptverkehrszeiten, ansonsten ist ein Taxi wesentlich bequemer - insbesondere nach einem langen Flug. Ein **Taxi** zur Innenstadt und nach Kings Cross kostet vom internationalen Flughafen je nach Verkehrsaufkommen etwa A$ 30.

Der private Bus-Service **Sydney Airporter Bus** bietet alle 20–30 Minuten Fahrten von und zu vielen Hotels und Unterkünften in Kings Cross, der City und Darling Harbour (Tel. 02-96669988, einfache Fahrt A$ 9, Hin- und Rückfahrt A$ 14).

Per Bahn und Bus

Alle **Nah- und Fernverkehrszüge** verkehren von der Central Station, die in Sydney auch *Terminal Station* heißt (Infos und Reservierung: Tel. 132232, www.countrylink.nsw.gov.au). Direkt vor dem Bahnhof, in der Eddy Ave, und am benachbarten Railway Square halten die meisten Stadtbusse.

Überlandbusse starten in der Eddy Avenue und Pitt Street. In der Pitt Street befindet sich das *Coach Terminal* (Tel. 02-92819366) mit Gepäckaufbewahrung, Informationszentrum und Ticketverkauf. Die großen Busunternehmen haben ihre Büros in der direkten Umgebung (▶ s. Abschnitt „Wie, wo, was … / Busgesellschaften“).

Per Auto/ Camper

Sydney und Umgebung durchzieht ein Netz sehr gut ausgebauter Autobahnen. Die Motorways (M2, M4, M5, M7) sind gebührenpflichtig. Es besteht nicht auf allen Strecken die Möglichkeit, bar an den Ausfahrten zu bezahlen. Die Erfassung der Fahrzeuge erfolgt elektronisch. Sie müssen Ihr Kennzeichen dazu vorher telefonisch erfassen lassen (Tel. 138655). Fragen Sie Ihren Vermieter, ob Ihr Fahrzeug registriert ist. Details zu den gebührenpflichtigen Straßen sind auf der Internetseite der Road and Transport Association (RTA) www.rta.nsw.gov.au zusammengefasst.

Infos

Nützlich für einen Sydneybesuch sind die Broschüren „Sydney Offical Guide“ und „Whats on“ (mit Stadtplänen, Veranstaltungstipps, Rabattgutscheinen). Sie sind in Tourismusbüros, Hotels und am Flughafen kostenlos erhältlich.

Tipps und Adressen im Internet:

- www.sydneyaustralia.com
- www.sydney.citysearch.com.au.

Info-Stellen am Flughafen: Bereits das Visitor Centre am internationalen Flughafen (Ankunftsebene) bietet einen guten ersten Kontakt. Neben kostenlosen Karten und Informationsbroschüren können Unterkünfte gebucht werden.

In der Innenstadt: Das **Sydney Visitor Centre** (106 George Street, The Rocks, tägl. 9–18 Uhr, Tel. 02-92551788) befindet sich in zentraler Lage, erteilt Informationen zur Stadt und zum gesamten Bundesstaat New South Wales. Tagesausflüge, Unterkünfte und Veranstaltungen können gebucht werden. Das Personal ist mehrsprachig. **Info-Kioske** befinden sich zudem am Circular Quay (Wharf 6), am Martin Place und am Sydney Tower.

Das **Darling Harbour Visitor Centre,** unter der Brücke beim Imax Kino, ist ebenfalls sehr hilfreich (tägl. 10–18 Uhr Tel. 02-92860111).

The National Parks & Wildlife Service (110 George St, The Rocks, Tel. 02-2478861) hält Informationen und Faltblätter zu den Nationalparks rund um Sydney bereit (www.npws.nsw.gov.au).

Martin Place

Öffentliche Verkehrsmittel

Der öffentliche Nahverkehr ist gut ausgebaut. Neben Bussen verkehren Züge, Fähren, eine Einschienenbahn (Monorail) sowie eine Straßenbahn (Light Rail). Die meisten Busse und Bahnen verkehren bis Mitternacht. Danach folgen die Nachtbusse, die von der Town Hall Station zu den Vorortbahnhöfen fahren.

Busfahrten sind während des Berufsverkehrs enorm zeitraubend.

Circular Quay ist der wichtigste Verkehrsknotenpunkt der Stadt. Von hier aus sind die meisten Sehenswürdigkeiten entweder zu Fuß oder per Fährschiff, Zug oder Bus erreichbar.

Informationen zu Fahrplänen und Preisen sind im **TransitShop** am Circular Quay erhältlich (Mo–Fr 7–20 Uhr, Sa/So 8–18 Uhr, Tel. 131500, tägl. 6–22 Uhr, www.131500.com.au). In den Touristenbüros (▶ s. „Infos“) liegen Werbebroschüren und Fahrpläne zu den einzelnen Verkehrsmitteln aus.

Busse

Circular Quay, Wynyard, Town Hall und Central Railway Station sind die wichtigsten Bushaltestellen für Transfers rund um die Stadt. Busse nach Bondi fahren von Circular Quay und Bondi Junction. Informationen zu Fahrplänen und Fahrkarten im TransitShop.

Einzelfahrscheine sind im Bus erhältlich (je nach Zone zwischen A$ 1,80–5,20), 10er-Karten an Zeitungskiosken mit gelben Fahnen „Sydney Busses Ticket Stop“ und im TransitShop (je nach Zone zwischen A$ 14–44).

Die blau weißen Busse sind staatliche Busse, Busnummern mit einem L sind Schnellbusse, die nicht an jeder Haltestelle stoppen, Nummern mit einem X halten nur an den Stopps kurz vor der Endhaltestelle. Zur Orientierung gilt: die 200-er Busse fahren in nördliche Richtung, die 300-er nach Osten und die 400-er Linien steuern nach Westen.

Stadtrundfahrten

Mit einer der geführten Bustouren von **Sydney Explorer** lässt sich die Stadt bequem und informativ erkunden. An touristisch attraktiven Punkten wird gehalten, die Fahrgäste können nach Belieben in einen späteren Bus wieder zusteigen. Der rote *Sydney Explorer Bus* fährt in Intervallen von etwa 20 Min. und stoppt zwischen Darling Harbour und Kings Cross an allen Sehenswürdigkeiten (26 Stopps, tägl. 8.40–17.20 Uhr, Tageskarte A$ 39).

Die blauen *Bondi Explorer Busse* fahren von Circular Quay durch die östlichen Vororte in die Watson Bay und zum Bondi Beach. Von dort geht es entlang der Strände nach Coogee Beach, dann zurück durch die Parks in die Innenstadt (tägl. 9.15–16.15 Uhr, alle 30 Min., Tageskarte A$ 39).

Am Wochenende verkehrt zusätzlich der *Paramatta Explorer* ab der Paramatta Warf (Sa–So und an Feiertagen 10–16 Uhr, alle 30 Min., A$ 15 ohne Fähre, Schiff ab Circular Quay)

Die Tickets für alle Explorer Busse sind in den Bussen, in den Transit-Shops am Circular Quay, Wynyard Station, Queen Victoria Building und an der Manly Warf, im Visitor Centre in The Rocks sowie in Geschäften mit den Zeichen „Sydney Pass sold here" erhältlich. Das Zweitagesticket für den Sydney und Bondi Explorer kostet A$ 68.

Bahn, City-Rail

Im *City Circle* fahren die Züge im Zweiminutentakt auf einem Rundkurs (Central Station – Town Hall – Wynyard – Circular Quay – St James – Museum Station).

Alle Züge in die Vororte Sydneys verkehren ab Central Station (außer nach Manly, Palm Beach und die Strände im Osten). Tickets gibt es an Kartenautomaten Stationen.

Fähren

Sydneys Fähren sind das schnellste Verkehrsmittel von Circular Quay zu den nördlichen Vororten und zu allen Anlegestellen rund um den Hafen. Eine Fährfahrt stellt zugleich eine preiswerte Hafenrundfahrt dar!

Von Circular Quay verkehren Fähren nach Manly, Darling Harbour, Watson Bay, North Syndey, Balmain und zum Taronga Zoo. Homebush Bay (Olympisches Zentrum) und Paramatta werden mit Schnellfähren bedient (RiverCats). Tickets an den Fahrscheinautomaten an Circular Quay, Manly Warf oder auf den Booten selbst (einfache Fahrt: Inner Harbour A$ 5, Parramatta A$ 7,50).

Tipp: *Wanderungen in Verbindung mit Fährfahrten* werden im Heft „Go walkabout with Sydney Ferries" beschrieben. Erhältlich in den Transit-Shops und im Visitor Centre (Adressen ▸ s.o.)

Monorail und Light Rail

Die eingleisige, private Hochbahn (Monorail) fährt einen Rundkurs vom City Centre (Pitt St/Market St) zum Darling Harbour und zurück über Haymarket (Mo–Do 7–22 Uhr, Fr–Sa 7–24 Uhr, So 8–22 Uhr alle 3–5 Min.). Fahrscheine an allen Stationen der Monorail (eine Runde A$ 4,50 Tageskarte A$ 9).

Die Straßenbahn (Light Rail) verbindet Central Station, Haymarket (China Town), Darling Harbour, Pyrmont, das Casino und Wentworth Park (tägl. zwischen 7–22 Uhr alle 10 Min., später alle 30 Min., Tickets in der Bahn, einfache Fahrt A$ 3–4, Tageskarte A$ 9.

Fahrkarten

Neben Einzel- und Mehrfahrtenscheinen gibt es ein „All in One" Tagesticket (DayTripper). Außer für Lightrail und Monorail gilt es für alle Verkehrsmittel und ist bei den Busfahrern und an den Bahnstationen erhältlich (A$ 15,40).

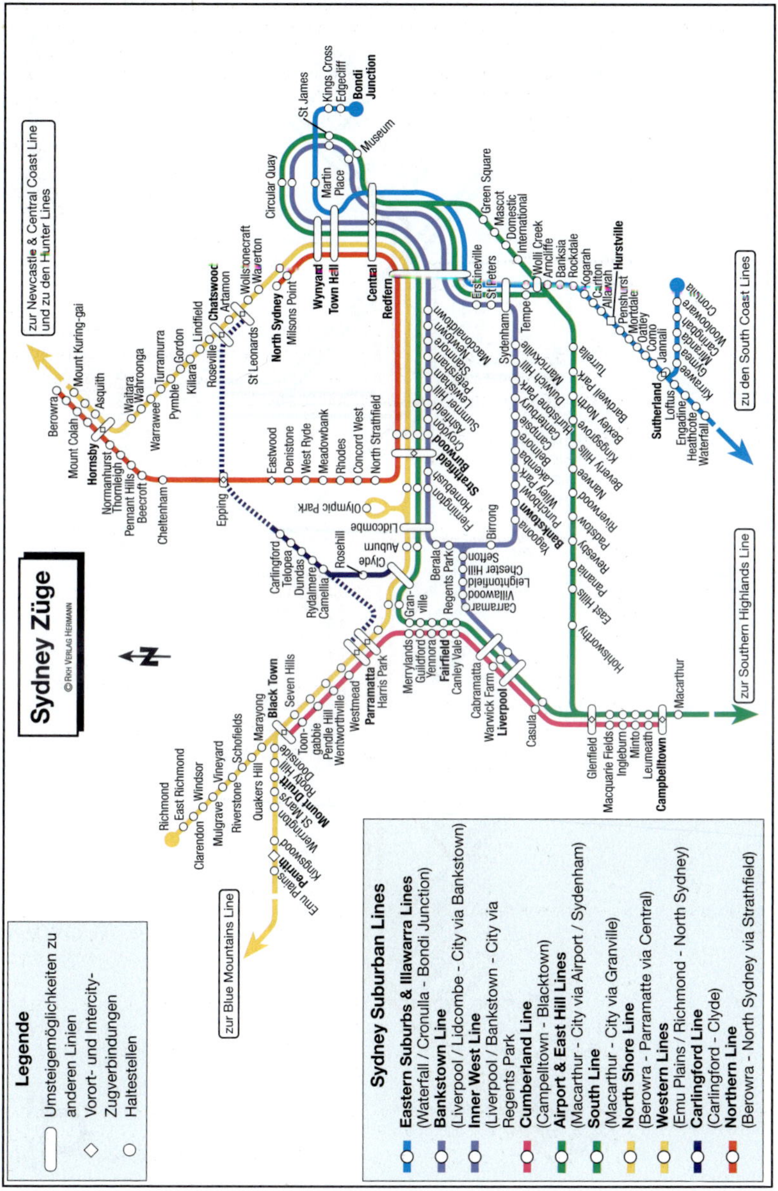
Sydney Züge
©RKH Verlag Hermann
Legende
Umsteigemöglichkeiten zu anderen Linien
Vorort- und Intercity-Zugverbindungen
Haltestellen
Sydney Suburban Lines
Eastern Suburbs & Illawarra Lines
(Waterfall / Cronulla - Bondi Junction)
Bankstown Line
(Liverpool / Lidcombe - City via Bankstown)
Inner West Line
(Liverpool / Bankstown - City via Regents Park
Cumberland Line
(Campelltown - Blacktown)
Airport & East Hill Lines
(Macarthur - City via Airport / Sydenham)
South Line
(Macarthur - City via Granville)
North Shore Line
(Berowra - Parramatte via Central)
Western Lines
(Emu Plains / Richmond - North Sydney)
Carlingford Line
(Carlingford - Clyde)
Northern Line
(Berowra - North Sydney via Strathfield)
zur Newcastle & Central Coast Line und zu den Hunter Lines
zur Blue Mountains Line
zur Southern Highlands Line
zu den South Coast Lines
Berowra
Mount Colah
Mount Kuring-gai
Asquith
Hornsby
Waitara
Wahroonga
Warrawee
Turramurra
Pymble
Gordon
Killara
Lindfield
Roseville
Chatswood
Artarmon
St Leonards
Wollstonecraft
Waverton
North Sydney
Milsons Point
Wynyard
Town Hall
Central
Redfern
Circular Quay
Martin Place
St James
Museum
Kings Cross
Edgecliff
Bondi Junction
Green Square
Mascot
Domestic
International
Wolli Creek
Arncliffe
Banksia
Rockdale
Kogarah
Carlton
Allawah
Hurstville
Penshurst
Mortdale
Oatley
Como
Jannali
Sutherland
Loftus
Engadine
Heathcote
Waterfall
Kirrawee
Gymea
Miranda
Caringbah
Woolooware
Cronulla
Erskineville
St Peters
Sydenham
Tempe
Normanhurst
Thornleigh
Pennant Hills
Beecroft
Cheltenham
Epping
Eastwood
Denistone
West Ryde
Meadowbank
Rhodes
Concord West
North Strathfield
Strathfield
Burwood
Croydon
Ashfield
Summer Hill
Lewisham
Petersham
Stanmore
Newtown
Macdonaltown
Homebush
Flemington
Olympic Park
Lidcombe
Auburn
Clyde
Granville
Carlingford
Telopea
Dundas
Rydalmere
Camellia
Rosehill
Berala
Regents Park
Birrong
Sefton
Chester Hill
Leightonfield
Villawood
Carramar
Marrickville
Dulwich Hill
Hurlstone Park
Canterbury
Campsie
Belmore
Lakemba
Wiley Park
Punchbowl
Bankstown
Yagoona
Turrella
Bardwell Park
Bexley North
Kingsgrove
Beverly Hills
Narwee
Riverwood
Padstow
Revesby
Panania
East Hills
Holsworthy
Merrylands
Guildford
Yennora
Fairfield
Canley Vale
Cabramatta
Warwick Farm
Liverpool
Casula
Glenfield
Macquarie Fields
Ingleburn
Minto
Leumeath
Campbelltown
Macarthur
Westmead
Parramatta
Harris Park
Wentworthville
Pendle Hill
Toon-gabbie
Seven Hills
Black Town
Marayong
Quakers Hill
Schofields
Riverstone
Vineyard
Mulgrave
Windsor
Clarendon
East Richmond
Richmond
Doonside
Rooty Hill
Mount Druitt
St Marys
Werrington
Kingswood
Penrith
Emu Plains

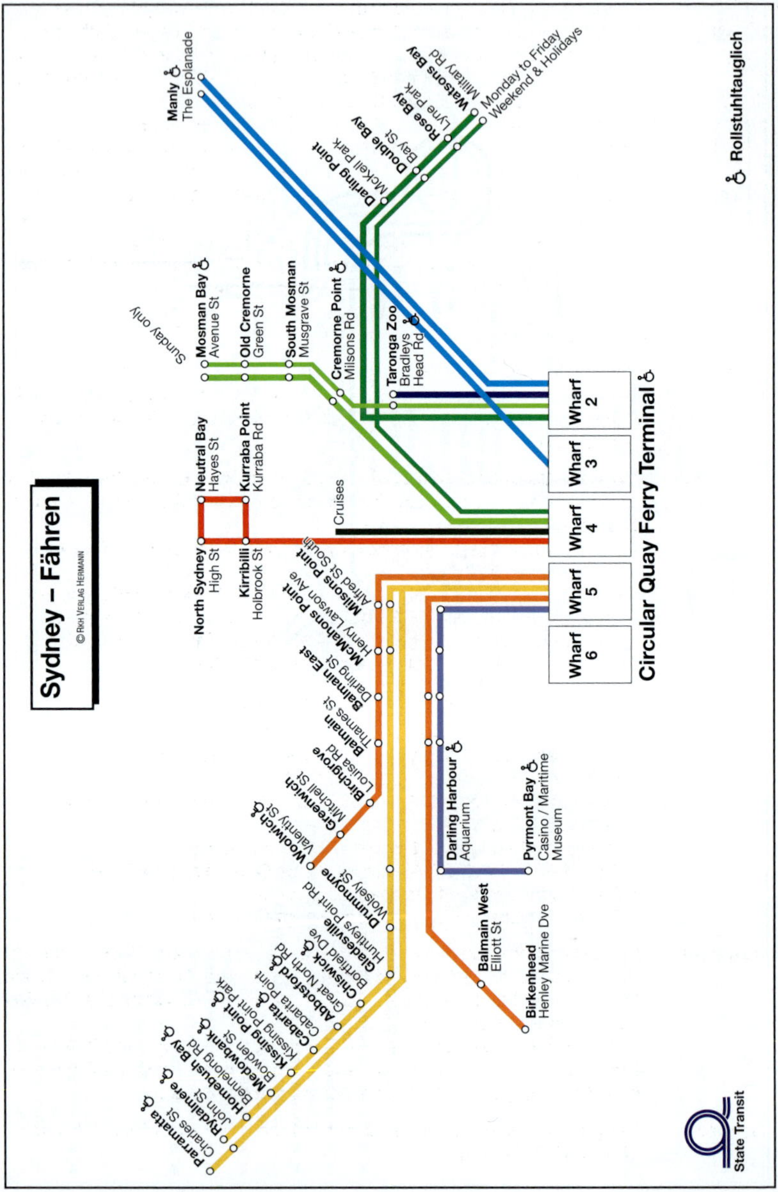

Sydney – Fähren
© RKH Verlag Hermann
Circular Quay Ferry Terminal ♿
Wharf 2
Wharf 3
Wharf 4
Wharf 5
Wharf 6
Manly ♿
The Esplanade
Watsons Bay
Military Rd
Rose Bay
Lyne Park
Double Bay
Bay St
Darling Point
Mckell Park
Monday to Friday
Weekend & Holidays
Mosman Bay ♿
Avenue St
Sunday only
Old Cremorne
Green St
South Mosman
Musgrave St
Cremorne Point ♿
Milsons Rd
Taronga Zoo ♿
Bradleys Head Rd
Neutral Bay
Hayes St
Kurraba Point
Kurraba Rd
North Sydney
High St
Kirribilli
Holbrook St
Cruises
Milsons Point
Alfred St South
McMahons Point
Henry Lawson Ave
Balmain East
Darling St
Balmain
Thames St
Birchgrove
Louisa Rd
Greenwich
Mitchell St
Woolwich ♿
Valentia St
Darling Harbour ♿
Aquarium
Pyrmont Bay ♿
Casino / Maritime Museum
Balmain West
Elliott St
Birkenhead
Henley Marine Dve
Drummoyne
Wolseley St
Gladesville
Huntleys Point Rd
Chiswick ♿
Bortfield Dve
Abbotsford ♿
Great North Rd
Cabarita ♿
Cabarita Point
Kissing Point ♿
Kissing Point Park
Meadowbank ♿
Bowden St
Homebush Bay ♿
Bennelong Rd
Rydalmere ♿
John St
Parramatta ♿
Charles St
♿ Rollstuhltauglich
State Transit

Für einen mehrtägigen Aufenthalt empfiehlt sich der **SydneyPass** (www.sydneypass.info) mit einer Gültigkeit von 3, 5 oder 7 Tagen. Enthalten sind Flughafentransfers mit dem Airport Link (Zug), unbegrenzte Nutzung der Sydney- und Bondi-Explorer-Busse, Hafenrundfahrten, Fähr-fahrten nach Manly und Parramatta, freie Nutzung aller Linienbusse, Schiffe und Bahnen (außer Light- und Monorail). Die Tickets werden am Flughafen (an der Bushaltestelle oder beim Busfahrer), am Circular Quay im TransitShop, in den Sydney- und Bondi-Explorer-Bussen, an allen Bahnstationen oder über Reiseveranstalter verkauft (3-Tage-Ticket A$ 110, 5-Tage A$ 145, 7-Tage A$ 165).

Günstiger sind die 7-Tage Kombitickets *TravelPass* für Zug, Bus und Fähre. Je nach Nutzungsgebiet von A$ 33–55, erhältlich an Bahnhöfen, am Circular Quay sowie bei vielen Zeitungskiosken.

Wie, wo, was ...

Automobilclub National Roads & Motorists Association (NRMA), 74-76 King St, Mo–Fr 9–17 Uhr, Tel. 132132, www.mynrma.com.au. Mitglieder europäischer Automobilclubs erhalten Karten und Broschüren zum Teil kostenlos oder ermäßigt.

Auto- und Campervermietungen **Tipp:** Die Stadt besichtigen Sie besser ohne Auto (dichter Verkehr, Parkplatzprobleme). Mieten Sie das Fahrzeug erst am Abreisetag, wenn die Stadtbesichtigung abgeschlossen ist.

- *Apollo Motorhomes,* 1356 Botany Rd (Ecke Waratah Rd), Botany, Tel. 02-95563550.
- *Avis Car Rental,* Tel. 136333; Flughafen, Tel. 02-96670667; Circular Quay, 30 Pitt St, Tel. 02-92411281; Kings Cross, 220 William St, Tel. 02-93572000; World Square, 395 Pitt St, Tel. 02-92610750.
- *Britz/Maui,* Tel. 02-96670402 oder 1-800-331454; 653 Gardeners Rd, Mascot
- *Budget,* Tel. 132727; Flughafen, Tel. 132727; 93 William St, Kings Cross Tel. 02-93398888.
- *Hertz Cars,* Tel. 133039; Flughafen Tel. 02-96692444; Ecke William/Riley Sts, Tel. 02-93606621.
- *Kea Campers,* Tel. 1-800-252555; 106–110 Ashford Ave, Milperra, Tel. 02-87075500
- *Thrifty Car Rental,* Tel. 1-300-167227; Flughafen, Tel. 02-93174161; 75 William St, Kings Cross,Tel. 02-83746177.
- *Travel Car Centre,* 54 Orchard Rd, Brookvale, Tel. 02-99056928, Fahrzeuge für Langzeitmieten

Autokauf Beim Automobilclub NRMA (s.o) gibt es eine Broschüre „Worry Free Guide to Buying a Car“ mit wertvollen Tipps zum Autokauf. Im „Sydney Morning Herald“ findet man in der Freitagsausgabe zahlreiche Anzeigen von Gebrauchtwagenhändlern.

Außerdem versuchen viele Reisende ihre Fahrzeuge im Parkhaus in Kings Cross zu verkaufen, oft sogar mit komplettem Campingzubehör (Ward Ave, täglich 9–18 Uhr, www.carmarket.com.au).

Banken Die großen Banken befinden sich rund um den Martin Place (Mo–Do 9–16 Uhr, Fr 9–17 Uhr).

Busgesellschaften *Greyhound* fährt alle größeren Städte des Landes an. Das Büro befindet sich an der Central Station (Eddy Ave, Reservierung national Tel. 132030 oder 131499, Büro Sydney Tel. 02-9212 3433).

Firefly Express verkehrt zwischen Sydney, Melbourne und Adelaide (482 Pitt St, Tel. 1-300-730740, www.fireflyexpress.com.au).

Im **Coach Terminal** (Central Station, Eddy Ave., tägl. 6–22 Uhr) werden Tickets mit den genannten Busgesellschaften vermittelt.

Einkaufen Die Stadt bietet eine breite Palette an Einkaufsmöglichkeiten. Die großen *Kaufhäuser* wie Grace Bros, David Jones und Gowings befinden sich in der Market St und führen hauptsächlich Kleidung und Accessoires. Fünf mehrstöckige Einkaufsarkaden reihen sich in der Pitt St Mall aneinander. Im *Queen Victoria Building* sind zahlreiche Bekleidungsgeschäfte und Juweliere ansässig. Kunst- und Antiquitäten finden Sie in den kleinen Geschäften im Stadtviertel *The Rocks.*

Qualitativ gute **Aboriginalkunst** finden Sie im *Aboriginal Art Shop* (Upper Concourse, Sydney Opera House), *Aboriginal and Tribal Art Centre* (117 George St, 1. Stock, The Rocks), sowie bei *Gavala* (Harbourside, Darling Harbour).

Typisch **australische Souvenirs** finden Sie bei *RM Williams* (389 George St, Outdoorbekleidung), im *Australian Wine Centre* (Ecke George/Alfred Sts, Circular Quay) und im *Australian Conservations Foundation Shop* (33 George St, The Rocks, Geschenke aller Art, CDs, Kunstgegenstände).

Gut sortierte **Buchläden** in der City sind die Filialen von *Dymocks* (34 Hunter St, 424 George St und in Darling Harbour, Shop 431 Harbourside). Der *ABC Shop* verkauft australische Literatur und Musik (Queen Victoria Building, 1 Etage, 455 George St). Landkarten, Reisebücher und australische Literatur hat der *Travel Book Shop* (175 Liverpool St) im Angebot.

Zu den Institutionen in Sydneys Einkaufswelt zählt das über 125 Jahre alte Fachgeschäft **Gowings** (Ecke Market/George Sts). Neben australischer Arbeitskleidung wie „Working-Boots" (knöchelhohe Lederboots mit Gummizug) gibt es Nützliches und Günstiges für die Reise: Sonnenhüte, Badebekleidung, Campinggeschirr, usw.

Lebensmittel bezieht man in der Innenstadt am besten entweder bei *Woolworth* (Ekke Park/George Sts), bei *Coles Express* (2. Stock Wynyard Station, tägl. von 6–24 Uhr) oder in den kleinen *Convenience Stores*, die sich über die gesamte Stadt verteilen und rund um die Uhr geöffnet sind.

Campingzubehör und Outdoorbekleidung gibt es in den Fachgeschäften in der Kent St (hinter der Town Hall) und bei *Gowings* (▶ s.o.). Besonders preiswerte Ausrüstung ist in den *Army Disposal Stores* erhältlich (am südlichen Ende der Pitt und George St).

Schnäppchenjäger besuchen die Factory Outlets der bekannten Modemacher in Redfern (gleich hinter Central Station). Nützliche Tipps im *„Bargain Shoppers Guide to Sydney"* (Buchhandel).

Besonders am Wochenende gibt es in und um Sydney zahlreiche **Floh- und Trödelmärkte**. Auf *Paddy's Market* (Ecke Hay/Thomas Sts, Haymarket, Fr–So 9–16 Uhr) werden Neuwaren aller Art feilgeboten. Wer handgefertigte Geschenke und Sammlerstücke sucht, geht zum *The Rocks Market* (Upper George St, The Rocks, unter der Harbour Bridge, Sa/So 10–17 Uhr); dazu gibt es viel Musik und Speisen. Samstags werden auf dem *Paddington Bazaar* (395 Oxford St, rund um die Paddington Village Uniting Church, Paddington, 10–16 Uhr) an über 200 Ständen Schmuck, Secondhand-Klamotten und selbstgemachte Kunstwerke verscherbelt. Und am *Bondi Beach* findet jeden Sonntag von 10–16 Uhr ein alternativer Markt statt (Bondi Beach Public School, Ecke Campell Pde/ Warners Ave). Wer noch nächtens in alten Sachen stöbern will, macht sich auf den Weg zum *City Night Market* (Fr 18–23 Uhr, zwischen Dixon St und Little Hay St).

SYD ▸ BNE

Essen und Trinken

Es macht Spaß, sich durch die gastronomische Szene Sydneys zu futtern. Egal ob im eher legeren Stil unter freiem Himmel in Paddington, The Rocks oder Balmain oder ob stilvoll in einem Restaurant mit Meeresblick– es werden alle Ansprüche und Erwartungen abgedeckt.

Empfehlenswerte **Restaurantführer** sind „Cheap Eats in Sydney" und „The Sydney Morning Herald Good Food Guide"– erhältlich in Buch-und Zeitungsgeschäften. Weitere Tipps unter www.bestrestaurants.com.au und www.sydney.citysearch.com.au.

In der Innenstadt gibt es in vielen Bürogebäuden und Kaufhäusern sogenannte **Foodmalls** oder **Foodcourts** (Esshallen), in denen tagsüber eine breite Palette preiswerter Mahlzeiten angeboten wird.

Hinweis: Seit 2000 ist in New South Wales in allen Restaurants das Rauchen verboten. Eine Ausnahme bilden spezielle Raucherbereiche (meistens an der Rezeption oder vor der Tür).

Tipps: Da es in Australien üblich ist, zum Wochenschluss direkt vom Büro in die Kneipe zu gehen, ist freitags in vielen Bars und Pubs die Hölle los. Wer günstig ein Bier genießen möchte, der sollte auf die *Happy-Hours* (Zeit, in der die Getränke billiger ausgegeben werden) in den Pubs achten.

Restaurants und Bars

Von der Terrasse der *Aqua Luna Bar und Restaurant* (Opera Quays, East Circular Quay) hat man einen guten Blick auf den Hafen (italienische Küche, Hauptgerichte ab A$ 30).

In den empfehlenswerten Restaurants im neu renovierten *Overseas Passenger Terminal* speist der Gast ebenfalls mit herrlichem Blick auf den Hafen.

Das *Sydney Tower Restaurant* (Ecke Pitt/Market Sts) bietet von der Spitze des Turmes einen Blick über die gesamte Stadt. In der ersten Ebene wird „a la Carte" gespeist (Di–Sa abends), in der zweiten Ebene bedient man sich selbst (täglich, auch tagsüber). Die Preise sind allerdings recht happig, Hauptgerichte kosten schon in der Selbstbedienung über A$ 30.

Edna's Table ist ein schickes Speiselokal mit moderner australischer Küche und Aboriginal-Spezialitäten wie Emu- und Känguruh-Gerichten (204 Clarence St, Tel. 02-92673933) Mo–Fr 12–15 Uhr, Di–Sa 18–22 Uhr, Reservierung ratsam, Hauptgerichte zwischen A$ 25–35).

Mahlzeiten werden auch auf den *Hafenrundfahrten* (Lunch- und Dinner-Cruises) serviert, die am Circular Quay oder Darling Harbour beginnen.

Rockpool ist eine Institution in Sydneys Gaststättenwelt. Das exklusive Restaurant bietet moderne australische Küche mit Meeresfrüchten (109 George St, The Rocks, Hauptgericht über A$ 30.

Lillipilli in the Rocks vereint Kunst und Küche der Aboriginal People. Feine Speisen werden mit traditionellen Zutaten aus dem Busch zubereitet (1 Globe St, The Rocks; Hauptgerichte ab A$ 20).

In einem originalen Sydney „Terrace House“ hat sich das italienische Restaurant *Caminetto* eingerichtet (13–17 Playfair Street, The Rocks, Hauptgerichte ab A$ 12).

Eine **große Auswahl an Lokalen und Bars** findet man auch in **Darling Harbour**. *Jordon's* ist dort bekannt für gute Meeresfrüchte. Entlang der Cockle Wharf gibt es weitere, sehr empfehlenswerte Restaurants. In der King Street Warf bietet *Wagamama* eine leckere Pastabar. Im *Lord Nelson Brewery Hotel* (Ecke Argyle/Kent Sts, Millers Point, The Rocks) wird im urigen Brauereiambiente eigenes Bier und Thekenessen serviert.

Eine kultige Bar in einer umgebauten Kirche ist das *Greenwood Hotel* (36 Blue St, North Sydney, gegenüber der Bahnstation North Sydney). Taxifahrer, Künstler, Reisende, Charakterköpfe – alle schlürfen ihren Kaffee im *Tropicana*; ein Platz, der vor allem wegen seiner Gäste interessant ist (227b Victoria St, Darlinghurst).

Eine Kochschule für Meeresfrüchte

Auf dem Fischmarkt Sydneys wird die Möglichkeit geboten, in der Sydney Seafood School die richtige Zubereitung von Meeresfrüchten und Fisch zu erlernen. So wird den Teilnehmern gezeigt, wie man frischen Fisch richtig zerlegt, filetiert, würzt und entsprechend zubereitet. Neben dem wahrhaft guten Essen, das man zum Abschluss genießen darf, bekommen die Teilnehmer wunderbare Rezepte mitgeliefert.

Die Kochkurse der Seafood School finden mit unterschiedlichen Schwerpunktthemen in der Regel wochentags am Abend (2 h) und am Wochenende über Mittag (4h) statt. Die Kosten liegen zwischen A$ 70 und 125. Da die Nachfrage sehr groß ist sollten Sie sich schon frühzeitig anmelden. Nähere Infos unter Tel. 02-90041111 oder www.sydneyfishmarket.com.

Internationale Küche

Wer darauf Lust hat, pickt sich am besten ein Restaurant von Sydneys **„Eat Streets“** heraus:

- *Chinesisch* gekocht wird in der Dixon St, Haymarket.
- *Griechisch* in der Grand Parade, Brighton Le Sands.
- *Indisch* in der Cleveland St, Surry Hills.
- *Italienisch* in der Norton St, Leichardt und Stanley Sts, Darlinghurst.
- *Jüdisch* in der Hall und O'Brien Sts, Bondi.
- *Libanesisch* in der Cleveland St, Surry Hills.
- *Portugiesisch* in der New Canterbury und Stanmore Rds, Petersham.
- *Spanisch* in der Liverpool und Kent Sts, CBD.
- *Thailändisch* in der King St, Newtown.
- *Türkisch* in der Rawson St und sth Parade, Auburn.

Kulinarisch etwas Ausgefallenes bietet der Veranstalter „Gourmet-Safaris“ (www.gourmetsafaris.com.au, Tel. 02-99605675). Die Touren erkunden die Küchen der Einwanderer in Sydney. Dabei schauen die Gäste den Köchen bei der Arbeit zu und dürfen selbst mitarbeiten. Die Touren sind recht gut gebucht, daher ist eine frühzeitige Reservierung sinnvoll.

Tipp: Beachten Sie beim Besuch besserer Restaurants den inoffiziellen **Dress Code:** Lange Hosen, Hemd oder Bluse (bzw. ein Kleid) und Halbschuhe sind erforderlich, um nicht unangenehm aufzufallen.

Fahrradvermietung/-shops

Clarence Street Cyclery (104 Clarence St, Tel. 02-92994962) und Inner City Cycles (31 Glebe Point Rd, Glebe, Tel. 02-96606605) vermieten und verkaufen Fahrräder. Räder können in Zügen und auf Fähren kostenlos mitgenommen werden (in Bahnen nur außerhalb des Berufsverkehrs). Radfahrer müssen in Australien einen Helm tragen!

Fähre nach Tasmanien

Die **Autofähre** „Spirit of Tasmania III“ fährt von August bis Mai dreimal wöchentlich von Sydney (Darling Harbour, Berth 7, Abfahrt 15 Uhr) nach Devonport (Ankunft am nächsten Tag um 11.30 Uhr). Reservierungen (obligatorisch): www.spiritoftasmania.com.au oder Tel. 1-800-634906.

Fluggesellschaften

- Air New Zealand, Tel. 132476
- British Airways, Tel. 02-89048800
- Cathay Pacific, Tel. 131747
- Garuda Indonesia, Tel. 1-300-165330
- KLM, Tel. 92316333
- Malaysia Airlines, Tel. 132627
- Quantas/Australian Airlines/Jetstar, Tel. 131313
- Singapore Airlines, Tel. 131011

Die Adressen der Stadtbüros können den aktuellen Flugplänen bzw. den Yellow Pages (Gelben Seiten) entnommen werden.

Foto/Video

Gut sortiert ist das *Camera House* in der 416 George Street. Im CBD und in Kings Cross befinden sich viele „One Hour“- Fotoshops, die schnelle Abzüge von belichteten Negativfilmen liefern. In den zahlreichen Duty Free Shops in der Stadt und am Flughafen können bei Vorlage von Reisepass und Flugticket ebenfalls Fotoapparate, Speicherchips etc. gekauft werden.

Internet

In der *State Library* (Macquarie St) kann man kostenlos surfen, allerdings keine eMails versenden (Mo–Fr 9–21 Uhr, Sa/So 11–17 Uhr).
Bei *Student Uni Travel* (91 York St, hinter QVB und 92 Pitt St, 2. Stock) darf kostenlos gesurft und gemailt werden, außerdem werden Telefonkarten und Pre-Paid Mobiltelefone zum Kauf angeboten.
Global Gossip mit seinen zahlreichen Filialen (in der City: 14 Wenthworth Ave, 770 und 790 George St, 415 Pitt St; in Kings Cross: 111 Darlinghurst Rd; in Bondi Beach: 37 Hall St) offeriert den kompletten Kommunikationsservice (Internet, Fax, Kopieren, Postversand).

Konsulate

Alle Botschaften haben ihren Sitz in Canberra (▸ s. „Reisevorbereitung / Botschaften und Konsulate“). Bei Problemen ist es meist praktischer, dort anzurufen, als zu den jeweiligen Konsulaten zu gehen.
Die Adressen der Konsulate:

- Deutsches Konsulat, 13 Trelawney St, Woollahra, Tel. 02-93287733.
- Österreichisches Konsulat, 1. Floor 191 York St, Tel. 02-92513363.

- Schweizer Konsulat, Plaza II Tower, 500 Oxford St, Bondi Junction, Tel. 02-83831400.

Krankenhäuser St Vincent's Hospital, Ecke Victoria/Burton Sts, Tel. 02-93391111
Sydney Hospital, Macquarie St, Tel. 93827111

Kultur- und Unterhaltungsangebote

Die Broschüre „This Week in Sydney" oder die Freitagsbeilage „Metro" des Sydney Morning Herald sind hilfreich, um mit der Vielfalt von Sydneys Kulturangebot zurecht zu kommen. Außerdem druckt der „Herald" täglich ein Veranstaltungsverzeichnis. Im Visitor Centre und unter www.sydney.citysearch.com.au sind ebenfalls aktuelle Termine und Auftritte zu erfahren.

Die meisten Karten sind bei **Ticketek** (195 Elizabeth St oder Grace Bros Einkaufscentre Ecke George/Market Sts, Tel. 02-92664800, www.ticketek.com) erhältlich. Für Theater, Konzerte, Oper und Ballett bietet **Halftix** (201 Sussex St, Mo–Fr 9–17 Uhr, Sa 10–15 Uhr, www.halftix.com.au) am Tag der Aufführung Karten zu stark vergünstigten Preisen an.

Aboriginal Performance Im **Bangarra Dance Theatre** (Pier 4/5 Hickson Rd, The Rocks) beweist die *Aboriginal Dance Company Bangarra* ihre spezielle Kunst. Reservierung empfehlenswert: Tel. 02-92515333, www.bangarra.com.

Klassik, Theater, Tanz Das **Sydney Opera House** ist *der* Platz für Opern, Konzerte, Theater und Ballett in der Stadt. Tickets sind teuer und telefonisch (Tel. 02-92507777) oder im Internet (www.soh.nsw.gov.au) mit Kreditkarte vorzubestellen.
Im **State Theater** (4 Market St, Tel. 02-93736655) findet im Juni das Film Festival statt, ansonsten werden Musicals, Pop-Konzerte und Performances gezeigt.
The Wharf Theatre (Pier 4, Hickson Rd, The Rocks) ist ein moderner Schauspielkomplex direkt am Wasser und Heimat der *Sydney Theatre Company*. Kartenreservierung und Programm unter Tel. 02-92501777.

Jazz **The Basement** heißt ein beliebter, unterirdischer Jazzclub, in dem internationale Jazzstars auftreten (29 Reiby Place, Circular Quay).

Kinos Die großen Kinos reihen sich in der George St (südlich der Town Hall) aneinander. Die Programmkinos liegen außerhalb des Zentrums, z.B. in den Stadtteilen Paddington und Darlinghurst. Zwei Open-Air Kinos im Centennial Park und Royal Botanic Gardens sind von November bis Februar geöffnet. Ein IMAX (3D Filme) befindet sich am Darling Harbour.

Casino Das **Star City Casino** (80 Pyrmont St, Pyrmont) wirkt wie ein großes Einkaufszentrum und beherbergt neben etlichen Spieltischen und Automaten eine ganze Reihe von Restaurants und Bars (rund um die Uhr geöffnet, Eintritt frei) und ein Theater. Anfahrt mit der Light Rail.

Galerien und Museen **Australian Centre for Photography** (257 Oxford St, Paddington, Di–Sa, 11–18 Uhr).

Die **Art Gallery of New South Wales** (Art Gallery Road, täglich 10–17 Uhr, www.artgallery.nsw.gov.au) hat sich auf australische und europäische Kunst spezialisiert.

Das **Powerhouse Museum** (500 Harris St, Ultimo, täglich von 10–17 Uhr) ist das größte Museum Australiens, mit verschiedenen Abteilungen, von Aboriginalkultur bis zur modernen Wissenschaft. Dank der interaktiven Ausstellungen ist das Powerhouse für Familien mit Kindern eine unbedingte Empfehlung.

In den Räumen des **Museum of Contemporary Art** (Circular Quay West, 10–17 Uhr, Eintritt frei) werden die Arbeiten gegenwärtiger Künstler präsentiert.

Festivals Festivals und Events finden in Sydney das ganze Jahr über statt. Nur die wichtigsten seien hier genannt:

Januar: Das *Sydney Festival und Carnivale* ist ein dreiwöchiges Kunstfestival rund um den Hafen, mit Theater-, Tanz- und Musikauftritten sowie Neujahrsfeuerwerk, Fährrennen, Shows, Kinderunterhaltung und vielem mehr (www.sydneyfestival.org.au).

Der *Australia Day* (26. Januar) wird mit einem großen Feuerwerk gefeiert. Entweder direkt am 26. Januar oder am darauf folgenden Montag (www.australiaday.com.au).

Februar: Das *Sydney Gay & Lesbian Mardi Gras* ist ein Fest der schwulen Kultur. Parties, Kunst, Theater, Shows und zum Schluss eine flippige Straßenparade sorgen für Stimmung entlang der Oxford Street (www.mardigras.org.au).

Juni: Das *Sydney Film Festival* im State Theatre und im Dendy Opera Quays (www.sydneyfilmfestival.org).

September: September ist der Sportmonat mit Rugby League Grand Final (www.nrl.com.au) und AFL Grand Final Week (www.afl.com.au) sowie Sydney Marathon (www.sydneymarathon.org).

Oktober: Das *Manly International Jazz Festival* bietet kostenlose Konzerte am Wasser.

Dezember: Am Boxing Day (26. Dez.) startet die Segelregatta *Sydney to Hobart Yacht Race* (www.cyca.com.au).

Notfall Notruf (Polizei, Feuerwehr, Rettungsdienst) Tel. 000.
Giftnotruf Tel. 131126 · Apotheken (24 h) Tel. 02-92350333
Zahnarzt Tel. 02-92112224

Parken Obwohl das Parken in der Innenstadt extrem teuer ist (A$ 6 pro Stunde) haben freie Parkplätze Seltenheitswert. Am besten stellt man sein Fahrzeug in einem Vorort ab und fährt mit den öffentlichen Verkehrsmitteln in die City. Wer unbedingt mit dem Fahrzeug in die Innenstadt muss, sollte eine der folgenden Parkmöglichkeiten anfahren:

Parkhaus, 187 Macquarie St (Einfahrt zwischen Martin Place und Hunter St, Höhe max. 1,90 m, 7–19 Uhr). – Parkhaus, 155 George St (The Rocks, Höhe 3 m, 7–22.30 Uhr). – Parkhaus, Darling Harbour Parking (Entertainment Car Park, Darling Drive, 24 h geöffnet). – Bewachter Parkplatz: Ecke Kent /Napoleon Sts (7–19 Uhr).

Post General Post Office (GPO), 130 Pitt St, Mo–Fr 8.30–17.30 Uhr, Sa 8.30–12 Uhr, Tel. 131317. Postlagernd-Adresse: Poste Restante, Sydney GPO, NSW 2000.

Sport Durch den Botanischen Garten verläuft die populärste Joggingstrecke der Stadt. Eine weitere ist von Bondi Beach entlang der Klippen nach Süden markiert.

Der *North Sydney Olympic Pool* (beheiztes Freibad) liegt direkt unter der Harbour Bridge (Alfred South St, Milsons Point, ganzjährig geöffnet) und ist herrlich für einen morgendlichen „Swim“ geeignet. Ebenfalls empfehlenswert zum Schwimmen und Saunieren ist das *Sydney Aquatic Centre* auf dem Olympia Gelände in der Homebush Bay (Mo–Fr 5–20.45 Uhr, Sa/So 6–18.45 Uhr).

Manly Beach

Sport zum Zuschauen wird im *Sydney Cricket Ground* geboten (Moore Park, Paddington). Im Sommer können dort die Herren in Weiß mit ihren Holzschlägern bestaunt werden. Wesentlich härter geht es im *Football Stadium* gleich nebenan zur Sache. Im umgebauten Olympiastadion in der Homebush Bay wird Rugby vom Feinsten geboten.

Am Boxing Day (26. Dezember) startet das legendäre *Sydney to Hobart Yacht Race* im Hafen der Stadt. Tipp dazu: einen Platz auf der Hafenfähre buchen!

Strände

Sydney besitzt herrliche Strände. Trotz zunehmender Wasserbelastung im Hafen pilgern die Einheimischen, vor allem an den Wochenenden, in Scharen ans kühle Nass. Die Pazifikstrände werden von Oktober bis April von Rettungsschwimmern bewacht. „Oben ohne" wird geduldet.

Balmoral: geschützter Hafenstrand mit Liegewiesen nördlich der Stadt (Fähre bis Taronga Zoo und weiter mit Bus 238).

Bondi Beach ist der bekannteste, jedoch nicht unbedingt der schönste Pazifikstrand der Stadt. Zwischen Inline-Skatern und Promenaden-Joggern findet man bei braun gebrannten Strandschönheiten Zugang zum Wasser. Bei starker Strömung bieten die Salzwasserpools an den beiden Enden des Strands eine Alternative (U-Bahn bis Bondi Junction, dann mit den Bussen 380, 382 oder 389 weiter bis Bondi Beach).

Der mit einem Anti-Hai-Netz ausgestattete **Shark Beach** in Vaucluse ist ein schöner Sandstrand im Hafenbecken (von Circular Quay mit dem Bus 325 nach Harbour Beach). In **Manly** sind Manly Beach, North Steyne Beach und Shellybeach geschützte Ozeanstrände. Weniger attraktiv ist der Harbour Beach neben der Anlegestelle der Fähren (Fähre ab Circular Quay, Wharf 3 nach Manly).

Taxis

Legion Cabs, Tel. 131451. Premier, Tel. 131017. RSL, Tel. 131581. Taxis Afloat, Tel. 99553222, Wassertaxi.

Telefonieren

Vorwahl für New South Wales 02 · Auskunft Tel. 013 (für Sydney)
Ruhige Telefonkabinen gibt es im *Telstra Pay Phone Centre* (231 Elizabeth St).

Touren

Stadtrundfahrten: Per Bus: ▸ s. unter Öffentliche Verkehrsmittel (Explorer Busse). *Waratah Tours* (Tel. 02-99084697) organisiert Stadtrundfahrten und Ausflüge in die Blue Mountains, in kleinen Gruppen mit deutschsprachiger Leitung. Mit dem firmeneigenen Boot „Enigma" werden Hafenrundfahrten und Hochzeitsfeiern organisiert.

Hafenrundfahrten: *Sydney Ferries* (Tel. 02-131315) bieten geführte Hafenrundfahrten an. Abfahrt jeweils ab Circular Quay.

Matilda Cruises (Aquarium Wharf, Pier 26, Darling Harbour, Tel. 02-92647377) offeriert Hafenrundfahrten mit dem Segelkatamaran. Abfahrt ab Darling Harbour und Circular Quay.

Mit großen Schiffen bewegt *Captain Cook Cruises* (Tel. 02-92061111) täglich Hundertschaften durch den Hafen. Abfahrt von Circular Quay, Jetty Nr. 6.

Die *„Bounty"*, ein Nachbau des berühmen Meuterei-Dreimasters, segelt fast täglich durch den Hafen. Sie legt ab vom Campbells Cove (vor dem Park Hyatt Hotel), The Rocks. (Buchungen: 29 George St, The Rocks, Tel. 02-92471789).

Rundflüge: Spektakuläre Helikopter-Flüge über die Stadt und die Blue Mountains können bei *Heli-Aust* gebucht werden (Tel. 02-93173402).

Ausflüge in die Blue Mountains: ▸ s. „Umgebung von Sydney"

Unterkunft und Camping

Sydney besitzt eine riesige Auswahl an Unterkünften, vom einfachen Hostel bis zum Luxus-Hotel ist alles vertreten. Eng wird es trotzdem während der Feiertage um Weihnachten und Neujahr und während des Mardi Gras Festivals im Februar/März. Für diese Zeiträume ist eine vorherige Reservierung unbedingt ratsam.

Das Preisniveau der Unterkünfte in Sydney ist wesentlich höher als im restlichen Australien. Während größerer Festivals, Sportveranstaltungen und Messen werden die Preise zusätzlich erhöht. Zimmer mit Hafen- oder Opernblick bieten praktisch nur die First-Class-Hotels, zu entsprechenden Preisen versteht sich.

Hotels

***** **Park Hyatt Hotel Sydney,** 7 Hickson Road, The Rocks, Tel. 02-92411234; Luxushotel in einmaliger Lage direkt am Hafen, unterhalb der Harbour Bridge. Toller Opernblick.

**** **Four Seasons Sydney,** 199 George St, Tel. 02-92380000; First-Class-Hotel in zentraler Lage direkt am Circular Quay.

**** **Avillion Hotel,** 389 Pitt St, Tel. 02-82681888; von diesem modernen Hotel erreicht man alle Sehenswürdigkeiten gut zu Fuß oder per Monorail.

**** **Novotel Sydney on Darling Harbour,** Tel. 02-99340000; ein großes Hotel mit Blick auf den Darling Harbour.

**** **Swiss Grand Hotel Bondi Beach,** Ecke Campbell Pde/Beach Rd, Bondi, Tel. 02-93655666; modernes Strandhotel.

*** **Manly Pacific Parkroyal,** 55 North Steyne, Manly, Tel. 02-99777666; gepflegtes Hotel am Pazifikstrand.

*** **Holiday Inn Sydney Airport,** Ecke Bourke Rd/O'Riordan St, Mascot, Tel. 02-93300600; Flughafenhotel mit Shuttle-Bus, nur für einen kurzen Transit-Aufenthalt empfehlenswert.

*** **Pentura Hotel on Pitt,** 300 Pitt St, Tel. 02-92838088; sehr zentral gelegenes Mittelklassehotel im alten South Sydney Postoffice.

*** **Cambridge Park Inn,** 212 Riley St, Tel. 02-92121111; gutes Mittelklasse-Hotel, Zimmer mit Balkonen, Nähe Hyde Park.

*** **Harbour Rocks Hotel,** 34-52 Harrington St, Tel. 02-92518944; kleines Hotel in historischem Gebäude, sehr schön, leider meist ausgebucht.

*** **Travelodge Wentworth Avenue,** 27-33 Wentworth Ave, Tel. 02-82671700; modernes preiswertes Quartier am südlichen Ende des Hyde Parks.

*** **Hotel Ibis Darling Harbour,** 70 Murray St, Pyrmont, Tel. 02-95630888; Mittelklassehotel am quirligen Freizeitviertel Darling Harbour. Ibis-mäßig kleine Zimmer.

*** **Hotel Ibis Sydney Airport,** 205 O'Riordan St, Mascot, Tel. 02-83398500; günstiges Flughafenhotel.

Apartments

***** **Quay West Suites Sydney,** 98 Gloucester Street, The Rocks, Tel. 02-92406000; luxuriöses Apartmenthotel für längere Aufenthalte und Familien.

*** **Manly Paradise Motel & Apartments,** 54 North Steyne, Manly, Tel. 02-99775799; Hotel- und Apartmentanlage direkt am Strand.

Gästehäuser und B&B

** **Paddington Terrace B&B,** 76 Elizabeth St, Paddington, Tel. 02-93630903; ruhige Unterkunft in Paddington.

**** **Trickett's B&B,** 270 Glebe Point Rd, Glebe, Tel. 02-95521141; luxuriöse Bed&Breakfast-Pension in einem viktorianischen Gebäude mit guter Busverbindung zur Innenstadt.

*** **Cliff House,** 14 Cliff St, Manly, Tel. 02-99776681; privates Quartier mit Blick über Manly, wenige Minuten von der Fähre zur Stadt entfernt.

Jugendherbergen, Hostels

** **Sydney Central YHA,** Ecke Pitt St/Rawson Place (Central Station), Tel. 02-92819111; empfehlenswerte Jugendherberge inmitten der City, fast schon mit Hotelstandard. Einzel-, Doppel- und Mehrbettzimmer. Pool auf dem Dach. Unbedingt frühzeitig reservieren.

* **Glebe Point YHA,** 262 Glebe Point Rd, Glebe, Tel. 02-9692 8418; Jugendherberge mit Doppel- und Mehrbettzimmern, ebenfalls empfehlenswert.

* **Sydney Beachhouse,** Collaroy St, Collaroy Beach, Tel. 02-99811177; einzige Jugendherberge direkt am Strand. Bus L 90 ab Queen Victoria Building oder Bus 151,155, 157 ab Manly.

Das Zentrum der **Backpacker-Unterkünfte ist Kings Cross.** Dort reiht sich in und um die Victoria Street ein Hostel ans andere. *Tipp:* Lassen Sie sich die Zimmer vorher zeigen, mit der Reinlichkeit wird es nämlich nicht in jedem Haus so genau genommen!

Camping

Es gibt nur wenige stadtnahe Caravanparks. Neben den nachfolgend genannten Plätzen bieten die Plätze in den Blue Mountains oder den umliegenden Nationalparks (Royal NP) ruhige Übernachtungsmöglichkeiten.

Lane Cove River Caravan Park, Plassey Rd, North Ryde, Tel. 02-98889133; Campingplatz mit Zeltplätzen und Cabins. Ins Zentrum ca. 10 km per Bus.

The Grand Pines Tourist Park, 112 Alfred St, Sans Souci, Tel. 02-95297329; Park für Wohnmobile und mit Cabins 17 km südl. der Innenstadt. Keine Zeltplätze. Anbindung mit öffentlichen Verkehrsmitteln.

La Mancha Cara-Park, 901 Pacific Hwy, Berowra, Tel. 1-800-456176; gepflegter Platz 30 km nördlich der City am Highway 1, Ausfahrt Berowra Süd bzw. Nord.

Stadtbesichtigung

Die Sehenswürdigkeiten liegen nahe beieinander und sind alle zu Fuß erreichbar. Wer nur einen Tag Zeit hat, sollte sich unbedingt die Highlights der City und das historische Viertel The Rocks anschauen. Eine Hafenrundfahrt, selbst wenn es nur eine kurze Fährfahrt ist, darf auf keinen Fall fehlen. Rundgänge in Darling Harbour, Bondi und Manly stehen auf dem Programm für zusätzliche Tage

.

Hafenrundfahrt

Tipp

Die **„See Sydney & Beyond Smartvisit Card“** bietet vielfältige Vergünstigungen bezüglich Transport, Sehenswürdigkeiten, Rundfahrten, Geschäften und Restaurants. Die Karte gilt in und um Sydney jeweils für 1, 2, 3 oder 7 Tage, wahlweise mit oder ohne Transport. Erhältlich im *Guided Tours Office* im Opernhaus in Sydney. Oder: www.seesydneycard.com.

Infos im Internet

www.cityofsydney.nsw.gov.au • Der Link „Historical Sydney“ enthält viele Daten und Fakten zur Geschichte und den Sehenswürdigkeiten der Stadt.

Sydney Innenstadt

(Stadtplan ▸ s. Klappe hinten)

Sydney Tower

Einen Überblick über die Stadtlandschaft verschafft die Aussichtsplattform des **Sydney Towers.** Vom Observation Deck des Turms auf exakt 1000 feet (304,8 m, bis zur äußersten Spitze misst der Turm 325 m) hat man einen tollen Blick über Stadt und Hafen, und an klaren Tagen bis zu den Blue Mountains. Die Aufzüge zur Aussichtsetage sind am besten vom Eingang Market St der *Centrepoint Shopping Mall* zu finden. Die Tikkets sind auf dem Podium Level erhältlich (So–Fr 9–22.30 Uhr, Sa bis 23.30 Uhr). In den Ebenen 1 und 2 des Towers befinden sich Restaurants (▸ s. „Essen und Trinken“).

Entlang der Market Street in östlicher Richtung trifft man nach wenigen Gehminuten auf den großen **Hyde Park**. Dort sind im Norden der Brunnen **Archibald Fountain** (erinnert an die französisch-australische Allianz im Ersten Weltkrieg) und im Süden das **Anzac War Memorial** einen Blick wert. Der Park selbst ist, inmitten der geschäftigen Metropole gelegen, eine Oase der Ruhe. Zur Mittagszeit genießen hier viele Geschäftsleute ihren Lunch im Schatten der großen Bäume.

Am östlichen Ende des Parks liegt das 1860 eröffnete **Australian Museum** (6 College St, tägl. 9.30–17 Uhr). Es präsentiert die größte naturhistorische Sammlung des Landes. Insbesondere die Sektion der Aboriginalkultur ist sehenswert.

Tipp: Fragen Sie nach einem ehrenamtlichen Mitarbeiter, der Sie (kostenlos) durch das Museum begleitet.

Die ab 1868 im gotischen Stil errichtete **St Mary's Cathedral** ist wegen ihres Mosaikbodens in der Krypta bekannt; sie befindet sich nur wenige Gehminuten nördlich vom Australian Museum. Für Freunde der Kunst lohnt sich der Abstecher zur **Art Gallery of New South Wales** (hinter der Kathedrale). Die größte Galerie des gesamten Landes beheimatet europäische, asiatische und australische Kunst. Herausragend sind die Exponate der Aboriginalkunst und die Abteilung zur zeitgenössischen Fotografie.

Macquarie Street

Nördlich vom Hyde Park verläuft die Ursprungsmeile Sydneys, die *Macquarie Street* mit ihren geschichtsträchtigen Bauwerken. Das elegante, im georgianischen Stil gehaltene **Hyde Park Barracks Museum** am Queens Square wurde 1819 ursprünglich von *Gouverneur Macquarie* und dem ehemaligen strafgefangenen Architekten *Francis Greenway* als Gefangenenunterkunft erbaut. Heute beherbergt es ein Museum zur Geschichte der Strafgefangenen (tägl. 9.30–17 Uhr). Die Gebäude im Anschluss an das Museum gehörten früher zum Sydney Hospital. Im ehemaligen Südflügel des Krankenhauses wurde 1852, zu Zeiten des Goldrausches, die erste britische Münzprägeanstalt **The Mint** eingerichtet (bis 1926 in Betrieb). Das **Sydney Hospital** ersetzte 1894 das koloniale *Rum Hospital* und ist noch immer in Betrieb. Die davor stehende Bronzestatue eines Wildschweinkeilers ist die Kopie des *„Il Procellino"* in Florenz. Es soll Glück bringen, dem Keiler über die (blanke) Schnauze zu reiben. Der Nordflügel des ehemaligen Rum Hospitals beherbergt seit 1829 das **House of Parliament.** Im ältesten Parlamentsgebäude Australiens werden Besichtigungstouren während der sitzungsfreien Zeit offeriert. Sitzungen können von der öffentlichen Galerie aus verfolgt werden.

Gleich nebenan ist die **State Library** eines der Wahrzeichen der Macquarie Street. Das sehenswerte Bodenmosaik im Eingangsbereich der Staatsbibliothek stellt eine Australienkarte des Navigators Abel Tasman dar. Die Bibliothek mit ihrem pompösen, großen Lesesaal besitzt eine beeindruckende Sammlung australisch-asiatischer Literatur; auch die Dokumente und Karten der *First Fleet* werden hier aufbewahrt. Ausstellungen, Kurse und Filme werden regelmäßig in der Bibliothek veranstaltet bzw. gezeigt.

Botanischer Garten

Nördlich des Express Ways (unterirdische Schnellstraße) breiten sich die grünen Flächen der **Royal Botanical Gardens** aus. Ein idealer Ort für eine Pause und einen ausgiebigen Blick auf den Hafen. Der über 30 Hektar große Park erstreckt sich vom Opernhaus bis zu The Domain. In der Glaspyramide *Sydney Tropical Centre* (tägl. 10–16 Uhr) gedeihen Tropenpflanzen aus aller Welt. Weiter in Richtung Oper liegt das **Government House**, die offizielle Residenz des Gouverneurs von NSW (Besichtigung Fr–So 10–15 Uhr). Das Informationsbüro des Botanischen Gartens und der Startpunkt für geführte Touren (kostenlos) befinden sich am südöstlichen Eingang.

Opera House

Verlässt man den Park durch das Nordtor, geht man direkt auf das weltberühmte **Sydney Opera House** zu. Die Oper ist ein Glanzstück der Architektur des 20. Jahrhunderts und geliebtes Wahrzeichen der Stadt. Das vom dänischen Architekten *Joern Utzon* entworfene Gebäude ist nicht nur Opernhaus, sondern auch Schauspielzentrum mit Bühnen für Film, Theater und Tanz. Nach 14jähriger Bauzeit und vielen Querelen bezüglich der Kosten wurde das Bauwerk 1973 fertig gestellt. 2004 wurde das Haus aufwendig saniert.

Geführte Touren durch die Räume werden täglich von 9–16 Uhr angeboten. Das echte Opernfeeling gewinnt natürlich nur, wer einer Aufführung beiwohnt (Eintrittskarten: ▶ s. „Wie, wo, was ... / Kultur u. Unterhaltung“).

Sydney Opera House

Circular Quay

Von der Oper, vorbei an den wohl umstrittensten Apartmenthäusern der Stadt („Sydneys most hated building“), gelangt man zum **Circular Quay.** Hier starten Fähren, Ausflugsboote, Busse und Vorortzüge. Der quirlige Hafen ist **Touristenzentrum,** Treffpunkt von Straßenkünstlern und Umsteigebahnhof für Pendler.

Leider versperren die Eisenbahnbrücke und der Expressway den Blick vom Circular Quay auf die Stadt. Den architektonischen Meisterwerken in der Alfred Street wird deshalb kaum Aufmerksamkeit geschenkt.

Verpassen Sie nicht den Besuch des aus Sandstein und Granit erbauten **Customs House** (31 Alfred St, täglich 9.30–17 Uhr), das zu den Prachtgebäuden der Stadt zählt. Das 1844 erbaute Haus beherbergte bis 1990 die Zollbehörde und wurde danach komplett saniert und restauriert. Nun verbindet das Gebäude Alt und Neu in eindrucksvoller Weise und dient als Kultur- und Informationszentrum mit Restaurant und einem modernen Atrium.

Tipp: Vom Café-Restaurant im obersten Stockwerk kann man über die Brücken hinweg auf den Hafen sehen.

Central Business District (CBD)

Einen Block weiter an der Ecke von Bridge und Phillip Street befindet sich das **Museum of Sydney** (tägl. 9.30–17 Uhr). Die Ausstellung ist ein Versuch, die Stadtgeschichte interaktiv mit Filmen, Bildern und Multimedia darzustellen.

Durch die Phillip Street gelangt man zum **Martin Place,** der das Herz des Central Business Districts bildet. Die von imposanten Bank- und Investmenthäusern gesäumte, breite Fußgängerzone umgibt ein besonderes Flair. Täglich verbringen hier zwischen Obst- und Blumenständen Tausende von Büroangestellten, Postboten und Fahrradkurieren ihre Mittagspause.Straßenkünstler beleben das Bild zusätzlich. An den Martin Place grenzt das **General Post Office** mit dem 61 m hohen Uhrturm. Das in den 1880er Jahren im venezianischen Renaissancestil erbaute Gebäude zeigt einmal mehr den Pomp der frühen Jahre.

Shopping und mehr

Der Martin Place stößt auf die **George Street,** deren südlicher Teil eine reizvolle Kombination aus Shopping und Sightseeing ermöglicht. **The Strand Arcade** (412 George St) ist eine dreistöckige Einkaufspassage von 1892 (nach einem Brand 1976 wiederaufgebaut). Sie lädt mit Designerläden, Boutiquen und Cafés zum Bummeln ein. Nur wenige Gehminuten weiter stößt man auf das klassische **Queen Victoria Building** (QVB): Das heutige Highlight der Shoppingwelt in Sydney nimmt einen kompletten Häuserblock ein und wurde 1898 zur Feier des Goldenen Jubiläums der Queen als Frucht- und Gemüsemarkt erbaut. Nach umfangreichen Renovierungsarbeiten wurde das QVB 1986 als exklusives Shopping-Centre mit gläsernen Gewölbedach, wunderschönen Fußböden und weiteren architektonischen Leckerbissen wiedereröffnet. Im obersten Stockwerk sind neben königlichen Memorabilien kitschig wirkende Uhrwerke, Repliken der britischen Kronjuwelen und eine Jadekutsche ausgestellt.
Vor dem Eingang an der Druit Street prangt die Statue der Namensgeberin des Gebäudes: Queen Victoria.

Town Hall

Gegenüber der versteinerten Königin besticht die monumentale **Town Hall** (täglich von 9–17 Uhr geöffnet, geführte Touren Mo–Fr). Das Gebäude aus der wirtschaftlichen Glanzzeit der 1880er Jahre dient noch heute als Rathaus und Konferenzzentrum. Ausdrücke des damals herrschenden Optimismus sind dort insbesondere die Centennial Hall, die über eine Orgel mit 80 Pfeifen verfügt und schon Kathedralen-Charakter hat, der Glokkenturm sowie die darunter liegenden marmornen Eingangsstufen. Nicht umsonst bezeichnen die Sydneysider die Town Hall als ihre Ikone.

Von der zentral gelegenen Bahnstation *Town Hall Station* fahren Züge in alle Richtungen. Zahlreiche Bushaltestellen befinden sich in der George Street und Bathurst Street.

The Rocks

The Rocks, das Stadtviertel im Schatten der Harbour Bridge, war im Jahre 1788 Ausgangspunkt der ersten Kolonialsiedlung in Australien. Das Armenviertel mit Lagerhallen und dunklen Spelunken galt lange Zeit als Schandfleck der Stadt. Erst 1970 besann man sich und bewahrte die historischen Gebäude vor dem Abriss. Rechtzeitig zur 200-Jahrfeier des Landes wurden viele Gebäude und Straßen restauriert. Heute ist das Viertel eine Mischung aus Vergangenheit und Gegenwart, das Einheimische und Besucher gleichermaßen anzieht.

Tipp: Im *Visitor Centre* (106 George St) gibt es einen übersichtlichen Plan von The Rocks, der beim Rundgang durch die verwinkelten Gassen gute Dienste leistet. Die beliebten Fußgängertouren „The Rocks Walking Tour“ (Ausgangspunkt Shop 4, Kendall Lane) können ebenfalls im Visitor Centre gebucht werden.

Am Wasser entlang

Den Rundgang durch The Rocks beginnt man sinnvoller Weise am Circular Quay, genauer: vom **Museum of Contemporary Art** auf der westlichen

Seite des Hafens. Seit 1991 ist das ehemalige Maritime Services Building die Heimat des Museums für zeitgenössische Kunst. Wechselnde Ausstellungen ergänzen die dauerhaften Exponate. Geht man weiter am Wasser entlang in Richtung Brücke, trifft man auf das kleine Sandsteinhaus **Cadmanns Cottage** (110 George St). Sydneys ältestes Privathaus wurde 1816 erbaut und dient heute als Informationszentrum und Buchladen des *National Park and Wildlife Service*. Nur wenige Meter weiter, im ehemaligen **Sailor's Home** (106 George St), hat das *Sydney Visitor Centre* seinen Platz gefunden.

In der Hickson Road stößt man auf **Campbell's Storehouse** – ein ehemaliges Lagerhaus von 1830 –, in dem sich Restaurants, Cafés und Shops eingemietet haben. Am Ende der Straße liegt – direkt unter der Harbour Bridge – **Dawes Point**. Die nördlichste Spitze der Stadt ist heute ein kleiner Park mit gutem Blick aufs Opernhaus.

Spielzeug-Museum / Shopping

Schräg gegenüber vom Visitor Centre führt die kleine Gasse Mill Lane zum **Toy Museum** (tägl. 10–18 Uhr). Dort werden auf zwei Etagen Spielsachen für Jung und Alt zur Schau gestellt. Am *Rocks Square* stehen dann Essen, Unterhaltung und Einkaufen im Mittelpunkt. Zum gemütlichen Bummel oder zur Suche nach ausgefallenen Souvenirs laden die kleinen Gassen Playfair Street und Kendall Lane sowie die Argyle Street ein.

Weiter auf der Argyle Street nach Westen und durch den Park gelangen Sie zum **Sydney Observatory.** Das astronomische Museum ist täglich von 10 bis 17 Uhr geöffnet. Abends kann das funkelnde Firmament des Südens durch Teleskope betrachtet werden (Anmeldungen hierfür: Tel. 02-92170485). Tagsüber ist der Observatoriumshügel wegen seiner guten Sicht auf den westlichen Teil des Hafens ein lohnender Abstecher.

Altes Stadtbild

Zurück in Richtugn Osten über die Argyle Street und Cambridge Street kommen Sie zum **Susannah Place** mit einer Gruppe von Terrassenhäusern (Terrace Houses) und einem alten Laden, die den ursprünglichen Stil des Viertels hervorragend dokumentieren.

The Rocks

Harbour Bridge Seit 1932 verbindet die charakteristische **Harbour Bridge** die nördlichen mit den südlichen Stadtteilen. Die 134 Meter hohe und 502 Meter lange Stahlkonstruktion wird wegen ihrer Form *The Coathanger* (Kleiderbügel) genannt. Neben der Oper ist sie das zweite Wahrzeichen der Stadt. Trotz acht Fahrspuren, zwei Bahngleisen, einem Rad- und Fußgängerweg war die Brücke für lange Jahre das Nadelöhr der Stadt. Staus waren an der Tagesordnung. Deshalb wurde eine zweite Verbindung, der **Harbour Tunnel**, gebaut. Wer nicht zu Fuß über die Brücke möchte, kann den Weg rasch mit dem Zug überwinden (Wynyard Station bis North Sydney). Zu Fuß ist die Brücke von The Rocks über die Treppen von der Cumberland Street auf Höhe der Argyle Street erreichbar. Vom **Pylon-Lookout** (tägl. 10–17 Uhr) auf dem südöstlichen Brückenpfeiler eröffnet sich ein fantastischer Blick auf Hafen und Oper.

Bridge Climb: Einen noch besseren Ausblick hat man beim Bridge Climb. Fest angeseilt und im professionellen Outfit werden die Gäste über die hohen Stahlbögen der Brücke geführt. Das spektakuläre, nicht ganz billige Vergnügen ist für alle Höhentauglichen ein unvergessliches Sydney-Erlebnis (täglich 24 h, A$ 170–190 je nach Wochentag und Tageszeit). Inklusive Einweisung und Umkleiden dauert die Tour drei Stunden. Fotografieren ist aus Sicherheitsgründen nicht erlaubt. Als Erinnerung erhalten die Teilnehmer der Tour aber am Ende ein Gruppenfoto. Das Büro und der Einstieg zum Bridge Climb sind in der 5 Cumberland Street. Die Touren müssen im voraus gebucht und die Zeit genau eingehalten werden (Tel. 02-82747777, www.bridgeclimb.com).

Darling Harbour

Die einst dunklen und verkommenen Industriedocks in der Cockle Bay wurden 1988 im Rahmen der 200-Jahrfeier Australiens zu einem modernen Einkaufs- und Vergnügungsviertel herausgeputzt. Bekannt wurde das Stadtviertel während der Olympischen Spiele im Jahr 2000, als sich hier täglich Tausende trafen, um „The Games" auf den riesigen TV-Leinwänden zu verfolgen.

Orientierung Zu Fuß gelangen Sie zum Darling Harbour vom Queen Victoria Building aus auf der Market Street, dann über die Fußgängerbrücke direkt zum Sydney Aquarium. Ansonsten fährt die Hochbahn (Monorail) direkt von der Innenstadt zum Darling Harbour (Haltestelle Darling Park für das Aquarium, ansonsten Harbourside). Von Circular Quay (Wharf 5) verkehren Fähren nach Darling Harbour.

Innerhalb von Darling Harbour sind die Attraktionen ausgeschildert. Unter der Highwaybrücke (östliche Seite) befindet sich ein Visitor Centre.

Infos www.darlingharbour.com.au

Sydney Aquarium Das Sydney Aquarium (tägl. 9–12 Uhr, www.sydneyaquarium.com.au) ist eines der größten und spektakulärsten Aquarien der Welt. Es bietet einen einzigartigen Überblick der australischen Unterwasserwelt. Das Great Barrier Reef mit all seinen Fisch- und Korallenarten wurde nachgebildet. Besonders beeindruckend sind die durchsichtigen Acryl-Tunnel, in denen man trockenen Fußes zwischen Haien und Rochen spazieren kann. Delphine, Robben, Schnabeltiere und Pinguine sind ebenfalls vertreten.

Tipp: Beim Online-Ticketkauf werden 10% Rabatt gewährt!

Darling Harbour

Sydney Wildlife World Der von einer geschwungenen Glaskonstruktion überdachte Tierpark zeigt auf einer Fläche von 7000 Quadratmetern mehr als 6000 Tiere, ein „Nachthaus" für nachaktive Tiere, bis zu zwölf Meter hohe Regenwaldbäume sowie einen künstlichen Wasserfall. Ein insgesamt ein Kilometer langer Gehweg führt durch die sehr sehenswerten Anlage.

Museen und Einkaufen Auf der anderen Seite der Pyrmont Fußgängerbrücke liegt auf der Westseite des Hafens das **Australian National Maritime Museum** (tägl. 9.30–17 Uhr). Vom Kanu der Ureinwohner bis zu modernen Schiffen wird die Seefahrtsgeschichte Australiens hier anschaulich nachvollzogen.

Auf der linken Seite der Brücke steht das **Harbourside Shopping Centre.** Neben Souvenir- und Bekleidungsgeschäften gibt es etliche gute Restaurants und Cafés. Dahinter erstreckt sich das **Sydney Exhibition Centre,** ein großes Messe- und Veranstaltungsgelände. Im **Chinese Garden of Friendship** herrscht zwischen Wasserspielen und Pavillons eine erstaunliche Ruhe. Nur einige Gehminuten weiter befindet sich das **Powerhouse Museum,** eines der größten Museen Australiens. Die interaktiven Sammlungen mit Schwerpunkt Wissenschaft und Technik sind für Fachleute ebenso interessant wie sie für Familien mit Kindern vergnüglich sind.

Im hochaufragenden **IMAX Theatre,** unterhalb der Highwaybrücke (östliche Seite), werden von 10 bis 22 Uhr stündlich 2D- und 3D-Filme gezeigt. Von Darling Harbour ist es nur ein Katzensprung nach **Chinatown.** Allerdings ist dieses Viertel keine besondere Berühmtheit. Immerhin: man kann hier gut und preiswert essen.

Sehenswürdigkeiten außerhalb der Innenstadt

Hafeninseln Die kleine Insel **Fort Denison** liegt direkt gegenüber vom Opernhaus. Sie diente ursprünglich als Freiluftgefängnis und wurde 1850 zum Fort ausgebaut. Heute ist sie für ihre gute Aussicht und leckeres Frühstück bekannt. (Ausflüge ab Circular Quay Wharf 6).

Goat Island im Inner Harbour wird als Filmkulisse genutzt. Nachts gibt es gruselige Touren durch die historischen Gebäude der Insel. Tagestouren bietet der *National Parks & Wildlife Service* an (▸ s. „Infos").

Die anderen Hafeninseln wie **Rodd Island, Shark** und **Clark Island** sind populäre Picknickplätze, die per Wassertaxi erreichbar sind.

Taronga Zoo Der Tierpark am Nordufer des Hafens ist per Fähre ab Circular Quay (Wharf 2) und weiter mit der Seilbahn *Top Sky Safari* erreichbar. Tiere aus aller Welt bevölkern den über 30 ha großen Park. Das eindrucksvolle Koalagehege und die seltenen Schnabeltiere sowie die tolle Aussicht auf den Hafen lohnen einen Besuch (tägl. 9–17 Uhr, www.zoo.nsw.gov.au).

Tipp: Der *ZooPass* (A$ 37) beinhaltet die Fähre, die Seilbahnfahrt und den Eintritt; erhältlich am Circular Quay.

Kings Cross **Anfahrt:** Mit der Bahn ab Town Hall in Richtung Bondi Junction (Station Kings Cross) oder per Bus ab Circular Quay Nr. 311 oder Nr. 330.

Nightlife: In den 1950er Jahren war es *das* Künstlerviertel der Stadt. Während des Vietnam-Krieges wandelte sich Kings Cross durch den Besuch australischer und amerikanischer Soldaten immer mehr zum Rotlicht-Milieu. Noch heute ist Straßenprostitution, Drogenhandel und hoher Alkoholkonsum in den Straßen von Kings Cross üblich. Die dunklen Nebengassen meidet man daher nachts besser. Relativ sicher ist es auf der allzeit belebten Darlinghurst Road.

Backpackerszene: Neben Sexkinos, Pubs und Clubs ist Kings Cross ein wichtiger Treffpunkt für Rucksackreisende und Weltenbummler. In der Victoria Street offerieren mehrere Backpacker-Hostels günstige Zimmer, und entlang der Straßen stehen Unmengen von „Traveller-Cars“ zum Verkauf.

Paddington – gute Kneipen und Shops Das ehemalige Armen-Wohngebiet Paddington hat sich heute zu einer der beliebtesten Wohngegenden von Sydney gemausert. Viele der hübschen viktorianischen Terrassen-Häuser wurden originalgetreu restauriert. Die **Oxford Street** in Paddington (4 km östlich des Zentrums) ist eine einzige Vergnügungmeile. Nachtclubs, Restaurants, Cafés und Kneipen reihen sich dicht an dicht. Tagsüber laden nette Geschäfte, Boutiquen, Buchläden und Galerien zu einem Bummel durch die Straßen von „Paddo“ ein. Samstags findet der bekannte *Paddington Bazaar* statt (▶ s. „Wie, wo, was … / Einkaufen“).

Bondi Beach Bondi Beach ist das Synonym für australische Strandkultur, und in der Tat ist die lang gezogene Bucht einer der bekanntesten Strände der Welt. Bondi Beach ist der Stadt am nächsten gelegene Ozeanstrand (8 km). In den nicht sehr schönen Backsteinhäusern entlang der Campell Parade findet man alles bezüglich Strandmode sowie viele Cafés und Bars. (Anfahrt ▶ s. „Wie, wo, was … / Strände“).

Tipp: *Bondi to Coogee Walk* – diese 6 km lange, einfache Wanderung führt vom südlichen Ende des Strandes (Bondi Icebergs Club) entlang der Küste nach Coogee. Zwischendrin laden kleine Strände und Cafés zum Verweilen ein.

Manly Im hübschen Vorort Manly, am nördlichen Eingang des Hafens, sind Entspannung und Erholung angesagt. Von Circular Quay sind es mit der Schnellfähre nur 15 Minuten bis zum Herzen Manlys. Vom geschützten Hafen leitet die Fußgängerzone **The Corso,** vorbei an einigen prachtvollen Gebäuden, zum Ozeanstrand. Bei schlechtem Wetter bietet sich ein Besuch bei **Oceanworld** an (tägl. 10–17.30 Uhr), ein ins Meer gebautes Aquarium an. *Infos:*Manly Visitor Centre (The Forecourt, Manly Wharf, Mo–Fr 9–17, Sa/So 10–16 Uhr).

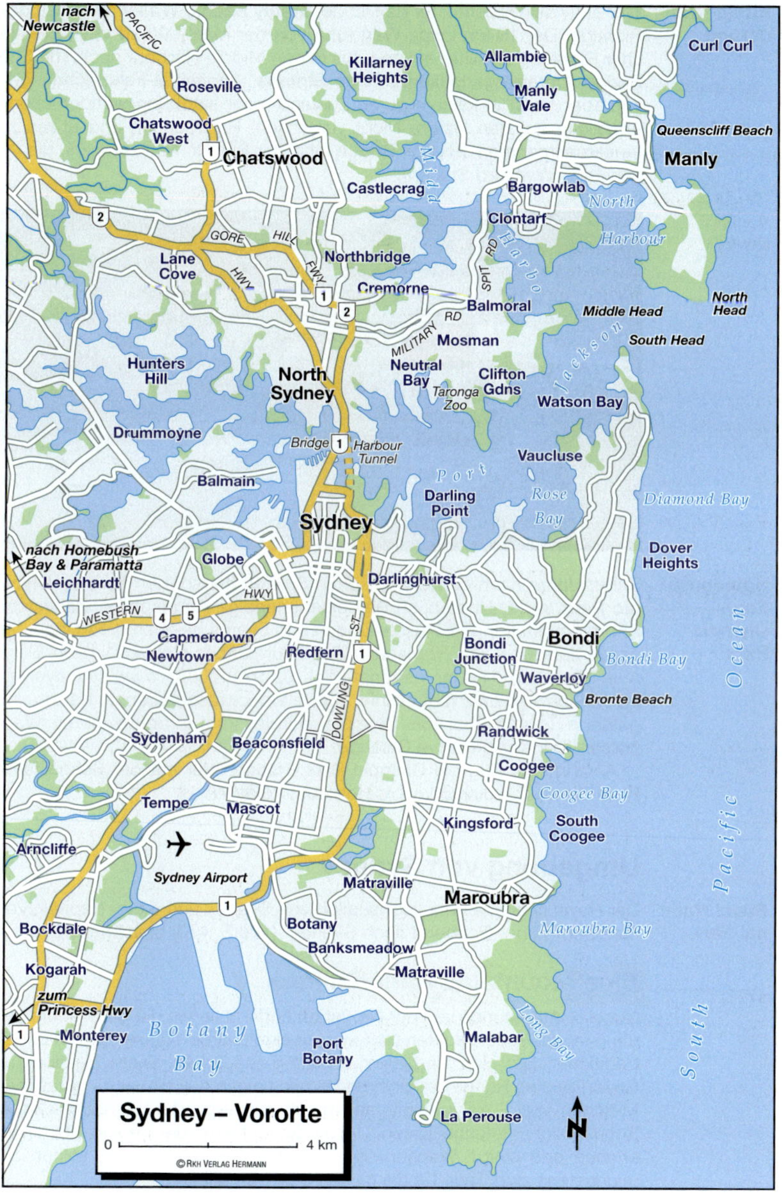
nach Newcastle
PACIFIC
Roseville
Chatswood West
Chatswood
Killarney Heights
Allambie
Manly Vale
Curl Curl
Queenscliff Beach
Manly
Castlecrag
Middle
Bargowlab
North Harbour
Clontarf
GORE HILL FWY
Lane Cove
HWY
Northbridge
SPIT RD
Harbour
Cremorne
Balmoral
North Head
Middle Head
RD
MILITARY
Mosman
South Head
Hunters Hill
North Sydney
Neutral Bay
Clifton Gdns
Taronga Zoo
Jackson
Watson Bay
Drummoyne
Bridge
Harbour Tunnel
Vaucluse
Port
Balmain
Darling Point
Rose Bay
Diamond Bay
Sydney
nach Homebush Bay & Paramatta
Globe
Leichhardt
Darlinghurst
Dover Heights
HWY
WESTERN
Capmerdown
Newtown
Redfern
ST
Bondi Junction
Bondi
Bondi Bay
Ocean
Waverloy
Bronte Beach
DOWLING
Sydenham
Beaconsfield
Randwick
Coogee
Coogee Bay
Tempe
Mascot
Kingsford
South Coogee
Arncliffe
Pacific
Sydney Airport
Matraville
Maroubra
Bockdale
Botany
Maroubra Bay
Banksmeadow
Matraville
Kogarah
zum Princess Hwy
Long Bay
Monterey
Botany Bay
Port Botany
Malabar
South
La Perouse
Sydney – Vororte
0 4 km
©RKH Verlag Hermann

Küstenwanderung Wer aktiv sein möchte, für den ist der **Manly Scenic Walkway** genau das Richtige. Der 10 km lange Weg führt von der Manly Wharf in südwestlicher Richtung am Ufer entlang, bis in den Middle Harbour nach The Spit Bridge. Unterwegs locken schöne Strände, Aboriginal-Felszeichnungen (die aber meist in keinem guten Zustand mehr sind) und wunderschöne Ausblicke auf den Hafen. Nicht vergessen: Badesachen und etwas zu trinken mitnehmen. Ab Spit Bridge fährt der Bus Nr. 169 zurück in die Innenstadt (Wynyard Station).

Aquatic Centre

Homebush Bay – Olympic Park Selbst Jahre nach den Olympischen Spielen herrscht im **Sydney Olympic Park** in der Homebush Bay eine lebendige Atmosphäre. Zahlreiche Sportveranstaltungen, Ausstellungen und Events beleben die Anlage das ganze Jahr über. Im *Homebush Bay Informations Centre* (1 Herb Elliott Ave, täglich 9–17 Uhr geöffnet, Tel. 02-97147888, www.sydneyolympicpark.nsw.gov.au) gibt es informative Videopräsentationen, Karten und geführte Touren über das Olympiagelände. Vom Infobüro führen Wegweiser über das gesamte Gelände.

Anfahrt: per Zug bis Olympic Park Station oder mit der Schnellfähre RiverCat ab Circular Quay bis Homebush Bay Wharf.

Umgebung von Sydney

Royal National Park Der *Royal National Park* liegt südlich von Sydney und ist im Kapitel „Von Melbourne über Canberra nach Sydney" (▶ s.S. 473) beschrieben.

Blue Mountains National Park

Nur eine Autostunde von der Großstadt entfernt liegen die Blue Mountains mit ihren dicht bewaldeten Canyons, spektakulären Wasserfällen und den traditionell aus Holz und Stein erbauten Städtchen. Diese Sektion der Great Dividing Range erhielt ihren Namen wegen des blauen Dunstes, den Millionen von Eukalyptusbäumen durch aufsteigende ätherische Öle im Sonnenlicht entstehen lassen. Um die Schönheiten der Region intensiv zu erleben und einige Wanderungen unternehmen zu können, sollten Sie mindestens zwei Tage für die blauen Berge einplanen.

Erforschung und erster Tourismus Vor der weißen Besiedlung waren die Berge Heimat der *Daruk Aboriginals*, die sich noch mit Tierfellen gegen die Kälte schützten. Für die ersten weißen Siedler bildeten die Blue Mountains eine unüberwindbare Barriere. Erst 1813 schafften es die Forscher *Wentworth, Blaxland* und *Lawson,* die über 1000 m hohen Berge zu überqueren und die Ebenen weiter westlich zu erkunden. Schon 1868 brachte die Eisenbahn die ersten Touristen in die Gegend. Um 1900 wurden die ersten drei Besucherzentren in Wentworth Falls, Katoomba und Mount Victoria gegründet.

Anfahrt Die Blue Mountains sind von Sydney aus betrachtet ein ideales Ausflugsziel. Wer nur einen Tag Zeit hat, sollte sich einer geführten Tour anschließen (▸ s.u.). Für mehrere Tage oder bei einer geplanten Fortsetzung der Reise in Richtung Canberra empfiehlt sich ein Mietwagen. Auf dem Motorway 4 (mautpflichtig, Barzahlung an der Ausfahrt möglich) die Stadt verlassend und an Parramata vorbei gelangt man bald nach Penrith. Von dort geht es auf dem *Great Western Highway (GWH)* nach Glenbrook, dem Tor zu den Blue Mountains. Die Eisenbahn fährt ab Sydney Central Station nach Katoomba, Mt Victoria und Lithgow.

Infos Blue Mountains Visitor Centres befinden sich in mehreren Ortschaften auf dem Weg in die Blue Mountains. Im Internet sind sie unter www.bluemts.com.au aufgelistet.
Visitor Centre in **Glenbrook:** Great Western Highway (Mo–Fr 9–17 Uhr, Sa/So 8.30–16.30 Uhr, Tel. 02-47396787). Gute Infos zu Rundfahrten u. Wanderungen.
Visitor Centre in **Katoomba:** Echo Point (tägl. 9–17 Uhr, Tel. 02-47820756). Kartenmaterial für Wanderungen ist hier erhältlich – leider ist das Centre meist sehr voll.
Visitor Centre in **Lithgow:** 1 Cooerwull Road (tägl. 9–17 Uhr).
NPWS – National Park & Wildlife Services. In den Büros der NPWS gibt es kompetente Auskünfte und Materialien zu Wanderungen, Flora und Fauna.
Wentworth Falls, Valley of the Waters Conservation Hut (am Ende der Fletcher St, Tel. 02-47573827, tägl. 9–17 Uhr).
Blackheath, Heritage Centre (Govetts Leap Rd, Tel. 02-47878877, tägl. 9–16.30 Uhr).

Unterkunft Hinweis: An Wochenenden sind die Hotels meist teurer als unter der Woche.
***** **Lilianfels Blue Mountains,** Lilianfels Ave, Katoomba, Tel. 02-47801200; luxuriöses Resort in kolonialen Gebäuden mit bester Aussicht.
*** **Alpine Motor Inn,** Ecke Camp St/Great Western Highway, Katoomba Tel. 02-47822011; gepflegtes Mittelklasse-Hotel in zentraler Lage.
*** **Balmoral Guest House,** 196 Bathurst Rd, Katoomba, Tel. 02-47826008; historische Bed&Breakfast-Unterkunft.
*** **Megalong Valley Heritage Farm,** Megalong Valley Rd, Katoomba, Tel. 02-47878188; Gästefarm mit vielen Aktivitäten.
* **Blue Mountain YHA,** 207 Katoomba St, Katoomba, Tel. 02-47826203; gemütliche Jugendherberge mit Fahrradverleih.

Camping **Katoomba Falls Caravan Park,** Katoomba Falls Rd, Katoomba, Tel. 02-4782 1835; Campingplatz mit Cabins.
Blackheath Caravan Park, Prince Edward St, Blackheath, Tel. 02-47878101; gepflegter Platz mit Pool und Cabins.

Essen und Trinken *Hydro-Majestic Hotel* (Great Western Hwy, bei Medlow Bath), neben Kaffee und Kuchen eine tolle Aussicht auf das Megalong Valley.
Avalon Restaurant (18 Katoomba St, Katoomba), stilvolles Lokal, herrlicher Blick.
Das *Lilianfels Hotel* (▸ s.o. Unterkunft und Camping) wartet mit guter Küche und exzellentem Weinkeller in historischem Ambiente auf.

Rad-Shop *Cycle Tech* (182 Katoomba St, Katoomba) vermietet Mountainbikes.

Touren *Fantastic Aussie Tours* (283 Main St, Katoomba, Tel. 1-300-300915). Der Blue Mountains Explorer Bus fährt stündlich vom Bahnhof Katoomba aus alle Attraktionen ab. Ein- und Aussteigen nach Belieben. Außerdem werden Touren zu den Jenolan Caves und mit Allradfahrzeugen in den Nationalpark angeboten. *Blue Mountains Adventure Company* (1 Katoomba St, Katoomba, Tel. 02-47824009) organisiert Abseiling (man seilt sich an Bergsteigerseilen in tiefe Schluchten und Abhänge ab), Canyoning (mit Neoprenanzügen gleitet und schlittert man durch die Wasserläufe) und andere Outdooraktivitäten.

Touren ab Sydney: u.a. entweder mit *AAT Kings* in großen Reisebussen (Tel. 02-95186095) oder mit *Waratah Tours* in Kleingruppen (deutschsprachig, Tel. 02-99084697). Rundflüge vom Katoomba Airfield aus bietet *Mountain Aviation* an (Tel. 02-47822892).

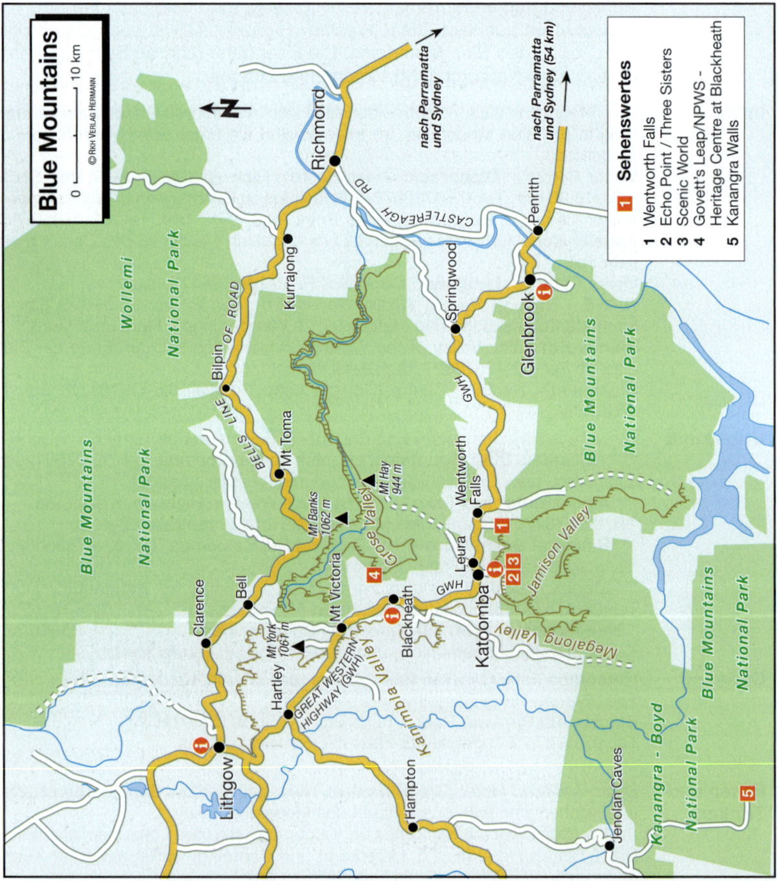

Selbstfahrerroute durch die Blue Mountains

Vom Osten in die Blue Mountains fahrend, ist der erste Stopp am Great Western Highway die Informationsstelle in **Glenbrook** (▶ s. „Infos"). Dort sollten Sie sich mit Karten- und Informationsmaterial eindecken. 11 km weiter wartet die Künstlergemeinde **Springwood** mit ihren Antiquitäten- und Kunstgeschäften.

Imposante Aussichten

Im nächsten Städtchen, **Wentworth Falls,** zweigt eine Straße zu den gleichnamigen Wasserfällen ab. Von den Aussichtspunkten entlang der Klippe entfaltet sich ein grandioses Panorama der wilden Schluchten des Jamison Valley. Der *Charles Darwin Walk* zu den Wasserfällen ist ab der Bahnstation ausgeschildert (2,5 km, leicht). Weitere Wanderwege haben ihren Ausgangspunkt an der *Valley of the Waters Conservation Hut.* Die Hütte ist Café und Informationszentrum des Nationalparks (▶ s. „Infos").

Leura ist als *Garden Village* bei den Australiern bekannt. Die blühenden Gärten, nostalgischen Häuser und lieblichen Cottages verleihen Leura ein behagliches Flair. Spektakuläre Ausblicke genießt man vom 900 m hohen **Sublime Point** in Leura. Vom Highway in Leura links abgebogen, führt der *Cliff Drive* am Prince Henry Cliff entlang zum **Echo Point**. Der Aussichtspunkt ist beliebt wegen seines hervorragenden Blicks auf die dominante Felsformation **Three Sisters** – drei Felssäulen mit einer Höhe von 910 m – und auf das steil abfallende Jamison Valley. Im Visitor Centre am Echo Point (▶ s. „Infos") gibt es ausgezeichnete Infos zu den Wanderwegen. Allerdings ist das Centre vormittags, wenn die Busgruppen ankommen, sehr überlaufen.

Das Stadtzentrum **Katoombas** ist über die Echo Point Road (1 km) erreichbar. Die größte Stadt in den Bergen und das Touristenzentrum schlechthin hat einige sehenswerte Gebäude (z.B. das Carrington Hotel), erscheint aber im Gegensatz zu den umliegenden Orten eher gesichtslos.

Bahnen und Gondeln

Weiter entlang der Klippen nach Westen taucht der **Scenic World Complex** auf. Er umfasst die Station der Gondelbahn *Skyway,* ein Kino und ein überteuertes Restaurant. Außerdem starten hier die alte Minenbahn *Scenic Railway* (tägl. 9–16.45 Uhr) und die moderne Bahn *Sceniscender.*

Die Gondelbahn **Skyway** schwebt 350 Meter über die Schlucht und wieder zurück. Die Ausblicke auf *Orphan Rock*, *Katoomba Falls* und das *Jamison Valley* sind fantastisch (Abfahrt alle 10 Min.). Die alte Minenbahn **Scenic Railway** fährt extrem steil durch einen Tunnel und den Regenwald 415 m zu Tal. Statt Kohle und Ölschiefer transportiert sie heute Touristen. Wegen der großen Nachfrage wurde im Jahr 2000 für A$ 8 Mio. die benachbarte Bahn **Sceniscender** gebaut (rollstuhl- und kinderwagentauglich). Beide Bahnen sind durch einen kurzen Fußweg miteinander verbunden. ▶ Weitere Infos unter www.scenicworld.com.au.

Wander-tipps ab Katoomba Über die *Giant Stairway* (Treppe mit 916 Stufen) geht es hinab ins Jamison-Tal und über den *Federal Pass* entlang des Steilhanges zu den *Furber's Steps* (1040 Stufen). Wer weniger schwitzen mag, kann mit der Minenbahn in steiler Fahrt wieder nach Katoomba hinauf fahren. Gehzeit 2,5 h, Schwierigkeit mittel. Die Tour lässt sich von der Bergstation der Railway über den *Prince Henry Cliff Walk* auf etwa 4 h verlängern.

Die dreitägige Wanderung *Six Foot Track* (42 km, schwierig) führt von Katoomba zu den Jeholan Caves. Infos im Nationalpark Büro (▶ s. „Infos").

Blackheath und Umgebung Nördlich von Katoomba befinden sich bei *Blackheath* mehrere Aussichtspunkte, die ebenso eindrucksvoll sind wie Echo Point, jedoch nicht so überlaufen. Der Wanderweg *Cliff Top Trak* verbindet drei der Aussichtspunkte (Ausgangspunkt Govetts Leap Lookout). Einer der besten Lookouts ist **Govetts Leap** am Ende der Govetts Leap Road (in der Nähe des Nationalpark Centres, ▶ s. Infos).

Die Stadt **Blackheath** selbst ist ruhig und bietet einige gute Restaurants, Cafés und Antiquitätengeschäfte.

Westgrenze des Parks Der höchst gelegene Ort der Blue Mountains ist **Mount Victoria.** In diesem noch sehr ursprünglichen Dorf befinden sich Souvenirshops, Buchläden und Cafés.

Rückfahrt nach Sydney Um nicht den selben Weg über Katoomba zurückfahren zu müssen, können Sie von Mount Victoria aus über Bell und die *Bells Line of Road* nach Richmond fahren.

Für Eisenbahnfreunde Ab Clarence fährt eine historische Bahn auf der im 19. Jahrhundert erbauten, kurvigen Strecke über beeindruckende Brücken und durch finstere Tunnel. Am Wochenende und an Feiertagen zieht eine alte Dampflok den Zug (jeweils um 11, 13, 15 Uhr), unter der Woche ist eine Diesellok vorgespannt (www.zigzagrailway.com.au).

Jenolan Caves und Kanangra Boyd National Park

Tropfstein-höhlen Die **Jenolan Caves** liegen 80 Kilometer südwestlich von Katoomba am Rande des Kanangra Boyd Nationalparks. Neun der insgesamt 319 beeindruckenden Tropfsteinhöhlen können besichtigt werden (Touren von 9.30–17 Uhr, Eintritt variiert je nach Route). Der nächste Campingplatz befindet sich in Oberon (Cunynghame Street, Oberon, Tel. 02-63360344).

Der **Kanangra Boyd National Park** grenzt südwestlich an den Blue Mountains National Park. Der Park ist zum größten Teil unzugänglich, lediglich die spektakulären *Kanangra Walls* im Süden sind von den Jenolan Caves per Fahrzeug erreichbar. Vom Parkplatz führen drei verschiedene Wanderwege zu den Aussichtspunkten. Auskünfte zum Park sind im Infobüro des Nationalparks in Oberon erhältlich (Tel. 02-63361972, www.npws.nsw.gov.au).

Ku-ring-gai Chase National Park

Informationen zum Nationalpark nördlich von Sydney sind im nachfolgenden Kapitel „Von Sydney nach Brisbane entlang der Küste" zusammengefasst.

Von Sydney nach Brisbane entlang der Küste

Überblick

Über den Hawkesbury River führt der *Pacific Highway* in Richtung Brisbane nach Norden. Der überwiegend vierspurig ausgebaute Highway verläuft dabei keinesfalls, wie der Name vermuten lässt, direkt am Pazifik. Vielmehr ist der Ozean oft kilometerweit entfernt. Die landschaftlichen Highlights werden durch Stichstraßen erschlossen, die vom Pacific Highway an die Küste und ins Hinterland führen.

Kaum zweihundert Kilometer von Sydney entfernt lohnt ein Abstecher in das **Weinbaugebiet Hunter Valley.** Auf der im weiteren Verlauf insgesamt 970 km langen Route locken zahlreiche bekannte und weniger bekannte Nationalparks mit interessanten Wanderungen, kilometerlangen – meist leeren – Sandstränden, eine sehenswerte Tierwelt (Koalas und Delphine) sowie die Städte Port Macquarie, Coffs Harbour und Byron Bay.

Eine Variante für Badeurlauber stellt kurz vor Brisbane die lebhafte Gold Coast dar. Wer's mag, findet hier riesige Vergnügungsparks, Apartmenthochhäuser und Menschenmengen. Wesentlich ruhiger und naturnäher ist die Route durch das Hinterland und den sehenswerten Lamington National Park, ebenfalls in Richtung Brisbane.

An Übernachtungsmöglichkeiten mangelt es entlang der Strecke nicht: Hotels, Motels, Caravan Parks und Nationalpark-Campgrounds sind zahlreich vorhanden. Dennoch sollten Unterkünfte in den Ferienzeiten der Australier (Weihnachten, Ostern) möglichst vorab reserviert werden!

Internet-Infos

Ausführliche Informationen zur „Pacific Coast Touring Route" bietet die Website www.pacificcoast.com.au.

Routenvorschlag Sydney – Brisbane

14 Tage

Gesamtstrecke 1814 km/1779 km

1. Tag: Sydney – Ku-ring-gai Chase National Park – Hunter Valley (190 km)
2. Tag: Aufenthalt im Hunter Valley
3. Tag: Hunter Valley – Port Stephens (80 km)
4. Tag: Port Stephens – Forster – Port Macquarie – Crescent Head / Nambucca Heads (344/394 km)
5. Tag: Crescent Head / Nambucca Heads – Dorrigo National Park – Coffs Harbour – Red Rock (260/175 km)
6. Tag: Red Rock – Grafton – Tenterfield – Girraween National Park (320 km)
7. Tag: Aufenthalt im Girraween National Park
8. Tag: Girraween National Park – Bald Rock National Park – Boonoo Boonoo National Park – Tenterfield (100 km)
9. Tag: Tenterfield – Byron Bay (220 km)
10. Tag: Aufenthalt in Byron Bay
11. Tag: Byron Bay – Lamington National Park / Binna Burra (150 km)
12. Tag: Aufenthalt im Lamington National Park
13. Tag: Lamington National Park – Gold Coast / Surfers Paradise (70 km)
14. Tag: Surfers Paradise – Brisbane (80 Km)

7 Tage

Gesamtstrecke 1241 km/1205 km

1. Tag: Sydney – Hunter Valley (190 km)
2. Tag: Hunter Valley – Port Stephens (80 km)
3. Tag: Port Stephens – Port Macquarie – Crescent Head oder Nambucca Heads (320/370 km)

4. Tag: Crescent Head / Nambucca Heads – Coffs Harbour – Grafton – Byron Bay (381/295 km)
5. Tag: Byron Bay – Lamington National Park (150 km)
6. Tag: Aufenthalt im Lamington National Park
7. Tag: Lamington National Park – Brisbane (120 km)

3 Tage

Gesamtstrecke 1012 km
1. Tag: Sydney – Port Macquarie (400 km)
2. Tag: Port Macquarie – Byron Bay (422 km)
3. Tag: Byron Bay – Gold-Coast – Brisbane (190 km)

Ausfahrt Sydney

Über die Sydney Harbour Bridge (Bradfield Highway) oder durch den kostenpflichtigen Sydney Harbour Tunnel (Cahill Expressway) gelangen Sie auf den Gore Hill Freeway. Der Freeway geht direkt in den Pacific Highway über (M1 bis Hornsby). Von Hornsby bis kurz vor Kariong (48 km nördlich) verlaufen der Pacific Highway (Nr. 83) und der mehrspurige Sydney-Newcastle Freeway mehr oder weniger parallel. Vor Kariong zweigt der Pacific Highway dann zur Küste ab, während der Freeway landeinwärts verläuft.

Ku-ring-gai Chase National Park

Der erste lohnende Abstecher vom Pacific Highway führt in den **Ku-ring-gai Chase National Park.** Der an drei Seiten vom Pazifik gesäumte Nationalpark an der Broken Bay ist eine Mischung aus Sandsteinfelsen, Buschland und versteckten Stränden. Zahlreiche Wanderwege und Picknickgelegenheiten sorgen für Abstand zum hektischen Treiben der Großstadt. Eine detaillierte Karte mit Wandervorschlägen erhält man an den Kassenhäuschen bei der Einfahrt in den Park.

Rundfahrt durch den Nationalpark

Für diejenigen die einen ganzen Tag im Park verbringen möchten, bietet sich die vom Pacific Highway nach Mona Vale abzweigende M3 (Mona Vale Rd) an. Die Straße in den Park zweigt dann in *Terrey Hills* vom M3 ab. In nördlicher Richtung folgen Sie nun dem *Coal and Candle Drive*, mit einem Abstecher zum Aussichtspunkt *Cottage Point,* und fahren dann weiter auf der West Head Road zum *West Head*.

Aboriginal-Zeichnungen sind auf den Wanderwegen *Basin Track* (von West Head Rd) und dem *Aboriginal Heritage Walk* (ab Resolute Picnic Area, West Head) zu sehen. Zurück zum Pacific Highway gelangt man über die *Mc Carrs Creek Road (*bis Terrey Hills) und der Mona Vale Road. Wer noch Zeit hat, kann auf der Burns Road nach *Bobbin Head* fahren und die kurze Alternative anhängen (▸ s.u.).

Die „kurze Alternative" geht vom Pacific Highway (Ausfahrt Turramurra) über die Bobbin Head Road zum farbenfrohen Hafen Bobbin Head, einem beliebten Picknickplatz. Das Bobbin Head Information Centre im Haus des Bobbin Inn Restaurants ist täglich von 10–16 Uhr geöffnet. Von hier aus führt die Kur-ring-gai chase Road zum Kalkari Visitor Centre (tägl. 9–17 Uhr). Dort werden Videos über die lokalen Aboriginal-Stämme und ihr Brauchtum gezeigt. Die Straße führt auf den Pacific Highway zurück.

Sydney – Brisbane
0 100 km
© Rkh Verlag Hermann
Brisbane
Surat
Dalby
Toowoomba
Moonie
St. George
Warwick
Goondiwindi
Byron Bay
Lismore
Ballina
Mungindi
Tenterfield
Moree
Glen Innes
Grafton
Coffs Harbour
Narrabri
Armidale
Gunnedah
Tamworth
Coonabarabran
Port Macquarie
Forster
Dubbo
Hunter Valley
Singleton
Cessnock
Newcastle
Blue Mountains NP
Central Coast
Gosford
Bouddi NP
Brisbane Water NP
Ku-ring-gai Chase NP
Orange
Bathurst
Lithgow
Sydney
Cowra
Gouldburn
Gold Coast
Tasman Sea
CARNARVON HWY
LEICHHARDT HWY
MOONIE HWY
WARREGO HWY
CUNNINGHAM HWY
BARWON HWY
BRUXNER HWY
NEWELL HWY
GWYDIR HWY
PACIFIC HWY
NEW ENGLAND HWY
OXLEY HWY
MITCHELL HWY
WESTERN HWY
MID
OLYMIC WAY
HUME HWY

Per Boot in den Nationalpark

Bleibt man auf der M3 in Richtung Osten und biegt nicht in den Nationalpark ab, gelangt man zum noblen Pazifikvorort von Sydney **Palm Beach.** Von hier werden Bootsfahrten auf den Wasserwegen des Parks angeboten. Ein einfacher Zeltplatz befindet sich in der Bucht *The Basin* (nur zu Fuß oder mit der Fähre ab Palm Beach erreichbar).

Weiterfahrt auf dem Highway

Central Coast

Die **Central Coast,** wie der Küstenstreifen zwischen der Broken Bay (bei Palm Beach) und Newcastle genannt wird, zeichnet sich durch große Salzwasserlagunen (Inlets) aus.

Freilichtmuseum

Nach dem Abstecher in den Nationalpark geht es nun auf dem **Pacific Highway** weiter nordwärts nach Gosford (bis Kariong wahlweise auch auf dem modernen Freeway). Kurz vor Gosford zweigt eine Straße zur **Old Sydney Town** ab. Das „lebende" Freilichtmuseum zeigt die Anfänge Sydneys mit Szenen aus dem Leben in der Kolonie (tägl. 10–16 Uhr). Die Schausteller sind originalgetreu gekleidet, und die Kulissen den historischen Vorbildern nachgebaut.

Gosford

Die Stadt (42.200 Ew.) am nördlichen Ufer des Seitenarmes der Broken Bay ist einerseits Durchgangsort für alle Ziele an der *Central Coast,* gehört aber gleichzeitig wegen des gut ausgebauten Freeways noch zum Einzugsgebiet von Sydney. Außerdem ist Gosford Ausgangspunkt für den südlich gelegenen **Brisbane Water National Park** (Zufahrt über die Straße nach Woy Woy) und den 20 km entfernten, an der Küste gelegenen **Bouddi National Park** (mit Campingmöglichkeiten am Strand).

Infos

▸ Weitere Infos zu den Parks sind im Büro der **Nationalparkverwaltung** erhältlich (207 Albury St, Gosford oder unter www.npws.nsw.gov.au).

Auskünfte und Material zur Küstenregion, bis hinauf nach Newcastle, gibt es bei **Central Coast Tourism** (200 Mann St, Gosford, Tel. 02-43854074. www.cctourism.com.au).

Weiterfahrt Gosford – Newcastle

Wer es eilig hat, sollte auf dem Sydney-Newcastle Freeway bleiben. Landschaftlich reizvoller ist allerdings der alte Pacific Highway, der von Gosford über The Entrance und Budgewoi direkt am Pazifischen Ozean entlang führt. Weiter nördlich erstreckt sich der Lake Macquarie – größter Salzwassersee in New South Wales.

Newcastle

Das einstige Industriezentrum (138.200 Ew.) am *Port Hunter* hat sich in den letzten Jahren zu einer ansehnlichen, modernen Stadt entwickelt. Wo früher Arbeitersiedlungen mit tristen Backsteingebäuden dominierten und sich Kohlehalden ausbreiteten, befinden sich heute Einkaufsstraßen, Theater und Kinos. Der riesige Industriehafen ist der umschlagstärkste des Landes (6500 Beschäftigte), er liegt 6 km westlich der Innenstadt in *Port Waratah.*

An der restaurierten, historischen *Queens Wharf* haben sich Restaurants und Cafés angesiedelt.

Strandkultur gibt es an *Nobby's Beach.* Wegen der guten Aussicht auf Stadt und Küste ist der Spaziergang zum alten Leuchtturm *Nobby's Head* empfehlenswert (am Nobby's Beach entlang nach Norden).

Infos

Die **Newcastle Tourist Information** ist nicht nur bei der Routenplanung und Unterkunftssuche behilflich (363 Hunter St, Tel. 02-49742999, Mo–Fr 9–17 Uhr, Sa/So 10–15.30 Uhr, www.newcastletourism.com).

Unterkunft und Camping

*** **Noahs on the Beach,** Ecke Shortland Esplanade/Zaara Sts, Newcastle, Tel. 02-49295181; Mittelklassehotel in Strandnähe.
* **Newcastle Beach YHA,** 30 Pacific St, Newcastle, Tel. 02-49253544; freundliche Jugendherberge in historischem Gebäude.
Stockton Beach Tourist Park, Pitt St, Stockton, Tel. 02-49281393; Campingplatz am Wasser mit Cabins.

Abstecher in das Hunter Valley

Ein Muss für Weinliebhaber ist der Abstecher in das **Hunter Valley**, das nach dem Barossa Valley das bekannteste Weinbaugebiet Australiens ist. Von Newcastle über den New England Highway erreicht man die Dörfer Cessnock und Pokolbin im Lower Hunter Valley. Hier wurde bereits 1835 mit dem Weinbau begonnen. Die ausgezeichneten Produkte, wozu insbesondere die Weißweinsorten wie Semillon und Chardonnay zählen, können in den „Vineries" verkostet werden. Im Upper Hunter Valley rund um die Städte Singleton und Muswellbrook setzt der Kohleabbau kräftige Kontraste zur Rebstockidylle.

Infos
Visitor Centre (Abedare Rd, Cessnock, www.huntertourism.com): Auskünfte zu Weingütern, Weinproben und Hotelbuchungen

Unterkunft und Camping
***** **Cypress Lakes Resort,** Ecke McDonalds/Thompsons Rds, Pokolbin, Tel. 02-49931555, Reservierungen Tel. 1-800-061818; edles Golfresort mit 18-Loch Platz und Verwöhnatmosphäre.
*** **Comfort Inn Cumberland,** 57 Cumberland St, Cessnock, Tel. 02-49906633; gepflegtes Mittelklassehotel mit Pool.
Valley Vineyard Tourist Park, Mt View Rd, Cessnock/Pokolbin, Tel. 02-49902573; Campingplatz mit Cabins.

Port Stephens

23 km nördlich von Newcastle zweigt die Straße nach Nelson Bay und Port Stephens ab. Port Stephens ist der Sammelname für die Orte Nelson Bay, Shoal Bay, Soldiers Point, Fingal Bay, Boat Harbour und Anna Bay; der Hauptort der Region ist Nelson Bay (7000 Ew.). Die Port Stephens Bay reicht 25 km tief ins Inland. Das ruhige Wasser und die vielen Buchten sind ideal zum Baden und Fischen.

Delphine und Buckelwale

Berühmt wurde Port Stephens durch seine **Delphine.** Bootsausflüge zur Beobachtung von Delphinen (teilweise kann mit den Tieren sogar geschwommen werden) werden in Nelson Bay und Tea Garden (an der Nordseite der Bucht) angeboten. Von Mai bis Juli und von September bis November ziehen **Buckelwale** (Humpback Whales) dicht an der Bucht vorbei. Mit etwas Glück sieht man sie von Fingal oder Anna Bay von der Küste aus, besser und sicherer ist indes ein Bootsausflug.

Stockton Beach

In der großartigen Dünenlandschaft am **Stockton Beach** können sich u.a. Allradfreunde mit Geländewagen, Quads und Allradbussen austoben. Zugänge zum Strand gibt es in Anna Bay (für Fußgänger) und über die *Lavis Lane* von Williamtown. Allradtouren bietet *Sand Safaris* an (Lavis Lane, Williamtown, Tel. 02-49650215).

Tilligerry Peninsula

Auf der **Tilligerry Halbinsel** sind frei lebende Koalas die Hauptattraktion. Insbesondere in der *Tanilba Bay* (Abzweig von der Lemon Tree Passage Rd nach Mallabulla) und am Uferstreifen zum Tilligerry Creek (Anfahrt: bis zum Ende der Lemon Tree Passage Rd, von dort auf dem Wanderpfad südwärts am Ufer entlang) kann man sie mit etwas Glück sehen.

Infos

Port Stephens Visitor Centre (Victoria Pd, Nelson Bay, Tel. 1-800-808900, tägl. 9–17 Uhr, www.portstephens.org.au); Information und Tourbuchung.

Unterkunft und Camping

**** **Peppers Anchorage Port Stephens,** Corlette Point Rd, Corlette, Tel. 1-800-809142; schönes Resort direkt in der Bucht, Reservierung erforderlich.
*** **Shoal Bay Motel/YHA Shoal Bay,** 59-61 Shoal Bay Rd, Tel. Motel 02-49811744, Tel. YHA 02-49810982; Motel und Jugendherberge direkt am Strand.
B&B Larkwood of Lemon Tree, 1 Oyster Farm Rd, Lemon Tree Passage, Tel. 02-49824656; Pension in der Nähe zum Koala Habitat.
One Mile Beach Holiday Park, Gan Gan Rd, Anna Bay, Tel. 02-49821112; großer Platz mit Zugang zum Meer.

Abstecher zum Barrington Tops National Park

Als Abstecher oder Tagesauflug von Newcastle oder Forster ist der **Barrington Tops National Park** mit seinem subalpinen Hochplateau, Berggipfeln (Mt Barrington 1.585 m), einer reichen Flora und Fauna sowie zahlreichen Wanderwegen eines der Highlights entlang der Strecke. Der Nationalpark liegt am Rande des „Great Escarpment", einer von Süd nach Nord verlaufenden, bis zu 800 m hohen Abbruchkante der Great Dividing Range. Aufgrund ihrer abgeschiedenen Lage und der dichten Vegetation wird das Hinterland von New South Wales auch das „grüne Outback" genannt. Von Süden aus ist der Park über Dungog zugänglich, von Norden über Gloucester (diese Straße ist nicht durchgängig asphaltiert). Es besteht keine Durchfahrtsmöglichkeit durch den Park! Nähere Informationen zum Park erteilen die Nationalparkbüros in Gloucester (59 Church St) und Raymond Terrace (22-24 Bourke St), oder: www.barringtons.com.au.

Weiterfahrt auf küstennaher Nebenstraße

Folgt man dem Pacific Highway nach Norden, erreicht man **Bulahdelah.** Kurz darauf zweigt der **Lake Highway** nach **Forster** ab. 28 km weiter führt dann von Bungwahl eine Naturstraße (Seal Rocks Rd) durch den **Myall Lakes National Park** zum 11 km entfernten Fischerdorf **Seal Rocks** (Campingplatz direkt am Strand, Tel. 1-800-112234). Vom nahe gelegenen Leuchtturm *Sugar Loaf Point Lighthouse* eröffnet sich ein toller Blick auf die Küste. Von Bungwahl geht es weiter auf dem schmalen Landstreifen zwischen Wallis Lake und Pazifik. Eine Brücke verbindet die Zwillingsstädte **Forster** und **Tuncurry**. Die Stadt **Forster** ist wegen ihrer Austern und Delphine sowie dem alljährlich im April stattfindenden „Ironman Australia Triathlon" bekannt.

Unterkünfte Hotels, Campingplätze und Picknickplätze befinden sich rund um den Wallis Lake.

Infos **Forster Visitor Centre** (Little St, Forster, tägl. 9–17 Uhr, Tel. 02-65548799, www.greatlakes.org.au).

Taree

75 km vor Port Macquarie erreicht der Pacific Highway **Taree.** Die ruhige Provinzstadt (18.000 Ew.) am Manning River ist das Zentrum des fruchtbaren *Manning Valley*. Auf der Weiterfahrt nach Norden folgen Stichstraßen zum 160 m hohen *Ellenborough Wasserfall* (ca. 1 h Fahrt auf dem nicht asphaltierten Bulga Forest Drive) und zum *Crowdy Bay Küstennationalpark,* der mit guten Aussichtspunkten aufwartet und dessen Erscheinungsbild von Wäldern, Wildblumen und Dünen dominiert wird.

Port Macquarie

Die Stadt (33.700 Ew.) an der Mündung des *Hastings River* wurde 1821 als Sträflingskolonie für rückfällige Strafgefangene gegründet. Bereits zehn Jahre später wurde das Gefängnis wieder geschlossen, weil zu viele freie Siedler in die fruchtbare Gegend kamen, und der Ort nun wirklich kein isolierter Posten mehr für Gefangene darstellte. Der Hafen brachte nie einen nennenswerten wirtschaftlichen Aufschwung für die Stadt, vielmehr waren es zunächst die Schafzucht und seit den 1970er Jahren vor allem der Tourismus, die die lokale Wirtschaft ankurbelte.

Sehenswertes

Sehenswert sind die **St Thomas Church** (1828) in der Hay St, das **Courthouse** (1869) in der Clarence St und das **Historical Museum** gegenüber (Mo–Sa 9.30–16.30 Uhr, So 13–16.30 Uhr geöffnet). Im **Kooloonbung Creek Nature Reserve** (Eingang Ecke Horton/Gordon Sts) findet man mitten in der Stadt ein Stück australischer Buschlandschaft.

Das **Koala Hospital** in der Lord St versorgt kranke und verletzte Tiere (tägl. 9–17 Uhr geöffnet). Koalas, Känguruhs und andere Wildtiere beherbergt außerdem der **Billabong Koala and Wildlife Park** (233 Oxley Hwy, tägl. 9.30–16.30 Uhr geöffnet).

Zum Baden und Sonnen eignen sich besonders die bewachten **Strände** Town Beach, Flynns und Lighthouse Beach.

Infos Die **Tourist Information** befindet sich in der Clarence St (Tel. 02-65818000, Mo–Fr 8.30–17 Uhr, Sa/So 9–18 Uhr, www.portmacquarieinfo.com.au).

Unterkunft und Camping
*** **Flag Mid Pacific Hotel,** Ecke Short/Clarence Sts, Tel. 02-65832166; Mittelklassehotel mit Blick auf das Wasser.
*** **B&B Azura Beach House,** 109 Pacific Drive, Tel. 02-65822700; Gästehaus in der Nähe des Strandes mit großen Zimmern.
* **Beachside Backpackers YHA,** 40 Church St, Tel. 02-65835512; zentral gelegene Jugendherberge mit Doppel- und Mehrbettzimmern.
Sundowner Breakwall Tourist Park, 1 Munster St, Tel. 02-65832755; stadtnaher Campingplatz, direkt am Strand, mit Cabins.
Beachside Palms Taskers Tourist Park, 14 Flynn St, Tel. 02-65832366; schattiger Campingplatz in Strandnähe.

Essen und Trinken Bei **Macquarie Seafoods** (Ecke Clarence/Short Sts) erhält man leckere Fish-&-Chips zum Mitnehmen. Frischen Fisch zum Kochen gibt es in **Fishermens Co-op** in der Clarence St (Wharf Area). Einen exzellenten Ruf genießen die Restaurants **Scampis** in der Marina (Park St) und **Coolenberg** (Ecke Lake Rd/Hill St).

Von Port Macquarie nach Grafton

An der Küste zwischen Port Macquarie und Nambucca Heads gibt es einige sehr reizvolle Regionen. Allerdings muss der Pacific Highway hierfür immer wieder verlassen werden.

Kempsey (25.000 Ew.) ist die Versorgungsstadt für die umliegende Landwirtschaft am Macleay River und gleichzeitig das australische Fabrikationszentrum der berühmten, aus Kaninchenfell hergestellten Akubra-Buschhüte. Die Stadt ist ein möglicher Ausgangspunkt für Ausflüge in den **Hat Head National Park** (Dünenlandschaften, felsige Landzunge, Bademöglichkeiten). Am nördlichen Ende des Parks, beim Smoky Cape Lighthouse, befindet sich ein einfacher Campingplatz.

18 km südöstlich von Kempsey liegt **Crescent Head,** eine Ansiedlung mit gut gelegenen Campingplätzen direkt am Wasser und einer aufstrebenden Surferszene.

Nambucca Heads

Der Urlaubsort mit herrlichen Sandstränden, zahlreichen Hotels und Campingplätzen bietet sich als Übernachtungsstätte auf der Reise zwischen Sydney und Brisbane an. Mit etwas Glück kann man hier, zwischen Juni und Oktober, von den Aussichtspunkten Wale vorbeiziehen sehen.

Infos **Visitor Centre,** 4 Pacific Hwy (an der südlichen Einfahrt), Tel. 02-65686954, tägl. 9–17 Uhr, www.nambuccatourism.com.

Unterkunft und Camping
*** **Beilby's Beach House**, 1 Ocean St, Tel. 02-65686466; freundliche B&B Unterkunft mit erstklassigem Küstenblick.
White Albatross Holiday Resort, Wellington Drive, Tel. 02-65686468; Campingplatz in der Nähe vom Main Beach.

Port Macquarie – Grafton
0
50 km
© Rkh Verlag Hermann
Washpool NP
Gibraltar Range NP
Guy Fawkes River NP
New England NP
Dorrigo NP
Oxley Wild Rivers NP
Werrikimbe NP
Hat Head NP
Yuraygir NP
South Pacific Ocean
Glen Innes
Bald Knob
Gwydir Hwy
Armidale
Guyra
Grafton
Maclean
Iluka
Yamba
Red Rock
Corindi
Woolgoolga
Coramba
Coffs Harbour
Dorrigo
Bellingen
Urunga
Nambucca Heads
Bellbrook
Kempsey
Crescent Head
Wauchope
Port Macquarie
1
15
38
78
91
34

Abstecher zum Dorrigo National Park und New England National Park

Der Pacific Highway verläuft in nördlicher Richtung weiter nach Coffs Harbour. Ein lohnender Umweg führt kurz hinter Urunga in das Hinterland, nach Bellingen, und weiter in die subtropischen Regenwälder des **Dorrigo National Parks.** Die Zufahrt erfolgt über den Waterfall Way in Richtung Dorrigo. 2 km vor der Ortschaft zweigt die Dome Road in den Park ab.

Geologische Ursprünge

Ebenso wie der Barrington Tops National Park liegt der Dorrigo Nationalpark am Rande der großen Abbruchkante (Great Escarpment) der Great Dividing Range. Zusammen mit den umliegenden Nationalparks bildet er die **Central Eastern Rainforest Reserves of Australia** (CERRA, www.npws.nsw.gov.au).

Vor 15 Millionen Jahren kollidierte die australische mit der pazifischen Kontinentalplatte, wodurch Pflanzen aus Südostasien in die ursprünglichen Wälder Australiens entlang der Great Dividing Range einwandern konnten. Im Verbund mit den hohen Niederschlagsmengen an der Ostküste entwickelte sich ein fantastisches Ökosystem, das die UNESCO als Welterbestätte (World Heritage Area) eingestuft hat. Zwar nehmen diese Urwälder nur 0,3% der Gesamtfläche Australiens ein, aber über 60% aller Tier- und Pflanzenarten des Kontinents leben in ihnen.

Wandern durch die Baumwipfel

Im Nationalpark ermöglicht der **Skywalk,** ein 70 m langer Laufsteg über den Baumwipfeln, spannende Einblicke in das Ökosystem des kaltgemäßigten Regenwaldes. Der Steg ist rund um die Uhr geöffnet, so dass auch nächtliche Aktivitäten der Tierwelt beobachtet werden können (Taschenlampe mitnehmen). Weitere Wanderwege zu den verschiedenen Wasserfällen im Park sind ausgeschildert.

Informationen zum Thema Regenwald und zum Park erhalten Sie beim *Dorrigo Rainforest Centre* (tägl. 9–17 Uhr). Vom Centre führt der **Wonga Walk** (5,8 km Rundwanderweg) in den Regenwald und zu drei spektakulären Wasserfällen. Kein Camping innerhalb des Park. Einen Campingplatz und komfortable Cabins finden Sie beim *Dorrigo Mountain Resort* (1 Bellingen Rd, Dorrigo Tel. 02-66572564).

New England National Park

An den Dorrigo National Park schließt sich im Westen der **New England National Park** an, der zu großen Teilen *Wilderness Area* ist – kaum erschlossenes, weitgehend der Natur überlassenes Gebiet. Die bis zu 800 m hohe Great Escarpment bildet hier eine gigantische, grüne Mauer. Im Bereich des heutigen Ortes Bellingen war vor 19 Millionen Jahren der *Vulkan Ebor* aktiv. Die Reste seines 1560 m hohen Kegels bilden die zweithöchste Erhebung von New South Wales, von der sich mehrere eindrucksvolle Wasserfälle in die Tiefe stürzen. Einfache Campgrounds befinden sich im westlichen Teil des Parks (Zufahrt über Kempsey und Bellbrook).

Zurück zum Highway

Zum *Pacific Highway* gelangt man von Dorrigo aus entweder über Coramba (teilweise Schotterstraßen) oder, wie gekommen, über Bellingen.

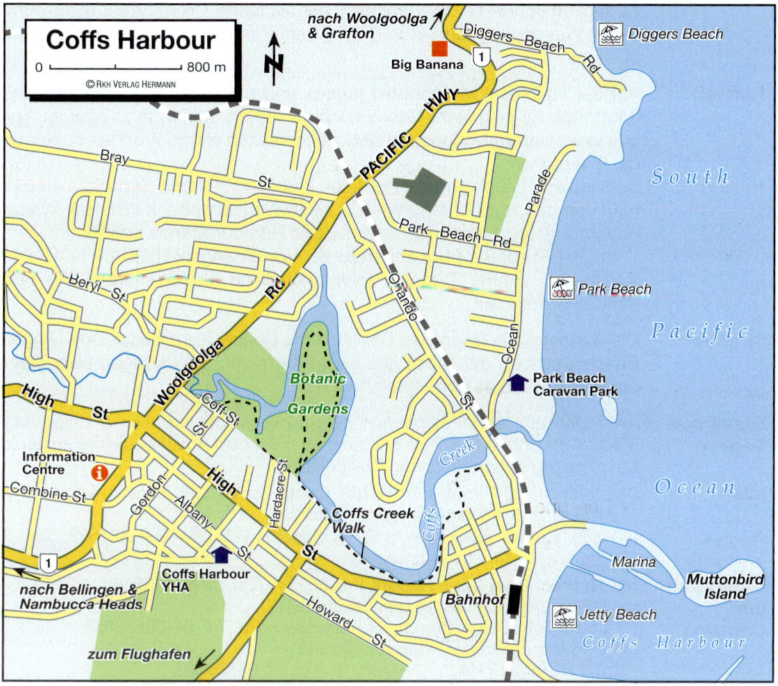

Coffs Harbour

Der Küstenhighway trennt **Coffs Harbour** (20.000 Ew.) in zwei Teile. Der moderne Teil, der meist nur „Coffs" genannten Stadt, liegt an den Hügeln direkt am Highway. Hier gibt es ein Einkaufszentrum, ein Postamt und mehrere Banken. Der historische Teil befindet sich östlich der Durchgangsstraße am Hafen.

Bananen Rund um die **Bananenhauptstadt,** wie Coffs genannt wird, befinden sich ausgedehnte Plantagen der krummen Südfrüchte. 3 km nördlich der Stadt informiert ein *Besucherzentrum* (Big Banana) ausführlich über den Bananenanbau (tägl. 9–17 Uhr). Auch Touren durch die Plantagen werden angeboten.

Tourismus Ansonsten lebt die Stadt vom Freizeit- und Abenteuertourismus. **Outdoor-Aktivitäten** wie Jet-Skifahren, Gleitschirmfliegen, Rafting, Kanufahren und Hochseeangeln locken die Großstädter an. Sydney liegt auf direktem Weg keine fünf Autostunden entfernt, und so kommt es, dass es in der Ferienzeit bei den Unterkünften Engpässe geben kann.

Sehenswertes Eine Besuch wert sind das **Historical Museum** (191 High St, Di, Mi, Do, So 13.30–16 Uhr) sowie der **Botanische Garten** (Eingang an der Hardacre

St, täglich von 9–17 Uhr geöffnet). Der als **Coffs Creek Walk** ausgeschilderter Wanderweg führt vom Rotary Park (Coff St) nach Muttonbird Island (5,4 km).

Tierwelt

Auf der Halbinsel **Muttonbird Island** sind bis zu 120.000 Sturmtaucher (Muttonbirds) heimisch. Gewöhnlich schlüpfen die jungen Vögel im April aus ihren Untergrundnestern und ziehen schon einige Wochen später auf die Philippinen.

Mit etwas Glück und zur richtigen Zeit (Juni/Juli und Sep–Nov) erspäht man von den Aussichtspunkten Buckelwale (Humpback Whales). Walbeobachtungstouren werden an der Coffs Harbour Marina angeboten.

Im *Pet Porpoise Pool* (Orlando St, Vorführungen 10.30 u. 14.15 Uhr) lassen sich zahme Tümmler (delphinähnliche Meeressäuger) und Seehunde beobachten.

Strände

Die Sandstrände Boambee Beach, Jetty Beach, Park Beach und Diggers Beach sind von der Stadt aus schnell erreicht. Sie verfügen über Campingplätze, Cabins und Hotels/Motels.

Essen und Trinken

Am Hafen gibt es im *Fisherman's Co-op* schmackhafte Fish & Chips (tägl. 9.30–17.30 Uhr). Im *Yachtclub* kann man nach dem Abschluss einer kostenlosen Kurzmitgliedschaft vorzüglich speisen.

Infos

Das freundliche Personal im **Visitor Centre** ist bei der Auswahl von Touren, Aktivitäten und Unterkünften gerne behilflich.

Visitor Centre, Ecke Marcia St/Woolgoolga Rd, Tel. 02-66521522, tägl. 9–17 Uhr, www.visitcoffsharbour.com.

Unterkunft und Camping

**** **Novotel Opal Cove Resort,** Pacific Hwy, Tel. 02-66510510;
großes gepflegtes Hotel an der Hauptstraße.
*** **Comfort Inn Park Beach,** 97 Park Beach Rd, Tel. 02-66522055;
Mittelklassehotel in der Nähe zum Strand.
* **Coffs Harbour YHA,** 110 Albany St, Tel. 02-66526462;
zentral gelegenes Hostel mit Shuttlebus-Service zu den Stränden.
Park Beach Caravan Park, Ocean Pde, Tel. 02-66484888;
großer Platz, nur wenige Minuten von der Jetty entfernt.
Emerald Beach Holiday Park, Fishermans Drive, Emerald Beach,
Tel. 1-800-681521; Campingplatz, 18 km von Coffs entfernt,
dafür aber direkt am Strand mit allem Komfort.

Touren und Ausflüge

Hinterland Tours (Tel. 02-66552957, www.hinterlandtour.com.au) bietet empfehlenswerte Touren über einen oder mehrere Tage an, die in die entlegenen Nationalparks im Hinterland führen (auf Wunsch auch deutschsprachig).

Weiterfahrt nach Norden

Emerald Beach und die Strände der beliebten Feriensiedlung von Woolgoolga sind herrliche Badestrände. In den 1970er Jahren liessen sich in Woolgoolga indische Sikhs nieder. Daher stammt auch der eigenartige weiße Tempel im Ort.

In *Corindi* zweigt eine schmale Straße nach **Red Rock** (6 km) zum Meer ab. In dem verschlafenen Urlaubsort bietet sich der traumhaft gelegene Campingplatz, direkt hinter den grasbewachsenen Dünen, zum Übernachten an (einfacher Standard). Von hier aus führen Wanderwege in den südlichen Teil des **Yuraygir National Park.**

SYD ▸ BNE

Grafton

Von Corindi führt der Pacific Highway nun landeinwärts nach **Grafton**. Die beschauliche Stadt (18.500 Ew.) im fruchtbaren Tal des Clarence River bietet mit ihren breiten Alleen und den alten kolonialen Gebäuden eine willkommene Abwechslung zu den Agrarlandschaften unterwegs. Besonders im Frühling, wenn die lilafarbenen Jacaranda-Bäume blühen, ist die Stadt ein perfektes Fotomotiv. Beim alljährlichen **Jacaranda Festival** blüht die Gemeinde bei Musik und sonstiger Unterhaltung wortwörtlich auf (letzte Oktober- bis erste Novemberwoche).

Grafton ist auch Ausgangspunkt für die Strände und Lagunen des **Yuraygir National Park** (mit einigen einfachen, aber herrlich gelegenen Campingplätzen). Auch zu den Fischereihäfen **Iluka** und **Yamba** im Nordosten ist es nicht weit, dort gibt es schmackhafte Garnelen – garantiert frisch!

Nationalpark im Hinterland Im Hinterland, etwa 70 km westlich von Grafton (Gwydir Highway in Richtung Glen Innes), liegt der **Gibraltar Range National Park.** Seine schroffen Granitfelsen, markanten Grasbäume und farnbewachsenen Schluchten lohnen den Abstecher. Ein Campingplatz und ausgeschilderte Wanderwege sind vorhanden.

Infos **Clarence River Tourism Association,** Ecke Pacific Hwy/Spring St, Tel. 02-66424677, tägl. 9–17 Uhr, www.tropicalnsw.com.au; Informationen zur Stadt sowie zu den umliegenden Nationalparks.
National Park District Office, 50 Victoria Street, Tel. 02-66420613; Karten und Infos zu den Parks der Region.

Unterkunft und Camping **** **Comfort Inn Clarence,** 51 Fitzroy St, Tel. 02-66433444; komfortables Hotel am Clarence River.
The Gateway Village CP, 598 Summerland Way, Grafton, Tel. 1-800-012019; Campingplatz und Cabins, ca. 4 km nördl. des Zentrums, mit tropischem Garten.

Der Tropenzone entgegen

Zwar ist der Wendekreis des Steinbocks (Tropic of Capricorn) bei Rockhampton noch einige hundert Kilometer entfernt, doch die Tropenzone wird bereits zunehmend spürbar. Erste Zuckerrohrfelder säumen den Highway, und gelegentlich erfreut man sich an der Klimaanlage im Fahrzeug.

Ballina

Einen kurzen Goldrausch erlebte die Hafenstadt **Ballina** (12.500 Ew.) in den 1880er Jahren. Heute ist das an der Mündung des Richmond River gelegene Ballina vor allem ein Ferienort, der von seinen feinsandigen Stränden profitiert. Mit der überdimensionalen Nachbildung einer Garnele am Ortseingang drücken die Bewohner, wie eigentlich alle Australier, ihren Hang zum Gigantismus aus. So sollen die Besucher unmissverständlich auf die Spezialität des Ortes aufmerksam gemacht werden, die in den Restaurants, neben weiteren frischen Meeresfrüchten, angeboten werden.

Infos **Visitor Centre,** Ecke River St/Las Balsas Plaza, Tel. 02-66863484, www.discoverballina.com.

Unterkunft und Camping **** **Comfort Inn All Seasons,** 301 River St, Balllina, Tel. 02-66862922; Mittelklasse-Hotel am Fluss mit Gartenanlage und Pool.
Ballina Lakeside Holiday Park CP, Fenwick Dr, East Ballina, Tel. 02-66863953; gepflegter Campingplatz 3 km nördlich der Stadt.

Alternativstrecke: Durch die Nationalparks im Hinterland nach Brisbane

Tenterfield – Bald Rock National Park – Boonoo Boonoo National Park – Girraween National Park –- Brisbane (465 km)

Streckenübersicht

Wen statt der touristischen Küste mehr das Erlebnis einer weitgehend ursprünglichen Natur anzieht, sollte auf dem teilweise sehr kurvenreichen Bruxner Highway (Hwy 44) von Ballina über Lismore ins Hinterland fahren. Zentraler Ausgangspunkt für den Besuch der faszinierenden Nationalparks Bald Rock, Boonoo Boonoo und Girraween ist die Stadt **Tenterfield.** Von hier führt der gut ausgebaute New England Highway, über die Kleinstädte Stanthorpe und Warwick, durchs grüne Hinterland, direkt nach **Brisbane** (275 km).

Bald Rock National Park

Dominanter Granitfels

Namensgeber des Bald Rock National Parks (Anfahrt von Tenterfield über Mt Lindesay Rd/Tourist Drive 7) ist ein isoliert stehender Granitfels von imposanten Ausmaßen: 750 m lang, 500 m breit und 200 m hoch! Der „kahle Felsen" (Bald Rock) soll der größte Granitmonolith der südlichen Hemisphäre sein. Als Besucher denkt man unwillkürlich an den Uluru (Ayers Rock). Der Ausblick vom Gipfel auf das dicht bewachsene Hochlandplateau ist erstklassig.

Der Weg auf den Bald Rock (vom Parkplatz insgesamt ca. 2 km Strecke) ist auf dem letzten Stück sehr steil und beschwerlich. Halten Sie sich unbedingt an die Wegmarkierungen. Gutes, rutschfestes Schuhwerk ist unerlässlich. Bei Regen oder in den frühen Morgenstunden (Nässe!) sollte ein Aufstieg aus Sicherheitsgründen unterbleiben. Wanderwege führen zu weiteren Felsen, u.a. zum Mini Bald Rock und South Bald Rock. Allradfahrer finden eine direkte Querverbindung zum Girraween NP.

Camping

Ein einfacher Campingplatz befindet sich direkt am Fuße des Hauptfelsens.

Bald Rock

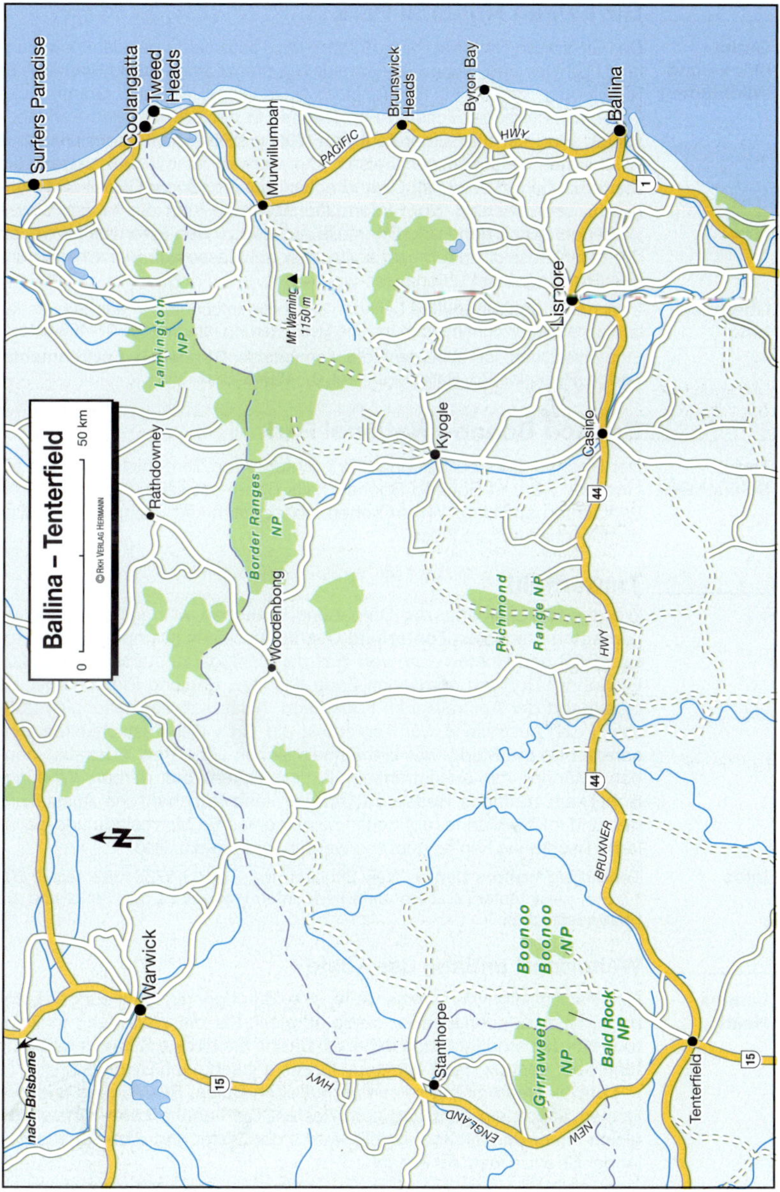

Ballina – Tenterfield
0
50 km
© RKH VERLAG HERMANN
N
Surfers Paradise
Coolangatta
Tweed Heads
Murwillumbah
Brunswick Heads
Byron Bay
Ballina
PACIFIC
HWY
1
Lismore
Mt Warning
1150 m
Lamington NP
Border Ranges NP
Rathdowney
Kyogle
Casino
44
Woodenbong
Richmond Range NP
HWY
44
BRUXNER
Boonoo Boonoo NP
Bald Rock NP
Girraween NP
Stanthorpe
Tenterfield
15
NEW ENGLAND
HWY
15
Warwick
nach Brisbane

Girraween National Park

Granitblöcke und Wildblumen

Der Girraween National Park (Anfahrt von Tenterfield über den New England Highway und Wyberba/Pyramids Rd) grenzt an den Bald Rock NP. Er liegt jedoch bereits im Bundesstaat Queensland. Massive Granitblöcke liegen in unterschiedlichsten Formationen in der urwüchsigen Parklandschaft. Ein Fest für Fotografen! Im Frühling blühen außerdem unzählige Wildblumen zwischen den Felsen. Die Tierwelt ist mit 146 Vogelarten, Kletterbeutlern (*Possums*), Gleithörnchenbeutlern (*Sugar Glider*) und Känguruhs sehr vielfältig. Vom Informationszentrum führt ein 17 km langes Wegenetz durch den Park. Der steile Aufstieg zu den *Pyramids* ist wegen der tollen Aussicht ein Muss, sollte aber bei Nässe aus Sicherheitsgründen (Rutschgefahr!) unterlassen werden.

Übernachtung

Zwei große **Campingplätze** befinden sich beim Infocenter. In den Schulferien und an langen Wochenenden ist eine Reservierung ratsam (Tel. 07-46845157).

Empfehlenswert ist außerdem die komfortable **Girraween Environmental Lodge** (Pyramids Rd, Ballandean, Tel. 07-46845138).

Boonoo Boonoo National Park

Tiefe Schluchten

Der Boonoo Boonoo National Park (Anfahrt von Tenterfield über die Mt Lindesay Rd und Boonoo Boonoo Falls Road) mit seinen spektakulären Schluchten und dem 210 m hohen Wasserfall bietet Camping- und Bademöglichkeiten am Fluss.

Tenterfield

Wer die Nationalparks der Umgebung besuchen will, sollte im ländlich geprägten Städtchen **Tenterfield** Quartier beziehen (Campingplätze, Hotels, B&B und Hostels), um von dort die Ausflüge zu starten. Das 3500-Einwohner-Dorf am nördlichen Ende des New England Plateaus gilt als Geburtsort der Australischen Föderation. Anlässlich der nationalen 200-Jahr-Feier Australiens war Tenterfield ein Ort vieler Festlichkeiten. Ansonsten ist die Stadt, was die Einheimischen „The Real Australia" nennen: Männer mit ausgefransten Akubra-Hüten und derben Working-Boots, ein zünftiges Rodeo im Oktober, landwirtschaftliche Ausstellungen und lokale Märkte, auf denen selbstgemachte Marmelade und gehäkelte Tischdeckchen feilgeboten werden, prägen das Bild.

Infos

Tenterfield Visitors Centre, New England Hwy, Tel. 02-67361082, tägl. 9.30–17 Uhr, www.tenterfield.com; detaillierte Informationen zu den Parks und zur Stadtgeschichte.

Weiterfahrt entlang der Küste

Lennox Head

Der Pacific Highway, mittlerweile eine durchgängig vierspurige Autobahn, ist zwar schnell, aber wenig attraktiv. Für die Weiterfahrt in Richtung Norden empfiehlt sich daher ab Ballina die direkte Küstenstraße. Sie führt über Lennox Head direkt am Ozean entlang nach Byron Bay

Lennox Head ist mit seinen gemütlichen Cafés, Restaurants und den kleinen Shops ein guter Ort zum Rasten. Die Lagune **Lake Ainsworth**, gleich hinter dem Strand, ist ein Mekka der Surfer und dank flach abfallender Strände ideal für Kinder.

Heimliche Nationalhymne „Waltzing Matilda“

Bei Anlässen zu Ehren des englischen Staatsoberhauptes wie auch bei anderen konservativ geprägten Feierlichkeiten wird noch immer gern Australiens ehemalige Nationalhymne „God Save The Queen“ gespielt. Australiens offizielle Hymne heißt „Advance Australia Fair“. Mitsingen können sie nur wenige, denn ihr Text ist in Australien kaum bekannt.

Anders ist das bei „Waltzing Matilda“, der heimlichen Nationalhymne. Das 1895 entstandene Lied, dessen Text vom immer noch populären Andrew Barton »Banjo« Paterson stammt, erzählt die sentimentale Geschichte eines hungrigen Wanderarbeiters, der ein Lamm stiehlt, verfolgt wird und schließlich in einem Billabong (Wasserloch) ertrinkt. „Matilda“ ist in jenem Lied auch keine Frau, sondern das Bündel mit den Habseligkeiten. Wo immer sich Australier bei einem abendlichen Lagerfeuer aufhalten, wozu auch die Gitarre gehört – nie dauert es lang, bis „Waltzing Matilda“ ertönt.

□ *Andrew Barton »Banjo« Paterson, auf der 10 A$-Note verewigt*

Byron Bay

Cape Byron und die Stadt Byron Bay (6100 Ew.) liegen am östlichsten Punkt des australischen Festlandes. Einst war der Ort ein Geheimtipp bei Rucksackreisenden aus aller Welt, doch hat sich das Bild gewandelt. Heute ist die Stadt für alle Bevölkerungsschichten ein beliebtes Urlaubsziel. Wegen der bunten Mischung aus Lebenskünstlern, Hippies, Naturheilern und Krishna-Jüngern galt Cape Byron lange Zeit ausschließlich als Metropole alternativen Lebens. Mondäne Sommerresidenzen mit Ozeanblick zeigen jedoch, dass die australische High-Society den Ort mittlerweile ebenfalls schätzt. Wer sich am ersten Sonntag eines Monats in der Stadt aufhält, sollte sich auf jeden Fall den Markt hinter dem Bahnhof anschauen – dort sind alle Lifestyles vertreten.

Cape Byron

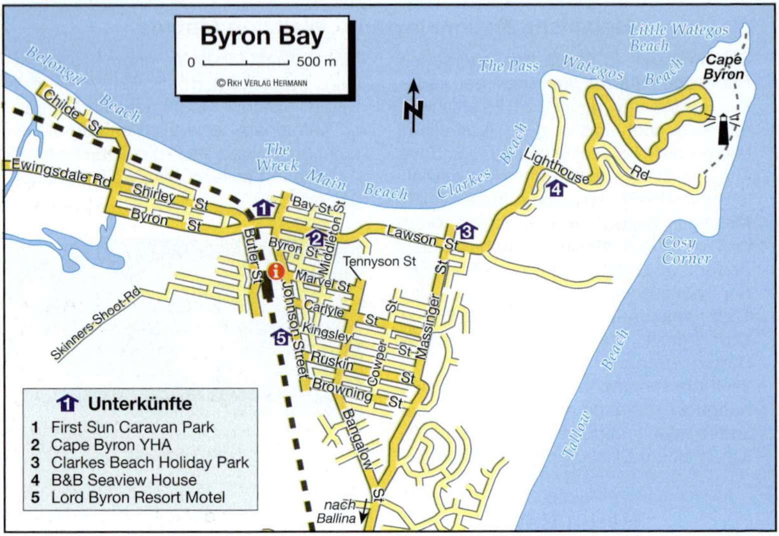

Delphine und Wale

Von den Steilküsten können Delphine und eventuell auch Buckelwale (Juli bis November) beobachtet werden. Vom „most easterly point of Australia“, dem **Leuchtturm am Cape Byron,** bietet sich ein herrlicher Blick auf den Pazifik. Auch der Rundwanderweg *Cape Byron Walk* lohnt auf jeden Fall. Der Leuchtturm ist zwar per Fahrzeug erreichbar, doch ist der Parkraum sehr begrenzt und kostenpflichtig.

Strände

Der **Main Beach** eignet sich mit seiner meist gemäßigten Brandung gut zum Baden. Weniger Trubel herrscht am lang gestreckten **Belongil Beach** östlich des Main Beach. Die Buchten und Strände rund um das Kap sind wegen ihrer Wellen und bisweilen starken Strömungen eher etwas für erfahrene Surfer. An Outdoor-Aktivitäten mangelt es nicht. Kite-Surfen, Body-Boarding, Ultralight-Flüge, Fallschirmspringen (inklusive Tandem-Sprünge) und mehr bieten die lokalen Veranstaltern an.

Tauchen und Wandern

Die Insel **Julian Rocks Marine Reserve** und die Unterwasserhöhle **Cod Hole** sind beliebte Tauchplätze für erfahrene Taucher. Für Ausrüstung und Touren ist das *Byron Bay Dive Centre* die richtige Adresse (Ecke Lawson/Fletcher Sts, Tel. 1-800-243483). Frühaufsteher können im Tourist Office eine Tour zum **Mt Warning** (▶ s.S. 169) buchen. Rechtzeitig zum Sonnenaufgang steht man auf dem Gipfel des markanten Vulkans.

Infos

Tourist Information Centre, 80 Jonson St, Tel. 02-66808558, tägl. 9–17 Uhr, www.visitbyronbay.com; gute Informationen und Materialien zur Umgebung sowie Gepäckaufbewahrung.

Unterkunft und Camping

**** **Lord Byron Resort**, 120 Jonson St, Tel. 02-66857444; zentral gelegenes Hotel der gehobenen Mittelklasse mit beheiztem Schwimmbad.

*** **Seaview House B&B,** 146 Lighthouse Rd, Tel. 02-66856468; komfortables Haus mit Blick über die Stadt.

* **Cape Byron YHA,** Ecke Middleton/Byron Sts, Tel. 02-66858788; große Jugendherberge mit Hotelatmosphäre, in der Nähe zum Strand.
First Sun Holiday Park CP, Lawson St, Tel. 02-66856544; beliebter und deshalb häufig ausgebuchter Campingplatz direkt am Meer. Schön, aber windig, ist die „erste Reihe" mit Blick aufs Meer.
Clarkes Beach Holiday Park CP, Clarkes Beach, Abzweig von der Lighthouse St, Tel. 02-66856496; Campingplatz am Strand mit schattigen Plätzen. Der Platz ist oft voll, es ist empfehlenswert, vorher zu reservieren.

Essen und Trinken

In den zahlreichen Cafés und Restaurants in und um die **Fletcher Street** finden Sie lokale und asiatische Spezialitäten, Vollwertgerichte, Meeresfrüchte und natürlich auch Fast-food.

Weiterfahrt zur Gold Coast

Vulkanbesteigung Mt Warning

Ab **Brunswick Heads** verläuft der Pacific Highway bis **Murwillumbah** wieder einmal weit von der eigentlichen Küste entfernt. 19 km westlich von Murwillumbah erheben sich der 1150 m hohe Vulkan **Mount Warning** und die **McPherson Ranges.** Der Vulkan kann in einer vierstündigen Wanderung erklommen werden. Teilweise sind sehr steile Passagen zu meistern. Ausgangspunkt ist der Parkplatz an der Nationalparkstraße, die im Ort Uki abzweigt. Die Aussicht vom Gipfel reicht über das Tweed Valley bis zum Pazifik. Der Berg erlangte Berühmtheit, als zum Millenium (Jahreswechsel zu 2000) die Genehmigungen zum Aufstieg verlost werden mussten. Denn der Gipfel war der Ort, an dem das erste Sonnenlicht des 21. Jahrhunderts den Kontinent erreichte.

Der fruchtbare, vulkanische Boden und das tropische Klima lassen in dieser Gegend Zuckerrohr, Avocados, Tee und tropische Früchte besonders gut reifen. Im Themenpark **Tropical Fruit World & Research Park** (Duranbah Road, Duranbah, tägl. 10–17 Uhr) sind über 500 verschiedene Früchte zur Schau gestellt.

Tweed Heads und Coolangatta

Die Zwillingstädte **Tweed Heads** (5100 Ew., noch New South Wales) und **Coolangatta** (bereits Queensland) markieren den Beginn der bei Australiern und Asiaten so beliebten **Gold Coast.**

Erste Hochhäuser, Apartmentblocks und größere Hotelanlagen prägen das Stadtbild. Der einzig wichtige Unterschied zwischen den Städten besteht offenkundig darin, dass es in New South Wales noch Sex-Shops gibt, während diese im prüderen Queensland verboten sind. Geographisch ist die Landesgrenze durch den Captain Cook Leuchtturm am **Point Danger** markiert. Gegenüber den an der nördlichen Gold Coast gelegenen Ferienorten (z.B. Surfers Paradise) geht es hier noch recht beschaulich und ruhig zu.

Kulturzentrum

Sehenswert ist das **Minjungbal Aboriginal Culture Museum** (Kirkwood Rd, South Tweed Heads, tägl. 9–16 Uhr), wo das Leben der lokalen Ureinwohner anschaulich dargestellt wird.

Strände

Beliebte **Surfstrände** sind der *Flagstaff Beach* unterhalb des Leuchtturms und der *Coolangatta Beach.* Für Anfänger ist der *Greenmount Beach,* wegen seiner gemäßigteren Wellen geeigneter. Surfboards können in den Shops in der Griffith St in Coolangatta gemietet werden.

Strand von Coolangatta

Infos

Tour- und Hotelbuchungen für die gesamte Gold Coast besorgen das **Tweed Heads Visitor Centre** (4 Wharf St, Tweed Heads, Tel. 1-800-674414, www.tweed-coolangatta.com) und das **Coolangatta Information Centre** (Ecke Warner/Griffith Sts, Tel. 07-55367765).

Unterkunft und Camping

**** **Calypso Plaza Resort,** 87–105 Griffith Street, Coolangatta, Tel. 07-55990000; großzügige, komplett ausgestattete Apartments, welche darüber hinaus spezielle Langzeitangebote zum „Überwintern" bieten. Unbedingt Ocean View Zimmer buchen!

**** **Comfort Inn Bayswater,** 129 Wharf St, Tweed Heads, Tel. 07-55994111; kleines Hotel in zentraler Lage.

* **Coolangatta/Kirra Beach YHA,** 230 Coolangatta Rd, Billinga, Tel. 07-55367644; Jugendherberge

Tweed Billabong Holiday Park CP, Holden St, Tweed Heads South, Tel. 07-55242444; Campingplatz mit Cabins.

Gold Coast

Nördlich von Coolangatta zweigt der Gold Coast Highway vom Pacific Highway ab. Die **Gold Coast** ist eine Gemeinde mit 3340 Einwohnern und Tausenden von Gästebetten. Kilometer lang reihen sich die Hochhauszeilen, Vergnügungsparks und Souvenirläden aneinander. Das wirkt zunächst abschreckend. Andererseits: Bei rund 300 Sonnentagen pro Jahr, feinen Sandstränden und einem lebhaften Unterhaltungsprogramm, verwundert die Beliebtheit nicht. Vor allem für australische und asiatische Touristen ist die Gold Coast ein beliebtes Urlaubsziel. Sie lebt vom Mythos „Sonne, Strand und Party". Für einen Minenarbeiter, der elf Monate im Jahr nur roten Staub sieht und atmet, ist ein Urlaub an der Goldküste das Allergrößte. Während der Schulferien (Dez–Jan) sind die Unterkünfte meist ausgebucht, und das Preisniveau ist entsprechend hoch.

Die „Straßenstädte" Burleigh Heads, Miami, Broadbeach und Surfers Paradise sind fast nur anhand der Ortsschilder unterscheidbar. Unzählige Ampeln verhindern ein zügiges Vorankommen. Entlang des 70 km langen Küstenstreifens sind die breiten und sauberen Strände unbestritten die größte Attraktion. Unberührte Natur findet man auf dieser Strecke praktisch nicht. Einzig der *Burleigh Heads National Park* (mit einigen Wanderwegen) stellt ein kleines bewaldetes Rückzugsgebiet der Natur dar.

Themenparks

Wer sich für Themenparks und Fun-Sportarten interessiert, kann sich an der Gold Coast beinahe unbegrenzt austoben. Vorausgesetzt, der Geldbeutel ist prall gefüllt, denn die Eintrittspreise sind saftig. Sie liegen zwischen A$ 40–70 pro Person und Park. Die wichtigsten Attraktionen sind im Folgenden aufgeführt. ▶ Weitere Infos sind in den Touristen-Informationen und unter www.goldcoasttourism.com.au erhältlich.

Sea World (Sea World Drive, Main Beach, tägl. 10–17 Uhr geöffnet) zeigt die Wunder der Unterwasserwelt in allen Facetten. Zweifelhafte Tiershows (Delphine, Eisbären u.a.), Wasserrutschen und Spiele sind die Hauptattraktionen im Park.

Warner Bros Movie World (Pacific Highway Oxenford, tägl. 10–17 Uhr). Hollywood pur mitten in Australien. Hinter den Kulissen wird Interessantes und Unterhaltsames zum Filmgeschäft gezeigt, mit Western- und Stunteinlagen.

Wet'n Wild Water World (Pacific Highway, Oxenford, tägl. 10–16.30 Uhr). Vergnügungsbad mit Rutschen, Pools und diversen Wasserspielen.

Für diese drei Parks gibt es eine **Kombikarte,** die einen zusätzlichen „Gratis-Eintritt" enthält. Das lohnt aber nur, wenn einer der Parks tatsächlich zweimal besucht werden soll.

Currumbin Wildlife Sanctuary (Gold Coast Hwy, Currumbin, tägl. 8–17 Uhr). Großer Tierpark in natürlicher Umgebung mit täglichen Tiershows und -fütterungen sowie täglichen Darbietungen kultureller Tänze und Gebräuche australischer Ureinwohner.

Golfen

Mit rund 40 Golfplätzen ist die Gold Coast das australische Mekka für Golfer. Viele der Plätze sind öffentlich und vermieten auch Ausrüstung. Die Benutzungsgebühren (*Greenfees*) beginnen bei A$ 10. Interessierte können Touren zu einer Auswahl der schönsten Plätze buchen (im Tourism Bureau in Surfers Paradise oder über Reiseveranstalter in Europa).

▸ Weitere Infos zu den einzelnen Plätzen und Preisen sind in der kostenlosen Broschüre „Guide to Golf on the Gold Coast" zu finden (entweder beim Fremdenverkehrsamt von Queensland bestellen oder unter www.goldcoasttourism.com.au).

Achtung!

Das Baden in den Kanälen der Gold Coast ist wegen möglicher Raubfische **(Haie)** nicht ungefährlich und sollte unterlassen werden!

Infos

Gold Coast Tourism Bureau: Cavill Ave Mall, Surfers Paradise, Tel. 07-55384419, Mo–Fr 8.30–17.30 Uhr, Sa 9–17 Uhr, So 9–15.30 Uhr, www.goldcoasttourism.com.au.
Queensland Parks and Wildlife Service Information Centre: Gold Coast Hwy, beim Eingang zum Burleigh Heads National Park, Burleigh Heads, Tel. 07-55353032, tägl. 9–16 Uhr (Informationen zu Flora und Fauna sowie zu anderen Nationalparks in Queensland).

Unterkunft und Camping

Entlang der Gold Coast befinden sich viele Hotels, Motels und Apartmenthäuser. Einige Campingplätze fielen den gestiegenen Immobilienpreisen zum Opfer, so dass ihre Zahl immer mehr abgenommen hat. Bei der Wahl der Unterkunft sollte man auf die Entfernung zum Tag wie Nacht stark befahrenen Highway achten.

**** **Flag Outrigger Resort**, 2007 Gold Coast Hwy, Burleigh Heads, Tel. 07-55351111; nur zwei Minuten zum Strand.
**** **Flag Runaway Bay Motor Inn**, 429 Oxley Drive, Runaway Bay, Tel. 07-55375555; kleines Motel mit Kochgelegenheiten in ruhiger Lage.
* **Britisch Arms YHA,** 70 Seaworld Drive, Main Beach, Tel. 07-55711776; große Jugendherberge mit Schlafräumen und Doppelzimmern.

Die **Campingplätze**, die unter dem Label *Gold Coast Tourist Parks* firmieren, sind über die gesamte Region verteilt und allesamt gut ausgestattet. Einige liegen nahe am Strand, z.B. Tallebudgera Creek, Broadwater, Jacobs Well. Reservierungen unter Tel. 1-800-444474 oder www.gctp.com.au.
Treasure Island Holiday Park, 117 Brisbane Rd, Biggera Waters, Tel. 07-55371511; Campingplatz 7 km nördlich von Surfers Paradise mit Cabins.

Übernachtungstipp: In den *Tamborine Mountains,* einer steil aufragenden Bergregion im Hinterland der Gold Coast, befindet sich das exklusive Regenwald-Resort **Pethers Rainforest Retreat** (Geissman St, North Tambourine, Tel. 07-55454577, www.pethers.com.au). Neben dem modernen Haupthaus (Main Lodge) befinden sich inmitten des dichten, immergrünen Regenwalds sechs elegante Bungalows. Anfahrt über die Tambourine Mountain Rd (Ausfahrt Tamborine Mountains in Oxenford, am Pacific Highway).

Essen und Trinken

Häufige Namens- und Besitzerwechsel erschweren es, einen besonderen Tipp zu geben. Entlang der Strandpromenaden und in den Einkaufszentren werden Hungrige in einem der vielen Restaurants garantiert satt. Spezialitäten der Region sind Meeresfrüchte aller Art, kombiniert mit tropischen Früchten sowie Salaten und Kräutern aus lokalem Anbau.

Grumpy's (60-70 Seaworld Drive, The Spit, Surfers Paradise); gepflegtes Fischlokal in schöner Lage am Wasser. Hauptgerichte ab A$ 25.

Oskars on Burleigh (43 Goodwin Tce, Burleigh Heads) bietet beste australische Küche und Seafood mit gutem Ausblick direkt am Strand. Hauptgerichte ab A$ 25.

Im **Bavarian Steakhouse** (Ecke Gold Coast Hwy/Cavill Ave, Surfers Paradise) gibt es gutes Essen zu günstigen Preisen in urig bayrischer Atmosphäre.

Fisherman's Wharf in Main Beach serviert Fischgerichte im Imbiss-Stil.

Der Food Court im **Raptis Plaza Shopping Centre**, Surfers Paradise, wartet mit einer breiten Auswahl günstiger Gerichte auf.

South Stradbroke Island

Ruhige Alternative zur Gold Coast

Der Küste vorgelagert sind die Inseln South und North Stradbroke Island (Beschreibung ▸ s.S. 188). Bis 1896 waren die beiden miteinander verbunden, ein mächtiger Sturm trennte sie. Das 20 km lange **South Stradbroke Island** ist größtenteils unbewohnt. Wer hier entspannen, baden und Sport treiben möchte, sollte sich einige Tage im modernen *Couran Cove Resort* gönnen (247 Bayview St, Runaway Bay, Tel. 07-55979000, www.couran.com). Es bietet Unterkünfte verschiedenster Art und verfügt über ein gutes Restaurant, viele Sporteinrichtungen und einen direkten Zugang zum Sandstrand. Im Regenwald rund um die Anlage leben die verschiedensten Vogelarten. Zeitweise wird die Insel von unzähligen Moskitos heimgesucht, daher vorsichtshalber ein gutes Mückenschutzmittel mitnehmen.

Anreise

Zur Insel gelangt man per **Fähre** von der *Runaway Bay Marina* (nördlich von Southport).

Das Hinterland der Gold Coast: Springbrook und Lamington National Park

Natur im Hinterland

Naturverbundene Reisende werden sich eher von der lebhaften und verkehrsreichen Gold Coast abwenden und eine Fahrt durch das Hinterland unternehmen wollen. Dort locken die Nationalparks Springbrook und Lamington mit erfrischenden Wasserfällen, tiefen Schluchten, tropischen Regenwäldern und reicher Flora und Fauna. In beiden Parks wurden zahlreiche Wanderwege perfekt ausgeschildert. Aufgrund der Höhenlage (ca. 800 m) ist das Klima im Sommer deutlich angenehmer als an der subtropischen Küste.

Springbrook National Park

Der Springbrook National Park (www.springbrook.info) ist in drei Sektionen aufgeteilt: Springbrook Plateau, Mt Cougal und Natural Bridge. Leider muss jede Sektion separat angefahren werden.

Am interessantesten ist das **Springbrook Plateau** – herrliche Aussichten und tolle Wasserfälle! Die Anfahrt erfolgt über Mudgeeraba (Abzweig vom Pacific Hwy, 30 km). Eine 6 km lange Wanderung zum *Purling Brook Wasserfall* (109 m) und zum *Waringa Pool* (Bademöglichkeit) ist ausgeschildert. In Gwongorella (bei den Wasserfällen) gibt es einen einfachen Campground. Der Aussichtspunkt *Best of All Lookouts,* an der Fortsetzung der Straße in Richtung des Ortes Springbrook, hält bei klarem Wetter, was der Name verspricht: ein exquisiter Blick auf den Vulkan Mount Warning und die Küste – bis nach Byron Bay.

Die Sektion Mt *Cougal* ist über das Currumbin Valley erreichbar. Zur Sektion *Natural Bridge* (keine Einrichtungen) gelangt man über das Numinbah Valley.

Lamington National Park

Ein Muss im Hinterland

Der Lamington National Park liegt am *Scenic Rim*, dem nordwestlichen Rand des riesigen Vulkankraters Mount Warning. Der zum UNESCO Welterbe gehörende Park liegt in einer Übergangszone von subtropischem und gemäßigtem Klima. Tiefe Schluchten, spektakuläre Wasserfälle, eine artenreiche Tier- und Pflanzenwelt sowie nicht zuletzt die hervorragenden Wanderwege lohnen einen mehrtägigen Aufenthalt.

Der Nationalpark ist in zwei Sektionen geteilt: in *Green Mountains* (auch O'Reillys genannt) und *Binna Burra*.

Anfahrt

Die Zufahrt vom Pacific Highway erfolgt über **Nerang**. Danach gabelt sich die Straße. Über **Canungra** (westlich von Nerang) führt eine teils sehr enge und kurvenreiche Straße in die **Green Mountains** Region. Von der Kreuzung nach Süden geht es nach **Beechmont** und weiter in die Region **Binna Burra**.

O'Reilly's und die Green Mountains

Die Green Mountains mit dem **O'Reilly's Guesthouse** liegen im südwestlichen Teil des Parks und bieten aufgrund höherer Niederschläge den dichteren Regenwald, auch die Wasserfälle sind zahlreicher. Die Green Mountains sind der Teil des Parks, der vor allem Tagesbesucher anzieht.

Wanderungen in den Green Mountains

50 m vom Guesthouse entfernt führt der **Rainforest Canopy Walk** 15 m über dem Boden auf Hängebrücken durch das dichte Grün des Waldes. Besonders im Morgengrauen und bei Dämmerung kann man hier eine Vielzahl von Vögeln auf Augenhöhe beobachten, u.a. Leierschwänze (Lyre Birds), Laubenvögel (Bower Birds) und Papageien. Durch verschiedene Vegetationszonen des Parks führt der **Morans Falls Track** (6 km, Start vom Resort, mittelschwer) zu den 80 m hohen *Morans Wasserfällen.* Auf dem **Blue Pool Circuit** (14 km, Start vom Guesthouse, schwer) erlebt der Wanderer die ganze Vielfalt des Parks. Im Blue Pool leben übrigens Schnabeltiere (Platypus).

Infos

The Ranger, Green Mountains (bei O'Reilly's),Tel. 07-55440634.

Binna Burra

Die nordöstliche Region des Lamington Nationalparks hat das deutlich trockenere Klima und dadurch eine weniger üppige Vegetation. Wegen der viel geringeren Besucherzahl ist Binna Burra die ursprünglichere und ruhigere Region.

Wanderungen in der Region Binna Burra

Caves Circuit (5 km, Start vom Information Centre, leicht): Wanderung zu den Talangai Caves. Augen auf, hier tummeln sich häufig Koalas in den Bäumen!

Lower Bellbird Circuit (12 km, Start an der Binna Burra Rd nördlich der Lodge): gute Ausblicke auf Egg Rock und den Park.

Infos

Ranger Station Binna Burra (1,5 km vor der Lodge), Tel. 07-55333584.

Ausrüstung

Aufgrund häufiger Regenfälle sind die Pfade teilweise rutschig und ausgewaschen. Daher ist festes Schuhwerk für die Wanderungen empfehlenswert. Ein ausführliches Faltblatt informiert über alle Wanderwege.

Unterkunft und Camping

Wegen seiner Beliebtheit als Wochenendausflugsziel sind Reservierungen für Hotels und Campingplätze unbedingt empfehlenswert.
*** **O'Reilly's Rainforest Guest House**, Lamington National Park, Tel. 1-800-688722, traditionsreiches Resort mit modernen Zimmern.
*** **Binna Burra Mountain Lodge**, Lamington National Park, Tel. 1-800-074260, www.binnaburralodge.com.au; Bungalows und Cabins mitten im Grünen. Eine nette Idee ist das Frühstück im Busch. Die übrigen Mahlzeiten werden im Haupthaus eingenommen, wo bei kühler Witterung ein gemütliches Kaminfeuer entfacht wird.
Binna Burra Mountain Campsite (Tel. 07-55333622); komfortabler Natur-Campingplatz, im Tea-House werden Frühstück und Snacks serviert.
Nationalpark Campground, Green Mountains, Anmeldung beim Ranger, Tel. 07-55440634; einfacher Platz mit Duschen und Trinkwasser.

Weiterfahrt nach Brisbane

Vom Lamington National Park und der Stadt **Beaudesert** führt der *Highway 13* direkt nach Brisbane (ca. 130 km).

Queensland

Überblick

Queensland ist der zweitgrößte Bundesstaat Australiens. Er erstreckt sich über eine Fläche von 1.727.200 qkm. Der *Sunshine-State* ist hinsichtlich des Bevölkerungswachstums der am schnellsten wachsende Bundesstaat Australiens. Allerdings verteilen sich seine derzeit 3,7 Millionen Einwohner nicht gleichmäßig über das Land, sondern drängen sich zum größten Teil auf dem schmalen und fruchtbaren Streifen zwischen Pazifik und der Great Dividing Range. Das Outback von Queensland ist ähnlich menschenleer wie im übrigen Australien.

Geographie

Geographisch kann Queensland in vier Regionen unterteilt werden – sie alle verlaufen von Nord nach Süd. Der reiche und fruchtbare *Küstenstreifen,* die vielfältige und abwechslungsreiche Bergkette der *Great Dividing Range* mit Regenwäldern, die vulkanischen *Tablelands* und schließlich das weite *Steppen- und Grasland,* das mehr als die Hälfte des Staates bedeckt.

Die größten Städte

Brisbane ist mit 1,66 Mio. Einwohnern eindeutig der Bevölkerungsmagnet und die Hauptstadt von Queensland. Sehr viel kleiner sind die anderen Städte: Cairns (120.500 Ew.), Townsville (91.600 Ew.), Mackay (67.800 Ew.), Rockhampton (63.400 Ew.) und Mount Isa (21.500 Ew.).

Klima

Queensland liegt überwiegend in der tropischen Klimazone. Es gibt nur zwei Saisonzeiten: „Wet" und „dry" – die Regenzeit im Sommer und die Trockenzeit im Winter. Den Namen *Sunshine-State* verdankt Queensland dem angenehm warmen Winterklima und der langen Sonnenscheindauer. In Brisbane scheint die Sonne im Jahresdurchschnitt 7,5 Stunden pro Tag.

Wirtschaft

Der Abbau von Bodenschätzen (Kohle, Kupfer, Zink, Silber, Gold, Sand, Salz, Uranium, Blei), Viehwirtschaft, der Anbau von Zuckerrohr und Getreide sowie der Tourismus sind die Stützen der Wirtschaft.

Highlights

Die Höhepunkte des riesigen Landes sind das Great Barrier Reef, die tropischen Inseln, schönen Strände, die immergrünen Hügellandschaften der Tablelands, die artenreichen Regenwälder sowie viele interessante Nationalparks.

Internet

Fremdenverkehrsbüro:
www.tq.com.au;
www.queensland.de

Nationalparkbehörde:
www.epa.qld.gov.au.

Queensland
0 200 km
© RKH Verlag Hermann
Cape York
Weipa
GREAT
BARRIER
REEF
South
Coral
Sea
Pacific
Ocean
Gulf of
Carpentaria
Cooktown
Mareeba
Cairns
Burketown
Normanton
Hinchinbrook
Island
Townsville
Charters Towers
The Withsundays
Mt Isa
Cloncurry
Eungella
Mackay
Winton
Longreach
Emerald
Rockhampton
Gladstone
Carnarvon
NP
Fraser
Island
Bundaberg
Hervey Bay
Simpson
Desert NP
Charleville
Roma
Sunshine
Coast
Dalby
Brisbane
St George
Ipswich
Gold
Coast
Lamington
NP
Nothern Territory
South
Australia
New South Wales
1
83
66
78
71
55
54
17
42

Brisbane

Überblick

Brisbane (1,66 Mio. Ew.) genießt den Ruf, die Sonnenschein-Metropole Australiens zu sein. Laut Statistik scheint sie an gut 330 Tagen im Jahr. Die drittgrößte Stadt des Kontinents, die von ihren Bewohnern nur „Brissie" genannt wird, bietet eine lebendige Mischung aus Unterhaltung, Sehenswürdigkeiten und Ökonomie. Für Besucher aus aller Welt ist Brisbane eines der populärsten Städteziele in Down under. Denn neben ihrer eigenen Attraktivität ist die Stadt ein idealer Ausgangs- oder Endpunkt für Reisen entlang der Ostküste: Brisbane wird von den meisten internationalen Airlines angeflogen.

Klima

Die Stadt ist mit einem wunderbaren, subtropischen Klima gesegnet: die Sommer sind warm (durchschnittlich 28 °C), die Winter mild (durchschnittlich 20 °C), die Niederschläge generell gering.

Geschichte

Der Forscher *John Oxley* wurde 1821 von Sydney nach Norden ausgesandt, um einen Platz für ein „Hochsicherheitsgefängnis" ausfindig zu machen. In der *Moreton Bay* wurde er fündig. Bereits 1824 wurden die ersten Häftlinge in der Moreton Bay in Redcliffe inhaftiert. Aufgrund der schlechten Trinkwasserversorgung und feindlich gesonnener Ureinwohner verlegten die Verantwortlichen das Gefängnis an das Ufer des *Brisbane Rivers*. Oxley hatte den Fluss nach dem damaligen Gouverneur von New South Wales benannt – Thomas Brisbane. Allmählich entstand am nördlichen Rand des Flusses eine Siedlung, die 1834 den Namen **Brisbane** erhielt. Freie Siedler kamen erst 1842, als das Land an der heutigen Stelle des Stadtzentrums zum Verkauf angeboten wurde. Der Ort entwickelte sich zum Versorgungsstützpunkt der großen Schaf- und Rinderfarmen im Landesinneren. Als Queensland sich 1859 von New South Wales abspaltete, zählte Brisbane nicht mehr 6000 Einwohner. Ein massiver Bevölkerungszuwachs und nennenswerter Reichtum erfolgten durch den Gold-rausch und den Aufbau der Minenindustrie. Grandiose Gebäude wurden als Symbole des neuen Wohlstandes errichtet. Bereits 1902 – als Brisbane zur Stadt erklärt wurde – zählte sie 100.000 Einwohner.

Das moderne Brisbane

Nach dem 2. Weltkrieg veränderte sich das Stadtbild. Hochhäuser mit spiegelnden Glasfassaden verdrängten die baumbestandenen Boulevards. Kulturelle und wirtschaftliche Interessen rückten in den Vordergrund. 1988, zur 200-Jahrfeier des Landes, fand in Brisbane auch die Weltausstellung EXPO statt, was die Stadt weltweit als ernstzunehmenden Wirtschafts- und Kulturstandort bekannt machte. „Brissie" hat sich von der einst isoliert gelegenen Sträflingssiedlung zu einer lebensfrohen und zukunftsträchtigen Stadt entwickelt. Sie ist heute die drittgrößte Stadt Australiens, ihr Hafen zählt zu den umschlagstärksten des Landes.

Adressen & Service Brisbane

An- und Abreise

Per Flugzeug

Der Brisbane Airport liegt 16 km nordwestlich des Zentrums am Ende des Kingsford Smith Drive. Das internationale und das nationale Terminal (Domestic Flights) sind etwa 2 km voneinander entfernt. Information: www.brisbaneairport.com.au. Verbunden werden die beiden Terminals durch den **Airtrain** (A$ 4).

Vom Flughafen in die Innenstadt (Transit Centre, Roma St) und weiter bis zur Gold Coast pendelt dieser Airtrain tägl. von 5–21 Uhr alle 15 Min. (A$ 12, Tel. 13-1230).

Coachtrans bietet einen Busservice (*SkyTrans*) zu den meisten Innenstadthotels sowie zum Transit Centre in der Roma Street (tägl., von 5–19.30 Uhr alle 15 Min., von 19.30–22.45 Uhr alle 30 Min., A$ 11, Tel. 07-32361000).

Die Fahrt vom Flughafen in die Innenstadt kostet mit dem **Taxi** etwa A$ 34.

Per Bahn und Bus

Überlandbusse und Züge verkehren zum **Transit Centre** in der Roma Street. Hier können Fahrkarten gekauft und Unterkünfte gebucht werden.

Infos

Die kostenlose Broschüre „This Week in Brisbane" enthält alle wichtigen Adressen, Unterhaltungs- und Veranstaltungstipps sowie einen nützlichen Stadtplan. Sie ist in den Touristenbüros und am Flughafen erhältlich.

Die **Internetseite** der Stadt www.brisbane.qld.gov.au ist etwas unübersichtlich, besser ist die Seite www.brisbane.citysearch.com.au.

Infos am Flughafen: Im Internationalen Terminal befindet sich ein Informationsstand mit Stadtplänen und hilfreichen Broschüren (Mo–Fr 8.30–16.30 Uhr, Sa 10–13 Uhr).

In der Innenstadt:

- Das **Brisbane Visitor Information Centre,** Queen St Mall, Mo–Fr 9–17.30 Uhr, Sa/So 10–16 Uhr, Tel. 07-30066290, www.brisbanetourism.com.au, bedient Sie mit Hunderten von Broschüren, Karten und Infos zur Stadt und Umgebung. Buchungen von Hotels über Touren ins Hinterland bis hin zu Whalewatching-Ausflügen sind möglich.
- **South Bank Visitor Centre**, Stanley Plaza, South Bank, tägl. 9–18 Uhr, Tel. 07-38672051.
- Der **Brisbane Visitors Accommodation Service** (2. Stock, Transit Centre, Roma St) ist auf Rucksackreisende spezialisiert (Mo–Fr 7–18 Uhr, Sa/So 8–17 Uhr, Tel. 07-32362002).
- Im **Government Travel Centre**, 243 Edward St, Tel. 07-38742800, Mo–Fr 8.30–17 Uhr, Sa 9.30–12.30 Uhr, erhält man Infos und Broschüren zum Bundesstaat Queensland.
- **National Parks and Wildlife Service,** 160 Ann St, Tel. 07-32278187, bietet nützlich Materialien zu den NPs.

Öffentliche Verkehrsmittel Brisbane hat ein sehr gut ausgebautes öffentliches Verkehrsnetz. Informationen sind bei *Transinfo* erhältlich: Tel. 131230, www.transinfo.qld.gov.au bzw. www.qr.com.au.

Busse In der Stadt verkehren **drei verschiedene Bus-Systeme,** die anhand ihrer Farben leicht unterschieden werden können.
Die Busse der *City Circle 333* und *444* (gratis, blau-weiß) verkehren auf einem innerstädtischen Rundkurs.
Die *Citybusse* (weiß-gelb) fahren alle Stopps in der Innenstadt und in den Vororten an.
Cityexpress-Busse (blau-gelbe gestreift) steuern im Halbstunden-Takt nur die ausgewiesenen Express-Haltestellen an.
Die wichtigsten Bushaltestellen sowie ein Infostand befinden sich unterhalb des *Myer Centre* (Queen Street Mall, Mo–Fr 8.30–17 Uhr). Ansonsten fahren die meisten Busse an den entsprechend farblich markierten Haltestellen in der Adelaide St, zwischen George und Edward Sts, ab. Einzelfahrscheine sind in den Bussen erhältlich.

Stadtrundfahrten Die Stadtrundfahrten von **CitySights Tours** dauern 90 Minuten. Die bequemen Busse mit englischsprachigem Kommentar halten an 19 Sehenswürdigkeiten der Innenstadt, an denen man beliebig ein- und aussteigen kann. Ein Tagesticket berechtigt während der Gültigkeitsdauer zur beliebig häufigen Nutzung von Bussen und Fähren.
Die Touren starten alle 45 Min., tägl. von 9–15.45 Uhr, ab CitySights Bus Stop, Post Office Square, Queen Street – Tickets sind im Bus erhältlich.
Die Nachttour beginnt um 18.30 Uhr (Nov–Feb) bzw. 18 Uhr (März–Okt) von der selben Haltestelle. Dauer etwa 2,5 h. ▸ Weitere Informationen unter Tel. 131230.

Citytrains Die regionalen *Citytrains* sind schneller unterwegs als lokale Buslinien, fahren aber nicht so häufig. Die Verbindungen reichen von der nördlichen Sunshine Coast (Noosa) bis zur südlichen Gold Coast (Coolangatta). Alle Züge halten an den Bahnhöfen *Roma Street Station, Central Station* und *Brunswick Street Station*. Tickets und Fahrpläne sind an den Haltestellen erhältlich.

Fähren Die Fähren über den Brisbane River sind ein empfehlenswertes, schnelles Verkehrsmittel. Die Boote fahren alle 10 bis 30 Min., von 6 bis 22.30 Uhr. Die zentralen Abfahrtspunkte sind: *North Quay* (für die Queen St Mall) bei der Victoria Bridge, *South Bank, Out Gardens Point* und *Edward Street* (Zugänge zum Botanischen Garten) sowie *Eagle Street Pier*. Einzelfahrscheine können auf den Booten gekauft werden. Die meisten Bustickets gelten auch für die Fähren.

Fahrkarten **Bus- und Fährtickets** sind in den Verkehrsmitteln und an ausgewiesenen Verkaufsstellen erhältlich (weiß-gelbe Fahne mit der Aufschrift „Bus & Ferry Tickets sold here").
Der **Day Rover-Tagesfahrschein** gilt für alle Busse und Fähren in der Stadt (A$ 12). Für die *Citytrains* gibt es ebenfalls einen **Tagespass** (Preise je nach Entfernungszonen).

Wie, wo, was ...

Automobilclub RACQ (Royal Automobile Club of Queensland), 261 Queen St (im General Post Office Gebäude), Tel. 07-33612565, www.racq.com.au. Mitglieder europäischer Automobilclubs (Mitgliedsausweis erforderlich) erhalten Karten und Broschüren günstiger.

Auto- und Campervermietungen

- *Apollo Motorhome,* 689 Nudgee Rd, Northgate, Tel. 07-32605466.
- *Avis Car Rental,* Tel. 136333; Flughafen Tel. 07-38604200; Brisbane City, 133 Albert St (im Wilson Car Park), Tel. 07-32212900; Fortitude Valley, 275 Wickham St, Tel. 07-32527111.

- *Britz/Maui Campers,* Tel.1-800-331454, Eagle Farm, 647 Kingsford Smith Drive, Tel. 07-36301151.
- *Budget Car Rental,* Tel. 132727; Flughafen (international und national) 07-38604050; Brisbane City, 105 Mary St, Tel. 07-32200699.
- *Hertz Cars,* Tel. 133039; Flughafen (international und national) Tel. 07-38604522; Brisbane City, 55 Charlotte St, Tel. 07-32216166.
- *Kea Campers,* Tel. 1-800-252555348, Hendra, Nudgee Rd, Tel. 07-38684500.
- *Thrifty Car Rental,* Tel. 1-300-367227; Flughafen Tel. 07-30008600; Fortitude Valley, 49 Barry Pde, Tel. 07-30063255.

Banken Die größten Banken befinden sich in der Innenstadt im Bereich Queen und Edward Streets. Geschäftszeiten Mo–Do 9.30–16 Uhr, Fr bis 17 Uhr.

Busgesellschaften

- *Greyhound,* Transit Centre, Roma St, Tel. 07-32363035, www.greyhound.com.au.
- *Coachtrans* (Busse zur Gold und Sunshine Coast), Transit Centre, Roma St, Tel. 07-32364165.

Einkaufen Zentrum des Konsums ist die Fußgängerzone *Queen Street Mall*, die auf einer Länge von einem halben Kilometer mehr als 650 Geschäfte, Restaurants und Cafés beheimatet. Wer noch mehr Auswahl sucht, findet im Stadtteil *Fortitude Valley* weitere Modeboutiquen und Kunstgalerien.

Aboriginalkunst bieten das Southbank Aboriginal Centre (Stanley St Plaza) und das Queensland Aboriginal Creations (Elizabeth St) an.

Australische Mode gibt es bei *Greg Grant Country Clothing* (Myer Centre, Levle Q, Queen St Mall).

Australia the Gift (68 Queen St, 136 Queen St, Ecke Adelaide/Edwards Sts) verkauft typische Souvenirs wie Bumerangs, Schaffelle, T-Shirts etc.

Bücher und Landkarten sind in den Filialen von Angus and Robertson (52 Queen St, Post Office Square, Myer Centre) zu finden.

Auch *World Wide Maps and Guides* (187 George St) hält ein gut sortiertes Landkartensortiment parat.

Alltägliches und Lebensmittel hat die Filiale des Coles Express in der Innenstadt (Edward St, westlich der Queen St Mall).

Campingzubehör und Outdoorbekleidung verkaufen die Geschäfte Kathmandu (144 Wickham St, Fortitude Valley) und Mountain Designs (120 Wickham St, Fortitude Valley). Günstiges Camping-Equipment ist bei Sherry's Disposals (33 Adelaide St) erhältlich.

Märkte: Wenn alles andere geschlossen hat, gibt es am Wochenende dafür diverse, bunt sortierte Märkte, die geöffnet sind.

Auf dem *Crafts Village Market* (Stanley St Plaza, Fr 17–22.30 Uhr, Sa 10–18 Uhr, So 9–17 Uhr) werden Handarbeiten, T-Shirts, Hüte, Kunstwerke und allerlei Gebrauchtwaren verhökert.

Sonntags sollten Sie den großen *Riverside Centre Market* oder den *Eagle Street Pier Market* besuchen. Von selbstgemachter Marmelade über Aboriginalkunst bis hin zu preiswerten CDs finden Sie hier alles (So 8–16 Uhr).

Etwas flippiger ist der *Fortitude Valley Market* (Brunswick St Mall, Sa 9–15 Uhr), wo es „Klamotten, Kunst und Ramsch" gibt.

Essen und Trinken

Gastronomen aus aller Welt lassen sich in Queenslands Metropole nieder. Die Restaurant- und Café-Szene expandiert. In der Innenstadt und der Umgebung fehlt es weder an preisgekrönten Restaurants noch an gemütlichen Kneipen. In der Broschüre „This Week in Brisbane" oder im Internet unter www.bestrestaurants.com.au sind Gaststätten aller Art und Preisklassen zu finden. Die meisten Lokale haben mittags von 11–14 Uhr und abends ab 18 Uhr geöffnet.

Als Spezialitäten gelten in Brisbane Meeresfrüchte aller Art (Seafood), insbesondere die herzhaften Krustentiere „Moreton Bay Bugs".

In den **Food-Courts** der Innenstadt, wie zum Beispiel in den Einkaufszentren *Wintergarden Centre* (Ground Floor) und im *Myer Centre* (Level E), werden tagsüber verschiedenste Gerichte (auch Frühstück) zu günstigen Preisen angeboten.

Zahlreiche gediegene Restaurants befinden sich an der **Eagle Street Pier** und im angeschlossenen **Riverside Centre**. Wer gerne unter freiem Himmel speist, der sollte in die eher „freizeitorientierten" Cafés und Restaurants in die **South Bank Parklands** gehen.

Michael's Riverside, 123 Eagle St, Tel. 07-38325222; eines der preisgekrönten Restaurants mit Seafood und heimischer Küche auf der Speisekarte, Hauptgerichte von A$ 25 bis 40, Tischreservierung sinnvoll.

Pane e Vino, Ecke Charlotte/Albert Sts; nettes italienisches Lokal im Geschäftszentrum, Hauptgerichte ab A$ 20.

Auf dem alten Raddampfer **Kookaburra Queen II** (Anlegestelle Eagle St/Waterfront Pier, Tel. 07-32211300) werden Flussfahrten mit Lunch oder Dinner angeboten.

Plough Inn, Stanley St, South Bank Parklands; guter Biergarten und gute Steaks. Abends Live-Musik. Hauptgerichte ab A$ 15.

Summit Restaurant, Sir Samuel Griffith Drive, Mt Cooth-tha, Tel. 07-33699922; moderne australische Küche mit herrlichem Ausblick auf die Stadt und die Moreton Bay, Hauptgerichte ab A$ 20, Tischreservierung sinnvoll.

Chinesisch essen kann man gut und günstig in der **Chinatown Mall** im Stadtteil Fortitude Valley. Eine Parallelstraße weiter, in der Brunswick Street Mall, befinden sich beliebte Cafés und Kneipen.

BNE ▸ CNS

Fahrradvermietung/-shops

Brisbane Bicycle Sales (87 Albert St) vermietet und verkauft Fahrräder.

Valet Cycle Hire and Tour (Tel. 04-08003198) bringt die Räder direkt in die Hotels, bietet auch geführte Touren in und um die Stadt an.

Hinweis: Außerhalb der Stoßzeiten ist der Transport von Fährrädern in Zügen und auf Fähren generell gestattet.

Fluggesellschaften

- Air New Zealand, Tel. 132476
- British Airways, Tel. 02-89048800
- Cathay Pacific, Tel. 131747
- Garuda Indonesia, Tel. 1-300-165330
- KLM, Tel. 92316333
- Malaysian Airlines, Tel. 132627
- Qantas/Australian Airlines/Jetstar, Tel. 131313
- Singapore Airlines, Tel. 131011

Die Adressen der jeweiligen Stadtbüros der Fluggesellschaften sind den jeweils aktuellen Flugplänen oder den Gelben Seiten (Yellow Pages) zu entnehmen.

Foto/Video

Camera Tech (127 Creek St) und *Anderson's Camera Centre* (117 Adelaide St) haben eine große Auswahl an Markengeräten. Digitalfotos werden auf CDs gebrannt.

Internet

Im Zentrum der Stadt gibt es einige Internet-Cafés. Einen guten Service bietet die Filiale von *Global Gossip* in der 288 Edward St, in der auch preiswerte Telefonkarten verkauft werden.

In der *Central City Library* (im City Plaza Komplex hinter der Town Hall) sowie in der *State Library of Queensland* (Stanley St, South Bank) können die Internet-Terminals kostenlos genutzt werden. Viele Hotels verfügen über teure Internetzugänge, Backpacker-Hostels sind deutlich günstiger.

Konsulate

- Deutsches Konsulat, 10 Eagle St, AMP Place, Tel. 07-32217819.
- Österreichisches Konsulat, 30 Argyle St, Breakfast Creek, Tel. 07-32628955.
- Schweizer Konsulat, 25 Buchanan Rd, Banyo, Tel. 07-36218099.

Krankenhäuser
- Royal Brisbane Hospital, Herson Rd, Herston, Tel. 07-32538111.
- Travellers Medical Service (praktische Ärzte), 245 Albert St, Level 1, Tel. 07-32113611 (24 h).

Kultur- und Unterhaltungsangebote

Klassische Musik, Tanz, Theater Das *Queensland Performing Arts Centre* in South Bank ist so etwas wie das kulturelle Herz der Stadt. In vier Theater- und Konzerträumen finden Aufführungen aller Couleur statt. Der aktuelle Spielplan wird in den Tageszeitungen und unter www.qpat.com.au veröffentlicht. Karten sind online oder unter Tel. 136246 buchbar.

Kinos
- IMAX Theatre, Grey St, South Bank, Tel. 07-38444222.
- Hoyts Regent, Queen St Mall.
- Greater Union, 525 George St.

Kinotag mit vergünstigten Tickets ist der Dienstag.

Casino Das *Treasury Casino*, am südlichen Ende der Queen St Mall (24 h geöffnet), verfügt über zahlreiche Restaurants, Bars und Live-Musik.

Galerien und Museen *Queensland Art Gallery* (Melbourne St, South Bank, tägl. 10–17 Uhr).
Aboriginal Centre for the Performing Arts (Level 4, 109 Edward St).
The *Judith Wright Centre* of Contemporary Arts (420 Brunswick St, Fortitude Valley, www.ima.org.au, Di–Fr 11–17 Uhr, Sa 11–16 Uhr) ist das jüngste Kunstzentrum der Stadt (zeitgenössische und moderne Ausstellungen).

Live-Musik Eine große Auswahl an Clubs und Discos befindet sich in der Caxton Street, in Fortitude Valley und in der Wiliam Street in der City.

Festivals **Juli/August:** *Brisbane International Film Festival* – alte, neue und unbekannte Filme werden an elf Tagen gezeigt.
August/September: *The River Festival* – Essen, Kultur und Unterhaltung rund um den Brisbane River mit spektakulärem Feuerwerk.

Notfall Notruf (Polizei, Feuerwehr, Rettungsdienst) Tel. 000
Polizeiwache (gegenüber Transit Centre, Roma St) Tel. 07-33646464.

Parken Parken in der City ist sehr schwierig. In der Innenstadt gibt es nur wenige 2-Stunden-Gratis-Parkbuchten. Jedoch wird genau kontrolliert. Für Wohnmobile eignet sich der kostenpflichtige Parkplatz in der 199 Charlotte St (24 h) und südlich der Stadt beim Maritime Museum. Von dort kann man bequem zu Fuß am Fluß entlang und dann über die Godwill Bridge in die Innenstadt spazieren.

Post General Post Office, 261 Queen St, Mo–Fr 7–18 Uhr geöffnet.
Postlagernd-Adresse: Poste restante, Brisbane GPO, QLD 4000.

Sport Spektakuläres zum Zuschauen bieten die Rugbyspiele der *Brisbane Broncos* (www.broncos.com.au) im *Suncorp Stadium* (Castlemaine St, Milton). Cricket wird im Stadion *The Gabba* (Vulture St, South Bank) gespielt.
Wer sich selbst bewegen möchte, der kann auf den ebenen Radwegen am Fluss Inline-Skaten (Leihschuhe und Ausrüstung gibt es bei Skatebiz, 101 Albert St, City und bei Blade Sensations, 493 Stanley St, South Bank), Joggen oder Radfahren (▶ s. „Fahrradvermietung, -shops").
Der *Centenary Pool* (400 Gregory Tce, Spring Hill) ist das beste Schwimmbad der Stadt – mit 50 m Bahn und Sprungbecken – hier trainiert häufig der Weltklasse-Schwimmer Ian Thorpe.
An den Klippen am Kangaroo Point lässt es sich hervorragend klettern.
Der 18-Loch Victoria Park Golf Course (Herston Rd, Herston, Tel. 07-32529891) ist öffentlich zugänglich und zentrumsnah. Ausrüstung kann vor Ort geliehen werden.

Taxis Black & White Cabs, Tel. 131008; Yellow Cabs, Tel. 131924

Telefonieren Vorwahl von Queensland 07

Touren *CitySights Tours* (▶ s. „Öffentliche Verkehrsmittel") und Mr Day Tours (Tel. 07-32898364) bieten Stadtbesichtigungen per Bus an. Die Stadtrundgänge mit *Brian Ogden's Historical Walking Tours* (Tel. 07-32173673) wenden sich an Geschichtsliebhaber.
Bootstouren werden von *Kookaburra River Queens* ab Eagle Street Pier angeboten (Tel. 07-32211300).

Züge
- *Traveltrain*, australienweite Verbindungen, Tel. 132232.
- *Citytrain,* Verbindungen von Brisbane zur Gold und Sunshine Coast, Tel. 131230.

Unterkunft und Camping

Zimmer gibt es in Brisbane reichlich. Nur zu besonderen Events wie Rugby-Spielen, Messen und Kongressen und während der großen *Brisbane Show* im August kann es zu Engpässen kommen. Das Preisniveau ähnelt dem anderer australischer Großstädte (mit Ausnahme von Sydney).

Hotels
**** **Sheraton Brisbane Hotel & Towers,** (249 Turbot St, Tel. 07-38353535); luxuriöses Haus in zentraler Lage mit Open-Air Pool auf dem Dach.
***** **Quay West Suites** (132 Alice St, Tel. 07-38536000); großzügige First-Class-Apartments direkt am Botanischen Garten.
**** **Novotel Brisbane** (200 Creek St, Tel. 07-33093309); großes Hotel in Zentrumsnähe.
**** **Chiffley on Lennons Hotel** (66 Queen St, Tel. 07-32223222); Mittelklassehotel mitten in der Fußgängerzone. Keine Parkplätze.
**** **Comfort Inn & Suites Northgate Airport** (186 Toombul Rd, Northgate, Tel. 07-32567222); Flughafenhotel.
*** **Hotel Ibis** (27 Turbot St, Tel. 07-32372333); Mittelklassehotel nahe der Queen St Mall mit Restaurant und Bar.

B&B
*** **Annies Shandon Inn** (405 Upper Edward St, Tel. 07-38318684); hübsche B&B-Unterkunft in historischem Gebäude, Nähe Central Railway Station.

Jugendherbergen und Hostels
* **Brisbane City YHA** (392 Upper Roma St, Tel. 07-32361004); moderne, große Jugendherberge mit Mehrbett- und Doppelzimmern.
* **Yellow Submarine** (66 Quay St, Tel. 07-32113424); kleines, komfortables Hostel mit Pool und Garten im Zentrum.
In den Vororten Fortitude Valley, Petrie Terrace und New Farm befinden sich viele weitere günstige Backpacker-Hostels. Einige davon verfügen über einen Shuttle-Bus zur Roma Street Station (Greyhound-Busse).

Camping
Fast alle Campingplätze liegen weit außerhalb der Stadt. Wer seine Reise in Brisbane beginnt oder beendet, sollte für die Stadtbesichtigung deshalb besser ein Stadthotel buchen.
Newmarket Gardens Caravan Park (199 Ashgrove Ave, Ashgrove, Tel. 07-33561458); 4 km nördlich der Stadt, keine Zeltplätze!
Caravan Village (763 Zillmere Rd, Aspley, Tel. 07-32634040); gepflegter Platz 12 km nördlich der Stadt mit Busanbindung. Großes Einkaufszentrum direkt in der Nähe – ideal für den Großeinkauf zu Beginn der Reise.
Aspley Acres Caravan Park (1420 Gympie Rd, Aspley, Tel. 07-32632668); große Anlage an der Hauptstraße, 13 km nördlich von Brisbane.
Gateway Village (200 School Rd, Rochedale, Tel. 07-33416333); gepflegter Campingplatz, 16 km südlich der City.

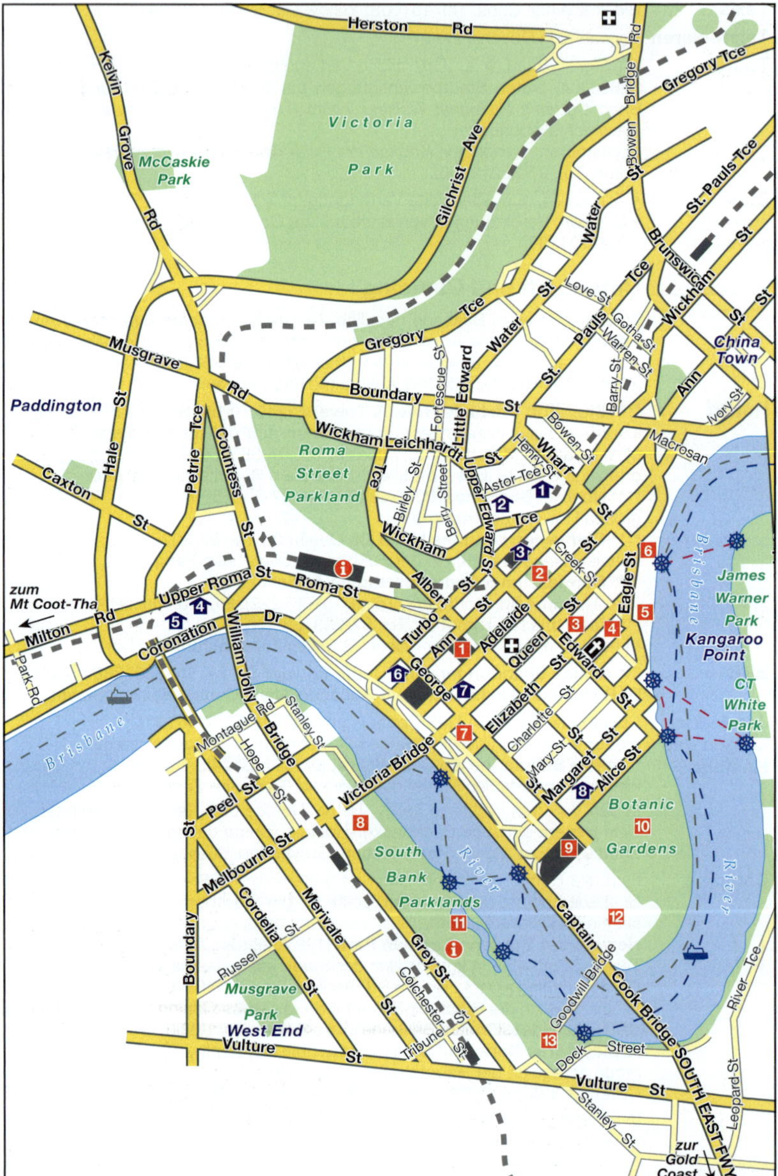

Herston Rd
Kelvin Grove Rd
Victoria Park
McCaskie Park
Gilchrist Ave
Bowen Bridge Rd
Gregory Tce
St. Pauls Tce
Brunswick St
Wickham St
China Town
Musgrave Rd
Paddington
Hale St
Petrie Tce
Countess St
Caxton St
Boundary St
Wickham Tce
Roma Street Parkland
Leichhardt St
Little Edward St
Upper Edward St
Water St
Ann St
Wharf St
Eagle St
James Warner Park
Kangaroo Point
CT White Park
Brisbane River
Upper Roma St
Roma St
Albert St
Turbo
Adelaide St
Queen St
Edward St
George St
Elizabeth St
Margaret St
Alice St
Milton Rd
zum Mt Coot-Tha
Coronation Dr
William Jolly Bridge
Victoria Bridge
Peel St
Melbourne St
Boundary St
Cordelia St
Merivale St
Grey St
South Bank Parklands
Botanic Gardens
Captain Cook Bridge
Goodwill Bridge
Musgrave Park
West End
Vulture St
Dock Street
Stanley St
River Tce
SOUTH EAST FWY
zur Gold Coast

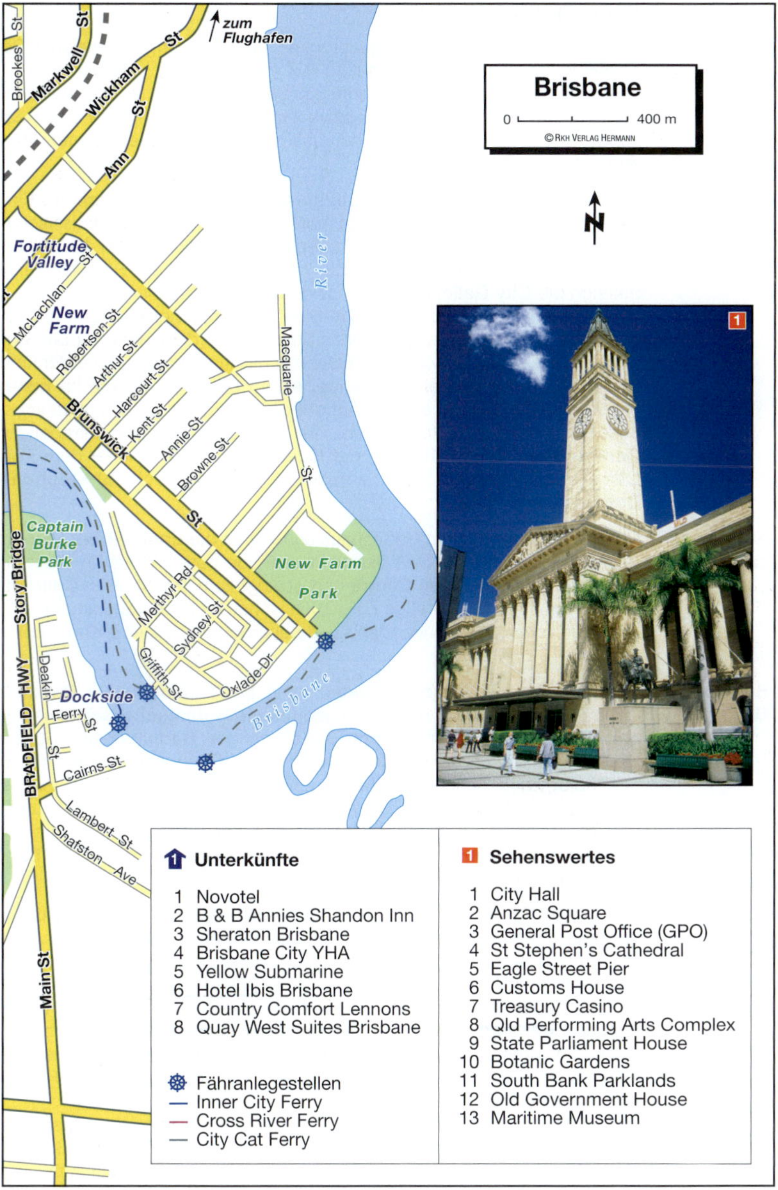
Brisbane
0 400 m
© RKH Verlag Hermann
zum Flughafen
Brookes St
Markwell St
Wickham St
Ann St
Fortitude Valley
McLachlan St
New Farm
Robertson St
Arthur St
Harcourt St
Kent St
Annie St
Browne St
Brunswick St
Macquarie St
River
Captain Burke Park
New Farm Park
Story Bridge
Merthyr Rd
Sydney St
Griffith St
Oxlade Dr
Brisbane
Dockside
Deakin St
Ferry St
Cairns St
Lambert St
Shafston Ave
BRADFIELD HWY
Main St
BNE ▸ CNS
Unterkünfte
1 Novotel
2 B & B Annies Shandon Inn
3 Sheraton Brisbane
4 Brisbane City YHA
5 Yellow Submarine
6 Hotel Ibis Brisbane
7 Country Comfort Lennons
8 Quay West Suites Brisbane
Fähranlegestellen
Inner City Ferry
Cross River Ferry
City Cat Ferry
Sehenswertes
1 City Hall
2 Anzac Square
3 General Post Office (GPO)
4 St Stephen's Cathedral
5 Eagle Street Pier
6 Customs House
7 Treasury Casino
8 Qld Performing Arts Complex
9 State Parliament House
10 Botanic Gardens
11 South Bank Parklands
12 Old Government House
13 Maritime Museum

Stadtbesichtigung

Brisbanes Innenstadt ist ausgesprochen übersichtlich. Die meisten Sehenswürdigkeiten lassen sich gut zu Fuß erreichen. Wer unterwegs ausruhen möchte, kann die Gratis-Busse 333 und 444 nutzen (▶ s. „Öffentliche Verkehrsmittel"). Eine gute Alternative zur Stadterkundung zu Fuß ist das Fahrrad, sofern man sich damit hauptsächlich in den verkehrsarmen Anlagen entlang des Flusses bewegt.

Blick über die City

Sinnvoller Startpunkt für einen Stadtrundgang ist die **City Hall** am King George Square. Vom über 92 m hohen Glockenturm des klassischen Sandsteingebäudes bietet sich ein Blick auf die Stadt (Mo–Fr 10–15 Uhr, Sa bis 14.30 Uhr, Eintritt kostenlos). Im Erdgeschoss der City Hall befindet sich die **City Gallery** mit wechselnden Kunstausstellungen.

Überquert man auf der Adelaide Street in nördlicher Richtung die Edward Street, so taucht auf der linken Straßenseite der **Anzac Square** auf, ein kleiner Park in griechischem Stil mit monumentalem Reiterdenkmal und dem **Shrine of Remembrance,** einem Ehrenmal für die im Ersten Weltkrieg gefallenen Australier. Auf der anderen Seite der Grünfläche befindet sich der Post Office Square, der direkt zum pompös aufragenden **General Post Office** (1879) in der Queen Street führt. Hinter dem Post Office, in der Charlotte Street, erhebt sich die neogotische **St Stephen's Cathedral** von 1850.

Am Wasser entlang

Nur wenige Schritte vom Gotteshaus entfernt ist der **Eagle Street Pier** am Brisbane River erreicht. Auf dieser Promenade passiert man in Richtung Nordosten das **Riverside Centre** und gelangt zum prachtvollen **Customs House** von 1889. Die einstige Zollstation ist heute eine Veranstaltungsstätte der Universität von Queensland und beherbergt eine kleine Kunstgalerie (tägl. 10–16 Uhr).

Botanischer Garten

Der Weg zum Botanischen Garten kann per Fährfahrt vom Riverside Centre verkürzt werden. Der 1855 gegründete **Botanische Garten** ist die grüne Lunge der Stadt, wo sich Spaziergänger, Radfahrer und Jogger „aktiv" erholen. Studenten der benachbarten Queensland University of Technology und Geschäftsleute besuchen den Park in der Mittagspause. Auf der Freiluftbühne (River Stage) werden an Sommerabenden Konzerte und Theaterstücke aufgeführt. **Geführte Touren** werden von ehrenamtlichen Helfern angeboten (Di–So 11 u. 13 Uhr, Treffpunkt Pavillon, 100 m vom Haupteingang in der Alice St entfernt).

Regierungsgebäude

Südwestlich grenzt an den Botanischen Garten das 1860 erbaute **Old Government House.** Es diente von 1862 bis 1910 als offizielle Residenz des Regierungschefs von Queensland. Heute beherbergt es einen Souvenirshop sowie ein Büro des Denkmalschutzes (tägl. 9–16.30 Uhr geöffnet).

Rund 100 m weiter nördlich befindet sich das **State Parliament House.** An dem im Jahr 1868 im Stil der französischen Renaissance erbauten Haus beeindruckt den Betrachter vor allem das Kupferdach. Der elegante Innenbereich kann in der tagungsfreien Zeit besichtigt werden (Mo–Fr 9–17 Uhr, Tel. 07-34067111).

Parkanlagen am Südufer

Um zu den **Southbank Parklands** auf der anderen Seite des Flusses zu gelangen, kann die Fußgängerbrücke oder die Fähre (ab Out Gardens Point) benutzt werden. Die für die Expo-Ausstellung 1988 völlig neu gestaltetten Parkanlagen am Südufer laden mit künstlichen Wasserlandschaften (mit Badestrand), Spielplätzen und Restaurants zum Verweilen ein. Im *Exhibition & Convention Centre* werden große Messen und Kongresse veranstaltet. Am Südende der Parklands zeigt das **Queensland Maritim Museum** Schiffe und andere Relikte der Seefahrt (tägl. 9.30–16.30 Uhr).

Kulturszene Southbank Das kulturelle Zentrum Brisbanes ist **Southbank** auf Höhe der Victoria Bridge. Dort wird in den Theater- und Konzertsälen des **Queensland Performing Arts Centre** internationale Kunst geboten. Über die Melbourne Street hinweg setzt sich die Kulturmeile mit der **Queensland Art Gallery** fort. Sie beherbergt eine interessante Sammlung mit Aboriginalkunst, Werken europäischer Maler und asiatischer Künstler. Im selben Gebäudekomplex erläutert das **Queensland Museum** die Geschichte des Bundesstaates und zeigt naturwissenschaftliche Exponate (tägl. 10–17 Uhr).

Über die Victoria Bridge führt der Rundgang zurück in die Innenstadt, wo man direkt auf das **Treasury Building** blickt. Das Sandsteingebäude mit der imposanten, klassischen Fassade diente früher als Finanzministerium, heute ist es Spielcasino und Hotel. Der Blick ins Innere ist täglich rund um die Uhr möglich.

Shopping Die zentrale Einkaufszeile der Stadt ist die **Queen Street Mall.** Sie ist Treffpunkt für Straßenkünstler, Besucher und Einheimische.

Sehenswürdigkeiten außerhalb des Zentrums

Fortitude Valley „The Valley" ist Brisbanes lebhaftester und kosmopolitischster Stadtteil. Wegen der vielen Galerien, Modegeschäfte und Kneipen sowie der kleinen Chinatown lohnt sich sowohl tagsüber als auch abends der Besuch. Hauptstraßen sind die Ann Street und Wickham Street, sowie die Fußgängerzonen Brunswick Street und Duncan Street (Chinatown). Die Anfahrt erfolgt am besten per Zug über die Brunswick Station oder per Bus.

Mount Coot-tha Reserve 7 km westlich der City liegt dieser große Park auf einer Anhöhe. Vom Aussichtspunkt hat man einen fantastischen Blick auf Brisbane und die Küste. Abends lohnt der Restaurantbesuch mit Aussicht auf die erleuchtete Stadt. Für Pflanzenliebhaber ist der Besuch des Botanischen Gartens am Fuße des Berges empfehlenswert. Das Informationsbüro gibt Faltblätter mit Spaziergängen und Pflanzenbeschreibungen aus. Ebenfalls im Naturpark liegt das *Sir Thomas Brisbane Planetarium,* das größte seiner Art im Staat. Anfahrt mit Bus 471, ab Adelaide St/Albert St.

Lone Pine Koala Sanctuary Der Tierpark im Vorort Fig Tree Pocket (Jesmond Rd) beheimatet Koalas, Känguruhs, Wombats und die heimischen Reptilien in natürlicher Umgebung. Koalas können gefüttert und gestreichelt werden (tägl. 9–17 Uhr), was insbesondere unter den vielen asiatischen Gästen ausgesprochen beliebt ist. Die Anfahrt ist mit dem Boot „Miramar" ab North Quay (10 Uhr) direkt möglich. Alternativ werden zahlreiche Tagesausflüge nach Lone Pine angeboten.

Castlemaine Perkins Brewery In der seit 1878 bestehenden **Brauerei** in Milton (Milton Rd, Eingang Ecke Black / Paten Sts) wird das legendäre Queensland-Bier **„XXXX“** (sprich „four ex“) hergestellt. Führungen durch „The XXXX Ale House“ werden montags bis freitags von 10 bis 16 Uhr jeweils zur vollen Stunde angeboten, eine telefonische Voranmeldung unter Tel. 07-33617597 ist erforderlich (www.xxxx.com.au). Anfahrt: mit dem Citytrain (Ipswich Line) bis Bahnhof Milton.

Inseln vor Brisbane

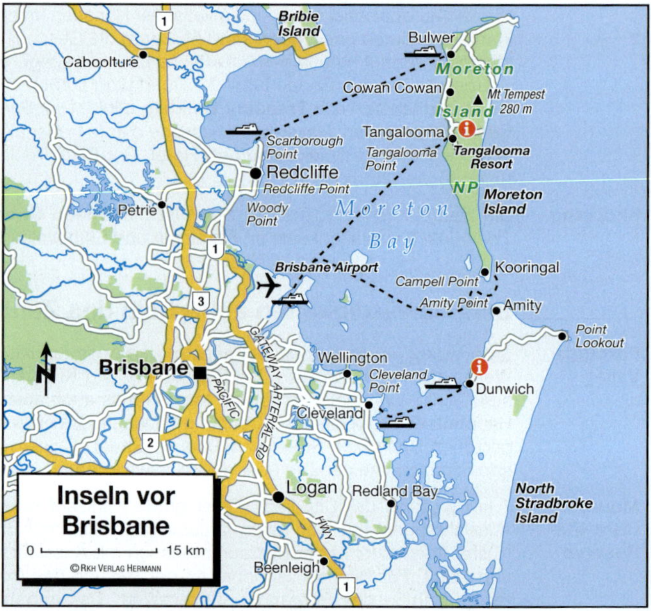

North Stradbroke Island

North Stradbroke, kurz „Straddie“ genannt, zählt zu den größten Sandinseln der Welt. Bis 1896 war die Insel noch mit der kleineren Schwester South Stradbroke verbunden (▶ s. Abschnitt „Gold Coast“). Durch einen Sturm wurde die Verbindung jedoch weggeschwemmt.

Die kilometerlangen, weißen Sandstrände und die beschaulichen Badeorte sind bei gutem Wetter (das meistens herrscht) einen Tagesausflug wert. Obwohl sich fast 90% der 40 km langen Insel im Besitzt einer Minengesellschaft befinden, bleibt im Inselinneren noch genug Raum für Süßwasserlagunen, bewachsene Sanddünen sowie die typische Flora und Fauna einer Sandinsel.

Das Städtchen **Point Lookout** ist das Urlaubszentrum an der Nordostspitze der Insel. Ein Muss für alle Besucher ist der *North Gorge Headland*

Walk, bei dem man unweit der Klippen auch Wasserschildkröten, Rochen und Delphine zu Gesicht bekommt. Von Juni bis November ziehen zudem Buckelwale (Humpback Whales) vorbei.

Der **Main Beach** auf der Ostseite ist nicht nur zum Sonnen und Baden herrlich, sondern auch eine Spielwiese für Geländewagenfahrer.

Anreise Stradbroke Island

Mit eigenem Fahrzeug: Autofähre ab *Cleveland* (Stradbroke Ferries, Middle St, Tel. 07-32862666) oder ab *Redland Bay* (Island Transport, Banana St, Tel. 07-38290008). Beide Schiffe fahren nach Dunwich. Reservierung erforderlich.

Mit öffentlichen Verkehrsmitteln: mit der **Bahn** ab Roma Street Station bzw. Central Railway Station nach Cleveland. Von dort verkehrt ein **Bus** zum *Toondah Harbour,* dann per **Wassertaxi** auf die Insel. Die Straßen zwischen den Inselorten sind asphaltiert. Für das Befahren des Strandes (nur per 4WD) ist ein Permit notwendig (erhältlich im Tourist Office Dunwich).

Auf der Insel pendeln **öffentliche Busse** zwischen Dunwich, One Mile, Amity Point und Point Lookout. Geführte **Geländewagentouren** durchs Inselinnere bieten *Beach Island Tours* (Tel. 07-34098089) und *Straddie Kingfisher Tours* (Tel. 07-34099502) an.

Infos

Tourist Information Centre, Junner St, Dunwich, Tel. 07-34099555, www.redland.net.au/redlandstourism. Hier werden auch die Permits für 4WD-Fahrer erteilt.

Unterkunft und Camping

*** **Pandanus Palms Resort** (21 Cumming Pde, Point Lookout, Tel. 07-34098339); modernes Hotel mit tropischem Flair und Meerblick.
*** **Stradbroke Island Guesthouse** (1 East Coast Rd, Point Lookout, Tel. 07-34098888); sauberes Hostel am Strand.
*** **Boswell's B&B** (Cumming Pde, Point Lookout, Tel. 07-34098875); auf dem Hügel über Point Lookout.
North Stradbroke Island Tourist Park (Dickson Way, Point Lookout, Tel. 07-34098127); Campingplatz.
Weitere **Campingplätze** gibt es in Amity Point, One Mile und Dunwich. Camping am Strand ist am Flinder's Beach und am Main Beach erlaubt (nur per 4WD erreichbar, Permit erforderlich).

Moreton Island

Die nur 35 km von Brisbane entfernte Sandinsel **Moreton Island** ist zum größten Teil Nationalpark. Die kleinen Ansiedlungen **Bulwer, Cowan Cowan** und **Kooringal** befinden sich alle auf der geschützten Westseite der Insel. Mit der höchsten Küstensanddüne der Welt (Mount Tempest, 280 m), der reichen Vogelwelt sowie den frei lebenden Delphinen ist die Insel ein lohnendes Ziel für einen ein- oder mehrtägigen Ausflug. Wer in Brisbane seine Reise beendet, dem eröffnet Moreton Island die Möglichkeit, noch ein paar Tage erholsamen Strandurlaubes anzuhängen.

Sehenswert sind der älteste **Leuchtturm** von Queensland (1857) an der Nordspitze der Insel sowie die verrosteten Tangalooma Schiffswracks an der Westküste (für Taucher und Schnorchler ein beliebtes Erkundungziel).

Delphine am Strand

Jeden Abend kommen an der Jetty des Tangalooma Resort **Delphine** zur Fütterung. Dabei finden sich zahlreiche Besucher ein, und so wird das Ganze zu einer „Tiershow mit Flutlicht". Es empfiehlt sich, schon vor dem angegebenen Zeitpunkt auf den Bootssteg zu gehen, um die Tiere noch beim natürlichen Spiel zu beobachten. Von Juni bis Ende Oktober können bei Cape Moreton Wale gesichtet werden (meist Buckelwale).

Dünenspaß Eine beliebte Aktivität ist das **Sandboarding.** Mit einfachen Holzbrettern stürzt man sich in Bauchlage steile Sandhügel hinunter. Ebensoviel Spaß, allerdings mit weniger Sand im Mund, bringen Touren mit Quads (Motorräder mit 4 Rädern) durch die tiefen Sandlandschaften.

Ausflüge zu den Dünen werden täglich vom Resort aus angeboten. Da es auf der Insel keine befestigten Straßen gibt, ist man als Besucher auf geführte Touren oder die eigenen Füße angewiesen. Spaziergänge in den Sanddünen sind jedoch sehr beschwerlich. Fahrzeuge benötigen ein Permit, das auf der Fähre erhältlich ist.

Anreise Moreton Island Der Katamaran *Tangalooma Flyer* verkehrt täglich ab Holt Street Dock (Kingsford Smith Drive, Brisbane, 10 Uhr hin, 15.30 Uhr zurück) zum **Tangalooma Resort**. Fahrzeuge können auf einem gesicherten Parkplatz an der Anlandestelle abgestellt werden. Zum Schiff verkehrt ab Brisbane Transit Centre, vom Flughafen und von vielen Hotels in der Innenstadt ein Zubringerbus. Buchung und aktuelle Fahrplaninfo unter Tel. 07-32686333.

Die Autofähre *Combie Trader* fährt täglich (außer Dienstag) von Scarborough nach Bulwer. Information und Buchung unter Tel. 07-32036399, www.moreton-island.com.

Tagestouren auf Moreton Island bietet *Sunrover Expeditions* an (Tel. 07-32034241, www.sunrover.com.au). Auf der Insel gibt es **keine öffentlichen Verkehrsmittel.** Anmietung von **Geländewagen** in Bulwer ist bei *Moreton Island 4WD Hire* möglich (Tel. 07-34101338). Angesichts der teuren Überfahrt für Fahrzeuge rechnet sich die Miete auf der Insel sogar.

Unterkunft und Camping *** **Tangalooma Wild Dolphin Resort** (Tel. 1-300-652250). Große Anlage mit Hotelzimmern, Apartments und Villas. Restaurant, Bar und Shop sind vorhanden. Vielfältiges Sport- und Ausflugsangebot. Die vielen Tagesausflügler erzeugen im Resort eine gewisse Unruhe, doch der Strand ist groß genug für alle.

Combie Trader (Tel. 07-32036399) bietet in Bulwer Unterkünfte für Backpacker in Mehrbettzimmern (*) an.

Einfache **Nationalpark-Campgrounds** befinden sich an der Westküste zwischen Tangalooma und Cowan Cowan sowie bei Eagle Creek und Blue Lagoon auf der Ostseite.

Informationen und Genehmigungen in Brisbane im Nationalpark Office (160 Ann St, Tel. 07-32278186).

Quad-Tour auf Moreton Island

Von Brisbane nach Cairns

Überblick

Die bei Australien-Reisenden beliebteste Strecke ist die abwechslungsreiche Tour von Brisbane nach Cairns. Der küstennahe **Bruce Highway,** der ähnlich wie der Pacific Highway (Sydney – Brisbane) selten direkt entlang der Küste verläuft, führt dabei durch unterschiedliche Klima- und Vegetationszonen. Die Klimagrenze zu den Tropen überquert der Highway auf Höhe von Rockhampton (Wendekreis des Steinbocks – Tropic of Capricorn).

Ein erster Abzweig vom Bruce Highway führt zur **Sunshine Coast** mit den Feriensiedlungen Caloundra, Maroochydore und Noosa. Der Abstecher lohnt allein schon wegen der herrlichen Strände.

Weiter nördlich, vor dem Küstenort Hervey Bay, erstreckt sich **Fraser Island.** Mit ihren kilometerlangen Sandstränden, kristallklaren Binnenseen und ihrer reichhaltigen Fauna ist die große Sandinsel ein ideales Ziel für ein- oder mehrtägige Aufenthalte.

Über die Städte Bundaberg, Gladstone und Rockhampton führt die Fahrt in die tropische Zone. Die faszinierende Korallen- und Inselwelt des 2000 km langen **Great Barrier Reef** nähert sich immer weiter der Küste. Ausflüge auf die **Inseln** Lady Musgrave Island, Lady Elliot Island und Heron Island lassen die Herzen von Schnorchlern, Tauchern und Ornithologen höher schlagen.

Ganz anders das **Hinterland** rund ums Outbackstädtchen **Emerald,** wo Edelsteinfelder und ursprüngliche Nationalparks auf „Schatzsucher" warten.

Von der Hafenstadt Mackay führt eine Nebenstraße in den hoch gelegenen **Eungella National Park.** Neben einer fantastischen Aussicht sind die einzigartigen australischen Schnabeltiere (Platypus) die eigentliche Attraktion des Parks.

Ausgangspunkt für einen Ausflug in die Inselwelt der **Whitsunday Islands** ist Airlie Beach. Die beste Art, die Inseln zu erkunden, ist ein Segeltörn.

Gesäumt von kilometerlangen Zuckerrohrfeldern führt der Bruce Highway nach **Townsville.** Ein attraktiver Aquariumskomplex, eine schön gestaltete Strandpromenade und eine überschaubare Shoppingmeile sind die Empfehlungen der Stadt für einen kurzen Zwischenstopp. Nur wenige Kilometer vor der Küste liegt die Insel **Magnetic Island** mit verschwiegenen Buchten und einer reichen Tierwelt (Koalas). Ebenso grün, jedoch deutlich größer und weniger besiedelt ist das weiter nördlich gelegene **Hinchinbrook Island**, bekannt für ein luxuriöses Resort und den großartigen Fernwanderweg „Thorsborne Trail". Immer höher ragen die Berge westlich des Highways empor. Stichstraßen führen zu farnumwucherten Wasserfällen, erfrischenden Badegelegenheiten und naturnahen Campingplätzen inmitten dichter Regenwälder.

In Innisfail zweigt der Kennedy Highway zum Hochplateau des **Atherton Tablelands** ab. Weitere Wasserfälle, Kraterseen, gemütliche Ortschaften und eine beeindruckende Vegetation bei angenehm kühlem Klima bilden ein gutes Kontrastprogramm zum tropischen Küstenstreifen, bevor dann der Endspurt nach **Cairns** (und die nördlich gelegenen Regionen) folgt.

Brisbane – Cairns
0 100 km
© Rkh Verlag Hermann
Hauptroute
Alternative Routen
South
Pacific
Ocean
Cooktown
Cape Tribulation
Port Douglas
Cairns
Mareeba
Innisfail
Ravenshoe
Tully
Undara Volcanic NP
Cardwell
Hichinbrook Island
Townsville
Bruce
Charters Towers
Bowen
Arlie Beach
The Withsundays
Hughenden
Gregory
Eungella NP
Mackay
Sarina
Hwy
Longreach
Barcaldine
Capricorn
Emerald
Rockhampton
Gladstone
Dawson
Biloela
Carnarvon NP
Mitchell
Coral Coast
Bundaberg
Hervey Bay
Fraser Island
Maryborough
Charleville
Warrego
Roma
Gympie
Kingaroy
Sunshine Coast
Dalby
Brisbane
Toowoomba
Cunnamulla
Balonne
St George
Gold Coast
Goondiwindi
Stanthorpe
Byron Bay
1
78
55
66
60
71

Routenvorschlag Brisbane – Cairns

Aufgrund der beträchtlichen Distanz – rund 2500 km – und der vielen Sehenswürdigkeiten entlang der Strecke, sollten für die Strecke von Brisbane nach Cairns mindestens zehn Tage eingeplant werden.

Wer Küste, Inseln und Nationalparks kombinieren will und noch Strand- oder Segeltage einlegen möchte, sollte mit gut und gerne drei Wochen Reisezeit rechnen. Australien-Reisende, die „nur" die Ostküste bereisen, sollten übrigens in jedem Fall einen Abstecher in das Hinterland machen, das bereits pures australisches Outback ist.

21 Tage **Gesamtstrecke ca. 2750 km**

1. Tag: Brisbane – Glass House Mountains – Noosa (157 km)
2. Tag: Noosa – Hervey Bay (175 km)
3. Tag: Fraser Island
4. Tag: Hervey Bay – Bundaberg – Gladstone (305 km)
5. Tag: Heron Island (Tag 1) – alternativ: Carnavon National Park
6. Tag: Heron Island (Tag 2) – alternativ: Carnavon National Park
7. Tag: Gladstone – Mackay (420/440 km)
8. Tag: Mackay und Umgebung (ca. 100 km)
9. Tag: Mackay – Eungella National Park (114/80 km)
10. Tag: Eungella NP – Airlie Beach (192 km)
11. Tag: Segeltörn Whitsunday Islands (Tag 1)
12. Tag: Segeltörn Whitsunday Islands (Tag 2)
13. Tag: Airlie Beach – Townsville (304 km)
14. Tag: Magnetic Island
15. Tag: Townsville – Mission Beach (232 km)
16. Tag: Ausflug Dunk Island
17. Tag: Mission Beach – Innisfail – Undara Volcanic National Park (275 km)
18. Tag: Undara Volcanic National Park – Cairns (240 km)
19. Tag: Ausflug Great Barrier Reef
20. Tag: Ausflug Daintree Regenwälder (ca. 200 km)
21. Tag: Cairns

14 Tage **Gesamtstrecke ca. 2690 km**

1. Tag: Brisbane – Noosa (151 km)
2. Tag: Noosa – Hervey Bay (175 km)
3. Tag: Fraser Island
4. Tag: Hervey Bay – Tannum Sands (269 km)
5. Tag: Tannum Sands – Carnarvon National Park (437 km)
6. Tag: Carnarvon National Park – Emerald (239 km)
7. Tag: Emerald – Eungella National Park (422 km)
8. Tag: Eungella National Park – Airlie Beach (192 km)
9. Tag: Segeltörn oder Bootstour Whitsunday Islands
10. Tag: Airlie Beach – Townsville (304 km)
11. Tag: Townsville – Innisfail – Atherton Tableland (ca. 380 km)
12. Tag: Atherton Tableland – Kuranda – Cairns (116 km)
13. Tag: Bootsausflug Great Barrier Reef
14. Tag: Cairns

10 Tage **Gesamtstrecke 2220 km**

1. Tag: Brisbane – Hervey Bay (278 km)
2. Tag: Fraser Island
3. Tag: Hervey Bay – Town of 1770 (245 km)
4. Tag: Lady Musgrave Island
5. Tag: Town of 1770 – Emerald (489 km)
6. Tag: Emerald und Umgebung
7. Tag: Emerald – Eungella National Park (422 km)
8. Tag: Eungella National Park – Townsville (426 km)
9. Tag: Townsville – Mission Beach (232 km)
10. Tag: Mission Beach – Cairns (113 km)

Ausfahrt Brisbane

Von der Innenstadt Brisbanes führt die *Gympie Road* (Schnellstraße Nr. 3), durch zahlreiche Vororte mit riesigen Einkaufszentren, nordwärts auf den *Bruce Highway* (Nr. 1). Vom Flughafen aus ist der *Gateway Highway* (Nr.1) die schnellste Möglichkeit, dem Großstadtverkehr zu entrinnen.

Sunshine Coast

Die **Sunshine Coast** (www.sunshinecoast.org) erstreckt sich nördlich von Brisbane bis nach Noosa. Mit ihren an herrlich langen Sandstränden liegenden Feriensiedlungen kommt sie den europäischen Vorstellungen von Badeurlaub näher als die von Hochhausblocks und Apartmenttürmen gesäumte Gold Coast südlich von Brisbane. Golfspieler finden hervorragende Plätze und im Hinterland gibt es tatsächlich noch ruhige, von Landwirtschaft geprägte Gebiete. Abgesehen von den Weihnachtsferien ist es an der „Sonnenschein-Küste" nie wirklich voll. Wegen der Ruhe und des milden Klimas verbringen viele Australier hier ihren Lebensabend.

Auf der gut ausgebauten Autobahn, die einige Kilometer landeinwärts verläuft, ist die Ausfahrt *Caboolture* (40 km nördlich von Brisbane) schnell erreicht. Die landwirtschaftlich geprägte Stadt markiert den offiziellen Beginn der Sunshine Coast. Wen es nach der hektischen Großstadt Brisbane ans Wasser zieht, der sollte hier in östlicher Richtung nach **Bribie Island** abzweigen (Distanz 21 km). Die ruhige und bei Australiern beliebte Sandinsel am nördlichen Ende der Moreton Bay ist durch eine Brücke mit dem Festland verbunden. Im Südteil der Insel locken die kleinen Ferienorte *Woorim, Bellara* und *Bongaree* mit schönen Stränden, guten Angelrevieren, Hotels und Campingplätzen. Der nordwestliche Teil der Insel ist als *Bribie Island National Park* geschützt und nur zu Fuß oder per Geländewagen erreichbar.

Abstecher in die Glass House Mountains

Für Wanderfreunde und Fotografen ist der Abstecher in die Glass House Mountains an Tagen mit klarer Sicht ein Muss. Die Ausfahrt ist am Highway beschildert (über Beerburrum auf der *Glass House Mountains Rd*, Tourist Drive Nr. 24). Bei gutem Wetter sind die 16 isolierten und bis zu 550 m hohen Felszacken schon vom Highway aus erkennbar. 1770 sah Captain *James Cook* die erodierten Vulkanreste im Sonnenlicht schimmern und nannte sie Glass House Mountains. Die Ureinwohner deuten die Berge bis heute als eine Familie, die vor der Flut flieht. Der **Glass House Mountains National Park** schützt neun der Gipfel sowie die dort lebenden Vögel, Koalas, Echidnas, Wallabies und Pflanzen. Der Park ist mit Picknickplätzen und Wanderwegen ausgestattet, nur campen ist nicht erlaubt.

Der ausgeschilderte Tourist Drive lotst den Besucher zum *Glass House Mountains Lookout* (westlich von Beerburrum). Von dort bietet sich ein exzellenter Blick auf die Gipfel.

Weiter nördlich auf der *Glass House Mountains Road* ist die kleine *Ortschaft* **Glass House Mountains** erreicht. Hier zweigen mehrere Straßen zu den einzelnen Bergen ab. Zum Besteigen eignen sich vor allem der Mt Ngungun (253 m, hin und zurück 2 h), der Mt Tibrogargan (364 m, 3 h) sowie der Mt Beerwah (556 m, 3-4 h, nur für erfahrene Bergsteiger).

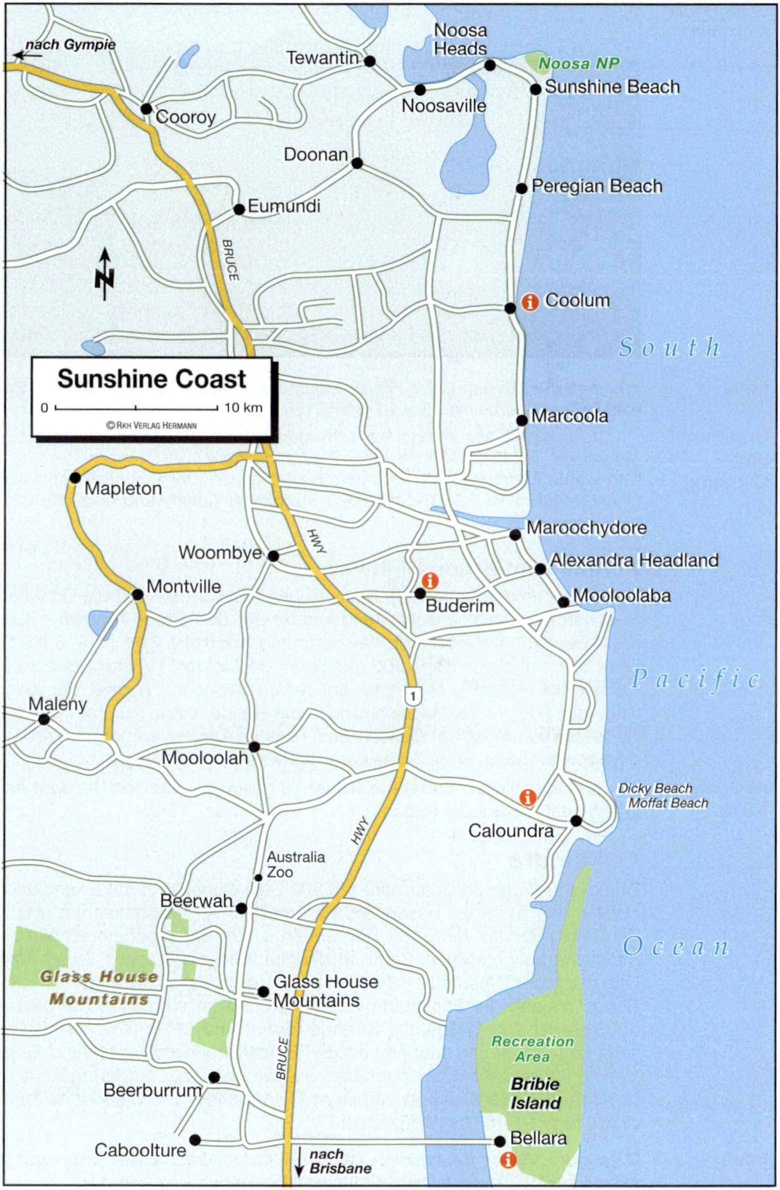
Sunshine Coast
0 10 km
© RKH VERLAG HERMANN
nach Gympie
Tewantin
Noosa Heads
Noosa NP
Sunshine Beach
Noosaville
Cooroy
Doonan
Peregian Beach
Eumundi
BRUCE
Coolum
South
Marcoola
Mapleton
HWY
Maroochydore
Alexandra Headland
Woombye
Montville
Buderim
Mooloolaba
Pacific
1
Maleny
Mooloolah
Dicky Beach
Moffat Beach
Caloundra
HWY
Australia Zoo
Beerwah
Ocean
Glass House Mountains
Glass House Mountains
Recreation Area
Bribie Island
BRUCE
Beerburrum
Caboolture
nach Brisbane
Bellara

Glass House Mountains

Infos Informationen zu den Glass House Mountains erhalten Sie beim **District Forest Office**, Beerburrum, Tel. 07-54960166.

Unterkunft und Camping *** **Glass House Mountains Bed&Breakfast,** Lot 10 Kings Rd, Glass House Mountains, Tel. 07-54930031; ländliche Atmosphäre.

Log Cabin Caravan Park, Glass House Mt Tourist Drive, südlich von Glass House Mountains, Tel. 07-54960151; Stellplätze, Cabins und nützliche Infos für Bergtouren.

Zurück zum Bruce Highway

Nach Norden durchquert die Glass House Mountains Road die Ortschaft Beerwah und stößt anschließend wieder auf den Bruce Highway. Kurz nach Beerwah befindet sich der berühmte **Australia Zoo** (tägl. 8.30–16 Uhr), bekannt durch den 2006 tödlich verunglückten TV-Star *Steve Irwin* („Crocodile Hunter“), ein immer auf Action bedachter Aussie, der jedes Kriechtier mit größter Begeisterung in die Hände nahm. Für Familien und Reptilienfreunde ist der Besuch des Zoos besonders wegen der Kroko-dil-Show lohnend. Er ist bereits am Highway ausgeschildert.

Abzweig zur Küste Um zur eigentlichen **Sunshine Coast** zu gelangen, müssen Sie dem Abzweig nach Caloundra folgen.

Caloundra

Der ruhige Ferienort Caloundra (28.300 Ew.) eignet sich mit seinen flach abfallenden Stränden besonders für Familien. An Wochenenden und in den Ferien erblüht die Stadt zum Leben. Unter der Woche erscheint sie meist wie ausgestorben. Zentrum der Stadt ist die *Bulcock Street* (Verlängerung der Caloundra Rd) mit Post, Banken, Kinos und Cafés. In den Shops entlang der Esplanade werden Surfbretter vermietet. Die beiden nördlich der City gelegenen Strände *Moffat* und *Dicky Beach* sind wesentlich schöner und sauberer als die „Stadt-Strände“ *Bulcock* und *Kings Beach*. Interessante Flugzeugtypen und Exponate zur Luftfahrtgeschichte sind im *Queensland Air Museum* (7 Pathfinder Dr, Caloundra Aerodrom, tägl. 10–16 Uhr) ausgestellt.

Infos **Caloundra Visitor Information Centre**, 7 Caloundra Rd (am Ortseingang), Tel. 07-54910202, www.caloundratourism.com.au.

Übernachtung und Camping

**** **Rydges Oasis Resort Caloundra**, Ecke North St/Landsborough Pde, Tel. 07-54910333; ausgezeichnetes First-Class-Hotel.
*** **The Norfolks on Moffat Beach**, Queen of Colonies Pde, Tel. 1-800-068798; direkt am Strand gelegenes Hotel mit Blick bis nach Noosa.
Dicky Beach Holiday Park CP, Beerburrum St, Tel. 07-54913342; Campingplatz direkt am Strand.

Maroochy

Vom Visitor Centre aus nordwärts führt der *Nicklin Way* über den Mooloolah River nach **Mooloolaba, Alexandra Headland** und **Maroochydore.** Diese drei Städte werden unter dem Sammelnamen **Maroochy** zusammengefasst. Waren sie bis in die 1990er Jahre noch idyllische, kleine Küstensiedlungen, so wurden sie zehn Jahre später zunehmend vom „Gold-Coast-Syndrom" erfasst. Seitdem säumen immer mehr Hochhäuser, Apartmentblocks und Vergnügungsstätten die Promenade.

Maroochy

In **Mooloolaba** lockt die neu erbaute *Mooloolaba Wharf* mit Shops, Restaurants und Imbissständen Touristen an. Nur einige Schritte von der Wharf entfernt befindet sich die sehenswerte *Under Water World* (Parkyn Pde, tägl. 9–16 Uhr). Durch einen 80 m langen Glastunnel spazieren die Besucher trockenen Fußes durch die Unterwasserwelt und können dabei die Meeresbewohner aus nächster Nähe beobachten. Wer den unmittelbaren Kontakt zu Tieren sucht, kann mit Seehunden schwimmen, oder – gegen einen Extraobolus – mit Haien im Aquarium tauchen.

Hinter *Alexandra Headland* weisen Schilder auf den **Olympia Theme Park** hin, einen Vergnügungspark mit Wasserrutschen und Pools. Dem folgt das riesige Einkaufszentrum *Sunshine Plaza Shopping Centre*. In **Maroochydore** wechseln sich entlang der Sixth Avenue und der Alexandra Parade Hotels und Apartmenthäuser mit Restaurants und Ladengeschäften ab.

Infos

Maroochy Information Centre, Ecke Aerodrome Rd/Sixth Ave, Maroochydore, Tel. 1-800-882032, www.maroochytourism.com.

Unterkunft und Camping

*** **Comfort Inn Mooloolaba**, 46 Brisbane Rd, Mooloolaba, Tel. 07-54442988; Mittelklassehotel im Zentrum.
* **Maroochydore YHA Backpackers,** 24 Shirmann Drive, Maroochydore, Tel. 07-544331519; Jugendherberge mit Angebot für Touren und Wassersport
Mooloolaba Beach CP, Parkyn Pd, Mooloolaba, Tel. 1-800-441201; Campingplatz am Strand, keine Cabins.
Maroochy Palm Holiday Village CP, 319 Bradman Ave, Maroochydore, Tel. 1-800-623319; gepflegter Campingplatz am Fluss, mit Pool und Cabins, westlich des Sunshine Motorway.

Weiterfahrt

Um den Maroochy River zu überqueren, ist die Rückfahrt auf dem *Sunshine Motorway* erforderlich. Auf der anderen Flussseite zweigt dann sogleich wieder eine Straße zur Küste ab.

Außer langen feinsandigen Stränden mit großartiger Brandung bieten die Ferienorte **Marcoola**, **Coolum** und **Perigian Beach** wenig mehr. Immerhin befindet sich in Coolum einer der wenigen Campingplätze an der Sunshine Coast, der direkt am Meer liegt (Maroochy Beach CP, Tel. 07-54461474).

Noosa

Am nördlichen Ende der Sunshine Coast ist Noosa erreicht. **Noosa** ist der Sammelname für die Streusiedlungen **Noosaville**, **Noosa Heads, Noosa Junction** und **Sunshine Beach**. Die kleinen Orte, die noch in den 1970er Jahren vor allem Hippies und Surfer anzogen, haben sich zu mondänen Ferienorten mit Villenvierteln gewandelt. Wegen seines mediterranen Flairs ist Noosa ein beliebtes Ferienziel für Australier und ausländische Besucher. Wegen seines legeren Lebensstils zählt Noosa, neben Byron Bay (NSW), zugleich zu den bevorzugten Urlaubszielen von Homosexuellen.

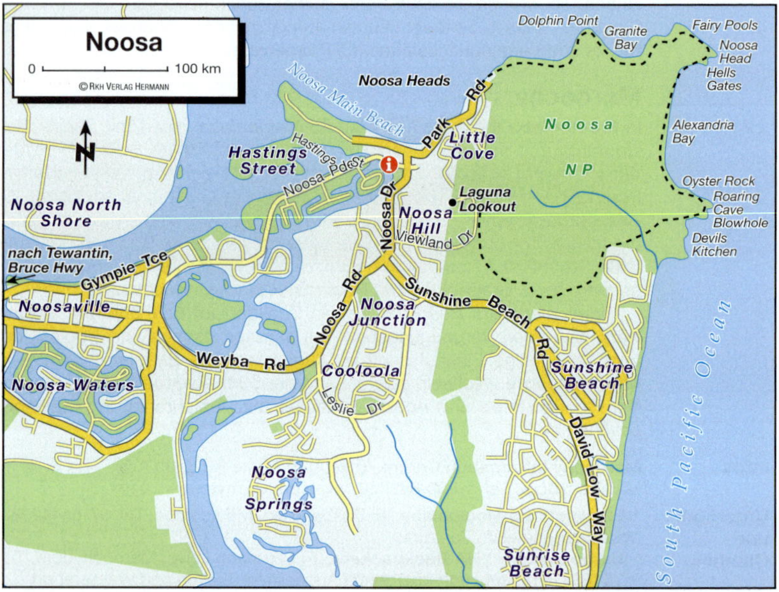

Noosa Heads

Via Sunshine Beach und Noosa Junction führt der *David Low Way* direkt nach Noosa Heads (am zweiten Kreisverkehr rechts). Das an der Mündung des Noosa Rivers gelegene **Noosa Heads** ist das exklusive, nördliche Ende der Sunshine Coast. Das Zentrum der Stadt bildet die *Hastings Street*. Hier wechseln sich edle Hotels mit Boutiquen und Restaurants ab. Gleich dahinter erstreckt sich der *Main Beach,* der mit seiner gemäßigten Brandung ideal zum Baden ist. Weil die wenigen Straßen in Noosa Heads meist mit Autos verstopft sind, sollten Sie das Fahrzeug auf dem erstbesten Parkplatz abstellen. Den Ort können Sie dann zu Fuß erkunden

Noosa National Park

Ein Muss in Noosa ist der Besuch des kleinen Noosa National Park an der östlichen Landspitze. Er stellt eine Mischung aus dichtem Regenwald, Küstenlandschaft und malerischen Buchten dar, kurz: eine ruhige Oase nahe der Stadt. Die Park Road (Hastings Street nach Osten) führt direkt zum Parkeingang und Infozentrum (tägl. 13–15 Uhr).

In den Eukalyptusbäumen rund um den Parkplatz halten sich gern **Koalas** auf. Von den felsigen Klippen um die Alexandria Bay lassen sich manchmal Delphine ausmachen. Der ausgeschilderte **Coastal Track** (5,4 km) führt den Wanderer an der Küste entlang und bietet dabei herrliche Ausblicke. Wer das Auto bevorzugt, kann über den Viewland Drive zum **Laguna Lookout** fahren und von dort den Ausblick auf Küste und Stadt genießen.

Noosaville Von Noosa Heads aus führt die *Noosa Parade* über zahlreiche Brücken und durch noble Wohnviertel nach **Noosaville.** Unzählige kleine Kanäle durchziehen diese eigentlich steril wirkende Stadt. Betuchte Hausbesitzer können so aber ihre Sportboote und Yachten direkt zu ihren Anwesen steuern.

Infos **Noosa Information Centre**, Hastings St (direkt am Kreisverkehr), Noosa Heads, Tel. 1-800-448833, www.tourismnoosa.com.au.

Unterkunft und Camping Entlang der Hastings Street (Noosa Heads) und Gympie Terrace (Noosaville) gibt es zahlreiche Hotels und Apartmenthäuser. In den Weihnachtsferien ist alles ausgebucht, eine frühzeitige Festbuchung also erforderlich.

**** **Netanya Noosa**, 75 Hastings St, Noosa Heads, Tel. 07-54474722; Hotel mit viel Komfort direkt am Strand.
*** **Chez Noosa Resort Motel**, 263 David Low Way, Noosa Junction, Tel. 07-54472027; günstiges Haus auch für Selbstverpfleger.
* **Halse Lodge (YHA),** 2 Halse Lane (am Noosa Dr), Noosa Heads, Tel. 1-800-242567; gepflegte, ruhige Jugendherberge in historischem Gebäude nahe zum Strand. Mit Doppelzimmer. Selbst hier ist eine Reservierung sinnvoll.
* **Koala Beach Resort**, 44 Noosa Dr, Noosa Junction, Tel. 07-54473355; das „Party-Hostel" schlechthin, mit ordentlicher Einrichtung.
* **Gagaju** (liegt zwischen Lake Cooroibah und Lake Cootharaba), Tel. 1-300-302271; uriges Bush-Camp mit Mehrbettunterkünften und Zeltplätzen, Abholung ab Noosa möglich, vorher anrufen wegen der Anfahrtsbeschreibung.

Leider gibt es weder in Noosa noch Umgebung am Strand gelegene **Campingplätze,** sondern nur etwas weiter im Hinterland. In den Schulferien (Dez–Jan) dennoch unbedingt reservieren.

Noosa North Shore Caravan Park, Beach Rd, Noosa North Shore, Tewantin, Tel. 07-54471706; 1,2 km vom Strand, Zufahrt über die Moorindil Street in Tewantin nach Norden.
Noosa Tewantin Caravan Park, 143 Moorindil St, Tewantin, Tel. 07-54498060; großer Platz im Zentrum mit vielen Dauercampern

Zurück zum Bruce Highway

Über Tewantin und Cooroy erreichen Sie wieder den Bruce Highway (21 km). Wer mit dem **Geländewagen** unterwegs ist, kann ab *Tewantin* nach Norden die landschaftlich reizvolle Route entlang der Küste und durch den *Great Sandy National Park* bis *Rainbow Beach* wählen (▸ s. „Rainbow Beach").

Fraser Coast

Nordöstlich von Cooroy beginnt die **Fraser Coast.** Die nächst größere Ortschaft am Highway ist die Minenstadt **Gympie** mit der immerhin acht größten Goldmine Australiens. Sehenswert sind das *Gold Mining Museum* (215 Brisbane Rd, www.gympiemuseum.com) und die historische Eisenbahn *The Valley Rattler*. In der Bahnstation ist zudem eine Modelleisenbahn aufgebaut. Daneben ist Gympie eine Durchgangsstation auf dem Weg zum *Great Sandy National Park* (Cooloola Section) und nach *Rainbow Beach.*

Abstecher an die Küste – Zufahrt nach Fraser Island von Süden

Delphine

In Gympie zweigt die Straße nach **Tin Can Bay** ab (Distanz 57 km). In der kleinen Siedlung, am südlichen Ende der Wasserstraße *Great Sand Strait,* finden sich wegen der freundlichen, fast schon zahmen Delphine im Hafen täglich zahlreiche Tierfreunde ein. Die beste Zeit, um die Delphine zu sehen, ist der Vormittag.

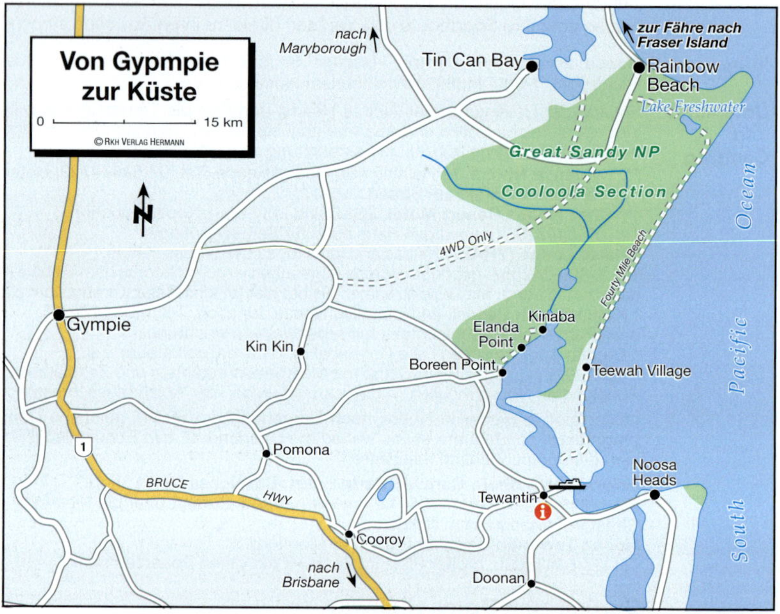

Rainbow Beach

10 km vor Tin Can Bay zweigt die Rainbow Beach Road nach Osten ab. Die Ortschaft **Rainbow Beach** ist Ausgangspunkt für die Reise in den südlichen Teil von *Fraser Island*. Die Fähre auf die Sandinsel verkehrt täglich alle 15 Min. von 7–16.30 Uhr (▸ s. „Abschnitt Fraser Island").

Benannt ist das verschlafene Örtchen Rainbow Beach nach den farbigen Sandklippen, die 2 km südöstlich der Stadt am Strand aufragen. Das private **Tourist Information Centre** finden Sie in der 8 Rainbow Beach Road. In dieser Straße befindet sich auch das *National Park Office,* das die **Fahr- und Campingpermits** für Fraser Island ausstellt (Tel. 07-54863160, tägl. 7-16 Uhr).

Camping

Der **Rainbow Beach Holiday Village & Caravan Park** (Rainbow Beach Rd, Tel. 1-300-366596) liegt direkt am Strand und verfügt über schattige Stellplätze und kleine Villen, die zum Teil aus dem olympischen Dorf von Sydney stammen.

Great Sandy National Park (Cooloola)

Der Great Sandy National Park besteht aus zwei Sektionen: dem auf dem Festland gelegenen **Cooloola** und **Fraser Island** (▶ s.S. 206) . Von Rainbow Beach aus erschließen Allrad-Pisten die Cooloola Sektion. Spektakuläre, bunte Sanddünen, dichter Regenwald, Mangrovenwälder, eine fantastische Vogelwelt, Wildblumen im Frühling und Wanderwege bis zu 46 km Länge (Cooloola Wilderness Trail) zeichnen Cooloola aus. Die langen Sandstrände und die Pisten innerhalb des Parks sind eine Herausforderung für Allradfans. Entlang des Noosa River befinden sich mehrere einfache Campingplätze. Im nördlichen Teil des Parks darf am Fresh Water Lake campiert werden (ebenfalls nur per 4WD erreichbar).

Infos Nationalparkbüros in Rainbow Beach (▶ s.o.)
und Tewantin (240 Moorindil St, Tewantin, Tel. 07-54497792)
Kinaba Information Centre, Elanda Point (über Tewantin erreichbar), Tel. 07-54497364.

BNE ▸ CNS

Weiter auf dem Highway: Maryborough

Auf dem Weg von Gympie nach Maryborough (Distanz 90 km) dominieren beiderseits des Bruce Highway landwirtschaftlich genutzte Flächen, die vor allem der Rinderzucht dienen.

In einer Biegung des Mary Rivers liegt **Maryborough.** Die nach der Frau des einstigen Gouverneurs Fitzroy benannte Stadt wurde schon 1847 gegründet und ist damit eine der ältesten Siedlungen Queenslands. In den 1860er Jahren war Maryborough eine wichtige Hafenstadt für europäische Einwanderer. Heute lebt die Region in erster Linie von Land- und Forstwirtschaft.

Die gut erhaltenen viktorianischen Gebäude der 26.000 Einwohner-Stadt werden von vielen Reisenden gar nicht wahrgenommen, da die meisten bereits zuvor nach Hervey Bay und Fraser Island abbiegen. Insbesondere im historischen Hafenviertel, entlang der Wharf Street, sind einige architektonische Schmuckstücke versammelt. Der *Heritage Walk* lotst den Besucher an 28 historischen Gebäuden vorbei. Jeden Donnerstag findet vormittags in Adelaide und Elena Street ein sehenswerter **Heritage Market** statt. Die Angebotspalette reicht von selbstgebackenem Kuchen bis zu echten Kunstwerken.

Infos **Maryborough/Fraser Island Visitor Information Centre**, BP South Tourist Complex, Bruce Hwy, Tel. 07-41214111, Mo–Fr 9–17 Uhr, Sa/So 10–16 Uhr; www.frasercoastholidays.info.

Hervey Bay

Von Maryborough nach **Hervey Bay** (42.000 Ew.) sind es nur 35 km. Die fünf kleinen, miteinander verbunden Gemeinden (Point Vernon, Pialba, Scarness, Torquay, Urangan) von Hervey Bay haben sich in den letzten 15 Jahren zu einem bedeutenden touristischen Zentrum entwickelt, was sie vor allem Fraser Island und den Walen verdanken. Lange Sandstrände, Buckel- und Pottwale in der Bucht (Aug–Okt) und die fast greifbare Nähe zu Fraser Island machen Hervey Bay zum idealen Anlauf- und Ausgangspunkt.

Esplanande Einen Stadtkern sucht man in Hervey Bay vergebens. Zentrale Achse des Geschehens ist die fast 14 km lange *Esplanade*, die von Point Vernon bis nach Urangan verläuft.

Hier reihen sich Hotels, Campingplätze, Backpacker-Hostels, Geschäfte, Restaurants und Tourenveranstalter aneinander. Die neu gestaltete Strandpromenade mit ihren Picknick- und Spielplätzen ist ideal, um sich die Füße zu vertreten und die überall erhältlichen Fish & Chips zu verspeisen. Aufgrund der geschützten Lage ist der Strand wunderbar zum Baden, Kajakfahren und Angeln geeignet. Wer sich für Haie interessiert, dem zeigt *Vic Hislop's Great White Shark Expo* die „schönsten" Grusel-Varianten dieser Raubfische (Ecke Esplanade/Elizabeth St, Uranagan, Tel. 07-41289137, tägl. 8.30–18 Uhr).

Essen und Trinken Abgesehen von einigen Fast-Food Läden im Ortsteil Pialba befinden sich die meisten Restaurants und Bars an der Esplanade in Torquay. Neben Seafood aller Art ist vor allem der Süßwasserfisch Barramundi aus den Gewässern des Mary Rivers die Spezialität der lokalen Küche.

Infos **Hervey Bay Tourism**, Kaygees Nut Factory, Ecke Maryborough/Hervey Bay Rd, Hervey Bay (am Stadtrand), Tel. 07-41242912, www.herveybaytourism.com.au.

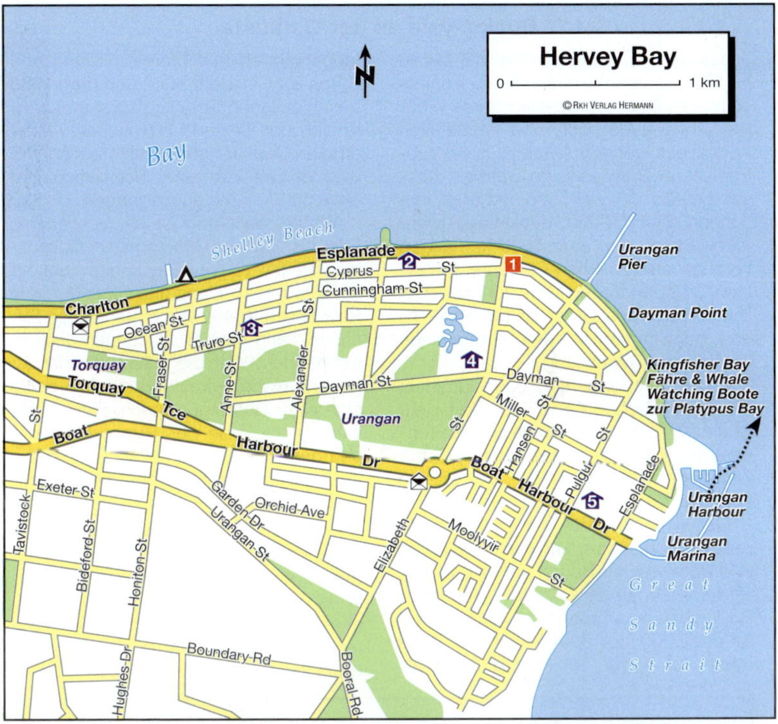

Weitere Agenturen, bei denen Informationen eingeholt und Touren gebucht werden können, haben sich entlang der Esplanade niedergelassen.
In Hotels oder sonstigen Unterkünften können Sie Ausflüge nach Fraser Island und Whale Watching-Touren buchen.

Rundflüge / Touren

Rundflüge über Fraser Island bietet *Air Fraser Island*, Tel. 07-41253600 an.
Touren auf Fraser Island ▸ s.u. (Fraser Island, Organisierte Touren).

Unterkunft und Camping

**** **Flag Kondari Resort**, 49-63 Elizabeth St, Urangan, Tel. 07-41289702; renoviertes Resort mit großem trop. Garten und kurzem Weg zur Esplanade.
*** **The Bay B&B**, 180 Cypress St, Urangan, Tel. 07-41256919; gut ausgestattete Unterkunft in zentraler Lage.
* **Colonial Log Cabin Resort YHA,** 820 Harbour Drive, Urangan, Tel. 07-41251844; saubere Jugendherberge mit großer Außenanlage.
Fraser Lodge Holiday Park CP, 20 Fraser St, Torquay, Hervey Bay. Tel. 1-800-641444; empfehlenswerter, großzügiger Campingplatz in zweiter Reihe (nicht direkt am Meer), dafür im Grünen mit vielen Vögeln; Stellplätze und Cabins; bis zur Esplanade sind es zu Fuß keine 3 Min.
Point Vernon Holiday Park CP, 26 Corser St, Point Vernon, Tel. 1-800-000659; Caravanpark am westlichen Ende der Bucht mit Cabins.

Weitere **Campingplätze** befinden sind an der Esplanade, wo es aber teilweise sehr windig werden kann.

Buckelwale an der Ostküste

Jedes Jahr im Winter ziehen die bis zu 17 Meter langen und an die 45 Tonnen schweren **Buckelwale** (Humpback Whales), entlang der Ost- und Westküsten Australiens, von der Antarktis in die subtropischen Gewässer. Im warmen Wasser paaren sie sich und gebären ihre Jungen. Rund 2000 Buckelwale wandern jährlich den rund 6000 km langen Weg zur australischen Ostküste. Die ersten Gruppen treffen Mitte Juni am südlichen Ende des Great Barrier Reef ein und schwimmen in den kommenden Wochen am Riff entlang.

Im September geht es dann zurück in die antarktischen Gewässer. Auf dem Rückweg pausieren einige der Bartenwale in der Bucht von Hervey Bay. Ende Oktober verlassen dann die letzten Wale die Küste Queenslands.

Der Walfang hatte die großen Meeressäuger mit dem schwarzen Rücken und dem weißen Bauch nahezu ausgerottet. Allein an der Ostküste wurde die Population innerhalb von 13 Jahren von rund 10.000 auf 300 Exemplare dezimiert! Nach der Schließung der Walfangstationen (auf Moreton Island und Byron Bay) im Jahr 1962 und dem 1980 beschlossenen Schutzprogramm konnte sich der Bestand inzwischen wieder erholen. Auf der südlichen Hemisphäre wird derzeit von einer Population von etwa 5000 Tieren ausgegangen.

Whale Watching ist ein besonderes Erlebnis. Zu den Hotspots in Queensland zählen Hervey Bay, Point Lookout auf Stradbroke Island und Cape Byron in New South Wales. Auch auf einigen Riffinseln kann mit Walsichtungen gerechnet werden. Wer die mächtigen Säuger aus der Nähe betrachten möchte, sollte sich einer Bootstour anschließen. Meist werden die Wale per Flugzeug geortet und dann per Boot angefahren. Auf diese Art sind Walsichtungen beinahe garantiert.

Die typischen **Wal-Fotos** mit der sich absenkenden Schwanzflosse schießt man zu Beginn des Tauchgangs des Wals. Spektakulärer sind Bilder von einem aus dem Wasser schießenden Wal (sog. „breaching“), aber das ist reine Glückssache!

Wal-Bootstouren **Whale Watching-Touren** werden von Mitte Juli bis Ende Oktober angeboten. Täglich (günstiges Wetter vorausgesetzt) starten die Boote vom *Boat Harbour* in Urangan. Die meisten Anbieter versprechen „garantierte Walsichtungen". Sollten Sie dennoch keinen Wal zu sehen bekommen, dürfen Sie am nächsten Tag noch einmal gratis teilnehmen! In der Regel dauern die Touren vier Stunden und finden meist am frühen Morgen und am späten Nachmittag statt, wobei die Aktivität der Wale vormittags nicht anders ist als nachmittags.

Die Preise für die Bootsausflüge liegen zwischen A$ 65 und 100 A$ – je nach Bootsgröße, Verpflegung und Dauer. Das empfehlenswerte Boot *MV Spirit of Hervey Bay,* mit Fenstern im Rumpf, ist ideal, um das Geschehen unter Wasser zu beobachten (Tel. 1-800-642544). Eine gute Alternative ist das schnelle und kleine Boot *MV Seaspray* (Tel. 07-41253586).

Fraser Island (Great Sandy National Park)

Lange Strände, steile Sanddünen und kristallklare Süßwasserseen sind nur einige markante Merkmale der größten Sandinsel der Welt. Die *World Heritage Area* beheimatet 230 Vogel- und 25 Säugetierarten, darunter das Wappentier Queensland, den Jabiru-Storch. Der größte Teil des 124 km langen und bis zu 14 km breiten Eilands ist mit Eukalyptusbäumen, Gräsern, Akazien und Sträuchern bewachsen. Farne, Palmen und riesige Kauri-Fichten bilden den komplexen, insularen Regenwald, der – was einzigartig ist – auf Sand wächst. Seit 1990 ist die Insel als Teil des *Great Sandy National Park* ausgewiesen.

Geschichte

„K'gari" bzw. „Gurri" nannten die lokal ansässigen *Kabi Aboriginals* Fraser Island, was soviel wie Paradiesinsel bedeutet. Als James Cook diesen Teil des Landes 1770 entdeckte, nannte er es die Große Sandige Halbinsel (Great Sandy Peninsula), denn er nahm an, einen Teil des Festlands erblickt zu haben. Erst 1822 stellte Captain W. Edwardson fest, dass es sich um eine Insel handelt, und so wurde sie umgetauft in Große Sandige Insel (Great Sandy Island). Schiffbrüchige des Schoners Stirling Castle strandeten 1836 an Waddy Point im Nordosten der Insel. Unter den Überlebenden waren Kapitän Fraser und seine Frau Eliza, beide wurde von den heimischen Aboriginal People gefangen und zur Arbeit gezwungen. Fraser verstarb, nachdem er durch einen Speer im Rücken verwundet wurde. Nur *Eliza Fraser*, nach der die Insel endgültig benannt wurde, überlebte dank einer dramatischen Rettungsaktion durch einen Ex-Häftling die Tragödie.

Holzwirtschaft Bereits 1860 begann auf der Insel die Abholzung des Waldes. Insbesondere Baumarten wie die Hoop-Schmucktanne (Hoop Pine) und die Spießtanne (Kauri) zählten zu den Favoriten der Holzindustrie. Selbst die großen Exemplare der Giant Satinay (syncarpia hillii) wurden rigoros abgesägt, da deren Holz salzwasserresistent ist. Viele dieser Baumgiganten wurden für den Bau des Suez-Kanals nach Ägypten verschifft. Bis zur Übernahme der Insel durch die Nationalparkbehörde (1991), wurde noch selektiver Holzabbau betrieben, wobei in bestimmten Erholungsgebiete, wie z.B. der Yidney Scrub, nicht abgeholzt werden durfte.

Sandabbau und Tourismus Auch die industrielle Sandförderung war auf Fraser Island ein lohnendes Geschäft, bis lokale Widerstände im Jahr 1975 einen Gerichtsbeschluss gegen den Abbau erwirkten. In den 1970er Jahren begann sich der Tourismus langsam zu entwickeln. Inzwischen kurven jährlich bis zu 20.000 Fahrzeuge durch die Dünen und am Strand entlang. Dies hat nachteilige Folgen für die sensible Natur. Um wieder von all den Autokonvois am Strand, Abfallhaufen in den Dünen, von den Fäkalien an wilden Campingplätzen und den streunenden Dingos, die sich vom Touristenmüll ernähren, wegzukommen, wurden strikte Selbstfahrerquoten eingeführt.

Insel-Reglements Um zur Erhaltung der Naturschönheit beizutragen, sind einige Regeln auf der Insel zu beachten:

- Keine Tiere füttern! Essen und Duftstoffe (Zahnpasta, Deo etc.) immer im Auto deponieren (es gab schon tödliche Dingo-Attacken auf der Insel)!
- Nur auf ausgewiesenen Campgrounds übernachten!
- Kein Feuerholz sammeln – Gas- oder Benzinkocher verwenden!
- Nur auf markierten Pisten fahren!

Vorbereitungen für einen Insel-Trip

Am Anfang steht die Entscheidung, ob Sie die Insel selbst „erfahren" möchten, oder ob Sie sich einer organisierten Tour anschließen wollen.

Selbstfahrer Wer mehrere Tage Zeit hat, sollte sich den Luxus leisten und mit einem gemieteten **Geländewagen** die Insel erkunden. 4WD-Vermieter sind in Hervey Bay ansässig und auf der Insel selbst (▶ s.u.). Sparen können Sie, indem Sie Mitfahrer rekrutieren oder selbst bei anderen zusteigen. Die Backpacker Hostels in Hervey Bay organisieren solche „Mitfahrer-Trips".

Wer bereits mit einem 4WD unterwegs ist, muss – soweit er es noch nicht getan hat – die **Erlaubnis vom Vermieter** für das Befahren von Fraser Island einholen.

Permit Jeder, der ein Auto auf die Insel bringt, benötigt ein **Permit** der Nationalparkverwaltung (30 A$ pro Fahrzeug). Bei vielen lokalen Vermietern ist dies schon im Mietpreis enthalten.

Permits sind erhältlich im *Tourist Büro in Hervey Bay* (▶ s. „Hervey Bay / Infos"), beim *River Heads Information Kiosk* (Parkplatz an der Fährverladung, Tel. 07-41258473, tägl. 6.15–11.15 Uhr u. 14–15.30 Uhr), beim *Marina Kiosk* (Buccaneer Ave, Boat Harbour, Urangan, Tel. 07-41289800, tägl. 6–18 Uhr geöffnet) und im Büro der *Nationalparkbehörde in Rainbow Beach* (Tel. 07-54863160).

Campinggebühren Die Gebühren für Übernachtungen auf NP-Campingplätzen müssen im voraus bezahlt werden. Infos in den o.g. Büros.

Autovermietungen in Hervey Bay

- *Aussie Trax* (56 Boat Harbour Drive, Hervey Bay, Tel. 1-800-062275) vermietet Allradfahrzeuge (u.a. klassische Landrover Defender) mit Campingausrüstung und organisiert Permits und Fähren.
- *Bay 4WD Centre* (54 Boat Harbour Drive, Hervey Bay, Tel. 07-41282981) ist ein Geländewagen-Vermieter, der zusätzlich Camping-Packages anbietet (Ausrüstung, Permit, Fährbuchung).

Ausrüstungstipps Auf der Insel gibt es viele Moskitos und Pferdebremsen, deshalb bewährte Mückenmittel wie *Rid* oder *Aerogard* nicht vergessen. Für Duschen und Grills auf den Campingplätzen benötigt man 50 ct Münzen.

Organisierte Touren Bequem und günstiger (gegenüber hohen Permit- und Fährkosten plus evt. zusätzlich anfallender Fahrzeugmiete) sind organisierte Inseltouren. Von Tagesausflügen in großen geländegängigen Bussen bis hin zu mehrtägigen Trips in kleinen Gruppen mit Camping oder Hotelübernachtungen wird in Hervey Bay ein breites Programm angeboten. Fragen Sie bei der Buchung nach der maximalen Gruppengröße – kleine Gruppen bis ca. 18 Personen sind grundsätzlich die bessere Wahl!

Empfehlenswert sind die Touren von *Fraser Island Company* (Tel. 1-800-063933, www.fraserislandtours.com.au) und die Angebote von *Sand Island Safari's* (Tel. 07-41246911, 333 The Esplanade, Scarness Hervey Bay).

Fähren nach Fraser Island Es gibt vier Autofähren (Barges) vom Festland auf die Insel.

- Von River Heads (10 km südlich von Hervey Bay) nach Wanggoolba Creek (30 Min. Fahrzeit) fährt *Fraser Venture*, (Tel. 07-41254444).
- Von River Heads nach Kingfisher Bay (50 Min. Fahrzeit) schippert das Unternehmen *Kingfisher* (Tel. 1-800-072555).
- Von Urangan Boat Harbour nach Moon Point (50 Min. Fahrzeit) pendelt das Schiff von *Fraser Dawn* (Tel. 07-41254444). Achtung: In Moon Point ist gute Fahrtechnik bei der Landung gefragt – viele Vermieter erlauben diese Route nicht, da man durchs Salzwasser fahren muss!

Die Fähren sollten unbedingt vorher (telefonisch) reserviert werden! Die Fahrzeugvermieter in Hervey Bay sind gerne behilflich. Die **Tickets** (85 A$ H/R pro Fahrzeug mit Fahrer, 6 A$ pro weitere Person, 17 A$ für Fußgänger) gelten nur für das eine Fährunternehmen – es muss also entweder die selbe Linie für Hin- und Rückfahrt genommen werden oder ein One-Way Ticket gekauft werden. Die Überfahrt von Rainbow Beach/Inskip Point nach Hook Point und zurück (15 Min. Fahrzeit) mit der *Rainbow Venture* (Tel. 07-54863227) muss aufgrund der zahlreichen Überfahrten nicht zwingend vorgebucht werden. Tickets gibt es an Bord (25 A$ H/R mit Passagieren, Fußgänger 5 A$).

- Von Hervey Bay in die Kingfisher Bay Lodge verkehrt zusätzlich eine Personenfähre, Reservierungen unter Tel. 07-41255511.

Für **Fußgänger** gibt es auf der Insel einen Taxi-Service, der zwischen den Inselorten pendelt (Tel. 07-41279188).

Unterwegs auf Fraser Island

Fahren in sandigem Gelände Damit sich das Fahrzeug im sandigen Terrain nicht eingräbt, empfiehlt es sich, vorab den Reifendruck deutlich zu senken. Der Vierradantrieb sollte permanent zugeschaltet bleiben, die Untersetzung wird nur an steilen Passagen oder in sehr tiefem Sand benötigt. Das Durchfahren von Salzwasser ist tunlichst zu vermeiden, manche Vermieter kontrollieren bei der Rückgabe sehr penibel. Unbedingt muss die Routenplanung auf die Gezeiten abgestimmt sein. Jeweils zwei Stunden vor und nach der Flut kann der Strand nicht befahren werden. Gezeitentabellen sind in den Rangerbüros erhältlich (▸ s. „Infos"). Am Strand ist höchste Aufmerksamkeit beim Fahren gefordert, denn die Priele (Wasserrinnen) sind zum Teil tief und schlecht erkennbar.

Für die Pisten im Inselinnern wird eine Höchstgeschwindigkeitslimit von 35 km/h empfohlen, für den Strand 80 km/h. Die Inselpisten sind meist einspurig angelegt, Ausweichstellen sind vorhanden. Für die Planung einer Rundfahrt kann von einem Stundenmittel von 20 km/h für die Pisten und 50 km/h für Strandfahrten ausgegangen werden.

Selbstfahrerroute für Fraser Island

Die folgende Routenbeschreibung ist für zwei bis drei Tage konzipiert.

Central Station

Ausgangspunkt ist **Central Station,** ein altes Holzfällerdepot mit Campingplatz, Telefon und Informationsbüro im südlichen Teil der Insel. (Achtung: Hier halten sich viele Dingos auf, nicht füttern und nicht anlocken!) Entlang des glasklaren Wanggoolba Creek führt ein Spaziergang in den Regenwald von Pile Valley. In diesem ursprünglichen Wald wachsen noch Exemplare der früher bei den Holzfällern beliebten Satinay-Bäume, die bis zu 60 m hoch aufragen.

Binnenseen

Rund um Central Station liegen einige Seen, die mit dem Auto oder zu Fuß erreichbar sind. Der bekannteste ist der **Lake McKenzie** (9 km nördlich von Central Station). Weißer Strand umgibt den kristallklaren See, in dem sich die Wolken spiegeln – eine paradiesische (Foto-) Kulisse. Störend sind zuweilen die großen Menschenmengen am See. Südlich der Central Station liegen die **weniger frequentierten Seen** Lake Birrabeen, Lake Benaroon (inmitten des Waldes) und Lake Boomanjin (mit Camping- und Picknickplatz).

Ostküste

Die Hauptpiste führt nach **Dilli Village,** dem früheren Sandminen-Zentrum an der Ostküste der Insel. Am Strand entlang geht es nordwärts nach **Eurong** – einer Hotelanlage mit Tankstelle, Shops und Restaurants. Am viel befahrenen **Seventy-Five Mile Beach** vergnügen sich Allradfahrer, Fußgänger, Angler und Camper. Selbst wenn das Meer einladend wirkt, ist wegen der gefährlichen Unterwasserströmungen das Baden nicht ratsam. Wesentlich sicherer badet man im **Lake Wabby,** nördlich von Eurong. Am Strand weisen Schilder den Abzweig zum kühlen Nass, das zu Fuß vom Parkplatz in ca. 30 Minuten erreicht ist. Der tiefste See der Insel ist von Bäumen umgeben, an einer Seite versinkt allerdings eine steil abfallende Düne direkt im Wasser, ideal um ins Wasser zu rollen oder springen. Doch Vorsicht, der See ist am Ufer recht flach!

Seventy-Five Mile Beach

Fraser Island
0 15 km
© Rkh Verlag Hermann
Sandy Cape Lighthouse
Sandy Cape
Ocean
Waddy Point
Middle Rocks
Indian Head
Great Sandy NP
Bay
Hervey
Dundubara
Seventy Five Mile Beach
Lake Allom
Moon Point
Pinnacles
'Maheno' Wreck
Great Sandy Strait
Hervey Bay
Eli Creek
Pacific
Happy Valley
Kingfisher Bay
Lake McKenzie
Lake Wabby
Central Station
Eurong QPWS Information Centre
Lake Birrabeen
Eurong
Maryborough
Lake Boomanjin
Dilli Village
Great Sandy Strait
South
Hook Point
Rainbow Beach

BNE ▸ CNS

Weiter auf der Strand-„Autobahn" nach Norden zweigen Pfade zu verschiedenen Sandformationen ab. Im kleinen Ort **Happy Valley** befinden sich Unterkünfte, ein Laden und eine Tankstelle. Weitere 10 km nördlich überquert man den Fluss Eli Creek, der zugleich eine erfrischende Badegelegenheit ist. Ein Stück weiter liegt das Wrack des 1935 gestrandeten Passagierschiffs „Maheno" am Strand. Ähnlich faszinierend wie das rostige Schiffsskelett sind – nur wenige Kilometer nördlich – die bunt schimmernden Sandformationen der **Pinnacles.**

Eine Ranger Station sowie ein schöner Campingplatz sind in **Dundubara** zu finden. Bis zum vulkanischen Felsvorsprung **Indian Head** sind es weitere 20 km nach Norden. Der Aussichtspunkt ist ideal, um Haie, Delphine, Rochen und während der Saison auch Wale zu sichten. Bei Ebbe sind die sprudelnden Salzwasserbecken *Champagner Pools* einen Badestopp wert (kurz nach Indian Head, bei Middle Rocks). Die Siedlung **Waddy Point** (mit Campingplatz) ist der nördlichste Punkt an der Ostküste, der mit einem Mietwagen angefahren werden darf.

Zurück durchs Inselinnere

Unsere Route führt ab Pinnacles nun durch das bewaldete Inselinnere zurück. Über tiefsandige und zum Teil ausgefahrene Pisten erreicht man den kleinen Waldsee **Lake Allom** (Camping), dann die **Boomerang Lakes,** nach langer Fahrt schließlich Lake McKenzie und Central Station.

Infos

Ranger Stations in Central Station, Dundubara, Eurong und Waddy Point halten Gezeitenpläne, Feuerholz und Informationsmaterialien bereit. **Informationen zum Nationalpark** im Internet unter www.epa.qld.gov.au.
Notfälle: Polizei, Eurong, Tel. 07-41279288. – Flugrettung, Nambour, Tel. 07-54411333

Übernachtung und Camping

**** **Kingfisher Bay Resort**, Tel. 1-800-072555; komfortables Öko-Resort an der Westküste der Insel mit Restaurants, Bars und Autovermietung. Geführte Touren sind im Angebot. Direkte Fährverbindung zum Festland, leider kein Strand.
**** **Fraser Island Beachhouses**, Tel. 07-41279205, Eurong; moderne Selbstversorgerunterkunft direkt am Strand.
*** **Fraser Island Wilderness Retreat**, Tel. 07-41279144, Happy Valley; einfach eingerichtete, aber schöne Holzhäuschen (Timber Chalets) für zwei bis vier Personen, nicht weit vom Strand entfernt. Mit Restaurant, Pool und Shop.
*** **Eurong Beach Resort**, Tel. 07-41279122; gut ausgestattetes Feriendomizil, das von einfachen Hütten bis zu Bungalows für jeden Geldbeutel etwas bietet. Direkt am Strand gelegen, mit Autovermietung.

Nationalpark-Campingplätze mit Duschen, Toiletten und Grillstellen sind in Waddy Point, Dundubara, Lake Allom, Lake McKenzie, Central Station, Lake Boomanjin und in Wathumba eingerichtet. Camping am Strand ist in ausgewiesenen Bereichen erlaubt. Für alle Plätze sind Permits notwendig (▶ s. „Vorbereitungen für einen Insel-Trip").
Dilli Village Recreation Camp, Tel. 07-41279130; kommerzieller Platz mit Zeltplätzen und Cabins.

Von Hervey Bay nach Norden

33 km hinter Hervey Bay ist der Bruce Highway wieder erreicht. Der kleine Ort **Childers** (3400 Ew.) kam im Jahr 2000 wegen eines verheerenden Brandunglücks im Palace Backpacker Hostel in die Schlagzeilen – 15 Touristen kamen ums Leben. Die schmucken Häuser aus der Gründerzeit lohnen einen näheren Blick bei der Durchfahrt. Von Childers nach Gladstone (Distanz 220 km) verläuft der Highway durch ebenso endlose wie eintönige Zuckerrohrfelder – weit weg vom Pazifik.

Entlang der Küste über Bundaberg und Town of 1770 bis Gladstone (300 km)

Wer Zeit hat, sollte von Childers aus die etwas längere Küstenroute fahren. Sie beginnt mit dem Abzweig zur Straße Nr. 3 nach Bundaberg.

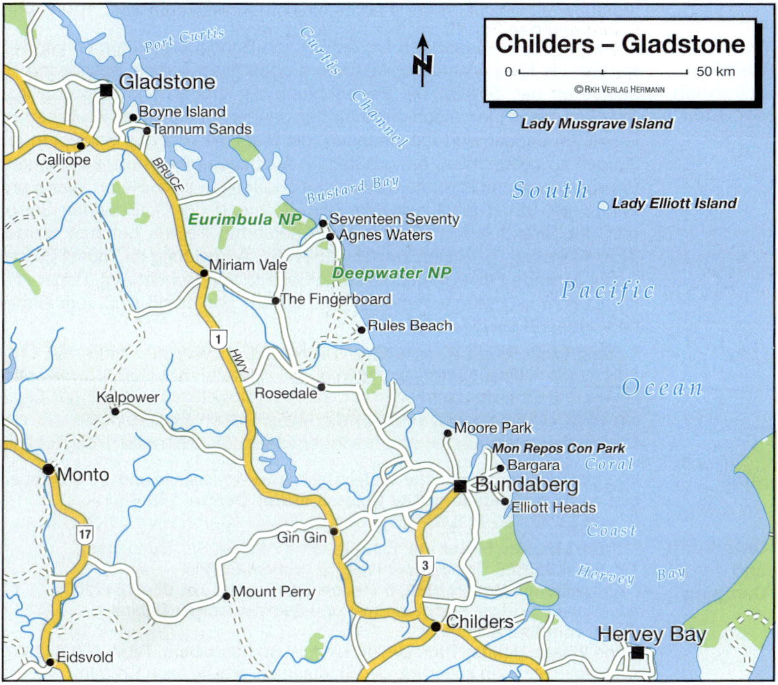

Bundaberg

Die 50.000-Einwohner-Stadt am Burnett River gilt als die Rum-Hauptstadt des Kontinents. „Bundy", wie der 1867 gegründete Ort von den Einheimischen liebevoll genannt wird, ist außerdem Ausgangspunkt für Ausflüge zu den Inseln *Lady Musgrave Island* und *Lady Elliot Island,* beide am Great Barrier Reef.

Sehenswertes

Im überschaubaren Stadtzentrum wirken die alten Gebäude, Springbrunnen und Blumenrabatten durchaus einladend. Die großen Park- und Spielplätze am Flussufer sind für eine Mittagsrast wie geschaffen. Für Rucksackreisende ist Bundy dank der zahlreich angebotenen Landwirtschaftjobs, wie z.B. Avocadopflücken, ein beliebter Ort für einen längeren Aufenthalt.

In East Bundaberg (Avenue St, 2 km östlich des Zentrums) wird in der *Bundaberg Rum Destillery* der im ganzen Land beliebte „Bundaberg

Rum" aus Zuckerrohr produziert. Besichtigungen der Rumfabrik werden täglich angeboten (Tel. 07-41508684).

Bert Hinkler, einer der australischen Flugpioniere, ist ein Kind Bundabergs. Er wagte bereits 1928 den Soloflug von Australien nach England. Als Andenken wurde sein ehemaliges Wohnhaus in Southampton (England) nach Bundaberg in den Botanischen Garten verfrachtet. Das hübsch restaurierte Haus beherbergt heute ein Luftfahrtmuseum (tägl. 10–16 Uhr).

Sehenswertes außerhalb der Stadt

Am **Mon Repos Beach,** 15 km östlich von Bundaberg, kommen von November bis März Meeresschildkröten (Loggerhead Turtles) abends zur Eiablage an den Strand. Die Beobachtung der großen und schwerfälligen Reptilien sowie ihrer frisch geschlüpften Jungen ist ein unvergessliches Erlebnis. Im Januar sind die Chancen, die Eiablage und das Schlüpfen der Jungen zu beobachten, am größten. In Australien gibt es nur zwei weitere Schildkrötenbrutplätze, die ähnlich gut zugänglich sind: Heron Island und Wild Duck Island (südl. von Mackay). Während der Schildkröten-Saison darf der Strand nur im Rahmen von geführten Touren betreten werden (Nov–März tägl. 7–18 Uhr, Tel. 07-41591562, Anmeldung im Tourist Office).

Die **Strände** Elliot Heads (19 km südöstlich von Bundaberg), Bagara (13 km östlich) und Moore Park (20 km nördlich der Stadt) sind zum Baden hervorragend geeignet.

Wenn Sie zwischen Oktober und März gen Norden unterwegs sind, sollten Sie das **quallenfreie Wasser** der Region noch einmal auskosten. Weiter nördlich belagern nämlich die nicht ungefährlichen Stinger-Quallen (Box Jelly Fish und andere) die küstennahen Strände, weshalb das Baden dort nur noch innerhalb angebrachter „Quallennetze" möglich ist.

Infos

Informationen und Auskünfte zu den Sehenswürdigkeiten in und um Bundaberg gibt es beim **Bundaberg City Council Visitor Centre**, 186 Bourbong St, Tel. 07-41539289, Mo–Fr 8.30–16.45 Uhr, Sa/So 10–13 Uhr, www.bdtdb.com.au.

Unterkunft und Camping

**** **Bert Hinkler Motor Inn**, Ecke Takalvan/Warrell Sts, Bundaberg, Tel. 07-41312600; Bungalowanlage mit großem Garten.

* **Kellys Beach Resort YHA,** 6 Trevors Rd, Bagara, Tel. 07-41547200; Jugendherberge mit Doppelzimmer und Selbstversorger Cabins, 5 Min. vom Strand entfernt.

Cane Village Holiday Park CP, 94 Twyford St, Bundaberg, Tel. 1-800-242387; Campingplatz 5 km außerhalb der Stadt, an der Straße nach Childers.

Turtle Sands CP, Mon Repos Beach, Tel. 07-41592340; Campingplatz direkt bei der Schildkrötenkolonie, von Nov–März sind Reservierungen sinnvoll.

Lady Elliot Island

Die südlichste Koralleninsel des Great Barrier Reef liegt nur 25 Flugminuten (ca. 80 km) von Bundaberg entfernt und bietet viel Ruhe, Einsamkeit und **fantastische Tauchplätze.** Zu den Highlights unter Wasser zählen die riesigen Mantarochen, die majestätisch um die Korallenstöcke gleiten. Zu Lande sind zahlreiche Vogelarten heimisch. Meeresschildkröten legen von November bis März an den Stränden ihre Eier ab.

Infos

Mehr Infos zur Insel und den Tauchgelegenheiten in einem der **Visitor Centre** von Bundaberg und Gladstone, oder unter www.ladyelliot.com.au.

Anreise

Flugverbindungen nach Lady Elliot bestehen ab Bundaberg und Hervey Bay. Buchungen (auch als Tagesausflug) über das Resort oder die Tourist Offices in Bundaberg oder Hervey Bay.

Unterkunft ** **Lady Elliot Island Reef Resort**, Tel. 1-800-072200; ist die einzige Unterkunft auf der Insel, eher einfach eingerichtete Zimmer und Cabins (besseres Jugendherbergsniveau, aber sauber und ordentlich), dafür sehr freundliches Personal.

Lady Musgrave Island

Als Ziel für einen Tagesausflug zum Schnorcheln, Baden und Tauchen bietet sich das nordwestlich von Lady Elliot Island gelegene Atoll *Lady Musgrave Island* an. Die 14 ha große Insel ist als Nationalpark geschützt und durch die schiffbare Lagune vom Wasser einfach zugänglich. Der Fischreichtum unter Wasser (1200 gezählte Fischarten) und die unterschiedlichen Korallenspezies sind für Taucher ein Genuss.

Anreise In Bundaberg oder Town of 1770 werden Tagesausflüge und Campingtransfers angeboten, u.a. von *Lady Musgrave Barrier Reef Cruises*, Tel. 1-800-072110, www.lmcruises.com.au.

Unterkunft Eine feste Unterkunft gibt es nicht, auf der Insel kann lediglich campiert werden. Allerdings gibt es keine sanitären Anlagen und kein Frischwasser. Mehr Infos dazu im *Department of Environment* in Bundaberg (Tel. 07-41311600) und in Gladstone (Tel. 07-49716500).

Von Bundaberg nach Norden

Der Weg aus Bundaberg führt über die imposante Stahlbrücke nach Norden über **Rosedale** und dann weiter bis zur „Tankstellenkreuzung" (The Fingerboard). Von hier sind es noch 30 km auf asphaltierter Straße bis Agnes Water (in einigen Karten ist diese Straße noch als Schotterstraße eingezeichnet). Rechts und links der hügeligen Straße erstrecken sich riesige Baumbestände. 10 km vor Agnes Water (bzw. 20 km nach der Tankstelle) zweigt eine Piste in den nur für Geländewagen zugänglichen, dicht bewaldeten **Eurimbula National Park** ab.

Agnes Water Die Ortschaft **Agnes Water** gleicht einem langgestreckten Straßendorf mit kleinem Einkaufszentrum. Außer auffallend vielen Immobiliengeschäften, sowie einer munteren Surf- und Angelszene, gibt es nicht viel zu sehen. Der südlich gelegene **Deepwater National Park** ist nur für Allradfahrzeuge zugänglich.

Lässt man Agnes Water rechts liegen, schlängelt sich die Straße über grüne Hügellandschaften weiter zur Town of 1770.

Town of 1770

Am Round Hill Inlet hatte James Cook am 24. Mai 1770 zum erstenmal den Boden Queenslands betreten. Um dieses Ereignis gebührend zu ehren, wurde 1926 ein **Denkmal** am Round Hill Head, der äußersten Landspitze, errichtet. Von den **Aussichtsplattformen** beim Monument (kurzer Fußweg vom Parkplatz) bietet sich nach Norden ein herrlicher Blick auf die gesamte Bucht bis hin zum Felsvorsprung Bustard Head. Entlang der steilen Hügelflanken breitet sich die Ansiedlung mit mehr oder wenigen schicken Villen aus. Viele Queensländer haben sich hier ein Feriendomizil gebaut.

Wer noch etwas Zeit in der touristisch eher ruhigen Region verbringen möchte, sollte mit dem mächtigen **Amphibienfahrzeug The Larc** eine Tour unternehmen. Über die weiten Sandbänke geht es zu einem Leuchtturm; vom Hafen am Ortseingang werden außerdem Ausflüge zum Eurimbula National Park angeboten (LARC Tours, Tel. 07-49749422).

Unterkunft und Camping

*** **Captain Cook Holiday Village**, Captain Cook Drive, Town of 1770, Tel. 07-49749219; Ferienanlage mit Zelt- und Camperstellplätzen sowie Cabins und Motelzimmern.
1770 Camping Grounds, Captain Cook Drive, Town of 1770, Tel. 07-49749286; großer Campingplatz direkt am Wasser.
Agnes Water Caravan Park, Jeffrey Court St, Agnes Water, Tel. 07-49749193; Zeltplatz am Strand.

Zurück zum Bruce Highway

Um auf den Bruce Highway zurückzugelangen, wählen Sie beim Rasthaus „The Fingerboard" die noch teilweise geschotterte, aber gut fahrbare Straße nach Miriam Vale (Distanz 26 km). Die kleine Gemeinde **Miriam Vale** am Bruce Highway wartet mit einer Tankstelle, Lebensmittelshops und einem Motel auf.

Durch Zuckerrohrfelder und Eukalyptuswälder sind es weitere 64 km, bis die touristisch wenig attraktive und etwas unübersichtliche Hafenstadt **Gladstone** erreicht ist. Die bessere Übernachtungsalternative ist **Tannum Sands** (südlich von Gladstone). Der beschauliche Ferienort hat weitläufige Sandstrände und einen großen Campingplatz (Tannum Beach Caravan Village, The Esplanade, Tel. 07-49737201; mit Cabins und Studios).

Gladstone

Gladstone (28.000 Ew.) lohnt nur dann den Abstecher vom Highway (19 km), wenn ein Ausflug nach Heron Island geplant ist (▸ s.u.). Ansonsten bietet die Industriestadt kaum Sehenswertes. Riesige Abraumhalden der **Kohle- und Aluminiumindustrie** empfangen den Ankömmling bereits am Stadteingang. Der kleine Ortskern rund um die Goondoon Street besteht aus Kaufhäusern, Billigläden, Banken und einigen Pubs. Attraktiv hingegen ist die neu gestaltete **Gladstone Marina** mit der Tourist Information, Parkanlagen, Spielplätzen, Cafés, Yachthafen und der Central Queensland University.

Infos

Hilfreiches Personal mit Informationen zu den Inseln am Riff und der Umgebung finden Sie in der **Gladstone Information Centre**, Marina Ferry Terminal, Bryan Jordan Drive, Tel. 07-49729000, tägl. 9–17 Uhr, www.gladstoneregion.org.au.
Für Auskünfte zu den umliegenden Nationalparks und Inseln ist das **Department of Environment** zuständig, 136 Goondoon St, Gladstone, Tel. 07-49716500;.

Unterkunft und Camping

**** **Quality Hotel Country Plaza**, 100 Goondoon St, Gladstone, Tel. 07-49724499; großes Hotel im Zentrum.
* **Gladstone Backpackers**, 12 Rollo St, Gladstone, Tel. 07-49725744.
Barney Beach Sea Breeze CP, 10 Friend St, Gladstone, Tel. 07-49721366; sauberer, kleiner, leider aber etwas lauter Platz, südlich des Stadtzentrums, mit Cabins.

Heron Island

Ein wahres Paradies erwartet den Besucher auf Heron Island. Die kleine bewaldete **Koralleninsel** ist von schneeweißen Stränden und türkisblauem Wasser geprägt. Die mit bunten Korallen, Schildkröten und harmlosen Riffhaien ausgestattete, reichhaltige Unterwasserwelt ist für Taucher und Schnorchler ein Muss. Baden ist vom Strand aus nur bei Flut möglich, bei Ebbe werden informative Riff-Spaziergänge angeboten. Das Essen im zentral gelegenen Restaurant ist ausgezeichnet.

Geschichte Auf der Suche nach einer sicheren Passage durch das Barrier Reef wurde das Atoll 1843 von europäischen Forschern entdeckt. J. B. Juke, der auf dem Schoner H.M.S Fly mitgereiste Geologe, benannte die Insel nach den zahlreichen Vögeln (Egrets), die er fälschlicherweise für Riff-Herons hielt. In den 1920er Jahren wurden die auf der Insel heimischen, großen Suppenschildkröten gefangen und in der Inselfabrik verarbeitet. Nachdem dies glücklicherweise aber kaum Gewinn abwarf, konzentrierten sich die geschäftstüchtigen Australier auf die Ausbeutung des Fischreichtums rund um das Eiland. Doch auch dieses Unternehmen scheiterte. Danach wurde die Insel zum Touristenresort umfunktioniert – ein Geschäft, das seit den 1960ern hervorragend läuft. Die ersten Gäste schliefen in Zelten und speisten in der umgebauten Suppenfabrik. Inzwischen logieren Reisende in modernen Bungalows mit allem Komfort direkt am Strand. 1943 wurde die Insel zum Nationalpark ernannt.

Das Resort und die Forschungsstation im nordöstlichen Teil der Insel nehmen gut ein Drittel der Fläche ein. Der Rest ist als **Nationalpark** ausgewiesen.

Außergewöhnliche Tierwelt Von November bis Februar legen Meeresschildkröten (Green Turtles / Loggerhead Turtles) an den Stränden ihre Eier ab. Die Strände dürfen während dieser Zeit nur in Begleitung von Rangern begangen werden. Die Vogelwelt ist faszinierend vielfältig. So sitzen in den Pisona Bäumen Reiher (Herons, Egrets), Noddi-Seeschwalben (Black Noodies) und Keilschwanzsturmtaucher (Short-tailed Shearwater). Von Juni bis Oktober ziehen Buckelwale durch die Gewässer am Riff. Im **Marine Parks Information Centre** sind detaillierte Hinweise zu Flora und Fauna erhältlich. Ein geführter Spaziergang am Riff (nur bei Ebbe) ist eine gute Möglichkeit, die Meeresbiologie zu studieren.

Tauchen und Schnorcheln Wer Tauchen oder Schnorcheln möchte, muss stets ein kurzes Stück mit dem Boot an die „Korallen-Wände" rund um die Insel fahren, da das Wasser am Strand nur langsam abfällt. Tauch- und Schnorchelausrüstung wird im Dive-Shop des Resorts vermietet. Bootsausflüge werden zweimal täglich angeboten.

Reef-Walk

Anreise Ab Gladstone Marina fährt täglich ein Katamaran (2 h pro Strecke, zuweilen stärkerer Seegang) nach Heron Island. Die schnellere, kostspieligere Variante ist der Hubschrauber ab Gladstone Airport (15 kg Gepäck Limit). Wer mit dem Flugzeug aus Brisbane kommt, muss, um eine Zwischenübernachtung in Gladstone zu vermeiden, den Heli nehmen, da der Katamaran schon abgefahren ist. Tagesausflüge sind nicht möglich.

Ihr Fahrzeug können Sie auf einem der gesicherten Parkplätze direkt an der Marina abstellen (Reservierungen unter Tel. 07-9727283 oder im Marina Bait & Tackle Shop am Hafen).

Unterkunft ***** **Heron Island Resort,** Tel. 1-800-737678, www.heronisland.com, Ferienanlage der P&O-Kette in der gehobenen Preisklasse, mit komfortablen, renovierten Bungalows (Reef Suites, direkt am Strand) und einfacheren Bungalows (Turtle Cabins, im Inselinneren), Bars, Shop, Tennisplätze und guter Küche. Eine Reservierung über Reiseveranstalter sollte auf jeden Fall vorgenommen werden (▶ s.S. 111).

Tipp: Besonders attraktiv ist die Übernachtung auf **Wilson Island**, einer kleinen Robinson-Crusoe Insel, die ca. 40 Schiffsminuten von Heron Island entfernt liegt. In den edlen Safari-Zelten fühlen sich vor allem Honey-Mooners (Hochzeitsreisende) wohl. Die Buchung ist nur in Kombination mit Heron Island möglich (mind. 3 Übernachtungen). Informationen: www.wilsonisland.com.

Alternativroute: Von Calliope (Gladstone) durchs Hinterland nach Mackay (827 km)

Die Strecke durch das zentrale Hochland von Queensland birgt eine sehenswerte Outback-Region und ist für Reisende mit Interesse an der Suche von Mineralien und Edelsteinen einen Abstecher wert. Außerdem lockt der wunderschöne Carnarvon National Park mit kühlen Schluchten und reizvollen Wanderpfaden.

Anfahrt zum Carnarvon NP Vom Bruce Highway zweigt bei **Calliope** (Höhe Gladstone) der *Dawson Highway* nach Westen ab. Über das Städtchen Biloela geht die Fahrt bis Rolleston nach Westen. Hier biegt die Straße zum **Carnarvon National Park** nach Süden ab (Entf. 104 km, die letzten 20 km bis zur Schlucht sind gut befahrbare Schotterpiste).

Carnarvon National Park

Die tiefe Sandsteinschlucht **Carnarvon Gorge** ist von einer Landschaft mit saftig grünen Palmen, Farnen und Moosen umgeben. An den Felswänden sind zahlreiche, gut erhaltene Aboriginal-Felsmalereien zu sehen. Von den Wanderwegen und Aussichtsplattformen im Park bieten sich herrliche Ausblicke auf die Schlucht. Ein Infozentrum, Campingplätze und eine gute Lodge sind im Nationalpark vorhanden.

Der Nationalpark-Campingplatz ist nur während der **Oster- und Sommerferien geöffnet** (Tel. 07-32278198). Ansonsten können Sie im ** *Takarakka Bush Resort* (Campingplatz und feststehende Zelte, Tel. 07-49844535) oder in der **** *Carnarvon Gorge Wilderness Lodge* (Tel. 1-800-644150), etwas außerhalb des Parks, nächtigen.

Auf dem Dawson Highway geht es weiter in nordwestlicher Richtung. Schnell ist über Springsure die Stadt **Emerald** erreicht.

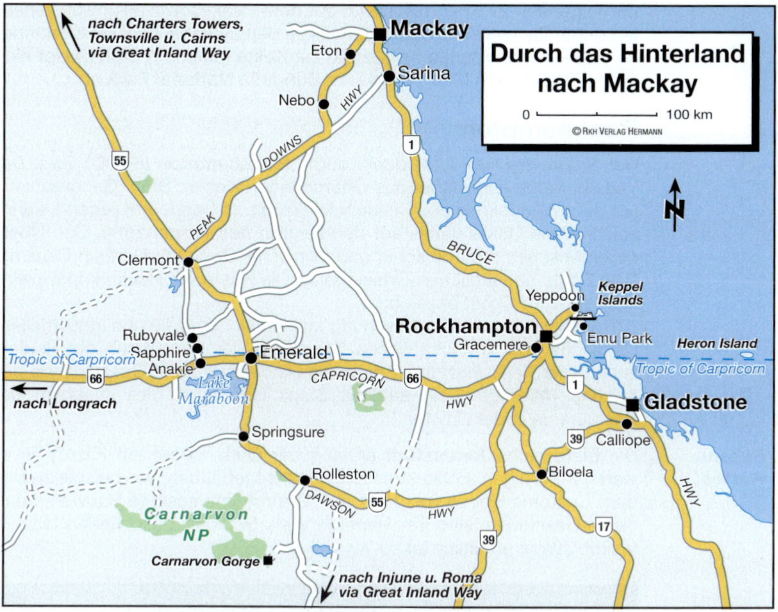

18 km vor der Ortschaft liegt der Stausee Lake Maraboon, ideal für ein erfrischendes Bad und zur Vogelbeobachtung. Unterkunft: *Lake Maraboon Holiday Village*, Campingplatz mit Cabins, Tel. 07-49823677.

Edelsteinfelder Die 1879 gegründete und mehrmals vom Feuer zerstörte Provinzhauptstadt Emerald ist Ausgangspunkt zu den westlich gelegenen Edelsteinfeldern (Gem Fields). Haupteinkommensquelle der Bevölkerung ist jedoch der Anbau von Zitrusfrüchten, Sonnenblumen und Melonen. **Jobsuchende** werden hier während der Erntezeit meist fündig. Wer sein Glück lieber mit **Edelsteinen** versucht, der sollte **Anakie** (44 km), **Rubyvale** und **Sapphire** (60 km) besuchen. Saphire, Zirkone, Rubine und sogar Diamanten wurden (und werden noch immer) in dieser Gegend entdeckt. Im *Gemfield Information Centre* in Anakie (1 Anakie Rd, tägl. 8-18 Uhr, Tel. 07-49854525) sind alle Fakten zu den funkelnden Steinchen zusammengetragen.

Fossicking Die beschwerliche Arbeit der Edelstein- und Mineraliensuche sollten Sie auf einer sog. **Fossicking-Tour** selbst erleben. Erlebnischarakter haben die „Tag-Along"-Touren. Dabei fährt man mit dem eigenen Auto hinter den einheimischen Führern zu den **Gemfields** und wird dort in das schweißtreibende Handwerk des Edelsteinsuchens eingeführt. (▸ Info: www.centralhighlandstourism.org.au.)

Fahrt zur Küste Zu einer der ältesten Siedlungen in Queenslands Hinterland zählt die Minenstadt **Clermont**. Gold, Kupfer und Viehzucht prägten einst die Stadt, heute dominiert der Kohleabbau in der riesigen, offenen Mine (Open Pit).

Die folgenden 272 Fahrtkilometer auf dem Peak Downs Highway verlaufen durch flaches Weideland, parallel zu den Eisenbahnschienen, auf denen schier endlos lange Kohlezüge zur Küste fahren. In Eton zweigt eine kleine Straße nach Marian und zum **Eungella National Park** ab.

Rockhampton

Der Bruce Highway führt direkt durch **Rockhampton** (64.000 Ew.). Der Verkehr verursacht dabei des Öfteren einen kleinen Stau. Geographisch auf dem Wendekreis des Steinbocks (Tropic of Capricorn) liegend, kennzeichnet die Universitätsstadt den **Beginn der Tropenzone.** Den Übergang zwischen subtropischer und tropischer Zone markiert ein Denkmal (The Spire) am südlichen Ortseingang. Die Küste vor Rockhampton wird als *Capricorn Coast* bezeichnet.

Rockhampton ist eine Mischung aus ländlicher Idylle und industriellem Fortschritt. Als wirtschaftliches Standbein der Region gilt die Rinderzucht. Die Stadt wird daher auch als Rindermetropole Queenslands bezeichnet. Wer gern ein saftiges Steak isst, kann dies in einem der Restaurants in der City tun.

Sehenswertes

Die **historische Innenstadt** entlang der Quay Street am Fitzroy River wartet mit einigen architektonischen Prachtgebäuden, wie beispielsweise dem Customs House von 1901 auf. Weitere interessante Bauwerke und deren Geschichte sind im „Heritage Walk Booklet" beschrieben, das im Visitor Centre erhältlich ist.

Customs House

Südlich des Stadtzentrums (gleich nach dem Capricorn-Denkmal) breitet sich der 1869 gegründete **Botanische Garten** aus. Ein japanischer Garten, zahlreiche Teiche, ein kleiner Zoo, Picknicktische und viel Schatten machen die Anlage zum idealen Rastplatz für Durchreisende (tägl. 6–18 Uhr, Eintritt frei). Das **Dreamtime Cultural Centre** (5 km nördlich der Stadt am Bruce Hwy) offeriert einen Einblick in die Geschichte und Lebensweise der Ureinwohner von Zentral-Queensland. Auch Boomerangs und Didgeridoos werden hier vorgeführt (tägl. 10–15.30 Uhr, Tel. 07-49361655).

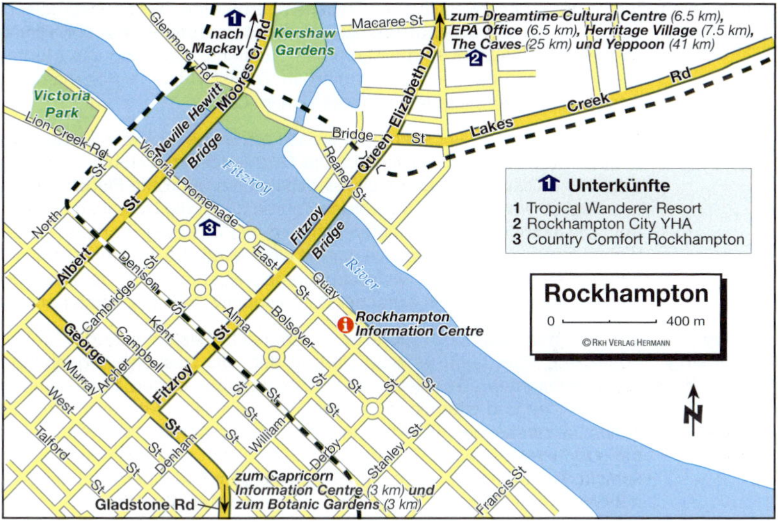

Hinweis: In den letzten Jahren haben jugendliche Aboriginalgruppen die Stadt zeitweise verunsichert. Meiden Sie deshalb Alleingänge bei Dunkelheit!

Infos

Auskünfte zu Zielen in der gesamten Region gibt es im **Capricorn Information Centre,** The Spire, Gladstone Rd (am Denkmal, Bruce Hwy), Rockhampton, Tel. 1-800-676701.
Ein zentral gelegenes Tourist Office mit hilfsbereitem Personal ist das **Rockhampton Tourist Information Centre,** Customs House, 208 Quay St, Rockhampton, Tel. 07-49225339, tägl. 9–16 Uhr, www.rockhamptoninfo.com.

Unterkunft und Camping

**** **Country Comfort Rockhampton,** 86 Victoria Pde, Tel. 07-49279933; gut ausgestattetes Hotel im Stadtzentrum.
* **Rockhampton YHA,** 60 MacFarelane St, North Rockhampton, Tel. 07-49275288; Jugendherberge, nördlich des Flusses.
Tropical Wanderer Resort CP, Bruce Highway, North Rockhampton, Tel. 1-800-815563; 3 km nördlich des Zentrums gelegene Ferienanlage, mit Campingplätzen, Bungalows und Motelzimmern.

Umgebung von Rockhampton

Mount Morgan

Die historische Bergbaustadt liegt 40 km südwestlich von Rockhampton am Burnett Highway. Der 800 m große Krater, den die Mine hinterlassen hat, erinnert an bessere Zeiten. Zur Blütezeit um 1910 verzeichnete die Stadt 14.000 Einwohner, heute sind es noch 2500. In der riesigen Mine wurde große Mengen Gold, Silber und Kupfer gefördert. Bei den Führungen durch die Mine sind Dinosaurier-Fußabdrücke und unzählige Fledermäuse Bestandteil der Besichtigung. Eindrucksvolle, meist rostige Relikte aus den vergangenen Jahren zeigen das örtliche Museum und die Bahnstation. Zudem werden am Bahnhof täglich Fahrten in historischen Zügen angeboten. Die Tourist-Information befindet sich ebenfalls im Bahnhofsgebäude.

Viehauktionen in Gracemere Australisches Farmer-Feeling erlebt man im *Gracemere Saleyards,* etwa fünf Autominuten westlich von Rockhampton (erste Ortschaft am Capricorn Hwy). In den Verkaufsräumen werden Schweine, Pferde und Rinder versteigert. Besucher sind willkommen. Auktionszeiten sind von Montag bis Freitag, die genauen Zeiten bitte im Tourist Office in Rockhampton erfragen. Ein Campingplatz befindet sich im Ort.

Capricorn Caves 25 km nördlich von Rockhampton weisen am Bruce Highway Schilder auf spektakuläre Tropfsteinhöhlen hin. Die 1882 entdeckten Höhlen *Cammoo Caves* und *Olsen's Capricorn Caves* beheimaten bedrohte Fledermausarten. Täglich von 9 bis 16 Uhr werden Touren durch die Unterwelt angeboten. Die längeren Tourvarianten (ab 4 h bis Ganztagestouren) sollten vorher reserviert werden, da sie nur mit einer Mindestteilnehmerzahl stattfinden (Tel. 07-49342883, www.capricorncaves.com.au). In der Nähe der Höhlen befinden sich ein einfacher Campingplatz und eine kleine Lodge.

Mt Hay Fossicking Tourist Park Auf dem dem Capricorn Highway, 35 km nach Westen, liegt der Mt Hay Fossicking Park (tägl. 9–16.30 Uhr), in dem die Besucher eigenhändig nach sogeannten „Thundereggs" im Geröll graben dürfen. Diese kleinen, vulkanischen und eiförmigen Bomben, die der Vulkan Mt Hay vor 18 Millionen Jahren ausgespuckt hat, enthalten häufig Achate. Im Park werden die „Donnereier" gegen Gebühr aufgesägt, poliert und ggf. per Post verschickt. Auf dem Gelände befindet sich ein sehr einfacher Campingplatz mit Strom und Duschen. (www.aradon.com.au, Tel. 07-49347183)

Tagesausflug zur Capricorn Coast und nach Yeppoon

Herrliche Sandstrände und eine willkommene Abwechslung zur tropischen Inlandshitze bietet ein Ausflug an die **Capricorn Coast** (104 km). Etwa 5 km nördlich vom Stadtzentrum Rockhamptons zweigt die Rockhampton-Yeppoon Road nach Nordosten ab und führt zur Küste (Entf. 40 km). Im Ferienort **Yeppoon**, wo einst reiche Rinderbarone residierten, suchen heute wohlhabende Queenslander mit ihren Familien Erholung. Hauptattraktionen sind die langen Sandstrände, grasbewachsenen Dünen und die vorgelagerten **Keppel Islands.** Südwärts über die Küstenstraße erreicht man herrliche Strände und den Hafen von Rosslyn Bay. Von hier legen die Schiffe zu den Keppel Islands ab. Wer sich für **Krokodilzucht** interessiert oder mal ein Croc-Steak probieren möchte, sollte über Emu Park zur *Koorana Crocodile Farm* fahren (Abzweig von der Emu Park Rd, Coowonga, Touren tägl. 10.30 u. 13 Uhr).

Unterkunft und Camping In den Orten Yeppoon, Causeway, Coonee Bay, Kinka Beach, Lammermoor Beach, Mulambin Beach, Rosslyn Bay und Emu Park gibt es Campingplätze, Hotels und Selbstversorger-Apartments in Hülle und Fülle.

**** **Rydges Capricorn Resort**, Farnborough Rd (8 km nördlich), Yeppoon Tel. 07-49252525; komfortable Unterkunft mit schönem Strand, Pools und sehr guter Ausstattung.

*** **Yeppoon Surfside Hotel**, 30 Anzac Pde, Yeppoon, Tel. 07-49391272; Mittelklasse-Hotel.

Poinciana Tourist Park CP, 9 Scenic Hwy, Coonee Bay (2 km südlich von Yeppoon), Tel. 07-49391601; gepflegter Campingplatz.

Capricorn Palms Holiday Village CP, Mulambin Beach, Tel. 1-800-068703; ideal für Tagesausflüge nach Great Keppel Island, ca. 9 km südlich von Yeppoon.

Great Keppel Islands

Die 18 Inseln des Keppel-Archipels liegen etwa 15 km vor der Küste. **Great Keppel Island** zählt beim jüngeren Publikum zum beliebtesten Eiland der Gruppe. Auch auf den anderen Inseln (North Keppel, Middle Island, Humpy Island) kann man gut schnorcheln und campieren, allerdings gibt es dort kein Frischwasser.

Anreise Keppel Islands

Alle Schiffe auf die Inseln verkehren ab **Rosslyn Bay,** 8 km südlich von Yeppoon. Fahrzeuge können auf einem bewachten Parkplatz abgestellt werden.

Great Keppel Island

Die Insel ist seit jeher das Ziel für Aktivurlauber und junge sowie jung gebliebene Leute. Vom Schnorcheln über Fallschirmspringen bis zum Boom-Netting (Passagiere werden auf einem Netz zwischen den Katamaranrümpfen durch das Wasser gezogen) werden viele Aktivitäten angeboten. Höhepunkte der Natur sind die feinsandigen weißen Strände und die Korallenbänke. Ausflüge nach Humpy Island und Middle Island sind von Great Keppel aus möglich.

Preisgünstige Inselvariante

Durch die kurze Anfahrt und die verschiedensten Unterkunftsarten sind ein Tagesausflug oder ein längerer Aufenthalt auf Great Keppel Island – verglichen mit den weiter südlich liegenden Koralleninseln Heron Island oder Lady Elliot Island – verhältnismäßig preiswert.

Anreise

Mehrmals täglich fahren Schiffe ab Rosslyn Bay zur Insel und zurück. Infos: *Keppel Tourist Services*, Transit Centre, Rosslyn Bay Boat Harbour, Tel. 07-49336744. Ab Rockhampton gibt es einen Bus-Shuttle zur Marina von Rosslyn Bay.

Unterkunft und Camping

*** **Great Keppel Island Resort**, Tel. 1-800-245658;
gepflegte Anlage mit verschiedenen Unterkünften,
Tennis- und Golfplatz sowie viele Wassersportangebote.
** **Great Keppel Island Holiday Village**, Tel. 1-800-180235; lebhafte
Ferienanlage mit Zimmern, Bungalows und feststehenden Safarizelten.
* **YHA Backpackers Village**, Tel. 07-49336416; Zeltunterkünfte
mit eigenen Koch- und Sanitäranlagen, fast direkt am Strand.

Weiterfahrt von Rockhampton nach Mackay

Von Rockhampton bis Mackay wird rechts und links vom Bruce Highway wenig Abwechslung geboten: nur Zuckerrohrfelder, kleinere Ortschaften und die Bahntrasse. Am Fuße der Berge der *Connors Range,* liegt die Kleinstadt Sarina (36 km südlich von Mackay).

Sarina und Sarina Beach

In der riesigen Mühle am südlichen Ortseingang von **Sarina** wird das grüne Gold der umliegenden Zuckerrohrfarmen verarbeitet.

Lohnender Abstecher zum Strand

In der Stadt zweigt eine schmale Straße nach **Sarina Beach** (12 km) ab: Ein gemütlicher Ferienort mit langem Strand, Picknicktischen, Kiosk und Ladengeschäft – ideal für eine entspannte Mittagspause oder zum Übernachten.

Unterkunft und Camping

*** **Sarina Beach Motel**, The Esplanade, Tel. 07-49566266; Mittelklasse-Hotel.
Sarina Palms Caravan Village CP, 31 Anzac St, Tel. 07-49561892; ordentlicher Campingplatz.

Mackay

Auf halbem Weg zwischen Brisbane und Cairns liegt Mackay (68.000 Ew.). 1866 bauten hier die ersten Farmer Zuckerrohr an. Die „Sugar Capital of Australia" erzeugt heute mehr als ein Drittel der gesamten Zuckerproduktion des Landes. Von Juli bis Oktober kann die **weltgrößte Zuckerverladestation** in Port Mackay (6 km nördlich des Zentrums) besichtigt werden. Während der Erntezeit (Crushing Season) lässt sich die Zuckerrohrverarbeitung auf einer **Cane Farm Tour** oder beim Besuch einer **Zuckermühle** aus nächster Nähe erleben (Information und Buchung im Tourist Office). Dennoch fällt die Industrie in der florierenden Stadt an der Mündung des Pioneer Rivers kaum auf. Vielmehr begeistern die palmengesäumten Straßen und die restaurierten, historischen Gebäude der Innenstadt den Besucher. Die prachtvollen Häuser wie das Court House (1938), das Old Court House (1885) und die Commonwealth Bank (1880) haben schon viele Wirbelstürme schadlos überstanden.

Strände

Nördlich der Stadt sind die von der Sonne verwöhnten Küstenabschnitte einfach erreichbar. Die **Strände** Slade Point und Bucasia zählen zu den schönsten der Umgebung.

Whitsundays-Inseln

Mackay ist gleichfalls ein Sprungbrett für Ausflüge in die Whitsunday Inselgruppe (▶ s.S. 229) und nach Brampton Island, hat allerdings nicht die Bedeutung von Airlie Beach und Shute Harbour.

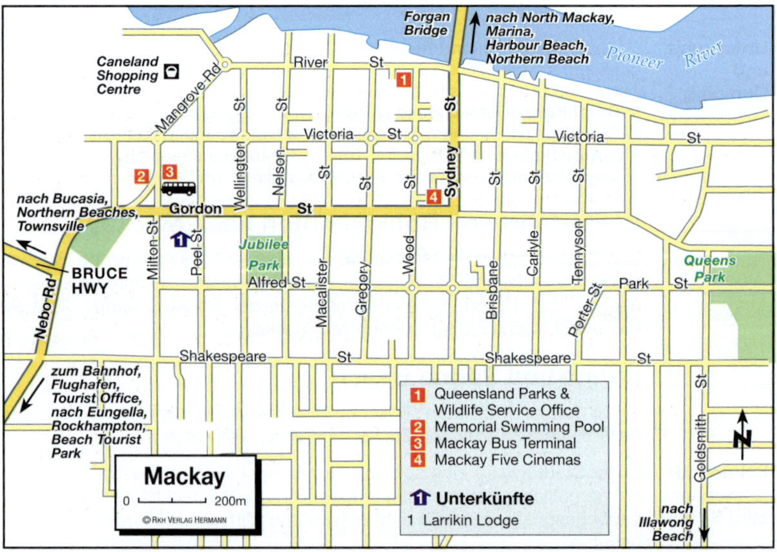

Infos **Mackay Tourism Bureau,** The Mill, 320 Nebo Rd (3 km südlich des Zentrums am Bruce Hwy), Tel. 07-49522677, www.mackayregion.com. **Queensland Parks and Wildlife Service**, Ecke Wood/River Sts, Tel. 07-49447800; Auskünfte zu den umliegenden Nationalparks und Campingpermits für die vorgelagerten Inseln.

Unterkunft und Camping **** **Dolphin Heads Resort**, Beach Rd, Dolphin Heads, Tel. 07-49549666; modernes Resort, 15 km nördlich der Stadt, mit Blick auf die Whitsundays und kurzem Weg zum Strand.
**** **Coral Cay Resort Motor Inn,** 16-18 Nebo Rd, Mackay, Tel. 1800 191230. Neues Motel mit Pool und guter Küche in Innenstadtnähe.
* **Larrikin Lodge YHA,** 32 Peel St, Mackay, Tel. 07-49513728; günstige, zentrumsnahe Unterkunft in einem echten „Queensland House".
Beach Tourist Park CP, 8 Petrie St, Mackay, Tel. 1-800-645111; großer Campingplatz, 3 km östlich der City, am Strand (nachdem Flughafen).
Bucasia Beachfront CP, Bucasia Esplanade, Bucasia, Tel. 07-49546375; schöner, schattiger Campingplatz, direkt am Strand, 10 km nördl. von Mackay.

Touren „Breakfast with the Platypus" nennt sich eine lohnende Tagestour (Mi. und So.) ab Mackay in den Eungella NP, die für Frühaufsteher und Tierfreunde konzipiert ist. Reeforest Adventure Tours, Tel. 07-49598360, www.reeforest.com.

Zuckerrohranbau in Queensland

Zwischen Bundaberg und Mossman (nördlich von Cairns) wird das zur Familie der Süßgräser zählende Zuckerrohr, entlang des Küstengürtels, im tropischen Queensland angebaut.
Eingeführt wurde die Pflanze in den 1860er Jahren. Britische Kolonialherren beschäftigten damals Einwohner der Solomonen Inseln, sogenannte Kanakas zur Bestellung ihrer Plantagen. Als die Arbeitslosenrate unter der weißen Bevölkerung jedoch stieg, wurden die meisten Farbigen vertrieben. Wer bleiben durfte, ließ sich in der Gegend zwischen Mackay und Cairns nieder.
Das bis zu sechs Meter hohe, schilfähnliche Gras wird auf etwa 6500 Farmen angepflanzt. Pro Hektar angebauten Zuckerrohrs werden etwa zehn Tonnen Rohzucker gewonnen. Australien ist der **weltgrößte Rohzuckerexporteur.** Üblicherweise werden die Pflanzen im November gesetzt und sechs bis sieben Monate später mit großen Maschinen geerntet. Das Abbrennen der Felder, um Ungeziefer zu vernichten und Schlangen zu vertreiben, wird kaum noch praktiziert.
Die abgeernteten zuckerhaltigen Stängel werden entweder auf den Gleisen, die die Felder durchziehen, oder per Lastwagen zu den Zuckerrohrmühlen transportiert. Dort entstehen dann aus der hochwertige braune Rohzucker sowie die „Abfallprodukte" Melasse (Zuckersirup) und Bagasse (ausgepresste Pflanzenfasern, die als Treibstoff in der Mühle wiederverwendet werden).

Umgebung von Mackay

Brampton Island Entspannung, weiße Strände und gute Schorchelreviere bietet **Brampton Island.** Das zur Cumberland Inselgruppe zählende Eiland liegt 32 km nordöstlich von Mackay und ist das südliche Eingangstor zu den Whitsunday Inseln. Die bergige Insel ist als Nationalpark geschützt und bietet 11 km Wanderpfade mit reicher Flora und Fauna. Vor dem Hauptstrand der Insel ist in *Baritons Korallengarten* ein „Schnorchelpfad" angelegt. Bei Ebbe kann die unbewohnte Nachbarinsel **Carlisle Island** (zählt ebenfalls zum Nationalpark) zu Fuß erreicht werden. Dort kann auf mehreren Nationalpark-Campgrounds übernachtet werden, Permits sind in Mackay erhältlich.

Anreise Die Anreise erfolgt entweder per Helikopter (15 Min.) oder mit der Fähre (75 Min.) ab Mackay. Buchung über das Resort (▸ s.u.).

Unterkunft **** **P&O Brampton Island Resort**, Tel. 1-800-737678; das Resort liegt inmitten einer Gartenlandschaft und bietet Verwöhnatmosphäre. Vorausbuchung erforderlich.

Eungella National Park

Der rund 51.000 Hektar große, mit tropischem und gemäßigtem Regenwald bedeckte Nationalpark im Hochland ist ein Muss auf dem Reiseabschnitt Brisbane – Cairns. Mit seinen Wasserfällen, klaren Bächen, Wanderpfaden, Schnabeltieren und fantastischen Aussichten markiert Eungella (ausgesprochen Young-g'lla) einen landschaftlichen Höhepunkt an der Ostküste.

Pioneer Valley Die Anfahrt von Mackay erfolgt durch das grüne Pioneer Valley und die kleinen Zuckerstädte Marian und Mirani. Etwa 2 km westlich von Mirani liegt das **Illawong Sancturary,** ein kleiner Tierpark, in dem Koalas, Emus, Krokodile und Känguruhs in familiärer Atmosphäre beobachtet werden können. Die ungefährlichen Gattungen dürfen gefüttert und gestreichelt werden (tägl. 9–17 Uhr, kleines Café).

Finch Hatton Gorge Weiter in Richtung Berge ist das Dorf Finch Hatton erreicht. Über eine 12 km lange Piste (nach Regenfällen zum Teil sehr ausgewaschen) gelangen Sie in die **Finch Hatton Gorge.** Vom Parkplatz mit Grill- und Picknickgelegenheiten verläuft ein Wanderpfad (1,6 km) zu den Araluen Wasserfällen (Bademöglichkeiten). Augen auf, die Vogel- und Insektenwelt ist hier sehr aktiv! Eine schöner Campingplatz ist das *Platypus Bush Camp* (Tel. 07-49583204), Hütten mit Klimaanlage bieten die *Finch Hatton Gorge Cabins* (Tel. 07-49583281).

Hinauf in den Eungella NP Hinter Finch Hatton windet sich die asphaltierte Straße in steilen Serpentinen in die luftigen Höhen der Clarke Range bis in den Ort Eungella hinauf. Post, Café, Restaurant und einige Wohnhäuser bilden das altmodische Städtchen „Land der Wolken" – wie Eungella übersetzt heißt. Vom „Eungella Chalet", einem altehrwürdigen Hotel mit Restaurant, das nur wenige Meter von der 700 m hohen Kante des Pioneer Valley entfernt liegt, genießt man einen unglaublichen Weitblick, der bei gutem Wetter sogar bis zum Meer reicht. Drachenflieger nutzen hier eine Rampe für Absprünge ins Tal.

Kurz hinter Eungella führt ein kurzer Rundwanderweg zu den beiden **Aussichtsplattformen** „Sky Windows", von denen sich eine ebenso gute Fernsicht wie vom Chalet bietet. An der Straße zum Broken River sind weitere kurze Wanderungen ausgeschildert. Im **Informationszentrum** des Nationalparks, am Ufer des Broken Rivers, bekommen Sie Auskünfte über Camping, Wandern und die besten Tierbeobachtungsplätze. Snacks und Getränke sind am Kiosk nebenan erhältlich.

Schnabeltiere

Die sonst sehr scheuen Schnabeltiere *(Platypus)* haben sich an die Parkbesucher ein wenig gewöhnt. Die besten Chancen, sie zu erspähen, bestehen im Morgengrauen und bei Dämmerung direkt unterhalb der hölzernen Straßenbrücke oder auf den Plattformen, wenige Gehminuten flussabwärts. Aber nicht nur Schnabeltiere zeigen sich, sondern auch zahlreiche Süßwasserschildkröten *(Northern Snapping Turtle)* planschen in dem ruhigen Gewässer.

Rund um den Parkplatz und am Campingplatz tummeln sich bei Dunkelheit nachtaktive Tiere wie Zwerggleitbeutler *(Faithertail Glider)*, Rattenkänguruhs *(Bettong)* und graue Känguruhs *(Grey Kangaroo)*. Frösche, Agakröten *(Cane Toad)*, Warane und Schlangen leben in den feuchteren Regionen am Fluss. In den Baumwipfeln der Eukalypten ist der Eungella-Honigfresser *(Eungella Honeyeater)* heimisch, eine der fünf Vogelarten, die erst in den letzten 50 Jahren in Australien entdeckt wurden. Neben der vielfältigen Tierwelt sind die Bäume, Farne und Kletterpflanzen beeindruckend.

Wer richtig in die Flora und Fauna des Parks eintauchen möchte, sollte sich Zeit für eine längere Wanderung nehmen, z.B. den *Crediton Creek Trail* (8,5 km einfach, zurück auf der Straße).

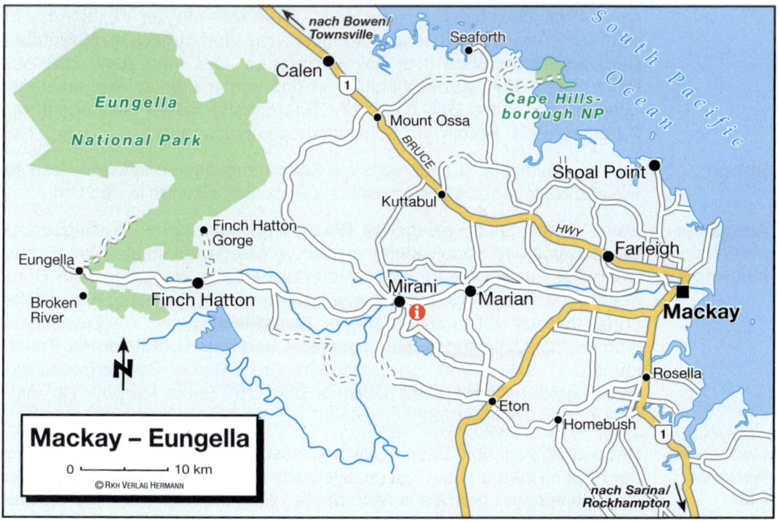

Infos **The Ranger**, Eungella National Park, Broken River, Tel. 07-49584552.

Unterkunft und Camping Für die Weihnachts- und Osterferien ist es sinnvoll, die Unterkünfte vorzubuchen, ansonsten ist der Park ziemlich einsam.

**** **Eungella Chalet Mountain Lodge**, Eungella, Tel. 07-49584509; historisches Hotel mit Zimmern und Cabins sowie Pool und herrlicher Aussicht.

*** **Broken River Mountain Retreat**, am Broken River, Tel. 07-49584528; Unterkunft mit Motelzimmer, Cabins und Restaurant, direkt neben der Rangerstation. Geführte Touren durch den Park.

National Park Campground, gleich beim Infocenter am Broken River; schattiger Platz mit Duschen, Reservierung über den Ranger (▶ s.o.).

Streckenhinweis Wer von Eungella eine direktere Route nach Norden sucht, wählt kurz nach Marian die kleine Verbindungsstraße zum 9 km entfernten Pacific Highway.

Cape Hillsborough National Park

Der kleine Küstennationalpark liegt auf einer Halbinsel nördlich von Mackay. Der Park zeichnet sich durch herrliche Sandstrände, gute Wandermöglichkeiten, imposante Klippen, Eukalyptuswälder und grasige Hügel aus. Von Süden aus folgen Sie dem Bruce Highway 20 km nach Mackay, zweigen dann in die Seaforth Road ein und folgen dieser weitere 20 km bis zum Abzweig in den Nationalpark, von dort sind es nochmal 10 km in den Park. Mehr Infos zum Park ist im Nationalparkbüro in Mackay (s.o.) erhältlich. Zur Übernachtung bietet sich das ruhige Cape Hillsborough Nature Resort (Tel. 07-4959 0152, Juli–Okt Reservierung sinnvoll) mit Motelzimmern, Campingplatz , Restaurant und direktem Zugang zum Strand an.

Airlie Beach

In Proserpine (Kleinstadt, Airport für die Whitsundays) zweigt die Straße nach **Airlie Beach** ab, Ausgangsort für die meisten der Whitsunday Inseln. Von Westen kommend durchquert man dort zunächst die Neubausiedlung **Cannonvale** (mit Einkaufszentrum) und fährt dann, am Abel Point Yachthafen vorbei, hinunter in das immer stärker expandierende Touristendorf Airlie Beach. An der Hauptstraße reihen sich Agenturen, Cafés, Hostels, Hotels und Souvenirshops aneinander.

Strand Die neu gestaltete Strandanlage mit Schwimmbecken und Liegewiese sowie das Nachtleben locken zahlreiche Rucksackreisende in den Ort.

Ausgangspunkt für Inseltrips Vom 10 km östlich gelegenen **Shute Harbour** starten Ausflugsboote, Wassertaxis und Segelyachten zu den vorgelagerten Inseln. Wer sich für einen Ausflug auf die Whitsundays entscheidet, wird in den Tour-Büros oder an den Hotel- bzw. Campingplatzrezeptionen bedient (▶ s. „Whitsunday Islands / Touren"). Längere Segeltörns sollten vorab reserviert werden, Tagesausflüge können noch am Vortag gebucht werden. Tauchkurse und -exkursionen an das äußere Great Barrier Reef erfreuen sich immer größerer Beliebtheit (Oceania Dive, 257 Shute Harbour Rd, Airlie Beach, Tel. 07-49466032).

Conway National Park Der südlich von Airlie Beach gelegene Küstennationalpark **Conway National Park** ist zum größten Teil unzugänglich. Lediglich einige kurze Wanderwege führen von der Straße nach Shute Harbour in den Park. Der Aufstieg zum **Mt Rooper Lookout** lohnt wegen der guten Aussicht auf die Inselwelt (2,4 km bis zur Aussichtsplattform). Der einfache Campingplatz in der Swamp Bay ist nur zu Fuß erreichbar (2,1 km vom Parkplatz an der Straße).

Infos

Airlie Beach Tourist Information Centre, 277 Shute Harbour Rd, Airlie Beach, Tel. 07-49466665, www.whitsundaytourism.com.
National Park Office, Shute Harbour Rd, (zwischen Airlie Beach und Shute Harbour), Tel. 07-49467022; hier werden neben Infos zum Conway und Whitsunday National Park Campinggenehmigungen für die Inseln erteilt.

Unterkunft und Camping

Airlie Beach besitzt Hotels, Hostels und Campingplätze scheinbar im Überfluss. Es wundert deshalb nicht, dass Namen und Management oft wechseln.
**** **Coral Sea Resort**, 25 Oceanview Ave, Airlie Beach,
Tel. 07-49466458; schönes Hotel an der Landspitze westlich des Zentrums.
*** **Comfort Inn Club Crocodile Airlie Beach**, Shute Harbour Rd, Cannonvale,
Tel. 07-49467155; große Ferienanlage 2 km östlich von Airlie Beach.
*** **Airlie Waterfront B&B,** Ecke Broadwater/Mazlin Sts, Airlie Beach,
Tel. 07-49467631; elegante Unterkunft mit tollem Blick.
* **Airlie Beach YHA,** 394 Shute Harbour Rd, Airlie Beach,
Tel. 1-800-247251; betriebsame Jugendherberge im Stadtzentrum.
Airlie Cove Resort CP, Shute Harbour Rd, (2,5 km nach Airlie Beach in Richtung Shute Harbour), Tel. 1-800-653445;
gepflegter Campingplatz mit schattigen Plätzen unter großen Bäumen.
Adventure Whitsunday Resort CP, 25–29 Shute Harbour Rd, Airlie Beach,
Tel. 1-800-640587; Campingplatz in der Nähe der Marina mit großer Poollandschaft.

Essen und Trinken

In Bezug auf das leibliche Wohl wird man vor allem an der Esplanade und in der Shute Harbour Road im Zentrum von Airlie Beach bedient. Recht laut, aber dennoch empfehlenswert ist *KC's* (282 Shute Harbour Rd), wo es Seafood und Live-Musik gibt.
Für Selbstversorger ideal ist der große Supermarkt im Einkaufszentrum von Cannonvale.

Whitsunday Islands

Für viele Australien-Reisende zählt ein Segeltörn zwischen den Whitsundays zu den besonderen Highlights einer Ostküstentour. Weiße, fast puderartige Sandstrände, tiefblaues Wasser, bunte Fische und leuchtend grüner Regenwald sind nur einige der typischen Elemente dieser Trauminseln. 74 Inseln zählen zu dem tropischen Archipel, das Captain Cook an einem Pfingstsonntag (Whitsunday) im Jahr 1770 entdeckte. Acht der Inseln sind erschlossen und bieten eine Auswahl an festen Unterkünften. Die übrigen Inseln, einige mit Campingplätzen, sind als Teile des **Whitsunday Island National Parks** geschützt. Von Juni bis September ziehen Wale an den Inseln vorbei.

Ausflüge und Touren

In Airlie Beach werden zahlreiche Touren auf und um die Inseln angeboten. Unterscheidungskriterien sind die Zeit (Tagesausflug oder Mehrtagestour), das Transportmittel (Segel-, Motorboot oder per Flugzeug) und die Art der Unterkunft (an Bord eines Schiffes oder in Resorts bzw. Camping). Empfehlenswert ist bei genügend Zeit und ausreichender Seetauglichkeit (zwischen den Inseln ist das Meer meist ruhig) ein mehrtägiger

Segeltörn mit Übernachtung an Bord, Landausflügen und Schnorchelmöglichkeiten. Diejenigen, die Segelerfahrung haben, können sich ein Schiff mieten und die Inseln auf eigenen Faust erkunden. Motorboote werden gegen Vorlage eines gültigen Autoführerscheins vermietet.

Um vor Ort nicht zuviel Zeit zu verlieren (nicht alle Boote legen täglich ab), sollten Sie solche Ausflüge bereits vorab buchen. Ein empfehlenswertes Buchungsbüro in Airlie Beach ist „Where, what, how?“ (Shop 1, 283 Shute Harbour Rd, Tel. 07-49465255, www.herewhathow.com.au).

Abfahrtspunkte Die Schiffsausflüge beginnen entweder von der Anlegestelle in Shute Harbour (10 km südlich) oder von der modernen Abel Point Marina (1 km nördlich). Die meisten Anbieter holen ihre Gäste bei den Hotels und Campingplätzen der Stadt ab. An der Anlegestelle in Shute Harbour befinden sich bewachte Parkplätze und ein Parkhaus. Die Preise für eine Tagestour beginnen bei A$ 70, Dreitagestouren sind ab A$ 280 im Angebot. Rundflüge und Transferflüge starten vom Whitsunday Airport (zwischen Airlie Beach und Shute Harbour).

Tagesausflüge

- *Fantasea Cruises,* Tel. 07-4946511, www.fantasea.com.au. Touren durch die Inselwelt und zum Great Barrier Reef, auf schnellen und großen Motorschiffen, mit Tauchmöglichkeit.
- *Whitsunday All Over Cruises,* Tel. 07-49469499. Fährdienst und Rundfahrten zu den Resort-Inseln, ab Shute Harbour.

Mehrtagestouren

- *Aussie Adventure Sailing,* Tel. 1-800-359554, www.aussiesailing.com.au. Zwei- und Dreitages-Segeltouren auf unterschiedlichsten Booten, mit gutem Service und guter Verpflegung, z.T. mit Campingübernachtungen, tägliche Abfahrten. Gutes Preis-Leistungsverhältnis, täglich Abfahrten.
- *Barefoot Cruises,* Tel. 1-800-075042, www.barefootcruises.com.au. Hochwertige Vier- und Sechstagestouren auf Motor- oder Segelschiffen.

Bootscharter *Whitsunday Rent A Yacht,* Bay Terrace, Shute Harbour, Tel. 07-49469232, www.rentayacht.com.au. Verchartert Segel- und Motorboote, mit und ohne Skipper, ab 5 Nächten.

Rundflüge *Heli-Aust Whitsunday Group,* Tel. 07-49468249, www.heliaust.com.au. Rundflüge und Inseltransfers mit Hubschraubern und Wasserflugzeuge.

Air Whitsundays, Tel. 07-49469111, www.airwhitsunday.com.au. Mit dem Wasserflugzeug werden empfehlenswerte Rundflüge mit und ohne Schnorchelstopps angeboten.

Hayman Island

Die nördlichste Insel der Whitsundays lockt mit herrlichen Sandstränden, idyllischen Buchten, Wanderwegen und einem der teuersten und exklusivsten Resorts der gesamten Ostküste. In der Anlage logieren Prominente aus aller Welt, um sich beim Golfen, Wasserskifahren oder Windsurfen zu entspannen. Ein guter Schnorchel- und **Tauchspot** ist die **Blue Pearl Bay** an der Westküste der Insel.

Anreise bis Hamilton Island per Flugzeug, von dort weiter per Boot (ggf. mit dem resorteigenen Boot). Einige Tourenanbieter legen an der Blue Pearl Bay an.

***** **Hayman Resort**, Tel. 07-49401234, www.hayman.com.au. Trotz der hohen Preise (ab A$ 400/Nacht) ist die Anlage gut besucht und sollte daher vorab reserviert werden.

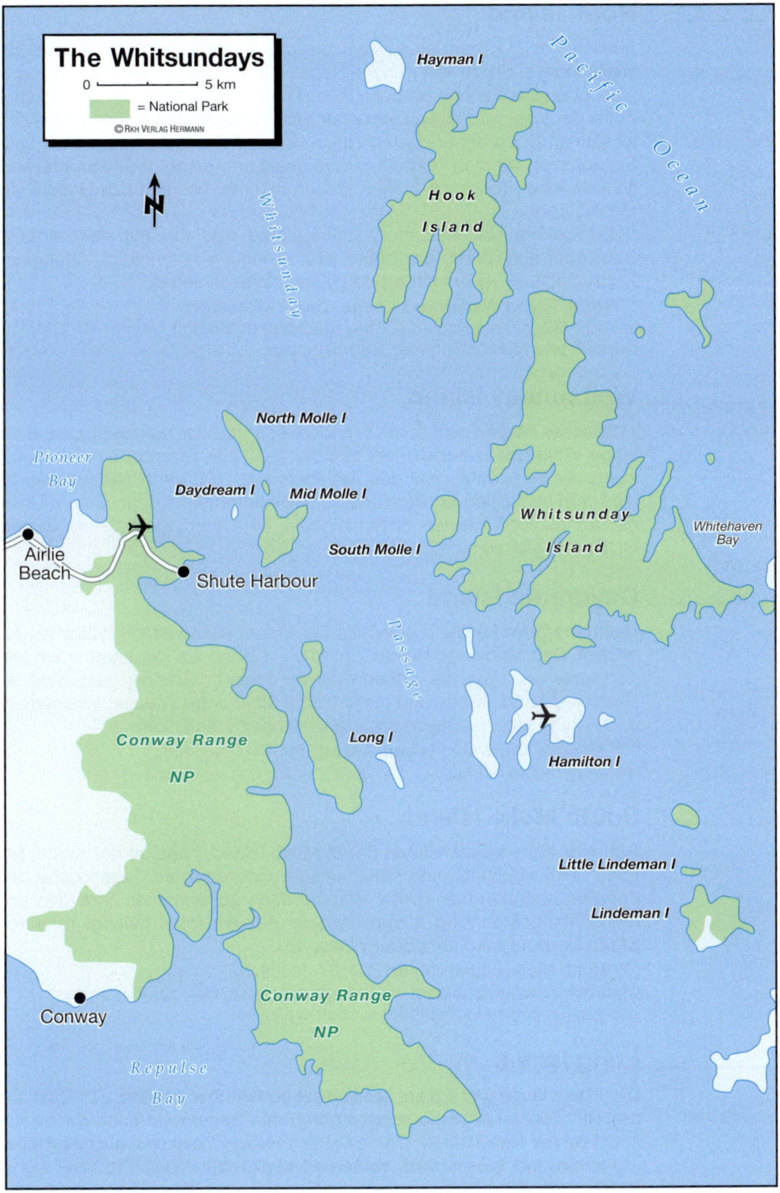
The Whitsundays
0 5 km
= National Park
©Rkh Verlag Hermann
Hayman I
Pacific Ocean
Hook Island
Whitsunday
North Molle I
Pioneer Bay
Daydream I
Mid Molle I
Whitsunday Island
Whitehaven Bay
Airlie Beach
South Molle I
Shute Harbour
Passage
Conway Range NP
Long I
Hamilton I
Little Lindeman I
Lindeman I
Conway
Conway Range NP
Repulse Bay

Hook Island

Südlich von Hayman Island liegt die mit 53 qkm zweitgrößte Insel der Whitsundays. Bis zu 454 m hohe Berge (Hook Peak) prägen ihre Topographie. Das günstige und einfache Resort mit Campingplatz am südöstlichen Zipfel der Insel wird täglich von einer Fähre angesteuert. Lebensmittel sind im kleinen Shop der Lodge erhältlich. Ordentliche Unterwassersicht beim Schnorcheln hat man vor dem Strand direkt am Resort. Wer die Unterwasserwelt lieber trockenen Fußes erleben möchte, besucht das Underwater Observatory.

Die beiden Nationalpark-Campingplätze sind nur mit dem eigenen Boot oder auf Touren erreichbar (Genehmigung notwendig). Aboriginal-Zeichnungen in einer Höhle sind im Nara Inlet zu sehen.

*** **Hook Island Wilderness Lodge**, Tel. 07-49469380,
www.hookislandresort.com.au; preisgünstige Unterkunft,
Doppel- und Mehrbettzimmer, Campingplatz.

Whitsunday Island

Tropischer Regenwald, kurze Wanderwege und der paradiesische, 6 km lange Whitehaven Beach – es soll der weißeste Strand der Welt sein – zeichnen die größte Insel des Archipels aus (109 qkm). Whitsunday Island wird von vielen Schiffen und auf Helikopterflügen angesteuert. Übernachtungsmöglichkeiten bieten die drei NP-Campingplätze am Strand, ein Resort gibt es nicht.

Daydream Island

Das nahe beim Festland gelegene Daydream Island ist ein typisches Tagesziel. Das renovierte Resort nimmt viel Fläche auf der kaum 1 km langen Insel ein. Was die Attraktivität der Insel in Grenzen hält, sind die schmalen Sandstrände und die getrübte Sicht unter Wasser. Wassertaxis und Fähren steuern Daydream Island dennoch täglich an.

**** **Novotel Daydream Island Resort**, Tel. 07-49488488,
www.daydream.net.au.

South Molle Island

Auf dem dicht bewachsenen South Molle Island, nahe an der Küste, befindet sich ebenfalls eine Ferienanlage. Insbesondere Jugendliche und Familien urlauben hier gerne. Wanderpfade zu einsamen Stränden und Aussichtspunkten sind ausgeschildert. Auf die Insel gelangt man von Shute Harbour per Fähre oder Wassertaxi.

*** **South Molle Island Resort**, Tel. 07-49469433,
www.southmolleisland.com.au. Strandbungalows, viele Sportaktivitäten und Ausflüge. Sonderangebote sind oft erhältlich.

Long Island

Die 11 km lange und 1,5 km breite Insel gehört überwiegend zum Whitsunday-NP. Lohnende Wanderungen durch den Regenwald nach Sandy Bay (hier liegt der Nationalpark-Camping) und Humpy Point sind ausgeschildert.

Fähren und Wassertaxis verkehren täglich zur Insel. Die Insel eignet sich gut für einen Tagesausflug, da Wandern und Strandleben kombiniert werden können. Die Einrichtungen des Club Crocodile dürfen kostenlos mitbenutzt werden.

*** **Club Crocodile Long Island**, Tel. 07-49469400, www.clubcroc.com.au; gepflegte Hotelanlage am langen Sandstrand, mit Pools, Shops und Tennisplätzen.
**** **Peppers Palm Bay Hideaway**, Tel. 07-49469233, www.palmbay.com.au; ruhige und abgeschiedene Unterkunft inmitten eines Palmenhains.
**** **Wilderness Lodge**, 07-38397799, www.southlongisland.com; kleine und exklusive Anlage mit Hütten direkt am Strand, am südlichen Ende der Insel, Transfer mit dem Helikopter ist im Preis inbegriffen, Mindestaufenthaltsdauer 4 Tage, keine Kinder unter 15 Jahren.

Hamilton Island

Hamilton Island ist der geographische Mittelpunkt der Whitsunday Inseln. Als typische Resort-Insel verfügt sie über einen Flughafen, Yachthafen, Läden, Restaurants, Bars und über 2000 Gästebetten, die sich auf drei Hotelblocks verteilen. Außerhalb des Resorts ist die Insel noch recht ursprünglich, und Wanderwege führen durch dichten Regenwald zu einsamen Stränden und Buchten.

**** **Hamilton Island Resort**, Tel. 07-49469999, www.hamiltonisland.com.au; große Anlage mit Zimmern und Appartements in verschiedenen Preiskategorien. Direktflugziel ab Sydney und Brisbane.

Lindeman Island

Lindeman Island gehört zu den südlichen Whitsundays. 20 km Wanderwege sowie einsame Strände und Buchten werben für die Insel. Vom 210 m hohen Mount Oldfield bietet sich eine schöne Aussicht auf die Umgebung. Der größte Teil der Insel ist als Nationalpark ausgewiesen. 1992 wurde auf der Insel der erste *Club Med* Australiens eröffnet.

Von Shute Harbour verkehrt eine Fähre zur Insel. Ansonsten ist sie von Airlie Beach und Mackay per Flugzeug erreichbar. Ein Tagesausflug nach Lindeman ist ebenfalls möglich, im Fährticket ist die Nutzung der Einrichtungen vom Club Med inbegriffen.

**** **Club Med Village Lindeman Island**, Tel. 1-800-801823, www.clubmed.com; viele Sportangebote, lächelnde Animateure, einfache Zimmer und reichhaltige Büffets – der Club orientiert sich an den weltweiten Club-Med-Standards.

Segeltörn zwischen den Whitsundays

Camping auf unbewohnten Inseln

Mit Zelt, Schlafsack, Proviant, Campingkocher, ausreichend Trinkwasser (5l pro Tag und Person) und nicht zuletzt dem obligatorischen Camping-Permit kann man sich auf bestimmten Inseln der Whitsundays absetzen lassen und das autarke Leben erproben.
Die Überfahrt muss selbst organisiert werden (über *Camping Connection*, Tel. 07-49465255), wobei die Touristenbüros in der Stadt behilflich sind. Im Ranger-Office in Airlie Beach werden Genehmigungen für die Inseln Whitsunday, Armit, Border, Cid, Haslewood, Henning, North Molle, Shaw und Shute vergeben. Die Anzahl der Campingpermits ist begrenzt, weshalb man sich frühzeitig darum bemühen sollte.
Buchungen auch unter:
www.epa.qld.gov.au/environment/park.

Weiter auf dem Highway nach Norden:

Bowen

In der kleinen Küstenstadt **Bowen** (9000 Ew.) ließen sich 1861 erstmals Siedler nördlich von Rockhampton nieder. Doch bald schon verlor die Hafenstadt, hinter den großen Städten Townsville und Mackay, weitgehend an Bedeutung. Im historischen **Museum** (22 Gordon St) und an den Kolonialgebäuden im Stadtkern lässt sich die Geschichte der Stadt noch nachvollziehen. Wirtschaftliches Standbein der Kommune ist der Obst- und Gemüseanbau in der Region. Die Produkte werden an Straßenständen preiswert angeboten. Wer einen Job sucht, der kann hier zwischen Mai und November bei der Tomaten- und Mangoernte sein Geld verdienen.

Für eine Mittagspause oder eine Übernachtung am Strand ist der mit Quallennetz (Stinger Net) und Schatten ausgestattete **Queens Beach** ideal (Queen Beach Caravan Park, 160 Mt Nutt Rd, Tel. 07-47851313). Samstag und Sonntag findet hinter dem Haus der Rettungsschwimmer ein lokaler Markt mit Handarbeiten und hausgemachten Köstlichkeiten statt.

Home Hill und Ayr

Weiter nach Norden verläuft der Highway noch immer einige Kilometer im Landesinneren. Die Ortschaft **Home Hill** am südlichen Ufer des Burdekin River ist durch The Silverlink, eine lange Stahlbrücke, mit ihrer Schwesterstadt **Ayr** am nördlichen Ufer verbunden. Beide Kommunen werden vom Zuckerrohranbau beherrscht. Allein in der Burdekin Region werden 7 Mio. Tonnen Zuckerrohr geerntet, aus denen am Ende eine Million Tonnen Rohzucker gewonnen wird. Wegen der guten Bewässerungsmöglichkeiten am Burdekin River sind Obst- und Gemüseplantagen sowie Reisanbau weitere Erwerbsquellen.

Camping: Silver Link Caravan Village CP, 34 Norham Rd, Ayr,
Tel. 1-800-335261; gepflegter Platz, abseits vom Highway, mit Cabins und Pool.

Abstecher zum Alligator Creek im Bowling Green Bay National Park

Von Ayr zieht sich der Highway weiter durch Zuckerrohrfelder und Weideland. 30 km südlich von Townsville heben sich zwei Granitberggruppen von der Küstenebene ab. Der 1342 m hohe **Mt Elliot** westlich der Straße dominiert dabei das Bild.

Der **Bowling Green National Park** erstreckt sich von der Küste, mit Mangrovensümpfen und großen Dünenlandschaften, bis weit über den Highway ins Hinterland. Nur der kleine Teil rund um den **Alligator Creek** ist zugänglich. Die Abfahrt zum Parkeingang ist am Bruce Highway ausgeschildert (59 km nördlich von Ayr).

Bei der Rangerstation (6 km vom Highway entfernt) wurde ein schöner Campingplatz mit Duschen und Grillstellen angelegt (Zufahrt von 6.30–18.30 Uhr). Der Alligator Creek bietet prima Badestellen, eine reiche Vogelwelt und Wanderwege auf den Mt Elliot und zu den Alligator Falls. Infos im Rangerbüro, Tel. 07-47788203 oder im Nationalpark Centre in Townsville (▶ s. Townsville / Infos).

Tierpark

17 km vor Townsville liegt direkt am Highway das **Billabong Sanctuary.** Der Zoo (tägl. 8–17 Uhr) beheimatet u.a. Koalas, Krokodile, Känguruhs und Schlangen. Einige Tiere können von den Besuchern gehalten und zum Teil gefüttert werden (vormittags sind Streicheleinheiten angesagt, nachmittags gibt es Futter).

Townsville

Die 1864 von John Melton Black und Kapitän Robert Towns gegründete Siedlung war zunächst Versorgungsstützpunkt und Verladehafen für die landwirtschaftlichen Erzeugnisse des Hinterlands. Mit den Goldfunden in Ravenswood und Charters Towers wuchs die Stadt enorm schnell. Zu Beginn des zweiten Weltkrieges war Townsville eine wichtige Hafenstadt mit etwa 30.000 Einwohnern. Die Bevölkerung stieg auf über 100.000, als australische und amerikanische Streitkräfte Stützpunkte in der Stadt gründeten. Heute ist Townsville mit 130.000 Einwohnern die drittgrößte Stadt Queenslands und das bedeutendste wirtschaftliche Zentrum im tropischen Norden.

Die Lage der Hafenstadt innerhalb der „trockenen Tropen" beschert ihr durchschnittlich 300 Sonnentage im Jahr. Die Skyline der Stadt wird vom Felsberg Castle Hill (290 m) bestimmt. Von dort eröffnet sich ein guter Panoramablick über die Universitätsstadt und die Cleveland Bay. Noch vor 15 Jahren war in der von Industrie und Militär geprägten Stadt Tourismus ein Fremdwort. Nachdem erkannt wurde, welches Potenzial – dank des Great Barrier Reef – im Fremdenverkehr steckt, versuchten die Stadtoberen mit allen Mitteln Cairns, der Konkurrenz im Norden, Paroli zu bieten. Der schöne Stadtstrand, die langgezogene Promenade „The Strand", die überschaubare Fußgängerzone mit architektonisch wertvollen Gebäuden, das Aquarium- und Museumszentrum Reef HQ und die vorgelagerte Insel Magnetic Island ließen Townsville zu einem Urlaubsort werden, in dem man problemlos zwei bis drei Tage verweilen kann.

Zudem wartet die Stadt mit Ausflugsmöglichkeiten zum Great Barrier Reef auf. Dank der etwas größeren Entfernung zum Riff, ca. 60 km vor der Küste, sind Sicht und Wasserqualität sogar dort bedeutend besser, als beispielsweise vor Cairns.

Ein weiterer Pluspunkt für die Region ist **Magnetic Island.** Die recht dicht bewachsene Insel ist mit Wanderwegen, herrlichen Sandstränden, netten Unterkünften und einer hohen Koala-Population ein ideales Ziel für einen Tagesausflug (20-minütige Fährfahrt).

Von der Stadt in Richtung Westen führt die Hauptverbindungsstrecke in das Northern Territory. Der *Flinders Highway* durchquert die einstige Goldgräberstadt Charters Towers und führt in das trockene Outback (▶ s. Route Townsville nach Three Ways).

Adressen & Service Townsville

Infos **Highway Information Centre**, Bruce Hwy (südl. der Stadt), Tel. 07-47783555.
Flinders Mall Visitor Information Centre, Fußgängerzone Flinders Mall, Tel. 1-800-801902. Mo–Fr 9–17 Uhr, Sa/So 9–12.30 Uhr. www.townsvilleonline.com.au.
Reef and National Park Information Centre, im Reef HQ, Tel. 07-47212399, Mo–Fr 9–17 Uhr, Sa/So 10–16 Uhr. Wertvolle Informationen zum Great Barrier Reef, Magnetic Island (Park Guide mit Karte) u. den umliegenden Nationalparks.

Autom.-Club RACQ, 202 Ross River Rd, Aitkenvale, Tel. 07-47753999.

Autovermietungen Nur wenige Wohnmobilanbieter haben ein Depot in Townsville. Mietautos sind jedoch reichlich verfügbar.

Routentipp: Mit dem Mietwagen oder Wohnmobil von Sydney bzw. Brisbane bis Townsville fahren, dann mit dem komfortablen Kreuzfahrt-Katamaran „Coral Princess" auf einer 4-Tage Riffkreuzfahrt bis Cairns schippern (s. Touren)!

- *Apollo Motorhomes,* 14 Langton St, Garbutt, Tel. 07-47793338; Camper und Mietwagen
- *Avis Car Rental,* 81-83 Flinders St East, Tel. 07-47212688, Flughafen Tel. 07-47256522.
- *Budget Cars,* 251 Ingham St und im Flughafen, Tel. 07-47252344,
- *Hertz Cars,* Flughafen, Tel. 07-47755950.
- Thrifty Cars, 289 Ingham Rd, Tel. 07-47254600, Flughafen Tel. 07-47254655.

Busgesellschaften Die Überlandbusse verkehren alle vom **Townsville Transit Centre,** Ecke Palmer/Plume Sts. *Greyhound,* Tel. 07-47725100

Essen und Trinken Die Auswahl an Restaurants, Pubs, Cafés und Imbissbuden ist ausreichend. Entlang The Strand, der Flinders Street East und der Palmer Street reihen sich zahlreiche Restaurants und Pubs aneinander.
Gaugins, Gregory St Headland, The Strand, Tel. 07-47245488. Neues Restaurant mit Bar direkt am Strand, sonntags Live-Musik. Hauptgerichte ab A$ 18.
*The Balcony***,** 287 Flinders St Mall, Tel. 07-47724423. Gute Salate, Grillgerichte sowie Kaffee und Kuchen, mit Tischen auf dem Balkon, in der Fußgängerzone. Hauptgerichte ab A$ 12.

Einkaufen Die Fußgängerzone (Flinders Mall) ist das Einkaufzentrum der Stadt. Jeden Sonntagvormittag findet der Cotters Market statt. Obst- und Gemüsestände, vermischt mit lokaler Handwerkskunst und Musik ergeben dabei eine nette Atmosphäre. In den Vororten und am Bruce Highway (in Richtung Norden) befinden sich große Shopping-Komplexe.

Flughafen und Airlines Der Flughafen **Townsville Airport** (TSV) liegt 7 km westlich des Zentrums im Vorort Garbutt. Shuttleservice: Tel. 07-47755544.
Qantas, Tel. 131313. Virgin Blue, Tel. 07-32953000

Internet *Internet Den,* 265 Flinders Mall (gegenüber vom McDonald), täglich von 8–22 Uhr geöffnet.

Krankenhs. Townsville General Hospital, Eyre St, Tel. 07-47819211.

Öffentliche Verkehrsmittel Die Stadt ist leicht zu Fuß oder mit einem Mietfahrrad zu erkunden (Vermietung auf Campingplätzen und in Hostels).
Sunbus (Tel. 07-47258482) steuert Ziele in der Innenstadt und in den Vororten an. Fahrpläne und Infos in der Transit Mall (Querstraße zur Flinders Mall).

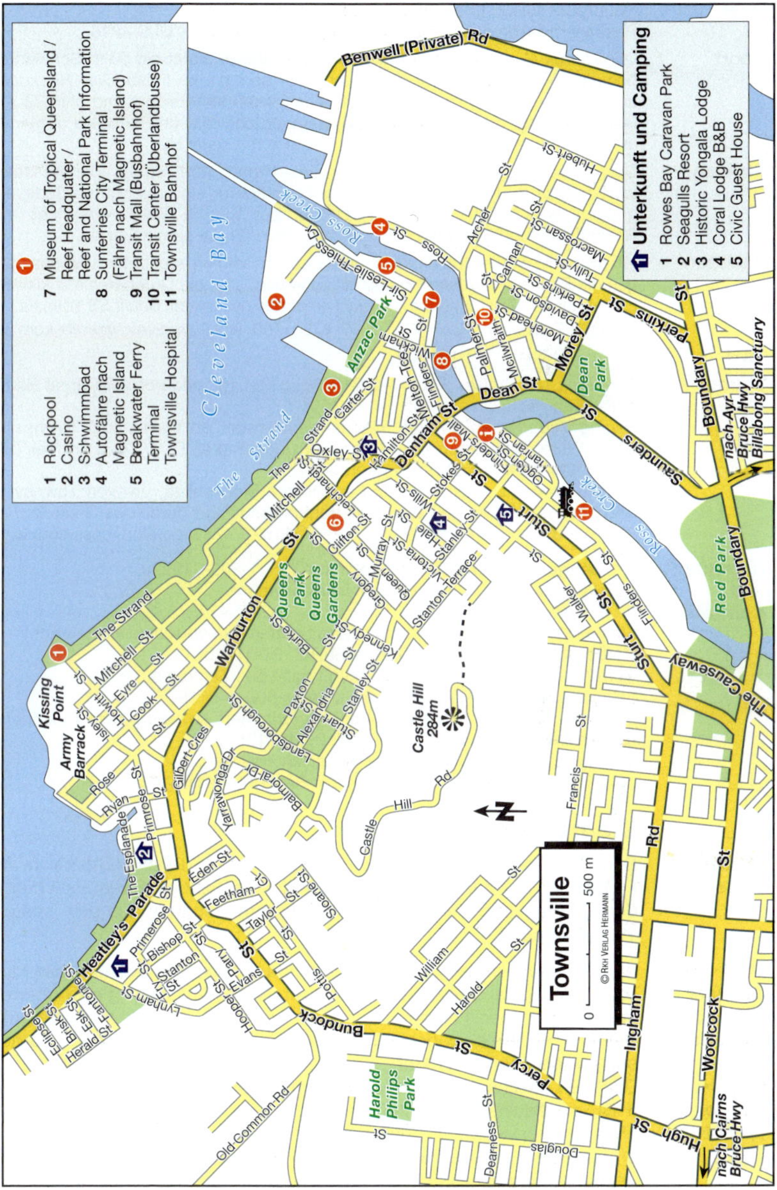
1 Rockpool
2 Casino
3 Schwimmbad
4 Autofähre nach Magnetic Island
5 Breakwater Ferry Terminal
6 Townsville Hospital
7 Museum of Tropical Queensland / Reef Headquater / Reef and National Park Information
8 Sunferries City Terminal (Fähre nach Magnetic Island)
9 Transit Mall (Busbahnhof)
10 Transit Center (Überlandbusse)
11 Townsville Bahnhof
Unterkunft und Camping
1 Rowes Bay Caravan Park
2 Seagulls Resort
3 Historic Yongala Lodge
4 Coral Lodge B&B
5 Civic Guest House
Cleveland Bay
The Strand
Ross Creek
Kissing Point
Army Barrack
Anzac Park
Queens Park
Queens Gardens
Dean Park
Red Park
Harold Philips Park
Castle Hill 284m
Castle Hill Rd
Benwell (Private) Rd
Heatley's Parade
Warburton St
Denham St
Dean St
Flinders St
Stanley St
Sturt St
Bundock St
Percy St
Ingham Rd
Boundary St
Woolcock St
Hugh St
Saunders St
Perkins St
Morey St
The Causeway
Francis St
Old Common Rd
nach Ayr, Bruce Hwy, Billabong Sanctuary
nach Cairns, Bruce Hwy
Townsville
0 500 m
© RKH Verlag Hermann

BNE ▸ CNS

Post Hauptpost (GPO), Post Office Plaza, 1 Sturt St.
Postlagernd-Adresse: Poste Restante, Townsville GPO, QLD 4810.

Sport Der *Tobruk Pool* (südliches Ende von The Strand) bietet ein 50 m Schwimmbecken und wird gerne für die Tauchkurse genutzt. Im Felsbecken *Rockpool* am nördlichen Ende der Promenade The Strand kann sicher und ohne Quallenbelästigung gebadet werden. Eine anspruchsvolle und beliebte Jogging- und Walkingstrecke führt die Straße hinauf zum Castle Hill.

Strände Der langgezogene Stadtstrand entlang der Promenade verfügt über ein Quallennetz, das in den Monaten Oktober bis März für ein ungetrübtes Badevergnügen erforderlich ist. Der Rockpool bei Kissing Point verspricht mit Rasenfläche und Spielplätzen Badevergnügen für die ganze Familie.

Tauchen In Townsville werden Tauchkurse für alle Kenntnisstufen angeboten. Teilweise liegen die Preise unter denen in Cairns, außerdem sind die Gruppen meist kleiner. Ein berühmtes Ziel für erfahrene Taucher ist das gesunkene Schiff *SS Yongala*.
Pro Dive Townsville, Reef HQ, Tel. 07-47211760, www.prodivetownsville.com.au

Taxi *Townsville Taxis,* Tel. 131008

Touren *Pure Pleasure Cruises* (Tel. 07-47213555) bietet Tagestouren zum Great Barrier Reef an.
Raging Thunder Adventures (Cairns) veranstaltet ab Cairns und Townsville White Water Rafting am Tully River. Ganztagestouren Di, Do und So, Tel. 07-40307900, www.ragingthunder.com.au.

Eine abwechslungsreiche und erholsame Möglichkeit, um von Townsville nach Cairns zu gelangen, ist die viertägige Kreuzfahrt durch das Great Barrier Reef mit der *„Coral Princess“* (Tel. 07-47211673, www.coralprincess.com.au).

Unterkunft und Camping **** **Seagulls Resort,** 74 The Esplanade, Tel. 1-800-079929.
Hotelanlage in tropischem Garten, in Wassernähe.
*** **Historic Yongala Lodge,** 11 Fryer St, Tel. 07-47724633.
Kleines Hotel in viktorianischem Stil, mit nettem griechischem Restaurant.
*** **Coral Lodge B&B Inn,** 32 Hale St, Tel. 07-47715512.
Gemütliche und freundliche Unterkunft nahe des Zentrums.
* **Civic Guest House,** 262 Walker St, Tel. 1-800-646619.
Sauberes Hostel mit Mehrbett- und Doppelzimmern sowie eigenem Tauchpool.
Rowes Bay CP, Heatley Parade, Tel. 07-47713576.
Gepflegter Campingplatz mit Cabins gleich am Meer,
ca. 3 km westlich des Stadtzentrums in Richtung Pallarenda.

Stadtbesichtigung

Flinders Street Den Stadtkern bildet die Flinders Street, die im Innenstadtbereich als Fußgängerzone ausgebaut ist. Vor allem in der Flinders Street East befinden sich einige architektonisch interessante Gebäude aus dem späten 19. Jahrhundert.

Museum of Tropical Queensland Am Ende der Flinders Street East steht das imposante Gebäude des Museum of Tropical Queensland. Schwerpunkt der Ausstellung sind Überreste der britischen Fregatte „Pandora“, die 1791 am äußeren Riff sank. Daneben wird mit modernen Medien das Leben in den Tropen dargestellt. Täglich von 9–17 Uhr.

Reef Headquarter (Reef HQ) Direkt im Anschluss an das Museum befindet sich das Reef Headquarter (HQ), ein Aquariumskomplex der Extraklasse. „Entdecken Sie das Riff, ohne nass zu werden“ lautet der sehr treffende Werbespruch der 1987 erbauten und 2002 aufwendig renovierten Unterwasserwelt. Um die begehbaren Tunneln aus Plexiglas schwimmen Haie, Rochen, Schildkröten und viele andere, leuchtend bunte Fische zwischen dem Korallenriff. Das Aquarium ist täglich von 9.30–17 Uhr geöffnet (www.reefHQ.org.au).

Im *Imax-Kino* (3-D), das ebenfalls zum Reef HQ gehört, werden stündlich Unterwasserfilme und weitere naturwissenschaftliche Filme gezeigt. Außerdem beherbergt das Reef HQ das National Park Office (▶ s. „Infos"), Imbissbuden und Souvenirshops. Von der Anlegestelle hinter dem Gebäude starten zahlreiche Ausflugsboote zum Great Barrier Reef und nach Magnetic Island.

BNE ▸ CNS

The Strand Vom Reef HQ zur Strandpromenade „The Strand" sind es nur wenige Gehminuten. Durch den Anzac Park vorbei am Yachthafen (Marina) und dem vorgelagerten Casino erstreckt sich der neu angelegte Stadtstrand entlang der Cleveland Bay. Breiter Sandstrand, schattige Picknickplätze, Cafés und der Rockpool am nördlichen Ende sind ideale Orte zum Baden und Entspannen.

Castle Hill Der alles überragende Hausberg von Townsville ist mit dem Auto über die Castle Hill Road erreichbar. Ein steiler Fußweg führt von Stanton St direkt zum Aussichtspunkt. Die beste Sicht über Stadt, die Küste und auf Magnetic Island bietet sich früh morgens oder kurz vor der Dämmerung.

Magnetic Island

Die Insel ist nur eine 8 km lange Fährfahrt von Townsville entfernt. Mit mehr als 22 Stränden, Korallenformationen in den einsamen Buchten, Wanderwegen sowie einer sehenswerten Flora und Fauna ist die familienfreundliche Insel auf jeden Fall einen Tagesausflug wert. Insbesondere wer Koalas in freier Wildbahn erleben möchte, sollte nach „Maggie", wie die Anwohner die 52 qkm große Granit-Insel nennen, fahren. Getauft wurde das Eiland, wie zahlreiche andere Inseln an der Ostküste, 1770 von James Cook. Da er der Überzeugung war, die Insel würde seinen Kompass stören, benannte er sie kurzerhand als Magnetic Island. Über 70% der Insel mit den Ortschaften Picnic Bay, Nelly Bay, Arcadia und Horseshoe Bay sind als Nationalpark (Magnetic Island NP) geschützt.

Insel-rundfahrt

Die Personenfähre aus Townsville legt in **Nelly Bay** an der Ostküste der Insel an. In der kleinen, modernen Feriensiedlung haben sich Souvenirgeschäfte, Cafés, Unterkünfte und Fahrzeugvermieter angesiedelt.

Picnic Bay, die ehemalige Anlegestelle der Schiffe, liegt am südlichen Ende der Insel. In der Fußgängerzone von Picnic Bay gibt es Shops und Unterkünfte. Vom **Hawkings Point Lookout** östlich der Einkaufsstraße bietet sich ein guter Blick auf die Küste.

Der einsame Strand bei **West Point,** am westlichen Inselende, ist nur zu Fuß oder per Fahrrad über eine sandige Piste erreichbar (8 km).

Von Picnic Bay erstreckt sich entlang der Ostküste **Nelly Bay** mit schönen schattigen Stränden und Schnorchelplätzen. Ein Wanderweg von der Mandalay Avenue in Nelly Bay führt nach Arcadia (6 km) und, durch lichte Eukalyptuswälder, zum 506 m hohen **Mt Cook.** Hinter dem nächsten Küstenvorsprung öffnet sich die **Geoffrey Bay,** die vom Ort Arcadia weitgehend eingenommen ist. Hier landet die Townsville-Autofähre an. Die kleine **Alma Bay** ist herrlich zum Baden und Schnorcheln.

Auf halbem Weg zwischen Arcadia und Horseshoe Bay zweigt die für Mietfahrzeuge gesperrte Straße zur **Radical Bay** ab. Kurz nach der Kreuzung beginnt die empfehlenswerte Wanderung bergan zu den „Forts“ – Aussichtstürmen aus Zeiten des Zweiten Weltkrieges (2 km einfach). Achten Sie entlang des Pfads auf Koalas – die Wahrscheinlichkeit, hier welche zu sehen, ist außerordentlich groß! Ein weiterer Marsch führt vom Parkplatz der Forts nach **Florence Bay,** einer einsamen Bucht mit feinem Sandstrand (2,5 km einfach).

Die Inselstraße endet im Norden in **Horseshoe Bay,** dem längsten Strand der Insel. Geschäfte, Restaurants, Unterkünfte, Wassersportanbieter, eine Mango-Plantage und ein Koala-Park säumen die langgezogene Straße. Zu Fuß sind die östlich gelegenen Buchten Balding Bay und Radical Bay (je 3 km) erreichbar.

Fahrt mit dem Moke auf Magnetic Island

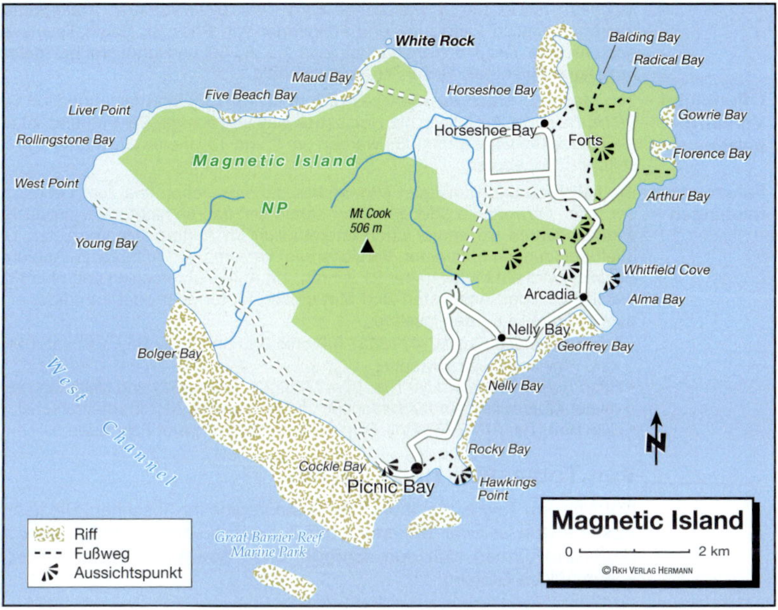

Bade-Warnung Zwischen Oktober und April treiben rund um die Insel die gefährlichen *Box Jellyfish* bzw. *Marine Stingers* (Quallen) ihr Unwesen. Empfehlenswert ist dann das Baden innerhalb der Netze in Picnic Bay und Horseshoe Bay. Die Alma Bay soll ebenfalls frei von Quallen sein – am besten vor Ort nach den aktuellen Zuständen fragen!

Infos **Island Travel Centre**, Nelly Bay, Tel. 07-47785155. Tour- und Übernachtungsbuchungen. Im Internet: www.magneticisland.info und www.magneticisland.com.au

Der empfehlenswerte Park Guide (Karten mit Wanderwegen) ist im Nationalpark Office im Reef HQ in Townsville und in der **Ranger Station** (22 Hurst Street, Picnic Bay, Tel. 07-47785378) erhältlich.Unterkunft und Camping

**** **Magnetic Island International Resort**, Mandalay Ave, Nelly Bay, Tel. 07-47785200. Gepflegte Ferienanlage zwischen Palmen.

*** **Magnetic Island Tropical Resort**, 56 Yates St, Nelly Bay, Tel. 1-800-069122. Preiswerte und komfortable Unterkunft mit kleinen Chalets im tropischen Garten.

** **Marshall's B&B**, 3-5 Endeavour Rd, Arcadia, Tel. 07-47785112. Familiäre Unterkunft, fünf Minuten vom Wasser entfernt.

* **Geoff's Place**, 40 Horseshoe Bay Rd, Horseshoe Bay, Tel. 1-800-285577. Beliebte Jugendherberge mit Campingplatz.

Fähren nach Magnetic Island *Sunferries* (Tel. 07-47713855): täglich mehrere Abfahrten ab City Terminal in der Flinders St East und ab Breakwater Ferry Terminal an der Straße zum Casino (hier gibt es einen großen kostenlosen Parkplatz). Tickets sind an der Jetty erhältlich, auch Kombitickets für die Überfahrt plus Moke-Miete (s.u.) oder Busfahrschein.

Magnetic Island Car & Passenger Ferry (Tel. 07-47725422): Transportiert mehrmals täglich Fahrzeuge und Fußgänger von Ross St, South Townsville nach Arcadia. Der Autotransport ist teuer (ca. A$ 60) und lohnt erst bei mehreren Tagen Aufenthalt. Reservierung notwendig.

Öffentliche Verkehrsmittel *The Magnetic Island Bus Services* (Tel. 07-47784130) fährt fast stündlich von Picnic Bay über Arcadia in die Horseshoe Bay und zurück. Der Fahrplan ist auf die Fährzeiten abgestimmt. Es werden um 9 und 13 Uhr jeweils 3-stündige Inseltouren angeboten.

Fahrzeugvermietungen Die beliebten und günstigen Mini-Mokes gehören schon fast zum Lebensstil der Insel. Obwohl die offenen Flitzer schon seit Jahren nicht mehr produziert werden, fahren sie immer noch unermüdlich im Auftrag der Vermieter. Die Mietbedingungen (Kilometer, Versicherung) variieren von Anbieter zu Anbieter. Bei allen wird ein Mindestalter 21 Jahren, ein Auto-Führerschein und eine Kreditkarte verlangt. Ansonsten sind Motorroller, Motorräder oder Fahrräder eine gute Alternative für den Inseltrip.

- *Moke Magnetic* (Tel. 07-47785377) Picnic Bay und Nelly Bay, vermietet Mokes, Pkw und Geländewagen.
- *Road Runner Scooter Hire* (Tel. 07-47785222), Picnic Bay und Nelly Bay, vermietet Motorroller (Autoführerschein) und Motorräder (Motorradführerschein).
- *Bike Hire* (Tel. 07-47785411), Picnic Bay Jetty, vermietet Fahrräder.

Von Townsville nach Cairns

Nördlich von Townsville ändert die Küstenregion ihr Aussehen. Die flache Küstenebene ist zwar weiterhin vom Zuckerrohranbau geprägt, aber im Hinterland türmen sich nun schroffe, dicht bewaldete Berge mit wolkenumhüllten Gipfeln.

Paluma Range National Park (Mt Spec Section)

Etwa 60 km nördlich von Townsville zweigt die Straße (alter Highway) zu den bis zu 1000 m hohen Berge der Paluma Range ab. Kurz darauf führt die asphaltierte *Mount Spec Road* in den Paluma Range NP. Das Klima wird spürbar frischer. Nach 7 km erreichen Sie die steinerne Brücke über den Little Crystal Creek (prima Badestellen und Picknickgelegenheiten). Etwas weiter beginnt ein Wanderweg vom McClellands Lookout zum Witts Lookout (1,5 km). In **Paluma** selbst, einer alten Zinn-Minensiedlung inmitten des Regenwaldes, gibt es einfache Unterkünfte, und in „Iyv's Cottage" werden hausgemachte Backwaren und Getränke serviert.

Camping Wieder zurück auf dem alten Highway führt nach 2 km eine Piste zum herrlich gelegenen Campingplatz „Paradise Waterhole" (mit Duschen) und zur Badestelle **Big Crystal Creek** (4 km).

Jourama Falls Die Jourama Falls gehören ebenfalls zum Paluma Range National Park. Die 6 km weit in den Park führende Straße zweigt 24 km südlich von Ingham vom Highway ab. Entlang des Weges befinden sich schöne Picknickplätze und ein Campingplatz (mit Dusche und Trinkwasser), wo sich tagsüber neugierige Echsen (goanas) und nachts Gleithörnchenbeutler (sugar gliders) sowie die seltenen Mahogany-Gleitbeutler zeigen. Die über große Granitfelsen stürzenden **Jourama-Fälle** (besonders eindrucksvoll nach der Regenzeit) sind zu Fuß erreichbar (1,5 km pro Weg). Unterwegs bieten sich Badestellen in den Gumpen des erfrischenden Waterview Creek.

Ingham

110 km nördlich von Townsville liegt Australiens größte italienischstämmige Siedlung Ingham (5000 Ew.). Die Versorgungsstadt am südlichen Ende der Cassowary Küste wurde 1880 gegründet und ist heute **Ausgangspunkt für Ausflüge** zu den höchsten Wasserfällen des Kontinents, den **Wallaman Falls** (305 m) im westlich gelegenen **Lumholtz National Park** (50 km, teilweise nicht asphaltiert) sowie zu den Küstenorten Forrester Beach, Taylors Beach und Lucinda (am südlichen Eingang des Hinchinbrook Kanals).

7 km östlich der Stadt (Forrester Beach Rd) wird in einer der größten Zuckermühlen der Welt, der **Victoria Mill,** das frisch geerntete Zuckerrohr verarbeitet. Auf Schmalspurschienen fahren die „Zuckerbähnle" mit dem Nachschub durch die Felder und überqueren die meist ungesicherten (!) Bahnübergänge. Während der Erntesaison (Juli–Nov) kann die Mühle besichtigt werden.

Orpheus Island

Die Insel zählt nicht unbedingt zu den einfach zu erreichenden Atollen des Great Barrier Reefs. Dafür bietet sie, direkt vor den einsamen Sandstränden, großartige Schnorchel- und Tauchreviere. Orpheus Island ist die Hauptinsel der Palm Island Gruppe. Die Insel ist zum größten Teil dicht bewaldeter Nationalpark. Übernachtet werden kann entweder auf einem der drei einfachen NP-Campingplätze (ohne Trinkwasser) oder im exklusiven Resort auf der Inselwestseite.

Anreise Es gibt keine reguläre Fähre zur Insel. Ab Lucinda bietet *Lucinda Reef & Island Ferry* (Tel. 07-47778220) Transfers für Camper an. Die Resortgäste werden von Townsville oder Cairns per Wasserflugzeug abgeholt.

Unterkunft **Nationalpark-Camping**, Genehmigungen im Nationalparkbüro in Ingham (11 Lannercost St, Ingham, Tel. 07-47761700) oder Cardwell (▸ s. Cardwell / Infos).

***** **Orpheus Island Resort**, Tel. 1-800-077167, www.orpheus.com.au. Ruhiges Resort der teuersten Kategorie mit Studios und Bungalows für nur 42 Gäste. Besonders bei Hochzeitspaaren beliebt. Keine Kinder unter 15 Jahre. Gäste erhalten gratis kleine „Dinghis" (Motorboote), um die Inselbuchten auf eigene Faust zu erkunden.

Cardwell

Bis Cardwell (1400 Ew.) steigt der Highway hoch über die Küste. Der beschilderte **Lookout** (etwa 10 km südlich der Stadt) ermöglicht einen schönen Blick auf die bewaldete Insel Hinchinbrook Island und die gleichnamige Meerenge, die das Festland von der Insel trennt.

Cardwell, die einzige Stadt am Highway zwischen Brisbane und Cairns, die direkt am Meer liegt, ist in erster Linie als Ausgangspunkt für Ausflüge nach Hinchinbrook Island interessant. Der Strand der Stadt sieht verlokkend aus, jedoch sind Salzwasserkrokodile nichts Ungewöhnliches im Hinchinbrook Channel. Im sehenswerten **Rainforest and Reef Centre** am Highway (142 Victoria St) werden Flora und Fauna des Regenwaldes sowie die Geschichte der lokalen Aboriginal People multimedial dargestellt. Außerdem sind hier die notwendigen Genehmigungen für Camping und Wandern auf der Insel erhältlich (Tel. 07-40668601).

Wer einen Ausflug nach Hinchinbrook Island plant, übernachtet in Cardwell am besten im **Kookaburra Holiday Park** (nördlich des Zentrums am Highway, Tel. 07-40668648, Stellplätze und Cabins).

Mit **Port Hinchinbrook** wächst vor der Küste ein künstlicher Ferienort heran, der bei Naturschützern auf heftige Ablehnung stößt. In dem schmalen Kanal zwischen Festland und Insel bringen die bedrohten **Gabelschwanz-Seekühe** *(Dugongs)* ihre Jungen zur Welt. Die Marina und die Wassersportler, so die Befürchtung, könnten die seltenen Seekühe vertreiben.

Hinchinbrook Island

Nach Fraser Island ist Hinchinbrook Island mit 642 qkm die zweitgrößte Insel Queenslands. Ihr höchster Gipfel, Mt Bowen, sticht mit 1141 m aus der grünen, dichtbewaldeten Landschaft heraus. Der **Hinchinbrook Island NP** ist Australiens größter Insel-Nationalpark (39.350 ha) und wegen seiner Landschaft sowie seiner reichen Tier- und Pflanzenwelt zugleich äußerst reizvoll. Von den Ausflugsbooten sieht man in der Missionary Bay (Ostküste) die stark bedrohten Gabelschwanz-Seekühe (dugongs) und Delphine (bottlenose dolphins). Die Schönheit der Insel kann auf Tages- und Mehrtagestouren erkundet werden.

Für Wanderfreunde empfiehlt sich der 32 km lange **Thorsborne Trail** entlang der Ostküste (Empfehlung: mind. vier Tage einplanen, gute Campingausrüstung, Verpflegung, Trinkwasser und viel Moskitomittel mitnehmen). Die Nationalparkbehörde vergibt nur eine **begrenzte Anzahl von Permits** für den Thorsborne Trail. Daher sollten Sie sich die Genehmigung schon mindestens drei Monate im voraus besorgen. Informationen: Tel. 07-40668601, Fax 07-40668116, www.epa.qld.gov.au.

Anreise

Hinchinbrook Island Ferries (Tel. 07-40668270) verkehrt ab Port Hinchinbrook Marina (1,5 km südlich von Cardwell) zur Insel. Hinfahrt 9 Uhr, Rückfahrt 17 Uhr, November bis Mai, So/Mi/Fr (sonst täglich). Die Fährgesellschaft besorgt auch Permits für die Wanderung.

Hinchinbrook Island

Unterkunft Auf der Insel sind 6 Nationalpark-Campingplätze ausgewiesen, für die im Vorfeld eine Genehmigung in Cardwell eingeholt werden muss.

***** **Hinchinbrook Island Resort**, Tel. 1-800-777021 oder 07-40668270, www.hinchinbrookresort.com.au. Im mehrfach ausgezeichneten Öko-Resort übernachten die Gäste in Baumhäusern und Hütten an der Nordspitze der Insel. Kinder sind willkommen.

Touren

- *Hinchinbrook Island Ferries* (▶ s.o.) bietet Tagestouren mit Verpflegung und Tauchmöglichkeit an.
- *Cardwell Air Charters* (Tel. 07-40668468) fliegt seine Gäste in Sportflugzeugen zu erschwinglichen Preisen über die Insel.

Murray Falls

Eine willkommene Erfrischung sind die Murray Falls, 22 km westlich des Highways. Kühle Felswasserbecken, ein Wanderweg, Grillstellen und ein einfacher Campingplatz lohnen den Abstecher.

Tully

Die Stadt Tully ist mit 4000 mm jährlichen Niederschlags der feuchteste Ort des Bundesstaates. Außer Bananen- und Zuckerrohrplantagen hat die 3000-Einwohner-Ortschaft wenig zu bieten. Touristisch attraktiv ist der Tully-River, auf dem verschiedene Anbieter Raftingtouren durchführen (Abfahrt in Townsville, Mission Beach und Cairns).

Abstecher zum Meer – Mission Beach

Für eine paar erholsame Tage am Meer oder nur eine Mittagspause am Strand bietet sich der Abstecher nach Mission Beach an. Kurz nachTully zweigt die kurvenreiche Straße nach Mission Beach ab.

Helmkasuar

Die ruhigen Dörfer **South Mission Beach, Wongaling Beach, Mission Beach, Bingil Bay** und **Garners Beach**, die unter dem Sammelnamen Mission Beach bekannt sind, reihen sich am 14 km langen Sandstrand aneinander. Die Gegend erhielt ihren Namen durch die Hull River Aboriginal-Missionsstation, die 1918 von einem Zyklon zerstört wurde. Die beschaulichen Orte sind von dichtem Regenwald umgeben, verfügen über zahlreiche Unterkünfte und bieten Ausflüge zum Riff sowie zu Dunk Island und Bedarra Island an. Wie schon die Warnschilder an den Straßen verdeutlichen, leben in den Wäldern von Mission Beach viele der vom Aussterben bedrohten, flugunfähigen Helmkasuare *(southern cassowary)*. Mehr Informationen zu den großen Vögeln gibt es im *Wet Tropics Environment Centre,* gleichen neben der Tourist Info (täglich 10–17 Uhr).

Infos **Mission Beach Tourist Information**, Porter Promenade, Mission Beach, Tel. 07-40687099

Unterkunft und Camping

***Castaways on the Beach Resort**, Ecke Pacific Pd/Seaview St, Mission Beach, Tel. 07-40687444; neues Hotel direkt am Strand.

*** **Sanctuary Retreat at Mission Beach**, Holt Rd, Bingil Bay, Tel. 1-800-777012 oder 07-40886064; die etwas andere Unterkunft in Baumhäusern direkt im Regenwald, mit Zugang zum Strand.

* **Treehouse YHA,** Bingil Bay Rd (nördlich von Bingil Bay), Tel. 07-40687137; Jugendherberge in einem Holzhaus inmitten des Regenwaldes, mit Doppelzimmern, eines der interessantesten Hostels Australiens.

Hideaway Holiday Park CP, 58-60 Porter Promenade, Mission Beach, Tel. 1-800-687104; großer, gepflegter Campingplatz nicht weit vom Strand.

Touren

- *Raging Thunder,* Tel. 07-40307990; Rafting Touren auf dem Tully River.
- *Quick Cat Cruises,* Clump Point Jetty, Mission Beach, Tel. 07-40687289; Katamaran nach Dunk Island und Ausflüge an das äußere Riff zum Schnorcheln und Tauchen.
- *Sunbird Adventures,* Tel. 07-40688229; veranstaltet Kayak-Touren nach Dunk Island und Nachtwanderungen durch den Regenwald (in kleinen Gruppen).

Dunk Island

Dunk Island, die „kleinere Ausgabe" von Hinchinbrook Island, liegt nur 5 km vor der Küste. Sie lockt mit über neunzig registrierten Vogelarten, seltenen Schwalbenschwanzschmetterlinge (ulysses), 13 km Wanderwegen durch Regenwald und Schluchten sowie dem Aufstieg zum flachen Mt Kootta-loo (271 m). Der Insel-Nationalpark eignet sich ideal für einen Tagesausflug. Wer übernachten möchte, kann dies auf dem Campground oder im angenehmen Vier-Sterne-Resort im Nordwesten der Insel tun.

Anreise

Von Clump Point Jetty in Mission Beach mit *Quick Cat Cruises* (▶ s. „Touren ab Mission Beach") oder mit **Dunk Island Ferry** (Tel. 07-40687211).

Unterkünfte

Ein **NP-Campingplatz** befindet sich gleich bei der Anlegestelle, hat Duschen und Trinkwasser. Genehmigungen im Resort oder unter Tel. 07-40688199.

**** **Dunk Island Resort**, Tel. 1-800-737678; gepflegte Anlage mit Kinderbetreuung und Wassersportangeboten.

Bedarra Island

Die südliche Nachbarinsel von Dunk Island ist hügelig und gleichfalls mit Regenwald bewachsen. Die Insel ist nur für Gäste des luxuriösen Resorts und auf speziellen Inseltouren ab Mission Beach oder Dunk Island zugänglich.

***** **Bedarra Island Resort,** Tel. 07-40688233, www.bedarraisland.com; in der exklusiven Unterkunft sind alle Mahlzeiten und Sportangebote inklusive. Keine Kinder unter 15 Jahren!

Zurück auf dem Highway

In **El Arish** stößt die Mission Beach Road wieder auf den *Highway 1*. Auf dem alten *Bruce Highway*, der in Silkwood nach Mena Creek abzweigt, reist man zwar etwas gemächlicher, dafür landschaftlich umso reizvoller. In kleinen Ort **Mena Creek** befindet sich das vom spanischen Einwanderer *Jose Paronella* erbaute **Paronella Park** mit Schloss, Springbrunnen, Kauri-Alleen und Picknickplätzen (1930). Das von Wirbelstürmen einige Male heimgesuchte Areal wurde Ende der 1990er Jahre von neuen Eignern vom Wildwuchs befreit und zum Teil restauriert. Heute ist es eine anschauliche Touristenattraktion mit Campingplatz, Café und reicher Tierwelt (Tel. 07-40653225, www.paronellapark.com.au), die nach den Verwüstungen von Zyklon Larry im März 2006 wieder in voller Pracht zu bewundern ist.

Innisfail

Um die geschäftige Stadt am Johnstone River führt heute eine Umgehungsstraße, so dass viele Reisende den Ort rechts liegen lassen. Innisfail, das bis 1910 noch Geraldton hieß, ist bis heute stark von italienischen Einwanderern geprägt. Die Einwohner leben in erster Linie vom Zuckerrohr- und Bananenanbau.

Im März 2006 wurde die Region Innisfail vom Zyklon Larry hart getroffen. Man spricht vom schwersten Wirbelsturm in Queensland seit Menschengedenken. Mit Windgeschwindigkeiten von bis zu 290 Stundenkilometern wurden in Innisfail und Umgebung mehr als die Hälfte aller Häuser beschädigt. Wie durch ein Wunder gab es keine Todesopfer zu beklagen, lediglich 30 Personen erlitten leichte Verletzungen. Wesentlich härter traf es jedoch die Landwirtschaft: Durch den Sturm wurde 80% der australischen Bananenernte, das entspricht etwa einem Wert von 300 Mio. A$, vernichtet.

Krokodilfarm

Sehenswert ist die **Johnstone River Crocodile Farm** nordöstlich des Stadtkerns in der Flying Fish Point Road (ausgeschildert). Auf der durchaus humorvollen Führung des Farmbesitzers erlebt man die furchteinflößenden Reptilien auf besondere Art und Weise (Tel. 07-40611121, täglich 8.30–16.30 Uhr, Fütterungen um 11 und 15 Uhr).

Das **Tourist Offfice** der Stadt befindet sich beim Fluss, am Ende der Edith Street. Im Rising Sun Complex in der Owen St ist das **Nationalparkbüro** (Tel. 07-40645115) untergebracht.

Stellplätze für Wohnmobile und Zelte sowie Cabins bietet der **Mango Tree Caravan Park,** 2 km südlich der Stadt (6 Couche St, Tel. 07-40611656).

Alternativroute: Über das Atherton Tableland nach Cairns (ca. 240 km)

Die Route durch das Atherton Tableland (und bei genügend Zeitreserve bis zu den Lavatunneln von Undara) bietet sich als interessante Alternative zur eher eintönigen (Zuckerrohrfelder-) Küstenroute an. Grüne Landschaften, saftige Wiesen, herrliche Badeseen mit klaren Wasserfällen und einladende Dörfer bilden die landschaftlichen Merkmale des zur Great Dividing Range zählenden Tafellandes. Die Kombination aus Tropenzone und Höhenlage (400 bis 1000 m) sorgt für ein angenehmes Klima – im Gegensatz zum Küstentiefland kommt es nachts zu einem nennenswerten Temperaturrückgang. Vulkanische Aktivitäten haben die Landschaft markant und hügelreich geformt. Hotels, Bed&Breakfast-Häuser, Farm-Unterkünfte und Campingplätze gibt es nahezu in jedem Dorf der Tablelands. Die meist ehrenamtlichen Mitarbeiter in den Tourist-Informations verraten bei der Übernachtungswahl so manchen Geheimtipp.

4 km nach Innisfail schlängelt sich der Palmerston Highway westwärts durch Teeplantagen, hügeliges Farmland und durch den **Wooroonooran National Park** hinauf in die bis zu 1000 m hohen Tafelberge. Unterwegs sind Aussichtspunkte und Wanderwege ausgeschildert.

Waterfall Circuit - Millaa Millaa

Kurz vor Millaa Millaa, einer kleinen, von Milchwirtschaft dominierten Gemeinde, führt der ausgeschilderte, 16 km lange **Waterfall Circuit** (asphaltierte Straße) zu den schönsten Wasserfällen der Tablelands. Ellinjaa Falls, Zillie Falls und Milla Milla Falls heißen die sehenswerten Kaskaden. Für ein Bad und eine Rastpause eignet sich der Letztgenannte am besten.

Ravenshoe

Südwestlich von Millaa Millaa liegt Ravenshoe, die höchste Stadt Queenslands (930 m). Die ehemalige Holzfällergemeinde bildet die Grenze zwischen dem Hochland (Atherton Tableland) und dem sogenannten Flachland (Gulf Savannah Country).

Im gut ausgestatteten **Visitor Centre** (24 Moore St, etwas außerhalb der Stadt in Richtung Kennedy Hwy, täglich 9–16 Uhr) erfährt man Wissenswertes über Flora und Fauna sowie über ländliche Übernachtungsgelegenheiten der Region (B&B, Farmaufenthalte). Die neueste Attraktion der Stadt ist die 5 km außerhalb gelegene **Windy Hill Wind Farm,** die zur Gewinnung umweltfreundlicher Energie genutzt wird. Sehenswert sind die **Millstream Falls,** die mit 65 m Breite zumindest während der Regenzeit als die breitesten Wasserfälle Australiens bezeichnet werden. Ein kurzer Spazierweg führt zum unteren Ende der Fälle und zu Badespots entlang des Millstream River. Eisenbahnfreunde können am Wochenende mit dem historischen Dampfzug von Ravenshoe nach Tumoulin dampfen (1,5 h).

Streckenhinweis

Die nur teilweise asphaltierte **Kennedy Developmental Road** führt von Ravenshoe südwärts nach Hughenden, das am Flinders Highway liegt. Informieren Sie sich im lokalen Tourist Office über den Straßenzustand. Bei guten Verhältnissen können Sie so auf dem Weg nach Westen ein paar hundert Kilometer einsparen, da Sie nicht bis vor zur Küste müssen.

Tully Falls

Etwa 25 km östlich von Ravenshoe liegen die 293 m hohen **Tully Falls** und die eindrucksvolle Schlucht Tully Gorge. Allerdings ist die Zubringerstraße nicht asphaltiert. 9 km weiter liegt der **Koombooloomba Staudamm** mit einem abgelegenen Camping- und Badeplatz.

Abstecher zum Undara Volcanic National Park

Wer spektakuläre Lavahöhlen sehen will, kann entweder nach Hawaii fliegen oder den zusätzlichen Schwenk zum **Undara Volcanic National Park** machen. Von Ravenshoe geht es über den Kennedy Highway nach Südwesten (127 km).

Heiße Quellen

Auf der Strecke liegen die **Innot Hot Springs,** heiße Quellen, in denen man sich nach einer langen Autofahrt optimal entspannen kann (mit Motel und Campingplatz). Hinter der kleinen Minenstadt **Mt Garnet** ist das weite und trockene Outback schnell erreicht. Vom Abzweig zur Gulf Developmental Road sind es bis zur Kreuzung in den Nationalpark noch 17 km, die letzten 7 km zur Undara Lodge (hier ist der Ausgangspunkt für alle Touren) sind gute Naturstraße (wohnmobiltauglich).

Der Welt größtes Lavatunnel-System entstand vor über 190.000 Jahren, als sich flüssiges Magma in die Flussläufe ergoss. Die erst seit 1990 für Besucher geöffneten Höhlen und Tunnel können nur im Rahmen von geführten Touren besichtigt werden. Informationen dazu sind in der Lodge erhältlich. Übernachten kann man in alten Eisenbahnwagons (liebevoll als Hotelzimmer restauriert), in feststehenden Zelten oder auf dem schönen Campingplatz unter schattenspendenden Eukalyptusbäumen. Bergkänguruhs (euros), graue Riesenkänguruhs (eastern grey kangaroos) sowie Fuchskusus (common brushtail possums) sind regelmäßige Gäste auf dem Campingplatz. Abends herrscht gute Stimmung am Lagerfeuer.

Übernachtung

*** **Undara Experience,** Tel. 1-800-990992 oder 07-40971411,
www.undara.com.au; veranstaltet Touren und unterhält die Lodge
und den Campingplatz. Reservierung empfehlenswert!

Hypipamee National Park („The Crater")

Fährt man von Ravenshoe auf dem Kennedy Highway weiter nordwärts (Richtung Atherton), passiert man den (Mount) Hypipamee NP, kurz „The Crater" genannt. Der kurze Weg vom Parkplatz zur Aussichtsplattform lohnt sehr, da sich ein toller Blick über den tiefen Vulkankrater eröffnet.

Der durch eine Gasexplosion entstandene, zylindrische Krater hat einen Durchmesser von 61 m und eine Tiefe von über 58 m, wobei der Boden des Kratersees nochmals 85 m tiefer liegt. The Crater ist Heimat vieler Regenwaldvögel. Die weniger scheuen Exemplare halten sich gerne an den Picknicktischen auf der Suche nach etwas Essbarem auf. Ein Wanderweg vom Parkplatz führt zu den **Dinner Falls** (Badegelegenheit).

Abkürzung n. Malanda Die Upper Barron Road (z.T. nicht asphaltiert) führt vom Kennedy Highway nach Malanda (10 km nordöstlich).

Malanda

Die Stadt (1500 Ew.) ist das milchwirtschaftliche Zentrum der Region. Unter den historischen Gebäuden sticht das große „Malanda Hotel" hervor, das 1911 erbaut wurde und bis heute als Hotel und Pub fungiert. Das **Malanda Environmental and Information Centre** (Atherton Rd, Tel. 07-40966957) wartet mit Informationen zur Geographie und Geschichte der Gegend auf. Die **Malanda Falls** (an der Straße nach Atherton) eignen sich für eine erfrischenden Badestopp.

Lake Echam

Der von dichtem Regenwald umgebene Vulkankratersee im **Crater Lakes National Park** ist ein Höhepunkt des Tafellandbesuchs. Auf einem 3 km langen Wander(lehr)pfad um den See sieht man die Vielfalt der Farne, Insekten und Vögel. Im kleinen Nationalparkbüro nahe des Sees sind gute Tierbeschreibungen erhältlich.

Camping Der **Lake Echam Caravan Park** (Lakes Drive, Tel. 07-40953730) ist ein herrlicher Platz mit kleinem Tierpark und freundlichem Personal. Cabins werden ebenfalls vermietet.

Lake Barrine

Dem Gilles Highway nach Osten folgend zweigt eine Zubringerstraße zum touristisch erschlossenen Kratersee **Lake Barrine** ab. Tearoom, Souvenirshop und viele Busreisegruppen lassen den See weniger beschaulich erscheinen. Um den Massen zu entkommen, empfiehlt sich der 5 km lange Rundweg um den See. Der Weg beginnt bei den zwei riesigen Spießtannen (Kauri Pines).

Mit etwas Glück oder viel Geduld entdecken Sie den farbenfrohen *Boyd's forest dragon*, eine bis zu 45 cm große Echse. Wasserschildkröten sowie die kleinen tagaktiven Moschus-Ratten-Känguruhs (Musky-Rat Kangaroo) sind einfacher zu erspähen. Rundfahrten über den See werden mehrmals täglich vom Teahouse aus angeboten.

Yungaburra – Curtin Fig Tree

Die beschauliche Ortschaft **Yungaburra** (1200 Ew.) am Gilles Highway bietet Gelegenheit zur Einkehr und Übernachtung. Von einer Beobachtungsplattform bei „Nick's Restaurant" lassen sich im Morgengrauen und während der Dämmerung oft Schnabeltiere (platypus) sehen.

Etwa 2 km südlich der Stadt wächst der über 500 Jahre alte *Curtin Fig Tree* – eine riesige Würgefeige, deren Wurzeln einen dichten Vorhang bilden. Bis zum Stausee **Lake Tinaroo** ist es nur ein kurzes Stück Weg nach Norden. Dem bei Wasserskifahrern, Anglern und Vogelfreunden beliebte See fehlt allerdings das Flair der kleinen Kraterseen.

Atherton

Folgt man dem *Gilles Highway* nach Westen, erreicht man die mit 5700 Ew. größte Stadt der Tablelands. Der geschäftige Ort **Atherton** verfügt über die notwendigen Einrichtungen wie Banken, Post, Supermärkte und Cafés. Wegen der umsatzstarken Landwirtschaft der Region spielt der Fremdenverkehr nur eine untergeordnete Rolle.

Am südlichen Ende der Stadt startet die historische Eisenbahn an der *Platypus Park Station* nach Herberton (Mi, Sa, So, ab 10.30 Uhr, Tel. 07-40914871).

Mareeba

33 km nördlich von Atherton liegt die wohlhabende Gemeinde **Mareeba.** Mit Tabak, Kaffee, Makadamia-Nüssen, Zuckerrohr und Viehwirtschaft machen die lokalen Farmer gutes Geld. Das Vogelparadies **Mareeba Wetlands** ist ein 20 qkm großes Sumpf- und Buschlandreservat, das eine Vielzahl von Wasservögeln, Säugetiere und Reptilien anzieht, ist in erster Linie kurz nach der Regenzeit lohnend. Im Visitor Centre werden Touren angeboten und Kanus vermietet. Anfahrt: Straße nach Biboohra, Abzweig auf die geschotterte, holprige Pickford Road. April–Dez: Mi–So 10–16 Uhr, Tel. 07-40932514, www.mareebawetlands.com.

Badestelle Zum Baden, Wandern und Campieren bietet sich ein Abstecher in die **Granit Gorge** an (14 km südwestlich von Mareeba über die Chewko Road). Ein kleiner Bach bahnt sich dort seinen Weg zwischen haushohen Granitklötzen und bildet herrliche Badespots

Kuranda

Die kleine, touristisch sehr gut erschlossene Gemeinde Kuranda am Kennedy Highway (37 km östlich von Mareeba) ist eine Mischung aus Hippie-Kultur, Kommerz und beeindruckender Natur. Das einst ruhige Bergdorf wird heute von Tagesbesucher im Rahmen der beliebten Cairns-Kuranda-Touren angesteuert (hin mit dem Zug, zurück mit der „Skyrail"-Gondel - oder umgekehrt).

Insbesondere der Blick über den Regenwald bis zur Küste und der quirlige **Kuranda Market** (Therwine St, Mi, Do, Fr, So, 9–15 Uhr), auf dem vom guten Kunsthandwerk bis zum billigen Plastikramsch vieles feilgeboten wird, sind die Hauptanziehungspunkte des Dorfes. Im **Australian Butterfly Sanctuary** (8 Rob Vievers Dve, beim Market, Mo–Fr 10–16 Uhr) kommen Insektenliebhaber auf ihre Kosten; jedoch nur bei trockenem Wetter (bei Regen sind die Falter träge und fliegen kaum).

Die riesige, begehbare Vogelvoliere **Kuranda Birdworld** (Heritage Markets, tägl. 9–16 Uhr) bietet die Möglichkeit, über 40 Regenwaldvogelarten zu beobachten.

Etwas außerhalb der Stadt, im **Rainforeststation Nature Park** (Kuranda Range Road, tägl. 8.30–16 Uhr), sind gleich mehrere Attraktionen zusammengefasst: Zoo, interaktives Museum für Aboriginalkunst und -Kultur sowie Regenwaldtouren.

Über die *Barron River Road* gelangt man zu den Aussichtspunkten **Barron Falls Lookout** und **Wrights Lookout**, mit gutem Blick auf die Wasserfälle und die beeindruckende Barron Gorge.

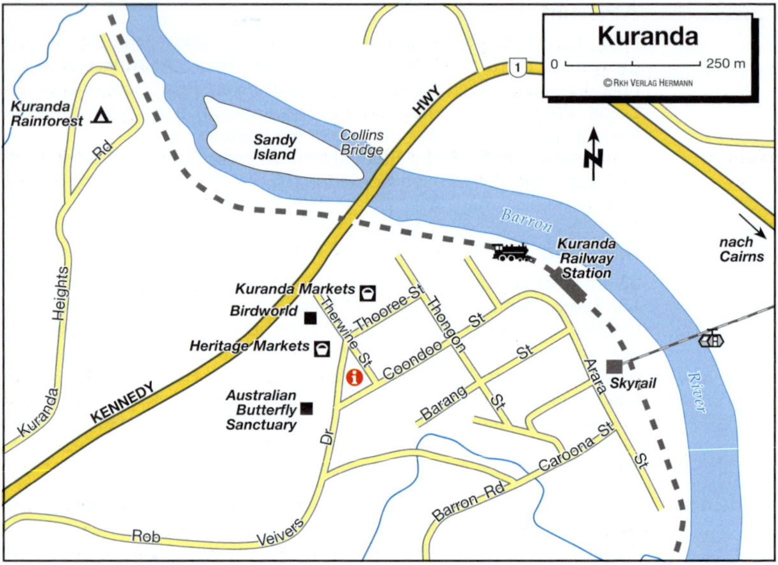

Gondelfahrt über den Regenwald (Skyrail)

Eine Attraktion ist die Gondelfahrt mit der **Skyrail** über das Dach des Regenwaldes. Unterwegs werden Zwischenstopps eingelegt, bei denen kurze Spaziergänge und Führungen mit den Rangern unternommen werden können. Die Station der Skyrail befindet sich beim Bahnhof in **Kuranda.** Die Gondelfahrt endet an der Caravonica-Talstation in Smithfield, nördlich von Cairns (täglich von 8.30–17.30 Uhr, Tel. 07-40381555, www.skyrail.com.au).

Mit der Eisenbahn von Cairns nach Kuranda

Wer in Cairns startet (oder einen Tagesausflug bucht), sollte die Fahrt mit der historischen Eisenbahn unternehmen. Die 1891 fertig gestellte **Kuranda Scenic Railway** schlängelt sich über 300 Höhenmeter auf einer Strecke von 34 km durch unzählige Tunnels und über Holzbrücken hinauf in die Tablelands. Die Bahn fährt täglich ab Cairns Train Station (Bunda St, Tel. 07-40369288). Für die Rückfahrt kann alternativ die Gondel oder der Bus gewählt werden.

Hinweis: Es gibt Kombitickets für Bahn, Gondel und Rainforeststation auf Tagesausflügen ab/bis Cairns.

Infos

Visitor Information Centre, Centenary Park, Tel. 07-40937593.
www.kuranda.org

Unterkunft und Camping

Wegen der vielen Tagesgäste gibt es in Kuranda nur sehr wenige Unterkünfte. In der Umgebung befinden sich einige Lodges inmitten des Regenwaldes.

*** **Kuranda Hotel/Motel**, Ecke Coondoo/Arara Sts, Tel. 07-40937206. Einfaches Motel im Zentrum.

Kuranda Rainforest Park CP, Kuranda Heights Rd, Tel. 07-40937316. Campingplatz in der Nähe des Barron River, mit Cabins.

Touren

▸s. bei Cairns

Küstenroute bis Cairns auf dem Highway 1

Auf den 64 km zwischen **Innisfail** und **Cairns** dominiert links der Straße die steil aufsteigende Bergkette der Bellenden Ker Range mit einigen Bade- und Wandermöglichkeiten. Vor Cairns geben dann ausufernde Satellitenstädte einen Vorgeschmack auf die expandierende Ferienmetropole.

Wooroonooran NP

19 km nördlich von Innisfail führt eine Stichstraße in den **Wooroonooran National Park.** Inmitten des dichten Regenwaldes befindet sich der **Mount Bartle Frere** (1622 m), der höchste Berg Queenslands. Wer den recht zugewachsenen Gipfel erwandern möchte, muss dem ausgeschilderten, 15 km langen, sehr anspruchsvollen und steilen Pfad folgen, der am Parkplatz an den Josephine Falls beginnt (2 Tage einplanen). Nicht unterschätzt werden darf die Gefahr plötzlicher Wetterumschwünge. **Infos** zum Wanderweg sind im Nationalparkbüro in Innisfail oder unter Tel. 07-40676304 erhältlich.

Josephine Falls

Einfacher erreichbar sind die Josephine Falls. Vom Parkplatz (8 km vom Highway) führt ein gepflegter Fußweg (600 m) zu den erfrischenden Wasserfällen (mit Badegelegenheit).

Babinda Boulders

Weiter auf dem Highway zweigt im Ort **Babinda** eine 7 km lange Straße zu den **Babinda Boulders** ab. Zwischen riesigen Granitklötzen fließt ein rauschender Bach und bildet herrliche Badegumpen. Wanderwege zu Aussichtspunkten sind ausgeschildert und Camping ist gestattet (Toiletten und kalte Dusche).

Gordonvale

Die kleine Zuckerrohrstadt markiert das nördliche Ende der Cassowary-Küste. Beeindruckend ist die natürliche Symmetrie des 922 m hohen Berges **Walshs Pyramid** am Ortsrand. Von Gordonvale führt der Gilles Highway ins Hochland des Atherton Tablelands.

Der Vormarsch der Aga-Kröten (Cane toads)

Bedrohlich erscheint seit einigen Jahren die Verbreitung der Aga-Kröten (*Cane toads*) im tropischen Queensland. Zur Bekämpfung der Zuckerrohr-Käfer (*Cane beetles*) wurde die Kröte als biologisches Schädlingsbekämpfungsmittel 1935 aus Südamerika eingeführt.

Das Experiment schlug fehl und die gefräßigen Kröten, die ein giftiges Sekret absondern, vermehrten sich dank idealer Lebensbedingungen und dem Fehlen natürlicher Feinde ins Uferlose. Sie bedrohen die Bestände heimischer Echsen, Schlangen, Frösche und Vögel. Mittlerweile haben die giftigen Kröten das Northern Territory auf ihrer Wanderung erreicht. Im Kakadu Nationalpark fielen sogar schon Jungkrokodile den giftigen Krötensekreten zum Opfer. Ganze Forscherteams sind bemüht, eine natürliche oder künstlich herbeigeführte Lösung des Problems zu finden.

Cairns

Überblick Die Hauptstadt des tropischen Nordens (123.700 Ew.) zählt zu den beliebtesten Ausgangspunkten einer Australienreise. Durch die guten internationalen und nationalen Flugverbindungen und Dank einer hervorragenden Auswahl an Auto- und Campervermietungen bietet sich die Stadt als Start- oder Endpunkt einer Tour entlang der Ostküste an.

Die moderne und vom Tourismus beherrschte Kapitale am Pazifik ist Sprungbrett für Touren zum Great Barrier Reef, ins Atherton Tableland sowie nach Cape York. Eine lebhafte Kneipen- und Backpackerszene, die multiethnische Einwohnerschaft und das tropische, immerwarme Klima ziehen Reisende aus aller Welt an. Ein Manko war bis in das Jahr 2003 der fehlende Stadtstrand. Die Promenade am brackigen Wasser machte keinen guten Eindruck. Nach vielen Jahren der Diskussion wurde schließlich eine 4000 qm große künstliche Salzwasser-Lagune mit Sandstrand gestaltet. Als weitere Verbesserung wurde ein Holzsteg entlang der Küstenlinie über die Schlammbereiche gezimmert, der sich für Vogelbeobachtungen und abendliche Spaziergänge eignet.

Klima In Cairns ist es ganzjährig warm bis heiß – vergleichbar mit den Südseeinseln Tahiti und Fidschi, die auf dem selben Breitengrad liegen. Im Hochsommer (Dez–März) während der Regenzeit muss tageweise mit starken Niederschlägen und sehr hoher Luftfeuchtigkeit gerechnet werden. Im Winter indes sind die Tage angenehm warm und die Nächte deutlich kühler.

Geschichte Kapitän James Cook entdeckte 1770 die Trinity Bay. Mehr als hundert Jahre später, im Jahr 1876, wurde zwischen den Mangroven eine Hafenstadt gegründet, um die Goldfelder im Inland zu versorgen. Nachdem jedoch einfachere Zugänge in das Hinterland über Port Douglas und Smithfield gefunden wurden, wurde es schnell wieder ruhig um Cairns. Den nächsten Aufschwung brachte 1880 der Bau der Eisenbahn. Die Trasse wurde von Cairns übers Atherton Tableland nach Herberton gelegt. Gold, Zinn und später Holz wurden an die Küste transportiert. So erreichte Cairns eine Art Hauptstadt-Status im tropischen Norden. Ein starkes Bevölkerungswachstum bescherte der Stadt der Zuckerrohranbau in den 1950er und 1960er Jahren. Mit der Eröffnung des internationalen Flughafens begann 1984 für Cairns und Umgebung das Zeitalter des modernen Tourismus. Mit großer Energie werden seitdem das Great Barrier Reef und der Regenwald touristisch vermarktet.

Adressen & Service Cairns

An- und Abreise

Der Flughafen liegt 7 km nördlich des Zentrums und ist über den *Cook Highway* erreichbar. Nationales und Internationales Terminal liegen nebeneinander (www.cairnsport.com.au).

Per Flugzeug

Der **Airport Shuttle Bus** verkehrt regelmäßig zwischen dem Flughafen und den Unterkünften in der Innenstadt (Tel. 07-40488355, einfach 7 A$). Die Taxifahrt ins Zentrum kostet etwa 14 A$ (Taxi: Tel. 131008).

Per Bahn und Bus

Der **Bahnhof** ist Teil des *Cairns Central Shopping Centre* in der Bunda Street. Die Züge fahren von Cairns entlang der Küste nach Brisbane, nach Kuranda in die Tablelands und ins Hinterland nach Forsayth *(Savannahlander)*. Fahrkarten und Fahrpläne sind im Bahnhof im **Queensland Rail's Cairns Travel Centre** erhältlich (Tel. 07-40369250).

Der **Busterminal** der Überlandbusse von *Greyhound* befindet sich im **Trinity Wharf Transit Centre** (Wharf St), am Ende der Esplanade.

Infos

Tourism Tropical North (Visitor Centre), 51 The Esplanade, Tel. 07-40513588, tägl. 8.30–18.30 Uhr, www.tropicalaustralia.com. Informationen und Landkarten, Ausflugs- und Unterkunftsbuchungen.
Infos zu aktuellen **Veranstaltungen** unter www.cairns.citysearch.com.au.
Queensland Park and Wildlife Service, Visitor Information, 10–12 McLeod St, Tel. 07-40466600, www.epa.qld.gov.au, Mo–Fr, 8.30–16.30 Uhr. Auskünfte zu Nationalparks der Umgebung und zum Great Barrier Reef.

Öffentliche Verkehrsmittel

Sunbus (Tel. 07-40577411, www.sunbus.com.au) betreibt in der Stadt und den Vororten ein dichtes Busnetz. Auch die Strandgemeinden im Norden werden angefahren (Routen 1, 1A, 1B und 2X). Fast alle lokalen Busse fahren vom **Cairns City Place Transit Centre** in der Lake Street ab.

Stadtrundfahrten

Ein Explorer-Bus verbindet die Hauptsehenswürdigkeiten der Stadt im Stundentakt. Abfahrt von der Transit Mall an der Ecke Lake/Shields Sts.

Wie, wo, was ...

Autokauf

Entlang der Esplanade stehen viele Gebrauchtwagen von Reisenden zum Verkauf. In den Backpacker-Hotels finden sich an den Schwarzen Brettern ebenfalls zahlreiche Angebote.
Die Autohändlermeile befindet sich entlang des Cook Highway in Richtung Süden. Informationen zum Autokauf, zur Versicherung etc. sind beim Autoclub erhältlich.

Automobilclub

Royal Automobile Club of Queensland (RACQ), Stockland Shopping Centre (südlich des Zentrums am Bruce Hwy), 520 Mulgrave St, Earlville, Tel. 07-40336433. Mitglieder europäischer Automobilclubs (Mitgliedsausweis vorlegen) erhalten Karten und Broschüren zu Clubkonditionen.

Abschleppdienst (Breakdown Service) Tel. 131111.

Auto- und Campervermietungen

Hinweis: Da die meisten Campermieten im Süden beginnen und in Cairns enden, bieten die Vermieter oftmals Sonderpreise für Mieten „ex Cairns" an, wo sich die Fahrzeuge quasi sammeln.

- *Apollo Motorhomes,* 51 McLeod St, Tel. 07-40312477.
- *Avis Cars,* Flughafen, Tel. 07-40359100, Cairns City, 135 Lake St, Tel. 07-40525911.

- *Britz/Maui Campers,* 411 Sheridan St, Tel. 07-40322611.
- *Budget Tel. 132727,* Flughafen, Tel. 07-40359500, Cairns City, 153 Lake St, Tel. 07-40519222.
- *Hertz Cars,* Tel. 133039, Flughafen, Tel. 07-40359299, Cairns City, 147 Lake St, Tel. 07-40516399.
- *Kea Campers,* Tel. 1-800-252555; 54 Fernley Street, Tel. 07-40511989.
- *Thrifty Cars,* Tel. 1-300-367227, Schalter am Flughafen und in der Stadt, Ecke Sheridan/Aplin Sts.

Banken

Die großen Banken haben ihre Filialen in der Innenstadt (Spence St, Abbott St) sowie in den großen Shopping-Zentren. Geschäftszeiten von Mo–Do 9.30–16 Uhr, Fr bis 17 Uhr. Entlang der Esplanade gibt es zahlreiche Wechselstuben.

Busse

- *Greyhound* hat sein Büro im Trinity Wharf Centre, Wharf St, Tel. 07-40513388 oder 07-40515899.
- *Coral Coaches,* Trinity Wharf Transit Centre (Wharf St), Tel. 07-40317577; fahren zum Cape Tribulation, nach Cooktown und nach Kuranda.

Einkaufen

In den großen **Einkaufszentren** *Cairns Central, Stockland Earlville* und im *Westcourt Plaza* findet man von Bekleidung, Campingartikel, Bücher bis hin zu Lebensmittel alles in klimatisierter Umgebung – bei großer Hitze oftmals eine willkommene Abkühlung!

In der **Innenstadt** haben sich kleinere Boutiquen, Kunstgalerien und Dutyfree-Shops niedergelassen. Im **Pier Marketplace** lässt es sich zwischen Souvenirshops, Kleiderläden und Restaurants bestens bummeln.

Kunstgegenstände der Aboriginal People sollten kritisch geprüft werden, da mittlerweile viel Nachgemachtes aus Fernost auf dem Markt ist. Eine empfehlenswerte Adresse ist *The Original Dreamtime Gallery* im Orchid Plaza (Abbott St) mit vielen Didgeridoos zur Auswahl und versendet diese auch nach Übersee.

Bücher und **Landkarten** verkauft *Walkers Bookshop* im Central Shopping Centre. Gebrauchte Bücher sind im *Exchange Book Shop* (78 Grafton St) erhältlich. Empfehlenswert wegen der Ausahl landestypischer Erzeugnisse ist der *Australian Geographic Shop* (www.ausgeo.com.au) im Pier Marketplace.

Campingausrüstung und alles für das Outdoorleben verkauft *Adventure Equipment* (133 Grafton St).

Lebensmittel und Alltagsbedarf kauft man am besten in einem der großen Shoppingzentren (Woolworth, Target, Coles) in den südlichen oder nördlichen Vororten von Cairns. In der City befindet sich am südlichen Ende der Abbott Street eine Woolworth-Filiale.

Märkte: Der **Mud Market** findet jedes Wochenende im Pier Marketplace statt. An den Marktständen werden Kunst- und Souvenirgegenstände verkauft. **Rusty's Bazaar** (zwischen Spence/Shields Sts) ist von Freitag bis Sonntag ein bunter Markt mit viel Obst und Gemüse.

Essen und Trinken

Eine große Auswahl an Restaurants, Imbissbuden und Cafés befindet sich im **Pier Marketplace.** Hier haben die besseren Restaurants teilweise herrlichen Meerblick. Entlang der **Esplanade** reihen sich Cafés, Bars und Restaurants aller Preiskategorien aneinander.

Barnacle Bills Seafood Inn (65 Esplanade, Tel. 07-40512241). Sehr gutes Fischrestaurant. Hauptgerichte ab 20 A$, Reservierung notwendig.

Fishlips Bar & Grill (228 Sheridan Street, Tel. 07-40411700). Leckere Fischgerichte und moderne australische Küche. Hauptgerichte ab 20 A$. Reservierung sinnvoll.
Im *Red Ochre Grill* (43 Shields St, Tel. 07-40510100) werden Känguruh, Krokodil, Fisch und allerlei „Bushtucker" serviert. Hauptgerichte ab 20 A$. Reservierung sinnvoll.
Woolshed Chargrill & Saloon Bar (24 Shields St). Party-Bar mit günstigem Essen. Bei Rucksackreisenden sehr beliebt.

Fahrrad-shops *Bandicoot Bicycle Hire & Tours,* 59 Sheridan St.
Mehrere Hostels vermieten Fahrräder.

Fluggesell-schaften
- Air New Zealand, Tel. 131223
- Air Niugini, Tel. 131223
- Cathay Pacific, Tel. 131747
- Japan Airlines, Tel. 07-40504145
- Macair (nach Lizard Island und an Gulf of Carpentaria), Tel. 131528
- Qantas / Australian Airlines / Jetstar, Tel. 131223, 131131
- Skytrans (Cape York und Gulf of Carpentaria), Tel. 07-40359444
- Virgin Blue, Tel. 136789

Die Adressen der jeweiligen Stadtbüros sind den aktuellen Flugplänen bzw. den Gelben Seiten (Yellow Pages) zu entnehmen.

Foto/Video *Garricks Camera House* (Cairns Central Shopping Centre) und *Smiths Camera & Video* (86 Lake St) sind Fachgeschäfte. Entlang der Esplanade finden sich Fotoshops, die Bilder in einer Stunde fertig stellen.

Internet *Global Gossip,* 125 Abbott St, ist eines von vielen Internet-Cafés der Stadt. Die meisten Hotels, Hostels und Campingplätze haben im Eingangsbereich einen öffentlichen Internetzugang.

Konsulate
- Deutsche Konsulat, Shop 11, The Conservatory, 12 Lake St, Tel. 07-40415344.
- Österreichisches Konsulat, Pacific International Hotel, 3 The Esplanade, Tel. 07-40316666.

Die Schweizer haben keine Vertretung in Cairns, nächste Vertretung ▸ s. Brisbane.

Kranken-häuser Base Hospital, nördliches Ende der Esplanade, Tel. 07-40506333.
Cairns 24 Hour Medical Centre, Ecke Grafton/Florence Sts, Tel. 07-40521119.
Eine **tauchmedizinische Untersuchung** ist bei Tauchkursen Pflicht. Es empfiehlt sich, eine solche Untersuchung bereits in Europa bei einem HNO-Arzt machen zu lassen. Mit einer englischsprachigen Übersetzung (z.B. bei www.prodive-cairns.com.au im Internet ausdruckbar) spart man sich dann den Zeitaufwand vor Ort.

Kultur- und Unterhaltungsangebote

Viele Künstler haben sich in der tropischen Stadt niedergelassen. In zahlreichen kleinen Galerien und in der **Cairns Regional Gallery** (Ecke Abbott/ Shields Sts) im Stadtzentrum sind ihre Kunstwerke zu bewundern und zu erstehen. Die darstellende Kunst, wie Schauspiel, Oper, Konzert und Musical, ist in Cairns hingegen kaum vertreten. Im September jeden Jahres findet das **Cairns Festival** mit Musik, Film und allerlei Vergnügungsangeboten statt.
Aboriginalkunst und -kultur wird im *Tjapukai Aboriginal Culture Park* präsentiert (Kamerunga Rd, Smithfield, etwa 15 km nördlich der Stadt, täglich 9–17 Uhr, www.tjapukai.com.au). Der recht hohe Eintrittspreis (Erwachsene A$ 29, Kinder A$ 14,50) wird gerechtfertigt durch beeindruckende Museen, Tanz- und Theateraufführungen sowie Bumerang- und Didgeridoo-Demonstrationen. Es werden auch Transfers von Cairns sowie Eintrittskarten mit Mittagessen angeboten.

Museum Im **Cairns Museum** (Ecke Shields/Lake Sts, Mo–Sa, 10–15 Uhr) wird die Geschichte der Stadt dargestellt.

Kinos Cairns Cinema, 108 Grafton St. Cairns Central Shopping Centre, Mc Leod St.

Casino *Reef Casino,* Wharf St. Das moderne Casino mit Kuppelbau ist von weitem leicht erkennbar. Zahlreiche Spieltische und Automaten ziehen den Besuchern das Geld aus der Tasche. Es herrscht zwar kein Krawattenzwang, doch lange Hosen und der Verzicht auf die beliebten Badeschlappen (Thongs) sind Pflicht.

Live-Musik In vielen Pubs wird einmal pro Woche Live-Musik gespielt. Infos über Auftritte im kostenlosen Stadtmagazin „Barfly".

Notfall Notruf (Polizei, Feuerwehr, Rettungsdienst) Tel. 000.
Polizei, 5 Sheridan St, Tel. 07-40307000.

Parken Vor dem *Pier Marketplace* (Esplanade) befindet sich ein großer, kostenloser Parkplatz. Überdacht parken kann man beim *Central Shopping Centre* (Spence St).

Post Cairns Central Post Shop, Cairns Central Shopping, Shop 115-116 McLeod St, Mo–Fr 9–17.30 Uhr, Sa bis 12.30 Uhr.
Weitere Poststellen in der City sind in der 13 Grafton Street und im Obergeschoss der Orchid Plaza (Einkaufsarkade an der Transit Mall, Lake St.)
Postlageradresse: Poste Restante, Cairns GPO, QLD 4870.

Sport Schwimmsport und Tauchkurse werden im *Tobruk Memorial Pool* (Sheridan St nach Norden) angeboten. Zum Joggen bietet sich der Fußweg entlang der Esplanade an. Der *Paradise Palms Golf Course* (Paradise Palms Drive, Clifton Beach, Tel. 07-40591166) ist öffentlich und bietet zusätzlich Tennisplätze und einen Pool.

Strände Wer stadtnah „beachen" möchte, sollte den neu angelegten Strand an der Esplanade besuchen. Dort gilt aber vor allem „sehen und gesehen werden". Die Strände nördlich der Stadt, die sog. **Northern Beaches,** sind wesentlich größer und natürlicher (▶ s. Kapitel „Von Cairns über Cape Tribulation nach Cooktown", s.S. 264).

Tauchen Der beliebteste Wassersport ist natürlich das Tauchen. Die Auswahl an Tauchschulen und Tauchexkursionen (Tauchkreuzfahrten) ist schlichtweg riesig. Preisvergleiche sind immer sinnvoll. Zu den Kriterien zählen neben der Schiffsgröße (je weniger Passagiere, desto besser der Service!) die Anzahl der Tauchgänge und die angelaufenen Riffe. Die nördlichen, äußeren Riffe sind besser intakt und bieten klarere Sicht als die südlichen! Bei mehrtägigen Exkursionen sollte stets eine „Live-Aboard-Tour" gebucht werden, d.h. die Übernachtung erfolgt an Bord. So werden zeitraubende Transferfahrten zurück zur Küste vermieden.

- *Pro Dive Cairns,* 116 Spence, Tel. 07-40315255, www.prodive-cairns.com.au. Bewährter Anbieter mit Kursen in deutscher und englischer Sprache. Dreitägige Live-Aboard-Touren.
- *Deep Sea Divers Den,* 319 Draper St, Tel. 07-40467333 und Filiale im Pier Marketplace, www.diversden.com.au. Ausflüge u. Kurse für Anfänger u. Geübte.
- *Mike Ball,* 143 Lake Street, Tel. 07-40530501, www.mikeball.com; bietet exklusive Exkursionen für erfahrene Taucher. Mike Ball organisiert u.a. Touren in Papua Neuguinea (PNG).

Taxis *Black & White Cars,* Tel. 131008

Touren und Ausflüge

Zum Great Barrier Reef Ein Bootsausflug an das „Große Barriere Riff" darf nicht fehlen. Die Größe des Boots, die Aufenthaltsdauer am Riff, sowie die Verpflegung sind Unterscheidungskriterien bei der Auswahl des Anbieters. Wer nicht selbst in das Wasser möchte, sollte auf ein Glasbodenboot und eine Riff-Plattform (Pontoon) achten. Eine empfehlenswerte Alternative zu den Touren ab Cairns sind Ausflüge ab/bis

Port Douglas mit den bekannten Vorzügen der besseren Wasser- und Korallenqualität im Norden (▶ s. Port Douglas / Touren").

Tagestouren

- *Falla* (Tel. 07-40313488) segelt mit einem alten Perlen-Schiff zum inneren Riff.
- *Hitchhiker Reef Trips* (Tel. 07-40331711) bietet preisgünstige Trips für Gäste zwischen 18 und 38 Jahren, mit Tauch- und Schnorchelstopps.
- *Reef Magic Cruises* (Tel. 07-40311588), schneller Katamaran mit Schnorchelmöglichkeiten, Einführungstauchkurse und Glasbodenboot.
- *Odyssey Cruises* (Tel. 07-40330333) fährt mit zwei großen Segelkatamaranen zur Sandbank Michaelmas Cay (reiche Vogelwelt) oder zum Upolu Riff – sehr empfehlenswerte Touren.

Kreuzfahrten

- *Coral Princess Cruises* (Tel. 07-47211673, www.coralprincess.com.au) fährt mit komfortablen Katamaranen und einer erfreulich niedrigen Passagierzahl entlang des Riffs entweder in vier Tagen nach Townsville (oder umgekehrt) oder in fünf Tagen nach Lizard Island (und zurück). Coral Princess bietet auch Kreuzfahrten in der Kimberley-Region (WA) an.
- *Captain Cook Cruises* (Tel. 07-40314433, www.captaincook.com.au) veranstaltet mehrtägige Kreuzfahrten, entweder nach Norden bis Lizard Island oder nach Süden bis Hinchinbrook Island, mit dem exklusiven Schiff „Reef Endeavour" (für 150 Pers.).

Ausflüge in das Hinterland und nach Norden

- *Billy Tea Bush Safaris* (Tel. 07-40320077) bietet Touren in Kleingruppen in Richtung Daintree/Cape Tribulation (Tagestour) oder zum Cape York (8–12tägige Campingtouren).
- *Kuranda Day Tour,* der Klassiker, der von mehreren Anbietern offeriert wird: von Cairns mit dem Zug nach Kuranda und mit der Gondel „Skyrail" zurück, anschließend Besuch des Tjapukai Aboriginal Cultural Park. Buchbar in den Infobüros der Stadt.
- *Savannahlander* (Tel. 132232, Queensland Rail), historischer Zug, der jeden Mittwoch von Cairns in die Gulf Region bis nach Mt Surprise (Ankunft Donnerstag) fährt. In die andere Richtung verkehrt der Zug jeden Samstag, alternativ fährt auch ein Bus zurück nach Cairns.
- *Adventure Connection Australia* (ACA, Tel. 07-40514777), empfehlenswerte deutschsprachige Tagestouren und Geländewagentouren bis Cape York.
- *Undara Experience* (Tel. 07-40971411), Ausflüge zu den Lavahöhlen im Undara NP, inklusive Transfers ab/bis Cairns, mit Übernachtung(en) und Führung (s.a. Kapitel Brisbane – Cairns, Alternativroute über das Atherton Tableland).
- *Wilderness Challenge* (Tel. 07-40556504); Kleingruppentouren zum Cape York und durch das Gulf Savannah Country.

Rundflüge

- *Aquaflight Airways* (Tel. 07-40314307) fliegt direkt ans Riff und landet auf Sandbänken. Ideal für Seekranke!
- *Champagne Balloon Flights* (Tel. 07-40581688). Ballonfahrt über das Atherton Tableland mit Museumsbesuch.
- *Reefwatch Air Tours* (Tel. 07-40359808). Flüge zum Riff und in das Outback.
- *Cape York Air* (Tel. 07-40359399) nimmt Gäste auf Postflügen zu den Outback-Farmen im hohen Norden mit. Kein billiges, aber ein besonderes Erlebnis!

Aktivtouren

- *AJ Hackett Bungy Cairns* (Tel. 07-40577188). Am Gummiseil in den Regenwald springen – Transfers von Cairns möglich.

- *Australian ATV Tours* (Tel. 07-40518722) bietet Buschouren mit dem Quad (vierrädriges Geländemotorrad) an.
- *R'n'R Rafting* (Tel. 07-40517777) veranstaltet Wildwasser Rafting Touren auf dem Barron und Tully River.

Züge

Vom **Bahnhof** im Cairns Central Shopping Centre fahren die Züge nach Brisbane, Kuranda (tägl. um 8.30 Uhr und 9.30 Uhr – außer Sa) und durch die Gulf Savannah Region westlich des Atherton Tablelands (▶ s. Touren, „Savannahlander"). Fahrpläne und Auskünfte am Bahnhof (Tel. 07-40369250, www.traveltrain.qr.com.au).

Unterkunft und Camping

An Unterkünften fehlt es in der Touristenmetropole überhaupt nicht. Von schicken Luxusresorts mit Strandblick über gepflegte Hotels und Motels in der Innenstadt bis zu vielen Hostels und Campingplätzen findet jeder eine passende Übernachtungsstätte in Cairns. Pool und Klimaanlage gehören zum Standard. Wer länger bleibt, sollte für einen echten Badeaufenthalt die Orte nördlich von Cairns bei den Northern Beaches wählen. Einige Hotels bieten einen günstigen oder kostenlosen Flughafentransfer an.

Hotels

**** **The Oasis Resort Cairns** (122 Lake St, Cairns, Tel. 07-40801888); das Hotel liegt nahe der Uferpromenade, etwa zehn Gehminuten vom Zentrum entfernt. Poollandschaft mit Sandstrand in tropischem Garten – eines der besten Hotels der Stadt.

*** **Bay Village Resort** (Ecke Lake/Gatton Sts, Cairns, Tel. 07-40514622); zentrales Mittelklassehotel unter österreichischer Leitung mit persönlicher Note, inmitten der Stadt, mit Bar, Pool, Grillplatz, Waschsalon und Internet-Café. Kostenlose Flughafentransfers.

*** **Cairns Queenslander Apartments** (267 Lake St, Tel. 07-40510122); Ein- und Zwei-Zimmerapartments sowie kostenlose Parkplätze, nur wenige Gehminuten von der Innenstadt.

***** **Coral Sands on Trinity Beach** (Ecke Trinity Beach Rd/Vasey Esp, Trinity Beach, Tel. 07-40578800); 20 km nördlich von Cairns, ideal für Familien (bis zu 8 Pers.), mit Kochgelegenheiten.

**** **Sebel Reef House** (99 Williams Esp, Palm Cove, Tel. 07-40553633); ruhiges, im Kolonialstil erbautes Hotel am Sandstrand, 25 km nördlich von Cairns.

B&B

*** **Birdwing B&B** (13 Heavey Cres, Whitfield, Tel. 07-40531615); kleine Unterkunft 6 km nordwestlich des Zentrums.

Jugendherbergen und Hostels

* **Central YHA** (20–24 McLeod St, Tel. 07-40510772); zentral gelegenes Haus mit Schwimmbad und guter Ausstattung.

* **YHA On The Esplanade** (93 The Esplanade, Tel. 07-40311919); beliebte und sehr lebhafte Unterkunft.

* **Global Palace** (Ecke Lake/Shields Sts, Tel. 07-40317921); neues, sauberes Hostel im Zentrum.

Camping

Cairns Coconut Caravan Resort (Ecke Bruce Hwy/Anderson Rd, Woree, Tel. 1-800-636622); großer gepflegter Platz, 7 km südlich der Stadt, mit Cabins und Bungalows.

Cairns Villa & Leisure Park (28 Pease St, Manunda, Tel. 07-40537133); schattiger Campingplatz mit vielen Selbstversorger-Hütten.

City Camping & Caravan Park (Ecke James/Little Sts, Manunda, Tel. 07-40511467); einfacher Platz, der dem Zentrum am nächsten liegt.

Ellis Beach Caravan Park (Cook Hwy, Ellis Beach, Tel. 07-40553538); schöner Campingplatz unter Palmen direkt am Meer, etwa 25 km nördlich der Stadt. Vermietet auch Bungalows. Etwas Lärm durch den Highway, aber trotzdem eine starke Empfehlung.

zum Cairns International Airport und den nördlichen Stränden
Unterkünfte
1 City Camping
2 Cairns Queenslander Apartments
3 Bay Village Tropical Retreat
4 The Oasis Resort
5 YHA On the Esplanade
6 Global Palace
7 Cairns International
8 Central YHA
9 Sebel Reef House
10 Coral Sands on Trinity Beach
11 Birdwing B&B
12 Cairns Villa & Leisure Park
13 Cairns Coconut Caravan
Sehenswertes
1 Pier Marketplace
2 Lagoon
3 Cairns Regional Gallery
4 Cairns Museum
5 Reef Casino
6 Royal Flying Doctors
7 Botanic Gardens
8 Mt Withfield Conservation Park
9 Tjapukai Aboriginal Culture Park
Trinity
Bay
Cairns Harbour
Collins Ave
Arthur St
Lilly St
Smith St
Little St
Cairns St
McLeod St
Sheridan St
Digger St
Lake St
Esplanade
Charles St
James St
Grafton St
Upward St
(Captain Cook HWY)
Charles St
Grove St
Martyn St
Draper St
Minnie St
Florence St
Abbott St
Aplin St
Transit Mall
Wilkinson St
Gatton St
Severin St
Water St
McLeod St
(BRUCE HWY)
Cairns Central
City Place
Shields St
Spence St
Hartley St
Wharf St
Marlin Pde
Bus- und Fährterminal
Trinity Wharf
Bahnhof
Hoare St
Buchan St
Jones St
Collinson St
Aumuller St
Curtain St
Creedy St
Mann St
Gatton St
Florence St
Mulgrave Rd
Parramatta Park
Severin St
Scott St
Dutton St
Draper St
Winkworth St
Spence St
Brown St
Earl St
Kenny St
Inlet
zum Bruce Hwy, nach Gordonvale und nach Townsville
Scott St
Little Spence St
Buchan St
Spence St
Brown St
Hartley St
Aumuller St
Sturt St
Barry St
Newell St
Lyons St
Cairns
0 1 km
= Fußgängerzone
© RKH Verlag Hermann

Stadtbesichtigung

Allzu viele städtische Sehenswürdigkeiten hat Cairns nicht zu bieten. Riff, Hinterland und die Strände im Norden sind die wesentlichen Attraktionen. Dennoch gibt es einiges in der Stadt, was eine kleine Sightseeing-Tour lohnt.

Das **Zentrum** befindet sich südlich der Florence Street zwischen Esplanade und Sheridan Street und kann zu Fuß leicht durchquert werden. Der älteste Teil der Stadt ist die Gegend um die **Trinity Wharf,** wo die Ausflugsboote zum Riff ablegen. Einige historische Gebäude (um 1920) sind noch an der Abbott Street und der Ecke zwischen Spence und Lake Streets erhalten. Folgt man der Abbott Street nach Norden, stößt man an der Ecke zur Shields Street auf die **Cairns Regional Gallery,** in der lokale und internationale Künstler ausstellen. Im **Cairns Museum,** Ecke Lake/ Shields Streets, werden neben der Stadtgeschichte die Bräuche der örtlichen Aboriginal People sowie die Einflüsse der Chinesen dargestellt (Mo–Sa 10–15 Uhr). Rund ums Museum befinden sich die Fußgängerzone und der **City Place,** auf dessen kleiner Bühne gelegentlich Musiker auftreten.

In der Fußgängerzone reihen sich Souvenir-, Dutyfree- und Kleiderläden aneinander. Zurück an der Strandpromenade (Esplanade) kann man am neuen **Stadtstrand** in der Sonne dösen, in der **Lagoon** baden, oder in einem der zahlreichen Cafés oder Restaurants sitzen. Das große Gebäude des **Pier Marketplace,** am südlichen Ende der Esplanade, beherbergt Geschäfte, Tourenveranstalter und Restaurants. Am Wochenende findet der **Mud Market** mit Souvenirs und Kunsthandwerk statt. Entlang der Wharf Street stößt man schließlich auf das **Reef Casino** mit den üblichen Spielgeräten und Spieltischen.

Sehenswertes außerhalb

Außerhalb des Stadtkerns liegen weitere Attraktionen, die per Bus (*Cairns Explorer Bus*, ▶ s. „Öffentliche Verkehrsmittel“) oder mit dem eigenen Fahrzeug erreichbar sind.

Die **Royal Flying Doctor Basis** (1 Junction St, Edge Hill, Mo–Sa 9–16.30 Uhr) kann auf halbstündigen Führungen besichtigt werden. Im Visitor Centre gibt es wissenswerte Fakten zu den fliegenden Ärzten sowie hübsche Souvenirs, deren Kauf einem guten Zweck dient.

Zur Mittagszeit ist der **Flecker Botanic Gardens** (tägl. 8.30–17 Uhr) ein schattiger Aufenthaltsort mit interessanten Pflanzen. Von Mo–Fr werden um 13 Uhr Führungen durch den Park angeboten. Von der Collins Avenue führt ein Fußweg zu den kleinen Seen im Inneren der Anlage. Im „Botanic Gardens Café“ (Collins Ave) werden leckere Gerichte und Snacks serviert. Gegenüber des Botanischen Gartens führen Wanderwege (Red Arrow Walk 1,3 km, Blue Arrow Walk 5,4 km) in den **Mt Whitfield Conservation Park**, der die letzten Überreste tropischen Regenwalds in der Stadt bewahrt. Kasuare und Wallabies sind in der ruhigen Umgebung heimisch.

Ein weiterer, empfehlenswerter Naturausflug ist der **Mangrove Boardwalk,** der in der Airport Avenue beginnt (ca. 200 m vor der Terminaleinfahrt). Auf dem beschilderten Wanderweg erhält man eine Übersicht über die verschiedenen Mangrovengewächse und ihre Lebensweise in der Gezeitenzone. Moskitoschutz nicht vergessen!

Wer sich für die Gebräuche und Sitten der Ureinwohner interessiert, sollte einen Ausflug in den **Tjapukai Aboriginal Culture Park** unternehmen (▶ s. Kultur- und Unterhaltungsangebote).

Inseln vor Cairns

Green Island

Die kleine bewachsene Insel ist die am leichtesten erreichbare Riffinsel. Rund um die Insel lässt es sich direkt vom Strand weg schnorcheln. Wegen der hohen Besucherzahl ist das Wasser allerdings eher trübe und die Korallenwelt nicht mehr die beste. Im **Underwater Observatory** kann man die Fische trockenen Fußes bewundern, und das „Marineland Melanesia“ ist eine Mischung aus Aquarium, Zoo und Kunstausstellung. Das schicke **Green Island Resort** (Tel. 07-40313300, www.greenislandresort.com) leidet etwas unter dem Einfluss des starken Tagestourismus. Von Cairns fahren täglich Ausflugsboote zur Insel (Big Cat: Tel. 07-40510444, Great Adventures: Tel. 07-40449944).

Fitzroy Island

Im Gegensatz zu Green Island ist Fitzroy Island eine „kontinentale“ Insel und keine Koralleninsel. Trotzdem befinden sich rund um die Insel gute Korallenstöcke zum Schnorcheln und Tauchen. Das dicht bewaldete Eiland 6 km vor der Küste ist leider mit Tagesgästen überschwemmt. Das Resort im Jugendherbergsstil bietet recht günstige Übernachtungsmöglichkeiten (Fitzroy Island Resort, Tel. 07-40519588, www.fitzroyislandresort.com.au).

Von und zur Insel verkehren mehrmals täglich Fähren (Fitzroy Island Ferry, Tel. 07-40307907).

Green Island

Von Cairns über Cape Tribulation nach Cooktown

Vorbei an den Northern Beaches führt der kurvenreiche Highway zum Badeort Port Douglas und schließlich an den Daintree River. Nach Überquerung des Flusses per Fähre und einer Fahrt durch dichte Regenwälder ist das Cape Tribulation schnell erreicht. Von Cape Tribulation bis Cooktown darf der *Bloomfield Track* nur von Geländewagen befahren werden. Alternativ lässt sich das Städtchen Cooktown über die befestigte Inlandsroute auch mit zweiradgetriebenen Fahrzeugen erreichen.

Routenvorschlag Cairns – Cooktown – Cairns

4 Tage **Gesamtstrecke 551 km**

1. Tag: Cairns – Port Douglas (75 km)
2. Tag: Port Douglas – Daintree – Cape Tribulation – Cooktown (4WD-Küstenroute, Bloomfield Track, 190 km)
3. Tag: Cooktown – Cairns (Inlandsroute, 286 km)

7 Tage **Gesamtstrecke 558 km**

1. Tag: Cairns – Port Douglas (75 km)
2. Tag: Port Douglas (Baden, Ausflug Mossman Gorge, 30 km)
3. Tag: Port Douglas – Cape Tribulation (63 km)
4. Tag: Cape Tribulation (Regenwald-Lodge oder Riffausflug)
5. Tag: Cape Tribulation – Cooktown (104 km)
6. Tag: Tagesausflug Lizard Island (per Flugzeug)
7. Tag: Cooktown – Cairns (Inlandsroute, 286 km)

Marlin Coast - Northern Beaches

Der Abschnitt zwischen Cairns und dem nördlich gelegenen Strand Ellis Beach wird als **Marlin Coast** bezeichnet. Vom Captain Cook Highway, wie die Küstenhauptstraße nördlich von Cairns heißt, zweigen Stichstraßen zu den Strandorten **Machans Beach, Yorkeys Knob, Trinity Beach, Clifton Beach, Palm Cove** und **Ellis Beach** ab. Die Gemeinden gehören noch alle zur Stadt Cairns und werden von den lokalen Bussen angesteuert. Die Strände sind meist bewacht und verfügen von November bis April über Quallennetze. Strandhotels, Apartmentunterkünfte und edle Wohnviertel prägen die Vororte, ohne jedoch architektonisch aus dem Rahmen zu fallen. Hochhausblocks sucht man außerhalb von Cairns vergeblich. Ellis Beach, der nördlichste Strand, lohnt besonders wegen seines schönen Campingplatzes (weitere Adressen von Unterkünften bei Cairns). Kurz nach Ellis Beach grenzt *Hartleys Creek Crocodile Farm* an die Straße (tägl. 8.30–17 Uhr).

Im weiteren Verlauf kurvt der Highway direkt am Wasser entlang - eine der schönsten Küstenstraßen Australiens. Ein fantastisches Fotomotiv der grünen Küstenlandschaft eröffnet sich am **Rex Lookout**.

Tipp: Einige Kilometer südlich von Port Douglas befindet sich die luxuriöse **Thala Beach Lodge** (Oak Beach Tel. 07-40985700, www.thala.com), eine Bungalow-Anlage inmitten des Regenwaldes mit Zugang zum einsamen Oak Beach. Ein idealer Ort, um sich nach oder während einer Rundreise so richtig verwöhnen zu lassen. Wer nicht immer das teure Restaurant des Resorts in Anspruch nehmen will, fährt mit dem Mietwagen schnell nach Port Douglas.

Port Douglas

Das 1877 gegründete Hafenstädtchen Port Douglas am Dickson Inlet hat sich inzwischen zu einer ziemlich noblen Touristendestination gemausert. Schicke Boutiquen, feine Restaurants und Ausflugsagenturen säumen die kurze Hauptstraße (Macrosaan St). Aushängeschild des Upper-Class-Tourismus ist das Fünf-Sterne Hotel „Sheraton Mirage“ mit großer Poollandschaft. Gleich mehrere 18-Loch-Plätze buhlen um die Gunst der Golfer.

Am Stadteingang (Highway-Kreuzung) liegt das **Rainforest Habitat** (Port Douglas Rd, tägl. 8–16.30 Uhr, www.rainforesthabitat.com.au), ein sehenswerter Tierpark inmitten des Regenwaldes. Wer morgens dort ist, sollte das unvergessliche „Breakfast With The Birds“ - ein Frühstück zwischen den Tieren - mitmachen (8–11 Uhr).

Herrlich lang und einsam ist der **Four Mile Beach** in der Trinity Bay. Fußwege führen zwischen den Hotelanlagen zum Strand. Im Anzac Park am Ende der Macrossan Street findet jeden Sonntagmorgen ein Gemüse- und Obstmarkt statt. Ebenfalls im Park steht die Holzkirche „St Mary's By The Sea“, die nach einem verheerenden Zyklon 1911 wieder aufgebaut wurde. Wer sich für Schiffe und die Seefahrt interessiert, sollte dem kleinen **Ben Cropp's Shipwreck Museum** einen Besuch abstatten (täglich 9–17 Uhr).

Essen und Trinken sollte man in den Restaurants und Bars entlang der Hauptstraße oder in Biergartenatmosphäre im „Court House Hotel“ (Ecke Macrossan/Wharf Sts, günstiges Essen und am Wochenende Live-Musik). „On the Inlet“ (3 Inlet St) ist ein ausgezeichnetes Fischrestaurant am Wasser (Hauptgerichte ab A$ 15).

Port Douglas

Infos

Port Douglas Tourist Information, 23 Macrossan St, Tel. 07-40995599, täglich 8.30–17.30 Uhr, www.pddt.com.au.

Touren

Die Zahl der Anbieter von Ausflügen ans Riff (ab und bis Port Douglas) ist gering. Dass die Korallenriffe in den nördlichen Regionen noch so gut erhalten sind, liegt hier aber vor allem daran, dass die Einflüsse von Pestiziden und Düngemitteln aus den Zuckerrohrfeldern geringer sind als im Süden. Alle Anbieter, die von Cairns aus Touren in Richtung Cape Tribulation oder Daintree NP anbieten, holen ihre Gäste auch in Port Douglas ab.

- *Poseidon Cruises,* Ecke Macrossan/Grant Sts, Tel. 1-800-085674, www.poseidon-cruises.com.au; empfehlenswerte Riff-Ausflüge per Katamaran zum Outer Reef, mit Schnorchel- und Tauchoptionen.
- *Sailaway,* Ecke Macrossan/Grant Sts, Tel. 1-800-085674, www.sailawayportdouglas.com; bauschauliche Segeltörns zu den Low Isles mit Schnorchel- und Strandstopps. Täglich Abfahrten, max. 27 Passagiere.
- *Quicksilver Cruises*, (Tel. 07-40995050) bietet auf einem großen Katamaran Riff-Touren an (ca. 100 Passagiere, mit Riff-Plattform und Glasboden).
- *Australian Natural History Safaris,* Tel. 07-40941312, www.anhs.com.au; die Touren mit David Armbrust, einem exzellenten Kenner der Tierwelt, gehören sicherlich nicht zu den billigsten, aber zu den eindrucksvollsten Regenwald-Erlebnissen.

Unterkunft und Camping

***** **Sheraton Mirage**, Davidson St, Tel. 07-40995888;
Luxus-Resort mit allem Komfort.
**** **Radisson Treetops Resort,** Port Douglas Rd, Tel. 07-40304333;
komfortables Resort mit benachbartem Golfplatz.
*** **Comfort Inn Port Douglas**, 123 Davidson St, Tel. 07-40995266;
kleines Hotel mit Studiozimmern wenige Minuten zum Strand.
*** **Whispering Palms**, 20 Langley Rd, Tel. 07-40985128;
Apartments (bis zu 4 Pers.) direkt am Wasser gelegenes Mittelklasse-Hotel mit tropischem Garten.

Port O'Call Lodge YHA, Port St, Tel. 07-40995422; große Jugendherberge, fünf Gehminuten zum Strand. Bietet Transfers von und nach Cairns an.
Pandanus CP, 97/107 Davidson St, Tel. 07-40995944;
einfach ausgestatteter Campingplatz, ca. 1,5 km südlich von Port Douglas.

Mossman

Von Port Douglas sind es nur 14 km bis Mossman, einer kleinen ländlichen Gemeinde, die vorwiegend vom Zuckerrohranbau lebt. Touristisch interessant ist die 5 km westlich liegende **Mossman Gorge,** eine leicht zugängliche **Sektion des Daintree National Park.** Zwischen den großen Felsen kann man im Bach ein erfrischendes Bad nehmen oder hinauf in die Schlucht wandern (Insektenschutz nicht vergessen). Wer im Park campieren möchte, benötigt eine Genehmigung des NP-Büros in Mossman (1 Front St, Centenery Building, Tel. 07-40982188). Dort gibt es auch Karten für Wanderungen und Informationen zum gesamten Daintree National Park (auch Cape Tribulation zählt dazu).

Übernachten ***** **Silky Oaks Lodge,** Finlay Vale Rd, Mossman, Tel. 1-800-737678; exklusive Regenwald-Lodge, die von P&O Resorts auch im Paket mit Lizard Island angeboten wird.

Camping Nördlich von Mossman befindet sich in Wonga Beach ein guter Strand-Campingplatz: **Pinnacle Village Holiday Park CP,** Wonga Beach, Vixies Rd, ca. 10 km südlich der Daintree-Fähre, Tel. 07-40987566; Cabins.

Daintree

Weiter nach Norden teilt sich die Straße. Links geht es in die ehemalige Holzfällersiedlung **Daintree** (11 km), rechts zur Autofähre über den Daintree River und weiter nach Cape Tribulation. In der Ortschaft Daintree beginnt die schwere Allrad-Piste *Creb Track* in Richtung Cooktown, die nur für erfahrene Fahrer mit bester Ausstattung und Genehmigung Tel. 07-40986107 erlaubt ist. Insbesondere bei Nässe ist der Creb Track häufig unpassierbar.

Vom Daintree River nach Cape Tribulation

An der Fährstation am Daintree River gibt es Erfrischungen. Hier starten auch die Bootstouren mit dem *River Train* zur Beobachtung der Salzwasserkrokodile. Die Autofähren über den Fluss fahren täglich von 6–24 Uhr. Eine Vorausbuchung ist nicht erforderlich.

Die asphaltierte Straße nach Cape Tribulation führt meist durch dichten Regenwald. Nur einzelne Schilder weisen auf Unterkünfte am Wegesrand hin. Kurz nach der Fährüberfahrt zweigt eine Stichstraße zum Cape Kimberley nach Osten ab. Das ruhige Koala Daintree Resort (Camping und Cabins, Tel. 07-40907500) am Ende der Straße liegt an einem herrlichen Strand – doch, wie an praktisch allen Stränden nördlich des Daintree River, sollte wegen der gefährlichen Krokodile aufs Baden verzichtet werden!

Ein lohnender Stopp ist das **Daintree Rainforest Environmental Centre** rechts der Straße. Vom 23 m hohen Turm lässt sich der Regenwald aus einer ungewohnten Perspektive betrachten. Interessante Ausstellungen zu den heimischen Pflanzen und Tieren sowie Wanderpfade sind ebenfalls angelegt. Westlich der Straße erhebt sich der 1374m hohe Thornton Peak.

12 km nach der Fähre führt die Buchanan Creek Road zum Strand in der Cow Bay und zum „Crocodylus Village Hostel“, einer älteren Jugendherberge mit Holzhütten (Tel. 07-40989166).

Bei Thornton Beach sieht man endlich das Meer von der Straße aus, kurz danach ist ein kurzer Fußweg durch die Mangroven am Noahs Beach ausgeschildert. Hier befindet sich auch der Nationalpark-Campingplatz (▸ s. „Cape Tribulation / Unterkunft und Camping“).

Cape Tribulation

„Kulki" lautet der traditionelle Name von Cape Tribulation. Den europäischen Namen (Tribulation = Leiden) erhielt die Landspitze 1770 von Kapitän Cook, nachdem er auf ein Riff vor der Küste aufgelaufen war. Heute ist „Cape Trib" der Regenwaldtreffpunkt für Besucher aus aller Welt. Es bietet Unterkünfte, einen Kiosk (Imbissbude), Wanderwege zum Strand und das Info-Zentrum „Bat House" (mit Fledermausgehege). Der kilometerlange weiße Sandstrand, von Palmen und Farnen gesäumt, ist das Highlight von Cape Trib.

Ein lohnender Tagesausflug an das Great Barrier Reef wird mit dem Katamaran „Rum Runner" angeboten. In nur einer Stunde ist man zum Schnorcheln und Tauchen an den Korallen (Tel. 07-40989249).

Cape Tribulation

Unterkunft und Camping

**** **Coconut Beach Rainforest Resort,** Cape Tribulation Rd, Tel. 07-40980033; empfehlenswerte Lodge mit edlen Holzbungalows inmitten des Regenwaldes. Das Restaurant befindet sich, über die Hauptstraße hinweg, in Strandnähe

**** **Ferntree Rainforest Lodge,** Camelot St, Tel. 07-40980000; komfortable Regenwald-Lodge mit Bungalows im Wald und gutem Restaurant

* **PK's Jungle Village,** Cape Tribulation Rd, Tel. 07-40980040; die Institution am Cape Trib für Backpacker aus aller Welt – ein großes und lebhaftes Hostel mit Ausflugsangeboten. Transfers ab/bis Cairns werden mit *Coral Coaches* durchgeführt.

* **Cape Trib Beach House und CP,** Rykers Road (2,5 km nördlich vom Bat House), Tel. 07-40980030; preiswerte Unterkunft mit Cabins verschiedener Kategorie und einigen Campingplätzen.

Noah Beach Camping Area, Noah Beach, Tel. 07-40980052; sehr einfacher, schattiger NP-Campingplatz, nur 100 m vom Strand entfernt. Wird nach starken Regenfällen geschlossen.

Auf dem Bloomfield Track nach Cooktown

Die Piste entlang der Küste ist nur für Geländewagen und auch nur in den Monaten Mai bis November befahrbar. Nach Regenfällen wandeln sich die steilen Abschnitte in rutschige, schlammige Passagen, die selbst für geübte Allradfahrer nur mit äußerster Vorsicht zu bewältigen sind. Bergauf und bergab sowie durch Flüsse führt die Route, vorbei an Aussichtspunkten, die immer wieder fantastische Ausblicke auf die Küste freigeben.

Bei Trockenheit ist das erste echte Hindernis die Durchquerung des Bloomfield Rivers südlich der Aboriginal-Gemeinde Wujal-Wujal. Die asphaltierte Furt ist bei normalem Wasserstand (ca. 40 cm) problemlos fahrbar. Achtung: Salzwasserkrokodile im Fluss – baden verboten!

Weiter im Norden wird die Piste dann besser, und die steilen Passagen sind zum Teil befestigt. In Helenvale, einer kleinen Siedlung mit Pub und Campingmöglichkeit, zweigt eine Piste zur einsamen und inmitten des Regenwaldes liegenden *Mungumby Lodge* ab (Tel. 07-40603158, www.mungumby.com). Die gepflegten Lodge ist ein Paradies für Vogel- und Naturliebhaber.

Im **Black Mountain National Park** trifft die Straße dann auf die bis Cooktown asphaltierte Developmental Road (27 km). Um den Nationalpark mit seinen schwarzen Granitfelsen ranken sich gespenstische Geschichten von Menschen, die in Höhlen und Spalten verschollen sind.

Cooktown

Nachdem die „HMS Endeavour“ nahe Cape Tribulation 1770 fast gesunken wäre, landete *James Cook* im Naturhafen von Cooktown und brachte sein Schiff dort wieder auf Vordermann. Erst als hundert Jahre später am Palmer River Gold gefunden wurde, kamen weiße Siedler in die Gegend. 1874 war Cooktown die zweitgrößte Stadt Queenslands, mit mehr als 94 Pubs und 30.000 Einwohnern, davon über die Hälfte Chinesen. Das Ende des Goldrauschs, zwei heftige Wirbelstürmen und die Evakuierung während des Zweiten Weltkriegs entvölkerten die Stadt weitgehend.

Sehenswertes

Im Jahr 1970, mit der Eröffnung des **James Cook Historical Museum** (Helen St, täglich 9–17 Uhr), kamen wieder die ersten Besucher in die abgelegene Stadt am Endeavour River. Ein Spaziergang entlang der Hauptstraße (Charlotte St) mit ihren kolonialen Bauwerken, bis hinunter zur Wharf, vermittelt das gemütliche Flair der Tropen. Die Pubs laden zum kühlen Bier ein.

Vom **Aussichtspunkt Grassy Hill** eröffnet sich ein weiter Blick auf die Flussmündung und die Küste. Am Ende der Walker Street liegt der Botanische Garten, der 1878 von Chinesen angelegt und 1980 restauriert wurde. Vom Parkplatz in der Walker Street gelangt man nach einem kurzen Fußweg an den weitläufigen, einsamen **Finch Beach.** Wegen der entlang der Flussmündung gelegentlich gesichteten Krokodile schwimmen Einheimische nur am nördlichen Ende des Strandes!

Eine Bootsfahrt auf dem Endeavour River ist ein guter Zeitvertreib, um mehr über die Natur und Geschichte der Region zu erfahren (Cooktown Cruises, Tel. 07-40695712).

Ausflüge

Weiterhin bieten sich Ausflüge nach **Lizard Island,** in den **Lakefield National Park** und zu den **Aboriginal-Felszeichnungen von Laura** an (▶ s. „Special-Tour: Von Cooktown bis Cape York mit dem Geländewagen").

Infos

Cooktown Travel Centre, Charlotte St, Tel. 07-40695446, www.cooktown.com, Informationen zur Stadt und Umgebung, Buchungen aller Ausflüge in das Hinterland und zum Reef.

Queensland Parks and Wildlife Service, Webber Esplanade, Tel. 07-40695777 (nur vormittags geöffnet). Karten, Informationen und Campingpermits zu den umliegenden Nationalparks.

Touren

Marine Air Seaplanes (Tel. 07-40695915, www.marineair.com.au) fliegt zum Riff und nach Lizard Island. Organisiert auch Campingaufenthalte auf Lizard Island – ein wahres Erlebnis.

Unterkunft und Camping

*****The Sovereign Resort**, Tel. 07-40695400, Ecke Charlotte-Green Sts; historisches Hotel im Stadtkern mit tropischem Garten.

**** Hillcrest B&B**, Tel. 07-40695305, 130 Hope St; gemütliches Gästehaus am Fuße des Grassy Hill.

*** Pam's Place YHA,** Ecke Boundary/Charlotte Sts, Tel. 07- 40695166.

Cooktown Tropical Breeze CP, Tel. 07-40695417, Ecke Charlotte St/McIvor Rd (Straße Richtung Lakefield); schattiger Campingplatz mit Cabins.

Lizard Island

90 km nordöstlich von Cooktown liegt die steinige und dicht bewachsene Insel inmitten des Great Barrier Reefs. Für Taucher und Schnorchler sowie für Erholungssuchende ist die Insel mit ihren herrlichen Sandstränden, Wanderpfaden und den Tauch- und Schorchelrevieren, die zum Teil direkt von der Küste erreichbar sind, ein Dorado. Wer mit dem Wasserflugzeug von Cooktown kommt, hat schon bei der Landung in der Watson Bay ein Paradies vor sich: weißer Strand, kristallklares Wasser und keine Menschenseele!

Übernachten kann man im exklusiven Lizard Island Resort (Tel. 1-800-737678), einem der teuersten und schönsten Insel-Resorts Australiens, oder auf dem einfachen NP-Campingplatz in der Watson Bay. Der Campingaufenthalt muss allerdings vorher genehmigt werden (Nationalpark Büros in Cairns oder Cooktown). Lohnende Tagesausflüge bieten ab Cairns Amity Tours (Tel. 07-40559088, www.amitytours.com.au) und von Cooktown Marine Air an (▶ s. „Cooktown / Touren").

Von Cooktown über die Inlandsroute zurück nach Cairns

Die mittlerweile vollständig asphaltierte Inlandsroute führt, fernab der Küste, über Lakeland, das Palmer River Roadhouse, Mt Carbine und Mount Malloy in das nördliche Atherton Tableland (224 km). Von dort sind es auf einer steilen und sehr kurvenreichen Passstraße noch 33 km bis Mossman an der Küste. Über die Inlandsroute kann Cooktown prinzipiell ganzjährig besucht werden, es sei denn, extreme Regenfälle hätten Teile der Straßen während der Regenzeit unpassierbar werden lassen.

Das Great Barrier Reef

Das längste Riff der Erde erstreckt sich über 2300 km von der Südküste Papua-Neuguineas (PNG) entlang der Ostküste Australiens nach Gladstone. Das als Weltwunder geschützte Korallenriff besteht aus einer Ansammlung von etwa 2900 Einzelriffen sowie 900 Inseln und nimmt eine Fläche von 350.000 qkm ein – so groß wie Deutschland. Das „Große Barriere Riff" sitzt auf dem östlichen Rand des australischen Kontinentalsokkels und verläuft daher fast parallel zur Küstenlinie. Je weiter südlich man reist, desto weiter ist das äußere Riff vom Festland entfernt (in Cairns ca. 30 km, bei Gladstone ca. 250 km).

Die Entstehung des von Lebenwesen errichteten Bauwerks begann bereits vor etwa 20 Millionen Jahren, als der nördliche Teil Australiens in die tropischen Breitengrade driftete. Kalkbildende Korallenpolypen schufen in jahrtausendelanger Arbeit dies Bauwerk aus Kalk. Durch die Eiszeiten und das damit verbundene Absinken des Meeresspiegels wurde das Riff wiederholt trocken gelegt. Mit den ebenso regelmäßig wiederkehrenden Überflutungen wuchsen die Kalkberge weiter an.

Die heute sichtbaren Teile stammen aus der letzten Kaltzeit vor etwas 6000 bis 8000 Jahren.

Das gesamte Riff ist heute als Marine Park und als Naturdenkmal des Welterbes der UNESCO geschützt. Rund 2000 Fischarten und mehrere 10.000 Spezies wirbelloser Tiere leben am Great Barrier Reef. Viele von ihnen sind in ihrer Existenz bedroht. Die Ursachen hierfür sind so komplex, dass eine Bekämpfung des schleichenden Verfalls unerlässlich erscheint. Da sind zum einen die großräumigen Verunreinigungen der Küstengewässer durch Bebauung und intensive Landwirtschaft. Hinzu kommen die Erwärmung des Meeres durch den weltweiten Treibhauseffekt und die touristisch bedingten Einflüsse durch Boote (Treibstoffe, Anker, Lärm) und Menschen (Taucher, Schnorchler, Sonnenöl usw.). Neueste Schätzungen gehen davon aus, dass bei unveränderter Entwicklung bereits in 50 Jahren große Teile der Korallenriffe abgestorben sein werden.

▶ Weitere Informationen, und wie die Programme zum Schutz des Great Barrier Reef aussehen: www.gbrmpa.gov.au

Low Isles, Great Barrier Reef

Special-Tour: Von Cooktown bis Cape York mit dem Geländewagen

Routenvorschlag 12 Tage

Cairns – Cape York – Cairns

1. Tag: Cairns – Mount Molloy – Laura (Inlandsroute, asphaltiert), 260 km
2. Tag: Laura – Archer River Roadhouse (Camping, 310 km)
3. Tag: Archer River – Dulunty River (Camping, 194 km)
4. Tag: Dulhunty River – Eliot Falls (Camping, 70 km)
5. Tag: Eliot Falls – Seisia (Camping oder Lodge, 170 km)
6. Tag: Aufenthalt Cape York, Ausflug Thursday Island (50 km)
7. Tag: Cape York – Wenlock River – Moreton Telegraph Station (Camping, 245 km)
8. Tag: Wenlock River – Weipa (130 km)
9. Tag: Weipa – Musgrave Roadhouse (Camping, 354 km)
10. Tag: Musgrave Roadhouse – Lakefield NP – Cooktown (290 km)
11. Tag: Cooktown – Cape Tribulation (105 km)
12. Tag: Cape Tribulation – Cairns (110 km)

Die Strecke zum Cape York wird von den Einheimischen als „Last Frontier", eine der letzten Grenzen, bezeichnet. „The Tip", wie die geographische Spitze des Kontinents auch genannt wird, ist eine Kontrastlandschaft aus trockenem Gras- und Savannenland sowie grünen, dicht bewachsenen Küstenregenwäldern. Um die Schönheiten des Gebietes zu erkunden und wettermäßigen Unwägbarkeiten aus dem Weg zu gehen, sollten Selbstfahrer für die Reise mindestens 10 bis 14 Tage einkalkulieren. Auf keinen Fall sollte man unter Zeitdruck reisen.

Wer sich lieber chauffieren lässt und die im Prinzip identische Rückfahrt durch einen Flug ersetzen will, kann sich in Cairns einer der zahlreichen organisierten Touren anschließen (▶ s. „Cairns / Touren").

Ausrüstung Wer an den nördlichsten Zipfel Australiens gelangen möchte, benötigt einen robusten Geländewagen (Toyota Landcruiser o.ä.) mit viel Bodenfreiheit, ausreichend Tankkapazität, eventueller Notfallausrüstung (▶ s.S. 94ff, „Reisen im Outback"), genaues Kartenmaterial, sowie Wasser- und Lebensmittelvorräte für mindestens drei bis vier Tage. Ein GPS (Satellitennavigation) ist im Verbund mit genauem Kartenmaterial hilfreich. Etwas Geländewagenerfahrung sollte in jedem Fall vorhanden sein, denn die Fahrt zum Kap ist nicht leicht.

Reisezeit Die Strecke kann nur in den australischen Wintermonaten von Mai bis Oktober befahren werden. In der Regenzeit, von November bis April, sind die Pisten oft überschwemmt und gesperrt.

Infos Straßeninformationen für die Strecke nach Cape York sind bei der Polizei in Cooktown erhältlich (Tel. 07-40695320) oder unter www.racq.com.au.

Karten und Bücher

Cape York, Hema Maps. Detaillierte Karte (1:1000.000 mit GPS Daten, Beschreibungen von Parks, Sehenswürdigkeiten und Campingmöglichkeiten.

Lonely Planet, Outback Australia (englisch). Genaue Beschreibung der Routen mit Hintergrundinfos und Karten.

Ron & Viv Moon: CAPE YORK – An Adventurer's Guide. Moon Guidebooks, www.guidebooks.com.au. Routenplanung und Karten in Englisch.

Cape York
0 100 km
= Aboriginal Land
© Reise Know-How Verlag Hermann
Torres Strait
Thursday Island
Prince of Wales Island
Horn Island
Cape York
Seisia
Bamaga
Jardine River Ferry
Jardine River National Park
NORTHERN BYPASS
OLD TELEGRAPH TRACK
SOUTHERN BYPASS
Arafura Sea
South Pacific Ocean
Coral Sea
Wenlock River
Moreton Telegraph Station
Weipa
Archer River
Archer River
Mungkan Kaanju NP
PENINSULA DEVELOPMENT ROAD
Coen
Gulf of Carpentaria
Lizard Island
Musgrave
Lakefield NP
Hann River
Cooktown
Helenvale
Laura
Quinkan Reserve
Lakeland
Palmer River Goldfields (ruins)
Daintree
Cape Tribulation
Mossman
Port Douglas
Mount Carbine
Staaten River NP
Cairns
Mareeba
Innisfail
Karumba
Normanton

CNS ▸ DRW

Fahrtrouten

Von **Cairns** bis **Cooktown** bzw. bis **Laura** gibt es zwei mögliche Fahrtrouten: Entlang der Küste (▶ s.S. 264ff „Von Cairns über Cape Tribulation nach Cooktown") oder die weniger spektakuläre, dafür vollständig asphaltierte Straße über Mount Molloy, Lakeland nach **Laura** (Inlandsroute, 258 km).

Etwa 12 km südlich von Laura befindet sich die **Split Rock Gallery.** Der Fußmarsch (ca. 15 Min.) zu den Aboriginal-Felsmalereien ist lohnend, auch wenn sich hier nur ein kleiner Teil der vielen Zeichnungen des Quinkan Reserve befindet.

Das kleine Dorf **Laura** hat einen Campingplatz, eine Tankstelle und einen kleinen Laden. Ansonsten ringsum nur staubige Pisten.

Quinkan Reserve – Jowalbinna Bush Camp

Die unvergleichlichen Felszeichnungen und Gravuren des Quinkan Reserve können nur im Rahmen eines Aufenthalts im **Jowalbinna Bush Camp** besichtigt werden. Das einfache Camp wird auf organisierten Touren angefahren, aber auch Selbstfahrer sind nach Voranmeldung im Camp willkommen. Die **Felsmalereien** werden auf geführten Wanderungen besichtigt, die zum Teil sehr anstrengend sind.

Anfahrt: Abzweig zum Camp kurz nach Laura (36 km in Richtung Maytown, steile Flussdurchquerung).
Kontakt: The Adventure Company, Cairns, Tel. 07-40514777.

Felsmalerei

Lakefield National Park

Vorbei an der längst verlassenen Farm „Old Laura Station" führt eine Piste in den gut erschlossenen Nationalpark. Üppige Graslandschaft, aufragende Termitenhügel, fischreiche Flüsse und eine großartige Fauna (Krokodile, Wasservögel) zeichnen den zweitgrößten Nationalpark Queenslands aus. Für Übernachtungen im Park sind Genehmigungen des Rangers notwendig (in New Laura, Lakefield, Bizant Ranger Station).

Ab **Old Laura** führt die ausgewaschene Battlecamp Road in Richtung Cooktown zu den **Endavour Falls** (mit Campingplatz).

Auf der Peninsula Developmental Road (von Laura nach Coen) passiert man zwei **Rasthäuser:** Hann River und Musgrave. Die ehemalige Goldgräberstadt **Coen** hat sich eine eigene Atmosphäre bewahrt. Im Dorf sind Benzin und Lebensmittel erhältlich, auch ein Campingplatz ist vorhanden.

Mungkan Kaanju National Park

24 km nördlich von Coen zweigt eine Piste in den Mungkan Kaanju National Park ab. Der Park ist von immens großen Sumpfgebieten, Lagunen und einer reichen Vogelwelt geprägt. Campinggenehmigungen sind vom Ranger in **Rokeby** erhältlich.

65 km nördlich von Coen ist das **Archer River Roadhouse** erreicht (Campingplatz mit Duschen und Toiletten). Mittlerweile führt eine Brücke über den Archer River, was die Fahrt enorm erleichtert.

Abstecher nach Weipa

49 km nördlich des Rasthauses zweigt die Peninsula Developmental Road westwärts ab nach **Weipa.** Nach 145 km ist die moderne Kleinstadt (3000 Ew.) am Golf von Carpentaria erreicht. Weipa lebt in erster Linie von einer ertragreichen Bauxitmine. Asphaltierte Straßen, kühle Getränke und Übernachtungsstätten bieten eine willkommene Abwechslung zum Staub des Kaps. Von Weipa nach Karumba verkehrt in unregelmäßigen Abständen die Fähre *Gulf Freight Services* (Tel. 07-33582122).

Weiterfahrt

Weiter geht es auf der *Old Telegraph Road (OTT)* zum Wenlock River. An der **Moreton Telegraph Station** befindet sich ein kleiner Campingplatz.

Bleibt man auf der nach Norden führenden OTT, beginnt das wahre Allrad-Abenteuer. Die Piste wird eng und die Wasserdurchquerungen sind zum Teil knifflig und steil. Warten Sie in Zweifelsfällen auf andere Fahrzeuge, oder schließen Sie sich solchen an! Einfacher ist es, zunächst die *Southern Bypass Route* und dann die *Northern Bypass Route* zu fahren. Camping ist am Ufer des **Dulhunty River** in schöner Umgebung möglich. Nach 3 km eröffnet der Abzweig zur *Heathland Ranger Station* die Möglichkeit, die schwere Flussquerung am Gunshot Creek zu vermeiden. Bald trifft die OTT wieder auf den Southern Bypass (wer sich nicht sicher ist, sollte besser gleich die Southern Bypass Route fahren!).

Die beiden **Wasserfälle** Fruit Bat Falls und Eliot Falls sind schöne Plätze zum Baden und Ausruhen. Campieren ist an den Eliot Falls gestattet.

Inmitten von Eukalyptuswäldern und Monsunregenwäldern befinden sich die **Twin Falls,** ein Paradies mit Wasserfällen, Badepools und seltenen, fleischfressenden Pflanzen (pitcher plants).

Nach 5 km folgt links der Abzweig zur **Northern Bypass Road.** Diese erreicht den **Jardine River,** der mit einer Fähre überquert wird. Die Gebühr (ca. A$ 90 pro Fahrzeug für Hin-und Rückfahrt) muss bar bezahlt werden.

Nach einer weiteren Stunde Fahrt ist **Bamaga** erreicht. Rechts geht es nach Punsand Bay und zum Kap.

Die junge Stadt **Bamaga** (1946 gegründet) ist ein typischer Außenposten der australischen Zivilisation. Außer einer Tankstelle, einem kleinen Laden, Hotel und Campingplatz gibt es wenig zu entdecken. An der BP-Tankstelle zweigt das letzte Stück des Wegs zur Landspitze „The Tip" ab.

Cape York

Vom Parkplatz des *Pajinka Reserve* führt ein **Fußweg** durch den Regenwald zum Strand am nördlichsten Punkt des Festlandes.

Etwas östlich liegen die Ruinen von Sommerset, der ersten Siedlung am Cape York. Heute sind hier nur noch große schwarze Palm-Kakadus heimisch. Und nicht vergessen: Im **Cape York Souvenir Shop** ein T-Shirt kaufen!

Wer am Kap verweilen möchte, dem bietet sich die Möglichkeit, in der **Pajinka Wilderness Lodge** (Tel. 1-800-802968, luxuriöse Lodge und Campingplatz) oder in der **Punsand Bay Lodge** (Tel. 07-40691722, Safarizelte, Cabins und Campingplätze) zu übernachten. Alternativ befindet sich in **Seisia** ein gut ausgestatteter Campingplatz direkt am Meer (Tel. 07-40693243).

Thursday Island

Wer schon zum Kap reist, muss auch die faszinierende, multiethnische Insel **Thursday Island** besuchen! Um 1870 wurden hier reiche Perlenfunde gemacht. Noch heute leben die Einwohner in erster Linie vom Fischfang und nur zu einem geringen Teil vom Tourismus. Die Insel ist das Verwaltungszentrum der **Torres Islands,** die aus mehreren kleinen, teilweise sogar unbewohnten Atollen bestehen. Auf der 3,5 qkm großen Hauptinsel (Thursday Island) gibt es die wichtigsten Einrichtungen (Bank, Supermarkt, Post, Krankenhaus, Unterkünfte, einige Pubs und Restaurants). Die **Fähre** zwischen Seisia und der Insel verkehrt täglich. Die Fährgesellschaft bietet Bustouren über die Insel an (Tel. 07-40691551). Qantas fliegt täglich von Cairns nach Thursday Island.

Von Townsville nach Three Ways (Northern Territory)

Überblick

Das lange, häufig schnurgerade Asphaltband des Flinders- /Barkly Hwy und die unendliche Weite des Landes machen die rund 1600 km lange Fahrt ins Northern Territory, kurz „NT", zu einem etwas eintönigen Erlebnis. Ist die Reisezeit begrenzt, sollte man für den Streckenabschnitt Cairns – Alice Springs bzw. Cairns – Darwin eher einen Inlandsflug wählen.

Wer mehr Zeit hat, sollte die Goldgräberstädtchen Charters Towers, Cloncurry und die riesige Minenstadt Mount Isa besichtigen und einen Abstecher in die Porcupine Gorge einplanen. Auf den folgenden Seiten ist die Route bis zum Kreuzungspunkt Three Ways (NT) beschrieben. Die Streckenbeschreibung entlang des *Stuart Highway* nach Norden (Darwin) bzw. Süden (Alice Springs) finden Sie im Kapitel „Von Darwin nach Alice Springs".

Hinweis

Der Highway ist zum Teil schmal und auf der Queensland-Seite nur einspurig asphaltiert. Die *Road Trains* (große Lastzüge) nehmen kaum Rücksicht auf kleinere Fahrzeuge und beanspruchen die Hauptspur für sich. Fahren Sie daher bei Begegnungen mit den Giganten der Landstraße immer äußerst links und drosseln Sie die Geschwindigkeit, hoffend, dass kein Stein in die Windschutzscheibe einschlägt! Vermeiden Sie Nachtfahrten, da die Kollisionsgefahr mit Rindern und Känguruhs immens groß ist.

Etappenvorschlag

Townsville – Three Ways in 4 Tagen; Gesamtstrecke 1660 km

1. Tag: Townsville – Charters Towers (135 km)
2. Tag: Charters Towers – Hughenden – Porcupine Gorge Nat. Park (309 km)
3. Tag: Porcupine Gorge NP – Cloncurry – Mount Isa (571 km)
4. Tag: Mount Isa – Camooweal oder Camoonweal Caves NP – Three Ways (642 km)

Von Townsville führt der *Flinders Highway* über die sanft aufsteigenden Hügel der Great Dividing Range in die historische Goldgräberstadt Charters Towers.

Charters Towers

Die einst zweitgrößte Stadt Queenslands erscheint heute als lebendes Museum mit architektonischen Schätzen. Zwischen liebevoll restaurierten Geschäftshäusern fühlt man sich im Stadtzentrum (Gill und Mosman Streets) in die Ära der Goldgräber zurückversetzt. Besonders sehenswert sind die **Stock Exchange Arcade** (1887) und das **ABC Bank Building** (1891) in der Mosman Street. Interessant sind die Geschäfte auch von innen, denn zum Teil sind sie noch wie zur vorletzten Jahrhundertwende eingerichtet.

Im **Mining Museum** (Mosman St, täglich 9–16 Uhr) wird der Goldgewinnungsprozess und die Lebensweise der alten Minenarbeiter veranschaulicht. Lohnenswert ist die 5 km außerhalb der Stadt gelegene Mine **Venus Gold Battery** (Milchester Rd, Mo–Fr 9–15 Uhr), wo der Goldgewinnungsprozess detailliert gezeigt wird.

Infos

Tourist Information, 74 Mosman St, Tel. 07-47520314, täglich 9–17 Uhr.
National Park Office, 109 Hodgkinsons St, Tel. 07-47873388. Infos zu den umliegenden Nationalparks.

Vor den Toren von Charters Town

Unterkunft und Camping

*** **The Park Motel**, 1 Mosman St, Tel. 07-47871022.
Historisches Haus im Zentrum.
* **York Street B&B**, 58 York St, Tel. 07-47871028.
Schönes altes Holzhaus mit Veranda und Pool.
Mexican Tourist Park CP, Ecke Church/Towers Sts, Tel. 07-47871161.
Schattiger und zentraler Campingplatz mit Cabins.

Hughenden

Weiter nach Westen durchquert der Highway den *White Mountains National Park* – ein größtenteils unerschlossener Landstrich – und führt nach 243 km in die Stadt Hughenden. Nach der langen, einsamen Fahrt bietet das 1500-Seelen-Städtchen am Flinders River mit einem Supermarkt, Banken und Hotels eine willkommene Abwechslung. Die Stadt ist das wirtschaftliche Zentrum der umliegenden Rinder- und Schafsfarmen. Die in der Gegend gefundenen Dinosaurier-Skelette sowie andere Fossilien sind im kleinen **Dinosaur Museum** im Visitor Centre ausgestellt (34 Gray St, täglich 9–17 Uhr).

Porcupine Gorge National Park

Der 70 km nördlich von Hughenden liegende Nationalpark ist über die *Kennedy Developmental Road* (auf den letzten 37 km asphaltiert) bei trockener Witterung problemlos erreichbar. Die abgelegene Schlucht mit ihren bizarren, bis zu 120 m hohen Sandsteinwänden ist ein ideales Gebiet zum Wandern, Baden und Tiere beobachten. Vom **Pyramid Lookout** (einfacher Campingplatz, kein Trinkwasser) führt ein leichter, halbstündiger Spaziergang in die ganzjährig wasserführende Schlucht. Infos zum Park im Nationalparkbüro in Charters Towers.

Richmond und Julia Creek

Wie die meisten Städte entlang des Highways sind Richmond und Julia Creek Versorgungsposten für die Rinderzüchter. In Richmond sind Fossilienfunde aus dem einstigen Inlandsmeer im Kronosaurus Korner/Visitor

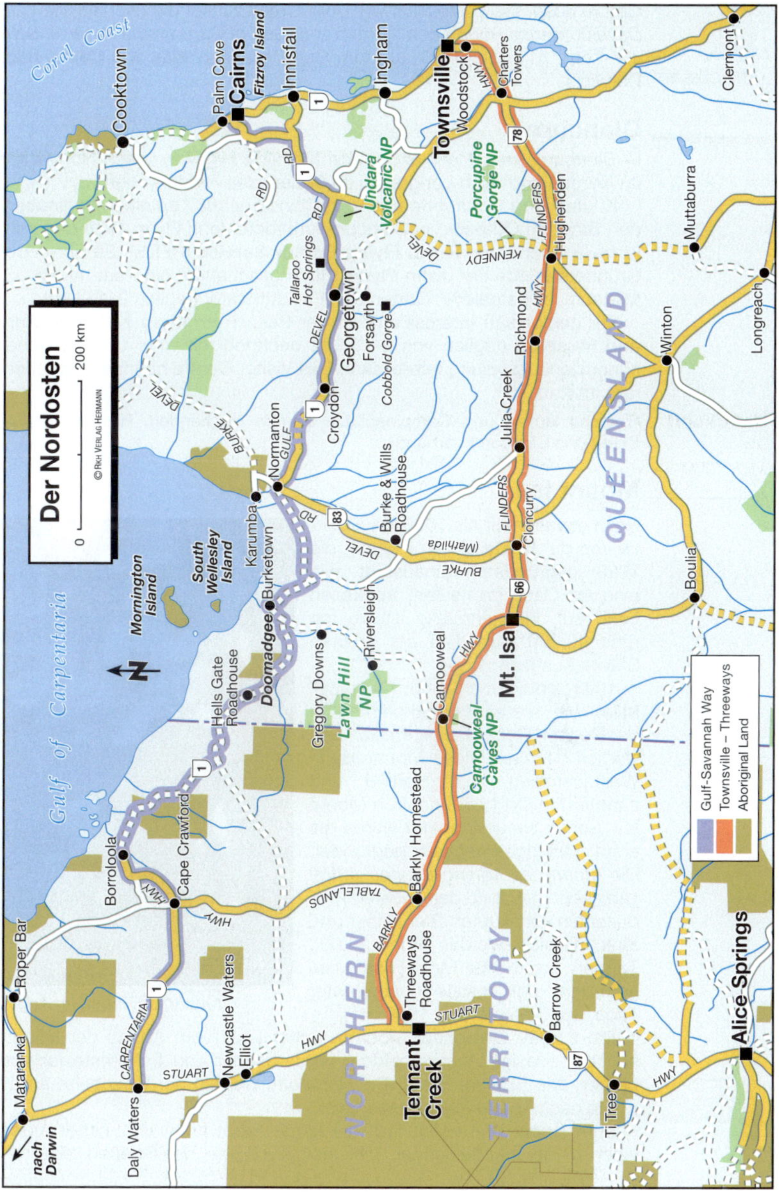
Der Nordosten
0
200 km
© RKH Verlag Hermann
Coral Coast
Gulf of Carpentaria
Cooktown
Palm Cove
Cairns
Fitzroy Island
Innisfail
Ingham
Townsville
Woodstock
Charters Towers
Clermont
Undara Volcanic NP
Porcupine Gorge NP
Hughenden
Muttaburra
Tallaroo Hot Springs
Georgetown
Forsayth
Cobbold Gorge
Croydon
Richmond
Winton
Longreach
Normanton
Karumba
Burke & Wills Roadhouse
Julia Creek
Cloncurry
(Mathilda)
Mornington Island
South Wellesley Island
Burketown
Doomadgee
Gregory Downs
Riversleigh
Lawn Hill NP
Hells Gate Roadhouse
Mt. Isa
Boulia
Camooweal
Camooweal Caves NP
Barkly Homestead
Borroloola
Cape Crawford
Roper Bar
Mataranka
nach Darwin
Daly Waters
Newcastle Waters
Elliot
Threeways Roadhouse
Tennant Creek
Barrow Creek
Ti Tree
Alice Springs
NORTHERN TERRITORY
QUEENSLAND
DEVEL
BURKE
GULF
FLINDERS
KENNEDY
TABLELANDS
BARKLY
STUART
CARPENTARIA
HWY
RD
1
78
83
66
87
Gulf-Savannah Way
Townsville – Threeways
Aboriginal Land

CNS ▸ DRW

Centre ausgestellt. Westlich von Julia Creek zweigt die asphaltierte *Wills Developmental Road* nach Norden zum Gulf of Carpentaria ab (▶ s. Special-Tour „Mit dem 4WD auf dem Gulf Savannah Way von Cairns nach Darwin“).

Cloncurry

In Cloncurry kreuzt der aspaltierte Mathilda Highway (nach Normanton im Norden und nach Longreach im Süden) den Flinders Highway.

Kupfer- und Goldfunde machten Cloncurry 1867 zu einer wohlhabenden Stadt im Outback. In Cloncurry gründete John Flynn 1928 den mittlerweile legendären **Royal Flying Doctor Service** (RFDS). Zu Ehren des Gründers wurde der **John Flynn Place** geschaffen: ein Park mit RFDS-Museum, Kunstgalerie, Garten und Freilufttheater (täglich 9–15 Uhr).

Für geologisch Interessierte ist der Besuch im **Mary Kathleen Park and Museum** (täglich von 9–15 Uhr geöffnet) mit einer umfangreichen Mineralienausstellung interessant. Das Visitor Centre befindet sich ebenfalls im Park.

Unterkunft Einfache Hotels und Campingplätze sind in Hughenden, Richmond, Julia Creek und Cloncurry vorhanden.

Mount Isa

Nach etwas mehr als 1000 km Strekke von der Küste entfernt taucht die 1923 gegründete Minenstadt wie eine Art Oase im heißen, trockenen Land auf. Flächenmäßig ist sie mit rund 40.000 qkm eine der größten Städte Australiens.

1923 entdeckte John Campbell Miles die ersten Erzvorkommen in der Region. Campbell nahm sich den Namen des Goldfeldes Mount Ida in Westaustralien zum Vorbild und nannte den Ort hoffnungsfroh Mount Isa. Schon ein Jahr später wurde die erste Minengesellschaft gegründet. Die *Mount Isa Mining Limited (MIM)* zählt noch heute zu den größten Produzenten von Kupfer, Blei, Silber und Zink. Täglich werden über 38.000 Tonnen Erz in der Mount Isa Mine gefördert, das meiste davon unter Tage, aus Tiefen bis zu 1980 m.

Mount Isa Rodeo im August

Die 23.000 Einwohner leben in erster Linie vom Abbau der Bodenschätze. Riesige Abraumhalden, Förderbänder und Schornsteinschlote prägen das Bild der Stadt. Die Rohstoffe werden per Eisenbahn an die Küste nach Townsville transportiert.

Zum langen Verweilen lädt die karge Stadt nicht ein, insbesondere wenn wieder mal beißender Schwefelgeruch über den Straßen liegt.

Sehenswertes Der **City Lookout** (Hilary St) ermöglicht einen Blick über die Stadt und die Minenlandschaft. Zeit für eine Bergwerksführung sollten Sie sich trotz des eher tristen Ambientes nehmen. Auf einer solchen Tour erfährt man viel über die Gewinnung und den Abbau der Rohstoffe sowie den harten Arbeitsalltag unter Tage. Die Teilnahme unbedingt am Vortag beim Information Centre anmelden.

Auch der Besuch im **John Middlin Mining Display / Visitor Centre** (Church St, täglich 9–16 Uhr) vermittelt ein gutes Bild der Minenbetriebe.

Sensationelle Fossilienfunde aus der näheren Umgebung sind im **Riversleigh Fossil Centre** ausgestellt (Marian St, Centenary Park).

Die Basis des **Royal Flying Doctor Service** (RFDS, 11 Barkley Highway, Mo–Fr 9–17 Uhr) ist Ausstellung, Infozentrum sowie Picknickplatz zugleich. Besichtigungen der **School of the Air** (Able Smith Parade bei der Kalkadoon State High School) sind an Schultagen um 9 und 10 Uhr möglich. Im August jeden Jahres findet das spektakuläre **Mount Isa Rodeo** statt – wer während dieser Zeit dort ist, sollte versuchen, Tickets zu kaufen. Selten wird einem das australische Cowbow-Feeling besser vermittelt.

Zum Baden, Angeln und Vögel beobachten ist der **Lake Moondarra** (16 km nördlich der Stadt) ein guter Platz.

Infos **Riversleigh Tourist Centre**, 19 Marian St (im Centenary Park), Tel. 1-300-659660. www.riversleigh.qld.gov.au.
National Park Office, Ecke Camooweal/Mary Sts, Tel. 07-47447888. Infos zu den umliegenden Parks.

Unterkunft und Camping *** **Burke & Wills Resort**, Ecke Grace/Camooweal Sts.,
Tel. 07-47438000; zentral gelegenes Mittelklasse Hotel.
* **Travellers Haven Backpackers**, Ecke Spence/Pamela Sts.,
Tel. 07-47430313; gepflegtes Hostel mit Pool und Fahrradverleih.
Riverside CP & Cabins, Little West St, Tel. 07-47433904;
großer Platz mit Schatten, 2 km nördlich des Zentrums.
Mount Isa Caravan Park, 112 Marian St, Tel. 07-47433252;
sauberer Campingplatz am östlichen Ende der Stadt.

Während der Rodeo-Woche im August sollten Übernachtungen vorgebucht werden.

Anreise mit öffentlichen Verkehrsmitteln Alle Überlandbusse von und zur Küste bzw. ins Zentrum des Landes stoppen am *Campbell's Coach Terminal,* 29 Barkley Highway.
Greyhound, Tel. 07-47433685.
Coral Coaches fährt auch nach Normanton (Tel. 07-47432006).
Der **Zug** „The Inlander" fährt zweimal wöchentlich von Townsville nach Mount Isa und zurück (Tel. 132232).
Mt Isa wird täglich von *Qantas* (Tel. 131313) ab Brisbane und von *Macair Airlines* (Tel. 07-47294444) ab Townsville angeflogen. Der Flughafen liegt 7 km nördlich der Stadt.

Von Mount Isa nach Three Ways

Camooweal 120 km westlich von Mount Isa zweigt eine gut gepflegte Piste nach Norden in Richtung Lawn Hill National Park und Burketown ab (▸ s.S. 285ff). Nach weiteren 70 km ist Camooweal erreicht. Ca. 15 km vor der Grenze zum Northern Territory ist das kleine Outback-Städtchen ein willkommener Rastpunkt. Dem Roadhouse (Tankstelle) ist ein kleiner Campingplatz angeschlossen.

Camooweal Caves NP 8 km südlich (an der Urandangie Rd) liegt das Höhlensystem der **Camooweal Caves** im gleichnamigen Nationalpark. Die Besichtigung ist nur mit Führung möglich. Ein einfacher Campingplatz ist vorhanden. Informationen im Nationalparkbüro in Mount Isa.

Barkley Homestead Unendlich lang und eintönig erscheint die weitere Strecke bis Barkley Homestead (265 km), wo es eine Tankstelle mit Motel und Campingplatz gibt. Die flache Weidelandschaft der Barkley Tablelands bietet kaum Abwechslung fürs Auge. Vom Rasthaus zweigt der *Tablelands Highway* nach Cape Crawford und Borroloola im Norden ab (▸ s. Special-Tour Gulf Savannah Way).

Für die restlichen immerhin 187 km bis zur Kreuzung *Three Ways* sollte man sich entspannt zurücklehnen (aber nicht einschlafen) und die Weite des Landes bei guter Musik genießen.

Special-Tour: Mit dem 4WD auf dem Gulf Savannah Way von Cairns nach Darwin

Abseits der üblichen Touristenpfade führt der *Gulf Savannah Way* über die Atherton Tablelands zum Golf von Carpentaria und weiter nach Mataranka am *Stuart Highway*.

Als **Gulf Track** wird die Strecke von Normanton bis nach Roper Bar im Northern Territory bezeichnet. Im Zuge einer gemeinsamen Marketingkampagne von Northern Territory, Queensland und Western Australia wird die Route – die von Cairns über Darwin bis nach Broome verläuft – künftig als **„Savannah Way"** vermarktet. Naturfreunde kommen auf dem Abschnitt zwischen Cairns und Darwin, der im Jahr 1845 vom Deutschen Ludwig Leichhardt erforscht wurde, ganz auf ihre Kosten: rote Felsen, *ghost gums* (Eukalyptusbäume mit weißen Stämmen), eine reiche Tierwelt und idyllisch gelegene Campingplätze machen die Tour zu einem echten Outbackerlebnis.

Reisezeit Die nicht asphaltierten Teile der Route ab Normanton sind nur während der Trockenzeit (Mai–Okt) befahrbar. Ein Geländewagen ist in jedem Fall erforderlich, da die Piste zum Teil sandig ist und einige schmale Flussdurchquerungen absolviert werden müssen.

Infos Detaillierte Infos zur Strecke sind im Büro von **Gulf Savannah Development** erhältlich (74 Abbott Street in Cairns, Tel. 07-40311631). Auch unter www.gulf-savannah.com.au finden sich ausgezeichnete Informationen zur Vorbereitung.

Karten und Bücher *The Top End and Western Gulf,* Hema Map (1:2.000.000) mit GPS Daten.
Gulf Savannah, Sunmap Tourist Map (1:1.750.000).
Outback Australia, Lonley Planet (englisch). Genaue Beschreibung der Routen mit Hintergrundinfos und Karten.
The Gulf Savannah Travel Guide. Die kleine Broschüre ist in den Tourist Informationen erhältlich.

Wichtige Rufnummern Normanton Police, Tel. 07-47451133
Burketown Police, Tel. 07-47455120
Borroloola Police, Tel. 08-89758770
Royal Flying Doctor Service, Tel. 07-40535419

Etappenvorschlag Cairns – Darwin / Gulf Savannah Way

10 Tage

Gesamtstrecke ca. 2750 km

1. Tag: Cairns – Undara Volcanic NP (242 km)
2. Tag: Undara Volcanic NP (Besichtigung) – Cobbold Gorge (Camping, 237 km)
3. Tag. Cobbold Gorge – Normanton (390 km)
4. Tag: Normanton – Leichhardt Falls – Burketown (221 km)
5. Tag: Burketown – Gregory Downs – Lawn Hill NP (Camping, 208 km)
6. Tag: Lawn Hill NP
7. Tag: Lawn Hill NP – Kingfisher Camp – Hell's Gate Roadhouse (160 km)
8. Tag: Hell's Gate Roadhouse – Wollogorang Station – Borroloola (306 km)
9. Tag: Borroloola – Cape Crawford – Roper Bar – Mataranka (548 km)
10. Tag: Mataranka – Katherine – Darwin (438 km)

Ist auch der Besuch der Katherine Gorge und des Kakadu National Park geplant, sollte man sich für die Gesamtstrecke mindestens 14 bis 16 Tage Zeit nehmen.

Von Cairns nach Normanton (670 km)

Über das Atherton Tableland (▸ s.S. 247) gelangt man in Ravenshoe zunächst auf den Kennedy Highway und erreicht auf diesem nach 110 km die Gulf Developmental Road.

Folgen Sie den Schildern zum **Undara Volcanic National Park** (▸ s.S. 249). Die Lavahöhlen sind ein Höhepunkt, wie auch die kuriosen Unterkünfte in alten Eisenbahnwaggons.

Savannenartig und von dürrem Buschland bedeckt zeigt sich die Landschaft in der Folge. In der kleinen Eisenbahnstadt **Mount Surprise** beginnt der historische Zug „Savannahlander" zweimal wöchentlich seine Fahrt nach Einasleigh und Forsayth im Südwesten (▸ s. „Cairns: Touren"). In der Gegend um Mount Surprise wird noch immer in kleinen Tagebauminen nach Edelsteinen geschürft – wer möchte, kann sein Glück im Rahmen einer Tour selbst versuchen.

50 km westlich zweigt ein Weg zu den heißen Quellen **Tallaroo Hot Springs** ab (von Ostern bis Sept. 8.30–17 Uhr, mit Kiosk). Die Badepools sind ein geeigneter Ort, um im Schatten der Eukalypten zu entspannen.

Georgetown: Während des Goldrausches war Georgetown eine umtriebige Stadt. Heute ist sie nur mehr ein verschlafenes Nest mit Tankstelle, Lebensmittelladen und Campingplatz. Im Ort zweigt eine Schotterstraße nach Forsayth (40 km) ab und von dort weiter zur spektakulären **Cobbold Gorge** (weitere 50 km, ausgeschildert). Die ausgewaschene Sandsteinschlucht zeigt sich in den Morgen- und Abendstunden in leuchtenden Farben und bietet erfrischende Badestellen sowie einen Campingplatz (Tel. 07-40625470).

Nach 150 km entlang der Hauptstraße ist die geschichtsträchtige Goldgräberstadt **Croydon** erreicht. Die 1885 gegründete Siedlung ist der östliche Bahnhof des alten „Gulflander"-Zuges, der einmal wöchentlich gemächlich von Normanton nach Croydon (und zurück) tukkert. Der Zug transportiert auf den Güterwaggons auch Privatfahrzeuge.

Information: www.traveltrain.qr.com.au, Tel. 07-47451391.

Normanton

Der „Gulflander“

Normanton ist das wirtschaftliche Zentrum am Golf von Carpentaria. Auf einem Rundgang durch den 1300 Einwohner zählenden Ort fallen die gut erhaltenen Gebäude im viktorianischen Stil auf. In der sehenswerten **Railway Station** sind Relikte aus vergangen Tagen ausgestellt.

Eine asphaltierte Straße führt von Normanton nach **Karumba,** einer kleinen Stadt direkt am Golf. Interessant ist der Ausflug für Angler (entsprechende Touren werden am Hafen angeboten) und Fisch- bzw. Krabbenliebhaber (lekkere Fischgerichte bei „Ash's“ am Karumba Point).

Infos: Carpentaria Shire Council, Ecke Landsborough/Haigh Sts, Tel. 07-47451166. Informationen zu Normanton, Karumba und Umgebung.

Unterkunft und Camping: Hotel- oder Pub-Unterkünfte befinden sich entlang der Strecke in Ravenshoe, Undara, Georgetown, Normanton, Burketown, Borroloola und Mataranka. Mehr Flexibilität verleiht ein Allrad-Camper, da dann auch im Lawn Hill NP und anderswo (z.B. bei den Leichhardt Falls) problemlos campiert werden kann.

Stockmen – die australischen Cowboys

In Amerika heißen sie Cowboys, in Australien Stockmen – jene Viehhirten, die noch heute hoch zu Ross oder per Motorrad die endlosen Weideflächen überwachen. Zum Viehtrieb benutzen die Stockmen oder „Drover“ unserer Tage oft wendige kleine Hubschrauber, die von Spezialisten geflogen werden. Viele Rinderhirten sind Aboriginals, denen die Farmer ein besonderes Talent im Umgang mit den Pferden und dem Vieh attestieren. Im Outback-Städtchen Longreach am Matilda Highway wurde den tüchtigen Helfern sogar ein museales Denkmal gesetzt, die Stockman's Hall of Fame.

Von Normanton nach Mataranka

Westlich von Normanton beginnt der *Gulf Track.* Diese Naturstraße ist teilweise sehr staubig und von Rinnen und Löchern durchsetzt. Die meisten der zu querenden Flüsse sind inzwischen mit betonierten Fahrspuren versehen und außerhalb der Regenzeit problemlos fahrbar.

71 km östlich von Burketown führt die Straße über den **Leichhardt River.** Die mächtigen Felsplatten am Fluss können direkt von der Straße angefahren werden und eignen sich gut zum Campieren. Zu den Wasserfällen ist es nur ein kurzer Spaziergang.

Burketown wird zwar als Stadt am Golf bezeichnet, ist aber immer noch 30 km vom Meer entfernt. Die Gemeinde am Albert River ist ein Stützpunkt für die Rinderzüchter und die letzte größere Stadt entlang des Gulf Tracks. Vorräte auffüllen, tanken und Informationen über die Strecke einholen (Tourist Info, Mushgrave St) sind die Hauptgründe für einen Aufenthalt in Burketown.

Lawn Hill National Park

Wesentlich schöner als ein Aufenthalt in Burketown ist ein Abstecher in den *Lawn Hill National Park.* 25 km westlich von Burketown zweigt die Straße via **Gregory Downs** (92 km) zum Nationalpark ab (weitere 91 km). Die bis zu 40 m tiefe Schlucht mit ihren steil abfallenden roten Felswänden, dem tiefgrünen Wasser sowie der einzigartigen Flora und Fauna ist, in dieser kargen Gegend, ein Laabsal – nicht nur für die Augen. Per Kanu, schwimmend oder auf Wanderwegen kann die **Schlucht** erkundet werden. Aboriginal-Felsmalereien, die bis zu 17.000 Jahre alt sind, befinden sich an den Uferwänden der Lower Gorge.

Der **Campingplatz** im Nationalpark (Tel. 07-47485572) ist häufig ausgebucht. Mit dem Platz in Adels Grove besteht eine sehr schöne Alternative (Tel. 07-47485502), Reservierung empfohlen.

Die **Rückfahrt zum Gulf Track** sollte nicht auf dem selben Weg erfolgen, sondern besser über **Bowthorn Homestead** (Übernachtung auf der Farm möglich, Tel. 07-47458132) und das idyllisch gelegene **Kingfisher Camp** am Nicholson River (Campingplatz mit Dusche, Tel. 07-47458212). Die Fahrt führt über recht einsame und schmale Feldwege.

Die Aboriginal-Community **Doomadgee** am Nicholson River ist der nächste Stopp am Gulf Track. Im kleinen Shop sind Lebensmittel und Treibstoff erhältlich. 80 km weiter erreicht man das klangvolle **Hell's Gate Roadhouse** mit schattigem Campingplatz und Restaurant (Tel. 07-47458258). Die Eigner offerieren Helikopterflüge über die unzugängliche Küstenlandschaft und, vor allem für Angler interessant, zu den vorgelagerten Inseln South Wellesley und Mornington Island.

Bis zur Grenze zum Northern Territory sind es noch 52 km durch ödes Buschland. Die seit 1881 bewirtschaftete Rinderfarm **Wollogorang Station** ist gleichzeitig Rasthaus und Campingplatz. Die zum Meer führenden Flüsse sind ein Dorado für Angler. Bis Borroloola (258 km) ist die Strecke sehr abwechslungsreich und die Piste in gutem Zustand. Unterwegs überquert die Straße die Flüsse Calvert, Robinson und Wearyan, deren Ufer gut zum Pausieren und Campieren geeignet sind.

Borroloola

Die kleine Siedlung **Borroloola** ist das westliche Eingangstor zum Golf von Carpentaria und eine Servicestation für Reisende (Banken, Arzt, Werkstatt, Motel, Campingplatz). Der Höhepunkt des Jahres im Ort ist das jährlich zu Ostern stattfindende Fishing Classic, zu dem Angelfreunde aus ganz Australien eintreffen. Gefischt wird vor allem nach dem Barramundi, einem schmackhaften Süßwasserfisch.

28 km weiter teilt sich die Straße. Nach Südwesten führt die asphaltierte Straße über **Cape Crawford** (mit dem historischen „Heartbreak Hotel", Tel. 08-89759928) nach Daly Waters am Stuart Highway.

Ein typischer Treffpunkt der Angler ist das **Limmen Bight Fishing Camp** (einfacher Campingplatz), zu dem eine Stichstraße führt (Beginn 218 km westlich von Borrolola). Der Limmen Bight River mündet hier ins Meer. Wer ein wenig mit den dort campierenden Anglern plaudert, wird gerne mit aufs Boot genommen und in die Geheimnisse des Fischens eingeweiht.

Von **Roper Bar** (Campingplatz, Tankstelle und Shop, Tel. 08-89754636) führt der einspurig asphaltierte Roper Highway nach **Mataranka** (s. Darwin – Alice Springs, ▶ s.S. 311).

Northern Territory

Überblick

Das „Territory“ nimmt mit 1.346.200 qkm ein Sechstel der Fläche des Fünften Kontinents ein und ist Heimat von etwa 205.000 Australiern, wovon ein Viertel indigen sind. Die **Hauptstadt Darwin** (91.400 Ew.) im Norden ist das nördliche Eingangstor Australiens mit einem internationalen Flughafen. Die Stadt **Alice Springs** ist mit 30.000 Einwohnern die größte Stadt Zentralaustraliens und dient als Ausgangspunkt für Touren ins Rote Zentrum. **Katherine** (10.200 Ew.) und **Tennant Creek** (6000 Ew.) sind kleinere Wirtschaftszentren.

Das Nord-Territorium ist verwaltungsrechtlich kein australischer Bundesstaat, sondern ein „Territory“. Bis 1978 wurde es von der Bundesregierung in Canberra verwaltet, seitdem durch die Hauptstadt Darwin.

Klima

Das Klima im Territory ist von zwei Extremen geprägt. Im nördlichen Teil, dem „Top End“, herrschen tropische Temperaturen. Während der Regenzeit von November bis März kommt es zu starken Monsun-Regenfällen und gelegentlichen Wirbelstürmen. Die Trockenzeit reicht von Mai bis Oktober und verwöhnt mit warmen Tagen und milden Nächten. Im Zentrum („Red Centre“) herrscht typisches Wüstenklima: Extreme Trockenheit mit heißen Tagen und warmen Nächten im Sommer, und warmen Tagen und kalten Nächten im Winter.

Wirtschaft

Die Säulen der Wirtschaft sind der Abbau von Aluminium, Kupfer, Gold, Eisen, Zinn und Uran sowie die Landwirtschaft (Rinder, Früchte und Obst) und der Tourismus.

Highlights

Zu den Hauptattraktionen des NT zählen der Kakadu Nationalpark im Top End sowie der Uluru-Kata Tjuta Nationalpark im Zentrum (Ayers Rock und Olgas). Hinzu kommen zahlreiche kleinere Nationalparks und Schutzgebiete. Wegen der dünnen Besiedelung ist das NT für natur- und landschaftsbegeisterte Reisende wie geschaffen. Wer die Einsamkeit sucht, wird hier garantiert bedient.

Internet-Infos

Das Fremdenverkehrsbüro im Web: www.nttc.com.au
Die Nationalparkbehörde: www.nt.gov.au

Darwin

Überblick

Darwin (91.400 Ew.), die Hauptstadt des Northern Territory, ist in gewisser Hinsicht eine Stadt der Extreme. Sie ist die nördlichste Hauptstadt des Kontinents und klimatisch die Stadt mit der höchsten jährlichen Durchschnittstemperatur des Kontinents. Für viele Reisende ist Darwin ein beliebter Ankunft- oder Abflugort, denn bis Singapur sind es nur rund vier Flugstunden. In den letzten zehn Jahren hat sich die Stadt am „Top

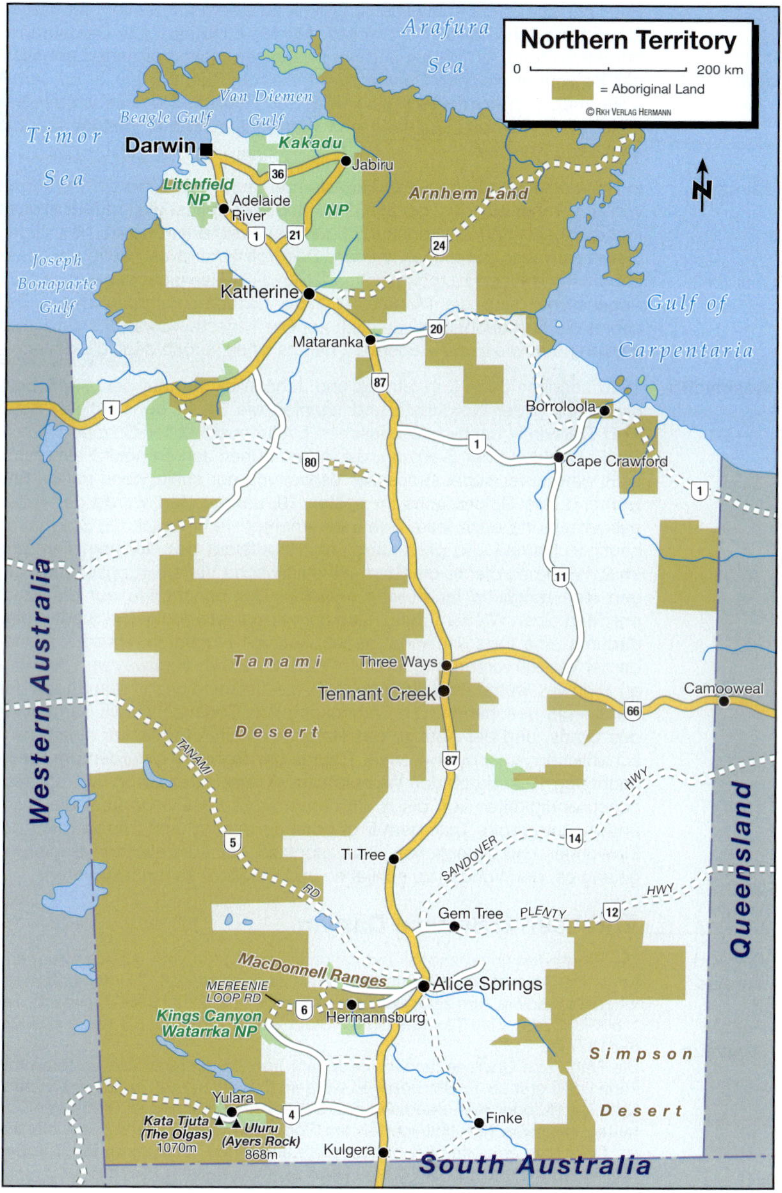
Northern Territory
0 200 km
= Aboriginal Land
© Rkh Verlag Hermann
Arafura Sea
Timor Sea
Beagle Gulf
Van Diemen Gulf
Joseph Bonaparte Gulf
Gulf of Carpentaria
Darwin
Kakadu NP
Jabiru
Litchfield NP
Adelaide River
Arnhem Land
Katherine
Mataranka
Borroloola
Cape Crawford
Tanami Desert
Three Ways
Tennant Creek
Camooweal
Tanami Rd
Sandover Hwy
Plenty Hwy
Ti Tree
Gem Tree
MacDonnell Ranges
Alice Springs
Mereenie Loop Rd
Hermannsburg
Kings Canyon Watarrka NP
Simpson Desert
Yulara
Kata Tjuta (The Olgas) 1070m
Uluru (Ayers Rock) 868m
Finke
Kulgera
Western Australia
Queensland
South Australia
DRW ▸ ASP

End" mit dem stets schwülheißen Klima zu einem attraktiven, touristisch eigenständigen Standort entwickelt. Moderne Hotels, gute Restaurants, attraktive Open-Air-Märkte und der zwanglose, unkomplizierte Lebensstil der Bewohner machen Darwin zum beliebten Ziel. Für die Stadt selbst sollte man sich mindestens einen Tag Zeit nehmen. Der Besuch der Nationalparks Kakadu, Litchfield und Katherine erfordert weitere vier bis acht Tage Reisezeit.

Klima

In Darwin liegen die mittleren Tagestemperaturen während der Regenzeit von November bis März bei 25–32 °C. In dieser Zeit ist die Luftfeuchtigkeit immens hoch und mit monsunartigen Regenschauern sowie gewaltigen Gewittern muss gerechnet werden. Dadurch kommt es häufig vor, dass unbefestigte Wege zu touristischen Zielen zeitweise nicht passierbar sind. Angenehmer sind die Monate April bis Oktober, während dieser Zeit nimmt die Luftfeuchtigkeit deutlich ab. Die Tagestemperaturen sind zwar ähnlich hoch wie in der Regenzeit, nachts ist es jedoch deutlich kühler.

Geschichte

1839 segelten John Lort Stokes und John Wickham auf der „HMS Beagle" entlang der Nordküste und nannten die Bucht der heutigen Stadt **Port Darwin** – nach dem britischen Evolutionsforscher Charles Darwin. Die Entwicklung der Siedlung, die in den frühen Jahren noch Palmerston hieß, ging unter südaustralischer Verwaltung nur schleppend voran. Erst während des Goldrauschs im späten 19. Jahrhundert wurde der Hafen ausgebaut und erste feste Gebäude errichtet. 1911 erhielt die Stadt ihren heutigen Namen und gilt seitdem als Hauptstadt des Northern Territory. Im 2. Weltkrieg diente die Stadt als militärische Verteidigungsbastion gegen eine mögliche japanische Invasion. Bombenangriffe auf die Stadt machten einen Wiederaufbau nach dem Krieg notwendig. Die Stadt erhielt dadurch eine fortschrittliche Infrastruktur mit Flughafen, Hafen und moderner Wasserversorgung. Mit dem Bau des Barkly Highway und des Stuart Highway wurde eine Anbindung an die Ostküste und in den Süden des Kontinents geschaffen. Die Entdeckung von Bodenschätzen, namentlich des Urans, und der Ausbau des Hafens verhalfen Darwin zu einem wirtschaftlichen Aufschwung. Viele Träume der Bewohner wurden am Weihnachtstag 1974 durch den **Wirbelsturm „Tracy"** jäh zerstört. Mit Spitzengeschwindigkeiten von bis zu 280 km/h fegte der Zyklon über die Stadt und machte große Teile dem Erdboden gleich. Mit dem Engagement der Einwohner und erheblichen Finanzspritzen der australischen Regierung gelang es, die Wunden zu schließen und die Stadt zu modernisieren.

Adressen & Service Darwin

An- und Abreise

Per Flugzeug

Der **Flughafen** (international und national) liegt 13 km vom Stadtzentrum entfernt. Der **Airport Shuttle Bus** fährt direkt zu den Hotels und Unterkünften der Innenstadt sowie zum zentralen Transit Centre und zurück (A$ 10 einfach, Tel. 1-800-358945). Eine **Taxifahrt** in die Stadt kostet zwischen A$ 18–22 (Tel. 08-89813777).
Die Flüge aus Übersee landen meist sehr früh am Morgen. Das Hotelzimmer kann i.d.R. erst ab 12 Uhr bezogen werden. Entweder, man bucht eine zusätzliche Nacht, oder man deponiert das Gepäck im Hotel und verbringt den Vormittag im tropischen Hotelgarten am Pool, was ohne Zusatzkosten möglich ist. Oder man übernimmt direkt am Flughafen einen Mietwagen. Die Camper-Depots öffnen um 8.30 Uhr oder 9 Uhr.

Per Bahn Seit Februar 2004 ist Darwin auch per Bahn erreichbar. Die Schienenstrecke des „Ghan“ wurde von Alice Springs bis zum Top End ausgebaut. Der Zug erreicht die Stadt am Dienstag- und Sonntagnachmittag und fährt am Montag- und Mittwochvormittag wieder zurück.

Per Bus Die Überlandbusse von *Greyhound* verkehren ab/zum Transit Centre (69 Mitchell St, täglich 8.30–18 Uhr). Gepäckaufbewahrung und Fahrscheinverkauf im Terminal.

Infos Täglich geöffnet ist das **Tourism Top End Visitor Information Centre**, Beagle House, Ecke Knuckey/Mitchell Sts, Tel. 08-89362499, www.tourismtopend.com.au. Detaillierte Informationen und Permits für die Nationalparks am Top End sind bei der **Parks & Wildlife Commission** erhältlich. Deren Hauptbüro (Goyder Centre, 25 Chung Wah Terrace, Palmerston, Tel. 08-89995511, www.nt.gov.au) befindet sich außerhalb des Zentrums. Ein Infoschalter der Nationalpark-Behörde befindet sich im Haus der Tourismusinformation (▶ s.o.).

Öffentliche Verkehrsmittel Das überschaubare Stadtzentrum kann leicht zu Fuß erkundet werden. Die Vororte und Sehenswürdigkeiten außerhalb des CBD sind preisgünstig mit Bussen erreichbar (Tagesticket A$ 5,50). Der Busterminal befindet sich in der Harry Chan Avenue. Fahrpläne und Tageskarten sind am Bahnhof sowie in den Zeitungsläden und im Tourist-Info erhältlich. Einzelfahrscheine im Bus.

Wie, wo, was ...

Autokauf Da nicht viele Langzeitreisende ihre Reise in Darwin beenden, ist der Gebrauchtwagenmarkt überschaubar. Die üblichen „Macken“ haften den angebotenen Fahrzeugen an: Zigtausende von Kilometern auf dem Tacho und technische Probleme, die nicht auf den ersten Blick erkennbar sind (Motor, Getriebe, Bremsen, Achsen). Infos zu Versicherungen und Fahrzeugen erteilt der Autoclub. Dort kann man das ins Auge gefasste Fahrzeug auch profesionell checken lassen. Der Hauptumschlagplatz für „Traveller-Cars“ sind das Transit Centre (Mitchell St) und die umliegenden Backpacker-Hostels. Gebrauchtwagenhändler befinden sich in großer Zahl entlang des Stuart Highway (Ausfallstraße).

Automobilclub *AANT,* 79-81 Smith Street, Tel. 08-89813837, www.aant.com.au. Landkarten, Versicherungen und Informationen sind für Mitglieder europäischer Automobilclubs (Mitgliedsausweis vorlegen) zu reduzierten Preisen erhältlich.
Abschleppservice (Breakdown Service) Tel. 131111.

Auto- und Campervermietungen Zu beachten ist, dass eine Fahrzeugmiete (Pkw) vom Northern Territory in andere Bundesstaaten (und umgekehrt!) meist mit hohen **Einweggebühren** verbunden ist. Günstiger ist es daher oftmals, einen Camper zu mieten, da die Einweggebühren moderater sind oder je nach Vermieter sogar ganz entfallen.

- Apollo Motorhomes, 75 McMinn St, Tel. 08-89814796.
- Avis Car Rental, Flughafen, Tel. 08-89450662; 89 Smith St, Tel. 08-89819922
- Britz/Maui Campers, 17 Bombing Rd, Winnellie, Tel. 08-89812081
- Budget Cars, Ecke Daly St-Doctors Gully Rd, Tel. 08-89819800.
- Hertz Cars, Ecke Smith-aly Sts, Tel. 08-89410944
- Kea Campers, 209 Stuart Highway, Parrap, Tel. 08-89811000
- Thrifty Cars, Flughafen, Tel. 08-89242480; 64 Stuart Park, Tel. 08-89240000
- Trailmaster Rentals, 86 Mitchell St, Darwin, Tel. 08-8919666
- Travel Car Centre bietet Langzeitmieten ab Darwin an (Tel. 02-99056928, www.travelcar.com.au, in Deutschland über www.australien-camper.de).

Banken Die großen Banken haben ihre Filialen in oder nahe der Smith St Mall. Die üblichen Öffnungszeiten sind Mo–Do 9.30–16 Uhr, Fr bis 17 Uhr.

Busgesellschaften *Greyhound,* 67–69 Mitchell St (Transit Centre), Tel. 08-89410911, www.greyhound.com.au

Einkaufen In der Fußgängerzone und den Parallelstraßen bieten viele Geschäfte **Aboriginalkunst** an. Rindenmalereien aus dem Arnhemland sowie Bilder der Tiwis von Bathurst und Melville Island sind dabei die Besonderheiten in Darwin.

Im zentralen *Woolworth* (Ecke Smith-Knuckey Sts) sind **Lebensmittel,** Insektenschutz und Souvenirs erhältlich, ansonsten findet man alles Notwendige für unterwegs in den Shoppingcentern der Vororte (Palmerston, Nightcliff, Karama, Parap, Fannie Bay).

Der *NT General Store* (42 Cavenagh St) ist Spezialist für **Camping- und Outdoorausrüstung** sowie **Landkarten**.

Eine gute Auswahl an regionalgeschichtlichen **Büchern** hält *Bookworld* (Smith St Mall) bereit.

Der Besuch des **Mindil Beach Sunset Market** (nur Mai–Okt, Do 17–22 Uhr und So 16–20 Uhr) ist unbedingt einen Besuch wert. Zunächst genießt man bei einem mitgebrachten kühlen Bier den Sonnenuntergang am Strand, dann schlendert man gemütlich über den Markt. Kunstgegenstände, asiatische Snacks, Massagen sowie allerlei Musik und Unterhaltung werden in entspannter Atmosphäre geboten.

Weitere Trödel- und Essmärkte mit tropischem Flair sind der **Parap Market** (Sa 8–14 Uhr, Parap), der **Rapid Creek Market** (So 8–14 Uhr, Rapid Creek Shopping Centre) sowie der **Nightcliff Market** (So 8–14 Uhr, Nightcliff).

Essen und Trinken Unter freiem Himmel zu speisen ist in Darwin sehr beliebt. Die über 60 ethnischen Gruppen der Stadbevölkerung sorgen für eine recht große Auswahl an **Restaurants**. Zudem sind die Preise im Vergleich zu den anderen Hauptstädten des Landes günstig. Spezialitäten in Darwin sind Gerichte mit Fleisch vom Kamel, Känguruh, Krokodil oder Büffel, bei den Fischen ist es natürlich der Barramundi.

Eine große Auswahl an **Gaststätten und Cafés** befindet sich in der Mitchell und Smith Street sowie an der Wharf. In den Vororten Cullen Bay (Marina), Fannie Bay und East Point kann man international essen. Wer das besondere liebt, sollte eine abendliche Segeltour (Dinner Cruise, ab Cullen Bay) buchen.

In der Smith Street Mall befindet sich eine **Food Hall,** in der zur Mittagszeit verschiedene Stände ihre speziellen Gerichte zu günstigen Preisen anbieten.

Pee Wee's (Alec Fong Lim Dve, East Point Reserve, Fanny Bay, Tel. 08-89816868) offeriert moderne australische Küche mit Fisch und Fleisch, in herrlichem Ambiente, direkt am Wasser. Hauptgerichte ab A$ 20. Reservierung sinnvoll.

Coyote's Cantina (69 Mitchell St); mexikanisches Restaurant mit Terrasse. Hauptgerichte ab A$ 15.

Sizzler (Cinema Centre 76 Mitchell St, Tel. 08-89412225); beliebtes Steakhouse mit ausgezeichneter Salatbar. Hauptgerichte ab A$ 15. Reservierung sinnvoll.

Tim's Surf'n Turf (Ecke Smith St/Packard Place) hat Fisch, Fleischgerichte zu günstigen Preisen (Kinder essen vor 18.30 Uhr gratis).

Salvatore's (Ecke Knuckey/Smith Sts). Frühstück und Mittagsessen im italienischen Stil.

Fahrradshops *Rosetto's Sports* (Centre 30 Smith St, The Mall) verkauft und repariert Räder. Zahlreiche Hostels vermieten Bikes.

Fluggesellschaften

- Qantas / Australian Airlines / Jetstar, Tel. 131313
- Royal Air Brunei, Tel. 08-89410966
- Virgin Blue, Tel. 136789
- Garuda Indonesia, Tel. 1-300-365331

Die Adressen der Stadtbüros der Fluggesellschaften können den jeweiligen Flugplänen bzw. Gelben Seiten (Yellow Pages) entnommen werden.

Internet In der State Library im Parliament Building kann gratis gesurft werden (Mo–Fr 10–18 Uhr, Sa/So 13–17 Uhr). Internetshops befinden sich in der Smith und Mitchell Streets, z.B. im Transit Centre.

Konsulate
- Deutsches Konsulat, 1824 Berrimah Rd, Berrimah, Tel. 08-89843770.
- Österreich hat keine Vertretung in Darwin – ▶ s. Canberra.
- Schweizer Konsulat, 40 Koolinda Crescent, Karama, Tel. 08-89459760.

Krankenhs. *Royal Darwin Hospital,* Rocklands Dr, Casuarina, Tel. 08-89228888.

Kultur- und Unterhaltungsangebote

Darwin ist eine lebhafte Stadt, insbesondere das Nachtleben in den Pubs und Hotels ist ausgelassen und laut. Die kostenlose Broschüre „This Week in Darwin" informiert über aktuelle Veranstaltungen.

Musik und Theater Im *Darwin Entertainment Centre* (93 Mitchell St, Tel. 08-89803333) werden Theaterstücke, Rockopern und Konzerte gespielt. Im *Brown's Mart* (12 Smith St, Tel. 08-89815522) stehen Theater- und Tanzaufführungen auf dem Programm.

Casino Das *MGM Grand Darwin,* Gilruth Ave, Mindil Beach, ist rund um die Uhr geöffnet.

Kino *Darwin City Cinema*, 76 Mitchell St.
Darwins legendäres *Deck Chair Cinema* (Tel. 08-89810700) liegt zwischen Parliament House und Hafen. Das mit Liegestühlen ausgestattete Freiluftkino ist einfach ideal, um sich in Darwins warmen Nächten einen Film anzuschauen. Moskitomittel nicht vergessen!

Live-Musik Live-Bands spielen in Shenannigans Irish Pub (69 Mitchell St) und im Top End Hotel (Ecke Mitchell / Daly Sts).

Festivals Im **Juli** findet die **Beer Can Regatta** in Fannie Bay statt. Witzige Boote, gebaut aus unzähligen Bierdosen, fahren in der Bucht um die Wette.
Das im **August** stattfindende **Festival of Darwin** bietet Musikgruppen, Umzüge und alle Arten von Happenings in der Innenstadt.

Notfall Notruf (Polizei, Feuerwehr, Rettungsdienst) Tel. 000
Polizei, West Lane, Tel. 08-89223344.

Post General Post Office, 48 Cavenagh St, Ecke Edmunds St. Auch Samstagvormittag geöffnet. Postlageradresse: Poste Restante, Darwin GPO, NT 0800.

Sport Angesichts des ohnehin Schweiß treibenden Klimas verführt Darwin nicht allzu sehr zu aktivem Sport. Wer sich ertüchtigen möchte, kann entlang der Esplanade joggen oder walken. In Parap (Ross Smith Ave) gibt es ein großes Freibad.

Strände Darwin ist kein Badeziel! Das hat mehrere Gründe: große Gezeitenunterschiede, von Oktober bis März giftige Quallen (Box Jelly Fish, Marine Stingers) und die stets präsente Gefahr durch die gefährlichen Leistenkrokodile („Salties"). Sinnvoll ist es daher, das Schwimmbad oder die Salzwasserlagune Lake Alexander in East Point aufzusuchen.

Taxis City Radio Taxis, Tel. 08-89813777
Darwin Radio Taxis, Tel. 131008.

Telefonieren Vorwahl Northern Territory: 08

Touren

Stadt- und Hafenrundfahrten

Darwin Day Tours (Tel. 1-800-811633) bietet Halbtagestouren zu den Sehenswürdigkeiten der Stadt an.

Die meisten Hafenrundfahrten beginnen an der hübsch hergerichteten Cullen Bay Marina.

Cruise Darwin Harbour (Tel. 08-89414000) und *Darwin Cruises & Charters* (Tel. 08-89423131) schippern zum Sonnenuntergang mit Segelschiffen durch den Hafen. Von Frances Bay Drive startet *Hovercraft Tours* (Tel. 08-89816855) seine Rundfahrten.

Kreuzfahrten

Coral Princess Cruises (Tel. 07-40409999, www.coralprincess.com.au) veranstaltet Kreuzfahrten ab Darwin entlang der Kimberley-Küste bis Broome und zurück (nur April bis Sept.).

„Top End"-Touren

(Kakadu NP, Litchfield NP, Katherine NP, Arnhemland und Tiwi Islands)
Tagesausflüge in die Nationalparks lohnen nur in den Litchfield NP, alle anderen Ziele liegen zu weit entfernt. Allein der Kakadu NP ist 250 km entfernt (einfache Strecke).

Die Touren der zahlreichen Anbieter unterscheiden sich in der Übernachtungsart (Camping oder Hotel), Dauer, Teilnehmerzahl und den jeweils in den Parks angesteuerten Zielen.

- *Adventure Tours* (Tel. 08-89361300, www.adventuretours.com.au) bietet preiswerte 3–6tägige Campingsafaris in die Nationalparks, von Darwin nach Alice Springs, kleine Gruppen, eher für junges Publikum. Für komfortbewußtes Publikum werden Touren mit Übernachtungen („Camping in Style") in feststehenden Zelten mit richtigen Betten angeboten.
- *Billy Can Tours* (Tel. 08-89410803) offeriert Camping- und Hoteltouren in den Kakadu und Katherine NP.
- *Tiwi Tours* (Tel. 08-89241115) fliegt nach Bathurst Island (ein und zwei Tage) und vermittelt einen Einblick in das Leben der lokalen Aboriginal People.
- *Davidson's Arnhemland Safaris* (Tel. 08-89275240, www.arnhemland-safaris.com) ist einer der wenigen Anbieter, die Touren ins Arnhemland anbieten (Flug und Geländewagen). Übernachtet wird in festen Safarizelten. Unbedingt zwei Monate vor Reisebeginn buchen!

Rundflüge

Albatross Helicopters (Tel. 08-89995081) unternimmt Rundflüge über Kakadu und Litchfield Nationalpark sowie über Darwin.

Unterkunft und Camping

Hotelzimmer gibt es in Darwin zur Genüge. Klimaanlage und Swimmingpool sind Standard.

Hotels

**** **Rydges Plaza Hotel**, 32 Mitchell St, Tel. 08-89820000;
großes First Class Hotel im Zentrum.

**** **Mirambeena Resort,** 64 Cavenagh St, Tel. 08-89460111;
empfehlenswertes Hotel mit schönem Garten und Pool,
bietet auch Selbstversorger-Apartments.

*** **Palms City Resort,** 64 Esplanade, Tel. 08-89829200; moderne Anlage mit kleinen Villen und schöner Gartenanlage, direkt im Zentrum.

** **Flag Poinciana Inn,** Ecke Mitchell/McLachlan Sts, Tel. 08-89818111;
kleineres Haus, etwa 5 Gehminuten zum Zentrum.

B&B

*** **Orchid House B&B,** 38 Ross Smith Ave, Parap, Tel. 08-89419123;
gepflegte Frühstückspension, 4 km vom Zentrum.

Jugendherbergen und Hostels

* **Darwin YHA,** 69 Mitchell St, Tel. 08-89813995; große Jugendherberge im Zentrum mit Pool, Zimmer nur zum Teil mit Klimaanlage.

* **Nomads Chilli's Backpackers**, 69A Mitchell St, Tel. 08-89419722;
sauberes Hostel mit Outdoor-Küche, im Zentrum.

Camping

Die Campingplätze liegen alle außerhalb der Stadt und sind nur mit dem eigenen Fahrzeug erreichbar.

Shady Glen Caravan Park, Ecke Stuart Hwy/Farrell Cres, Winnellie, Tel. 08-89843330; großer Platz am Highway, 10 km außerhalb.

Palms Village Resort, 907 Stuart Hwy, Berrimah, Tel. 08-89350888; Anlage mit Stellplätzen und Cabins, 17 km außerhalb.

Tipp: Eine schöne Alternative zu den stadtnahen Plätzen ist der **Big 4 Campingplatz in Howard Springs** (170 Whitewood Rd, Howard Springs, Tel. 1-800-831169), 25 km südöstlich von Darwin, ein schattiger Platz mit krokodilfreiem Badevergnügen.

Stadtbesichtigung

Wegen der hohen Temperaturen empfiehlt es sich, einen Stadtrundgang auf die frühen Vormittagsstunden oder den späten Nachmittag zu legen.

Am südlichen Ende der modernen **Fußgängerzone Smith Street Mall** befindet sich das historische **Victoria Hotel** von 1894, das heute für Live-Musik und gutes Bier bekannt ist. Der Smith Street in südöstlicher Richtung folgend, erreicht man die Überreste der **Old Town Hall** (1883). Trotz ihrer massiven Bauweise wurde sie 1974 vom Wirbelsturm „Tracy" völlig zerstört. Gleich nebenan steht **Browns Mart** (1880), einst die Börse der Minengesellschaften und heute ein kleines Theaterhaus. Die moderne Kathedrale gegenüber hat nicht mehr viel mit dem Original der **Christchurch Cathedral** von 1902 gemein.

DRW ▸ ASP

An der Ecke Smith Street/Esplanande stehen das **Old Court House** und die **Police Station** von 1884. Das ehemalige, im südaustralischen Stil erbaute Gerichtsgebäude ist durch den Gefängnisblock mit der alten Polizeistation verbunden. Auch diese beiden Gebäude wurden durch „Tracy" stark beschädigt und dienen seit ihrer Restaurierung als Regierungsbüros. Über die Esplanade hinweg bot der **Survivors Lookout** in früheren Jahren einen schönen Blick auf den Hafen. Heute verdecken Bäume die Aussicht.

Das Parlamentsgebäude in Darwin

Nur einige Meter weiter, in Richtung Südwesten, wurde 1870 das **Government House** errichtet. Das ehemalige Holzhaus wurde 1883 durch ein koloniales Steinhaus mit großzügigen Veranden ersetzt. Entlang der Esplanade befindet sich an der Ecke zur Knuckey Street das **Old Admiralty House.** Das im tropischen Stil gehaltene Haus war die Heimstatt des nordaustralischen Flottenadmirals und hielt als eines von wenigen Gebäuden dem Zyklon „Tracy" stand. Im Inneren befindet sich heute eine kleine Kunstgalerie mit Café. **Lyons Cottage** heißt der steinerne Bungalow gegenüber. Er wurde 1925 für Mitarbeiter der British-Australian Telegraph Company erbaut und beherbergt heute ein kleines Heimatmuseum, das die Geschichte des Northern Territory zeigt (10–16.30 Uhr, Eintritt frei).

Wharf Precinct

Am südlichen Ende der Innenstadt befindet sich die aufwendig restaurierte Werftanlage **Darwin Wharf Precinct** (Stokes Hill Wharf). Folgt man vom Survivors Lookout den Treppen hinunter zum Kitchender Drive, stößt man auf die **WW-II Oil Storage Tunnels.** Die Tunnelröhren sollten im Zweiten Weltkrieg die Treibstoffvorräte vor japanischen Angriffen schützen, sie wurden jedoch nie fertig gestellt. Eine der Röhren ist zur Besichtigung freigegeben. Auf dem Weg zur Stokes Hill Wharf passieren Sie das **Indo-Pacific Marine Museum** (Apr–Okt täglich 10–17 Uhr, Nov–März täglich 9–13 Uhr). In diesem sehenswerten Aquariumsmuseum ist die Unterwasserwelt der Timorsee mit ihren farbenprächtigen Korallen und Fischen dargestellt. Die **Australian Pearling Exhibition** (täglich 10–17 Uhr) im selben Gebäude stellt die Geschichte der Perlenindustrie Darwins anschaulich dar.

Die bis vor wenigen Jahren kaum beachtete und ziemlich verkommene **Stokes Hill Wharf** wurde in den späten 1990er Jahren zur Touristenattraktion mit Souvenirshops, Cafés sowie Restaurants umgebaut und ist ein netter Ort, um abends unter freiem Himmel zu speisen.

Sehenswertes außerhalb der City

Weitere Attraktionen liegen in den Vororten. Auch sie sind einen Abstecher wert. Man kann sie auf ausgedehnten Fußmärschen erreichen, besser jedoch per Auto, Bus oder Fahrrad.

Aquascene (Doctors Gully)

Am nördlichen Ende der Esplanade (25 Min. Fußweg vom Zentrum) kommen bei Flut Hunderte von Fischen zur Fütterung (u.a. Barramundis, Welse). Die Fütterungszeiten variieren täglich mit der Flut. Die Öffnungszeiten können im Tourist Office oder unter Tel. 08-89817837 erfragt werden.

Darwin Botanical Gardens

Der 42 Hektar große Botanische Garten (Palmen, Orchideen, Mangroven u.a) liegt 2 km nördlich des Zentrums (Gardens Rd, tägl. 7–19 Uhr, der Eintritt ist frei.

Museum & Art Gallery of the NT

In den tropischen Gärten in Fanny Bay befindet sich diese hervorragende Ausstellung zur Aboriginalkultur, maritimen Archäologie und wechselhaften Geschichte des NT (Conacher St, Fannie Bay, tägl. 10–17 Uhr, Eintritt frei).

Crocodylus Park

Der Park ist Zoo und Forschungszentrum zugleich. Besucher erfahren viel Interessantes zur Krokodilzucht und zum Leben der Urzeitreptilien. Des Weiteren gibt es Löwen, Tiger und einheimische Tiere zu sehen (McMillan Rd, Berrimah, tägl. 9–17 Uhr, Fütterung um 11 und 14 Uhr, Anfahrt: Fahrt am Flughafen vorbei nach Osten).

zur Fannie Bay
zum Botanischen Garten
Daly St
Stuart Hwy
nach Katherine
Esplanade
Mitchell St
Smith St
Cavenagh St
Woods St
McMinn St
Harvey St
McLachlan St
Shepherd St
Lindsay St
Briggs St
Autoclub AANT
Withfield St
Frogshollow Park
Bicentennial Park
Lameroo Beach
Peel St
Shadforth Lane
Searcy St
Edmunds St
Manton St
Gardiner St
Transit Centre
Knuckey St
West Lane
The Mall
Austin Lane
Litchfield St
Foelsche St
Carey St
War Memorial
Herbert St
Bennett St
Tiger Brennan Dr
Frances Bay Dr
Parliament House
Deckchair Cinema
Harry Chan Ave
Church Lane
Esplanade
Kitchener Dr
Hughes Ave
Darwin Harbour
Wharf Office
Stokes Hill
Fort Hill
Darwin
0 200 m
= Fußgängerzone
© RKH Verlag Hermann
Unterkünfte
1 Poinciana Inn
2 Mirambeena Resort
3 Darwin YHA
4 Nomads Chilli's Backpacker
5 Palms City Resort
6 Rydges Plaza
7 Orchid House B&B
8 Shady Glen CP
9 Palms Village Resort CP
Sehenswertes
1 Victoria Hotel
2 Old Town Hall
3 Browns Mart Theatre
4 Christ Church Cathedral
5 Old Court House
6 Police Station
7 Survivors Lookout
8 Government House
9 Old Admiralty House
10 Lyons Cottage
11 WWII Oil Storage Tunnels
12 Indo-Pacific Marine
13 Australian Pearling Exhibition
14 Stones Hill Wharf
15 Aquascene
16 Botanic Gardens
17 Museum & Art Gallery of NT
18 Crocodylus Park
19 East Pt Reserve

East Point Reserve und Lake Alexander Das von Rad- und Fußwegen durchzogene Buschland auf der Landzunge **East Point** ist Heimat für zahlreiche Wallabies. Bei einer angenehmen Meeresbrise lässt sich hier der Sonnenuntergang genießen. Zum sicheren Baden eignet sich die Salzwasserlagune **Lake Alexander** an der Straße zwischen Fannie Bay und East Point.
Anfahrt: Smith Street in Richtung Vorort Fannie Bay.

Berry Springs Nature Park Südlich von Darwin, an der Cox Peninsula Road, befindet sich **Berry Springs**. Der Naturpark liegt in einer tropischen Regenwaldvegetation und wird von einem Bach durchzogen, der in einem erfrischenden Naturpool endet. Keine Campingmöglichkeit, aber ein idealer Rastplatz auf dem Weg in den Litchfield NP (nördliche Einfahrt).

Territory Wildlife Park Gleich nebenan liegt der sehenswerte **Territory Wildlife Park.** Auf über 400 Hektar Fläche kann die typische Pflanzen- und Tierwelt des tropischen Nordens besichtigt werden. Hauptattraktion sind die Krokodile und ein Gehege für nachtaktive Vögel und Reptilien (tägl. 8.30–18 Uhr, letzter Einlass 16 Uhr, www.territorywildlifepark.com.au). Reisende ohne Fahrzeug können eine Tour ab/bis Darwin buchen.

Darwin Crocodile Farm Etwa 40 km südlich von Darwin am Stuart Highway befindet sich eine Krokodilfarm mit mehr als 36.000 Reptilien, täglich von 9–16 Uhr geöffnet. Eine geführte Tour beginnt jeweils um 12 Uhr und die Reptilien werden um 14 Uhr gefüttert. Infos auf www.crocfarm.com.au.

Von Darwin nach Alice Springs
(durch den Kakadu National Park)

Überblick Die beiden großen Highlights im Top End sind der **Kakadu National Park** und der **Litchfield National Park.** Sie sollten auf keiner Reise fehlen. Ein weiterer Höhepunkt ist die **Katherine Gorge**, eine wilde Schlucht im Nitmiluk NP, die sich hervorragend für eine Kanu- oder Wandertour eignet.

Der **Stuart Highway** ist von der Weite des Outbacks geprägt. Endlose, schnurgerade Straßen, rote Erde, traumhafter Sternenhimmel und kleine Dörfer mit echtem Outback-Feeling machen die lange Strecke zu einem wahren Wüstenerlebnis.

Wer eine klassische Top-End-Rundreise mit den o.g. Nationalparks ab/bis Darwin plant, sollte hierfür mindestens fünf Tage einkalkulieren. Die Fahrt nach Alice Springs kann in zwei bis drei Tagen bewältigt werden, wobei dann allerdings „Kilometer schrubben" angesagt ist. Wer es noch eiliger hat, muss fliegen.

Die Straßensiedlungen und Rasthäuser entlang des Stuart Highway haben fast alle ein einfaches Motel, einen Campingplatz und ein zünftiges Trucker-Restaurant. Auch wenn die Distanzen zwischen den Roadhouses und Orten nicht unbedingt so dramatisch weit erscheinen, empfiehlt es sich, immer frühzeitig den Tank aufzufüllen und genügend Wasser mitzuführen (mind. 5 Liter). Im Pannenfall muss selbst am relativ viel befahrenen Stuart Highway manchmal mit Wartezeiten gerechnet werden. Bleiben Sie dann beim Auto und laufen Sie nicht los.

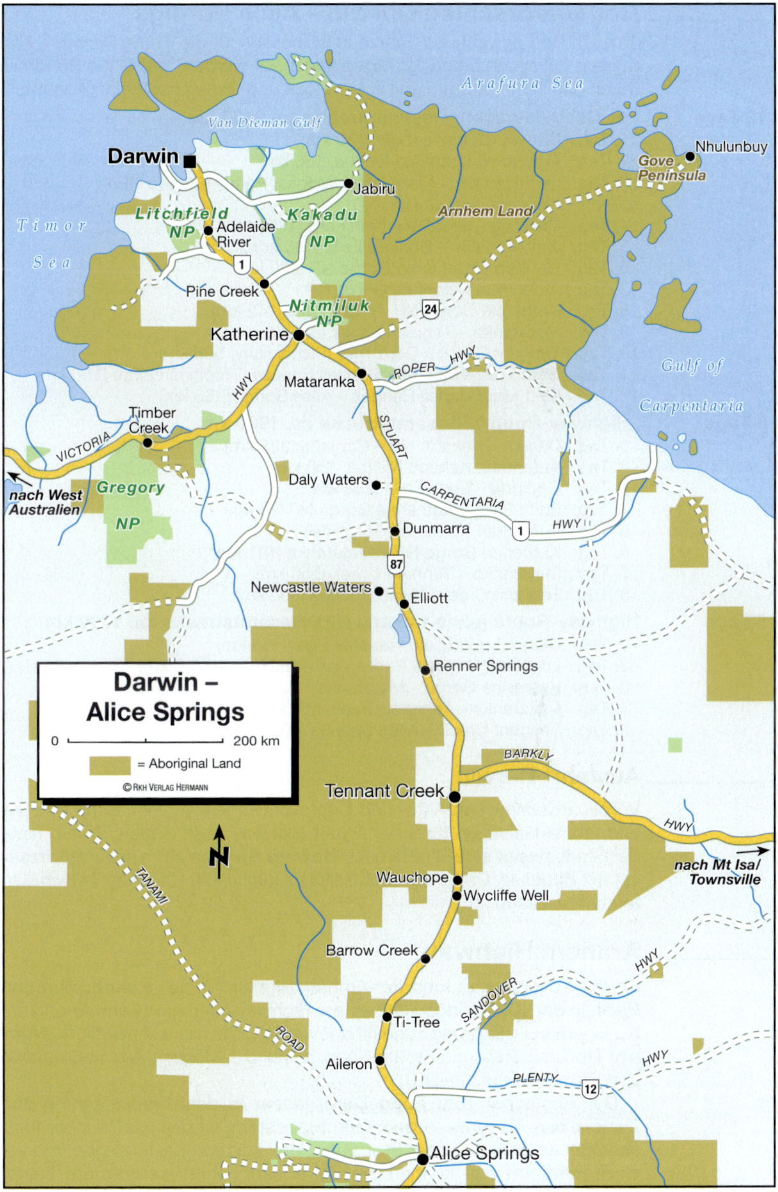
Darwin – Alice Springs
0
200 km
= Aboriginal Land
© RKH Verlag Hermann
Arafura Sea
Van Dieman Gulf
Timor Sea
Gulf of Carpentaria
Darwin
Jabiru
Nhulunbuy
Gove Peninsula
Arnhem Land
Litchfield NP
Kakadu NP
Adelaide River
Pine Creek
Nitmiluk NP
Katherine
Mataranka
Timber Creek
Victoria
HWY
nach West Australien
Gregory NP
Roper HWY
Stuart
Daly Waters
Carpentaria
Dunmarra
HWY
Newcastle Waters
Elliott
Renner Springs
Barkly
Tennant Creek
HWY
nach Mt Isa/ Townsville
Wauchope
Wycliffe Well
Tanami
Barrow Creek
Sandover
HWY
Ti-Tree
Road
Aileron
Plenty
HWY
Alice Springs
1
24
87
12
DRW ▸ ASP

Routenvorschlag Darwin – Alice Springs

Je nach Routenwahl und Fahrzeugart müssen für die Route Darwin – Alice Springs zwischen 5 und 12 Tagen angesetzt werden, wobei die Rundreise durch das Rote Zentrum (mit Ayers Rock und Olgas) noch hinzukommt.

12 Tage **Per Geländewagen, Gesamtstrecke ca. 2450 km**

1. Tag: Darwin – Litchfield NP (130 km)
2. Tag: Aufenthalt Litchfield NP (ca. 150 km)
3. Tag: Litchfield NP – Mary River National Park – Kakadu NP – Cooinda (250 km)
4. Tag: Cooinda – Jim Jim / Twin Falls (120 km)
5. Tag: Jim Jim Falls – Gunlom Falls (130 km)
6. Tag: Gunlom – Katherine Gorge NP (232 km)
7. Tag: Aufenthalt Katherine Gorge NP
8. Tag: Katherine Gorge NP – Mataranka (142 km)
9. Tag: Mataranka – Tennant Creek (550 km)
10. Tag: Tennant Creek – Gem Tree (Plenty Hwy, 506 km)
11. Tag: Gem Tree – East MacDonnell Ranges, Trephina Gorge (160 km)
12. Tag: East MacDonnell Ranges – Alice Springs (65 km)

8 Tage **„Highway-Route“, Gesamtstrecke ca. 1900 km**

1. Tag: Darwin – Kakadu NP – Cooinda (325 km)
2. Tag: Aufenthalt Kakadu NP (ca. 150 km)
3. Tag: Cooinda – Edith Falls (230 km)
4. Tag: Edith Falls – Katherine Gorge NP (90 km)
5. Tag: Aufenthalt Katherine Gorge NP
6. Tag: Katherine Gorge NP – Mataranka (141 km)
7. Tag: Mataranka – Tennant Creek (550 km)
8. Tag: Tennant Creek – Alice Springs (506 km)

5 Tage **Highway-Route (ohne Kakadu NP), Gesamtstrecke ca. 1700 km**

1. Tag: Darwin – Litchfield National Park (163 km)
2. Tag: Litchfield National Park – Katherine Gorge (340 km)
3. Tag: Katherine Gorge – Mataranka (142 km)
4. Tag: Mataranka – Tennant Creek (550 km)
5. Tag: Tennant Creek – Alice Springs (506 km)

Ausfahrt Darwin

Vorbei an zahlreichen Auto- und Gebrauchtwagenhändlern, Schrottplätzen und Industrieanlagen führt der Stuart Highway nach Süden. 25 km hinter der Stadt zweigt eine Straße nach **Howard Springs** ab, einem Naturreservat mit Badesee, Camping- und Grillplatz (tägl. 8–20 Uhr; ▶ s. Darwin „Unterkunft u. Camping“).

Arnhem Highway

Bereits 10 km weiter führt der Arnhem Highway in den **Kakadu National Park.** In der „Didgeridoo Hut“ an der Highway-Kreuzung kann Aboriginal-Künstlern bei der Arbeit zugeschaut werden. Die kleine Ansiedlung **Humpty Doo** mit Pub und Bottle-Shop bietet die Möglichkeit, noch einmal den Biervorrat aufzufüllen.

Der Abstecher zum **Fogg Dam,** einem in den 1950er Jahren zum Zwecke des Reisanbaus gebauten Staudamm, ist dank zahlreicher Wasservögel ein sehenswerter Stopp. Auf drei kurzen Spazierwegen und von einer Plattform aus können die Vögel beobachtet werden, am besten zum Sonnenauf- oder -untergang. Leider gibt es viele Moskitos.

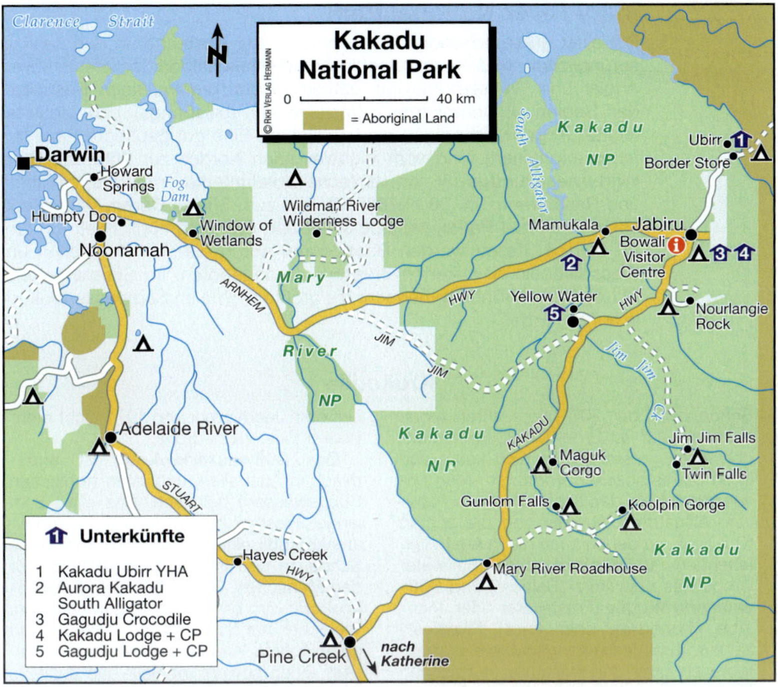

Das auffällig gebaute Besucherzentrum **Window On The Wetlands** (tägl. 7.30–19.30 Uhr, Eintritt frei), das auf einem Hügel direkt an der Straße erbaut wurde, vermittelt einen hervorragenden ersten Einblick in die Ökologie, Kultur und Geschichte der Feuchtgebiete des Adelaide River.

Auf diesem Fluss wird dem staunenden Publikum die berühmte „Jumping Crocodile Cruise“ angeboten. Auf der Bootstour werden „Salties“ mit einem Fleischbrocken (an einer Angel) an die Wasseroberfläche gelockt und zum Springen animiert (Jumping Crocodile Cruises, viermal täglich). Empfehlenswerter ist es, die Tiere in natürlicher Umgebung auf einer Bootstour im Kakadu NP zu beobachten (Guluyambi Cruise, Yellow Water Cruise).

Das rustikale Rasthaus **Bark Hut Inn** bietet kühle Getränke, Essen und Schatten. Hier sind die **Besucherbroschüren für den Kakadu National Park** erhältlich!

13 km weiter östlich zweigt eine Naturstraße (Old Jim Jim Road) vom Highway ab. Sie endet nach mindestens einer Flussdurchquerung (leicht) bei Cooinda am Kakadu Highway. Fahrer mit zweiradgetriebenen Fahrzeugen sollten auf der Asphaltstraße bleiben. Nach weiteren 6 km führt links die Point Stuart Road zum Mary River National Park.

Mary River National Park

Bei einer entsprechenden Zeitreserve ist der Abstecher in den sehr ursprünglichen und kaum erschlossenen Nationalpark empfehlenswert. Angler und Wasserbüffeljäger zählen zu den regelmäßigen Besuchern der Region. Feuchtbiotope, Wasserlöcher (billabongs) und isolierter, dichter Regenwald prägen die Landschaft. Eine gut gepflegte Piste (anfangs asphaltiert) führt vom Highway nach Norden zur **Wildman River Wilderness Lodge** (36 km, einfache Hotelunterkunft mit Campingplatz und Restaurant, Tel. 08-89788912), und zum **Shady Camp,** dem nördlicheren Teil des Parks, mit Bootssteg und Campingmöglichkeit (56 km). An beiden Stellen werden Bootstouren durch die von Krokodilen und Wasservögeln bevölkerten Wasserläufe angeboten. Im Süßwasserteich Shady Camp Billabong herrscht die größte Dichte an Salzwasserkrokodile auf der Erde!

Krokodile

Schon seit über 200 Mio. Jahren leben Krokodile auf der Erde. Die 22 überlebenden Arten unterscheiden sich kaum von ihren prähistorischen Vorfahren. Man unterscheidet bei den Krokodilen drei Familien: Alligatoren, Gaviale und die echten Krokodile, zu denen auch die in Australien lebenden **Leistenkrokodile** (Saltwater Crocodiles oder kurz „Salties“) und **Süßwasserkrokodile** (Freshwater oder Johnston Crocodiles oder kurz „Freshies“) zählen. Ihre Verbreitungsgebiete erstrekken sich über den gesamten tropischen Norden und entlang der Küste Queenslands, wo sich ihre Lebensräume teilweise überschneiden. Es leben jedoch niemals beide Arten am selben Ort.

Die späten Verwandten der Dinosaurier sind nachtaktiv und wandern weite Wege, wenn ihre Wasserstellen austrocknen. Als wechselwarme Tiere passen sie ihre Körpertemperatur (30–33 °C) der Umgebungstemperatur an. Das klappt aber nur in begrenztem Ausmaß, deswegen verbringen sie die besonders heißen Tage im Wasser oder im Schatten und die kühleren Tage mit aufgesperrtem Maul, um durch Verdunstung ihre Temperatur zu senken, in der Sonne am Ufer liegend. Erbeutet wird alles, was sich bewegt. Die Opfer werden unter Wasser gezerrt und ertränkt. Anschließend wird die Beute zerrissen und in kleinen Stücken verzehrt. Große Beutetiere werden unter Wasser versteckt und erst nach ihrer Verwesung verspeist. Beide Arten sind geschützt und seit dem Jagdverbot von 1971 nicht mehr in ihrer Existenz bedroht.

Das **Süßwasserkrokodil** ist endemisch in Australien, und ist in tropischen Süßgewässern heimisch. Das etwa 2 m lange „Freshie“ hat im Vergleich zum Leistenkrokodil eine längere und schmalere Schnauze und ist meist ungefährlich für den Menschen. Das gefürchtete **Leistenkrokodil** wird bis zu 7 m lang (Männchen, Weibchen nur 5 m) und ist die größte und gefährlichste Krokodilart der Erde. „Salties“ leben sowohl im Salz- als auch im Süßwasser und schwimmen bis zu 1000 km vor den Küsten und bis zu 200 km flussaufwärts. In Gebieten mit Leistenkrokodilen ist große Vorsicht geboten, die Warnschilder sind dringend zu beachten. Im Wasser hat der Mensch gegen die pfeilschnellen Schwimmer keine Chance!

Wer sich Krokodile in aller Ruhe aus der Nähe ansehen möchte, sollte eine **Krokodilfarm** besuchen (z.B. *Johnstone River Crocodile Farm* in Innisfail/QLD o. *Darwin Crocodylus Park* in Darwin/NT).

Kakadu National Park

Der zum UNESCO-Welterbe zählende Kakadu National Park ist mit 20.000 qkm der größte Nationalpark Australiens und zugleich auch einer der bedeutendsten. Der Park wird von seinen Eigentümern, den Aboriginal People, und Mitarbeitern von „Parks Australia" gemeinschaftlich verwaltet.

Eine überaus abwechslungsreiche Flora (1600 Pflanzenarten) und Fauna (mehr als 280 Vogelarten, 60 Säugetierspezies, 120 Reptilienarten und zahlreiche Fischarten) sowie ein enormer Reichtum einzigartiger Aboriginalkultur beeindrucken Besucher aus aller Welt. Hinzu kommt die grandiose Landschaft mit ihren rauen Steilwänden, spektakulären Schluchten, brausenden Wasserfällen und weitläufigen Feuchtgebieten. Trotz der von Jahr zu Jahr steigenden Gästezahlen hat man im Kakadu NP das Gefühl, der Natur sehr nahe zu sein. Bei einer morgendlichen oder abendlichen Bootsfahrt auf dem East Alligator River oder der Yellow Water Lagune kommen die großen Salzwasserkrokodile und seltene Vogelarten dicht vor die Kamera. Bei Wanderungen zu den Felszeichnungen am Ubirr und Nourlangie Rock wird die über 20.000 Jahre alte Aboriginalkultur lebendig.

Reisezeit Der Park ist ganzjährig geöffnet. Während der Trockenzeit von April bis September sind im Allgemeinen alle Straßen geöffnet. Der Besucher-Andrang ist hoch, und die Unterkünfte werden schnell knapp. Im Oktober und November, der sogenannten „Build Up"-Zeit vor Einsetzen des Monsunregens, zieht es, wegen der hohen Temperaturen (bis 37 °C) und des zum Teil geringen Wasserstandes der Teiche und Wasserfälle, weniger Gäste in den Park. Während der Regenzeit (Dez–März) kann es zu Straßensperrungen kommen. Allradpisten, z.B. zu den Jim Jim Falls, sind dann generell gesperrt. Faszinierende Gewitter und Hochwasser zeigen den Park von einer ganz anderen Seite. Von der Tierwelt und vor allem den Krokodilen ist während der Regenzeit kaum etwas zu sehen.

Parkeingang Nord Die **nördliche Eingangsstation** des Nationalparks liegt 45 km östlich von Bark Hut Inn. Eintritt frei.

Strecke Vorbei am *Aurora Kakadu South Alligator* (Tankstelle, Campingplatz und Motel – hier gibt es die Infobroschüre zum Park), gleich nach der Brücke über den South Alligator River, führt eine Nebenstraße zum Vogelbeobachtungspunkt und Picknickstopp **Mamukala.**

Bevor es auf den *Kakadu Highway* nach Süden geht, zweigt eine Asphaltstraße zum **Border Store** und weiter nach **Ubirr** ab (39 km). Auf einem 1 km langen Rundweg sind einzigartige Aboriginal-Felszeichnungen zu sehen. Wer auf den Felsen hinaufsteigt, genießt fantastische Ausblicke auf die Nardab Ebene, besonders bei Sonnenuntergang.

Tipp: Reservieren Sie sich auf der Hinfahrt zum Felsen einen Stellplatz auf dem nahe gelegenen **Merl Camping Area,** denn am späten Nachmittag sind die Plätze häufig belegt. Sehr empfehlenswert ist die von Aboriginal People geführte **Guluyambi Cruise** auf dem East Alligator River. Dabei werden nicht nur die Tier- und Pflanzenwelt, sondern auch die Gebräuche der Schwarzaustralier erklärt. Die Touren starten am Border Store (Tel. 08-89792411).

Arnhem Land

Der Nordosten des Northern Territory stellt eines der größten Wildnisgebiete des australischen Kontinents dar und ist bis heute weitgehend unerschlossen. Das Gebiet birgt eine reiche Aboriginalkultur und -geschichte. Mit ein Grund hierfür waren die von den Ureinwohnern als günstig empfundenen Lebensbedingungen der Region. Die steil abfallende Abbruchkante („Escarpment“) welche das Arnhem Land von den Feuchtsavannen des Kakadu trennt, zieht sich über Hunderte Kilometer hinweg von Nord nach Süd. In den Regenzeiten konnten sich die Bewohner in die höher gelegenen Felsgebiete dieses Plateaus zurückziehen und waren so vor den Überschwemmungen in den Sumpfgebieten geschützt. In der Trockenzeit begegneten ihnen die Feuchtgebiete dann als reich gefüllte Speisekammer.

Nordöstlich von Darwin befindet sich, als Teil des Arnhemlandes, der **Gurig NP** mit der Halbinsel **Cape Don.** Das früher dem Leuchtturmwärter und seiner Familie dienende Haus ist zur „Cape Don Lodge“ umgebaut worden – einem Hotel für zwölf Gäste. Seine Besucher nutzen es gern als Basis für Angeltouren. Die „Seven Spirit Bay“ im Gurig NP ist eine exklusive Übernachtungsstätte inmitten der urwüchsigen Natur von Arnhem Land. Seine Gäste erwartet vor allem Natur, absolute Ruhe und Entspannung vom Alltag. Die Aktivitäten beschränken sich aufs Angeln und Wandern. Das Baden verbietet sich wegen der stets präsenten Krokodilgefahr.

Für Individualreisende sind die Bedingungen schlecht, um Arnhem Land auf eigene Faust zu erkunden. Eine aufwendige Permitbeschaffung, weitreichende Routenbeschränkungen und eine kaum entwickelte Infrastruktur (oft kaum erkennbare Wege ohne Beschilderung) verhindern eine sinnvolle Befahrung. Auch sind die Galerien mit den Felsmalereien auf keiner Karte verzeichnet, ohne Führer würde man sie nie finden. Interessierten seien deshalb die lohnenden, aber nicht billigen Touren von Max Davidson empfohlen (Davidson's Arnhemland Safaris; ▶ s. Darwin „Touren“). Sein Camp besteht aus feststehenden Safarizelten (mit richtigen Betten, jedoch ohne Klimaanlage) und ist saisonal von Mai bis Oktober aufgebaut. Bei allen Touren wird in das Arnhem Land geflogen.

Jabiru

Die „Hauptstadt" des Parks heißt **Jabiru** (am Arnhem Highway). Sie ist das Versorgungszentrum für die umliegenden Ortschaften und Aboriginal-Communities. Unterkünfte aller Art, Supermarkt, Schwimmbad, Flugplatz und Hospital sind vorhanden. Die Siedlung wurde 1978 für die Arbeiter der Uranminen aus dem Boden gestampft, lange bevor der Nationalpark etabliert wurde. Heute wohnen Parkangestellte, Minenarbeiter und Touristen in der kargen Streusiedlung.

Die **Ranger Uranium Mine** östlich von Jabiru kann besichtigt werden (Mai–Okt 3x täglich, Tel. 1-800-089113). Rundflüge über den Park und in das Arnhemland starten vom **Jabiru East Airport** (Kakadu Air, Tel. 1-800-089113, 08-89792411).

Interessante Tagestouren in das Arnhemland und zu den Jim Jim und Twin Falls bietet **Lords Safaris** direkt ab Jabiru an (Tel. 08-89482200, www.lords-safaris.com). Eine der wenigen Möglichkeiten, in das Wildnisgebiet des Arnhemlandes zu gelangen (▶ s. Exkurs S. 302).

Von Jabiru nach Süden

In **Jabiru** beginnt der Kakadu Highway in Richtung Süden. Gleich zu Beginn befindet sich das **Bowali Visitor Centre** (▶ s. Infos) und das Park-Hauptquartier. Das Zentrum bietet umfangreiche Informationen und Merkblätter zu Geologie, Aboriginalkultur, Wanderungen, NP-Campgrounds und zur Pflanzen- und Tierwelt.

Wer in die einsame **Koolpin Gorge** bei den Gunlom Falls im Süden des Parks möchte, muss sich bereits hier das **Permit** holen.

Nourlangie Rock

Die Felsmalereien am **Nourlangie Rock** zählen zu den schönsten des Parks. Einige von ihnen können auf einem 1,5 km langen Rundwanderweg besichtigt werden. Der kurze Aufstieg zum **Gunwarddehwardde-Aussichtspunkt** wird durch einen schönen Blick auf die Abbruchkante (Escarpment) belohnt.

Wer mehr Zeit hat und es sich konditionell zutraut (unterschätzen Sie die Hitze nicht) kann noch einen der mittellangen Wanderwege (zw. 600 m und 6 km lang) in der Gegend des **Nourlangie Felsens** unternehmen. Empfehlenswert ist der kürzere Nawurlandja Lookout Walk, von dem sich ein schöner Blick auf die Umgebung und den Nourlangie Rock selbst eröffnet.

Zurück auf der Hauptstraße führen Stichstraßen zu den **NP-Campingplätzen** „Muirella Park" (Duschen, Toiletten und z.T. Strom) und „Sandy Billabong" (Toiletten, nur mit 4WD erreichbar). Letzterer war 2002 wegen einer tödlichen Krokodilattacke in den Schlagzeilen. Kurz darauf folgt der Abzweig zum **Mirrai Lookout.** Der Gipfel des Mount Cahill kann auf einem mittelschweren Wanderweg bezwungen werden (3,6 km lang).

Jim Jim Falls

43 km südlich des Visitor Centres biegt eine 60 km lange, zum Teil sehr schmale Geländewagenpiste zu den **Jim Jim** und **Twin Falls** ab. Die Piste ist nur während der Trockenzeit geöffnet und nur für 4WD erlaubt. Gegen Ende der Trockenzeit (Sep/Okt) lohnt der Abstecher wegen des Wassermangels an den Wasserfällen jedoch kaum noch.

In den Monaten zuvor stürzt sich das noch reichliche Wasser der Jim Jim Falls von einer fast 200 m hohen Sandsteinkante in einen tiefen See, der auf einem 1 km langen Fußweg erreichbar ist. Baden ist nur möglich, wenn der Wasserstand ausreichend ist – am besten nach der Regenzeit in den Monaten Mai bis Juli. Beachten Sie auf jeden Fall die Krokodilwarntafeln!

Ein weiterer, sehr anstrengender und markierter Wanderpfad führt hinauf auf das Plateau über den Wasserfällen. Für den Barrk Malam Walk sind 4–6 h Gehzeit einzuplanen

Die letzten 10 km Piste zu den Twin Falls stellen für ungeübte Allradfahrer eine Herausforderung dar, da der ca. 1 m tiefe Jim Jim Creek durchquert werden muss. Die Furt ist zwar mit Betonplatten befestigt und mit Wasserstandszeigern markiert, doch kostet es Überwindung, wenn das Wasser über die Motorhaube schwappt. Das Fahrzeug muss deshalb einen hochgesetzten Ansaugstutzen („Schnorchel") haben. Im Fluss gibt es Krokodile, also nicht baden oder durchwaten!

Ein schattiger Fußweg (ca. 1 km) führt dann vom Parkplatz zu den Twin Falls. Früher musste das letzte Stück der Strecke, etwa 250 Meter, schwimmend zurückgelegt werden. Dies ist mittlerweile nicht mehr gestattet. Die traditionellen Eigner des Landes waren dagegen, und außerdem wurden nach der Regenzeit des öfteren Krokodile gesichtet (s. Warntafeln)! Nutzen Sie daher den angelegten Steg oder das Boot, um zu den Fällen zu gelangen. Der Twin Falls Plateau Walk (6 km H/R) ist markiert, von oben bieten sich tolle Ausblicke. In den Teichen oberhalb der Wasserfälle kann gebadet werden.

Einige Kilometer vor dem Abzweig zu den Jim Jim Falls befindet sich rechter Hand der neu errichtete **Garnamarr Campground.**

Cooinda

Auf dem Weg nach Cooinda passiert man das **Warradjan Aboriginal Cultural Centre** (täglich von 9–17 Uhr), das Informationen zu zahlreichen Aspekten der Aboriginalkultur sowie zur Geschichte der Kakadu-Region beleuchtet. **Cooinda** selbst besteht aus kaum mehr als Hotel, Campingplatz, Tankstelle und Laden.

Das angrenzende **Yellow Water** ist eine Inlandlagune des South Alligator Rivers. Vom Parkplatz führt ein kurzer Weg zur Aussichtsplattform. Den besten Blick auf Seeadler, Großstörche (Jabirus), Eisvögel (Kingfisher), Wasserschildkröten, Krokodile und die Pflanzen der Feuchtgebiete hat man allerdings vom Boot aus – bei einer der beliebten *Yellow Water Cruises* (1 bzw. 2stündige Touren, je 3x täglich, Tickets sind in der Gagudju Lodge erhältlich. Ein Bus bringt Sie zum Bootsanleger, Tel. 08-89790145, Reservierung sinnvoll). Die besten Zeiten sind der frühe Morgen oder am späten Nachmittag.

4WD-Abstecher

Südlich von Cooinda trifft die Old Jim Jim Road von Westen auf den Highway. Der Abstecher nach **Maguk (Barramundi Gorge)** ist nur für Geländewagen geeignet (12 km). Auf einem Wanderweg durch den Regenwald erreicht man einen wunderschönen Teich am Fuße des kleinen Wasserfalls. Baden möglich! Ein einfacher Campingplatz ist vorhanden (kein Trinkwasser).

Gunlom Falls

Vom südlichen Eingangstor des Parks führt eine gute Piste zu den **Gunlom Falls** (36 km, an der T-Junction links abbiegen). Die in der Trockenzeit meist nur als Rinnsaal fließenden Wasserfälle können entweder vom Fuße des Berges oder vom darüber liegenden Felsplateau besichtigt werden. Von oben bietet sich ein toller Blick auf den Nationalpark. Baden im Teich ist möglich! Der große **Campingplatz** (Gunlom Camping Area) verfügt über Duschen, Toiletten und Strom. Über die rechte Piste an der T-Junction erreicht man die einsame **Koolpin Gorge** (Jarrangbarnmi).

Vierradantrieb einschalten! Der Besuch und die Übernachtung in der Schlucht sind genehmigungspflichtig (beim Ranger im Visitor Centre frühzeitig anmelden). Die ausgeschilderten Wanderwege entlang der Bachbetten, Wasserfälle und Aussichtspunkte sind einsam und idyllisch. Baden in der Schlucht ist möglich.

Südliche Parkgrenze 11 km südlich der Parkgrenze, die durch ein großes, fotogenes Schild markiert ist, befindet sich das **Mary River Roadhouse** mit Campingmöglichkeit, Hotel und Tankstelle (Tel. 08-89754564). Die nächsten Unterkünfte befinden sich im 60 km entfernten Pine Creek.

Infos im Kakadu NP

Bowali Visitor Centre, Jabiru, Tel. 08-89381120, tägl. 8–17Uhr. Wandertipps, Campingplatzgenehmigungen, Straßenzustände und weitreichende Informationen zu Kultur, Geologie, Flora und Fauna sind erhältlich. Das informative Faltblatt mit Karte ist sogar auf deutsch erhältlich („Ihr Ferienplaner"). **Web-Infos:** www.ea.gov.au/parks/kakadu

Unterkunft und Camping

**** **Gagudju Crocodile Holiday Inn**, Flinders St, Jabiru, Tel. 08-89792800; das Hotel in Krokodilform gilt als das beste im Park.
*** **Aurora Kakadu South Alligator**, Arnhem Highway, Tel. 08-89790166; Mittelklassehotel, 40 km östlich des nördlichen Parkeingangs.
*** **Gagudju Lodge and Caravan Park Cooinda**, Tel. 08-89790111; Motel, Jugendherberge, sowie Stellplätze nahe der Yellow Water Lagune.
*** **Kakadu Lodge and Caravan Park**, Jabiru Drive, Jabiru, Tel. 08-89792422; hat Hotelzimmer, Backpackerunterkunft, Stellplätze und einen kühlen Pool.
* **Kakadu Ubirr YHA,** Oenpelli Rd, Ubirr, Tel. 08-89792232; echte „Busch-Jugendherberge" im nördlichen Teil des Nationalparks.

NP-Campingplätze mit Toiletten und Duschen befinden sich bei Merl, Muirella Park, Mardugal, Jim Jim und Gunlom. Weitere Buschcampingmöglichkeiten (ohne sanitäre Anlagen) sind auf der Detailkarte des Parks markiert. Im Visitor Centre werden hierfür die Genehmigungen ausgestellt. Zum Teil sind die Plätze über das Visitor Centre zu reservieren, ansonsten gilt, wer zuerst kommt, erhält einen Platz („First come first serve").

Alternativstrecke: Auf dem Stuart Highway bis Pine Creek

Litchfield National Park

100 km südlich von Darwin befindet sich der über 1400 qkm große **Litchfield National Park.** Die **Anfahrt** erfolgt normalerweise über den Stuart Hwy und die Ortschaft Batchelor (Tankstelle, Supermarkt, Unterkünfte). Alternativ führt von Norden die *Cox Peninsula Rd* (Schotterpiste) über Berry Springs in den Park, von Süden her die *Daly River Rd* (Schotter- und Sandpiste). Wer nach dem Besuch des Litchfield NP in den Kakadu NP will, kann die nicht befestigte *Marrakai Road* nehmen (nicht beschilderter Abzweig nördlich von Lake Bennett am Stuart Hwy).

Im Vergleich zum Kakadu NP ist die Vegetation zum größten Teil üppig-tropisch. Charakteristisch sind die großen Termitenhügel (*Magnetic Termite Mounds*). Es handelt sich dabei um Kompasstermiten, die ihre Bauten streng nach der Sonnenstrahlung in Nord-Süd-Richtung ausrichten.

Die bis zu vier Meter hohen „Bergsäulen" sind eindrucksvolle Fotomotive. Wasserfälle und natürliche Pools laden zum krokodilfreien Baden ein. Die Straßen zu den Hauptattraktionen im Park sind gut ausgebaut. Für bestimmte Routen (Lost City, Tjaynera Falls) ist allerdings ein Allradfahrzeug erforderlich. In der Regenzeit (Oktober bis April) kann es zur Schließung von Zufahrtsstraßen kommen. Von Autovermietern wird die Befahrung des rauen Lost City Track fast immer kategorisch ausgeschlossen.

Der erste Halt, nach 15 km auf der asphaltierten Parkstraße, sind die herrlich gelegenen **Florence Falls** (mit einfachem NP-Campingplatz). Ein kurzer Wanderpfad führt zu einem idyllisch gelegenen Badepool.

Der Shady Creek Walk führt durch schattigen Regenwald zurück zum Parkplatz. Am **Buley Rockhole** kann am leider oft stark frequentierten Bach und dem kleinen Wasserfall gebadet werden.

Nur mit einem robusten Geländewagen (sofern es der Vermieter gestattet) lässt sich der Abstecher zu den verwitterten Sandsteinformationen von **Lost City** bewältigen (Fahrtdauer mindestens 2 Stunden hin- und zurück). Südlich befinden sich die Relikte der **Blyth Homestead** von 1929.

Die **Tolmer Falls** sieht man nur von oben. Ein Fußweg führt zu einer Aussichtsplattform. Das Baden ist verboten, da in der Schlucht seltene Fledermausarten leben.

An der Wangi Road, die nach Norden führt, liegen die **Wangi Falls,** denen ein großer See und ein Campingplatz mit Kiosk vorgelagert sind. Ein Wanderweg (teilweise steil, ca. 1,6 km) führt rund um den Teich (Billabong). Der „Wangi Tourist Park" (4 km nördlich) ist die komfortable Alternative zum einfachen NP-Campground.

Wangi Falls

Wangi Wildlife Cruises (Tel. 08-89782002) bietet Bootsfahrten auf dem Reynolds River durch den Nationalpark an. Die Touren beginnen mit einem Bustransfer vom Wangi Tourist Park und am Monsoon Café (4 km nördlich der Wangi Falls), je nach Wetter täglich um 9 und 14 Uhr.

Wer über ein Allradfahrzeug verfügt, sollte auf dem Weg nach Süden den Southern Access Track zur Daly River Road wählen. In dieser eher einsamen Gegend sind die **Sandy Creek Falls** (Tjaynera) mit NP-Campingplatz und der abgelegene **Surprise Creek** mit Camping- und Bademöglichkeit ausgesprochen sehenswert.

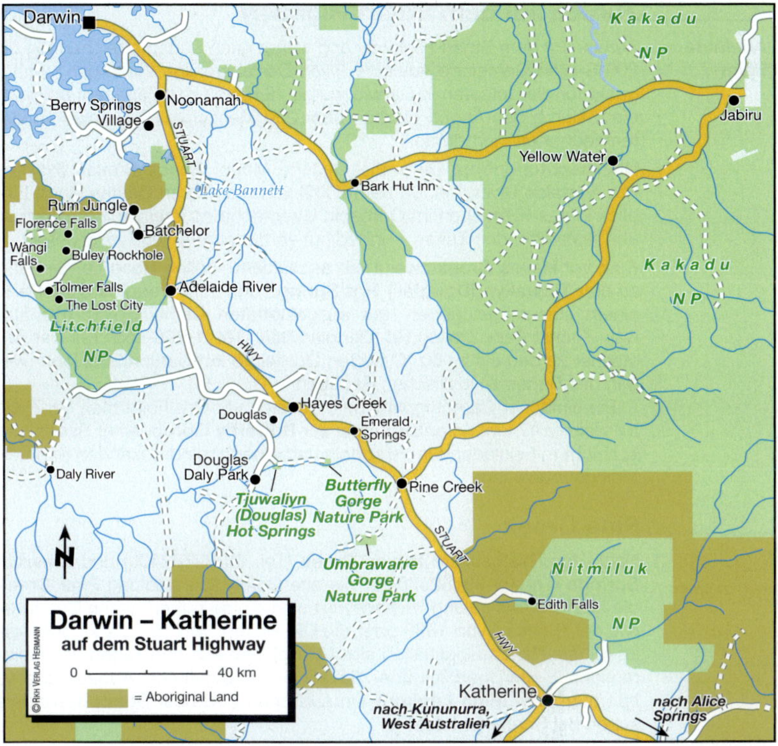

Infos Im Park selbst befindet sich kein Besucherzentrum. Infotafeln geben Auskunft zu Campingplätzen und Wanderwegen. In Batchelor steht ein kleines Nationalparkbüro (Tel. 08-89760282), ansonsten hilft das NP-Büro in Darwin (▶ s. Darwin, Informationen). Straßenzustände können unter Tel. 08-89223394 erfragt werden.

Unterkunft und Camping

*** **Lake Bennett Wilderness Resort**, Chinner Rd, Winnellie Lake Bennett, Tel. 08-89760960 oder 1-800-999089; kurz vor dem Abzweig nach Batchelor, östlich des Stuart Highways, gelegene Ferienanlage mit Bungalows, Hotelzimmern, Backpackerbetten und Camping am künstlichen See (Baden und Kanu fahren möglich).

*** **Batchelor Resort and Caravan Village**, Rum Jungle Rd, Tel. 08-89760123 oder 89760166; Hotel und Campingplatz.

Litchfield Tourist & Van Park, Litchfield Park Rd, Batchelor, Tel. 08-89760070,www.lichtfieldtouristpark.com.au; schöner Campingplatz mit gepflegten Cabins.

Wangi Tourist Park, Litchfield Park Rd, Tel. 08-89782185; einfacher Campingplatz, 4 km nördlich der Wangi Falls.

Einfache **NP-Campgrounds** befinden sich bei den Wangi Falls, Buley Rockhole und an den Florence Falls.

Zurück auf dem Stuart Highway

Adelaide River

Zurück auf dem Stuart Highway und weiter nach Süden erreichen Sie die 200-Seelen-Gemeinde *Adelaide River.* Der ehemalige Versorgungsstützpunkt für die Soldaten in Darwin wurde 1942 von den Japanern bombardiert. Durch den Angriff starben über 200 Menschen. Ein großer Soldatenfriedhof erinnert daran.

Übernachtungstipp: Die nahegelegene Mount Bundy Station (Haynes Rd, Adelaide River, Tel. 08-89767009) vermittelt ihren Gästen einen Einblick in das Farmleben im Outback. Übernachtung in einfachen Zimmern und feststehenden Zelten – unbedingt vorher anrufen und reservieren!

Kurz vor **Hayes Creek** zweigt die asphaltierte Oolloo Road ab. Sie führt zu den **Tjuwaliyn (Douglas) Hot Springs** und zum **Douglas Daly Park,** einem einsam gelegenen, gut ausgestatteten Campingplatz (Douglas Daly Tourist Park, Oolloo Rd, Douglas Daly, Tel. 1-800-155119). Der Abstecher zu den bis zu 60 °C heißen Quellen (8 km Naturstraße) lohnt wegen des Bades im idyllischen Bachbett.

Ein einfacher Campingplatz befindet sich vor Ort. Folgt man der Piste für weitere 17 km, so gelangt man zur **Butterfly Gorge,** einer Sandsteinschlucht mit einladenden Felspools und einer beeindruckenden Schmetterlingspopulation.

Pine Creek

Nach den Rasthäusern **Hayes Creek** (Tel. 08-89782430) und **Emerald Springs** (Tel. 08-89782320) ist die alte Goldgräbersiedlung **Pine Creek** die nächste Ansiedlung. Sehenswert sind einige gut erhaltene Gebäude, wie der Bahnhof von 1888 oder die Old Bakery von 1908, aber auch die im Miners Park ausgestellten alten Maschinen aus den Tagen des Goldrauschs. Einen Überblick über die große, heute geflutete Abbaugrube erhält man vom **Mine Lookout** am südlichen Ende der Stadt, besonders schön bei Sonnenuntergang!

Unterkunft und Camping

** **Pine Creek Hotel**, 49 Moule St, Tel. 08-89761288;
einfaches Hotel mit Klimaanlage.
* **Pine Creek YHA,** 191 Buchanan St, Tel. 08-89761078.
Kakadu Gateway Caravan Park, 181 Buchanan St,
Tel. 08-89761166; Campingplatz.

Übernachtungstipp: Eine Übernachtungsalternative zu Pine Creek, insbesondere für Pferdeliebhaber, ist das **Bonrook Resort** (Tel. 08-89761232, www.bonrook.com) des Schweizers Franz Weber. 7 km südlich von Pine Creek lässt es sich im Wildpferdereservat gepflegt schlafen und speisen. Reittouren werden angeboten.

Weiterfahrt nach Süden

3 km südlich von Pine Creek biegt eine unbefestigte, teilweise etwas ausgewaschene Straße zum 22 km entfernten **Umbrawarra Gorge Nature Park** ab. Auf einem etwa 15 Min. langen Fußweg vom Parkplatz aus erreicht man die spektakuläre Schlucht mit ihren steilen roten Felswänden und den erfrischenden Wasserbecken (nicht in der späten Trockenzeit). Ein einfacher Campingplatz ist vorhanden.

Auf halber Strecke nach Katherine weist ein Schild den Weg zu den **Edith (Leliyn) Falls,** die ein Teil des **Nitmiluk National Parks** sind (20 km, asphaltiert). Die Wasserfälle fließen in einen üppig umwachsenen Teich, der sich bestens zum Baden eignet. Der lohnenswerte Leilyn Trail (2,6 km) führt steil hinauf zum Plateau und rund um die darunter gelegenen Pools – Badesachen und Fotoapparat nicht vergessen! Der Campingplatz vor Ort hat Duschen, Toiletten und Trinkwasser.

Tipp für Wanderer: Von Edith Falls zur Katherine Gorge führt ein 66 km langer Weitwanderweg über die Höhenzüge und durch Schluchten. Geführte Fünftagestouren bietet *Gecko Tours* von Katherine aus an (s. Katherine Touren).

Katherine

Katherine, 314 km südlich von Darwin am Stuart Highway gelegen, ist mit 11.500 Ew. die drittgrößte Stadt des Northern Territory. Sie ist Servicezentrum und Touristenstadt zugleich. Das **Katherine Museum** (Giles St, im alten Flughafen, tägl. geöffnet) vermittelt den Besuchern die Geschichte der Region, und in der **School of the Air** (Giles St, Touren März–Nov, Mo–Fr 9, 10 und 11 Uhr, Tel. 1-800-65342) kann man den Kindern beim Schulunterricht über Funk zuhören.

Als Ausgangspunkt für Ausflüge in die nahegelegene Katherine Gorge stoppen die meisten Besucher jedoch in erster Linie für einen klimatisierten Einkauf und zum Tanken. Interessant ist ein Besuch oder sogar eine Übernachtung auf der **Springvale Homestead,** 8 km südwestlich der Stadt. Die Farm ist die älteste des „Territory" und für Gäste geöffnet (▶ s. Unterkunft und Camping).

Wer über Timber Creek und Kununurra weiter nach Westaustralien reisen will, muss in der Stadtmitte auf den Victoria Highway abzweigen – vorher sollten die Vorräte im gut sortierten Einkaufszentrum von Katherine aufgestockt werden.

Infos

Katherine Visitor Centre, Ecke Lindsay St/Katherine Tce, Tel. 1-800-653142 oder 08-89722650. Sehr hilfreiches Büro am südlichen Ortseingang mit vielen Infos zu Touren und Unterkünften in der Umgebung. www.krta.com.au.
Parks & Wildlife Commission, 1920 Gildes St, Tel. 08-89738888. Das gut ausgestattete Nitmiluk Visitor Centre befindet sich am Parkeingang zur Katherine Gorge.

Internet

Didj Shop Internet Café (3/22 Katherine Tce).

Unterkunft und Camping

*** **Pine Tree Motel**, 3 Third St, Tel. 08-89722533; kleines Stadthotel mit Pool.
** **Springvale Homestead**, Shadforth Rd, Tel. 08-89721355;
typische Outbackfarm mit Motelzimmern und Campingplatz am Fluss.
* **Palm Court YHA,** Ecke Thrid/Giles Sts, Tel. 08-89722722;
Jugendherberge in einem alten Motel mit Schwimmbad.

Katherine Low Level Caravan Park, 3649 Shadforth Rd, Tel. 08-89723962; schattiger Platz, 5 km westlich der Stadt in Richtung Kununarra.

Touren

- *Travel North* (6 Katherine Terrace, Tel. 1-800-089103 oder 08-89719999) bietet Touren in und um Katherine sowie in den Kakadu National Park an.
- *Manyallaluk – The Dreaming Place* (Tel. 1-800-644727 oder 08-89754727). Empfehlenswerte Aboriginal-Kulturtouren rund um Katherine, ein oder mehr Tage, auch für Selbstfahrer. Buchung über Travel North.
- *North Australian Helicopters* (Lot 1224 Victoria Hwy, Tel. 08-89721666 oder 1-800-621717 oder im Nitmiluk Visitor Centre); Rundflüge über den Nationalpark und die Umgebung von Katherine.
- *Gecko Tours* (Tel. 1-800-634319, www.geckotours.com.au) bietet interessante Wander- und Kanutouren abseits der Touristenströme in der Katherine Region an.

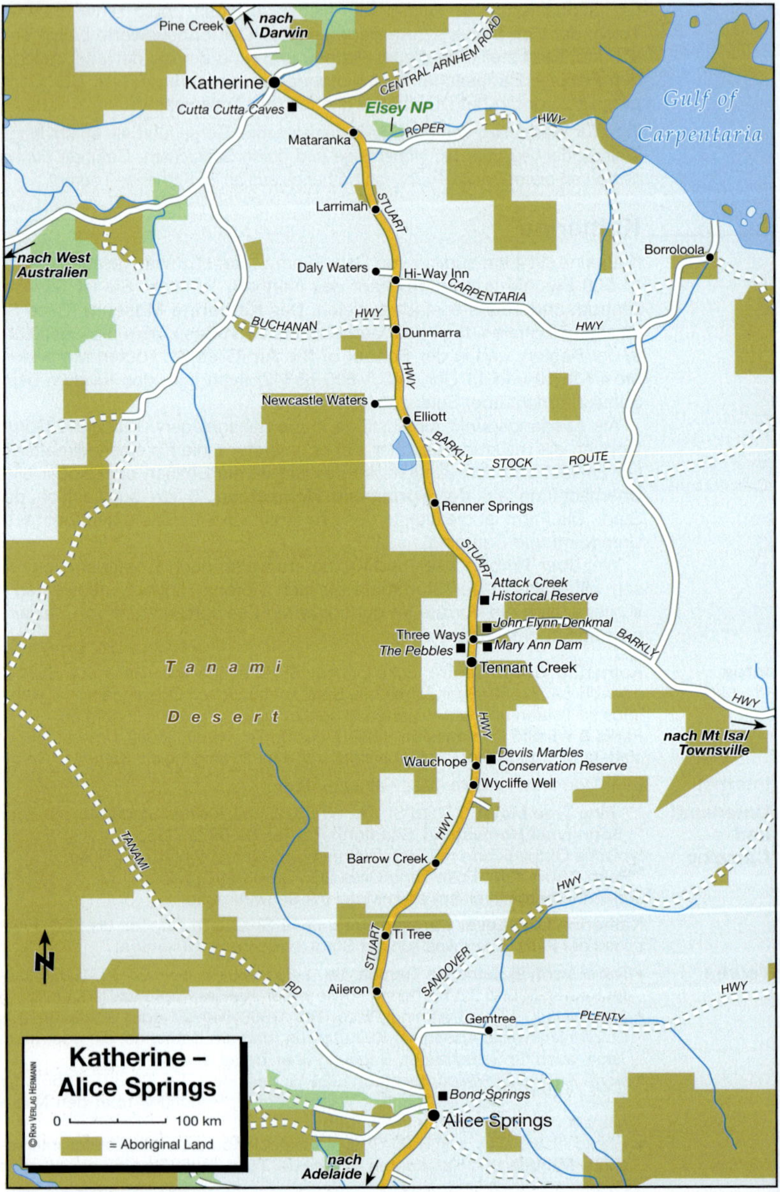
Pine Creek
nach Darwin
Katherine
Cutta Cutta Caves
Central Arnhem Road
Elsey NP
Roper
Hwy
Gulf of Carpentaria
Mataranka
Larrimah
Stuart
nach West Australien
Daly Waters
Hi-Way Inn
Carpentaria
Hwy
Borroloola
Buchanan
Hwy
Dunmarra
Hwy
Newcastle Waters
Elliott
Barkly
Stock
Route
Renner Springs
Stuart
Attack Creek Historical Reserve
John Flynn Denkmal
Three Ways
The Pebbles
Mary Ann Dam
Barkly
Tennant Creek
Tanami
Desert
Hwy
Hwy
nach Mt Isa/ Townsville
Wauchope
Devils Marbles Conservation Reserve
Wycliffe Well
Hwy
Tanami
Barrow Creek
Hwy
Ti Tree
Stuart
Sandover
Aileron
Rd
Hwy
Gemtree
Plenty
Katherine – Alice Springs
0 100 km
= Aboriginal Land
© RKH Verlag Hermann
Bond Springs
Alice Springs
nach Adelaide

Nitmiluk National Park (Katherine Gorge)

Der 29 km östlich von Katherine gelegene Park gehört den Jawoyn-Aboriginals. Verwaltet wird er jedoch von der Nationalparkbehörde. Hauptattraktion ist die **Katherine Gorge,** ein System aus 13 spektakulären, von hohen Sandsteinwänden gebildeten Schluchten, an deren Wänden sich zahlreiche kulturelle Stätten und Felsmalereien der Aboriginal People befinden. Die Schlucht kann auf verschiedene Weise erkundet werden: zu Fuß auf den markierten Wanderwegen, auf einer Bootstour, paddelnd im Mietkanu oder per Helikopter.

Wer paddeln möchte, sollte sich zuvor über den Wasserstand in der Schlucht informieren. Teilweise sind leichte Stromschnellen oder Trockenstellen zu überwinden, was ein beschwerliches Tragen der Kanus erfordert. Informationen zu Wanderungen und Bootsfahrten sind im modern gestalteten **Nitmiluk Visitor Centre** am Parkeingang erhältlich. Daneben wird Besuchern Geologie, Aboriginalkultur und Landschaft des Parks näher gebracht.

Infos **Nitmiluk Visitor Centre**, Tel. 08-89721886, tägl. 7–19 Uhr.

Unterkunft und Camping **Nitmiluk (Katherine Gorge) Caravan Park**, Tel. 08-89721253; gut ausgestatteter Campingplatz direkt an der Schlucht. Nachts kommen häufig Warane und Wallabies auf den Platz.
Entlang der Schlucht gibt es weitere einfache **Campingspots** für Wanderer und Paddler. Genehmigungen erteilt das Visitor Centre.

Anreise *Travel North* (▶ s. Katherine, Touren) bietet mehrmals täglich Bustransfers von Katherine in den Park und zurück an (A$ 21 hin und zurück).

Cutta Cutta Caves

Der Cutta Cutta Caves Nature Park liegt 27 km südlich von Katherine. Hauptattraktion sind die Tropfsteinhöhlen mit ihren meterhohen Stalaktiten und Stalagmiten. Die Höhlen sind außerdem Heimat der seltenen und vom Aussterben bedrohten Fledermausart *Ghost and Orange Horseshoe*. Geführte Touren werden täglich um 9, 10, 11, 13, 14 u. 15 Uhr angeboten (Tickets gibt es im Kiosk). Während der Regenzeit (Dez–Apr) sind die Höhlen zum Teil überschwemmt (Infos unter Tel. 08-89721940).

23 km südlich der Cutta Cutta Caves beginnt die unbefestigte *Central Arnhem Road* ihren 750 km langen Weg nach Nhulunbuy (Gove Peninsula). Für die beschwerliche Allradpiste ist eine Genehmigung erforderlich (Northern Land Council, Katherine, Tel. 08-89272894).

Mataranka

Die kleine, ländliche Siedlung **Mataranka** wurde durch die Autorin Jeannie Gunn bekannt, die in ihrem 1908 verfassten Roman *„We of the Never Never"* ihr Leben auf der Elsey Farm beschrieb. Ihr verdankt das Northern Territory den klangvollen Beinamen **„Never Never Land"**. Im Ort befinden sich Übernachtungsmöglichkeiten, Tankstelle und ein kleiner Shop.

Die heißen **Quellen von Mataranka** im Elsey National Park sind ein bedeutender Anziehungspunkt für Besucher. Die 7 km südöstlich der eigentlichen Ortschaft gelegenen Thermalquellen sprudeln inmitten tropischer Vegetation und laden zu einem zwar entspannenden, aber nicht gerade erfrischenden Bad ein. Verdorben wird das Badevergnügen, wenn gerade wieder einmal Hunderte Fledermäuse in den Bäumen nisten und unerträglichen Gestank und Lärm verbreiten. Normalerweise passiert dies aber nur während der Regenzeit. „That's nature!"

Unterkunft und Camping

** **Mataranka Homestead Tourist Resort,** Homestead Rd, Tel. 08-89754544; Resort mit Bungalows, Backpackerzimmern und einem Campingplatz direkt an den Quellen.

2 km nördlich der Ortschaft (Abzweig vom Highway) befindet sich der natürliche Thermalpool **Bitter Springs.** Der sehr idyllisch gelegene Pool hat Picknicktische, Toiletten und Grillstellen. Nicht weit davon entfernt besteht bei **Mataranka Cabins & Camping** die Möglichkeit zur Übernachtung (Martin Rd, Bitter Springs, Tel. 08-89754838).

Elsey National Park

Im übrigen Teil des Elsey National Park (Zufahrt über die Homestead Road und dann auf den John Hauser Drive abzweigen) trifft man weit weniger Besucher als an den Quellen. Wandern, schwimmen, Kanu fahren oder angeln sind beliebte Beschäftigungen im Park. Vom **12 Mile Campground** (Tel. 08-89754789) mit Kanuvermietung und Kiosk, am Ende der Straße, schlängelt sich entlang des Flusses ein Wanderweg zu den schönen **Mataranka Falls** (4 km).

Auf dem Stuart Highway nach Süden

Südlich von Mataranka trifft der Roper Highway von Osten auf den Stuart Highway (▶ s. Special-Tour: Mit dem 4WD auf dem Gulf Savannah Way von Cairns nach Darwin). Zunehmend trockener und karger wird die Landschaft entlang des Highways nach Süden. Das Straßendorf **Larrimah** mit Tankstelle und Unterkunft (Tel. 08-89759931) war im Zweiten Weltkrieg eine Truppenbasis für 3000 Soldaten.

Daly Waters

Im historischen **Daly Waters Pub,** einer echten Busch-Kneipe 80 km südlich, gibt es riesige Frühstücksportionen. In den 1930er Jahren wurde die Raststätte für die Zwischenlandungen der Qantas-Flüge gebaut. Im Pub (Tel. 08-89759927) und im „Daly Waters Hi-Way Inn" (Tel. 08-89759925) an der Kreuzung zum Carpentaria Highway kann in einfachen Zimmern oder auf dem Campingplatz übernachtet werden.

Vorbei am *Roadhouse Dunnmarra* (Tel. 08-89759922) weist ein Schild, 19 km vor Elliot, auf die historische, jedoch längst ausgestorbene Stadt **Newcastle Waters** hin. Auf Informationstafeln wird der couragierten Pioniere des Outbacks gedacht und wie sie ihr Vieh „in the early days" durch das unwirtliche Land trieben.

Die kontinentale Wüstenzone rückt näher, was sich vor allem in der immer dürrer werdenden Vegetation äußert. Akazien und Spinifex-Gräser lösen die großen Eukalypten ab.

Elliot

Das 600-Einwohner-Dorf **Elliot** bietet Unterkunft, Camping, Tankstelle und Shop (Elliot Hotel, Tel. 08-89692069). Etwa 100 km südlich des Rasthauses *Renner Springs* (Tel. 08-89644505) zweigt eine Nebenstraße zum Felsen **Churchills Head** ab. Der Stein soll dem Kopf des berühmten britischen Politikers ähnlich sehen. Das **Attack Creek Historical Reserve** gedenkt den Kämpfen zwischen dem Expeditionskorps des John McDouall Stuart und den lokalen Warramungu-Aboriginals im Jahre 1860.

Three Ways Das Rasthaus an der T-Junction **Three Ways** (Tel. 08-89622744) ist ein beliebter Stopp für Lastwagenfahrer und Reisende, die von der Ostküste, aus dem tropischen Norden oder aus dem Zentrum kommen. Hier gibt es Motelzimmer, Stellplätze und zünftige *Counter Meals.* Ein großes **John Flynn Denkmal** (Gründer des Royal Flying Doctor Service) steht an der Straße.

The Pebbles Auf den nächsten 25 km bis Tennant Creek zweigt eine 6 km lange Piste nach Westen zu **The Pebbles** (Kundjarra) ab, einem heiligen Ort der australischen Ureinwohner. Die Granitfelsen sind nicht ganz so groß wie die bekannten Devils Marbels weiter südlich, leuchten aber bei Sonnenuntergang mindestens genauso eindrucksvoll. Ein Stück weiter passiert man die alte **Telegraph Station,** die 1875 für die *Overland Telegraph Line* erbaut wurde.

5 km vor der Stadt lädt der Stausee **Mary Ann Dam** zum Baden und Picknick ein.

Tennant Creek

Die Outbackstadt (3500 Ew.) wird wegen ihrer zentralen Lage, ihrer Goldvorkommen und ihrer freundlichen Bewohner als „Goldenes Herz des Northern Territory“ bezeichnet. Goldfunde lösten hier 1933 Australiens letzten Goldrausch aus. Über 700 Goldsucher zogen nach Tennant Creek, das sich erst dadurch zur Stadt entwickelte. Heute ist Tennant Creek Versorgungszentrum für die umliegenden Farmen und die Arbeiter in den Goldminen, für Reisende ist es der letzte größere Zwischenstopp vor Alice Springs. Noch immer rangiert die Goldproduktion von Tennant Creek an dritter Stelle in Australien. Übrigens: Der eigentliche Fluss, nach dem die Stadt benannt ist, befindet sich 12 km nördlich, bei der **Old Telegraph Station.**

Die Geschichte des Goldrausches sowie die Gewinnung des glänzenden Edelmetalls wird auf Touren durch die unterirdischen Goldminen des **Battery Hill Mining Centres** sowie dem dazugehörigen Museum veranschaulicht (Battery Hill Peko Road, Tel. 08-89621281). Wer selbst einmal Gold suchen möchte, kann sich westlich der Stadt im **Warrego Fossicking Area** versuchen. Genehmigungen erteilt das Visitor Centre. Das neue, von Aboriginal People geführte **Nyinkka Nyunyu Kulturzentrum** (Paterson Street, tägl. 9–16 Uhr) informiert über die Ureinwohner Nordaustraliens, stellt aktuelle Aboriginalkunst aus und bietet geführte Touren durch die Umgebung an.

Infos

Tennant Creek Visitor Centre (Peko Rd am Battery Hill, Tel. 08-89623388, tägl. 9–17Uhr, So nur bis 12 Uhr). Sehenswertes Besucherzentrum, das auch Minentouren, Übernachtungen und Ausflüge vermittelt. www.tennantcreektourism.com.au.

Unterkunft und Camping

*** **Bluestone Motor Inn**, Paterson St, Tel. 08-89622617; Mittelklassehotel.
* **Safari Backpacker YHA,** 12 Davidson St, Tel. 08- 89622207; kleine Jugendherberge im Stadtzentrum.

The Outback Caravan Park, Peko Rd, Tel. 08-89622459; gepflegter schattiger Platz mit Cabins, Pool und Shop.

Weiterfahrt

Devils Marbles

103 km südlich von Tennant Creek liegen die *Devils Marbles.* Die sogenannten Teufelsmurmeln sind eine Ansammlung riesiger Granitkugeln, die spektakulär aus der Ebene ragen. Nach dem Glauben der Ureinwohner stellen die runden Felsbrocken die Eier der Regenbogenschlange dar. Eine einfache Campingmöglichkeit (ohne Wasser) ist bei den Felsen gegeben – für Fotografen eine tolle Möglichkeit, die Felsen morgens oder abends in leuchtenden Farben abzulichten.

Wauchope ist ein einsames Nest mit Hotel und Campingplatz (Tel. 08-80641963), zugleich ein angenehmer Stopp für ein kühles Getränk. Etwas weiter wirbt der schattige Campingplatz **Wycliffe Well** mit Ufo-Sichtungen (Tel. 08-89641966, mit Pool und Cabins). Die Bar in Wycliffe Well wirbt mit der größten Bierauswahl Australiens. Wahrscheinlich ist das auch der Grund für die Sichtung unbekannter Flugobjekte. Nach weiteren 109 km ist die rustikale, aus Stein erbaute **Barrow Creek Telegraph Station** erreicht (kleine Ausstellung zur Entwicklung der australischen Kommunikationstechnik). Das angrenzende „Barrow Creek Hotel" (Tel. 08-89569753) zeichnet sich durch viele alte Erinnerungen aus. Vom **Ti Tree Roadhouse** (+90 km, Tel. 08-89569741, mit Camping) sind es noch 190 km bis Alice Springs. Unterwegs kann man im Rasthaus **Aileron** (Tel. 08-89569703) campieren oder im Hotel übernachten.

Lohnender Abstecher Gem Tree

Ein echtes **Outback-Erlebnis** ist der Abstecher nach **Gem Tree** (70 km auf dem asphaltierten Plenty Highway nach Osten). Dort gibt es einen skurrilen, ziemlich staubigen Campingplatz (mit kleinem Laden und Tankstelle), dessen Besitzer „Fossicking"-Touren in die umliegenden Edelsteinfelder (Gem Fields) anbietet. Die von den Teilnehmern gefundenen Edel- bzw. Halbedelsteine werden auf Wunsch in der eigenen Edelsteinschleiferei am Campingplatz bearbeitet und ihr Wert geschätzt (Tel. 08-89569855, www.gemtree.com.au).

Wer im Besitz eines 4WD ist, kann direkt über den anspruchsvollen *Cattlewater Pass* in die East MacDonnell Ranges nach Süden weiterfahren. Ansonsten gilt es auf den Stuart Highway zurück zu kehren, um nach Alice Springs zu gelangen.

26 km nördlich von Alice zweigt die Geländewagenpiste *Tanami Road* in die Kimberley Region in Westaustralien ab. Etwa auf gleicher Höhe, östlich des Highways, liegt die **Bond Springs Farm.** Auf der 1500 qkm großen Rinderfarm werden Übernachtungen und Mahlzeiten im ländlichen Stil angeboten. Das Preis-Leistungsverhältnis wurde aber schon öfter gerügt. (**** Bond Springs Farm, 24 km nördlich Alice Springs. Achtung, Abzweig am Stuart Hwy ist nicht ausgeschildert! Tel. 08-89529888, www.outbackretreat.com.au).

Alice Springs

Überblick

Mit rund 27.000 Einwohnern ist Alice Springs die zweitgrößte Stadt des Northern Territory und unumstrittene Hauptstadt im Roten Herzen des Kontinents. Die ehemalige Pionierstadt am Todd River, die bei ihrer Gründung nicht mehr als eine einfache Telegrafenstation war, hat sich zu einer modernen Outback-Stadt entwickelt. Mit interessanten Sehenswürdigkeiten, einer großen Auswahl an Unterkünften, heiteren Veranstaltungen, Einkaufsmöglichkeiten und guten Restaurants ist „The Alice", wie die Stadt von den Australiern liebevoll genannt wird, mehr als nur ein Ausgangspunkt für Touren zum Ayers Rock.

Klima

In Alice Springs herrscht ein typisches Halbwüsten-Binnenklima. Die Sommer sind tagsüber mit bis zu 45 °C extrem heiß. Nachts kühlt es auf 25 °C ab. Vereinzelt gibt es starke Niederschläge in Form von Gewittern, welche die meist ausgetrockneten Flussläufe blitzschnell füllen. Im Winter ist es trocken und mit Tagestemperaturen von 20–25 °C sehr angenehm. Die Nächte sind mit Temperaturen um den Gefrierpunkt dann sogar empfindlich kalt.

Geschichte

Die Region ist seit über 30.000 Jahren vom Stamme der **Aranda-Aboriginals** bewohnt. Zwischen dem einzigen Wasserloch in Alice und den zuverlässigen Wasserquellen in der Bergkettte der MacDonnell Ranges zogen sie umher.

Nachdem die Küsten erschlossen waren, galt der Ehrgeiz der Kolonialherren der Erschließung des Landesinneren. Die Eisenbahn sollte den Kontinent von Süd nach Nord durchqueren. Zuvor wurde aber eine Überland-Telegrafenlinie gebaut, die durch das heutige Alice Springs führte.

1870 entdeckte **William Mills** ein Wasserloch in einem ausgetrockneten Flussbett. Den Fluss benannte er nach dem damaligen Postminister von South Australia, Charles Todd und das Wasserloch nach dessen Gattin *Alice*. Mit dem Bau der Overland Telegraph Line (1871) kamen bald darauf die ersten Europäer in das Landesinnere und ließen sich am Todd River nieder. Ihnen folgten afghanische Kameltreiber, Missionare und Minenarbeiter in eine Gemeinde, die im Januar 1889 von der südaustralischen Regierung **Stuart** genannt wurde. 1926 lebten gerade einmal 40 Einwohner in Stuart. Der Aufschwung erfolgte durch die Fertigstellung der **Bahnlinie** im Jahr 1929, die fortan Adelaide mit dem Roten Zentrum verband. 1933, als die Bevölkerungszahl auf 200 gestiegen war, wurde die Stadt offiziell in **Alice Springs** umbenannt.

Während des 2. Weltkrieges übernahm Alice die Verwaltungsaufgaben, die im bombardierten und evakuierten Darwin nicht mehr bewältigt werden konnten. Mit der Stationierung von Truppen stieg die Bedeutung der Zentrumsstadt immens. In den Nachkriegsjahren galten die Bemühungen vor allem dem Ausbau der Infrastruktur. Mit der durchgängigen **Asphaltierung des Stuart Highway** im Jahr 1987 – er war bis dahin tatsächlich eine raue Piste – begann der Tourismus einen lang anhaltenden Aufschwung zu nehmen. Trotz der beachtlichen Bevölkerungsentwicklung ist Alice Springs ein ruhige Provinzstadt geblieben. Das offensichtlichste Problem ist der Alkoholismus der Aboriginal People, die hier einen höheren Anteil an der Gesamtbevölkerung haben als im Landesdurchschnitt.

ASP ▸ ADL

Adressen & Service Alice Springs

An- und Abreise

Per Flugzeug

Der moderne, übersichtliche Flughafen liegt 14 km südlich der Stadt am Stuart Highway. www.ntapl.aliceairport.com.au. Der **Alice Springs Airport Shuttle** (Tel. 1-800-62188 oder 08-89530310) verkehrt zwischen dem Airport und den Unterkünften der Stadt (A$ 12 einfach, A$ 20 H/R). Am Vortag des Abflugs muss reserviert werden. Eine **Taxifahrt** zum Flughafen kostet etwa A$ 30 – mit Staus muss nicht gerechnet werden (Taxi Tel. 08-89530979).

Bahn und Bus

Der **Bahnhof** liegt westlich des Zentrums an der Railway Terrace. Der Fernzug „The Ghan“ (Adelaide – Alice Springs – Darwin) verkehrt jeweils montags, dienstags, donnerstags und samstags. Infos: Tel. 132147 oder 08-82134592, www.railaustralia.com.au.

Die *Greyhound*-**Überlandbusse** fahren vom Coles Complex (Einkaufszentrum) an der Gregory Terrace ab. Tickets und Fahrplanauskünfte sind im Büro im Einkaufszentrum erhältlich (Tel. 08-89523952). Es besteht Reservierungspflicht.

Infos

Central Australian Tourism Visitor Centre, 60 Gregory Terrace, Tel. 08-89525800, Mo–Fr 8.30–17.30 Uhr, Sa/So 9–16 Uhr. Hilfreiches und kompetentes Personal berät über Ausflüge, Touren und die Nationalparks im Roten Zentrum. Infos zum gesamten Northern Territory und Landkartenverkauf. www.centralaustraliantourism.com.

Am **Flughafen** gibt es einen kleinen Info-Schalter mit den wichtigsten Broschüren.

Central Lands Council (33 North Stuart Hwy, Tel. 08-89516320, Fax 08-89534345, Mo–Fr 8–12 und 14–16 Uhr, www.clc.org.au). Ausstellung von Permits für die Durchquerung von Aboriginal-Land, z.B. der Great Central Road. Um Wartezeiten zu vermeiden, empfiehlt es sich, die Genehmigungen bereits vor Reiseantritt bzw. von zu Hause aus zu beantragen.

Für die Mereenie Loop Road ist das Permit im Visitor Centre, Glen Helen, Kings Canyon oder Ayers Rock Resort erhältlich (▶ s. „Rundreise im Roten Zentrum“).

Parks & Wildlife Commission of NT, Arid Zone Research Institute, South Stuart Hwy (zwischen Flughafen und Innenstadt, ausgeschildert), Tel. 08-89518211. Infos zu den Nationalparks.

Im Obergeschoss des Einkaufszentrums Alice Plaza befindet sich das **Department of Infrastructure, Planning & Environment** (Tel. 08-89519200, Mo–Fr 9–16 Uhr). Hier sind detaillierte Landkarten zu Outbackpisten, aktuelle Informationen zu Straßenzuständen und zu Nationalparks erhältlich.

Blick vom Anzac Hill

Öffentliche Verkehrsmittel

Die Stadt ist kompakt und überschaubar aufgebaut. Fast alle Straßen verlaufen rechtwinklig. Die meisten Sehenswürdigkeiten sind im Zentrum und daher eigentlich zu Fuß erreichbar. Die sengende Hitze verlockt jedoch insbesondere in den Sommermonaten, selbst bei kurzen Strecken, zur Nutzung des klimatisierten Fahrzeugs. Die weiter entfernt gelegenen Sehenswürdigkeiten wie Royal Flying Doctor Service oder School of the Air sollten mit dem Fahrzeug oder auf einer geführten Tour besucht werden.

Der zentrale Busterminal befindet sich vor dem Yepernye Einkaufszentrum in der Hartley Street. Der öffentliche **Busverkehr** (Tel. 08-89500500) bedient auch die äußeren Stadtteile. **Stadtrundfahrten** bietet *Alice Wanderer Town Tours* an (74 Palm Cct, Tel. 08-8952-2111).

Wie, wo, was ...

Automobilclub

Outback Vehicle Recovery, 58 Sargent St, Tel. 08-89521087.
Nur Reparatur- und Pannenservice.

Auto- und Campervermietung

- *Apollo Motorhomes,* 78 Todd St, Tel. 08-89555305
- *Avis Rental Car,* 52 Hartley St, Tel. 08-8953553; Flughafen Tel. 08-89523694
- *Britz/Maui Campers,* Ecke Stuart Hwy/Power St, Tel. 08-89528814 oder 1-800-331454.
- *Budget Car Rental,* Capricorn Centre, Gregory Tce, Tel. 08-89528899; Flughafen Tel. 08-89528899
- *Hertz NT Cars,* 76 Hartley St, Tel. 08-89522644; Flughafen Tel. 08-89528697.
- *Kea Campers,* 7 Kidman St, Tel. 08-89555525.
- *Thrifty Cars,* Ecke Stott Tce/Hartley St, Tel. 08-89529999; Flughafen Tel. 08-89555233

Banken

Die Filialen der großen Bankhäuser sind in der Todd Mall und der Parsons St vertreten. Öffnungszeiten: Mo–Do 9.30–16 Uhr, Fr bis 17 Uhr.

Busse

▶ s. Anreise per Bahn und Bus

Einkaufen

Vom Buchladen über Souvenirgeschäfte bis zum Ausrüstungsladen findet man in der **Fußgängerzone Todd Mall** so ziemlich alles.

Aboriginalkunst wird in zahlreichen Galerien der Fußgängerzone verkauft. Wer lieber direkt bei den Künstlern kaufen möchte, findet eine große Auswahl, insbesondere an ungerahmten, leicht transportierbaren Bildern, im *CAAMA Shop* (101 Todd St, gegenüber Melanka Lodge, Mo–Fr geöffnet) und bei *Warumpi Arts* (105 Gregory Terrace).
Camping- und Outdoorartikel sind bei *Alice Springs Disposals* (Reg Harris Lane) und *Desert Dwellers Camping Equipment* (38 Elder St) erhältlich.
Im Gegensatz zu anderen Städten gibt es in Alice Springs keine Shoppingkomplexe außerhalb der Innenstadt.
Der **Flohmarkt** in der Todd Mall findet jeden zweiten Sonntagvormittag statt.
Ausrüstungstipp: Falls Sie es nicht schon haben, kaufen Sie sich spätestens hier ein **Fliegennetz!** Die Fliegenplage geht von September bis April. Sie mag im Stadtgebiet von Alice Springs kaum wahrnehmbar sein, aber außerhalb der Stadtgrenze ist sie es ganz bestimmt. Günstige Netze gibt es bei *Coles* und *Woolworth.*

Essen und Trinken

Trotz der relativ geringen Einwohnerzahl ist die Auswahl an Restaurants, Cafés und Bars ausreichend. Fürs schnelle Mittagessen eignet sich die **Food Hall** im Einkaufzentrum „Alice Plaza".
Oscars Café (Tod Mall, Cinema Complex, Tel. 08-89530930, täglich ab 9 Uhr) bietet gute Seafood-Gerichte und leichte Speisen zu fairen Preisen an.
Overlanders Steakhouse (72 Hartley St, Tel. 08-89522159) serviert australische

Spezialitäten wie Emu, Kamel, Känguruh und Krokodil. Reservierung sinnvoll. Im *Café des Royal Flying Doctor Service* (Stuart Terrace) gibt es „Hausfrauen-Kuchen" und kühle Getränke im schattigen Garten.

Organisierte Abendessen finden immer mehr Zuspruch. *Red Centre Dreaming* (Tel. 1-800-089616, im Red Centre Resort, 23 km nördl. am Stuart Hwy) bietet ein Menü mit Aboriginaltanz und -musik. *The Camp Oven Kitchen* (Tel. 08-89522922) veranstaltet Di, Do und Sa ein Bush-Dinner mit Country-Musik und Lagerfeuer. „Take a camel out to dinner": Wer einmal mit dem Kamel zum Frühstück oder zum Abendessen reiten möchte, kann dies bei *Frontier Camel Tours* tun (Tel. 08-89530444). Im Preis sind auch die Abholung von der Unterkunft sowie der Rücktransfer enthalten.

Fluggesellschaften
- Airlink, Tel. 08-89505242 oder 131313
- Airnorth, Tel. 08-89526666
- Qantas/Jetstar, Tel. 08-89505250 oder 131313

Internet The Todd Internet Café, 82 Todd St.

Krankenhs. Alice Springs Hospital, Gap Rd, Tel. 08-89517777

Kultur und Unterhaltung

Musik/Theater In *The Stuart Arms* (Todd Mall) und in *Sean's Irish Bar* (51 Bath St, gegenüber vom K-Mart) herrscht bei Live-Musik und Bier gute Stimmung.
Im *Sounds of Starlight Theatre* (40 Todd Mall Tel: 08- 89530826) spielt der Didergidoovirtuose Andrew Langford. Das *Araluen Arts Centre* (Larapinta Drive, Tel. 08-89511120) hat Theater, Filme oder Konzerte im Programm.

Museen *Aboriginal Art & Culture Centre*, 86 Todd St, tägl. 9–16 Uhr geöffnet.
Alice Springs Cultural Precinct, Ecke Larapinta Dve/Memorial Ave, tägl. 10–17 Uhr.

Kino *Alice Springs Cinema*, Todd Mall, Tel. 08-89532888. Casino
Lasseters Hotel Casino, 93 Barrett Dr, Tel. 08-89507777.

Festivals Mitte **Juli:** *Camel Cup* – spektakuläres Kamelrennen mit Volksfest.
August: *Alice Springs Rodeo.*
Sept./Okt.: *Henley on Todd Regatta. Das* Event in der Stadt. Im trockenen Flussbett „fahren" Teams in kuriosen, bodenlosen Booten um die Wette.

Camel Cup – eine wahres Outback-Event

Das alljährlich im Juli in Alice Springs stattfindende Kamel-Wettrennen begann 1970 als kleine Wette zwischen den zwei Kamelspezialisten Noel Fullerton und Keith Mooney-Smith. Inzwischen ist es eine der populärsten, verrücktesten und bekanntesten Veranstaltungen im Northern Territory. Unterstützt vom Lions Club wird das Kamelrennen in einer 1979 eigens für diesen Zweck errichteten Arena durchgeführt. Hier zeigen die sonst eher behäbig wirkenden Wüstenschiffe ihren wahren Charakter. An Persönlichkeit mangelt es ihnen nicht, und somit ist das Rennen auch für die Zuschauer spannend anzuschauen. Ein buntes Rahmenprogramm macht den Camel Cup zu einem wahren Festival, das jedes Jahr sowohl Einheimische als auch internationale Besucher anzieht.

www.camelcup.com.au.

Notfall Notruf (Polizei, Feuerwehr, Rettungsdienst) Tel. 000
Polizei, Parsons St, Tel. 08-89518888

Post Post Office, Hartley St, Mo–Fr 8.15–17 Uhr geöffnet.
Postlagernd-Adresse: Poste restante, Alice Springs GPO, NT 0870.

Sport Ein schönes Freibad mit 50 m Becken befindet sich in der Speed Street.

Taxi *Alice Springs Taxis,* Tel. 08-8952 1877

Touren

Red Centre Touren

Die klassischen **Red Centre Touren** zum Ayers Rock (Uluru-Kata Tjuta NP), Kings Canyon (Watarrka NP) sowie zu den westlichen und östlichen McDonnell Ranges werden von zahlreichen Anbietern in Alice Springs veranstaltet. Entscheidend bei der Auswahl ist die Dauer und die Art der Unterkunft. Wegen der großen Distanzen sollten für eine Red Centre Tour mindestens drei Tage geplant werden. Die Übernachtung kann in Hotels, Motels, Backpacker-Hostels oder in Zelten erfolgen. Letztere sind, wegen des grandiosen Sternenhimmels des Outbacks, besonders empfehlenswert.

- *Adventure Tours* (Tel. 08-89361311) bietet mehrtägige Campingsafaris durch das Red Centre an. Die günstigen Touren sprechen eher Backpacker an, die teuren „Camping In Style“-Touren mit Übernachtung in feststehenden Zelten sind auch für komfortorientierte Reisende eine gute Wahl.
- *Sahara Outback Tours* (Tel. 1-800-806240) veranstaltet empfehlenswerte 2- bis 5-Tages- Ausflüge in kleinen Gruppen. Übernachtet wird in feststehenden Zelten.
- *AAT Kings* (Tel. 08-89521700) fährt mit großen Bussen zum Ayers Rock, inklusive Hotelübernachtungen.

Touren rund um Alice Springs

- Bei *Frontier Camel Tours* (Tel. 08-89530444) reiten die Gäste auf Kamelen zum Frühstück oder zum Abendessen.
- *Spinifex Ballooning* (Tel. 08-89534800) und *Outback Ballooning* (Tel. 08-89528723) veranstalten in den frühen Morgenstunden recht preiswerte Heißluftballonfahrten über das Outback. Ballonflüge sind ein guter Tipp, wenn der Weiterflug am selben Tag erfolgt und der Vormittag noch nicht verplant ist.

Kamel-Expeditionen

Mehrtägige Kamelexpeditionen durch die Simpson Desert veranstaltet *Outback Cameltours* (132 Wickham Street, Fortitude Valley, QLD, Tel. 07-38541022, www.cameltreks.com.au) – eine intensive Art, das Outback zu erleben. Buchung unbedingt erforderlich, da nur wenige Termine im Jahr verfügbar sind.

Unterkunft und Camping

Hotels

**** **Lasseters Hotel Casino**, 93 Barrett Dve, Tel. 08-89507777;
First-Class-Hotel, etwa 2,5 km vom Zentrum entfernt.
Im benachbarten Casino lauern Spieltische und einarmige Banditen.
**** **Alice Springs Resort**, 34 Stott Terrace, Tel. 08-89514545,
eines der besten Hotels der Stadt, mit Pool, Bar und Restaurant,
ca. 2 km außerhalb des Zentrums.
*** **Aurora Red Centre Resort**, Stuart Hwy, Tel. 08-89505555;
am nördlichen Stadtrand gelegenes Mittelklassehotel,
Gratis-Shuttlebus zum Flughafen und in die Stadt.
** **Desert Palms Resort**, 74 Barrett Dve, Tel. 08-89525977;
einfache Bungalow-Anlage mit schönem Garten und Pool,
ca. 2 km außerhalb des Zentrums

B&B

*** **Hilltop B&B**, 9 Zeil St, Tel. 08-89550208; kleine Bed&Breakfast-Unterkunft, ca. 5 km westlich der City, mit schöner Aussicht.

Jugendherbergen und Hostels

* **Pioneer YHA,** Ecke Parsons St/Leichhardt Tce, Tel. 08-89528855;
große Jugendherberge im Zentrum.
* **Elke's Backpackers Resort**, 39 Gap Rd, Tel. 08-89528134;
klassisches Backpacker-Hostel, Mehrbett- und Doppelzimmer.

Camping

MacDonnell Range Holiday Park, Palm Place, Tel. 08-89526111; gepflegter Big4-Campingplatz, mit Stellplätzen, Cabins, Campingküche, Spielplatz und Pool, am südlichen Ende der Stadt (vom Hwy in den Palm Circuit abzweigen).
Stuart Caravan Park, Larapinta Dve, Tel. 08-89522547; großer Platz 2 km westlich vom Zentrum.

Unterkunftstipp: Von erheblichem Outback-Charme sind Übernachtungen auf einer Outback-Farm wie z.B. Ooraminna Homestead geprägt. Angeboten werden Touren über die Farm, Lagerfeuer mit deftiger Hausmannskost und gepflegte Unterkünfte. Tel. 08-89530170, www.ooraminnahomestead.com.au, unbedingt vorher reservieren. Nördlich von Alice Springs bietet auch die Bond Springs Farm solche Möglichkeiten (▶ s. Kap. „Von Darwin nach Alice Springs").

Ein außergewöhnliches Erlebnis ist es, im Resort der Aboriginal-Gemeinde *Titjikala,* 120 km südöstlich von Alice Springs, zu übernachten und die Kultur der Bewohner hautnah zu erleben (▶ s.S. 351),

Stadtbesichtigung

Einige der historischen und sehenswerten Stätten befinden sich im Innenstadtbereich und können gut zu Fuß erreicht werden. Weiter entfernt liegende Sehenswürdigkeiten sollten mit dem eigenen Fahrzeug oder im Rahmen einer geführten Stadtrundfahrt besucht werden (▶ s. „Öffentliche Verkehrsmittel").

Innenstadt

Beginnt man den Rundgang in der **Todd Mall** – von der Gregory Terrace kommend – fällt linker Hand die 1956 eröffnete **Flynn Memorial Church** auf. Die vom südaustralischen Architekten Philpott entworfene Kirche wurde als Denkmal für den Gründer der Fliegenden Ärzte, John Flynn, errichtet. Schräg dahinter ist das von Flynn entwickelte **Adelaide House,** das von 1926 bis 1939 als Buschkrankenhaus diente. Mit ausgeklügelten Luftschächten wurde das Gebäude in den heißen Sommern gekühlt. Inzwischen beherbergt es das **John Flynn Memorial Museum** (Mo–Fr 10–16 Uhr, Sa 10–12 Uhr).

In der Parson Street befindet sich **The Residency,** der 1927 für den Gouverneur erbaute Regierungssitz. Heute werden in dem unauffälligen Haus Ausstellungen zur europäischen Geschichte gezeigt (tägl. 10–17 Uhr, Eintritt frei). An der Ecke zur Hartley Street steht das **Old Courthouse,** welches 1928 als Verwaltungsbüro erbaut wurde. Später als Gericht verwendet, ist es seit 1994 die **National Pioneer Women Hall of Fame.** Zahlreiche Fotos dokumentieren die beeindruckenden Leistungen der Pionierfrauen in Zentralaustralien (tägl. 10–17 Uhr, Eintritt frei). Das **Old Stuart Town Goal** in der Parsons Street wurde 1909 fertiggestellt und ist das älteste Gebäude der Stadt. Das Gefängnis wurde bis 1939 genutzt und kann jetzt besichtigt werden (Mo–Sa 10–12.30 Uhr).

Die **Old Hartley Street School** in der gleichnamigen Straße öffnete 1930 ihre Pforten und war die erste Schule der Stadt. Heute ist darin das Büro des *Denkmalschutzes* untergebracht (tägl. 10.30–14.30 Uhr, Eintritt frei). Folgt man der Hartley Street in Richtung Stott Terrace, liegt auf der linken Seite das **Panorama Guth.** Eine Galerie mit einem 360°-Rundumgemälde von Zentralaustralien (Mo–Sa 9–17 Uhr, So ab 12 Uhr).

An der Stuart Terrace (etwa 5 Gehminuten südlich des Zentrums) hat der **Royal Flying Doctor Service** seine älteste Niederlassung. Auf den kurzweiligen und informativen Touren werden Arbeitsweise und Organisation der Fliegenden Ärzte erklärt. Auch das angeschlossene Museum, das Café und der Shop sind auf jeden Fall einen Besuch wert (Mo–Sa 9–16 Uhr, So 13–16 Uhr, www.flyingdoctor.net). Gleich gegenüber des RFDS befindet sich das **Reptile Centre** (9 Stuart Tce, Tel. 08-89528900, tägl. 9.30 - 17 Uhr, www.reptilecentre.com.au). Hier sind mehr als 100 Reptilien verschiedenster Spezies zu beobachten. Große und kleine Artgenossen

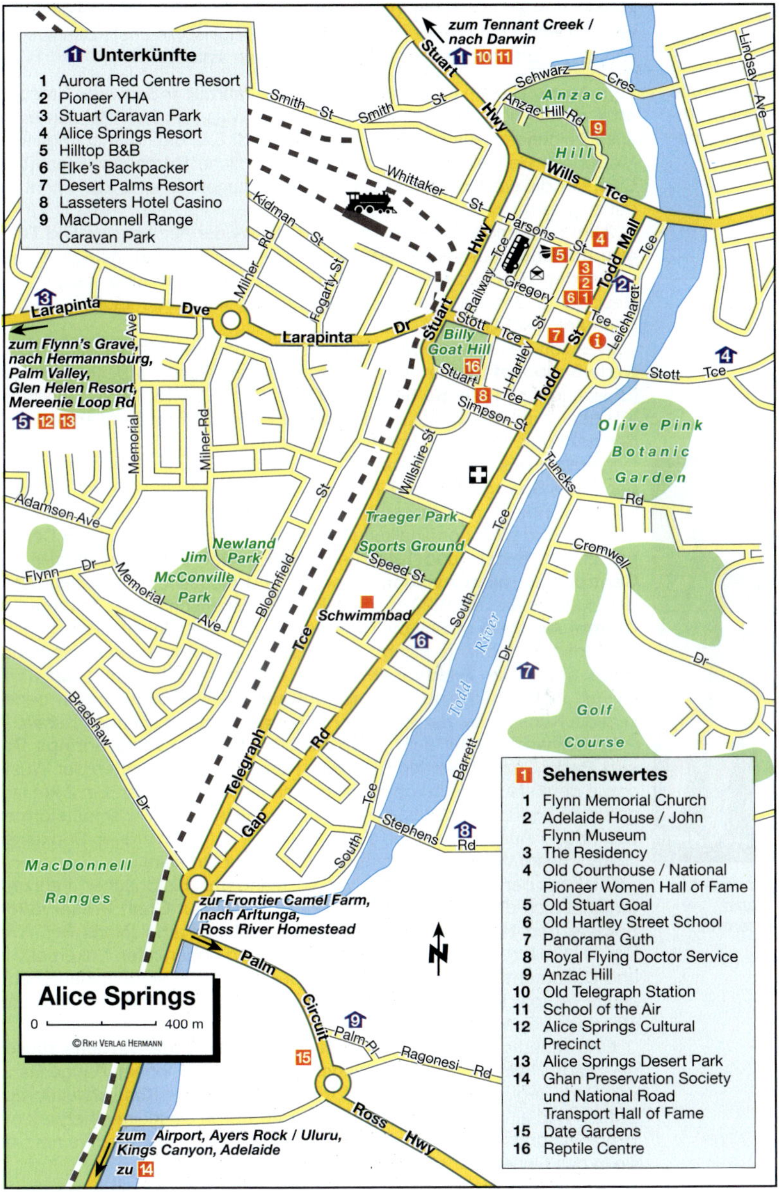
Unterkünfte
1 Aurora Red Centre Resort
2 Pioneer YHA
3 Stuart Caravan Park
4 Alice Springs Resort
5 Hilltop B&B
6 Elke's Backpacker
7 Desert Palms Resort
8 Lasseters Hotel Casino
9 MacDonnell Range Caravan Park
Sehenswertes
1 Flynn Memorial Church
2 Adelaide House / John Flynn Museum
3 The Residency
4 Old Courthouse / National Pioneer Women Hall of Fame
5 Old Stuart Goal
6 Old Hartley Street School
7 Panorama Guth
8 Royal Flying Doctor Service
9 Anzac Hill
10 Old Telegraph Station
11 School of the Air
12 Alice Springs Cultural Precinct
13 Alice Springs Desert Park
14 Ghan Preservation Society und National Road Transport Hall of Fame
15 Date Gardens
16 Reptile Centre
zum Tennant Creek / nach Darwin
zum Flynn's Grave, nach Hermannsburg, Palm Valley, Glen Helen Resort, Mereenie Loop Rd
zur Frontier Camel Farm, nach Arltunga, Ross River Homestead
zum Airport, Ayers Rock / Uluru, Kings Canyon, Adelaide
zu 14
Alice Springs
0 400 m
© Rkh Verlag Hermann
Anzac Hill
Olive Pink Botanic Garden
Golf Course
MacDonnell Ranges
Billy Goat Hill
Traeger Park
Sports Ground
Newland Park
Jim McConville Park
Schwimmbad
Todd River
Stuart Hwy
Larapinta Dve
Larapinta Dr
Wills Tce
Todd Mall
Parsons St
Gregory Tce
Stott Tce
Simpson St
Telegraph Tce
Gap Rd
Palm Circuit
Ross Hwy
Ragonesi Rd
Palm Pl
Stephens Rd
Barrett Dr
South Tce
Smith St
Whittaker St
Kidman St
Milner Rd
Fogarty St
Memorial Ave
Adamson Ave
Flynn Dr
Bradshaw Dr
Bloomfield St
Speed St
Willshire St
Hartley St
Railway Tce
Leichhardt Tce
Tuncks Rd
Cromwell Dr
Schwarz Cres
Anzac Hill Rd
Lindsay Ave
Todd St

können aus direkter Nähe fotografiert werden. Brandneu ist die **Fossil Cave,** eine Höhle mit Fossilien. Im Winter (Mai–Aug) ist die beste Besuchszeit von 11–15 Uhr, da die Tiere dann am aktivsten sind.

Außerhalb des Stadtzentrums

Vom **Anzac Hill** am Nordende der Stadt (Zufahrt über Schwartz Crescent oder zu Fuß über den Lion's Walk von der Wills Terrace) hat man einen ausgezeichneten **Blick** auf die moderne Stadt und die hoch aufragenden McDonnell Ranges. Auch der schmale, südliche Durchgang **Heavitree Gap,** der die westlichen und die östlichen Ranges voneinander trennt, ist gut zu sehen.

2 km weiter nördlich ist auf dem Stuart Hwy der Abzweig zur **Old Telegraph Station** ausgeschildert. Die in einem großen Park gelegenen, restaurierten Gebäude wurden 1870–1872 errichtet und zeigen die Geschichte des Baus der Telegrafenleitung (Gebäude tägl. 8–17 Uhr, Park tägl. 8–21 Uhr).

Westlich des Stuart Hwy befindet sich in der Head Street die sehenswerte **School of the Air.** Australiens erste Funk-Schule arbeitet seit 1950 (Besichtigungen Mo–Sa 8.30–16.30 Uhr, So 13.30–16.30 Uhr, www.assoa.nt.edu.au). Die Schüler auf den weit entfernt liegenden Farmen werden per Funk, eMail und Internet unterrichtet.

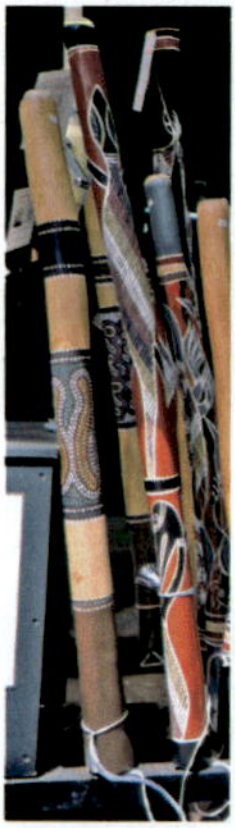

Aboriginalkunst allerorten

Westlich des Zentrums befindet sich am Larapinta Drive linker Hand der **Alice Springs Cultural Precinct** (tägl. 10–17 Uhr). Es ist eine Ansammlung mehrerer Museen und Galerien, welche die europäische Geschichte und die Aboriginalkultur intensiv erläutern. Das **Araluen Centre** präsentiert Kunst- und Kulturgegenstände der Schwarzaustralier. Im **Central Australian Aviation Museum** sind Flugzeuge und Dokumente der Flugpioniere, ab 1920 ausgestellt. Das wissenschaftliche **Museum of Central Australia** erzählt die Naturgeschichte Zentralaustraliens. Im umliegenden **Park** befindet sich die 18 m lange Skulptur *Grand Circle Yeperenye* sowie der **Friedhof** (Memorial Cemetery) mit dem *Grab John Flynns.* Interessant sind die kleinen Kunsthandwerkerstudios, in denen sich die Künstler bei der Arbeit gern über die Schulter schauen lassen.

Weiter westlich auf dem Larapinta Drive folgt der **Alice Springs Desert Park.** Gezeigt werden Pflanzen, Tiere und Landschaften der Wüste sowie deren Nutzung durch die australischen Ureinwohner. Ein 2 km langer Fußweg führt den Besucher durch die typischen Landschaftsformen des ariden Australiens (tägl. 7.30–17 Uhr – aufgrund früher Dunkelheit sollten Sie im Winter spätestens um 15 Uhr vor Ort sein).

Für Fans der alten Eisenbahn wie auch anderer „historischer" Fahrzeuge lohnt sich der 10 km lange Weg nach Süden zur **Ghan Preservation Society** und **National Road Transport Hall of Fame** (Noris Bell Ave, tägl. 9–17 Uhr). In diesen Freilichtmuseen sind neben alten Lokomotiven und Dokumenten aus der frühen Zeit der Eisenbahn verschiedene Fahrzeuge (Autos, Busse, Lastwagen) aller Altersklassen und Erhaltungszustände auf einem großen (Schrott-)Platz versammelt.

Eine schattige Oase ist die Dattelplantage **The Date Gardens** südlich der Stadt (Palm Court, schräg gegenüber vom MacDonnell Range Caravan Park, tägl. 9–16 Uhr, Eintritt frei). Neben allerlei Köstlichkeiten aus Datteln und einem angenehmen Biergarten wurde ein kleiner Tierpark mit Wallabies und Vögeln eingerichtet. Für Kinder ist das besonders nett, da sie in das Gehege hinein gehen können.

Rundreisen im Roten Zentrum

Überblick

Rote Erde, ein meist strahlend blauer Himmel und eine tiefgründige Aboriginalkultur sind die Kennzeichen des „Red Centre". Für die meisten Australien-Erstbesucher zählt der Besuch des Uluru (Ayers Rock) neben der Sydney Oper und dem Great Barrier Reef zum absoluten Pflichtprogramm der Reise. Doch das Rote Zentrum hat noch wesentlich mehr zu bieten: Spektakuläre Schluchten, eine außergewöhnliche Flora und Fauna sowie einsame Outbackpisten machen Zentralaustralien zu einem Ziel, an dem man neben dem Besuch des Ayers Rock noch mindestens weitere vier Tage verbringen sollte.

Das ideale Fahrzeug für eine ausgedehnte Rundreise im Red Centre ist ein Allradfahrzeug. Zwar sind mittlerweile viele Straßen asphaltiert, doch einige Naturschönheiten und Campingplätze wie beispielsweise die Red Bank Gorge (West MacDonnell Ranges), das Palm Valley oder die Naturreservate in den East MacDonnell Ranges sind nach wie vor nur über Pisten zugänglich.

Die besondere Empfehlung gilt der Fahrt auf der Sand- und Schotterpiste *Mereenie Loop Road*, die von den West MacDonnell Ranges zum Kings Canyon führt (Genehmigung notwendig, ▶ s. Kasten). Wer auf den asphaltierten Straßen bleibt, muss eventuell die eine oder andere Strecke doppelt befahren (▶ s. „Routenvorschlag 5 Tage"). Reisende mit knappem Zeitbudget sollten direkt zum Ayers Rock Airport (AYQ) fliegen und dort einen Mietwagen (keine Camperanmietung möglich!) für die Fahrt nach Alice Springs übernehmen.

Wer das Rote Zentrum abseits der Touristenströme erleben möchte, der ist in den East MacDonnell Ranges richtig. Herrliche Schluchten mit kühlen Teichen, einsame Campingspots, gute Wanderwege und aufregende Allradpisten erwarten den Besucher.

Routenvorschlag Rotes Zentrum

9 Tage

Mit dem Allrad-Camper, Gesamtstrecke 1740 km

1. Tag: Alice Springs – West MacDonnells – Redbank Gorge (132 km/155 km)
2. Tag: Redbank Gorge – Palm Valley (135 km/118 km)
3. Tag: Palm Valley – Kings Canyon (219 km)
4. Tag: Kings Canyon – Ayers Rock Resort (307 km)
5. Tag: Uluru-Kata Tjuta National Park (122 km)
6. Tag: Ayers Rock Resort – Alice Springs (448 km)
7. Tag: Alice Springs – East MacDonnells – Trephina Gorge (80 km)
8. Tag: Trephina Gorge – Gemtree (Plenty Hwy, 160 km)
9. Tag: Gemtree/Plenty Hwy – Alice Springs (137 km)

5 Tage

„Highway-Route", Gesamtstrecke ca. 1640 km

1. Tag: Alice Springs – West MacDonnell Ranges – Alice Springs (Tagesausflug, 264 km)
2. Tag: Alice Springs – Kings Canyon (Highway-Route, 481 km)
3. Tag: Kings Canyon – Ayers Rock Resort (307 km)
4. Tag: Uluru-Katja Tjuta National Park (122 km)
5. Tag: Ayers Rock Resort – Alice Springs (Highway-Route, 448 km) (bzw. Rückgabe des Mietwagens am Ayers Rock Resort/Airport)

Rundreise
Rotes Zentrum
0 50 km
= Aboriginal Land
© RKH VERLAG HERMANN
nach
Halls Creek (WA)
TANAMI
ROAD
5
Macdonnell
Mt Sonder
1347m
Redbank Gorge
Ormiston
Gorge
2
NAMATJIRA
Tyler's Pass
Serpentine
Gorge
Glen Helen Lodge
Glen Helen
Gorge
Ochre
Pits
Gosse Bluff
MEREENIE
LOOP
RD
Ltalaltuma
Hermannsburg
Ntaria
Ipolera
Areyonga
Palm Valley
Boggy Hole
Finke
Gorge NP
Watarrka
NP
Kings Canyon
Kings Canyon
Resort
George Gill Range
Illamurta Springs
Police Station
(Ruins)
Kings Creek
Station
ERNEST
GILES
ROAD
RD
LURITJA
HWY
Mount Ebenezer
nach
Docker River
u. Western
Australia
LASSETER
4
Curtin
Springs
Yulara
Kata Tjuta
(The Olgas)
1070m
Uluru (Ayers Rock)
868m
Uluru / Kata
Tjuta NP
Mt Conner
866m
Ayers Rock Resort
N

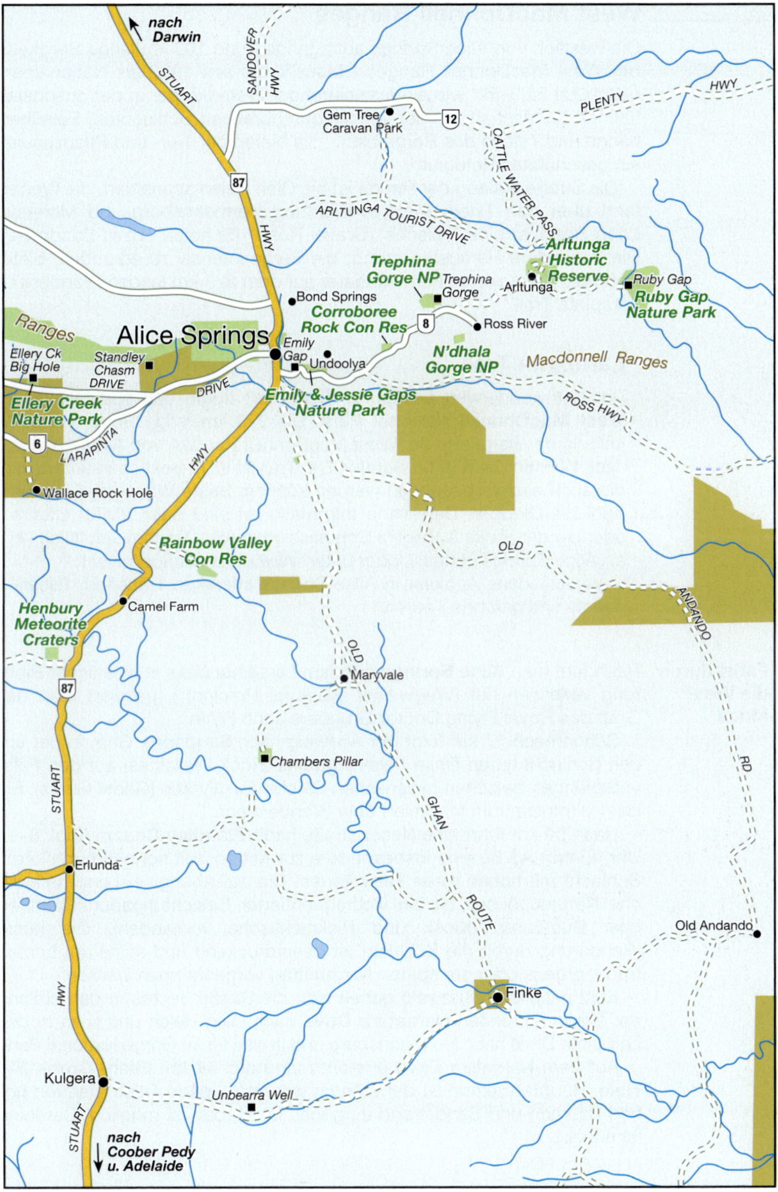
nach
Darwin
STUART
SANDOVER
HWY
Gem Tree
Caravan Park
12
PLENTY
HWY
CATTLE WATER PASS
87
ARLTUNGA TOURIST DRIVE
HWY
Arltunga
Historic
Reserve
Trephina
Gorge NP
Trephina
Gorge
Arltunga
Ruby Gap
Ruby Gap
Nature Park
Bond Springs
Corroboree
Rock Con Res
8
Ross River
Ranges
Alice Springs
Emily
Gap
Undoolya
N'dhala
Gorge NP
Macdonnell Ranges
Ellery Ck
Big Hole
Standley
Chasm
DRIVE
DRIVE
Emily & Jessie Gaps
Nature Park
ROSS HWY
Ellery Creek
Nature Park
6
LARAPINTA
HWY
Wallace Rock Hole
OLD
Rainbow Valley
Con Res
ANDANDO
Camel Farm
Henbury
Meteorite
Craters
OLD
87
Maryvale
Chambers Pillar
RD
STUART
GHAN
Erlunda
ROUTE
Old Andando
HWY
Finke
Kulgera
Unbearra Well
STUART
nach
Coober Pedy
u. Adelaide

ASP ▸ ADL

West MacDonnell Ranges

Die westlich von Alice Springs aufragende, rund 160 km lange Bergkette der West MacDonnell Ranges („Macs"), die seit 1992 als Nationalpark geschützt ist, wirkt wie ein faszinierender Fremdkörper in der ansonsten flachen Landschaft. Immer wieder durchbrechen Schluchten, Felsüberhänge und Teiche das Bergmassiv. Sie bieten der Tier- und Pflanzenwelt ein geschütztes Refugium.

Die Straße entlang der Range ist bis Glen Helen asphaltiert, die Weiterfahrt über den Tylers Pass in Richtung Hermannsburg und Mereenie Loop Road ist eine typische „Gravel Road" (Schotter- bzw. Sandpiste). Die besondere Herausforderung, die Berge intensiv zu erkunden, bietet sich dem engagierten Fernwanderer auf dem 223 km langen Wanderweg Larapinta Trail.

Larapinta Trail

Der Fernwanderweg **Larapinta Trail** führt durch den spektakulären **West MacDonnell National Park.** Die 223 km lange Route verläuft entlang der Bergkette der West MacDonnell Ranges, von Alice Springs nach Westen bis zum Mt Sonder. Der Trail ist in 12 Sektionen unterteilt, die auch einzeln begangen werden können. Beste Wanderzeit ist von April bis Oktober. Detaillierte Informationen sind beim Visitor Centre oder bei der Parks & Wildlife Commission in Alice Springs erhältlich (▶ s. „Alice Springs / Infos"), oder unter www.nt.gov.au/ipe/pwcnt.

Verschiedene Anbieter in Alice Springs offerieren Transport, Essendepots und geführte Touren.

Fahrt durch die West Macs

Nachdem man **Alice Springs** auf dem *Larapinta Drive* in westlicher Richtung verlassen hat (Wegweiser „Cultural Precinct"), passiert man das Grab des Royal Flying Doctor Gründers John Flynn.

Schon nach 17 km folgt der Abzweig nach **Simpsons Gap**. In der engen Schlucht leben flinke Felskänguruhs (Rock Wallabies) auf den Felsvorsprüngen zwischen malerischen Geister-Eukalypten (Ghost Gums). Ein kleines Infozentrum informiert über Wanderwege.

Nach 50 km führt eine Nebenstraße nach **Standley Chasm** (tägl. 8–17 Uhr, Eintritt A$ 8), eine insbesondere zur Mittagszeit sonnendurchflutete Schlucht mit hohen roten Felswänden. Die auf Aboriginal-Land befindliche Naturschönheit ist ein vielfrequentierter Besichtungspunkt zahlreicher Bustouren (Kiosk und Picknicktische vorhanden). Die kurze Wanderung durch die Schlucht ist beeindruckend und sollte am besten früh morgens oder am späten Nachmittag vorgenommen werden.

Kurz nach dem Abzweig gabelt sich die Straße: rechts in den entlang der Berge führenden **Namatjira Drive** nach Glen Helen und links in den Larapinta Drive nach Hermannsburg und in den Finke Gorge National Park.

Auf dem Namatjira Drive erreicht man nach 42 km **Ellery Creek Big Hole**. Hauptattraktion ist der ständig wasserführende Teich, der von hohen Bäumen und Sandstrand umgeben ist. Baden ist möglich, Camping ist erlaubt.

11 km weiter folgt die **Serpentine Gorge**. Die enge, mit steilen Felswänden umgebene Schlucht ist von Pools durchzogen, von denen einige immer, andere nur gelegentlich Wasser führen. Wenn im vorderen Teich Wasser ist, kann man durchschwimmen, um den hinteren einsamen Teil zu erreichen. Vom Parkplatz führen Wanderwege in die Schlucht. 111 km westlich von Alice Springs folgen die **Ochre Pits**. An der heiligen Stätte der Ureinwohner wurde Ocker für Kunstwerke und zur Hautbemalung gewonnen. Informative Schautafeln erklären die Gebräuche.

Der nächste, sehenswerte Punkt der abwechslungsreichen Fahrt ist **Ormiston Gorge** (8 km). Mehrere Wanderungen (vom kurzen Spaziergang bis zur dreitägigen Fernwanderung) beginnen am Parkplatz der Schlucht. Der 30-minütige Fußmarsch zum „Ghost Gum Lookout" lohnt wegen der guten Aussicht auf die tief darunter liegende Schlucht. Ein Bad in den Wasserlöchern zwischen den Felswänden verschafft rasche Abkühlung nach den Wanderungen. Ein Campingplatz mit Wasser und Duschen ist vorhanden.

132 km westlich von Alice Springs endet die asphaltierte Straße bei **Glen Helen Gorge** und der gleichnamigen Lodge, der einzigen Unterkunft in den West Macs. Der Finke River, einer der ältesten Wasserwege der Welt, hat sich hier seinen Weg durch die Bergkette gegraben und hohe Sandsteinfelswände sowie einen immer wasserführenden Teich hinterlassen. Von der Lodge, deren Haupthaus die ehemalige Glen Helen Homestead darstellt, sind es zu Fuß nur zehn Minuten bis zur Schlucht. Die Unterkunft bietet einfach eingerichtete Zimmer, ein ausgezeichnetes Restaurant mit Bar und Terrasse, Campingplatz und Tankstelle. Gegenüber der Einfahrt führt ein Weg auf den Mt Sonder Aussichtspunkt, ideal, um den 1.380 m hohen Berg zu fotografieren.

25 km hinter Glen Helen zweigt eine steinige Allradpiste zur **Redbank Gorge** ab (10 km). Etwa auf halber Strecke zur Schlucht befindet sich in leicht erhöhter Lage ein herrlich gelegener Nationalpark-Camping (mit Toilette und Feuerstellen). Vom Parkplatz am Ende der Straße führt ein Fußweg durch das sandige Flussbett zu einem Wasserloch. Wer will, kann das kalte Wasser auf einer Luftmatraze durchpaddeln – der Blick die Felswände empor ist einmalig.

Von den West Macs nach Süden

Über den **Tylers Pass** (schöner Aussichtspunkt mit Schautafeln zur Geologie) führt die Fahrt weiter nach **Tnorala** (Gosse Bluff). Dieser 5 km durchmessende Meteoritenkrater entstand vor 142 Mio. Jahren. Der Kraterrand kann auf einem markierten Wanderweg begangen werden. Vom Abzweig bis zur Aboriginal-Gemeinde Hermannsburg sind es weitere 52 km auf der Schotterstraße.

Mereenie Loop Permit

Das Mereenie Loop Permit (A$ 2,50) ist für die Piste zwischen Tyler Pass (West MacDonnell Ranges) und Kings Canyon erforderlich. Man erhält es im Visitor Centre in Alice Springs, im Glen Helen Resort, an der Hermannsburg Petrol Station, sowie im Kings Canyon Resort, zusammen mit einer Broschüre, welche die Highlights entlang der Strecke beschreibt.

Hermannsburg

Die Siedlung wurde 1877 von den deutschen Lutheranern Friedrich Kempe und Wilhelm Schwarz als Missionsstation gegründet. Bis in die 1980er Jahre wurden hier Aboriginal People missioniert. Die weißen, aus Stein erbauten Missionsgebäude stehen in reizvollem Kontrast zur trockenen Wüste der Umgebung und sind für Besucher täglich von 9–16 Uhr geöffnet. In den Räumen werden u.a. Kunstwerke eines der berühmtesten Aboriginal-Malers *Albert Namatjira* ausgestellt. Im Café wird ausgezeichneter Kuchen serviert. Hinweis: Die Räume der Missionsstation sind in der Weihnachtszeit (20.12.-15.01.) für Besucher geschlossen.

Im Ort befinden sich eine Tankstelle und ein Laden, jedoch keine Übernachtungsmöglichkeit. An der Tankstelle wird nur Bargeld akzeptiert! Fotografieren ist in der Aboriginalg-Gemeinde nicht erwünscht!

Finke Gorge National Park / Palm Valley

Für die Fahrt von Hermannsburg ins **Palm Valley** im südlich gelegenen **Finke Gorge National Park** ist definitiv ein Geländefahrzeug mit hoher Bodenfreiheit erforderlich. Achtung: einige Vermieter verbieten es, mit kleinen Allradfahrzeugen dorthin zu fahren! Der Track führt weiten Teils durch das sandige Flussbett des Finke River, das Schlussstück ist von hohen Felsplatten durchsetzt. Das idyllische Palm Valley ist Heimat verschiedenster seltener Pflanzenarten, so z.B. der Marienpalme (Red Cabbage Palm). Diese bis zu 26 m hohe Palmenart hat ihren Ursprung in den feuchteren Perioden Zentralaustraliens vor 5000 Jahren. Der *Arankaia Walk* (2 km) und der *Mpulungkinya Walk* (5 km) führen vom Parkplatz durch das oasengleiche, dicht bewachsene Tal. Häufig sind neugierige Warane unter den Felsklötzen am Wegesrand auszumachen. Der NP-Campingplatz bietet heiße Duschen, Toiletten und Gasgrills.

Konnten gut gerüstete Geländewagen bis vor einigen Jahren noch entlang des Finke River weiter nach **Boggy Hole** und nach **Illamutra Springs** fahren, so ist die Piste wegen unzähliger (teurer) Bergungsaktionen nun endgültig gesperrt. Jetzt führt 12 km östlich von Hermannsburg eine neue Allradroute in den Finke River National Park (Camping- und Bademöglichkeit an der alten Polizeistation Boggy Hole) und weiter nach Süden auf die Ernest Giles Road. Auch diese Route ist schwer und sollte nur im Konvoi nach Rücksprache mit dem Ranger (Palm Valley, Tel. 08-89567401 oder 89567488) unternommen werden.

Watarrka National Park via Mereenie Loop Road

Westlich von Hermannsburg beginnt die **Mereenie Loop Road.** Die 177 km lange, meist gut gepflegte Sandpiste sollte nur mit einem Allradfahrzeug befahren werden. Zwar wagen es manche Touristen mit dem normalen Mietwagen, jedoch sind diese dabei nicht versichert. Besondere Vorsicht gilt es beim Befahren der unbefestigten, abfallenden Straßenränder walten zu lassen – so mancher blieb beim Fotostopp im Graben hängen! Unterwegs sind einige Aussichtspunkte ausgeschildert. Das Übernachten an der Straße sowie der Besuch der Areyonga Community ist nicht erlaubt.

Kings Canyon

Am Ende der Straße ist der **Watarrka National Park (Kings Canyon)** erreicht. Zuerst passiert man das **Kings Canyon Resort** (▶ s. „Unterkunft und Camping“) mit Shop und Tankstelle. Hauptattraktion des Nationalparks ist Australiens größte und tiefste Schlucht, der **Kings Canyon**. Bis zu 300 m hohe, rote Felswände bieten einen grandiosen Ausblick. Der lange und bei Hitze sehr anstrengende *Canyon Walk* (6 km, Wasserflasche und Sonnenhut nicht vergessen!) führt entlang des Abgrundes zu den Gesteinsformationen **Lost City** und **Garden of Eden**, ein geschütztes Tal mit Teich, der zum Baden einlädt. Der kürzere *Kings Creek Walk* führt am Fuße des Canyons durch den Wald zu permanenten Wasserlöchern (rollstuhltauglicher Weg).

Kings Canyon

An der nunmehr asphaltierten Straße nach Südosten liegt **Kathleen Springs**, ein heiliges Wasserloch der Aboriginal People (2,5 km Spazierweg). An der südlichen Parkgrenze bietet die Farm **Kings Creek Station** einen ordentlichen Campingplatz.

63 km später gabelt sich die Straße. Nach Osten führt die geschotterte **Ernest Giles Road** zum Stuart Highway. Die Strecke ist als Abkürzung vom und zum Stuart Highway nutzbar – jedoch nur für Allradfahrzeuge. Weiter der Luritja Road folgend, erreicht man nach weiteren 67 km den **Lasseter Highway,** der in westlicher Richtung nach Yulara (Ayers Rock Resort) führt.

Auf ungefähr halbem Weg liegt **Curtin Springs:** Rinderfarm und Roadhouse mit preiswerten Zimmern und Campingplatz (▶ s. „Adressen & Service Rotes Zentrum“) – eine rustikale Alternative zum lebhaften Trubel im Ayers Rock Resort. Hinter der Station liegt der 859 m hohe **Mount Conner,** der bei der Anfahrt von Osten her gern für den Ayers Rock gehalten wird. Mit Erlaubnis des Curtin Springs Verwalters ist eine Besteigung möglich.

Yulara

Ayers Rock Resort

Bei der Einfahrt in das 1984 erbaute **Yulara**, das heute offiziell nur noch **Ayers Rock Resort** genannt wird, erlebt der Outback-Reisende zunächst einen kleinen Zivilisationsschock. Hotels, Einkaufszentrum, Visitor Centre sind vorhanden und zahlreiche Besucher, Autos und Busse treffen sich hier. Der vom australischen Architekten Philipp Cox entworfene Komplex wurde mit mehreren Architekturpreisen ausgezeichnet. Das Resort gilt als Musterbeispiel für umweltverträglichen Tourismus.

Das Ayers Rock Resort bietet mit Campingplatz, verschiedenen Hotelkategorien, Restaurants, Shops, Bank, Post, Besucherzentrum und Sternwarte dem Reisenden jeglichen Komfort. Die Gebäude sind durch den **Yulara Drive**, einer weitläufigen Rundstraße miteinander verbunden. Dieser wird von einem kostenlosen Bus von 10.30–14.30 und 18.30–24 Uhr befahren. Alle Einrichtungen und Hotels sind am äußeren Rand angelegt. Durch das Innere führen Fußwege (Abkürzung von einer zur anderen Seite), u.a. zu einer Sanddüne mit Aussichtspunkt.

Im **Visitor Centre** beim Desert Gardens Hotel werden interessante Fakten zur Geographie, Flora, Fauna und Aboriginalkultur dargestellt. Touren in den Nationalpark bucht man am besten im **Tours & Information Centre** beim Einkaufszentrum. Das **Ayers Rock Resort Observatory** ist eine vorzügliche Sternwarte und eine unbedingte Empfehlung, um den nächtlichen Sternenhimmel erklärt zu bekommen. Keines der Hotels, außer dem luxuriösen Zeltcamp „Longitude 131“, hat übrigens einen Blick auf den 18 km entfernten Felsen. Eine Zimmerreservierung sollte aufgrund der begrenzten Kapazitäten und des stets guten Andrangs immer vorhanden sein!

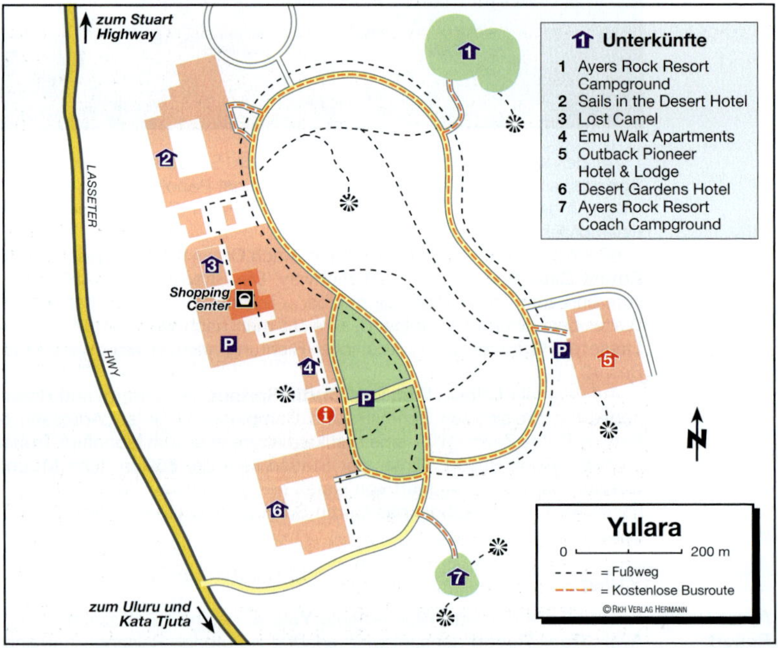

Uluru-Kata Tjuta National Park

Der Nationalpark im Land der Anangu-Aboriginals bewahrt zwei der größten Natur- und Kulturschätze Australiens: **Uluru (Ayers Rock)** und **Kata Tjuta (Olgas).** Das hervorragende Kulturzentrum im Park vermittelt die Bedeutung der heiligen Stätten. Auf zahlreichen, detailliert markierten Wanderpfaden entlang der Felsbasis werden Einblicke in Kultur und Natur vermittelt. Die Tier- und Pflanzenwelt im Park ist ausgesprochen reichhaltig. So leben etwa 160 Vogelarten im NP, u.a. nomadisierende Sittiche und Papageien, z.B. die häufig anzutreffenden Rosa Kakadus (Galahs). Die meist sehr scheuen, gezählten 72 Reptilienarten, darunter der Dornteufel (Thorny Devil), der aussieht wie trockenes Dornengestrüpp, bekommt man selten zu Gesicht. Rote Riesenkänguruhs (Red Kangaroo), Bergkänguruhs (Euros) und Dingos zeigen sich in den frühen Morgen- oder Abendstunden entlang der Straßen. Die häufigsten Pflanzenarten sind Akazien, Grevillien, Kasuarien (Desert Oak) und kleinwüchsige Eukalyptusarten. Für die australischen Ureinwohner haben die gelbblühenden Witchetty-Büsche große Bedeutung, da in ihrem Wurzelwerk fette Larven (sog. Witchetty Grubs) leben, die eine wichtige, eiweißhaltige Nahrungsgrundlage darstellen.

Eintritt

5 km vom Resort entfernt befindet sich der eigentliche Parkeingang, an dem die Eintrittsgebühr für den Nationalpark kassiert wird (A$ 25 pro Person über 16 Jahre, 3 Tage Gültigkeit).

Cultural Centre

Bevor Sie zum „Berg“ fahren, sollten Sie das ausgezeichnete **Uluru Kata Tjuta Cultural Centre** besuchen. Im 1995 eröffneten Zentrum vermitteln die Aboriginal People den Besuchern eindrucksvoll die Bedeutung ihrer heiligen Stätten sowie die Traditionen und Rechte der Anangu-Aboriginals. Unter anderem wird der Wunsch zum Ausdruck gebracht, den Ayers Rock nicht zu besteigen.

Uluru (Ayers Rock)

Das bekannteste und wohl meist fotografierteste Wahrzeichen Australiens ist 348 m (867 m ü.M.) hoch und hat einen Umfang von 9,4 km. Geologen sind sich einig, dass der Fels streng genommen kein Monolith ist, da er sich unterirdisch fortsetzt. Auf der anderen Seite deutet der bloße Anblick des sichtbaren Teils auf die Definition „Monolith“ hin.

Aufstieg

Für viele Besucher gilt die Besteigung des Felsens als ein Höhepunkt ihres Aufenthaltes. Wer den Willen und den Geist der Aboriginal People respektiert, nimmt von dem anstrengenden und nicht ganz ungefährlichen Aufstieg Abstand. Für alle, die trotzdem hinauf möchten: Der Aufstieg ist nur an einer Stelle möglich. Die erste Phase ist äußerst steil. Dankbar wird die angebrachte Kette als Aufstiegshilfe akzeptiert. Tragen Sie unbedingt stabiles, rutschfestes Schuhwerk und seien Sie sich der Strapazen (Hitze, Wind, Höhenangst) bewusst – der Fels ist immerhin 348 m hoch! In den heißen Sommermonaten wird der Aufstieg nur in den frühen Morgenstunden gestattet.

Wanderwege: Die Umrundung des Uluru auf dem **Base Walk** (10 km, ca. 3 h, Wasserflasche mitnehmen!) mit seinen Höhlen, Verwerfungen und heiligen Stätten (Felsmalereien u.a.) ist für viele die authentischere Erfahrung. Eine gute Möglichkeit Hintergrundwissen zu erhalten, ist eine geführte Wanderung auf dem **Mala Walk** (2 km, Nov–März 9 Uhr, Apr–Okt 10 Uhr). **The Mutitujulu Walk** (1 km, an der Südseite des Berges) vermitteln ebenso die Schönheit und Geheimnisse des roten Felsens.

Natürlich kann der Fels auch per Fahrzeug auf der Ringstraße umrundet werden. Zahlreiche Parkplätze und kurze Spaziergänge führen zu den markanten Stellen. Der abendliche Sonnenuntergang kann von speziellen, meist ziemlich frequentierten „Sunset Viewing Areas“ betrachtet werden. Dort ist der Blick auf den Fels tatsächlich am besten, und man sollte den Trubel eben mit der notwendigen Portion Gelassenheit über sich ergehen lassen. Die dramatische Farbveränderung des Gesteins im Licht der untergehenden Sonne entschädigt Hobbyfotografen für alles.

Kata Tjuta (Olgas)

43 km westlich liegt Kata Tjuta, die *Olgas.* Die Gebirgsformation aus 36 einzelnen Kuppen mit einer Gesamtausdehnung von 36 qkm und einer maximalen Höhe von 546 m (1065 m ü.M.) wird von den Ureinwohnern *Kata Tjuta* genannt, was so viel bedeutet wie „viele Köpfe“. Das Alter der Felsdome wird auf einige Millionen Jahre geschätzt.

Von der **Kata Tjuta Dune Viewing Area** (26 km nach dem Abzweig zum Uluru) bietet sich ein sehr guter Überblick über die rote Felslandschaft. Bei der Rundwanderung durch das **Valley of the Winds** (7 km, anstrengend, viel Wasser mitnehmen!) oder der kürzern Variante zur **Olga Gorge** (2 km) erlebt man die beeindruckenden Proportionen von Kata Tjuta und beginnt zu verstehen, dass die lokalen Anangus das Gebiet noch immer als Ehrfurcht einflößend empfinden.

Kata Tjuta

Fotografieren und Andenken der Anangu Aboriginals

Filmen und Fotografieren ist ein delikates Themen zwischen den Anangu und Touristen. Die Anangu möchten nicht gerne fotografiert werden und bitten dies zu respektieren. Auch ist es den Ureinwohnern wichtig, dass Touristen es akzeptieren, bestimmte Stätten mit einem spirituellen Wert nicht zu fotografieren oder zu filmen (tatsächlich drohen gar Geldbußen, wenn man trotz Verbotschilds erwischt wird!). Es ist wichtig, dass das Land so unberührt wie möglich bleibt. Sie sollten keine Stücke des Berges, Steine oder Sand als Andenken mitnehmen. Anangu, die Behüter Ulurus und Kata Tjutas, werden sehr traurig, wenn Leute Teile des Landes und des Berges mitnehmen. In der Tradition der Anangu tragen einzelne Individuen die Verantwortung für das Wissen, das ihnen anvertraut wurde. Wir hoffen, dass die Anangu ihr Wissen mit Ihnen geteilt haben und Sie die Bedeutung des Landes, der Pflanzen und Tiere für die Anangu verstehen und respektieren werden. Bitte zeigen Sie Ihre Wertschätzung, indem Sie unser Ansuchen erfüllen und sich kulturell angemessen verhalten.

(aus dem Informationsblatt der Mutitjulu Community und ANCA)

ASP ▸ ADL

Outback-Route nach Westaustralien

Die Piste von den Olgas nach Westaustralien heißt **Great Central Road** (Permit erforderlich). Sie führt nach Docker River und von dort aus weiter auf die *Warburton-Laverton Road* bzw. den schweren *Gunbarrel Highway* in den Bundesstaat Western Australia (▸ s. Exkurs „Outbackpisten im Zentrum“). Wer der Piste nur für ein paar Kilometer folgt und dann wieder kehrt macht, erhält ein schönes Fotomotiv der Olgas mit Sandpiste im Vordergrund.

Rückfahrt nach Alice Springs

Am gut ausgebauten Lasseter Highway liegt 190 km östlich von Yulara das Mt Ebenezer Roadhouse mit einer kleinen Aboriginal Art Gallery, Motel und Campground (Tel. 08-89562904). Nach weiteren 57 km ist der Stuart Highway erreicht. An der Kreuzung liegt das **Erldunda** Desert Oaks Motel (Zimmer, Camping, Tankstelle und Shop Tel. 08-89560984).

Hier stoppen die Überlandbusse auf ihren Routen von Adelaide nach Alice Springs und umgekehrt. Wer direkt zum Uluru möchte, muss hier auf den Anschlußbus warten

70 km nördlich von Erldunda und 131 km südlich von Alice Springs zweigt die geschotterte *Ernest Giles Road* zu den **Henbury Meteoriten Kratern** ab (16 km). Das Gebiet umfasst 12 Krater, die geformt wurden, als ein Meteor vor etwa 4700 Jahren auf die Erdoberfläche einschlug. Eine Wanderung zum größten, 180 m breiten und 15 m tiefen Krater ist ausgeschildert. Ein einfacher Campingplatz ist vorhanden.

Auf der **Camels Australia Farm** (40 km weiter nördlich) werden Rennkamele für arabische Länder gezüchtet sowie wilde Kamele für Vergnügungsparks gezähmt. Für Besucher werden Ausritte und Safaris organisiert. Eine ideale Möglichkeit, die Tiere aus der Nähe zu fotografieren und ein kühles Getränk zu genießen (Tel. 08-89560925).

Nördlich der Raststätte **Stuart Wells** (*Jim Cotterill's Wayside Inn*, Tel. 08-8956-0808) führt ein für Allradfahrer lohnender Abstecher in das **Rainbow Valley Conservation Reserve** (22 km). Höhepunkt des Gebietes sind die faszinierenden, durch Erosion entstanden Sandsteinklippen, die sich bis zu 50 m von der Ebene abheben. Camping ist im Park erlaubt.

East MacDonnell Ranges

Wegen ihrer wenigen Besucher und der Naturschönheiten zählen die *East MacDonnell Ranges* zu den Geheimtipps für Outback-Reisende. Relikte aus der Goldgräberzeit sind in Arltunga zu finden. Zahlreiche Schluchten mit Wasserlöchern laden zum Baden, Wandern und Campieren ein. Durch die Nähe zu Alice Springs kann ein Abstecher in die East MacDonnell Ranges auch als Tagesausflug geplant werden. Übernachten ist nur auf einfachen NP-Campingplätzen oder in Ross River möglich.

Anfahrt

Die Anfahrt erfolgt über den asphaltierten **Ross Highway**, 6 km südlich von Alice Springs, gleich nach Heavis Gap, dem markanten Felseinschnitt. Beiderseits der Straße erheben sich die roten Berge der Ooraminna Range (südlich) und East MacDonnell Range (nördlich).

Heilige Stätten

Nach 10 km sind die Felsschluchten **Emily Gap** und 8 km weiter **Jessie Gap** die ersten Besichtigungspunkte. Hier haben sich die gleichnamigen Wasserläufe durch die Felsen gearbeitet und (meist ausgetrocknete) Flussbetten hinterlassen. Für die lokalen Arrernte-Aboriginals stellen die Orte heilige Stätten dar, wie sich auch an den gut erhaltenen Felszeichnungen bei Emiliy Gap erkennen lässt.

Der **Corroboree Rock** ist einer der signifikanten Plätze der Aboriginal People in den MacDonnell Ranges. Schautafeln entlang des kurzen Pfades erklären die Bedeutung des Felsens.

Schluchten

Den Abzweig zur **Trephina Gorge** sollten Sie nicht verpassen. Eine gute Schotterpiste (7 km) führt zum Park- und Campingplatz an der Schlucht. Eine raue Piste führt zuvor (nur 4WD!) zu **John Hayes Rockhole** (mit Wasserloch zum Baden) und einem einfachen NP-Campingplatz (ohne Wasser, mit Toiletten). Ein Wegweiser zeigt den Weg zum „Ghost Gum", einem mächtigen Eukalyptusbaum mit typisch weißem Stamm. Am Parkplatz und NP-Campingplatz an der Trephina Gorge beginnen Wanderungen in die Schlucht bzw. auf den Kamm hinauf. Einen guten Blick auf die senkrechten, in der Sonne beinahe glühenden Felswände, erhält man auf dem *Panorama Walk* (1 h). Wer Glück hat, erspäht die scheuen Schwarzfuß-Felskänguruhs (Black-footed Rock-Wallaby) zwischen den Felsen. Für ausdauernde und hitzebeständige Wanderer ist der *Ridgetop Trail*, der zum John Hayes Rockhole über den Kamm führt, eine etwa sechsstündige Herausforderung.

Der nächste Abzweig führt zum **Ross River Resort** und in die **N'Dhala Gorge**. Ross River Homestead bietet Unterkünfte in Holzcabins und Stellplätze, hat eine Tankstelle und einen Kiosk (s. Adressen und Service Rotes Zentrum). Die Zufahrt in die Schlucht ist nur mit Geländewagen möglich und ist nach Regenfällen oft unpassierbar. In der engen Schlucht wurden bislang über 6000 Petroglyphen an den Felswänden entdeckt, deren Entstehung über 10.000 Jahre zurückliegen. Campingplatz und Picknicktische sind vorhanden.

Kamele in Down under

Kamele waren in Australien nicht heimisch. In den 1840er Jahren wurden die Tiere als Lasttiere aus dem Mittleren Osten auf dem 5. Kontinent eingeführt. Insbesondere zur Erschließung des Outbacks für Expeditionen, beim Bau von Telegraphenleitungen und der Eisenbahn sowie zur Versorgung entlegener Farmen und Ortschaften waren sie dienliche Arbeitstiere. Mit der Entwicklung der Eisenbahn und des Autos wurden die Kamele immer weniger benötigt und so wurden sie von 1925 an in die Wildnis entlassen.

Dort vermehren sie sich mangels natürlicher Feinde prächtig. Inzwischen schätzt man ihren Bestand auf über 600.000 Tiere, die frei in der Wüste leben. Diese stattliche Zahl bringt leider immense Gefahren für die Pflanzen der australischen Trockengebiete mit sich. Biologen sprechen von einer zunehmenden Gefahr für das fragile Ökosystem, da viele seltene Pflanzenarten von den Tieren gefressen werden und sogar vom Aussterben bedroht sind. Sie fordern daher jährliche Abschussquoten für wilde Kamele. Andere Gruppierungen hingegen wollen von dieser Argumentation nichts wissen. Sie fangen die Kamele ein, richten sie für Vergnügungsparks ab, zähmen sie als Reittiere für Touristen oder aber exportieren sie als Arbeits- und Rennkamele in arabische Länder.

Historisches Die Straße zum **Arltunga Historical Reserve** (110 km östlich von Alice Springs) ist ebenfalls geschottert. Arltunga war offiziell die erste Stadt in Zentralaustralien, entstanden durch die Goldfunde im Jahr 1887. Das erste Gold wurde in einem ausgetrockneten Flussbett entdeckt. Heute stehen nur noch die Überreste der Gebäude trostlos in der Landschaft. Das ehemals legendäre *Arltunga Bush Hotel* ist seit dem Jahr 2002 leider geschlossen (Camping ist weiterhin möglich, kein Strom). Im kleinen Visitor Centre sind Informationen zur Goldsucherzeit und Trinkwasser erhältlich. Ein Ranger befindet sich zeitweilig vor Ort. Von Arltunga führt eine 43 km lange, sehr raue Piste (Allradantrieb unbedingt einschalten!) nach Osten nach **Ruby Gap.** In der einsamen und wilden Schlucht ist Camping erlaubt (kein Wasser).

Rückfahrt nach Alice Für die Rundfahrt „East MacDonnells – Plenty Highway – Alice Springs" folgt man der Piste von Arltunga nach Norden über Claraville Station (Farm) und Garden Road. 8 km hinter der Farm beginnt der **Cattle Water Pass** (nur für Allradfahrzeuge) und führt in nördliche Richtung. Die Route ist ausgesprochen abwechslungsreich, nicht ganz einfach zu fahren und führt durch einsame Outbackregionen. Für die 56 km sollten mindestens 2,5 h Fahrzeit gerechnet werden, da zahlreiche sandige und felsige Passagen zu meistern sind. Der Track stößt 33 km östlich von **Gem Tree** auf den asphaltierten **Plenty Highway**. Auf dem *Gem Tree Caravan Park* gibt es Treibstoff (▸ s. Kapitel „Von Darwin nach Alice Springs“). Der Eigner führt „Fossicking-Touren“ zur Suche nach Edelsteinen durch. Informieren Sie sich vorab über den Straßenzustand beim Ranger in Arltunga (Tel. 08-89569770) oder in Gem Tree (Tel. 08-89569855).

Wem dies zuviel Allradabenteuer ist, der kann ab Claraville Station auf dem gut gepflegten Arltunga Tourist Drive (geschottert) zurück nach Alice Springs reisen.

Adressen & Service Rotes Zentrum

Infos

Yulara Visitor Centre, Yulara Drive, Tel. 08-89577377, tägl. 8.30–19.30 Uhr. Gute Einstimmung für den Besuch des Nationalparks. Buchungen von Touren. Permit für Mereenie Loop Road.
Uluru-Kata Tjuta Cultural Centre, Tel. 08-89563138, tägl. 7–17.30 Uhr. Am Informationsschalter im Kulturzentrum werden Fragen zum Park, dessen Verwaltung und zu geführten Touren beantwortet. Infos: www.deh.gov.au/parks/uluru.
East MacDonnell Ranges: Parks & Wildlife Visitor Centre, Arltunga Historical Reserve, Tel. 08-89569770. Informationen zur Region und zu Straßenzuständen.

Unterkunft und Camping

West MacDonnell Ranges, Finke Gorge National Park und Kings Canyon:
*** **Glen Helen Resort**, Namatjira Drive, West MacDonnell Ranges, Tel. 08-89567489; schön gelegenes Motel mit Zimmern, Campingplatz, Restaurant und Bar. Reservierung empfehlenswert.
**** **Kings Canyon Resort**, Luritja Rd, Watarrka National Park, Tel. 1-300-134044 oder 08-89567442; gepflegte Anlage mit Hotelzimmern, Backpacker-Schlafräumen und Campingplatz. Reservierung unbedingt empfehlenswert.
** **Kings Creek Station**, 35 km östlich des Canyons, Tel. 08-89567474, www.kingscreekstation.com.au; die Farm bietet einfache Cabins, schattige Camplätze, einen Pool, Safaris mit Quads und Kamelen sowie Hubschrauberrundflüge über das riesige Anwesen und die Umgebung.

Für die im Text beschriebenen **Nationalpark-Campingplätze** ist keine Reservierung im Vorfeld möglich (*First come, first serve*). Die Registrierung erfolgt vor Ort – entweder der Ranger kommt abends vorbei oder man steckt das Geld in eine Art Briefkasten. Information: Tel. 08-89518211.

Yulara/Ayers Rock Resort: Alle Hotels gehören zur Voyages-Gruppe (www.voyages.com.au). Eine Buchung über einen Reiseveranstalter empfiehlt sich, da man hier häufig von deren Zimmerkontingenten und besseren Preisen profitiert.

***** **Longitude 131°**, Tel. 08-89577131. 15 exklusive Zeltunterkünfte 3 km außerhalb von Yulara. Die einzigen Unterkünfte mit Blick auf den Ayers Rock!
***** **Sails in the Desert**, Tel. 08-89577417. 5-Sterne Hotel mit beheiztem Pool, erstklassiges Restaurant, Tennis- und Golfplatz.
**** **Desert Gardens Hotel**, Tel. 08-89577714; die bessere Alternative zum Outback Pioneer Hotel, wird gerne von Busgruppen genutzt.
*** **The Lost Camel**, Tel. 08-89577650;
einfaches Mitteklasse-Hotel mit steril eingerichteten Studiozimmern.
*** **Emu Walk Apartments**, Tel. 08-89577399; für Selbstversorger zweckmäßig eingerichtete Apartments mit 1 oder 2 Schlafzimmern.
*** **Outback Pioneer Hotel & Lodge**, Tel. 08-89577605.
Ein nicht billiges 3-Sterne Hotel mit angeschlossenem Backpacker-Hostel, kleines Restaurant, Bar, Schwimmbad. Gratis-Flughafentransfers.
Ayers Rock Campground, Tel. 08-89577001; großer Campingplatz mit Cab-

ins (für bis zu 6 Personen). Pool und Kiosk sind vorhanden. Eine Reservierung ist normalerweise nicht erforderlich.

** **Curtin Springs Roadhouse**, Lasseter Hwy, 84 km östlich von Yulara, Tel. 08-89562906, www.curtinsprings.com; günstige Alternative zum Ayers Rock Resort mit Outback-Charakter, Motelzimmer und Campingplatz.

East McDonnell Ranges:

** **All Seasons Ross River Homestead B&B,** Ross Hwy, Ross River, Tel. 08-89569711, www.rossriverresort.com.au; einfache, aber freundliche Unterkunft mit Cabins, Campingplatz, Pool, Restaurant, Kiosk und Tankstelle.

Anreise Yulara (Ayers Rock Resort)

Der **Ayers Rock Airport** (AYQ) liegt 6 km vom Ort entfernt und wird von kostenlosen Shuttlebussen angesteuert. Qantas (Tel. 131313) und Virgin Blue fliegen Ayers Rock täglich von mehreren Städten an, wobei die Kapazitäten begrenzt sind. Frühes Buchen ist empfehlenswert.

Die **Überlandbusse** von *Greyhound* stoppen in Erldunda. Von dort verkehren Anschlussbusse nach Yulara.

Touren ab Yulara

- *Anangu Tours,* Tel. 08-89562123, bietet empfehlenswerte Touren mit Aboriginal-Hintergrund in kleinen Gruppen an.
- *Frontier Camel Tours,* Tel. 08-89530444, veranstaltet Kamelausritte in Richtung Ayers Rock.
- *Discovery Ecotours,* Tel. 89562563; bieten mehrere halb- und ganztägige Kleingruppen-Touren an (z.B. Uluru Eco Pass), u.a. Abendtour mit Abendessen bei den Olgas.
- *Voyages Hotels,* Tel. 02-93391000, offeriert das berühmte Abendessen unter Sternenhimmel (*Sounds of Silence Dinner*). Einzelreisende werden mittlerweile getrennt von den großen asiatischen Busgruppen versorgt – so bleibt etwas Ruhe gewahrt.

Rundflüge in Helikoptern und Cessnas sind im Visitor Centre buchbar. Es gibt keine Ballonfahrten am Ayers Rock, sondern nur in Alice Springs!

Mietwagen

(keine Camper!): *Hertz Cars,* Tel. 08-89562244, im Tour & Info Centre, Yulara und direkt am Flughafen. Ab zwei Tagen Mietdauer keine Einweggebühren innerhalb des NT. Territory-Thrifty Rental Cars, Tel. 08-89562030.

Outbackpisten im Zentrum

Das Rote Zentrum ist ein Dorado für Allradfahrten. Zahlreiche einsame Pisten durch Wüstenlandschaften beginnen und enden rund um Alice Springs. Wer solch eine Unternehmung plant, sollte sich unbedingt über die Straßenbedingungen, Genehmigungen im *Central Land Council* oder im Visitor Centre in Alice Springs sowie über den Versicherungsschutz des Mietwagens informieren. Sehr nützlich ist die kostenlose Broschüre *„4x4 Guide Central Australia"* vom Central Australian Tourism. Gute Landkarten für die Piste sind im *Department of Infrastructure, Planning and Environment* in Alice Springs (▸ s. „Alice Springs /Infos") erhältlich. Bitte beachten Sie auch die Hinweise zu Reisen im Outback (1. Teil des Buches). Im Internet sind unter www.mynrma.com.au (Outback) und www.outback-guide.de hervorragende Informationen zusammengefasst. Straßenzustände sind unter www.roadreport.nt.gov.au zu finden.

Tanami Road (997 km)

Nördlich von Alice Springs führt der Tanami Track in nordwestlicher Richtung bis Halls Creek in die Kimberley Region (WA). Der größte Teil der Strecke führt durch trockene, menschenleere Wüstengebiete.

Die Piste wird regelmäßig gepflegt. Einige Sandpassagen und Flussbettdurchquerungen (teilweise schon befestigt) sind noch zu bewältigen. Manch einer wagt den Track auch mit dem Pkw. Unterwegs befinden sich vier Tankstellen mit Campingplätzen. Es ist kein Permit erforderlich, aber Reisende dürfen die Piste nicht verlassen.

Plenty Highway (809 km)

Der Highway ist eine Abkürzung nach Mount Isa und in das zentrale Queensland. Die von Viehtransporten häufig genutzte Piste ist bis zur Staatsgrenze zu Queensland gut gepflegt, danach sind versteckte Bulldust-Löcher (feinster Staub) und starke Rippen (*corrugations*) keine Seltenheit, daher ist ein Allradfahrzeug ratsam.

Sandover Highway (717 km)

Die nicht asphaltierte, völlig einsame Naturstraße zweigt vom Plenty Highway nach Nordosten ab und führt entlang des Sandover Rivers nach Camooweal am Barkley Highway. Wegen der sandigen und ruppigen Passagen in Queensland ist ein robustes Allradfahrzeug ratsam.

Simpsons Loop und Simpson Desert Crossing

Der 760 km **Simpsons Loop** (Rundweg) von Alice Springs zählt zu den wahren Wüstenerlebnissen. Hohe Sanddünen, historische Stätten und Aboriginal Gemeinden verbindet der mäßig schwierige Geländewagentrack miteinander – eine Route, um das Rote Zentrum abseits der touristischen Pfade intensiv kennen zu lernen, ohne gleich eine Expedition unternehmen zu müssen.

Routenverlauf: Alice Springs – Old Andado Track/Old South Road, Santa Teresa (Aboriginal Community, Tel. 08-89560805), MacClark Conservation Reserve (40 km nördlich von Old Andado) – Old Andado Homestead (die Heimat des Outback-Originals Molly Clark, Tel. 08-89560812) – New Crown – Apatula (Finke, Tel. 08-89560966, So. kein Sprit!) – Ewaninga Rock Carvings – Alice Springs. In Visitor Centre in Alice Springs ist für die Fahrt ein detailliertes Faltblatt erhältlich.

Die **Simpson Desert Crossing** von Mt Dare Homestead/Witjira NP nach Birdsville ist nur für erfahrene und gut ausgerüstete Allradfahrer und im Konvoi geeignet. Über rund 1300 km geht es über unzählige, teilweise schwere Sanddünen hinauf und hinunter. Viele Mietwagen- und Camperfirmen erlauben die Tour nicht! Information: Mount Dare Homestead (Tel. 08-86707835), Birdsville Service Station (Tel. 07-46563226).

Chambers Pillar

Great Central Road und Gunbarrel Highway (1400 km) Der lohnende Allradtrack führt von Yulara (NT) nach Warburton (WA), vormals *Warburton-Laverton Road* genannt. Dort gabelt sich die Piste in den von legendären Straßenbauer *Len Beadell* angelegten und nur für Allradfahrzeuge geeigneten *Gunbarrel Highway*, der durch die unwirtliche Gibson Desert nach Wiluna in Westaustralien führt. Die wesentlich bessere und häufiger befahrene und vor allem gepflegte Great Central Road verläuft am Südrand der Wüste bis nach Laverton. Für beide Pisten ist eine Genehmigung notwendig, die im Central Lands Council in Alice Springs erhältlich ist.

Oodnadatta Track (▸ s. „Alternativstrecke: Südaustralisches Outback, Alice Springs – Adelaide auf dem Oodnadatta Track und durch die Flinders Ranges", ▸ s.S. 348)

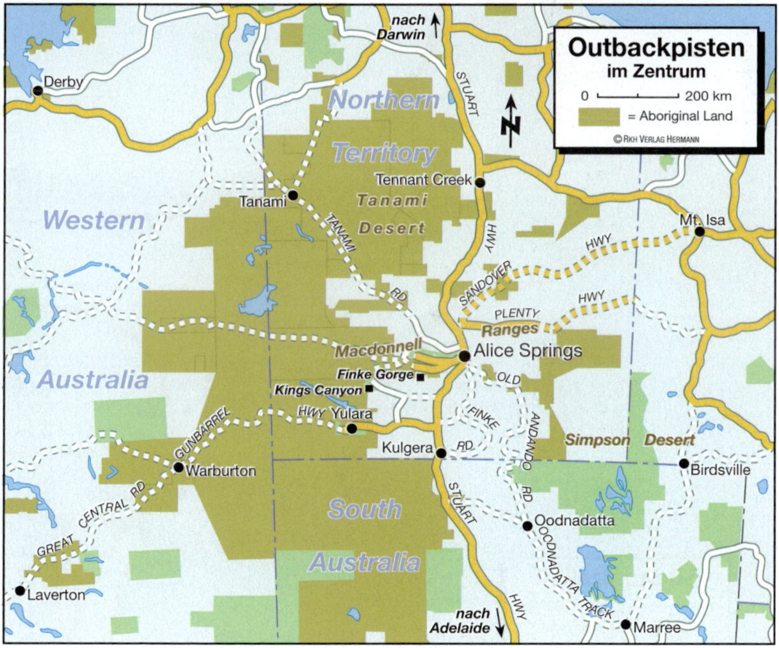

South Australia

Überblick Mit einer Ausdehnung von 984.000 qkm und einer 3.700 km langen Küstenlinie ist Südaustralien der drittgrößte Staat Australiens. Auf der gesamten Fläche leben nur 1,5 Mio Menschen, die sich hauptsächlich in der südöstlichen Ecke des Landes konzentrieren. Die größten Städte des Landes sind Adelaide (1,1 Mio. Ew.), Elizabeth (25.600 Ew.) sowie Mt Gambier (23.600 Ew.).

Geographie/ Klima South Australia (SA), der trockenste Staat des trockensten Kontinents teilt sich in zwei völlig konträre Hälften: den stark besiedelten und durch den Murray River bestens bewässerten südlichen Teil mit der Hauptstadt Adelaide sowie den kaum bevölkerten, extrem trockenen nördlichen Teil.

Landschaftlich bietet Südaustralien viel Abwechslung. Dramatische Steilküsten im Westen an der Great Australian Bight, verführerische Strände an der Küste und fruchtbare Regionen im Hinterland (Weinbau, Obstanbau) kennzeichnen den Süden. Hier herrscht mediterranes Klima mit warmen Sommern und kühlen Wintern.

Doch über 80% der südaustralischen Fläche wird dem Outback zugerechnet, eine schier endlose Mischung aus Steppe und Wüste. Dort dominiert typisch kontinentales Wüstenklima mit trockenen, sehr heißen Sommern und warmen Wintern mit kalten Nächten.

Wirtschaft Wirtschaftliche Faktoren des Staates sind Landwirtschaft (Weizen, Gemüse, Wein, Fleisch und Wolle), die Verarbeitung von Eisen und Stahl sowie die Produktion von Motoren, Fahrzeugen und Elektronikbauteilen. Der Abbau von Bodenschätzen (Kupfer, Kohle, Eisen, Blei, Zink, Uran, Gold, Silber und Edelsteine) trägt zu 2% zum Bruttosozialprodukt bei.

Highlights Zu den Highlights Südaustraliens zählen die landschaftlichen Schönheiten der Flinders Ranges und die Outback-Routen, das skurrile Opalstädtchen Coober Pedy, die saftig grünen Hügel der Weinanbaugebiete Clare und Barossa Valley, die Tiervielfalt auf Kangaroo Island, der längste Fluss des Kontinents Murray River und natürlich die Hauptstadt Adelaide.

ASP ▸ ADL

Internet-Infos **Fremdenverkehrsbüro Südaustralien:**
www.tourism.sa.gov.au oder www.southaustralia.com.
Nationalparks: www.environment.sa.gov.au oder www.parks.sa.gov.au.

Von Alice Springs nach Adelaide auf dem Stuart Highway

Überblick Die Reise auf dem gut ausgebauten **Stuart Highway** nach Adelaide ist durch lange Distanzen (insgesamt 1.554 km) und menschenleere Regionen gekennzeichnet. Südlich der Grenze zwischen dem Northern Territory und South Australia ist die skurrile Opalstadt **Coober Pedy** das einzig wirkliche Highlight.

Interessanter und abwechslungsreicher ist die Naturstraße **Oodnadatta Track** ab Marla (▸ s.S. 348 „Alternativstrecke: Südaustralisches Outback, Alice Springs – Adelaide auf dem Oodnadatta Track und durch die Flinders Ranges“). Der Besuch der **Flinders Ranges** sollte wegen der einzigartigen Landschaftsformen und reichen Tierwelt nicht fehlen. Die Anfahrt nach Wilpena Pound ist von Süden her asphaltiert.

Das Weinbaugebiet **Clare Valley** bietet mit seinen grünen Reben eine willkommene Abwechslung nach rotem Sand und weißen Salzseen, bevor Adelaide erreicht wird.

Hinweis: Obwohl der Stuart Highway relativ „belebt“ befahren wird, ist und bleibt es wegen der großen Distanzen zwischen den einzelnen Rasthäusern sinnvoll, ausreichenden Wasservorrat mitzuführen (mind. 5 l pro Person) und frühzeitig zu tanken. Bleiben Sie im Falle einer Panne beim Fahrzeug, bis Hilfe eintrifft. Laufen Sie nicht los – es gibt weit und breit keinen Schatten!

Üblicherweise kann die Reisezeit dank konstanter Durchschnittsgeschwindigkeiten exakt geplant werden. Für 600 km benötigt man bei konstant 100 km/h genau 6 Stunden. Staus, Ampeln und Kreuzungen sind unbekannt.

Etappenvorschlag Alice Springs – Adelaide

6 Tage „Highway-Route“, Gesamtstrecke 1818 km

1. Tag: Alice Springs – Coober Pedy (678 km)
2. Tag: Coober Pedy – Port Augusta (536 km)
3. Tag: Port Augusta – Wilpena (Flinders Ranges National Park) (158 km)
4. Tag: Flinders Ranges National Park
5. Tag: Wilpena – Clare Valley (312 km)
6. Tag: Clare Valley – Adelaide (134 km)

Wer zuvor noch eine Rundfahrt durch das Rote Zentrum (West Macs – Kings Canyon – Ayers Rock) einbindet, muss entsprechend großzügiger planen! Die Sehenswürdigkeiten entlang des Stuart Highway von Alice Springs bis zur Kreuzung Erldunda (Abzweig zum Uluru-Kata Tjuta National Park) sind im Kapitel „Rundreisen im Roten Zentrum“ beschrieben.

Das Rasthaus **Kulgera** mit Campingplatz (Tel. 08-89560973) und Polizeistation liegt 20 km nördlich der Grenze zu South Australia. Nach Osten führt eine Piste nach **Finke (Apatula)**, Ausgangsort für Touren in die **Simpson Desert**.

Marla ist ein Roadhouse mit Motel (Tel. 08-86707001) und nördlicher Startpunkt des **Oodnadatta Tracks**. Das Opalfeld *Mintibie* 35 km westlich ist ebenfalls über eine Piste von Marla aus erreichbar.

Bei **Cadney Homestead Roadhouse** (Tel. 08-86707994) lohnt ein Abstecher (125 km Piste) zur **Painted Desert,** einem Gebiet mit farbenprächtigen Tafelbergen. Cabins und Buschcamping werden in Copper Hills (Tel. 08-86707995, 32 km östlich von Cadney) angeboten. Vom Roadhouse werden Flüge über die Wüste offeriert.

Coober Pedy

Die Opalstadt Coober Pedy zählt zu den bekanntesten Outbackstädten Australiens. Immer wieder wird über die kleine Gemeinde mit ihren glücksuchenden, opalbesessenen Einwohnern in den Medien berichtet. Der Name der Stadt („kupa piti“) stammt von den Aboriginal People und bedeutet „weißer Mann im Loch“. Der Ausdruck beschreibt den Ort ausgesprochen treffend, da mehr als die Hälfte der 4000 Einwohner in ihren unterirdischen „Dugouts“ leben oder unter Tage den regenbogenfarbigen Edel-stein suchen. Wegen der extremen Außentemperaturen im Outback – im Sommer steigt das Quecksilber auf bis zu 50 °C, in Winternächten sinkt es bis auf den Gefrierpunkt – sind die Wohnhöhlen im meterdicken Sandstein mit konstanten Raumtemperaturen um die 22 °C ideale Unterkünfte. Neben Dugouts zerlöchern über 250.000 Minenschächte die Region.

1915 fand der 14jährige Willie Hutchison in der trockenen Landschaft den ersten Opal. Die Kunde verbreitete sich schnell und bald darauf kamen Glückssucher aus mehr als 50 Ländern in die Region. Bis heute verleiht das bunt gemischte Völkchen dem kuriosen Nest seinen besonderen Charme. An der Methode des Opalsuchens hat sich wenig verändert. Löcher werden in die Erde gesprengt, um den Edelstein zu finden. Der Abraum wird an der Oberfläche zu charakteristischen „Maulwurfshügeln" aufgeschüttet. Die Löcher werden in der Regel nicht wieder zugeschüttet, so dass bei Rundgängen Vorsicht geboten ist.

Touristen können ihr Glück auf den Abraumhalden der Minen versuchen und mit Sieb und Schaufel „noodeln". Achtung, es besteht Suchtgefahr – wer einmal einen dieser glänzenden Opale entdeckt hat, kann schwer wieder von der schweißtreibenden und staubigen Tätigkeit ablassen.

Infos

Vistor Centre, Hutchison St, Tel. 1-800-637076 oder 08-86725298, Mo–Fr 8.30–17 Uhr, www.opalcapitaloftheworld.com.au. Informiert über Touren und die Möglichkeit zum „noodling" (Opale suchen).

Unterkunft und Camping

*** **Desert Cave Hotel**, Hutchison St, Tel. 08-86725688;
das beste Hotel der Stadt, Zimmer über und unter der Erde, Pool.
*** **Opal Inn Hotel/Motel/Caravan Park**, Hutchison St, Tel. 08-86725054;
Mittelklasse-Hotel mit angeschlossenem Campingplatz.
* **Radekas Dugout Motel & Backpackers**, Hutchison St,
Tel. 08-86725223; Budget-Unterkunft mit vielen Aktivitäten.
* **Anne's Dugout B&B**, Koska St, Tel. 08-86725541;
kleine Frühstückspension unter der Erde.
Stuart Range CP, Yanikas Dve, Tel. 08-86725179;
zentraler Campingplatz mit wenig Schatten.
Riba's Caravan Park and Underground Campground, William Creek Rd,
etwa 5 km südlich der Stadt, Abzweig vom Stuart Highway, Tel. 08-86725614;
kleiner, persönlich geführter Platz mit vielen Informationen zum Thema Mining.

Geführte Touren

Ein echtes Outbackerlebnis ist der empfehlenswerte Tagesausflug **„Mail Run"**, der jeden Montag und Donnerstag in Coober Pedy beginnt und endet. Mit dem Postboten geht es im Geländewagen auf einer etwa 800 km langen Tour zu abgelegenen Outback-Farmen. Der Postmann weiß auf der 12stündigen Tour allerhand Geschichten zur Region und über deren Bewohner zu erzählen. Reservierung unter Tel. 08-86725226, www.mailruntour.com oder im Visitor Centre in Coober Pedy.

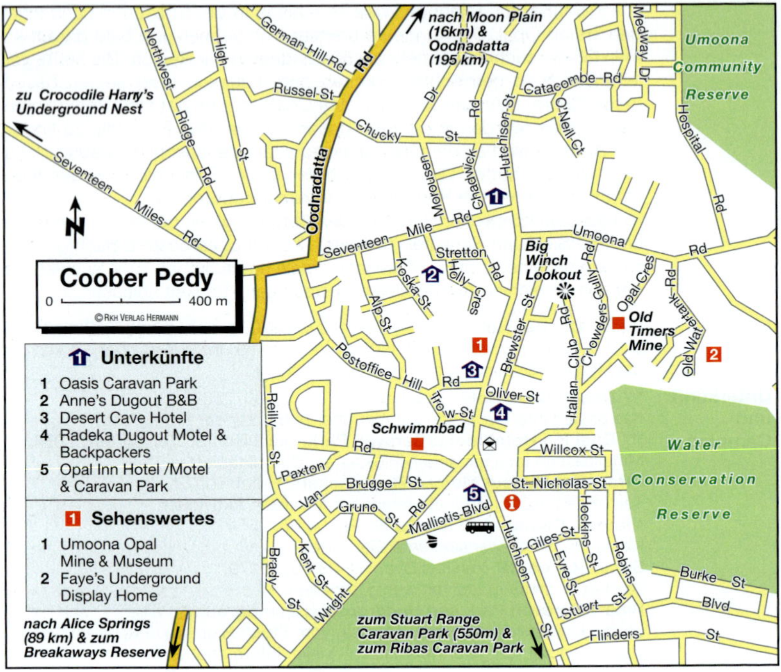

Stadtbesichtigung

Einen hervorragenden Rundblick über die unendlich vielen Minen und die Stadt hat man vom Big Winch Lookout. Mehr zum Thema „Mining" erfahren Sie in der Old Timers Mine (Crowders Gully Rd) und im Umoona Opal Mine and Museum (Hutchison St). Lohnenswert ist der Besuch spezieller Dugouts wie das Underground Nest des exzentrischen Crocodile Harry (17 Mile Rd, 5 km nordwestlich der Stadt) oder Fayes Underground Home.

Wer mehr zur Suche und Verarbeitung von Opalen wissen möchte, sollte an der **Riba's Evening Mine Tour** teilnehmen (Wiliam Creek Rd, 4 km südlich am Stuart Hwy, tägl. 19.30 Uhr).

Jedes Jahr findet zu Ostern das *Opal Festival* mit viel Rummel, Geschichten und einem Festumzug statt. Im Oktober steht das *Coober Pedy Race* auf dem Veranstaltungskalender – Wettläufe, Motorrad-, Fahrrad- und Autorennen bringen das ganze Städtchen auf Trab.

Weiter auf dem Stuart Highway

253 km südlich von Coober Pedy liegt der nur 20 Einwohner zählende Ort **Glendambo,** kaum mehr als ein Roadhouse, das über ein ordentliches Motel (08-86721030) und einen Campingplatz verfügt (Tel. 08-86721035). Für Outback-Enthusiasten beginnt hier die Rundfahrt durch die **Gawler Ranges**. Route: Glendambo – Kingoonya (Bahnstation) – Lake Gairdner – Gawler Ranges NP – Wudinna (Eyre Hwy).

Abstecher vom Stuart Highway

An der Roadhouse-Kreuzung **Pimba** zweigt eine Straße in nördl. Richtung nach Woomera (6 km), Roxby Downs (81 km) u. Andamooka (111 km) ab.

Woomera wurde 1948 als Militärsiedlung gegründet. Ihr Zweck waren britische Atombombenversuche, die von 1953 bis 1964 in der südaustralischen Wüste stattfanden. Die wenig rühmliche Nutzung der Sperrgebiete wird bis heute gerne verschwiegen, denn die in der Gegend lebenden Aboriginal People wie auch zahlreiche Soldaten und Mitarbeiter erlitten durch die insgesamt neun gezündeten Bomben erhebliche Strahlenschäden. Eine Kompensation wurde den Ureinwohnern nach zähen und langjährigen Gerichtsverhandlungen erst 1999 zugesprochen. Für die Öffentlichkeit ist Woomera seit 1982 zugänglich. Im **Woomera Heritage Centre** und im **Missile Park** befinden sich Ausstellungen zu Raketen, Flugzeugen und der postmodernen Nutzung der Abschussrampen für Satellitenstarts (tägl. 9–17 Uhr). Weltweite Aufmerksamkeit erhielt die Stadt in den späten 1990er Jahren wegen der inmitten der Wüste gelegenen Flüchtlingscamps für südostasiatische Bootsflüchtlinge (Boat People). Wer das militärische Sperrgebiet mit den alten Abschussrampen und dem Grab Len Beadells betreten will, muss sich einer geführten Tour anschließen.

Die moderne Minenstadt **Roxby Downs** ist die Heimat der Arbeiter, die in der riesigen **Olympic Dam** Mine arbeiten. Kupfer, Gold, Silber und vor allem Uran werden im Tagebau gewonnen. Touren organisiert das Visitor Centre (Mo, Do, Sa). Unterkünfte aller Art sind in Roxby Downs vorhanden (Visitor Centre, Tel. 08-86712001, www.roxbydowns.com). Eine asphaltierte Straße (30 km) führt weiter in das am ausgetrockneten Salzsee Lake Torrens gelegene **Andamooka,** ein kurioses Opalnest.

Folgt man von Roxby Downs der Piste nach Norden, so gelangt man nach 122 km auf den Oodnadatta Track.

Port Augusta

Auf dem *Stuart Highway* ist die Stadt **Port Augusta** (15.000 Ew.) bald erreicht. Aus dem Outback kommend, erscheint die moderne Stadt am nördlichsten Zipfel des Spencer Golfs mit ihren Geschäften und Hotels als leuchtend und lebhaft. Sie ist ein wichtiger Verkehrsknotenpunkt für den *Stuart Highway* und den nach Westen führenden *Eyre Highway*. Ein guter Stadtblick bietet sich vom **Water Tower Lookout** in der Mitchell Terrace.

Das **Wadlata Outback Interpretive Centre**, welches auch das Tourist Office beherbergt, bietet eine hervorragende Ausstellung zur Ureinwohner- und Kolonialgeschichte sowie wichtige Informationen zum Outback. Der **Royal Flying Doctor Service** kann auf der Basis (4 Vincent St, Führungen Mo–Fr 10 und 15 Uhr) besucht werden. An Schultagen, jeweils um 10 Uhr, bietet die **School of the Air** (59 Power Crescent) Touren an.

Am nördlichen Rand der Stadt liegt der **Australian Arid Lands Botanic Garden** (Stuart Hwy, Mo–Fr 9–17Uhr, Sa/So 10–16 Uhr). Im großen Park mit Wanderwegen, Café und Informationstafeln sind Flora und Vögel des Outbacks beheimatet.

Infos

Tourist Office/Wadlata Outback Centre, 41 Flinders Terrace, Tel. 08-86410793, www.portaugusta.sa.gov.au, Mo–Fr 9–17.30 Uhr, Sa/So 10–16 Uhr; gute Informationsquelle zu den Flinders Ranges und den Outback-Regionen entlang des Stuart Hwy, sowie zur Eyre Peninsula.

Nationalparkbehörde (NPWS), 9 Mackay St, Tel. 08-86485300; Auskünfte zu den Parks der Umgebung, zur Eyre Peninsula und Nullarbor Plain.

Autom.-Club **RAA**, 91 Commercial Rd, Tel. 08-86422576, Mo–Fr 9–17 Uhr.

Unterkunft und Camping *** **Comfort Inn Augusta Westside**, 1-3 Loudon Rd, Tel. 08-86422701; Mittelklassehotel und Motel am Wasser, mit Restaurant und Pool.

Port Augusta Big 4 Holiday Park, Ecke Eyre Hwy/Stokes Terrace, Tel. 1-800-833444; komfortabler Campingplatz mit Bungalows, Cabins und Schwimmbad.

Outback Mail Run – der längste Postflug der Welt

Auf dieser nicht ganz billigen, aber lohnenden Drei-Tage „Flugsafari" mit dem Outback-Briefträger wird dem Reisenden die Schönheit und das Ausmaß des Outbacks erst bewusst. Die Tour ist wegen der rund 30 Starts und Landungen recht anstrengend. Der Flug beginnt entweder in Port Augusta oder bereits in Adelaide (zusätzliche Übernachtung). Infos und Buchung unter www.airlinesofsa.com.au. Die Zahl der Teilnehmer ist begrenzt, deshalb sollte die Tour schon vor Reiseantritt bei einem Australien-Spezialisten gebucht werden.

Routenhinweis **Abstecher in den Flinders Ranges National Park**

7 km südlich von Port Augusta zweigt die Straße „B47" nach Quorn und Hawker in den Flinders Ranges National Park ab. Die Strecke bis Wilpena, dem Zentrum des großartigen Nationalparks, ist von Süden kommend komplett asphaltiert (150 km). Der Nationalpark und dessen Umgebung ist im Kapitel „Alternativstrecke: Südaustralisches Outback, Alice Springs – Adelaide auf dem Oodnadatta Track und durch die Flinders Ranges" näher beschrieben.

Weiterfahrt nach Adelaide durch das Clare Valley

Wer es eilig hat, folgt dem Highway A1 auf direktem Weg von Port Augusta nach Adelaide (320 km). Die abwechslungsreichere Route in die Hauptstadt Südaustraliens ist die B82 (Main North Rd). Sie führt durch die südlichen Flinders Ranges und durch das Weinbaugebiet Clare Valley.

Über den **Horrocks Pass** (schöner Aussichtspunkt) führt die Straße nach **Wilmington**, dem Ausgangspunkt für Ausflüge in den **Mt Remarkable National Park**. Der felsige, zuweilen mit steilen Rampen versehene Park umfasst die Bergkette der Mt Remarkable Range zwischen **Wilmington** und **Melrose**.

Von Wilmington aus ist die **Alligator Gorge Section** des Parks mit zahlreichen Wanderwegen und Campingstellen erreichbar. Vom südlicher gelegenen Örtchen Melrose gelangt man zum eigentlichen **Mt Remarkable** (960 m). Eine vierstündige, anstrengende Wanderung führt zum Gipfel. Infos zu Wanderwegen und Campingplätzen sind jeweils an den Parkeingängen erhältlich.

Clare Valley

Über die kleinen, sehr ländlichen Gemeinden Murray Town, Wirrabara, Laura und Gladstone führt die B82 in das **Clare Valley.** Das zweitwichtigste Weinanbaugebiet Südaustraliens (nach dem Barossa Valley) erstreckt sich über mehr als 30 km, von Clare im Norden bis zum südlich gelegenen Städtchen **Auburn.**

In **Clare** können u.a. die Winzereien „Knappstein Wines" (2 Pionieer Ave) und „Leasingham" (7 Doninic St) besichtigt werden. Im Familienbetrieb „Bentleys Hotel" (191 Main Rd, Tel. 08-8421700) und auf dem „Clare Caravan Park" (Main North Rd, Tel. 08-88422724) können Sie übernachten.

In **Sevenhill** befindet sich das älteste Weingut des Tals. Der 1851 in Betrieb genommene „Sevenhill Cellar" wird noch heute von Jesuiten geführt und produziert hauptsächlich Wein für das Sakrament. Im alten Sandsteingebäude werden Weinproben angeboten (Mo–Sa 9–16 Uhr). Das stilvoll eingerichtete B&B-Haus „Thorn Park Country House" (College Rd, Tel. 08-88434304) von 1850 gilt als exklusive Unterkunft.

Ebenfalls empfehlenswert ist das Skillogalee House B&B (Hughes Park, Sevenhill, Tel. 08-88434311, www.skillogalee.com.au), ein Weingut in einer Landschaft, die dem Elsaß gleicht. Das alte Farmhaus ist liebevoll renoviert.

In **Watervale** befinden sich noch mehr kleinere Winzereien, u.a. die sehr nette „Crabtree of Watervale" (North Tce, tägl. 11–17 Uhr). Alljährlich im Mai findet im Tal das **Clare Valley Gourmet Weekend** in den Weinbetrieben statt. Schlemmen, trinken und genießen ist das Motto der Veranstaltung. Informationen zu Weinproben, Übernachtungsmöglichkeiten und Wanderungen sind im **Clare Valley Visitor Centre** erhältlich (229 Main North Road, Clare Town Hall,Tel. 08/88422131 www.clarevalley.com.au).

Alternativstrecke: Südaustralisches Outback

Alice Springs – Adelaide auf dem Oodnadatta Track und durch die Flinders Ranges

Überblick

Mit einem Allradmietwagen oder Allrad-Camper ist die Fahrt auf der gepflegten Naturstraße Oodnadatta Track (Schotter sowie einige sandige Passagen) kein Problem. Die Piste ist eine hervorragende, landschaftlich und geschichtlich interessante Alternative zum eher leidenschaftslosen *Stuart Highway*.

Die Zufahrt zur Ortschaft Oodnadatta, dem Ausgangspunkt des Tracks, erfolgt über den Stuart Highway bei **Marla** (453 km südlich von Alice Springs). Liebhaber von Einsamkeit und Wüste wählen das nördlich gelegene **Kulgera** als Einstieg (Stuart Hwy, 274 km südlich von Alice Springs) und fahren über die Aboriginal-Gemeinde **Finke** und den **Witjira NP** am Rande der Simpson Desert.

Der 600 km lange Oodnadatta Track führt von Marla (*Stuart Hwy*) nach Marree, wo auch der Birdsville Track seinen Anfang nimmt. Einsame, bizarr anmutende Ortschaften wie Oodnadatta oder **William Creek** und Wüstenlandschaften mit markanten Punkten wie dem ausgetrockneten **Salzsee Lake Eyre** lassen keine Langeweile aufkommen. In **Marree** beginnt mit den nördlichen Flinders Ranges eine der ältesten Landschaften der Erde. Highlight ist ein Besuch von **Arkaroola** und **Wilpena Pound**.

Übernachtungen sind auf Farmen, in Pubs und Hotels möglich. Wesentlich schöner ist es jedoch, die Nächte in einem selbst gewählten Bushcamp oder auf herrlich gelegenen Nationalpark-Campingplätzen zu verbringen.

Routenvorschlag Alice Springs – Adelaide

14 Tage

Mit dem Allradfahrzeug (mit Rotem Zentrum), Ges.strecke ca. 2930 km

1. Tag: Alice Springs – West MacDonnell Ranges (200 km)
2. Tag: West MacDonnell Ranges – Kings Canyon (186 km)
3. Tag: Kings Canyon – Ayers Rock (305 km)
4. Tag: Ayers Rock
5. Tag: Ayers Rock – Erldunda – Kulgera (322 km)
7. Tag: Kulgera – Witjira NP (328 km)
8. Tag: Witjira NP – Oodnadatta – William Creek (382 km)
9. Tag: William Creek – Marree – Lyndhurst – Leigh Creek – Arkaroola (454 km)
10. Tag: Arkaroola
11. Tag: Arkaroola – Flinders Ranges NP (220 km)
12. Tag: Flinders Ranges NP
13. Tag: Flinders Ranges NP – Mt Remarkable NP – Clare Valley (377 km)
14. Tag: Clare Valley – Adelaide (150 km)

8 Tage

Mit dem Allradfahrzeug (ohne Rotes Zentrum), Ges.strecke ca. 2075 km

1. Tag: Alice Springs – Marla (Stuart Hwy, 453 km)
2. Tag: Marla – William Creek (Oodnadatta Track, 413 km)
3. Tag: William Creek – Arkaroola (454 km)
4. Tag: Arkaroola
5. Tag: Arkaroola – Flinders Ranges NP (220 km)
6. Tag: Flinders Ranges NP
7. Tag: Flinders Ranges NP – Clare Valley (377 km)
8. Tag: Clare Valley – Adelaide (150 km)

Hinweis: Die Highway-Route von Alice Springs bis Marla ist im Kapitel „Von Alice Springs nach Adelaide auf dem Stuart Highway" beschrieben.

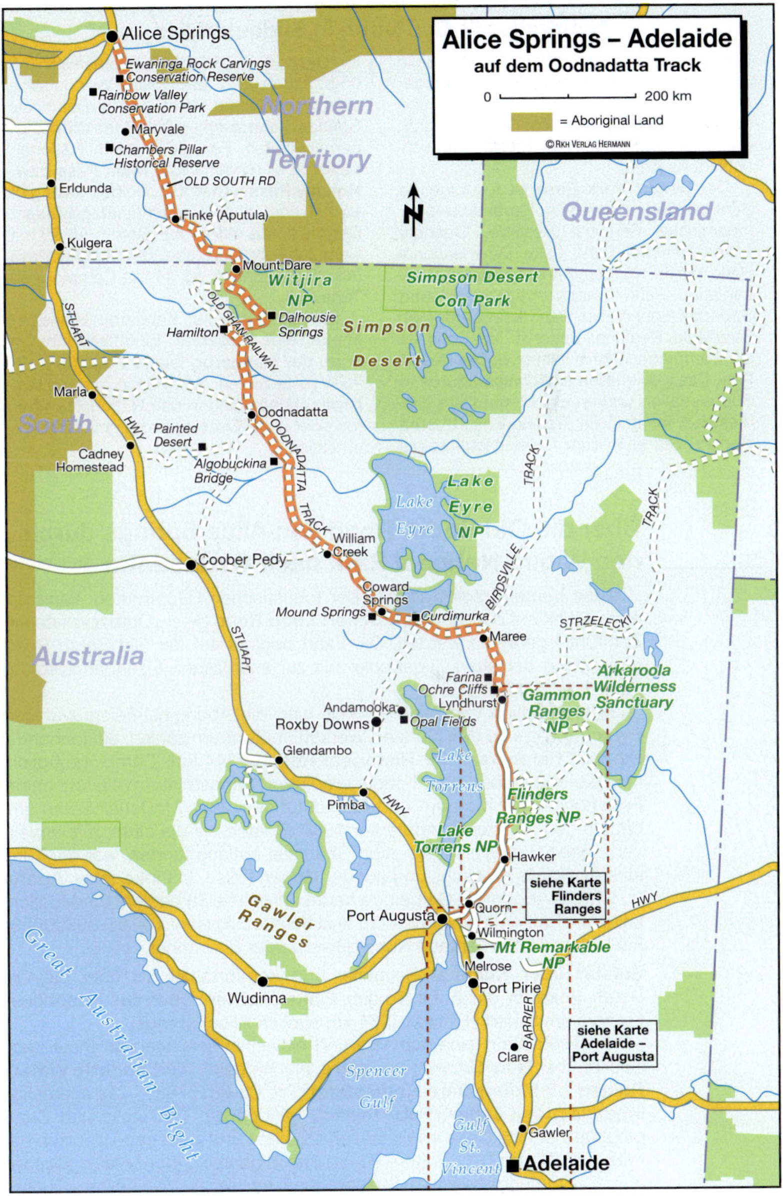
Alice Springs – Adelaide
auf dem Oodnadatta Track
0 200 km
= Aboriginal Land
© Rkh Verlag Hermann
Alice Springs
Ewaninga Rock Carvings Conservation Reserve
Rainbow Valley Conservation Park
Maryvale
Chambers Pillar Historical Reserve
Old South Rd
Erldunda
Finke (Aputula)
Kulgera
Northern Territory
Queensland
Mount Dare
Witjira NP
Simpson Desert Con Park
Dalhousie Springs
Hamilton
Simpson Desert
Old Ghan Railway
Stuart Hwy
Marla
Oodnadatta
Oodnadatta Track
South Australia
Painted Desert
Cadney Homestead
Algobuckina Bridge
Lake Eyre
Lake Eyre NP
Track
William Creek
Coober Pedy
Birdsville
Coward Springs
Mound Springs
Curdimurka
Strzelecki
Maree
Farina
Ochre Cliffs
Lyndhurst
Arkaroola Wilderness Sanctuary
Gammon Ranges NP
Andamooka
Roxby Downs
Opal Fields
Glendambo
Lake Torrens
Pimba
Flinders Ranges NP
Lake Torrens NP
Hawker
siehe Karte Flinders Ranges
Gawler Ranges
Port Augusta
Quorn
Hwy
Wilmington
Mt Remarkable NP
Melrose
Great Australian Bight
Wudinna
Port Pirie
Barrier
Clare
siehe Karte Adelaide – Port Augusta
Spencer Gulf
Gulf St. Vincent
Gawler
Adelaide

ASP ▶ ADL

Nationalpark-Gebühren in Südaustralien

Für den Zutritt in über 300 Nationalparks in Südaustralien ist jeweils eine Eintrittsgebühr fällig. Hält man sich länger auf und besucht mehrere Nationalparks, dann lohnt der Kauf eines *Park Pass*. Es gibt drei verschiedene Arten:

Der **Desert Park Pass** ist für folgende Schutzgebiete notwendig: Simpson Desert, Innamincka Regional Reserve, Coongie Lakes National Park, Lake Eyre National Park, Witjira National Park, Tallaringa Conservation Park, Wabma Kadarbu Mound Springs Conservation Park (kein Camping), Strzelecki Regional Reserve. Im Pass ist die Campingerlaubnis inklusive. Der Desert Park Pass ist in allen Nationalparkbüros in Südaustralien und an der Mount Dare Homestead, Innamincka Trading Post, Marree General Store, William Creek Hotel sowie im Oadnadatta Roadhouse erhältlich (A$ 95 p. Fahrzeug, 1 Jahr gültig). Wer nur eine oder zwei Nächte bleibt, z.B. in Dalhousie Springs, kann auch ein einzelnes Campingpermit kaufen. Für alle anderen Nationalparks ist ein sogenannter **Multi Pass bzw. Holiday Pass** notwendig. Beide Pässe gibt es mit oder ohne Campingplatzgebühren. Der Multipass (A$ 63 nur Eintritt, A$ 99 mit Camping) gilt 365 Tage, der Holiday Pass (A$ 28 nur Eintritt, A$ 44 mit Camping) 60 Tage.

Für die Parks auf Kangaroo Island ist immer eine separate Eintrittsgebühr in Form des **Kangaroo Island Pass** (▶ s. S. 380) zu bezahlen. Alle Pässe und weitere Informationen sind in den Nationalparkbüros oder unter www.parks.sa.gov.au/parks erhältlich.

Über die Old South Road von Alice Springs durch den Witjira National Park nach Oodnadatta

„Off the beaten track", abseits der touristischen Hauptrouten, kann das erste Stück auf der **Simpson Desert Loop Road** (▶ s. „Outbackpisten im Zentrum") gefahren werden. Die Fahrt beginnt auf der Old South Road, die entlang der alten Zugstrecke bis zur ehemaligen Eisenbahnsiedlung Finke führt (243 km)

39 km südlich von Alice Springs sind die Aboriginal-Felsgravuren in **Ewaninga,** die zu den ältesten Werken im Zentrum zählen, ein lohnender Stopp. **Chambers Pillar Historical Reserve** (44 km, Campingmöglichkeit) bietet mit dem 50 m hohen, erodierten Sandsteinturm ein lohnendes Fotomotiv in der Morgen- und Abendstunden. John *McDouall Stuart* entdeckte den bizarren Landmarker 1860. Später, als die alten, mittlerweile verfallenen Bahngleise des alten Ghan hier entlang führten, war der Turm eine markante Abwechslung auf der langen Reise. In **Finke** (bzw. **Apatula**, wie die Aboriginal-Gemeinde heute offiziell heißt) besteht die Möglichkeit zum Tanken (Sa Nachmittag und So geschlossen! Tel. 08-89560966). Ein kleiner Laden verkauft Kunstgewerbe der Einwohner.

Zufahrt über Kulgera: Schneller und komfortabler als über die Old South Road ist die Anfahrt nach **Finke** (422 km) über das Roadhouse Kulgera am Stuart Highway (274 km südlich Alice Springs).

Von Finke führt eine schmale und bisweilen sehr steinige Piste nach Süden, über **New Crown** (Tankstelle, nur Bargeld), die **Charlotte Waters Ruinen** zur **Mount Dare Homestead** (Tel. 08-86707835). Die ehemalige Rinderfarm mit Laden, Pub, Telefon, Landepiste, Tankstelle und Campingplatz ist eine Oase im einsamen Outback und zählt geographisch bereits zum **Witjira NP.** Weitere 90 km über einsame *Gibber Plains* (Ebenen aus zusammengepressten Steinen) sind es bis zu den heißen Quellen

Dalhousie Springs. Die unter Palmen gelegenen, warmen Pools sind die größten und aktivsten artesischen Quellen (Mound Springs) in Australien. Bei Sonnenuntergang bieten sie herrliche Entspannung unter fantastischem Sternenhimmel. Ein einfacher Campingplatz ist vorhanden. Für den Nationalpark ist ein Permit notwendig (inkl. Camping), das in Mount Dare und in Oodnadatta erhältlich ist. Auf der Strecke von und nach Dalhousie Springs queren häufig ganze **Kamelherden** die Piste. Fernglas und Kamera bereit halten! Das übelste Stück Weg begegnet dem Reisenden auf der sehr steinigen Etappe bis Hamilton – unbedingt langsam und Reifen schonend fahren!

Auf den Spuren der australischen Ureinwohner – Übernachten in luxuriösen Safarizelten

120 Kilometer südöstlich von Alice Springs, an der Old South Road, haben sich in den 1950er Jahren Aboriginal People in der Ortschaft Titjikala niedergelassen. Im September 2004 eröffnete die Gemeinde ein kleines Resort mit Hilfe des Sydneyer Unternehmen *Gunya-Tourism,* dessen Ziel es ist, mehr Verständnis für die Kultur der australischen Ureinwohner zu schaffen. Mit dem Projekt soll eine Zukunftsperspektive für die lokalen Aboriginal People geschaffen werden. Die Hälfte der Einnahmen aus dem Camp fließen zum Ausbau der Schule sowie für die medizinische Versorgung direkt in die Gemeinde.

Das **Gunya Titjikala Resort** bietet auf einem kleinen Hügel fünf luxuriöse Safari-Zelte inmitten der australischen Wüste. Von hier haben Sie zu jeder Tageszeit abwechslungsreiche und eindrucksvolle Ausblicke über die Wunderwelt der Simpson Desert. Das Camp bietet seinen Gästen ein All-inclusive-Erlebnis mit Frühstück, Mittagessen, Nachmittagstee und Abendessen. Die Zutaten hierfür werden dazu überwiegend aus der Gegend gewonnen, der Chefkoch des Camps ist ein Spezialist in der Zubereitung dieses „Bush Tukkers". In der Community lernen die Gäste alles über die Überlebenskunst der Ureinwohner. Sie dürfen an der Jagd teilnehmen, Pflanzen und Früchte für ein typisches Bush-Tucker-Essen sammeln und können das Kunsthandwerkszentrum des Ortes besuchen. Darüber hinaus erfahren sie viel über „Dreamtime-Mythen" der australischen Ureinwohner. Angeboten wird auch eine Allradtour zum *Chambers Pillar Reserve.*

Infos: Titjikala Community, via Alice Springs, NT, Tel.02-83471159, www.gunya.com.au.

ASP ▸ ADL

Oodnadatta

Der Ortsname **Oodnadatta** geht auf das Aboriginalwort *Utnadata* zurück (Blüte des Mulgabusches). Einst war Oodnadatta eine wichtige Station auf der alten Bahnlinie des Ghan von Adelaide nach Alice Springs. Mit der Verlegung der Trasse verlor die Stadt schlagartig an Bedeutung. Ein historisches Sammelsurium im kleinen Museum dokumentiert die Geschichte.

Der wichtigste Treffpunkt der Gemeinde, dessen 150 Bewohner hauptsächlich indigene Australier sind, ist das **Pink Roadhouse** (Tel. 1-800-802074 oder 08-86707822, www.pinkroadhouse.com.au). Das nicht zu übersehende, pinkfarben gestrichene Rasthaus beinhaltet Laden, Restaurant, Tankstelle, Campingplatz und einige einfache Zimmer. Das aufgeweckte Besitzerehepaar Plate bewirtschaftet nicht nur das Rasthaus, sondern gilt auch als wandelnde Auskunftsstelle für alle Fragen zum Oodnadatta Track und zur Simpson Desert. Die selbst gemalten Straßenkarten (Mud Maps) der fleißigen Plates sind im Roadhouse für ein paar Dollar erhältlich. Fotogene, handgemalte Wegweiser machen unterwegs auf Sehenswürdigkeiten aufmerksam.

Auf dem Oodnadatta Track nach Süden

Auf der Piste geht es von Oodnadatta weiter nach Süden. Dabei passiert man die monumentale Stahlbrücke **Algebuckinna Bridge,** die ein Relikt der Old Ghan Railway Line ist und sich über 578 m über den fast immer trockenen Neales River spannt.

William Creek, ein „Dorf" mit gerade mal 16 Einwohnern, ist der kleinste Ort Südaustraliens. Zentrum ist das sehenswerte William Creek Hotel, vor dem hin und wieder sogar Sportflugzeuge landen. Der urige Pub bietet schmackhafte und großzügige Counter Meals, kühle Getränke, Treibstoff und einen sandigen Campingplatz hinterm Haus (Tel. 08-86707880). Rundflüge und Kameltouren zum Salzsee Lake Eyre werden angeboten.

7 km südlich zweigt eine Allradpiste zur ABC Bay am **Lake Eyre North** ab (53 km). Die in der Sonne schimmernde, mit Salzkruste bedeckte Fläche wirkt wie eine Mondlandschaft. Das Befahren des Sees ist nicht ratsam (selbst wenn Sie Fahrspuren entdecken!). Wenn die Oberfläche einbricht, führt dies zum hoffnungslosen Versacken des Fahrzeugs! Informieren Sie vor der Abfahrt in diese entlegene Region das William Creek Hotel über ihre Pläne!

In **Coward Springs** befindet sich ein einfacher Campingplatz mit artesischen Becken (Wabma Kardarbu Mound Springs Conservation Park, Tel. 08-86758336). Das Große Artesische Becken stellt den wichtigsten und größten Grundwasserspeicher Zentralaustraliens dar. Das mit Mineralien angereicherte Wasser, das an verschiedenen Stellen zu Tage tritt, ist relativ salzhaltig und zum Trinken nicht geeignet. Viele Quellen wurden von Viehtreibern und Farmern angebohrt und leider nie wieder verschlossen, was eine immense Wasserverschwendung bewirkt. Die sehenswerteste Quelle ist *The Bubbler*, ein Teich, in dem es durch Gaseruptionen zu Blasen kommt. Knapp 30 km südlich liegt **Curdimurka**, eine alte Bahnstation, in der alle zwei Jahre im Okt/Nov der spektakuläre *Curdimurka Outback Ball* mit bis zu 5000 Besuchern (wohlgemerkt in schicker Abendgarderobe!) veranstaltet wird (The Curdimurka Outback Ball, Rundle Mall, Adelaide, Tel. 1-800-254000). Ansonsten ist Curdimurka ein klassischer Fotostopp mit den Ruinen der alten Bahnstation und verrosteten Anlagen.

Vom **Lake Eyre South Lookout** bietet sich ein eindrucksvoller Blick auf den blendenden Salzsee. Auf der Strecke nach Maree überquert man den **Dog Fence** (Dingo Zaun), die längste, von Menschenhand je errichtete Barriere. Der 1,80 m hohe und 5531 km lange Maschendrahtzaun wurde erbaut, um die Dingos des Zentrums von den Schafweiden des südlichen Australiens fernzuhalten. Das Unternehmen kann angesichts des teilweise desolaten Zustandes des Zauns als gescheitert betrachtet werden.

Marree Die Ortschaft war einst ein Versorgungsdepot für die Telegrafenlinie, später war es Bahnstation und Umschlagplatz für das Vieh aus der Region. Heutzutage herrscht bescheidener Outback-Reiseverkehr. Ab und zu kommt ein Viehtransport (Road Train) vorbeigedonnert. Der *General Store* ist Post, Bank (mit Geldautomat) und Tankstelle in einem.

Adressen & Service zum Oodnadatta Track

Infos

Straßenzustand: Transport SA Tel. 1-300-361033
Nationalparkbehörde SA, Tel. 1-800-816078, www.environment.sa.gov.au
Pink Roadhouse, Tel. 1-800-802074, www.pinkroadhouse.com.au
Karten: Hema Maps, Great Desert Tracks – Blatt South-Central 1:1.25 Mio und Flinders Ranges, 1:500.000.

Unterkunft und Camping

** **Marree Hotel**, Tel. 08-86758344; einfaches Motel.
** **William Creek Hotel und Camping**, Tel. ▸ s.o.
Pink Roadhouse, Oodnadatta, Tel. ▸ s.o.
Oasis Caravan Park, Maree, beim Oasis Café, Tel. 08-86758352; mit Cabins.
Marree Caravan Park, Tel. 08-86758371.

Notfall

Polizei Oodnadatta, Tel. 08-86707805. Polizei Marree, Tel. 08-86758346
In Marla, Oodnadatta und Marree befinden sich Krankenstationen. Auch in William Creek kann notfalls Erste Hilfe geleistet werden. Ansonsten ist der Royal Flying Doctor Service in Port Augusta (Tel. 08-86425555) zu alarmieren.

Flinders Ranges

Von Marree nach Süden verläuft die Piste parallel zur alten Bahnlinie des Ghan. Bei den Ruinen von **Farina,** einer weiteren alten Eisenbahnstation, gibt es einen einfachen, immerhin schattigen Campingplatz. Kurz vor dem Roadhouse **Lyndhurst** befinden sich die **Ochre Cliffs,** gelb und rot leuchtende Felsen. Lyndhurst, ein Rasthaus mit Hotel (Tel. 08-86757781), markiert den Beginn des üblicherweise gut befahrbaren **Strezelecki Track,** der nach 460 km in Innamincka (Grenze zu QLD) endet.

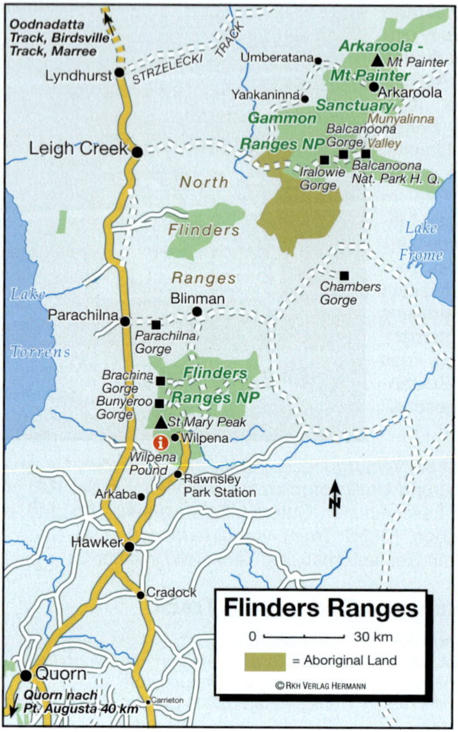

Leigh Creek:
Ab Lyndhurst ist die B47 in südlicher Richtung asphaltiert. **Leigh Creek,** am Rande der nördlichen Flinders Ranges, ist Servicezentrum für die nahegelegenen, riesigen Braunkohle-Tageminen (Besichtigungen möglich). Die moderne, erst 1980 gebaute Retortenstadt bietet ein Tourist Office (Town Square, Tel. 08-86752723), ein Hotel (20 Railway Terrace West, Tel. 08-86752281) und auch einen Campingplatz (Tel. 08-86752016).

Gammon Ranges NP
In Leigh Creek zweigt nach Osten eine Piste zum **Gammon Ranges NP** ab. Das über 1280 qkm große Gebiet ist weitgehend unerschlossen. Tiefe Schluchten, zerklüftete Bergketten und zahlreiche Flüsse sind Kennzeichen des Parks. Erfahrene Allradfahrer können 45 km östlich von Leigh Creek auf einer kleinen Piste nördlich über Yankaninna und Umberatana nach Arkaroola fahren (in diesem Fall vorab in Arkaroola um Erlaubnis nachfragen und über den Pistenzustand informieren lassen).

Die Hauptroute führt über die kleine Schlucht **Italowie Gorge** (mit Campingplatz) nach Balcanoona. Etwa auf halbem Weg zwischen Leigh Creek und Balacoona liegt südlich der Straße die Aboriginal-Gemeinde **Iga Warta.** Die Siedlung bietet einen hervorragenden Einblick in das Leben der australischen Ureinwohner. Die Gäste können an sehr interessanten Touren teilnehmen, in der Community übernachten und schmackhaftes Essen genießen (Buchungen und Informationen über Tel. 08-86483737 oder auf www.igawarta.com). In **Balcanoona** informiert das Nationalparkbüro über Wanderungen, Campingmöglichkeiten und aktuelle Straßenzustände.

Arkaroola

Ein Muss ist der Aufenthalt in **Arkaroola.** Das private Wilderness Resort der Sprigg Family umfasst eine der spektakulärsten Landschaften in Australien. Uralte, raue Bergketten, tiefe Schluchten, eine seltene Flora und Fauna (u.a. Gelbfuß-Felsenkänguruhs und Keilschwanzadler), zwei hervorragende Sternwarten sowie die Gastfreundschaft der Besitzer sind Grund genug, das 610 qkm große Schutzgebiet zu besuchen. Übernachtungen sind in der schönen *Mawson Lodge* auf dem steinigen Campingplatz oder in Cabins möglich (Tel. 1-800-676042 oder 08-86484848, www.arkaroola.on.net). Highlight eines Arkaroola Besuches ist die spektakuläre Ridgetop-Tour, eine Allradtour auf den imposanten Sillers Lookout mit Blick auf den Salzsee Lake Frome. Ein Rundflug über das Gebiet ist absolut lohnend (Buchung im Resort).

Von Arkaroola nach Süden

Von Arkaroola in Richtung Blinman zweigt 62 km südlich von Balcanoona eine 4WD-Piste zur wenig besuchten **Chambers Gorge** ab. Zwischen den hochaufragenden, roten Felswänden kann man zu Wasserlöchern und Felszeichnungen der australischen Ureinwohner wandern. Camping ist erlaubt.

Birdsville Track

Die 514 km lange Outbackpiste verbindet Marree in Südaustralien mit dem kleinen Ort Birdsville in Queensland. Entstanden ist die Route, die zwischen den beiden Wüsten Simpson Desert und Sturt Stony Desert hindurch verläuft, als Viehtriebsroute. Auf der Suche nach neuen Weidegründen wurden die Rinder einst immer tiefer in das Landesinnere gebracht. Um die Tiere anschließend wieder in die besiedelten Küstenregionen zu bringen, wurden sie auf dem hierfür eigens geschaffenen Birdsville Track zur Bahnverladung nach Marree getrieben. Übrigens: Der „Great Australian Cattle Drive“ greift die großen Viehtriebe in touristischer Form heute wieder auf. Interessierte können Teilstrecken mitreiten. Der Birdsville Track zählt heute zu den leichteren Übungen. Viele Australier befahren die glatte, bestens gepflegte Piste mit normalen Pkw. Treibstoff und Unterkünfte gibt es in Marree, Mungerannie Roadhouse und in Birdsville. Landesweite Aufmerksamkeit genießen die im September stattfindenden Pferderennen in Birdsville (Birdsville Races).

Flinders Ranges National Park

29 km nach dem Abstecher gabelt sich die Piste. Nach Westen führt sie in das geschichtsträchtige **Blinman** (Pub, Tankstelle, Hotel und Camping, Tel. 08-86484867), nach Süden direkt in den **Flinders Ranges NP.** Von Blinmann weiter nach Westen gelangt man in die kleine Ortschaft **Parachilna.**

Parachilna ist landesweit wegen seines Gourmet-Restaurants *Prairie Hotel* bekannt. Auf der Speisekarte stehen feinste Gerichte der „Busch-Küche“ mit frischen Zutaten aus der Region. Übernachten kann man in den neu renovierten Zimmern oder auf dem angeschlossenen Campingplatz. Der Hotelchef bietet auch geführte Geländewagentouren durch die Flinders Ranges an (www.prairiehotel.com.au). Durch die nahegelegene Parachilna Schlucht verlaufen markierte Wanderwege.

Nach 28 km führt die Straße zur **Brachina und Bunyeroo Gorge** sowie in das **Bunyeroo Valley.** Insbesondere die Brachina Gorge mit ihren hochaufragenden Felswänden aus Quarzgestein ist sehenswert und bei tief stehender Sonne ein spektakuläres Fotomotiv. Die urzeitliche Geologie ist auf Schautafeln verständlich erklärt. Campingplätze sind in beiden Schluchten vorhanden. Vom **Bunyeroo Valley Lookout** bietet sich ein fantastischer Ausblick auf die Umgebung. Kurz vor Wilpena (aus Norden kommend) befindet sich der **Sacred Canyon** mit einer Galerie feinster Aboriginal-Felsgravuren.

Prairie-Hotel in Parachilna

Wilpena (Flinders Ranges NP)

Das natürliche Felsbecken des **Wilpena Pound** umfasst eine Fläche von rund 80 qkm, die von steilen Felswänden komplett umschlossen ist. Nehmen Sie sich für die Besichtigung des Wilpena Pound und/oder Arkaroola mindestens einen ganzen Tag Zeit! Die Möglichkeiten zu Tagestouren und Wanderungen sind ausgesprochen vielfältig.

Der Pound, das NP-Infozentrum und das **** **Wilpena Pound Resort**, mit Hotel, Pool, Restaurant und Campingplatz, Tel. 08-86480004) bilden das Zentrum des Nationalparks. Der einzige Zugang zum „Pound" befindet sich in Form einer schmalen Schlucht direkt beim Resort. ▶ Wanderkarten und Informationen sind im **Wilpena Visitor Centre** (tägl. 8–18 Uhr, Tel. 08-86480048) erhältlich. Empfehlenswerte Wanderungen sind der Aufstieg auf den **St Mary Peak** (12 km, steil) oder die kürzere Tour zu den **Wangarra Lookouts** (6,9 km). Auf einer anstrengenden Tagestour kann der komplette „Kraterrand" umrundet werden.

Die Straße nach Süden ist ab Wilpen asphaltiert. Der **Arkaroo Rock** ist eine der bedeutendsten Kulturstätten der Hill-People, wie die lokalen Aboriginal People der Region genannt werden. Die Felsmalereien sind auf einem etwa einstündigen Fußweg erreichbar.

Südlich von Wilpena

Kurz hinter der Parkgrenze liegt westlich der Straße die Schaffarm **Rawnsley Station** (Tel. 08-86480008, www.rawnsleypark.com.au). Auf der Farm werden neben Campingstellplätzen und Motelzimmern auch sogenannte „Eco-Villas" vermietet. In den luxuriös eingerichteten Häusern kann man im Dach ein riesiges Fenster öffnen und so unter dem prachtvollen Sternenhimmel des Outbacks schlafen. Der Platz ist ein idealer und ruhiger Ausgangspunkt für Touren in den südlichen Teil des Nationalparks. Vom Campingplatz aus genießt man bei Sonnenuntergang einen atemberaubenden Blick auf die steil aufragende Wand des Wilpena-Kessels.

Die anstrengende, aber durchaus lohnende Wanderung zum **Wilpena Lookout** (4 h, H+R) beginnt hier. Die Besitzer von Rawnsley Park bieten ferner Allradtouren, Rundflüge, Pferderitte und Mountainbiketouren an.

Am Fuße der Elder Range passiert man **Arkaba Station,** eine Schaffarm, die neben Schafschur-Demonstrationen auch B&B-Unterkünfte anbietet (Tel. 08-86480004).

Hawker, ein Dorf mit 500 Einwohner (55 km südlich von Wilpena), war früher eine Bahnstation des alten Ghan. Heute ist der Ort mit seinen Geschäften und Einrichtungen eine Art Servicezentrum für den Nationalpark. In der *Tourist-Information* (Hawker Motors, Ecke Wilpena/Cradock Rds, Tel. 08-86484014) informiert man über Touren in den Park, Unterkünfte und Karten.

Die nächste Stadt auf dem Weg nach Adelaide ist **Quorn.** Der geschichtsträchtige Ort mit seinen alten Steinhäusern war einst das wichtigste Eisenbahnzentrum des Ghan, bis die Linie in den 1950er Jahren nach Port Augusta verlegt wurde. Eisenbahnfreunde restaurierten die Strecke über den **Pichi Richi Pass.** An Wochenenden (Apr–Nov) fährt die alte Dampfbahn „Pichi Richi Railway" seitdem Touristen hin und her.

Im **Flinders Ranges Visitor Centre** (3 Seventh St, Tel. 08-86486419, www.flindersranges.com) sind Unterkünfte und Ausflüge buchbar.

Streckenhinweis

Von Quorn aus besteht die Möglichkeit, über den Stuart Highway direkt nach Adelaide zu fahren. Bei ausreichend Zeit empfiehlt sich jedoch die Route über den **Mt Remarkable NP** und durchs Weinanbaugebiet **Clare Valley** (▶ s.S. 341, „Von Alice Springs nach Adelaide auf dem Stuart Highway").

Wilpena Pound

Adelaide

Überblick

Die Hauptstadt Südaustraliens (1,1 Mio. Ew.) am Torrens River ist übersichtlich, und jeder Besucher findet sich schnell und einfach zurecht. Der britische Stadtplaner William Light legte die Stadt 1837 auf einer Quadratmeile schachbrettförmig an. Auch wenn die Metropole mit ihrer strengen Architektur und dem geometrisch angelegten Grundriss auf den ersten Blick korrekt und steif wirkt, erfährt man schnell, dass Adelaide mit seinen vielen Einwanderern (vor allem aus Mitteleuropa) und all den Parks rund um das Geschäftsviertel eine gemütliche und dennoch kosmopolitische Großstadt ist. Kultureller Höhepunkt ist das alle zwei Jahre stattfindende Adelaide Festival, das größte Kulturfestival im asiatisch-pazifischen Raum.

Die unmittelbare Umgebung der City ist einladend. Am Meer liegt der historische Badeort Glenelg, im Hinterland die bewaldete Hügellandschaft der Adelaide Hills und die kahlen Berge der Lofty Range. Dank der guten, touristischen Infrastruktur (Flughafen, Auto- und Campervermietungen) ist Adelaide idealer Ausgangspunkt für Touren in die Flinders Ranges, das südaustralische Outback, nach Kangaroo Island oder entlang der Great Ocean Road nach Melbourne. Die Stadt ist außerdem Startpunkt für Touren auf dem Eyre Highway (Nullarbor Plain) nach Westaustralien. Planen Sie für die Stadt und Ausflüge in die Umgebung mindestens zwei Tage ein.

Klima

Das Klima der südaustralischen Metropole ist typisch mediterran: Heiße trockene Sommer (durchschnittlich zwischen 17–28 °C) und regnerische, kühle Winter mit Temperaturen zwischen 8–16 °C. Hin und wieder verursachen kalte Luftströme aus dem Süden massive Temperaturstürze um bis zu 20 °C.

Geschichte

Nachdem der Holländer Pieter Nuyts die südaustralische Küste 1627 erstmals erblickt hatte, folgte die nähere Erforschung erst 1802 durch Matthew Flinders und Nicholas Baudin. Dem Briten Charles Sturt blieb es vorbehalten, das Inland 1829 näher zu erforschen. Daraufhin beschloß die britische Regierung, auch diesen Teil Australiens für freie Siedler zu erschließen. Als die ersten europäischen Siedler die Region des heutigen Adelaide erreichten, lebte eine Gruppe der Kaurna-Aboriginals friedlich im Flachland der Adelaide Plains. Gouverneur John Hindmarsh landete 1836 in der Holiday Bay (dem heutigen Glenelg) und proklamierte den Staat Südaustralien. Der angereiste Stadtplaner William Light hegte visionäre Pläne für eine perfekte Stadt für freie Bürger und setzte sich gegen den Willen des Gouverneurs durch, dem eine Hafenstadt vorschwebte. Benannt wurde die Siedlung schließlich nach Adelaide, der Frau des britischen Königs William IV, die bis zu ihrer Hochzeit Adelheid von Sachsen-Meiningen hieß.

Bereits 1840 lebten 6550 europäische Einwanderer in der Stadt, elf Jahre später sogar schon 14.500. In dieser Zeit entstanden rund um die City Satellitenstädte wie die deutschen Siedlungen Hahndorf, Klemzig und Lobethal.

Der florierende Weizenanbau führte in den 1870er Jahren zu einem regelrechten Bauboom. Viele architektonische Perlen der Stadt entstanden in dieser Phase. Eine weitere Expansion erlebte Adelaide im Zuge der beiden Weltkriege. Trotz alledem war Adelaide, im Vergleich zu Sydney und Melbourne, immer in der Rolle des Mauerblümchens. An Strahlkraft gewann Adelaide vorübergehend in den späten 1960er Jahren, als die Stadt zum Zufluchtsort für Intellektuelle und Künstler wurde. Der damalige, umstrittene liberale Premierminister Don Dunstan hatte frischen Wind in die Politik des Staates gebracht. Unter anderem durften zensierte Bücher in Adelaide verkauft werden, die es anderswo nicht gab. Seine bleibenden Verdienste sind das international bekannte Kulturereignis „Adelaide Festival" sowie die Schaffung der ersten Fußgängerzone Australiens, der Rundle Mall. Heute ist Adelaide eine aufgeweckte, keineswegs aber hektische Millionenstadt. Auf internationaler Ebene wird ihr nur wenig Bedeutung zugemessen, was sich an der relativ geringen Zahl internationaler Flugverbindungen ablesen lässt.

Adressen & Service Adelaide

An- und Abreise

Der Flughafen, mit je einem Terminal für nationale und internationale Flüge, liegt etwa 8 km westlich der Innenstadt. Die Anfahrt erfolgt über die West Terrace und den Sir Donald Bradman Drive.

Per Flugzeug

Der **Skylink Airport Shuttle** (Tel. 08-83320528) verkehrt zwischen den Terminals und den meisten Innenstadthotels und -hostels (einfache Strecke A$ 10). Der **JetBus** (öffentlicher Bus) verkehrt alle 15 Min. zwischen dem Flughafen und der Innenstadt (A$ 3,50, www.adelaidemetro.com.au). Mit dem **Taxi** kostet die Fahrt etwa A$ 17 (Airport-Taxis Tel. 13-2211).

Per Bahn und Bus

Ab **Keswick Rail Terminal** (Richmond Rd, Keswick), 3 km westlich des Central Business District (CBD), verkehren die Fernzüge *Overland, Ghan* und der *Indian Pacific* sowie die Züge der *V-Line* (Speedlink nach Sydney). **Fahrpläne und Tickets** sind im Bahnhof oder bei *Great Southern Railway* erhältlich (Tel. 132147, www.gsr.com.au oder www.trainway.com.au). Der Airport-Shuttle-Bus fährt auf dem Weg zum Flughafen am Bahnhof vorbei.
Alle Überlandbusse verkehren ab der **Central Bus Station** in 101–111 Franklin Street (▶ s. „Busse").

Infos

Ein guter Einstieg für Neuankömmlinge ist die kostenlose Broschüre „Adelaide Secrets" mit Stadtplan, wichtigen Adressen, Sehenswürdigkeiten und Veranstaltungen. Sehr hilfreich und übersichtlich gemacht sind die Internetseiten www.adelaide.southaustralia.com sowie www.adelaide.citysearch.com.au.

Skyline von Adelaide

South Australia Visitor & Travel Centre, 18 King William St, Tel. 1-300-655276, Mo–Fr 8.30–17 Uhr, Sa/So 9–14 Uhr. Informationen zum gesamten Bundesstaat, Buchung von Unterkünften und Touren.
Rundle Mall Visitor Information Centre, Ecke Rundle Mall-King William St, Tel. 08-82037611, Mo–Do 10–17 Uhr, Fr 10–20 Uhr, Sa/So 11–15 Uhr. Broschüren und Informationen zur Stadt und Umgebung.
Glenelg Visitor Centre, Foreshore, Glenelg, Tel. 08-82945833, tägl. 9–17 Uhr.
National Resources Information Centre, 77 Grenfell St, Tel. 08-82041910, www.environment. Informationen zu Nationalparks in South Australia.
National Wine Centre of Australia, Ecke Botanic/Hackney Rd, Tel. 08-82229222, www.wineaustralia.com.au, tägl. 10–18 Uhr (▶ s. „Stadtbesichtigung“).

Tipp: Die *Discover Adelaide Card* ist eine Eintrittskarte für 12 Attraktionen der Stadt (u.a. National Wine Centre, Adelaide Zoo, Stadtrundfahrt, Tandanya). Sie ist drei Monate gültig und übertragbar. Erhältlich ist das Sparticket für A$ 48 im Visitor Centre oder online unter www.adelaidecard.com.au.

Öffentliche Verkehrsmittel

Die übersichtliche und flache Innenstadt ist bequem zu Fuß zu erkunden. Wer lieber Bus fährt, kann die beiden Gratis-Buslinien **Bee-Line** (99B) und **City Loop** (99C) nutzen. Die hellgelben Busse fahren auf festgelegter Route zu den wichtigsten Sehenswürdigkeiten im CBD.

In die Vororte verkehren Busse und Bahnen. Nach Glenelg rattert im Viertelstundentakt die altertümliche Straßenbahn **Glenelg Tram** (Fahrzeit 30 Min.). Die **O-Bahn** ist ein schneller Schienenbus, der von der City (Grenfell St) durch den Torrens Linear Park nach Modbury, im Vorort Tea Tree Gully, fährt (12 km nordöstlich).

Fahrkarten

Einzelfahrscheine kosten *je nach Zone* A$ 3,50 (2 h gültig), das Tagesticket (Day-Trip-Ticket) A$ 6,60. Die Metrotickets gelten für alle öffentliche Verkehrsmittel, für Direkt- und Umsteigeverbindungen. Einzel- und Tageskarten sind in Bussen, Straßenbahnen und in manchen Zügen (an Münzautomaten) erhältlich, außerdem gibt es sie am Busterminal, Zugbahnhof, auf der Post, an Kiosken, Tankstellen sowie im Passenger Transport Information Centre. Fast alle Busse und Bahnen, ausgenommen die Straßenbahn nach Glenelg, sind rollstuhltauglich.

Bei häufiger Nutzung der öffentlichen Verkehrsmittel lohnt der der Besuch des **Passenger Transport InfoCentre** (Ecke King William/Currie Sts), wo Informationen, Karten, Fahrpläne und (Mehrtages-)Fahrkarten erhältlich sind (Tel. 08-82101000, www.adelaidemetro.com.au).

Stadtrundfahrten

Stadtrundfahrten sind am einfachsten mit dem **Adelaide Explorer.** Der Bus, der aussieht wie eine alte Straßenbahn, verkehrt zwischen den wichtigsten Sehenswürdigkeiten, an denen die Fahrgäste beliebig aus- und später wieder zusteigen können. Die Touren starten täglich von der Bushaltestelle 38 King William Street, Ecke Rundle Mall um 9.05 Uhr, 10.30 Uhr und 13.30 Uhr (Ticket A$ 30, Tel. 08-83647172, www.adelaideexplorer.com.au).

Tipp: Für Gäste, die Adelaide zu Fuß erkundigen möchten, bietet das Adelaide Visitor Centre eine besonders interessante und kostengünstige Möglichkeit: die **„Adelaide Greeters“**. Bewohner Adelaides führen ehrenamtlich Gäste bis zu vier Stunden durch die Stadt und geben ihnen Insidertipps – und das auch noch in der jeweiligen Gastsprache. Die Gratis-Führer sind an ihren grünen Uniformen erkennbar und müssen im voraus gebucht werden (Tel. 08-82037168, www.adelaidegreeters.asn.au).

Wie, wo, was ...

Automobilclub *Royal Automobil Association of South Australia (RAA),* 55 Hindmarsh Square, Tel. 08-82024600, www.raa.net, Mo–Fr 8.30–17 Uhr, Sa 9–12 Uhr. Landkarten, Versicherungen und Tipps zum Autokauf sind hier erhältlich. Wer den Mitgliedsausweis eines europäischen Automobilclubs vorlegt, erhält einen Rabatt.

Auto- und Campervermietungen

- *Apollo Motorhome,* 969 Port Rd, Cheltenham, Tel. 08-82684079;
- *Avis Car Rental,* 136 North Tce, Tel. 08-84105727; am Flughafen Tel. 08-82344558.
- *Britz/Maui Campervans,* 376-388 Sir Donald Bradman Dve Brooklyn Park, Tel. 08-82344701.
- *Budget Car Rental,* 274 North Tce (Ecke Frome St), Tel. 08-82231400; am Flughafen Tel. 08-82344111.
- *Hertz Cars,* 233 Morphett St, Tel. 13-3039; am Flughafen Tel. 08-82344566.
- *Kea Campers,* 1019 South Road, Melrose Park, Tel. 1-800-252555 oder 08-82774787.
- *Thrifty Car Rental,* 296 Hindley St, Tel. 08-82118788; am Flughafen Tel. 08-82344554.

Banken Die großen Bankhäuser befinden sich alle im CBD mit Schwerpunkt King William St. Öffnungszeiten Mo–Do 9.30–16 Uhr, Fr bis 17 Uhr.

Busgesellschaften Alle Überlandbusse starten von der **Central Bus Station** (101–111 Franklin St).

Greyhound fährt alle großen australischen Städte an. Das Buchungsbüro befindet sich im Busterminal (Tel. 08-82125066). Online-buchen ist möglich auf www.greyhound.com.au.

V-Line Coach/ Rail Service (Tel. 08-82317620) und *Firefly Express* (110 Franklin St, Tel. 08-82311488) verkehren täglich von Adelaide nach Melbourne. Informationen zu weiteren regionalen Busgesellschaften, die Ziele innerhalb Südaustraliens anfahren, sind unter der Passenger Transport InfoLine Tel. 1-800-182160 oder unter www.bussa.com.au erhältlich.

Einkaufen Die **Fußgängerzone Rundle Mall** und die **Adelaide Arcade** sind das Einkaufszentrum der Stadt. Generell sind die Läden Mo–Fr 9–17.30 Uhr und Sa bis 17 Uhr offen. Die Innenstadtgeschäfte haben freitags meist sogar bis 21 Uhr geöffnet, in den Vororten haben sie donnerstags länger offen.

Souvenirs: Typische Souvenirs aus Südaustralien sind Opale (was sonst), Wein und Aboriginalkunst. Eine große Auswahl an Edelsteinen gibt es im **Opal Field Gems Mine & Museum** (33 King William St), bei *Southern Cross Opals* (114 King William St) sowie in vielen kleinen Juwelierläden in der Innenstadt.

Wer eine gute Flasche **Wein** kaufen möchte, findet ein riesiges Sortiment im *National Wine Centre* (▶ s. „Infos"). Bei größeren Abnahmemengen wird der Rebensaft nach Europa versendet.

Aboriginalkunst ist im *Tandanya Centre* (253 Grenfell St) käuflich. Der Galeriebesuch lohnt auch ohne Einkauf! Designer-Ware, Glas, Keramik und Textilien werden in der *Jam Factory* (19 Morphett St) angeboten.

Bücher und Landkarten: In der Rundle Mall sind Filialen der großen Buchfilialisten *Dymocks* (Nr. 136) und *Angus & Robertson* (Nr. 128) vertreten.

The Map Shop (16A Peel St) hat eine riesige Auswahl an Landkarten. Der gut sortierte Automobilclub (▶ s.o.) vertreibt ebenfalls Reisebücher und Landkarten.

Lebensmittel: Supermärkte in der Innenstadt sind *Coles* (21 Grote St) und *Woolworth* (86 Rundle Mall). Für den Großeinkauf bieten sich die großen Shopping-Komplexe an den Ausfallstraßen an: *Tea Tree Plaza* (nordöstlich), *West Lakes* (westlich) und *Marion* (südlich).

Camping- und Outdoorartikel: In der Rundle Street (Rundle Mall nach Osten) liegen mehrere Outdoor-Läden dicht beieinander: *Flinders Camping* (Nr. 187), *Mountain Design* (Nr. 203) und *Paddy Pallin* (Nr. 228).

Märkte: Der **Central Market** (Gouger St, Di, Do, Fr, Sa) ist ein quirliger Treffpunkt mit Gemüse- und Obstständen, Imbissbuden, asiatischen Spezialitäten und gemütlichen Cafés.
In Nordwood findet am Wochenende der Trödelmarkt **Orange Lane Market** statt (Ecke Edward St/ Orange Lane). In Torrens Island ist am Sonntagvormittag der Fisch- und Gemüsemarkt einen Besuch wert.

Essen und Trinken

Die Auswahl an Restaurants ist groß und durch die europäischen und asiatischen Einwanderer gepägt. Die guten Speisen werden durch erlesene Weine ergänzt. Aktuelle Restaurantempfehlungen gibt es im Visitor Centre und in der Donnerstagsausgabe des „Advertiser" (Tageszeitung).
Zum Mittagessen und für kleine Snacks bieten sich die **Food Malls** im Myers Centre in der Rundle Mall oder dem Central Market (▶ s.o.) an.

Zwischen Gouger und Grote Street befinden sich über 40 **China Restaurants.** In der Hindley Street sind günstige **italienische** und **libanesische** Gaststätten. In der **Rundle Street** (östliches Ende) dominieren Weinkneipen, Freiluft-Cafés und gut besuchten Pubs. In North Adelaide, in der **O'Connell Street,** laden weitere Restaurants, Bars und Bistros zum Speisen ein.

Red Ochre Grill (War Memorial Dve, North Adelaide, Tel. 08-8218555) bietet typisch australische Küche mit Känguruh und Emu, Hauptgerichte ab A$ 18, Blick auf den Torrens River, Reservierung sinnvoll.
Stanley's Seafood Restaurant (76 Gouger St) hat gute Fischgerichte auf der Speisekarte.
House of Chow (82 Hutt St, Tel. 08-82236181). Hervorragende chinesische Küche. Reservierung sinnvoll.
Amalfi (29 Frome St), beliebter Italiener mit hervorragender Pizza.
Universal Wine Bar (285 Rundle St) besticht durch eine ausgezeichnete Weinkarte.
The Bull and Bear Ale House (89 King William St), beliebter Pub, nicht nur für Börsenmakler, mit außergewöhnlichen Speisen.

Fahrradvermietung

Weil es in Adelaide so herrlich flach ist, macht Fahrrad fahren auf dem gut ausgebauten Radwegenetz und in den Parks richtig Spaß. *Linear Park Bikes* im Elder Park (King William Rd, Tel. 08-82236271) vermietet Fahrräder.

Informationen, Radkarten und Touren sind bei *Bicycles SA,* dem lokalen Radclub (1 Sturt St, Tel. 08-84101406, www.bikesa.asn.au) erhältlich.

Fluggesellschaften

- Air New Zealand, Tel. 13246
- Cathay Pacific, Tel. 131747
- Garuda Indonesia, Tel. 1-300-165330 oder 08-82311666
- Malaysian Airlines, Tel. 132627 oder 08-82316171
- Qantas/Jetstar, Tel. 131313 oder 08-84072233
- Singapore Airlines, Tel. 131011
- Virgin Blue, Tel. 136789
- Airlines of South Australia (regionale Ziele), Tel. 1-800-018234 oder 08-82343000, www.airlinesofsa.com.au, bietet u.a. einen viertägigen Outback-Postbotenflug mit ca. 30 Starts- und Landungen auf entlegenen Outbackfarmen, in Birdsville und Boulia. Vorausbuchung über Reiseveranstalter empfehlenswert (▶ s.S. 111).

Die Adressen der Stadtbüros der Fluggesellschaften können den aktuellen Flugplänen entnommen werden.

Internet

Ins Netz gelangt man u.a. im *Ngapartji Internet Café* (211 Rundle St), im *Arena Internet Café* (264 Rundle St) und in der *State Library* (North Terrace). Die meisten Hotels und Hostels verfügen über Internet-Terminals.

Konsulate

- Deutsches Konsulat, 23 Peel St, 08-82316320.
- Österreichisches Konsulat, 12 Park Tce, Bowden, Tel. 08-82690664.
- Schweizer Konsulat, 64 Castle St, AU-Parkside, Tel. 08-82718854.

Krankenhäuser Royal Adelaide Hospital, North Terrace, Tel. 08-82224000. Zahnklinik, North Terrace, Tel. 08-82228222.

Kultur- und Unterhaltungsangebote

Die kostenlose Broschüre **„What's On"** enthält einen aktuellen Veranstaltungskalender. „What's on" ist im Visitor Centre, am Flughafen und in den meisten Unterkünften erhältlich. In der Donnerstagsausgabe der Tageszeitung „Advertiser" werden die Programme abgedruckt.

Tickets für Veranstaltungen aller Art (auch für das Festival) bei: **BASS** (Best Available Seating Service, Adelaide Festival Centre, King William Road, Tel. 131246, www.bass.net.au) oder bei **VenueTix** (Da Costa Arcade, Ecke Grenfell St/Gawler Place Tel. 08-82258888, www.venuetix.com.au).

Größtes kulturelles Ereignis der Stadt ist das **Adelaide Festival,** das alle zwei Jahre (gerade Jahreszahl) im Festival Centre stattfindet (Ecke North Terrace/ King William St, Tel. 08-82168600, www.afct.org.au). Großer Andrang! Karten für die Events möglichst früh buchen!

Klassische Musik, Tanz, Theater In den Sälen des **Festival Centre** wird ganzjährig ein kulturelles Angebot mit Theater, Oper, Ballet und Konzerten angeboten. Groß-Events (z.B. Rockkonzerte) finden im **Entertainment Centre** in Hindmarsh statt, klassische Konzerte in der **Elder Hall** der Universität. Oper, Theater und moderner Tanz finden bevorzugt statt in **Her Majesty's Theatre** (58 Grote St, Tel. 08-82168600), **Lions Arts Centres** (Ecke North Terrace/Morphett St, Tel. 08-82317760) und **Arts Theatre** (53 Angas St, Tel. 08-82215644).

Kinos *Academy Cinema City* (20 Hindmarsh Square) und *Palace Eastend Cinema* (274 Rundle St) sind zwei große Kinokomplexe im Zentrum.

Casino Das *SkyCity Adelaide Casino* (North Terrace, mit Restaurants und Bars) ist Teil des alten Bahnhofs und hat, im Vergleich zu den modernen Spielcasinos in Sydney oder Melbourne, noch so etwas wie historisches Ambiente. Tagsüber ist die Atmosphäre und Kleiderordnung locker, abends achtet man jedoch auf den „Dress-Code" (Jacket, Krawatte erwünscht).

Galerien und Museen *Art Gallery of South Australia*, North Terrace, www.artgallery.sa.gov.au, tägl. 10–17 Uhr (s.a. Stadtbesichtigung).

Tandanya – National Aboriginal Cultural Institute, 253 Grenfell St, www.tandanya.com.au, tägl. 10–17 Uhr, Vorführungen jeweils um 12 Uhr (▶ s.a. Stadtbesichtigung).

JamFactory Contemporary Craft & Design, 19 Morphett St, www.jamfactory.com.au, Mo–Fr 9–17.30, Sa 10–16 Uhr.

Moderne Kunst zum Bewundern und Kaufen.

South Australian Museum, North Terrace, www.samuseum.sa.gov.au, tägl. 10–17 Uhr (▶ s. „Stadtbesichtigung").

Migration Museum, 82 Kintore Ave, www.history.sa.gov.au, Mo–Fr 10–17 Uhr, Sa/So 13–17 Uhr (s.a. Stadtbesichtigung).

Live-Musik In der kostenlosen Musikzeitung *„Rip it Up"* sind sämtliche Live-Musik Auftritte verzeichnet.

Im *Austral Hotel* (205 Rundle St) spielen freitags Livebands, an den anderen Tagen legt der DJ gute Rock- und Popmusik auf. Das *Exeter Hotel* (246 Rundle St) ist ein herrlich alter Pub mit Live-Musik an den Wochenenden. Im *Cargo Club* (213 Hindley St) wird Jazz, Kabarett, Soul und Reggae in lässiger Atmosphäre präsentiert.

Festivals **Januar:** Schützenfest, Volksfest der Deutsch-Australier im Bonython Park (fand früher in Hahndorf statt).

Februar/März: Adelaide Fringe Festival. Alternative Variante des großen Adelaide Festivals mit vielen bekannten Künstlern, www.adelaidefringe.com.au.

März (alle zwei Jahre, gerade Jahreszahl): Adelaide Festival, dreiwöchiges Kulturprogramm auf internationalem Niveau
Oktober/ November: Feast Festival, Homosexuellen-Event mit breit gefächertem Programm und Paraden.
Oktober: Glenelg Jazz Festival, Jazz vom Feinsten im Vorort.

Notfall Notruf (Polizei, Feuerwehr, Rettungswagen) Tel. 000 – Polizei, Tel. 131444 – Giftnotruf, Tel.131126

Parken In der Innenstadt sind einige Parkhäuser ausgeschildert. Beim Festival Centre befindet sich ein großer Parkplatz (Ecke North Terrace/King William St), der auch für Wohnmobile geeignet ist.

Post Die Hauptpost (GPO), Ecke King William/Franklin Sts, bietet neben dem üblichen Postservice auch den Verkauf von Nahverkehrstickets. Mo–Fr 8–18 Uhr, Sa 8.30–12 Uhr.
Postlageradresse: Poste Restante, Adelaide GPO, SA 5000.

Sport *Adelaide Aquatic Centre* (Jeffcot Rd, North Adelaide, tägl. 5–22 Uhr), für die Fitness auf Reisen stehen Schwimmbecken, Sauna, Whirlpool und Fitness-Geräte zur Vefügung.
Skifahren in Australien? Wer will, kann sich im *Snowdome* (23 East Terrace, Thebarton, ganzjährig geöffnet) beim Schlittschuhfahren, Skifahren oder Snowboarden austoben.
Golf spielen ist auf dem öffentlichen Platz Adelaide Shores Golf Park möglich (Military Road, West Beach, tägl. geöffnet).
Zum Rad fahren, Joggen und Walken eignen sich die Strandvororte und natürlich die Parks rund um die City. Ein langer Rad- und Fußweg führt am Torrens River entlang.
Zuschauersportarten wie Cricket oder Aussie Rules Football (AFL) werden im *Adelaide Oval* (War Memorial Drive, North Adelaide) und im *AAMI Stadion* (Turner Drive, West Lakes) gespielt. Karten bei VenueTix (▶ s. „Kultur- und Unterhaltung“).
Pferderennen finden auf der Rennbahn in Morphettville statt.

Strände Von der City am schnellsten erreichbar ist der Stadtstrand von **Glenelg** (mit der Straßenbahn ab Victoria Square). Wesentlich länger und schöner ist der **West Beach** (Bus Nr. 278 von der Currie St, mit Caravan Park). Weiter westlich sind noch **Henley Beach** und **Grange** empfehlenswert, während **West Lakes** zwar schöne Dünen hat, zum Baden aber nicht besonders einlädt.

Taxis *Yellow Cabs,* Tel. 132227. – *Adelaide Independent,* Tel. 132211. – *Access Cabs*, Tel. 1-300-360940 für Rollstuhlfahrer, Reservierung notwendig.

Touren

Stadtrundfahrten Die populärste Form der Stadtrundfahrt ist die Tour mit der Nachbildung einer alten Straßenbahn, dem *Adelaide Explorer* (s.a. Öffentliche Verkehrsmittel).
Tourabout Adelaide (Tel. 08-83331111) bietet Fußgängertouren an (auch deutschsprachig).

Touren in die Umgebung

- *Coorong Cruises* (Main Wharf, Goolwa, Tel. 08-85552203). Tagestouren in den Coorong Nationalpark, ab Goolwa oder inkl. Transfers ab/bis Adelaide.
- *Gray Line Adelaide* (Rundle Mall, Tel. 1-300-858687) veranstaltet Tagestouren mit Reisebussen in das Barossa Valley, Clare Valley, Flinders Ranges und zum Murray River.
- *Wayward Bus* (119 Waymouth St, Tel. 08-84108833), empfehlenswerte Bustouren für jüngeres Publikum nach Kangaroo Island, entlang der Great Ocean Road und durchs Outback in Richtung Alice Springs.
- *Proud Australia Cruises* (18–20 Grenfell St, Tel. 08-82319472), empfehlenswer-

te zwei- bis fünftägige, geruhsame Flussfahrten auf dem Murray River, mit dem schönen Schaufelraddampfer Proud Mary, für naturorientiertes Publikum.
- *Magic Tours* (Tel. 03-53420527), deutschsprachig geführte Touren, z.B. in 6 Tagen von Adelaide nach Melbourne.

Touren nach und auf Kangaroo Island sind im ▶ Kapitel „Umgebung von Adelaide"/„Kangaroo Island" beschrieben.

Züge

Adelaide verfügt über zwei Bahnhöfe. Von der Station an der North Terrace fahren nur die Vorortzüge. Der **Fernbahnhof** befindet sich in Keswick (▶ s. „Adressen & Service Adelaide / An- und Abreise"). Highlights sind die Fernzüge *Ghan* (nach Alice Springs und Darwin; Foto rechts) und *Indian Pacific* (nach Perth bzw. Sydney) – eine überlegenswerte Alternative zum Flug bzw. Mietwagen.

Unterkunft und Camping

Unterkünfte gibt es in Adelaide in ausreichender Zahl. Während des Adelaide Festivals (März, gerade Jahreszahlen) kann es zu Engpässen kommen.

Hotels

***** **Hyatt Regency**, North Terrace, Tel. 08-82311234;
First-Class-Hotel im Zentrum.
**** **Medina Grand Treasury**, 2 Flinders St, Tel. 08-81120000; neues Apartmenthotel im historischen Treasury Building mit geräumigen Wohneinheiten.
**** **Stamford Grand Glenelg**, Mosley Square, Glenelg, Tel. 08-83761222;
Hotel im Badevorort Glenelg, verfügt über allen Komfort, mit der Straßenbahn nur 20 Minuten bis in die City.
*** **Rockford Hotel**, 164 Hindley St, Tel. 08-82118255;
zentral gelegenes modernes Hotel.
*** **Directors Studios**, 259 Gouger St, Tel. 08-82132500;
modernes Hotel mit Studios im Herzen der Stadt, kostenlose Parkplätze.

B&B

**** **Fire Station Inn**, 78 Tynte St, Tel. 08-82721355;
die etwas andere Unterkunft! Man übernachtet direkt in der umgebauten Feuerwehrstation, zusammen mit alten Feuerwehrautos.
*** **Adelaide Old Terraces**, Tel. 08-83645437,
vier Selbstversorger-Cottages in historischem Ambiente, alle in der Innenstadt.
**** **Angove Villa B&B**, 14 Angove Rd, Glenelg South, Tel. 08-83766421,
schöne Villa in Strandnähe, Flughafentransfers möglich.

Tipp: Im South Australian Visitor Centre in Adelaide (▶ s. „Infos") oder bei der Australian B&B Association, Tel. 08-8342 1033, unter www.sabnb.org.au ist ein umfangreiches **B&B-Verzeichnis** mit Beschreibung der jeweiligen Herbergen verfügbar.

Jugendherbergen und Hostels

* **Adelaide Central YHA,** 135 Waymouth St, Tel. 08-84143010;
zentral gelegene Jugendherberge; riesig, aber modern.
* **Backpack Australia Hostel**, 128 Grote St, Tel. 08-82310639.
Freundliches, sauberes, modernes Hostel, Bikeverleih und Frühstück
* **Glenelg Beach Resort**, 1–7 Mosley St, Glenelg, Tel. 08-83760007.
Schönes Hostel nahe des Strandes mit vielen Doppelzimmern und Selbstversorgerstudios.

Camping

Die meisten Campingplätze liegen außerhalb der City, sind aber mit öffentlichen Verkehrsmitteln erreichbar.
Adelaide Shores Caravan Resort, 1 Military Rd, West Beach, Tel. 1-800-444567 oder 08-83557320; sehr empfehlenswerter großer, gut ausgestatteter Campingplatz direkt am Strand. Bungalows und Cabins werden ebenfalls angeboten. Die Busse Nr. 278 und Nr. 276 fahren direkt in die Innenstadt, nach Glenelg sind es nur 3 km.

Stadtbesichtigung (Innenstadt)

Die symmetrische Anordnung der Straßen erleichtert die Orientierung. Weil die Sehenswürdigkeiten im Großen und Ganzen recht dicht beieinander liegen, ist das meiste zu Fuß machbar. Wer eine Pause braucht, kann die Gratis-Busse (▶ s. „Öffentliche Verkehrsmittel") nutzen oder in einem der zahlreichen Straßencafés verweilen.

Tipp: Im Visitor Centre sind Broschüren über verschiedene Stadtrundgänge mit ausführlichen geschichtlichen Hintergründen (*Heritage Walks*) erhältlich.

Prachtstraße North Terrace

Ausgangspunkt des Stadtrundgangs ist die Prachtstraße North Terrace. Westlich der King William Street liegt der im neoklassizistischen Stil erbaute **Stadtbahnhof** (1929), der heute teilweise als **Spielcasino** dient (▶ s. „Kultur- und Unterhaltung"). Im Casino wird tagsüber kaum auf die Kleiderordnung geachtet, so dass man selbst im Freizeitlook zwischen den Spieltischen schlendern kann.

Gleich nebenan, an der Ecke King William Street, drängen sich das prachtvolle, mit Säulen, Marmor und Granit verzierte **Parliament House** und das schlichte **Old Parliament House.** Das Parliament House ist noch immer Regierungssitz und kann besichtigt werden.

Festival Centre

Dahinter befindet sich das **Adelaide Festival Centre,** die kantige Antwort auf Sydneys Opernhaus. Auch wenn das Gebäude äußerlich nicht so sehr besticht, sagen Musikliebhaber, dass die Akustik sogar besser sei als die der Sydney Opera. Das moderne Kulturzentrum mit Konzertsaal und mehreren Theatersälen wurde 1973 eröffnet und fasst etwa 5000 Besucher. Das Zentrum des alle zwei Jahren stattfindenden Adelaide Festivals dient außerhalb der Festspielwochen als Bühne für bekannte Musiker und Schauspiel-Ensembles. Das Festival Centre ist täglich geöffnet, Führungen werden donnerstags (10 Uhr) und samstags (9.30 Uhr) angeboten (s.a. Kultur- und Unterhaltung).

Hinter den Gebäuden des Kulturzentrums dehnt sich der **Elder Park** am Ufer des Torrens Rivers aus. Über den Fluss hinüber, westlich der King William Road, liegt das sehenswerte **Adelaide Oval**, das älteste Stadion Australiens (1871). In erster Linie ist es Heimstatt von Cricket und AFL Spielen (Aussie Rules Football). Sportfans können das Stadion und Sportmuseum wochentags um 10 Uhr auf einer Führung besichtigen, besser ist natürlich der Besuch eines Live-Spiels. (www.cricketsa.com.au)

1 Sehenswertes				A Weitere Adressen	
1	Casino	14	Bicentennial Museum	A	St Peters Cathedral
2	Parliament House	15	Zoo	B	BASS
3	Old Parliament House	16	National Wine Centre	C	Lion Arts Centre / Jam Factory
4	Festival Centre	17	Tandanya (National Aboriginal Culture Institute)	D	SA Visitor & Travel Centre
5	Elder Park	18	Rundle Mall	E	Auskunft öffentl. Verkehrsmittel (Passenger Transport Info Centre)
6	Adelaide Oval	19	Edmund Wright House	F	Venue Tix
7	Gouvernment House	20	Town Hall	G	Autoclub
8	State Library	21	General Post Office		
9	Migration Museum	22	St Francis Xavier Cathedral		
10	SA Museum	23	Supreme Court		
11	Art Gallery of SA	24	Central Market		
12	University of Adelaide				
13	Botanic Gardens				

Unterkünfte
1 Fire Station Inn
2 Hyatt Regency
3 Rockford Hotel
4 Adelaide Central YHA
5 Medina Grand Treasury
6 Backpack Australia Hostel
7 Adelaide Shores Caravan Resort
8 Directors Studios
9 Adelaide Old Terraces
10 Stamford Grand, Glenelg
11 Angoven Villa B&B
12 Glenelg Beach Resort
City Loop Bus
99b Beeline Bus
Straßenbahn Glenelg
zum Barossa Valley, zum Clare Valley über Gawler
City of Adelaide Golf Links
Bonython Park
Botanic Park
Wellington Square
Light Square
Hindmarsh Square
Victoria Square
Whitmorre Square
Hurtle Square
West Terrace Cemetery
nach Port Adelaide
zum Henley Beach
zum Airport, zur Keswick Railway Station, zu 7
nach Glenelg
zu 10 11 12
nach Melbourne
Adelaide
0 250 m
© Rkh Verlag Hermann
ADL ▸ MEL

Zurück auf der **King William Road** in Richtung North Terrace, passieren Sie in östlicher Richtung das älteste öffentliche Gebäude der Stadt, das **Gouvernment House** (1855), umgeben vom Prince Henry Gardens.

Entlang der North Terrace taucht in östlicher Richtung, an der Ecke zur Kingtore Avenue, die **State Library** auf (Mo–Fr 9.30–18 Uhr, Sa/So 12–17 Uhr). In der größten Bücherei Südaustraliens gibt es neben gedruckten Werken wechselnde Ausstellungen und Veranstaltungen. Internetzugang und ausländische Zeitungen (allerdings ältere Ausgaben) sind ebenfalls vorhanden.

Museen und Galerien

Der Besuch im **Migration Museum,** gleich hinter der Bücherei, lohnt sich. In diesem ehemaligen Armenhaus der Stadt wird die Geschichte Australiens und Adelaides, von den Anfängen bis heute, dargestellt (▶ s. „Kultur- und Unterhaltung"). Kehrt man zurück zur North Terrace, sind zwei weitere Museen sehenswert. Das **South Australian Museum** beherbergt neben einer naturgeschichtlichen Sammlung eine bemerkenswerte Aboriginal-Kulturgalerie.

University of Adelaide

Eine Tür weiter sind in der 1881 eröffneten **Art Gallery of South Australia** Werke nationaler und internationaler Künstler ausgestellt. Nördlich und östlich der Museen breitet sich die **University of Adelaide** mit ihren sehenswerten Gebäuden, wie die Bonython und Elder Hall, aus.

Nachdem man auf der North Terrace das Royal Hospital passiert hat, ist der **Botanic Gardens** und das **Bicentennial Conservatory** eine erholsame Abwechslung. Das Conservatory ist ein riesiges Gewächshaus mit tropischem Regenwald (tägl. 10–16 Uhr).

Nördlich des Botanischen Gartens ist der **Adelaide Zoo** (tägl. 9.30–17 Uhr) beheimatet. Übrigens: Eine gute Alternative zum Fußmarsch in Richtung Zoo ist eine Bootsfahrt über den Torrens River (ab Popeye Landing im Elder Park).

Wine Centre

Eine weitere Sehenswürdigkeit ist das moderne **National Wine Centre of Australia** an der Ecke zur Hackney Road (▶ s. „Infos"). Nicht nur für Liebhaber des Rebensaftes ist das Ausstellungs- und Informationszentrum sehenswert. Vom Anbau über die Ernte bis zur Verarbeitung der Trauben wird der gesamte Prozess anschaulich dargestellt. Weinproben und -kauf sind ebenfalls möglich.

Vom Botanischen Garten über die East Terrace gelangen Sie nach wenigen Gehminuten zum **Tandanya National Aboriginal Cultural Institut** (▶ s. „Kultur- und Unterhaltung"). Das von Aboriginal People betriebene Institut vermittelt einen hervorragenden Einblick in den Alltag der in Südaustralien ansässigen Kaurna-Aboriginals. Bei einem Besuch der innovativen und begeisternden Ausstellung, den Workshops und Darbietungen sowie der Galerie sind zwei Stunden schnell vergangen. Im dazugehörigen Café gibt es „Bushtucker", authentische Spezialitäten der Aboriginal-Küche.

Shopping

Nach soviel Kultur lockt die Einkaufsstraße **Rundle Mall,** in der es immer lebhaft zugeht. Kneipen, Kaufhäuser, Boutiquen und Cafés flankieren die älteste Fußgängerzone Australiens. Künstlerskulpturen und Straßenmusikanten sorgen für das entspannte Ambiente.

King William Road

Wer Zeit hat, sollte noch durch die **King William Road** nach Süden schlendern. Bei der Hausnummer 59 fällt das im Renaissancestil erbaute **Edmund Wright House** ins Auge. Das 1876 für den Bischof von Südaustralien erbaute Gebäude dient der Stadt inzwischen für Empfänge und Veranstaltungen. Ein Blick in die reich verzierte Eingangshalle lohnt. Auf der anderen Straßenseite, zwei Blocks südlich, wurde ebenfalls im Renaissancestil die imposante **Town Hall** erbaut (1836-1866). Schräg gegenüber befindet sich das **General Post Office** mit einem mächtigen Uhrturm.

Unterbrochen wird die King William Road vom großen **Victoria Square** mit einem zentralen Springbrunnen und schattigen Bäumen. Umgeben ist der Platz von der **St Francis Xavier Cathedral** (1856) und dem klassizistischen **Supreme Court** (1868). Vom südlichen Ende des Platzes fährt die einzige Straßenbahn Adelaides zum Strandort **Glenelg.** Vom Victoria Square nach Westen zweigt die Gouger Street ab. Hier befindet sich der einladende **Central Market** mit seinen zahlreichen Imbissständen, Cafés und Marktbuden (▶ s. „Einkaufen“).

Sehenswürdigkeiten außerhalb der City

North Adelaide

Vom CBD (Central Business District) ist der nördliche Stadtteil North Adelaide (jenseits des Torrens River) am einfachsten über die King William Road, oder die Montefiore Road, zu Fuß oder per Bus erreichbar. Der zu den ältesten Stadtteilen Adelaides zählende Vorort ist wegen seiner historischen, reich verzierten Häuser in kolonialem Stil und den alten Gärten sehenswert. Die 1876 erbaute **St Peters Cathedral** an der Ecke King William Road/Pennington Terrace lohnt ebenfalls einen kurzen Abstecher.

In der O'Connell Street reihen sich gemütliche Cafés und Gaststätten aneinander, während die Melbourne Street zu den exklusivsten Shoppingstraßen Adelaides zählt.

Glenelg

Adelaides bekanntester Stadtstrand befindet sich im Vorort Glenelg, 11 km südwestlich der Innenstadt. Die halbstündige Fahrt mit der alten Straßenbahnlinie (seit 1929) vom Victoria Square ist schon Teil des Ausflugsprogramms. 1836 landeten in Glenelg die ersten britischen Siedler und proklamierten unter einem heute noch existenten Eukalyptusbaum den Staat Südaustralien.

In der Hauptstraße, der Jetty Road, reihen sich Cafés, Shops und Unterkünfte aneinander. Auf dem Weg von der Tramstation zum Meer fallen die 1875 erbaute Town Hall (mit Glockenturm) und das majestätische Courthouse (1933) auf. Gegenüber dominiert das luxuriöse „Stamford Grand Hotel" (früher „The Pier Hotel") die Skyline. Hinter der Town Hall befindet sich das Visitor Centre (▶ s. „Infos"). Eine kleinere Version der heute 215 m langen Jetty wurde bereits 1859 gebaut.

Port Adelaide

Port Adelaide ist das Zentrum südaustralischer Seefahrtsgeschichte sowie mit seinen kolonialen und viktorianischen Gebäuden und Straßenzügen einen Besuch wert. Der Vorort liegt 13 km nordwestlich der Innenstadt und ist mit dem Auto über die Port Road, mit dem Zug ab Central Station (North Terrace) oder mit Bus Nr. 151 oder 153 ab North Terrace erreichbar. Der früher wichtige Handelshafen hat im Laufe der Zeit an Bedeutung verloren, wurde aber für touristische Zwecke aufwendig restauriert. Im Besucherzentrum (66 Commercial Rd, tägl. 9–17 Uhr, www.portenf.sa.gov.au) sind detaillierte Informationen zur Geschichte und Attraktionen des Hafenortes erhältlich. Das interessante **South Australian Maritime Museum** (126 Lipson St, tägl. 10–17 Uhr) stellt in mehreren Gebäuden historische Schiffe sowie eine gute Darstellung australischer Seefahrtsgeschichte aus. Der alte Leuchtturm kann bestiegen werden. Sonntags werden Bootsfahrten auf dem Port River angeboten, in dem sich häufig Delphine tummeln.

Für Eisenbahnfreunde und Familien ist das **National Railway Museum** (Lipson St, tägl. 10–17 Uhr) mit alten Loks und Schienenfahrzeugen interessant. Sonntags findet der **Fishermen's Wharf Markets** (9–17 Uhr) statt, ein lebhafter Trödel-, Ess- und Fischmarkt am Wasser.

Adelaide
Umgebung
0 15 km
© RKH Verlag Hermann
Mallala
PORT
WAKEFIELD
RD
HWY
STURT
Marananga
Seppeltsfield
Nuriootpa
Tanunda
Barossa
Valley
Kangaroo Flat
Two Wells
Gawler
Sandy
Creek
Rowland Flat
Lyndoch
Ranges
Williamstown
Springton
Elizabeth
Salisbury
Gulf
Largs Bay
Birdwood
Port Adelaide
Morialta
Con Park
Adelaide
St. Vincent
Adelaide
Lobethal
Lofty
Norton Summit
Ashton
Cleland
Con Wildlife
Park
Summertown
Glenelg
Holdfast Bay
Crafers
SOUTH
Hills
Stirling
Hahndorf
EASTERN
FWY
O'Halloran Hill
Mt. Barker
Flaxley
Macclesfield
Meadows
McLaren
Vale
McLaren Vale
Strathalbyn
Willunga
Ashbourne
Aldinga Bay
Mt. Compass
Finniss
Myponga
Lake
Alexandrina
Yankalilla Bay
Yankalilla
Fleurieu
Peninsula
Rapid Bay
Rapid Bay
Goolwa
Victor Harbor
Delamere
Cape
Jervis
Encounter Bay
Deep Creek
Con Park
Newland Head
Con Park
nach Kangaroo
Island (20 km)
Backstairs Passage

Umgebung von Adelaide

Von Adelaide bieten sich einige Ziele für Ein- oder Mehrtagesausflüge an. Im Nordosten liegt das Weinbaugebiet Barossa Valley, im Osten, entlang der Mount Lofty Ranges, die Adelaide Hills mit dem deutschstämmigen Hahndorf, im Südosten die Fleurieu Halbinsel und im Süden das Naturparadies Kangaroo Island. Auf der westlichen Seite des Golf von St Vincent bietet die Yorke Peninsula ein weiteres, noch leicht erreichbares Ausflugsziel.

Barossa Valley

Die eine Autostunde von Adelaide entfernte Weinregion **Barossa Valley** gilt als eine der berühmtesten Australiens. In den über 50 Weingütern werden vorzügliche Tropfen wie Shiraz, Cabernet, Semillon, Chardonnay und Riesling hergestellt. Zu den bekanntesten Keltereien zählen *Peter Lehmann, Orlando Wines, Penfold's* und *Yalumba,* Australiens älteste Winzerei in Familienbesitz.

William Light, der Stadtvater Adelaides, gab dem Tal in Anlehnung an das südspanische Tal „Valle del Bar Rosa" seinen Namen. Der deutsche Einfluss im Gebiet zeigt sich in zahlreichen lutheranischen Kirchen, der traditionellen Musik und der Handwerkskunst, vor allem bei Bäckern und Metzgern, die nach wie vor Erzeugnisse nach deutschen Rezepturen herstellen. Besonders lohnend ist ein Besuch im Barossa Valley während des *Barossa Vintage Festival* zu Ostern (in Jahren mit ungerader Jahreszahl) oder des Freiluft-Events *Barossa Under the Stars* im Februar.

Rundfahrt durch das Barossa Valley

Von Adelaide über Elizabeth bis ins nördlich gelegene **Gawler** sind es nur 45 km. Die alte Stadt ist bekannt wegen ihrer historischen Gebäude, die zum Teil bereits in den 1840er Jahren erbaut wurden. Folgt man dem Barossa Valley Way (B19) weiter nach Osten, gelangt man nach Lyndoch, zum ersten Ort des „Tals". Unterwegs zweigt in Sandy Creek eine Straße ab, die über das **Cockatoo Valley** zum Barossa-Stausee führt, dessen Staumauer wegen ihrer besonderen Akustik **Whispering Wall** genannt wird.

Lyndoch, am Fuße der Barossa Range, ist die älteste Stadt des Tales (1837) und Zentrum von zehn Weingütern in direkter Umgebung. Dem Barossa Valley Way folgend, erreicht man **Rowland Flat,** das von den Gebäuden der Orlando Winery dominiert wird. Bereits 1847 pflanzte Johann Gramp hier Weinreben und gründete die erste Weinkelterei. Die Weine tragen noch heute den klangvollen Namen „Jacob's Creek". Im Jacob's Creek Visitor Centre (tägl. 10–17 Uhr) können Weine probiert, gekauft oder im Restaurant zum Mittagessen genossen werden.

Tanunda war das Zentrum der frühen deutschen Siedler, damals noch unter dem Namen „Langmeil". Der Glaube der Siedler spiegelt sich in den vier lutherischen Kirchen im Stadtzentrum wieder. Ein Bummel durch die Straßen mit ihren kleinen Geschäften, Antiquitätenläden, Cafés und Skulpturen ist eine schöne Abwechslung. Das an der Hauptstraße befindliche **Barossa Wine & Visitor Information Centre** (▶ s. „Infos") vermittelt einen guten Einblick in die Verfahren der Weinproduktion und dokumentiert die Geschichte und Kultur des Tals.

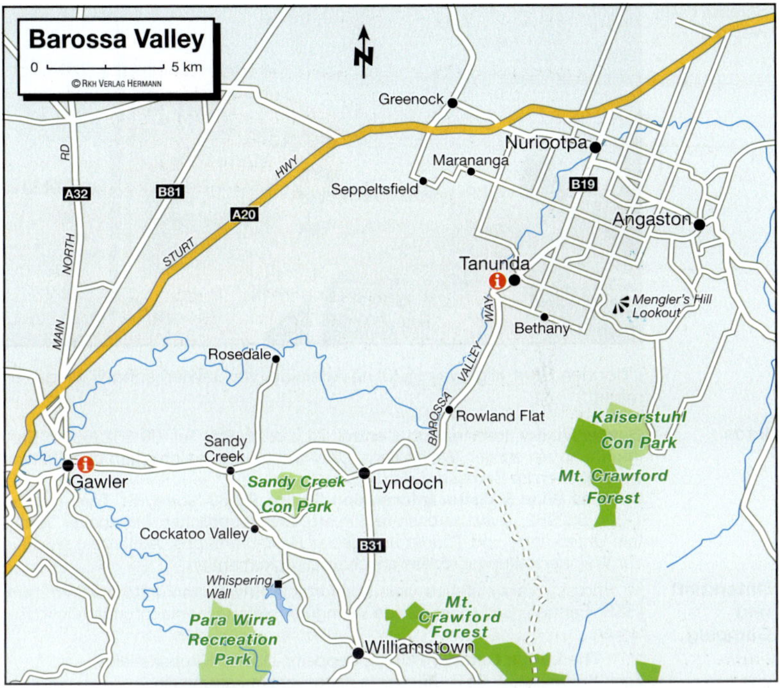

ADL ▸ MEL

Östlich von Tanunda bietet sich vom **Mengler's Hill Lookout** ein Panoramablick über das Tal. Auf der Mengler's Hill Road (ausgeschilderte *Scenic Road*) erreicht man **Angaston**, das streng genommen bereits außerhalb des Barossa Valley liegt. Das vom Briten George Angas gegründete Dorf mit Kunst- und Handwerkshops, Galerien und Teestuben ist für sein leckeres Trockenobst (Angas Park Fruit Company) bekannt.

Nuriootpa ist über die Angaston Road (B 10) erreichbar. Die 3500-Einwohner-Gemeinde ist das kommerzielle Zentrum des Tals. Hier gibt es Hotels, Campingplätze, Einkaufszentren und Restaurants. Beherrscht wird die Stadt durch *Penfolds Wines*, der größten Winzerei im Barossa Valley (Mo–Fr 10–17 Uhr, Sa/So 11–17 Uhr). Nebenan werden in der *Tarac Australia Destillery* Spirituosen wie Rum, Gin und Wodka gebrannt.

Westlich von Nuriootpa liegen die Gemeinden Marananga und Seppeltsfield. Einige kleine Weingüter und die hübsche *Gnadenfrei Church* sind die wichtigsten Sehenswürdigkeiten von **Marananga.** Folgt man der palmengesäumten Straße nach **Seppeltsfield,** besticht das Anwesen der Seppelt Winery durch sein schmuckvolles Äußeres. 1851 versuchte der junge Schlesier Joseph Seppelt hier Tabak anzubauen. Der Versuch scheiterte, und so versuchte er es mit Weintrauben. In den Folgejahren baute die Familie Seppelt eines der berühmtesten australischen Weingüter auf, zu dem täglich Besichtigungstouren führen (Tel. 08-85686217).

Barossa Valley Weingut

Über den Sturt Highway (A20) ist Adelaide (via Gawler) schnell wieder erreicht.

Infos

Gawler Visitor Information Centre, 2 Lyndoch Rd, Tel. 08-85226814. Erste Informationen zu den Weingütern, Übernachtungsmöglichkeiten und Sehenswürdigkeiten im Barossa Valley.
Barossa Wine & Visitor Information Centre, 66-68 Murray St, Tanunda, Tel. 1-300-852982, www.barossa-region.org. Die freundlichen Mitarbeiter vermitteln Unterkünfte und Touren und geben Restauranttipps. Außerdem wird hier der Weinherstellungsprozess anschaulich dokumentiert.

Unterkunft und Camping

Im Barossa Valley stehen viele komfortable Privatunterkünfte zur Verfügung (B&B, Farmen, Cottages). Einige Weingüter bieten Übernachtungsmöglichkeiten an.

***** **The Lodge Country House**, Seppeltsfield Rd, Seppeltsfield, Tel. 08-85628277; B&B-Zimmer in historischem Landhaus, mit schmackhaftem Essen und guten Weinen.
**** **Novotel Barossa Valley Resort**, Golf Links Rd, Rowland Flat, Tel. 08-85240000; modernes Hotel mit Golfplatz und vielen Freizeitangeboten
**** **Barossa Country Cottages**, 55 Gilbert St, Lyndoch, Tel. 08-85244426; gepflegte Cottages für bis zu 5 Pers. mit Küche und Whirlpool.
*** **Barossa Gateway Motor Inn**, Kalimna Rd, Nuriootpa, Tel. 08-85621033; zentral gelegenes Motel.
* **Bunkhaus Travellers Hostel & Cottages**, Barossa Valley Way, Nuriootpa, Tel. 08-85622260; familiäres Backpacker-Hostel am Weinberg mit Fahrradverleih.
Tanunda Caravan Park, Barossa Valley Way, Tanunda, Tel. 08-85632784; schattiger Campingplatz mit Bungalows und Cabins.
Barossa Valley Tourist Park CP, Penrice Rd, Nuriootpa, Tel. 08-85621404; ruhiger Platz mit Cabins.

Adelaide Hills

(Karte ▸ s.S 371, Adelaide Umgebung)

Nur 30 Autominuten außerhalb Adelaides erwarten den Besucher in den Adelaide Hills malerische Orte, Naturschutzparks, Wanderwege, Tierparks sowie ausgezeichnete Möglichkeiten zum Speisen. Die Anfahrt erfolgt auf dem South Eastern Freeway in Richtung Melbourne, Abzweig in Crafers auf die Summit Road nach Norden. Entlang des Hügelkamms passiert man die **Mount Lofty Botanic Gardens** (tägl. 10–16 Uhr) sowie den höchsten Punkt der Mount Lofty Range, den Aussichtsberg **Mount Lofty Lookout** (727 m). Der Lookout bietet einen hervorragenden Blick auf Adelaide und die Küste, außerdem befindet sich hier ein informatives Besucherzentrum mit Restaurant (▶ s. „Infos"). Der Besuch des **Cleland Wildlife Park** (tägl. 9.30–17 Uhr) ist lohnend, ist er doch einer der schönsten Südaustraliens, mit Tieren, die in natürlicher Umgebung leben.

Weiter nach Norden auf der Summit Road erreicht man nach Ashton und Norton Summit den **Morialta Conservation Park,** der gute Wandermöglichkeiten bietet.

Hahndorf

Zurück zum South Eastern Freeway, der in östlicher Richtung zur wichtigsten Besucherattraktion der Adelaide Hills führt, dem Städtchen **Hahndorf** (1800 Ew.). Die 1839 von deutschen Lutheranern gegründete Gemeinde ist Australiens älteste deutschstämmige Siedlung. Die Gründer nannten ihre Stadt nach Kapitän Dirk Hahn, der viele religiös Verfolgte an die Küste Adelaides brachte. Der bekannteste Sohn der Gemeinde ist der Maler Hans Heysen, dessen Werke im „Sir Hans Heysen Studio" ausgestellt sind. Nach ihm ist der 1500 km lange Fernwanderweg *Heysen Trail* benannt, der sich von der Parachilna Gorge in den Flinders Ranges bis nach Cape Jervis auf der Fleurieu Peninsula schlängelt. Private Museen, Galerien, Handwerksläden und hübsche Cafés prägen die Hauptstraße von Hahndorf.

Infos

Adelaide Hills Visitor Centre, Main St, Hahndorf, Tel. 1-800-353323, www.visitadelaidehills.com.au; Informationen zu Unterkünften, Wanderungen und Ausflugsmöglichkeiten.

Mt Lofty Summit Visitor Information Centre, Mt Summit (beim Aussichtspunkt), Tel. 08-83701054; Auskünfte und Wandervorschläge für die Region.

Unterkunft und Camping

Reizvolle **B&Bs** und **Selbstversorger-Cottages** sind in den Adelaide Hills häufig anzutreffen. In den privaten Unterkünften bekommen Sie schnell Kontakt mit den Einheimischen. Information und Buchung im Visitor Centre in Hahndorf. In Mt Barker (östlich von Hahndorf) befindet sich ein Campingplatz (Tel. 08-83910087).

Fleurieu Peninsula

Die Fleurieu Peninsula ist ein attraktives Ausflugsziel für die Adelaider Bevölkerung. Wer mit dem eigenen Auto nach Kangaroo Island möchte, muss die Halbinsel durchqueren, um zum Fährhafen von **Cape Jervis** zu gelangen. Über den Anzac Highway und die Main South Road ist Halbinsel in etwa 40 Autominuten erreicht.

Das **McLaren Vale** im Norden der Halbinsel ist die Basis zahlreicher Weingüter. Das hier angesiedelte Besucherzentrum (▶ s. „Infos") gibt Auskunft zur Region und zu einheimischer Kunst. Daneben werden Weine zum Probieren und Kaufen angeboten. Ab **Willunga** (5 km südlich von McLaren Vale) führt die Victor Harbour Road zum gleichnamigen Küstenort. Weiter entlang der Westküste auf der Main South Road erreichen Sie **Cape Jervis.**

Der Besuch von **Victor Harbor** lohnt sich besonders von Juni bis Oktober, da dann Südliche Glattwale von der Küste aus beobachtet werden können. Im **South Australian Whale Centre** (Railway Terrace, tägl. 11–16.30 Uhr) ist Wissenswertes über die großen Meerestiere zu erfahren. Auf der vor Victor Harbor gelegenen kleinen Insel **Granit Island** versammeln sich allabendlich Zwergpinguine.

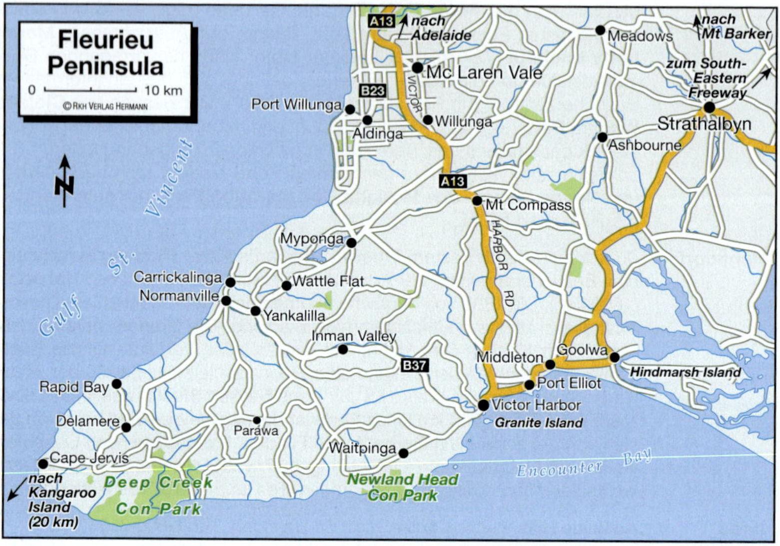

Östlich von Victor Harbor liegen wellenreiche Surfstrände in **Port Elliot, Middelton** und **Goolwa**. Entlang der Straße von Victor Harbor nach Cape Jervis zweigen immer wieder Stichstraßen zu Stränden und Küstenparks ab.

Für Eisenbahnfreunde

Auf der Halbinsel verkehren fünf alte Züge (z.T. Dampflooks), u.a. der Cockle Train, der von Goolwa entlang der Küste nach Victor Harbor dampft. Mehr Infos, Abfahrtszeiten und Preise sind unter www.steamranger.org.au oder bei Steamranger Heritage Railways, Tel. 1-300 655991, Fax: 08-83911933 erhältlich.

Cape Jervis ist kaum mehr als der Fährhafen nach Kangaroo Island. Außerdem endet hier der Fernwanderweg Heysen Trail (▶ s. Adelaide Hills). Für diejenigen, die vor oder nach der Fährpassage noch Zeit zum Baden haben, bietet sich der Strand 2 km nördlich des Anlegers an.

Infos

McLaren & Fleurieu Visitor Centre, Main Rd, McLaren Vale, Tel. 08-82329944, Mo–Fr 9–17 Uhr, Sa/So 10–17 Uhr, www.fleurieupeninsula.com.au.
Victor Harbour Visitor Information Centre, The Causeway, Victor Harbour, Tel. 08-85525738, tägl. 9–17 Uhr, www.tourismvictorharbour.com.au.

Unterkunft und Camping

*** **Comfort Inn Colonial**, 2 Victoria St, Victor Harbour, Tel. 08-85521822; zentral gelegenes Mittelklassehotel.

*** **Anchorage at Victor Harbour**, 21 Flinders Pde, Tel. 08-85525970; gepflegtes Gästehaus mit B&B- und Hostelzimmern.

*** **Cape Jervis Station**, Main Rd, Cape Jervis, Tel. 08-85980288; Hotel-, B&B- und Mehrbett-Hostelzimmer sowie Campingplatz, 3 km vor dem Fähranleger.

Beachfront Caravan Park, 114 Victoria St, Victor Harbour, Tel. 1-800-620100; großer schattiger Platz mit Aussicht auf die Küste. Vermietet ebenfalls Cabins und Villen.

Weitere, einfache Nationalpark-Campingplätze befinden sich im **Deep Creek** und **Newland Head Conservation Park.**

Kangaroo Island

Kangaroo Island ist die drittgrößte Insel Australiens (nach Tasmanien und Melville Island vor Darwin). Nur 50 Schiffsminuten durch die Backstairs Passage vom Festland (Cape Jervis) bzw. 30 Flugminuten von Adelaide entfernt, genießt sie dank der leichten Erreichbarkeit hohe Popularität.

Abgetrennt vom Festland blieb Kangaroo Island weitgehend von einer frühen Erschließung der ersten europäischen Siedler verschont. So konnten Flora und Fauna von menschlichen Einflüssen und eingeführten Tierarten (Füchse, Kaninchen, Ziegen) weitgehend unberührt gedeihen. Große Teile der Insel mit ihren endemischen Arten stehen unter Naturschutz. Der gesamte Westteil ist als **Flinders Chase National Park** geschützt, und zusätzliche kleinere Conservation Parks bilden weitere Schutzgebiete. Die 155 km lange und 55 km breite Insel zeichnet sich durch Steilküsten, geschützte Sandbuchten, bizarre Felsformationen und eine reiche Tierwelt aus.

Für einen Besuch sollten mindestens zwei bis drei Tage eingeplant werden. Wer nicht mit dem eigenen Fahrzeug anreist, sollte auf der Insel einen Wagen mieten oder sich einer organisierten Tour (ab/bis Adelaide) anschließen (▶ s. „Touren“). Wohnmobil- und Mietwagenfahrern ist es i.d.R. gestattet, das Fahrzeug per Autofähre mit auf die Insel zu befördern. Die meisten Straßen sind mittlerweile asphaltiert. Öffentliche Verkehrsmittel und Taxis gibt es nicht. Klimatisch ist Kangaroo Island stets ein paar Grad kühler als Adelaide. Ein warmer Pullover und ein winddichter Anorak sollten im Gepäck nicht fehlen. Unterkünfte, Campingplätze, Shops und Restaurants sind auf der Insel zahlreich vorhanden.

Rundfahrt auf der Insel

Die Autofähre von Cape Jervis geht im Hafen der Ortschaft **Penneshaw** vor Anker, die auf der Dudley Peninsula am Ostende der Insel liegt. Der kleine Ort verfügt über zahlreiche Unterkünfte, Restaurants sowie eine kleine Tourist Information. Gleich beim Fährterminal lockt bei warmem Wetter die **Hog Bay** mit ihren schönen Sandstränden und sicheren Gewässern zum Baden. Das Meer wird allerdings das ganze Jahr über nie wärmer als etwa 18 Grad. Das **Penneshaw Penguin Centre** (Lloyd Collins Reserve, im Winter 19.30–20.30 Uhr, im Sommer 20.30–21.30 Uhr) veranstaltet abendliche Touren zur Kolonie der Weißflügelpinguine (Little Penguins). Von der Ortschaft nach Osten führt eine Piste (30 km) zum **Cape Willoughby** mit Leuchtturm. Der 27 m hohe Turm wurde bereits 1852 erbaut und kann auf Touren (tägl. 10–14 Uhr) besichtigt werden.

Zwischen den Orten Penneshaw und Kingscote liegt die kleine Feriensiedlung **American River.** An der Wharf werden täglich Pelikane gefüttert.

Bleibt man auf der Hauptstraße, gelangt man direkt in die Inselhauptstadt **Kingscote.** Banken, Shops, Internet-Café, Krankenhaus, Nationalparkverwaltung und die einzige weiterführende Schule der Insel sind hier zu finden. Unterhalb des sehr empfehlenswerten „Ozone Seafront Hotel“ hat sich ebenfalls eine kleine Kolonie Weißflügelpinguine niedergelassen (abendliche Führungen werden angeboten). Täglich um 17 Uhr werden nördlich der Kingscote Wharf die großen und immer hungrigen Pelikane gefüttert.

Nordküste Die Nordküste ist kaum bewohnt, nur vereinzelt finden sich schön gelegene Ferienhäuser und B&B-Unterkünfte an der ruhigen und zum Baden gut geeigneten Küste. Der Abstecher nach **Emu Bay** oder **Stokes Bay** (einfacher Campingplatz) lohnt sich für Liebhaber einsamer Strände.

Südküste Attraktiv und reich an Sehenswürdigkeiten ist vor allem die Südküste der Insel. Von der Kreuzung **Cygnet River** bzw. vom Flughafen führt die Birchmore Road nach Süden. Nach etwa 30 km erstreckt sich östlich der Straße der **Cape Gantheaume Conservation Park.** Ein Paradies für Vogelfreunde ist dort der große Süßwassersee **Murray Lagoon.** Eine Rangerstation, Wanderwege und ein einfacher Campingplatz sind ausgeschildert.

Kurz danach zweigt die Seal Bay Road in die gleichnamige Bucht ab. Im **Seal Bay Conservation Park** hat sich eine Kolonie von rund 500 seltenen australischen Seelöwen niedergelassen. Die großen Raubtiere haben sich inzwischen an die Menschen gewöhnt, und so ist es möglich, sich in Obhut eines Rangers den Tieren zu nähern und sie in Ruhe zu beobachten und zu fotografieren.

Im informativen Parkzentrum am Eingang und auf zahlreichen Schautafeln wird die Lebensweise der Meeressäuger erläutert (Touren von 9–17 Uhr, während der Sommerferien Dez–Jan bis 19 Uhr, ein Besuch zwischen 11 und 13 Uhr ist wegen des großen Ansturms und Ankunft vieler Busgruppen möglichst zu meiden).

Von Seal Bay weiter entlang der Südküste in westlicher Richtung erreicht man die **Kleine Sahara (Little Sahara).** Von den Kämmen der herrlich weißen Sanddünen eröffnet sich ein Blick auf die weitläufige Sand- und Buschlandschaft des Südens. Hier lässt es sich hervorragend Sandboarden.

Einige Kilometer weiter in der Sandbucht **Vivonne Bay** befindet sich ein schöner Strand-Campingplatz (Tel. 08-85594291). Der **Kelly Hill Conservation Park** umfasst das unterirdische Labyrinth der Kalksteinhöhlen und Senklöcher (Sinkholes) der **Kelly Hill Caves.** Die Nationalparkbehörde bietet geführte Touren an (tägl. 10–15.30 Uhr).

Flinders Chase National Park

Der South Coast Road folgend, fährt man direkt in den **Flinders Chase National Park.** Gleich am Parkeingang liegt das informative *Flinders Chase Visitor Centre* (tägl. 9–17 Uhr, Tel. 08-85597235). Hier müssen die Campingplätze und Leuchtturm-Unterkünfte im Park gebucht werden. Auf der Grasfläche rund um das Besucherzentrum halten sich meist Känguruhs und Wallabies auf, in den Bäumen träumen Koalas. Morgens und abends empfiehlt sich die 3 km lange Wanderung zum **Platypus Waterhole,** wo Sie mit etwas Glück die scheuen Schnabeltiere beobachten können. Allerdings sind Ruhe und Geduld erforderlich! Unterwegs sollten Sie in den hohen Eukalyptusbäumen nach Koalas Ausschau halten.

Vom Visitor Centre führt die Straße in südlicher Richtung zum **Cape du Couedic** mit dem 1909 erbauten Leuchtturm (Übernachtungsmöglichkeit, unbedingt vorbuchen!). Spektakulär ist der Anblick des von Wasser, Wind und Wetter gemeißelten Felsbogens **Admiral's Arch,** nur wenige Schritte vom Leuchtturm entfernt. Unterhalb des Felsbogens tummeln sich neuseeländische Pelzrobben (New Zealand Fur Seals) und genießen den geschützten Platz zum Fischen, Faulenzen und Spielen. Ein Fußweg führt zu Aussichtspunkten.

1 km vor dem Leuchtturm biegt eine Straße zum bekanntesten Wahrzeichen der Insel ab, den **Remarkable Rocks.** Die riesigen, rostroten Granitfelsen erheben sich als bizarr verwitterte Skulpturen auf einer angehobenen Landzunge – ein perfektes Motiv für Fotografen!

Über den West End Highway gelangt man auf den Playford Highway, der im Westen zum **Cape Borda Lighthouse** sowie zu einem einfachen Campingplatz führt. Im Zentrum der Insel passiert man in **Parndana** den Wildlife Park mit vielen Koalas. Halten Sie auch unterwegs stets Ausschau nach Koalas! Kangaroo Island besitzt die höchste Koala-Population Australiens – es sind so viele, dass die Nahrungsmittel (Eukalyptus-Blätter) in manchen Gegenden rar werden. Die Bäume sind regelrecht kahl gefressen. Aus diesem Grunde sind bereits Sterilisationskampagnen im Gange, um die Vermehrung der possierlichen Beuteltiere zu verringern.

Infos

Gateway Visitor Information Centre, Howard Drive, Penneshaw, Tel. 08-85531185, Mo–Fr 9–17 Uhr, Sa/So 10–16 Uhr, www.tourkangarooisland.com.au; Informationen zu Unterkünften, Touren und Sehenswürdigkeiten. Verkauf der Island-Pässe.
Department for Environment and Heritage (Nationalparkbüro) 37 Dauncy St, Kingscote, Tel. 08-85532381, Mo–Fr 9–16 Uhr, www.parks.sa.gov.au; detaillierte Infos zu den Naturschutzgebieten sowie Verkauf des Island-Passes.

Island Pass Die Karte beinhaltet den Eintritt in alle Parks der Insel sowie geführte Rangertouren in Seal Bay, Kelly Hill Caves, Cape Borda Lighthouse, Cape Willoughby Lightstation. Campinggebühren sind nicht enthalten. Erw. A$ 43, Fam. A$ 114.

Anreise **Per Schiff bzw. mit der Fähre:** *Kangaroo Island SeaLink* (Tel. 131301, www.sealink.com.au) fährt je nach Saisonzeit zwei- bis vier Mal am Tag, mit zwei großen Autofähren von Cape Jervis nach Penneshaw und zurück. Eine Reservierung ist unbedingt ratsam und kann, zumindest außerhalb der Ferienzeit, kurzfristig vorgenommen werden. Bustransfers von Adelaide bis Cape Jervis werden angeboten. Die Fähre (mit Auto) ist nicht billig, weshalb überlegt werden sollte, ob man sich nicht lieber gleich einer geführten Tour anschließt.
Per Flugzeug: Vom Flughafen Adelaide fliegt Regional Express (www.regionalexpress.com.au), Tel. 131713, mehrmals täglich nach Kingscote (KGI). Flughafentransfers von und nach Kingscote (Tel. 08-85532390) und von Kingscote, Emu Bay und American River (Tel. 1-800-750850). Es gibt**keine Taxis** auf der Insel!

Autovermietungen Wer nicht mit dem eigenen Mietwagen oder Camper die Insel besucht, kann einen Mietwagen vor Ort buchen. Die Vermieter bringen die Fahrzeuge zum Flughafen oder zur Fähre.

- Budget, Tel. 08-85533133.
- Hertz, Tel. 1-800-088296 oder 08-85532390.
- Wheels Over KI, Tel. 1-800-750850 oder 08-85533030.

Touren

- *KI Sealink,* Tel. 131301 oder 08-85531122.
  Tagestouren ab/bis Adelaide in großen Gruppen.
- *Adventure Charters of KI,* Tel. 08-85539119; empfehlenswerte Kleingruppentouren (max. 12 Pers.) in komfortablen Geländewagen
- *Wayward Bus,* Tel. 08-84108833. Zweitagesausflüge ab/bis Adelaide für jüngeres Publikum.
- *Ecotrek,* Tel. 08-83837198; veranstaltet mehrtägige Rad- und Wandertouren über die Insel, ab/bis Adelaide.

Unterkunft und Camping In den Siedlungen Kingscote, Penneshaw und American River gibt es zahlreiche Hotels, Motels und Campingplätze. Bed&Breakfast-Häuser sind über die gesamte Insel verstreut (ausgenommen in den Naturschutzgebieten).

**** **Kangaroo Island Wilderness Resort**, 1 South Coast Rd, Flinders Chase (am Rand des Flinders Chase NP), Tel. 08-85597275; luxuriöse Unterkunft inmitten der Natur – die nächstgelegene Unterkunft zum Flinders Chase Nationalpark im Westteil der Insel.
*** **Ozone Seafront Hotel**, The Foreshore, Kingscote, Tel. 08-85532011; Mittelklassehotel an der Promenade der Hauptstadt, Pinguinbeobachtung am Abend.

***B&B Stranraer Homestead,** Wheatons Rd, Mac Gillivray via Kingscote, Tel. 08-85538235, www.stranraer.com.au; schmucke Landresidenz mit Gourmet-Essen. Der Besitzer führt seine Gäste gerne über die Insel.

Übernachtungen in den **Leuchttürmen** bzw. **Cottages** am Cape du Couedic, Cape Borda, am Rocky River (Flinders Chase NP) sowie am Cape Willoughby (Ostküste) sind möglich (mind. 2 Nächte). Buchung und Information beim *National Parks & Wildlife Service* im Flinders Chase National Park, Tel. 08-85597235, www.environment.sa.gov.au/parks.
* **Kangaroo Island YHA,** 33 Middle Terrace, Penneshaw, Tel. 1-800-018484 oder 08-85531233; saubere Jugendherberge in der Nähe des Fähranlegers.
Kingscote Nepean Bay Tourist Park, First/Third Sts, Tel. 08-85532394
Western KI Caravan Park & Wildlife Reserve, South Coast Rd, Karratta, Tel. 08-85597201; Campingplatz am Eingang zum Flinders Chase NP, mit Cabins.

NP-Campingplätze (Flinders Chase NP) befinden sich in Rocky River (beim Visitor Centre), Snake Lagoon, West Bay und Harveys Return. Zwei weitere Campingmöglichkeiten existieren im Cape Ganteheaume Conservation Park.

Yorke Peninsula

Die Halbinsel auf der Westseite des Gulf St Vincent ist landschaftlich durch flache Ebenen und steil abfallende Küste gekennzeichnet. Die Ortschaften **Kadina, Moonta** und **Wallaroo** im nördlichen Teil der Halbinsel sind durch den Kupferabbau geprägt. Die ersten Siedler kamen im 19. Jahrhundert aus dem englischen Cornwall. In Kadina befindet sich das **Yorke Peninsula Visitor Centre** (50 Moonta Rd, Tel. 1-800-654991, www.yorkepeninsula.com.au, tägl. 10–16 Uhr).

Wer Einsamkeit sucht oder gerne angelt, sollte an die südliche Spitze der Yorke Peninsula reisen. Im **Innes National Park** wechselt sich dichte Vegetation mit Sanddünen und rauer Steilküste ab. Über 90 Vogelarten sind im Nationalpark beheimatet, unter anderem Weißbauch-Seeadler (White-Bellied Sea-Eagle) und Grauschopf-Wippflöter (Western Whipbird), die ähnliche Laute wie piepende Fußgängerampeln von sich geben. Camping ist im Park möglich.

Eyre Peninsula

Überblick

Die in ihrer geographischen Form annähernd dreieckige Halbinsel Eyre ist fast so groß wie Tasmanien. Sie liegt zwischen Adelaide und der *Great Australian Bight* und wird nach Norden hin vom Höhenzug der *Gawler Ranges* eingegrenzt. Abgesehen von einigen Granitformationen im Norden und einigen kleinen Hügeln an der Ostküste ist die Eyre Peninsula ziemlich flach und wird von ausgedehnten Getreidefeldern dominiert. Über 40% der Getreideernte Südaustraliens wird auf der Halbinsel angebaut. Weitere Wirtschaftszweige sind der Bergbau (Eisenerz, Gips), die Fischerei und der Tourismus.

Mit Temperaturen von etwa 28 °C ist der Sommer (Dez–Feb) angenehm warm. Im Winter indes blasen kalte südliche Winde und das Thermometer steigt selten über 16 °C.

Infos

Tourism Eyre Peninsula, www.tep.com.au. Die Website liefert hervorragende Unterstützung für die Reisevorbereitung.

Verkehrsverbindungen

Tägliche Flugverbindungen bestehen zwischen Adelaide und Whyalla, Port Lincoln und Ceduna mit Rex Air (www.rex.com.au). An den Flughäfen befinden sich jeweils Autovermietungen. Die Busse von Premier Stateliner Coaches (www.premierstateliner.com.au) fahren täglich von Port Lincoln über Whyalla nach Adelaide (und zurück).

Whyalla

Anfahrt

26 km südwestlich von Port Augusta zweigt der *Lincoln Highway* zur Halbinsel Eyre ab. Whyalla ist die nordöstlichste Stadt der Halbinsel und wird durch das riesige Stahlwerk am Ortseingang dominiert. Mit 22.000 Einwohnern ist sie außerdem die zweitgrößte Stadt Südaustraliens. Die perfekte Infrastruktur der Industriestadt erlaubt es Reisenden, umfangreich Vorräte einzukaufen oder dort zu übernachten. Im **Whyalla Maritime Museum** (Lincoln Hwy, tägl. 10–16 Uhr) ist die Tradition des Schiffsbaus dokumentiert. Bei tieferem Interesse lohnt sich eine Führung durch das **Stahlwerk** (Mo/Mi/Fr jeweils 13 Uhr, Buchung im Visitor Centre). Post,

Banken, Geschäfte und Hotels konzentrieren sich im Ortszentrum an der Kreuzung zwischen Forsyth- und Patterson Street. Baden ist am neu angelegten North Beach, am östlichen Ende der Marina möglich – weiter südlich folgen allerdings wesentlich schönere Strände.

Infos

Whyalla Visitor Centre, Lincoln Hwy (nördlicher Ortseingang), Mo–Fr 9–17 Uhr, Sa 9–16 Uhr, So 10–16 Uhr, www.whyalla.sa.gov.au

Unterkunft und Camping

*** **Whyalla Foreshore Motor Inn,** Watson Tce, Tel. 08-86458877; Motel mit Meerblick und Restaurant.

** **Best Western Alexander Motor Inn,** 99 Playford Ave, Tel. 08-86459488; Mittelklasse-Hotel.

***Hotel Spencer,** Forsyth St, Tel. 08-86458411; Pub-Unterkunft mit Live-Musik am Wochenende.

Foreshore Caravan Park, Broadbent Tce, Tel. 08-86457474; Campingplatz mit Cabins in Strandnähe.

Zur nächsten südlicheren Stadt **Cowell** sind es 111 km. Cowell ist für schwarzen Jade (Nephrite jade) und für hervorragende Fischgründe in der Bucht *Franklin Harbour* bekannt. Souvenirs und Schmuck aus dem grünschwarz schimmernden Stein sind im Cowell Jade Motel am Lincoln Highway in Hülle und Fülle erhältlich. Das **Cowell Tourist Centre** befindet sich in der 22 Main Street (Mo–Fr 9–16 Uhr, Tel. 08-86292588, www.franklinharbour.sa.gov.au).

In den nachfolgenden Ortschaften **Arno Bay, Port Neil** und **Tumby Bay** findet man ruhige Strände und einige gemütliche Unterkünfte.

Port Lincoln

Die Hafenstadt **Port Lincoln** (13.500 Ew.) an den Ufern der Boston Bay hat sich vom reinen Fischerstädtchen zu einer lebhaften Urlaubsstadt entwickelt. Betrachtet man die ganze Eyre Halbinsel, so ist hier mit Sicherheit noch am meisten los. Der Naturhafen ist voller bunter Fischkutter und schnittiger Yachten. An den Promenaden der **Tasman Terrace** und **Liverpool Street** reihen sich Cafés, Restaurants und Pubs. In **Porter Bay,** einem ehemaligen Sumpfgebiet südlich der Stadt, wurde ein schmucker Yachthafen mit beinahe protziger Marina gebaut. Mit den vielen Booten wurde dem alten Stadtzentrum ein Stück Lebendigkeit entzogen. Wirtschaftlich wird das Wohlergehen der Stadt vom Getreideexport und Thunfischfang bestimmt. In der Boston Bay sind einige Zuchtfarmen für Thunfisch angelegt worden, in mehreren Fabriken wird der fangfrische Fisch sogleich verarbeitet.

Relikte aus der Pionierzeit sind im **Mill Cottage Museum** (Flinders Park, am Flinders Hwy, Mo/Mi/Sa 14–16.30 Uhr oder nach Vereinbarung, Tel. 08-86824650) zu sehen. Die Seefahrtsgeschichte ist im **Axel Stenross Maritime Museum** dokumentiert (97 Lincoln Hwy, Di/Do/Sa 13–17 Uhr).

Infos

Port Lincoln Visitor Information Centre, 3 Adelaide Place, Tel. 1-800-629911, www.visitportlincoln, tägl. 9–17 Uhr.

Nationalparkbehörde (NPWS), 75 Liverpool St, Tel. 08-86883111.

Unterkunft und Camping

/*The Marina Hotel,** 13 Jubilee Dve, Tel. 08-86826141; schöne Zimmer und Apartments direkt am Yachthafen, mit Restaurant und Bar.

****Grand Tasman Hotel,** 94 Tasman Tce, Tel. 08-86822133; ordentliches Hotel mit Meerblick, Bar und Restaurant im Erdgeschoss.
Kirton Point Caravan Park, Hindmarsh St, Tel. 08-86822537; gepflegter Wiesenplatz, direkt am Wasser, Cabins.
Übernachtungstipp: Die ehemalige Farm **Mount Dutton Bay Woolshed Station** (52 km nordwestlich von Port Lincoln) bietet gemütliche B&B-Zimmer, Backpacker-Betten sowie Campsites an einer schönen Bucht.

Umgebung von Port Lincoln

Lincoln National Park

Südlich der Stadt liegt der 291 qkm große Nationalpark mit seiner atemberaubenden Küstenlandschaft. Ruhige Buchten und geschützte Strände sind Heimat von Weißbauch-Seeadlern (White-bellied Sea-Eagle), australischen Seelöwen und Delphinen. Von Juli bis November ziehen Südliche Glattwale (Southern Right Whales) vorbei. Abgesehen von einigen abgeholzten Landstrichen, die noch von der früheren forstwirtschaftlichen Nutzung herrühren, dominiert dichtes Myrtengebüsch. Im Park gibt es nur wenige befestigte Straßen. Um zu den riesigen **Sleaford Dunes** und **Wanna Dunes** im Südwesten und zur ruhigen Bucht **Memory Cove** (südöstlich von Port Lincoln) zu gelangen, ist ein 4WD unerlässlich. Für die Zufahrt nach Memory Cove ist außerdem der Schlüssel für das Tor sowie eine Genehmigung vom Visitor Centre in Port Lincoln notwendig. Wer den Park zu Fuß erkunden will, sollte dem Weitwanderweg **Investigator Trail** folgen. Er beginnt 15 km nördlich von Port Lincoln in North Shields und verläuft weitgehend entlang der Küste durch den Nationalpark. Wesentlich kürzer ist der gleichfalls interessante **Stamford Hill Hike** (1 km H/R), der am gleichnamigen Parkplatz (im Nordosten des Parks) beginnt und auf dem Hügel endet. Von oben blickt man königlich auf die Boston Bay, die Stadt und den Nationalpark. Das Gipfeldenkmal erinnert an Matthew Flinders, der die Küste der Eyre Halbinsel 1802 erforschte.

Übernachten ist im Nationalpark in der Donnington Cottage (Buchung über das Visitor Centre in Port Lincoln, Lage am nordöstlichen Ende des Parks) und auf mehreren einfachen Campgrounds möglich. Eine Karte und Informationen zum Park hält das Nationalpark-Büro in Port Lincoln oder das Visitor Centre (s.o) bereit. Der Park kostet Eintritt, an der Einfahrt zu entrichten.

ADL ▸ MEL

Whaler's Way

Den **südlichsten Punkt der Eyre Peninsula** prägen beeindruckende Klippen, Höhlen, Blowholes und tolle Strände. In **Redbanks** befindet sich ein einfacher Campingplatz, von dem ein 400 Meter langer Pfad hinunter zum Wasser führt. Da sich das Land in Privatbesitz befindet, ist für die Zufahrt ein Schlüssel und für das Campen eine Genehmigung im Port Lincoln Visitor Centre (s.o.) einzuholen!

Von Port Lincoln entlang der Westküste bis Ceduna

5 km nordwestlich von Port Lincoln ist der Stopp am Flinders Highway beim **Winter Hill Lookout,** einem Aussichtshügel mit tollem Blick auf die umliegenden Buchten und Landspitzen, zu empfehlen.

Coffin Bay

Die kleine Ortschaft **Coffin Bay** ist einen kurzen Besuch wert. Der Spaziergang **Oyster Walk** (8 km) führt zu den ehemaligen Fischerschuppen, die heute fast alle zu Ferienhäuschen umgebaut sind. Wer gerne **Austern** isst, sollte dies in einem der Restaurants der Stadt tun, denn hier werden die

Schalentiere direkt in der Bucht gezüchtet. Der nahegelegene **Coffin Bay National Park** bietet reizende Strände, gute Campgrounds und einige Wanderwege. Der nördliche Teil ist nur per 4WD zugänglich. Ohne Allrad sind Point Avoid, Almonta Beach, Golden Island Lookout und Yangie Bay (Campingplatz) erreichbar. Der Park kostet Eintritt, am Eingang befindet sich eine Kasse zur Selbstregistrierung.

Die Fahrt von Coffin Bay auf dem Flinders Highway nach Ceduna ist sehr eintönig. Weites, sanfthügeliges Farmland und kleine Eukalyptuswäldchen prägen das Landschaftsbild. Um in die Feriensiedlungen an der Küste zu gelangen, muss die Hauptstraße verlassen werden. Viele Orte werden von einem bunten Gemisch aus konservativer Landbevölkerung und alternativen Surfies bewohnt.

Elliston

Elliston an der verträumten Waterloo Bay hat einen herrlichen Badestrand. Sehenswert ist das 500 qm große Wandgemälde an der Gemeindehalle zwischen Campingplatz und Café, auf dem die Lokalgeschichte dargestellt ist. Nördlich der Stadt beginnt der 12 km lange **Cliff Top Drive** zum Salmon Point und in die Anxious Bay. Unterwegs blickt das Auge von den Aussichtspunkten auf eine abwechslungsreiche Küstenszenerie und die vorgelagerte Insel Flinders Island. **Übernachten** ist auf den Stellplätzen oder in den Cabins des Elliston Waterloo Bay Tourist Park möglich (Top Tourist Park, Beach Tce, Tel. 08-86879076).

Ein paar Stunden lässt es sich zum Baden und Schnorcheln auch in der Bucht von **Walker's Rock** aushalten. Am Strand darf gecampt werden.

Weiterfahrt

Entlang der Küste erstreckt sich der dünenreiche **Lake Newland Conservation Park,** der nur per 4WD erkundet werden kann (Campen erlaubt). Am nördlichen Ende des Parks liegen die **Talia Caves** – farbenfrohe, vom Meer ausgewaschene Höhlen in den Klippen. Davor lockt ein weißer Sandstrand zum Relaxen.

Der nächste Highway-Abstecher führt in die verschlafenen Nester **Venus Bay** und **Port Kenny,** beide mit Campingplätzen und Bootsstegen ausgestattet. Die Anfahrt zu den imposanten Granitfelsen **Murphy's Haystacks,** die aussehen wie riesige Pilze, ist am Highway ausgeschildert. Das Alter der Steine wird auf über 1,5 Milliarden Jahre geschätzt. Südwestlich der „Steinpilze“ liegt die Landspitze **Point Labbat.** Hier lebt eine große Kolonie Australischer Seelöwen, die von einer hölzernen Plattform beobachtet werden können (Entfernung ca. 100 m, Fernglas nicht vergessen).

Schwimmen mit Delphinen

Die kleine Ortschaft **Baird Bay** ist dafür bekannt, dass von September bis Mai faszinierende Touren zum Schwimmen mit Seelöwen und Delphinen angeboten werden (Baird Bay Charters & Ocean Eco Tours, Tel. 08-86265017, www.bairdbay.com; Touren jeweils um 9.30 u. 14 Uhr). Das Wasser ist auch im Sommer recht kühl (max. 18 Grad), weshalb man für den Neoprenanzug dankbar ist. Für manch einen mag es störend sein, dass der Guide ein Sonar bei sich trägt, um eventuell herannahende Haie zu vertreiben – denn „wo es Delphine gibt, leben auch Haie“, lautet die Regel. Ein tolles Erlebnis, auf einer Tour (an zwei verschiedenen Orten) sowohl mit verspielten Seelöwen als auch mit neugierigen Delphinen „interaktiv“ zu sein.

In Baird Bay gibt es einen einfachen Campingplatz ohne Elektrizität (Tel. 08-86261001).

Streaky Bay **Streaky Bay** (1100 Ew.) ist der einzige Ort an der Westküste der Eyre Peninsula, der über ein richtiges Stadtzentrum mit Läden und Geschäften verfügt (gleichwohl geht es auch hier äußerst geruhsam zu). Die Stadt versorgt die umliegenden Getreidefarmen und Fischereibetriebe mit dem Notwendigsten. Einige kleine Museen zeigen Relikte aus der Pionierzeit. Allerdings sind die Sammlungen nur für wenige Stunden in der Woche geöffnet.

Infos: Streaky Bay Visitor Centre, Stewarts Roadhouse, 15 Alfred Tce, Tel. 08-86261126, tägl. 6.30–21 Uhr)

Unterkunft und Camping
** **Streaky Bay Hotel Motel,** 33 Alfred Tce, Tel. 08-86261008; inkl. Frühstück.
Foreshore Tourist Park, 82 Wells St, Tel. 08-86261666; Campingplatz mit Cabins, direkt am Meer gelegen.

70 km nördlich von Streaky Bay ist die Feriensiedlung **Smoky Bay** für Austernliebhaber einen Halt wert. Auf einer **Oyster Tour** (Mo–Fr 15 Uhr, Tel. 08-86257077, vorher anrufen!) erfährt man alles über ihre Aufzucht und Verarbeitung. Eine 4WD-Piste führt zur Landspitze **Point Brown,** reizvoll für alle, die die absolute Einsamkeit suchen.

Von Port Augusta n. Ceduna auf dem Eyre Highway

Die ersten 140 km von Port Augusta nach Ceduna führen durch halbwüstenartiges Farmland. 14 km westlich des Abzweigs nach Whyalla (Eyre Peninsula) liegt das **Nuttbush Retreat** auf der **Pandurra Station,** einer Schaf- und Rinderfarm, die Übernachtungsmöglichkeiten und Pferdeausritte anbietet – ein typisches Outbackerlebnis!

Infos: www.nuttbush.com.au, Tel. 0886438941.

Iron Knob *Iron Knob* steht für die Anfänge von BHP (Broken Hill Proprietary, heute OneSteel), einem der weltgrößten Eisenerzproduzenten. Nachdem 1894 die ersten Eisenerzvorkommen entdeckt wurden, wuchs die Stadt zwischen den beiden Minen Iron Knob und Iron Monarch rasch an. Das Eisenerz wird im Stahlwerk Whyalla verhüttet (▶ s.S. 381). Weitere Erzminen wurden in den Hügeln der Middleback Ranges entdeckt. Sie erhielten die einfallsreichen Namen Iron Baron, Iron Prince, Iron Queen und Iron Duke. Heute zeigt sich, dass Eisenerz in unserer rohstoffhungrigen Industriegesellschaft fast so bedeutsam ist wie Gold.

In einem Teil des **Iron Knob Community Tourist Centre** (Mo–Fr 9.30–11.30 und 13.30–15.30 Uhr, Tel. 08-86462129) ist das Mining Museum untergebracht. Alte Ausrüstungsgegenstände, Mineralien, Fotos und Filme dokumentieren den Bergbau. *Mine Lookout Tours* führt Mo–Fr (10 u. 14 Uhr) Selbstfahrertouren über das Gelände durch. Ein örtlicher Führer muss dazu in Ihrem Fahrzeug mitfahren. Von Iron Knob zweigt eine Piste in die Gawler Ranges ab (s. Abstecher Gawler Ranges).

Der Eyre Highway durchquert auf seinem weiteren Weg den **Lake Gilles Conservation Park** mit dem gleichnamigen Salzsee (Camping möglich, keine Einrichtungen). Die Zufahrt in den Park ist nur per 4WD möglich.

Kimba

Die 1300-Einwohner-Ortschaft **Kimba** wirbt damit, direkt auf der Ost-West Mittelachse des Kontinents zu liegen. Auf dem großen Schild **„Halfway Across Australia“** wird die Geschichte der Stadt erklärt. Der fruchtbare Boden rund um Kimba wird vornehmlich für den Getreideanbau genutzt. Unübersehbar am Highway-Rand prangt der **Big Galah,** eine acht Meter hohe Kakadu-Skulptur. Im Gem-Shop nebenan sind Souvenirs aus der Region im Angebot, z.B. bemalte Emu-Eier, Jade aus Cowell sowie Opale.

Übernachten ist auf dem **Kimba Caravan Park and Motel möglich (Eyre Hwy, Tel. 08-86272222).

Wer plant, in die Gawler Ranges zu fahren, kann auf der Farm Rockview Homestead in **Buckleboo** (Tel. 08-86274084), 30 Autominuten nördlich von Kimba, Quartier beziehen (B&B, mind. 2 Nächte).

Kyancutta

In Kyancutta trifft der *Tod Highway,* eine Inlandsroute mitten durch die Eyre Peninsula, auf den Eyre Highway. In der Aboriginal-Sprache heißt Kyancutta „Wasser in Felslöchern“, bezugnehmend auf kleine, wassergefüllte Kalksteinlöcher in der Umgebung. Der Ort ist für seine Wetterstation bekannt, die seit 1930 im Drei-Stunden-Takt Wetterdaten nach Adelaide funkt. Neben einer Tankstelle und einem General Store gibt es als Highlight einen 18-Loch-Golfplatz. Per Allrad lassen sich die Granithügel **Corrobinne Hills** anfahren.

Wudinna

Wudinna (600 Ew.) ist ein charakteristisches, landwirtschaftlich geprägtes Outback-Städtchen. Touristisch hat es sich als Ausgangspunkt für Touren in die Gawler Ranges einen Namen gemacht. Die Umgebung von Wudinna ist durch ihre ungewöhnlichen, isoliert stehenden Granitfelsen von Interesse. Der beeindruckendste Fels ist **Mount Wudinna,** 10 km nordöstlich der Stadt, es ist der größte Monolith Südaustraliens. Die kleine Steinmauer auf dem Berg, der sich leicht besteigen lässt, wurde zur Wassergewinnung von den ersten Siedlern der Region errichtet. Die touristische Rundfahrt **Wudinna Granit Trail** (25 km) verbindet Mount Wudinna mit anderen Granitbergen.

Am östlichen Ortseingang steht ein **Motel mit Campingplatz (Tel. 08-86802090). Im **Gawler Ranges Visitor Information Centre** (44 Eyre Hyw, Tel. 08-86802969, Mo–Fr 8.30–17 Uhr, www.lehunte.sa.gov.au) erhält man detaillierte Informationen und Kartenmaterial zu den Gawler Ranges.

Gawler Ranges Wilderness Safaris (Tel. 08-86802045, www.gawlerrangessafaris.com) sind die Experten für die Region. Geoff Scholz und sein Team kombinieren z.B. bei der Tour „Outback to the Sea“ die Gawler Ranges (Übernachtung im komfortablen Safari-Camp) mit einer Seelöwen-Delphintour in Bairds Bay. Weiterhin wird eine Tour ins Opalnest *Innamincka* angeboten. Die Abholung für die Touren erfolgt üblicherweise in Ceduna oder Port Augusta am Flughafen.

Weiterfahrt

32 km weiter folgt **Minnipa,** berühmt für eine vielfältige Flora, darunter 140 Wildblumenarten, die im Frühjahr erblühen. Die Granitformation **Pildappa** gleicht dem Wave Rock in Westaustralien. Der Fels liegt 15 km nördlich des Highways. Um die Gesteinsformation führt ein Wanderweg herum und wer hochsteigt, blickt von oben auf die Gawler Ranges und das umliegende Farmland. 93 km vor Ceduna passiert man die Tankstellen-Siedlung **Wirrulla,** von der aus man ebenfalls die Gawler Ranges anfahren kann.

Gawler Ranges National Park

Steile Granitberge und felsige, karg bewachsene Höhenzüge, die durch vulkanische Aktivitäten vor Jahrmillionen entstanden sind, prägen die Landschaft der Gawler Ranges. Die Bergkette beginnt etwa 30 km nordwestlich von Iron Knob und erstreckt sich über 200 km nach Westen. Ungewöhnliche Felsformationen, wildromantische Schluchtenlandschaften, historische Farmruinen und eine vielfältige Tierwelt mit Emus, und Känguruhs machen den Aufenthalt in dieser selten besuchten Outback-Region zu einem besonderen Erlebnis. Spektakulär ist der gleißend weiße Salzsee *Lake Gairdner,* der zu den größten Salzseen Australiens gehört. Die beste Reisezeit für eine Tour durch die Gawler Ranges ist von April bis November – im Sommer ist es einfach zu heiß.

Durch den 1200 qkm großen **Gawler Ranges National Park,** 2002 zum Schutzgebiet erklärt, führen mehrere Pisten. Fünf einfache Nationalpark-Campingplätze sind angelegt. Beeindruckend sind neben der Landschaft die vielen Tiere im Park. Wombats, Känguruhs, Echidnas und Emus trifft man beim Wandern, Campen und Autofahren. Der Nationalpark ist von Farmland umgeben, weshalb man nach Möglichkeit immer nach einer Durchfahrts- oder Campingerlaubnis fragen sollte. Achtung: Im Nationalpark selbst gibt es kein Wasser!

Ausgangspunkt für die Erkundung des Lake Gairdner ist **Mount Ive Station** bzw. das **Mount Ive Tourist Centre** (Unterkunft, Tankstelle und Shop, Tel. 08-86481817). Wer von der Ostseite das „Ufer" des **Lake Gairdner** anfahren will, um auf der Salzkruste einen Spaziergang zu machen (Befahren verboten!), benötigt eine Genehmigung vom Mount Ive Tourist Centre sowie den dort erhältlichen Schlüssel für das Gate. Von der Westseite kann der See über eine markierte, öffentliche Piste angefahren werden. Die Zufahrt erfolgt über die Yardea Station/Kingoonya Road, vorbei am restaurierten Waltumer Tank.

Wer die einsame Gegend nicht auf eigene Faust erkunden will, schließt sich am besten den empfehlenswerten Touren von Gawler Ranges Wilderness Safaris an (s. Wudinna). Der Veranstalter hat für seine Allradtouren mit dem *Kangaluna Camp* (mit richtigen Betten, Duschen und Toiletten) eine sehr komfortable Zeltunterkunft mitten in den Ranges errichtet.

Infos

Mangels einer perfekten Wegebeschilderung sollte man sich als Selbstfahrer unbedingt gutes Kartenmaterial besorgen. Ein ausgezeichnetes Faltblatt mit Karte über den Park ist im Nationlpark-Büro in Port Augusta (▶ s.S. 345) oder im Internet unter www.tep.com.au erhältlich. Der Park kostet Eintritt. In Kimba, Wudinna und Minnipa sind Tages- und Campingpässe erhältlich.

Abkürzung zum Stuart Highway: Durch die Gawler Ranges und vorbei am Lake Gairdner verläuft eine Piste nach Norden bis zur Eisenbahnstation Kingoonya, die 42 km westlich des Stuart Highways (bei Glendambo) liegt.

Von Adelaide nach Melbourne entlang der Küste
(mit Grampians National Park u. Great Ocean Road)

Überblick Die Route führt zunächst entlang der Küste Südaustraliens – mit dem Vogelparadies **Coorong National Park** – und dann in die sehenswerte Tafelberglandschaft des **Grampians National Park** im Hinterland. Felsige Berghänge, eine artenreiche Pflanzenwelt und ausgezeichnete Wanderpfade machen den Aufenthalt in den Grampians auf dieser Strecke zu einem Muss!

Bei Warrnambool beginnt die eindrucksvolle **Great Ocean Road,** die an von Wind und Wasser geschaffenen Steinskulpturen und steil abfallenden Klippen direkt am Ozean entlang führt. Beschauliche Feriendörfer, tierreiche Nationalparks (an der Küste und im Hinterland) und natürlich weitläufige, meist einsame Sandstrände sind die Highlights der berühmtesten Küstenstraße Australiens.

Über **Geelong** geht es auf dem Highway direkt nach Melbourne. Unterwegs ist noch ein Abstecher in die **Goldgräberstadt Ballarat** möglich.

Routenvorschlag Adelaide – Melbourne

8 Tage

Küste und Hinterland, Gesamtstrecke ca. 1300 km

1. Tag: Adelaide – Meningie/Coorong National Park (152 km/212 km)
2. Tag: Meningie/Coorong National Park – Halls Gap (465 km/405 km)
3. Tag: Grampians National Park
4. Tag: Halls Gap – Port Campbell (234 km)
5. Tag: Port Campbell – Cape Ottway (92 km)
6. Tag: Cape Ottway – Torquay (124 km)
7. Tag: Torquay – Ballarat (120 km)
8. Tag: Ballarat – Melbourne (112 km)

4 Tage

Küstenroute, Gesamtstrecke ca. 1040 km

1. Tag: Adelaide – Mount Gambier/Nelson (465 km/509 km)
2. Tag: Mount Gambier/Nelson – Port Campbell (274/230 km)
3. Tag: Port Campbell – Aireys Inlet (162 km)
4. Tag: Aireys Inlet – Melbourne (133 km)

Murray Bridge

Wenn Sie Adelaide auf dem South-Eastern Freeway verlassen (M1, über Hahndorf), erreichen Sie nach 73 km Murray Bridge. Der 17.000 Einwohner zählende Ort am Murray River ist Ausgangspunkt für Flussdampferfahrten und ein beliebtes Ausflugsziel für Segler, Angler und Hausbootfahrer.

Infos Im **Visitor Centre** (3 South Tce) gibt es u.a. Informationen zum Fluss, zu Flussfahrten und zum Mieten von Hausbooten.

Unterkunft u. Camping ******Murray Bridge Oval Motel** und **Murray Bridge CP** (4 LeMessurier St, Tel. 08-85322388), nur 1 km von Zentrum entfernt.

Warten auf die Welle

Der Murray River

Zusammen mit seinem größten Nebenfluss, dem Darling River, bildet der Murray das viertgrößte Flusssystem der Erde. Er entspringt in Australiens Osten, nicht weit entfernt vom Mt Kosciuszko, dem höchsten Berg des Kontinents. 3782 km lang ist sein Weg durch New South Wales und Südaustralien, dabei sammelt er bis zur Encounter Bay im Südozean das Wasser von einem Dutzend Nebenflüssen ein. Trotz allem führt er, verglichen mit den anderen großen Flusssystemen der Erde, die geringste Wassermenge.

Gespeist wird der Murray in erster Linie durch winterliche Niederschläge, die Schneeschmelze der australischen Alpen, sowie durch sommerliche Monsunregenfällen im südwestlichen Queensland. Etwa 30.000 Jahre vor Ankunft der weißen Siedler lebten im Tal des Murray-Darling River eine große Anzahl Aboriginals. Für sie stellte der Fluss einen der Haupthandelskanäle dar. Der rege Austausch von Waren, Lebensweisen und Ideen zwischen den verschiedenen Volksgruppen trug zur Entwicklung der Ureinwohnerkultur bei.

Auf über 3200 km ist der Murray schiffbar. In den Pionierzeiten Australiens blühten dort der Handel und die Dampfschifffahrt. Jeder sechste Australier lebt vom Wasser des Murray-Darling. Allein in Südaustralien sind 80% der Bevölkerung vom Wasser des Flusses abhängig. Die einzigartigen Uferlandschaften von Murray und Darling River beheimaten 350 Vogel- und 28 Fischarten.

Murray-Touren: Wer den Murray erleben möchte, sollte eine Fahrt auf einem der alten **Dampfschiffe** unternehmen, oder sich ein Boot (Kanu, Tretboot) in einer der Uferortschaften mieten (Infos in den Touristen-Informationen). Noch intensiver ist das Flusserlebnis auf einer mehrtägigen Kreuzfahrt oder einer Hausbootfahrt.

River of Australia Expeditions (18–20 Grenfell St, Adelaide, Tel. 08-82319472, www.proudmary.com.au), empfehlenswerte mehrtägige, sehr naturorientierte Flussfahrten mit der „MV Expedition".

Hausbootvermieter gibt es in den größeren Orten entlang des Flusses.
Infos unter www.murrayriver.com.au/houseboats.

In den Ortschaften Waikerie, Renmark, Barmera, Loxton und Berri an der Grenze zu Victoria werden ebenfalls Flussfahrten angeboten und Wassersportgeräte sowie Boote in großem Stil vermietet (▶ s.S. 400, Route „Adelaide – Melbourne via Broken Hill")

Adelaide – Mt Gambier
0 30 km
© RKH Verlag Hermann
South Australia
Victoria
Adelaide
Elizabeth
Mt Baker
McLaren Vale
Strathalbyn
Murray Bridge
Tailem Bend
Pinnaroo
Fleurieu Peninsula
Lake Alexandrina
Lake Albert
Meningie
Encounter Bay
Younghusband Peninsula
Coorong NP
Ngarkat Con Park
Salt Creek
42 Mile Crossing
Keith
Bordertown
nach Melbourne
Little Desert NP
Southern Ocean
Lacepede Bay
Kingston SE
Naracoorte
nach Horsham u. Grampians NP
Natacoorte Caves
Edenhope
Robe
Little Dip Con Park
Lake Eliza
Lake St Clair
Lake George
Coonawarra
Penola
Beachport
Southend
Millicent
Canunda NP
Mt Gambier
Nelson
nach Portland
S. E. FWY
M1
A1
B12
MALLEE HWY
A8
B1
DUKES HWY
PRINCES HWY
A60
RIDDOCH HWY
C240
B101
PRINCES HWY
ADL ▸ MEL

Von Murray Bridge auf dem Princes Highway nach Süden

Hauptattraktion von **Tailem Bend** ist das Freilichtmuseum *Old Tailem Town* (Princes Hwy, tägl. 10–17 Uhr). Hinter der Ortschaft teilt sich die Straße in den *Dukes Highway* (A8), der über Keith und Bordertown die kürzeste Verbindung nach Melbourne darstellt, und den *Princes Highway* (B1), der überwiegend der sehenswerten **Limestone Coast** folgt. Zunächst führt der Princes Highway an den Ufern von **Lake Alexandrina** und **Lake Albert** vorbei nach **Meningie.** Diese bei Windsurfern beliebte kleine Ortschaft dient auch als Ausgangspunkt für Ausflüge in den **Coorong National Park.**

Coorong National Park

Der schmale, zum Highway parallel verlaufende Küstennationalpark auf der Younghusband Peninsula ist durch die lange Salzwasserlagune **Coorong** vom Festland getrennt. Die geschützten Dünenlandschaften und Salzwasserbecken sind ideale Lebensräume für Wasservögel aller Art (u.a. Pelikane, schwarze Schwäne, Zugvögel aus Europa und Asien). Auch Emus, Känguruhs und zahlreiche andere Landtiere fühlen sich in diesem Refugium wohl. Eine Zufahrt besteht nur bei **42 Mile Crossing** (per Allrad oder auf einem 1,3 km langen Fußweg) und bei **Salt Creek** (nur per Allrad).

Im Nationalpark sind einige Busch-Campingplätze ausgewiesen für die Genehmigung vom Ranger in Meningie oder Salt Creek ist erforderlich). Caravan Parks mit Cabins und Motels befinden sich entlang der Straße zwischen Meningie und Salt Creek. Das **Nationalparkbüro** ist in der 34 Main St in Meningie (Tel. 08-85751200).

Kingston SE

Nahe der südlichen Parkgrenze liegt das kleine Städtchen **Kingston SE** (= **S**outh-**E**ast). Wie bereits der riesige Stahl-Lobster am Ortseingang verdeutlicht, gilt der Ort als Zentrum des Hummerfangs. Kostproben der schmackhaften Krustentiere gibt es direkt an der Jetty bei „Lacepede Seafood“.

Infos
Touristische Informationen sind im Kingston District Council erhältlich (29 Holland St, Tel. 08-87672033).

Unterkunft und Camping
*** **Lacepede Bay Motel**, Ecke Hanson St/Marine Pde, Tel. 08-87672444; Motel mit Blick über die Bucht.
* **Royal Mail Hotel**, Hanson St, Tel. 08-87672002; Pub mit kleinen Zimmern.
Cape Jaffa Caravan Park, 18 King Drive, Tel. 08-87685056; Campingplatz am Meer, mit Cabins.

Weiterfahrt
Ab Kingston SE entfernt sich der Princes Highway von der Küste. 19 km hinter Kingston SE zweigt eine Straße ab, die über **Naracoorte** zu den Grampians führt.

Wer die Grampians auslässt, findet die Streckenbeschreibung „Von Kingston SE entlang der Küste nach Warrnambool“ ▸ s.S. 396.

Naracoorte

Mit 5000 Einwohnern ist das in den 1840er Jahren gegründete Naracoorte heute eine der größten Ortschaften im Südosten von South Australia.

Infos

Im Touristenbüro der Stadt (MacDonnell St, Tel. 08-87621518, tägl. 9–16 Uhr) erhalten Besucher Auskünfte über die gesamte Limestone Coast sowie zu den Höhlen (▶ s.u.).

Unterkunft und Camping

*** **Comfort Inn William MacIntosh**, Bordertown Rd, Tel. 08-87621644; Mittelklassehotel 3 km nördlich der Stadt.
* **Naracoorte Backpackers**, 4 Jones St, Tel. 08-87623835; freundliches Hostel mit wertvollen Infos zum Jobben.
Naracoorte Holiday Park, 81 Park Tce, Tel. 08-87622128; guter „Big4"-Campingplatz, 1 km nördlich des Zentrums.

Tropfsteinhöhlen

12 km südöstlich der Stadt erstreckt sich der **Naracoorte Caves National Park.** Das Höhlensystem mit seinen empfindlichen Tropfsteingebilden und das über 350.000 Jahre alte Fossilienlager sind eindrucksvolle Zeugnisse der Erdgeschichte. Im *Wonambi Fossil Centre* (Hynam-Caves Rd, tägl. 9–17 Uhr) werden die Attraktionen umfassend erläutert. Einige der Höhlen können im Rahmen von Touren besichtigt werden (Information im Tourist Office). Camping im Park ist möglich.

Über die Grenze nach Victoria

Nach 54 km ist Edenhope als erste Stadt im Bundesstaat Victoria erreicht. 39 km weiter zweigt eine Straße nach Norden in den **Little Desert National Park** ab. Der Park wird allerdings seinem Namen nicht in jeder Hinsicht gerecht, denn er ist mit 1320 qkm weder klein, noch handelt es sich um eine typische Wüste. Vielmehr ist der NP eine bewachsene, kaum erschlossene Gegend, in der im Frühling Wildblumen in allen Farben und Formen blühen. Informationen sind in den Ortschaften **Dimboola** und **Nhill** erhältlich. Camping im NP ist möglich, ein Allradfahrzeug ist empfehlenswert.

Horsham

Die Fahrt nach Horsham bietet wenig Abwechslung – flaches Weide- und Farmland prägt die Region. Wer zur Mittagszeit in Horsham ankommt, sollte auf dem hübsch gelegenen Picknick- und Grillplatz am Wimmera River Siesta halten.

Infos

Im **Tourist Office** (20 O'Callaghan Pde, tägl. 9–17 Uhr) sind Auskünfte und Broschüren über den Grampians National Park erhältlich und Touren in den Park buchbar. Ein Internet-Café ist ebenfalls im Haus.

Unterkunft und Camping

**** **Comfort Inn Town House**, 31 Roberts Ave, Tel. 03-53824691; Mittelklassehotel im Zentrum.
*** **Banksia Hill B&B,** 5349 Hutchinsons Rd, Tel. 03-53840264; freundliche Privatpension mit Pool 15, Autominuten westlich von Horsham.
Wimmera Lakes Resort, Western Hwy, Tel. 03-5382 4481; gepflegter Big 4 Campingplatz mit Cabins und Motelzimmern, 4 km südöstlich der Stadt.

Grampians National Park

Anfahrt von Norden

Der kürzeste Weg von Horsham in den **Grampians National Park** führt über den *Western Highway* (Richtung Stawell) und anschließend, über die kleine Straße C222, nach Süden bis Halls Gap.

Schon aus der Ferne beeindruckt die zerklüftete Felsenlandschaft aus rotem Sandstein, die sich unvermittelt aus der Ebene erhebt. Die Grampians sind vor rund 400 Mio. Jahren bei Erdverschiebungen entstanden. Die bis zu 1168 m hohen Berge (Mt William) bilden markante Landschaftspunkte. Schroffe Klippen und Abhänge mit wilden Tälern, tosende Wasserfälle, ruhige Seen und dichte Vegetation wechseln sich im Park ab. Die Grampians bilden das westliche Ende der Great Dividing Range.

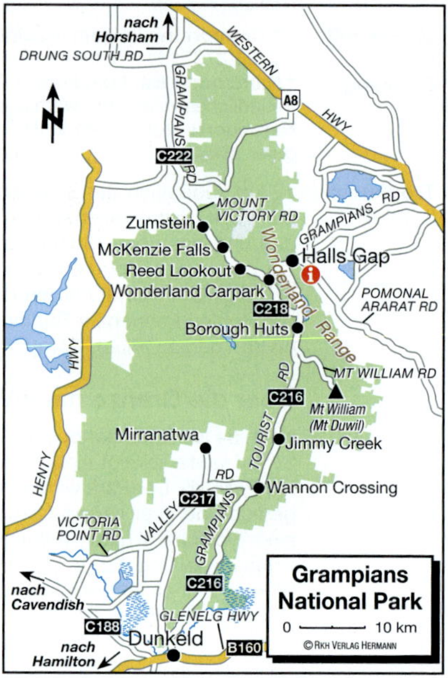

Geschichtliches

Entdeckt wurde das Gebirge 1835 auf einer Expedition in das Landesinnere von Major Thomas Mitchell. Er benannte es nach den Grampians im schottischen Hochland. Bereits 5000 Jahre zuvor siedelten die *Koorie Aboriginals* in den „Gariwerd", wie sie die Grampians nannten. Für sie waren die Berge und Täler mystische Orte, wie die zahlreichen, gut erhaltenen Felsmalereien in den Höhlen beweisen. An über 100 Stellen im Park wurden Zeichnungen, Feuerstellen und Werkzeuge entdeckt. Die Geschichte und die Kultur der Ureinwohner sind im **Brambuk Aboriginal Cultural Centre** in Halls Gap dokumentiert.

Flora und Fauna

Aber nicht nur Landschaft und Kultur beeindrucken im 1984 gegründeten Nationalpark, sondern auch die verschiedenen Pflanzen- und Tierarten. Im Frühjahr (Sep/Okt) blühen unendlich viele Wildblumen, und über 200 Vogelarten nisten in den Bäumen und Felsvorsprüngen. Wallabies, Kängurus, Koalas und Kletterbeutler (Possums) sind garantierte Anblicke, etwas mehr Glück muss man bei den scheuen Schnabeltieren (Platypus) und den Ameisenigeln (Echidnas) haben.

Aktivitäten

Zahlreiche Wanderwege und Scenic Drives mit faszinierenden Aussichten ziehen sich durch den Park, und die schroffen Felsen und Überhänge bieten motivierten Bergsteigern und Kletterern reichlich Gelegenheit, ihr Können zu erproben. Auch für Mountainbiker ist der Park mit seinen vielen

Naturwegen wie geschaffen – Mieträder sind in Halls Gap erhältlich. Bei Unternehmungen im Park ist zu bedenken, dass das Wetter in den relativ großen Höhen schnell umschlagen kann und dann Nebel die Sicht raubt. Zum Übernachten bieten sich die wunderschön gelegenen Nationalpark-Campingplätze inmitten der Natur an. Tierbeobachtungen in den frühen Morgen- und Abendstunden sind dann garantiert.

Sehenswertes

Von Horsham auf der C222 kommend, sollten Sie auf den Weiden rund um Wartook nach Emus Ausschau halten und ein Stück weiter am Rastplatz in **Zumstein** halten sich meist Graue Riesenkänguruhs (Eastern Grey Kangaroos) auf dem Parkplatz auf (bitte nicht füttern!). In Zumstein beginnen die Wanderwege zu den eindrucksvollen **McKenzie Falls.** Ein Weg verläuft den Fluss entlang zum Fuß der Kaskaden (2–3 h Gehzeit), ein anderer führt steil hinunter (10 Min. Gehzeit). Weiter in Richtung Halls Gap liegt rechts der Straße der **Reed Lookout** mit tollen Aussichten und einem Wanderpfad zu den Felsvorsprüngen **The Balconies.**

Am Wonderland Carpark beginnen verschieden lange Fußwege in die wohl spektakulärste Region des Parks, der **Wonderland Range.**

McKenzie Falls

Halls Gap

Die Ortschaft an den steil abfallenden Osthängen der Grampians ist das wirtschaftliche Zentrum der Region. Hier sind, zu den Themen Wanderwege, Unterkünfte und Campingplätze, ausführliche Auskünfte und Karten erhältlich (im **Bramuk National Park & Cultural Centre,** Grampians Rd, Tel. 03-53564381, www.parkweb.vic.gov.au, tägl. 9–17 Uhr).

Von Halls Gap nach Süden zweigt hinter dem Camping- und Rastplatz Borough Huts die *Mt William Road* zum gleichnamigen Aussichtsgipfel ab. Vom Parkplatz sind es noch knapp 2 km Fußweg bis auf den höchsten Berg des NP (1168 m). Belohnt wird der Aufstieg mit einer grandiosen Aussicht über die Grampians und das weitgehend flache Umland.

In Richtung Dunkeld befinden sich an der *Grampians Tourist Road* weitere Campingplätze – für den Fall, dass die Plätze innerhalb des NP ausgebucht sein sollten.

Unterkunft und Camping im Grampians NP

Eigentlich gibt es genügend Unterkünfte in und um Halls Gap. Zu Ostern, während der langen Wochenenden (Long weekends) und in den Sommerferien (Dez–Jan) sind Reservierungen dennoch sinnvoll.

***** **Meringa Springs**, 2974 Northern Grampians Rd (Nahe bei den MkKenzie Falls), Wartook, Tel. 03-53836363. Kleine, luxeriöse Anlage mit grandiosem Ausblick auf die Grampians mit empfehlenswertem Restaurant und Badesee.
**** **Halls Gap Colonial Inn**, Grampians Rd, Halls Gap, Tel. 03-53564344; gepflegtes Motel mit großem Garten.
* **Hall's Gap YHA,** Grampians Rd, Halls Gap, Tel. 03-53564544; moderne und ökologisch geführte Jugendherberge nördlich von Halls Gap.
Park Gate Resort CP, Grampians Rd, Halls Gap, Tel. 03-53564215; Campingplatz mit Cabins und Bungalows 1,3 km nördöstlich der Ortschaft.
Halls Gap Lakeside CP, 27 Tymna Dve, Halls Gap, Tel. 03-53564281; empfehlenswerter Platz mit Cabins am Lake Bellfield (4,5 km südlich von Halls Gap).

Etwas weniger komfortabel, dafür aber wesentlich näher an der Natur sind die 13 **NP-Campgrounds.** Die Registrierung erfolgt direkt an den Plätzen.
▶ Weitere Infos im Bramuk Nationalpark Centre in Halls Gap.

Tipp: Im *** **Barrahead Cottage,** Mirranatwa (Zufahrt über die C 217, Tel. 03-55740204) können Sie das australische Farmleben aktiv kennenlernen, mit den „Locals" in Kontakt treten und gepflegt übernachten. Unbedingt vorher anrufen!

Dunkeld

Die Ortschaft **Dunkeld** am Südende des Parks eignet sich ebenfalls gut als Ausgangspunkt für Touren in die Grampians. In den sog. „Southern Grampians" befinden sich eine Reihe ausgezeichneter Unterkünfte, die als Alternative zum lebhaften Halls Gap durchaus interessant sind.

Unterkunft und Camping in Dunkeld

**** **Royal Mail Hotel;** Glenelg Hwy, Tel. 03-55772241; modernes Hotel mit bestem Komfort und Service. Tolle Aussicht auf die Southern Grampians.
*** **Mt Sturgeon Cottages,** Cavendish Rd, 5 km westlich, Tel. 03-55772241, Buchung über das Royal Mail Hotel; rustikale Steinhäuser mit kuriosen Bädern.
South Gate Grampians Caravan Park, Parker St (Glenelg Hwy), Tel. 03-55772210; Campingplatz mit Cabins.

Weiterfahrt von Dunkeld aus

Vom Nationalpark kommend, müssen Sie sich spätestens an der Kreuzung des *Glenelg Highways* entscheiden, ob Sie auf direktem Wege (über die Goldgräberstadt **Ballarat** und dem Western Freeway) nach Melbourne (260 km), oder ob Sie die touristisch schönere und deutlich längere Route entlang der **Great Ocean Road** nach Geelong und Melbourne fahren wollen.

Von Dunkeld führt die schmale Landstraße C 178 über Penshurst auf direktem Weg zur Küste. Der **Mt Eccles National Park** (▶ s.S. 399) wird über den Ort Macarthur auf der C184 erreicht. Zwischen Port Fairy und Warrnambool trifft die Straße wieder auf den *Princes Hwy*.

Von Kingston SE entlang der Küste nach Warrnambool

Robe

Die typischen Kalksteinhöhlen gaben der Küstenroute den Namen **Limestone Coast.** In Kingston SE folgt man dem schmalen *Southern Ports Highway* (B101) in den beschaulichen Küstenort **Robe.** Die kleine Feriensiedlung ist für fangfrischen Fisch und Meeresfrüchte sowie ihre herrlichen Strände bekannt. Robe wurde 1846 gegründet und war damit eine der ersten Siedlungen in Südaustralien. Einen enormen Bevölkerungswachstum erreichte das kleine Dorf 1857, als über 16.000 Chinesen im Seehafen von Robe landeten. Diese wanderten dann von der Küste zu den 400 km entfernten Goldfeldern rund um Ballarat, damit sie sich die Einreisesteuer (£10 p.P.) nach Victoria sparten.

Infos

In der kleinen **Tourist-Information** (Mundy Tce, in der Bücherei) werden Auskünfte zu historischen Gebäuden und zu Unterkünften erteilt.

Unterkunft und Camping

**** **Lake View Motel & Apartments**, Ecke Tobruk Ave/Lakeside Tce, Tel. 08-87682100; Anlage 2 km östlich der Stadt mit Blick auf den See.
* **Bushland Cabins**, Nora Creina Rd, Tel. 08-87682386; Backpackerbetten, Cabins und Zeltplätze in schöner Umgebung mit viel „Wildlife“, 1,5 km östlich des Zentrums..
Robe Long Beach Holiday Park, The Esplanade, Tel. 1-800-106106; Campingplatz mit Hütten am schönen Long Beach.

Weiterfahrt

Zwischen Robe und der Nachbarstadt Beachport befinden sich drei Seen. Auf die beiden Seen Lake Eliza und Lake St Clair hat man von den Dünen des **Little Dip Conservation Parks** einen guten Blick. Für Allradfahrer ist der sandige Park ein echtes Dorado. Durch die Dünenlandschaft gelangt man an den Strand und kann von dort aus verschiedene Tracks befahren. Eine Karte des Parks ist im Visitor Centre in Robe erhältlich.

Vorbei am Lake George ist **Beachport,** die Hochburg der heimischen Hummerfischer, erreicht. Im Hochsommer strömen hier Feriengäste vorwiegend aus Adelaide zusammen. An Unterkünften und Restaurants herrscht kein Mangel.

Weiter auf dem Southern Ports Highway folgen mehrere Stichstraßen in den **Canunda National Park.** Der Park zeichnet sich durch riesige Sanddünen, einige Küstenwanderwege, Campingplätze und eine reiche Vogelwelt aus. Der beste Zugang in den Nationalpark ist in **Southend,** wo sich auch die Rangerstation befindet (gleich hinter der Ortschaft). In der durch die Holzindustrie geprägten Gemeinde **Millicent** trifft die Küstenstraße wieder auf den *Princes Highway*. Wer einen Abstecher zu den Naracoorte Höhlen unternimmt, sollte in der Weinbauregion Coonawarra (rund um den Ort Penola) Rast machen.

Mount Gambier

Auf dem *Princes Highway* ist nach 50 km **Mount Gambier** (23.000 Ew.), die südöstlichste Stadt des Staates South Australia, die sich mit ihren Vororten über die Hänge eines erloschenen Vulkans mit drei Kratern ausbreitet. Der über 200 m tiefe **Blue Lake** ist der schönste der drei Kraterseen und nimmt von November bis Februar eine intensive Blaufärbung an. Danach verblasst er wieder zu einem trüben Grau. Der Grund für die Verfärbung ist bis heute nicht eindeutig geklärt. Wer sich selbst überzeugen will, kann den Krater auf der ausgeschilderten Scenic Route anfahren bzw. auf dem ausgeschilderten Rundweg umwandern.

Infos

Das hervorragende **Lady Nelson Victory & Discovery Centre** informiert über die Geschichte der Stadt, die geologische Entstehung und touristische Einrichtungen (Jubilee Hwy East, Tel. 1-800-087187, www.mountgambiertourism.com.au, tägl. 9–17 Uhr).

Blue Lake

Unterkunft und Camping

**** **Flag Mount Gambier International Motel**, Millicent Rd, Tel. 08-87259699; komfortables Hotel mit Hallenbad, Sauna und Restaurant
*** **Comfort Inn Silver Birch**, Jubilee Hwy (1 km östlich), Tel. 08-87255122; gepflegtes Mittelklassemotel.
* **The Jail YHA,** 25 Margaret St, Tel. 08-87230032; originelle Jugendherberge im ehemaligen Gefängnis.
Blue Lake Holiday Park, Bay Rd, Tel. 08-87259856; Campingplatz mit Cabins und Bungalows zwischen den Kraterseen, 2 km südlich des Stadtzentrums.

Weiterfahrt: Von Mount Gambier entlang der Küste

Vom *Princes Highway*, der weiter im Landesinneren zügig nach Portland führt, zweigt kurz hinter Mount Gambier die Küstenstraße C192 ab. Von der kleinen Ortschaft **Nelson** gelangt man in den **Lower Glenelg National Park,** der vor allem wegen der wildromantischen Kalksteinschlucht *Glenelg River Gorge* bekannt ist.

Ein 12 km langer Abstecher führt zu den *Princess Margaret Rose Caves,* die mehrmals täglich besichtigt werden können. In der Nähe der Höhlen und an weiteren Stellen im Park kann direkt am Fluss campiert werden. Parallel zur Straße verläuft der **Discovery Bay Coastal Park** mit feinsandigen Dünen, wilder Brandung und Seehundkolonien. Die Zufahrtsmöglichkeiten sind allerdings äußerst beschränkt, so dass für eine Erkundung auf jeden Fall ein Allradfahrzeug erforderlich ist. Informationen zu den Parks sind im **Nelson Parks & Visitor Information Centre** erhältlich (Leake St, Tel. 08-87384051, tägl. 9–17 Uhr).

Portland

Die älteste Stadt Victorias war einst eine florierende Walfangstation. Durch die boomende Aluminiumindustrie entwickelte sie sich zunehmend zu einer nüchternen Hafenstadt. Cape Bridgewater (30 km westlich) bietet von den bis zu 120 m hohen Felsklippen grandiose Ausblicke auf die Küste. Seehundkolonien bevölkern die Felsen, und mit etwas Glück sind von Mai bis August Wale zu beobachten.

Infos

Im **Portland Maritime Discovery Centre** sind weitere Fakten zu der 1834 gegründeten Stadt sowie zu den Nationalparks des Umlandes erhältlich (Lee Breakwater Rd, Tel. 1-800-035567, tägl. 9–17 Uhr).

Unterkunft und Camping

*** **Richmond Henty Motel**, 101 Bentinck St, Tel. 03-55231032; Mittelklasse-Hotel.
Centenary Caravan Park, 184 Bentinck St, Tel. 03-55231487; Campingplatz nahe am Meer.

Eine etwas ausgefallenere Unterkunft ist der **Leuchtturm am Cape Nelson** südlich der Stadt (Cottages und Mehrbettzimmer, Tel. 03-55235100).

Abstecher: Mt Eccles NP

Geologisch Interessierte sollten den 50 km-Abstecher zum **Mt Eccles National Park** unternehmen. Der Berg ist ein erloschener Vulkan mit Lava-Höhlen und dem spektakulären Kratersee Lake Surprise. Wanderwege sind ausgeschildert. Am Parkeingang befindet sich ein Infozentrum sowie ein einfacher Campingplatz (Tel. 03-55761338).

Port Fairy

Der nächste Ort an der Küste, war einst Hafen und Walfangstation. Heute wird Hummer und Fisch gefangen. Schicke Yachten legen an den Kais an. Zahlreiche historische Gebäude bilden das Herz der kleinen Küstenstadt. Auf dem vorgelagerten **Griffiths Island** befindet sich die Brutstätte Tausender Sturmtaucher (Muttonbirds). Von September bis April können die braunen Vögel in ihren Erdhöhlen beim Brüten von einer Aussichtsplattform aus beobachtet werden.

Infos

Das **Informationszentrum** der Stadt befindet sich am Railway Place in der Bank Street (Tel. 03-55682682, www.myportfairy.com, tägl. 9–17 Uhr).

Unterkunft und Camping

*** **Comfort Inn Port Fairy Hotel**, 22 Sackville St, Tel. 03-55681082; gutes Mittelklasse-Hotel.
* **YHA Port Fairy**, 8 Cox St, Tel. 03-55682468; Jugendherberge.
Anchorage Big 4 Caravan Park, 115 Princes Hwy, Tel. 1-800-063346; bestens ausgestatteter Campingplatz.

Shipwreck Coast

Der Küstenabschnitt zwischen Cape Otway und Port Fairy galt als notorisch gefährliche Passage in Zeiten der Segelschifffahrt. Raue Brandung, Felsen und Nebel forderten die Kapitäne auf dieser 120 km langen Seestrecke. In 40 Jahren strandeten über 80 Schiffe. Das bekannteste Unglück ereignete sich 1878, als der aus Großbritannien kommende Dreimaster *Loch Ard* nahe Port Campbell auf Grund lief und sank. Von 55 Passagieren überlebten nur zwei.
Auf dem **Historic Shipwreck Coast Trail,** ein 110 km langer Wanderweg, der sich entlang der Great Ocean Road von Port Fairy bis Moonlight Head zieht, sind entlang der Küste 25 Schiffswracks und deren Geschichten auf Informationstafeln dokumentiert.

Weiterfahrt nach Warrnambool

15 km westlich von Warrnambool liegt die für Tierliebhaber ausgesprochen besuchenswerte **Tower Hill State Game Reserve** – ein alter Vulkankrater mit einem Kratersee und Lavazungen. Auf der Insel im See befindet sich ein Naturreservat mit Koalas, Emus, Wallabies und Kängurus, das täglich zwischen Sonnenauf- und -untergang geöffnet ist. Ein kleines, naturhistorisches Zentrum auf dem Eiland informiert über Geologie und Fauna der Region.

Warrnambool

Das Zentrum der Shipwreck Coast ist einerseits eine Industrie- und Hafenstadt, andererseits eine charmante, von Landwirtschaft geprägte Feriensiedlung. Von Mai bis August ist die 25.000 Einwohner zählende Stadt ein Besuchermagnet, da zahlreiche **Glattwale** (Southern Right Whales) im flachen Wasser vor dem Logan's Beach ihre Kälber zur Welt bringen (Aussichtspunkt am Ende der Logan's Beach Rd). Die Geschichte von Warrnambool ist mit dem rauen Ozean des Südens eng verbunden. Das **Flagstaff Hill Maritime Museum** (Merri St, tägl. 9–17 Uhr) mit Originalgebäuden, Leuchtturm und Schiffsnachbauten sollte unbedingt besucht werden. Während der wärmeren Sommermonate verführen die herrlichen Strände entlang der Lady Bay zu einem Sonnenbad.

Infos
Visitor Centre Flagstaff Hill, Merri St, Tel. 03-55647837, www.visitwarrnambool.com, tägl. 9–17 Uhr.

Unterkunft und Camping
*** **Comfort Inn Central Court**; 581 Raglan Pde – Princes Highway, Tel. 03-55628555; komfortables Mittelklasse-Hotel.
* **Warrnambool Beach Backpackers**, 17 Stanley St, Tel. 03-55624874; freundliches Hostel nahe am Strand.

Ocean Beach Holiday Village, Pertobe Rd, Tel. 1-800-808130; gepflegter Campingplatz am Strand, mit Cabins.

In **Allansford** (13 km östlich) werden in *Allansford Cheese World* leckerer Käse, Wein und Honig verkauft.

Great Ocean Road

Die „B100" ist die eigentliche **Great Ocean Road.** Sie wird zu den schönsten Küstenstraßen der Welt gezählt. Sie beginnt westlich von Port Campbell und endet in Torquay, knapp zwei Autostunden von Melbourne entfernt. Bizarr geformte Steilklippen mit markanten Felsformationen, sagenumwobene Schiffswracks und dichte Regenwälder kennzeichnen die abwechslungsreiche, sehr kurvenreiche Strecke. Ruhige Kolonialstädtchen und beschauliche Ferienorte säumen den Weg.

Entlang der Strecke herrscht kein Mangel an Unterkünften und Informationsstellen (www.greatoceanroad.org). Geführte Touren werden in Adelaide und Melbourne angeboten, teilweise sogar als Tagesausflüge (▶ s. in Adelaide bzw. Melbourne bei „Wie, wo, was ... / Touren").

ADL ▶ MEL

Sehenswertes unterwegs

Vom Abzweig *Princes Highway* verläuft die B100 zunächst durch eintöniges Weideland und stößt erstmals in der kleinen Ortschaft **Petersborough** auf die Küste. Von hier bis Princetown erstreckt sich der berühmte **Port Campbell National Park** (im Nationalpark gibt es keinen Campingplatz, auch auf den Parkplätzen darf nicht übernachtet werden).

Auf der Strecke nach Port Campbell liegt **The Grotto:** Felsschluchten, Grotten und Pools, zu denen man auf steilen Felsstufen hinabsteigen kann. Ein Stück weiter sticht der Felsbogen **London Bridge** ins Auge. Die Felsbrücke war einst mit dem Festland verbunden. 1990 stürzte der zweite Bogen der Naturbrücke ohne Vorwarnung ein. Glücklicherweise wurde niemand verletzt und die zwei auf dem verbliebenen Felsbogen „gefangenen" Touristen wurden per Helikopter gerettet.

Great Ocean Walk

Entlang der grandiosen Küste führt der 91 km lange Weitwanderweg **„Great Ocean Walk".** Von der Glenample Homestead nahe der 12 Apostel geht es immer entlang der Küste bis nach Apollo Bay. Übernachten kann man auf den acht Campingplätzen, die an der Strecke angelegt sind, oder in nahegelegenen Hotels oder B&B. Da der Weg immer wieder per Auto erreichbar ist, können auch nur einzelne Etappen oder ausgeschilderte Rundwege begangen werden. Einstiegspunkte sind: Princetown, Wreck Beach, The Gables, Johanna Beach, Aire River West, Parker Hill Campground, Blanket Bay Picnic & Campground und Shelly Beach Picnic Area. Empfehlenswerte geführte Touren bieten die beiden Spezialwander-Veranstalter *Auswalk* (www.auswalk.com.au) und *Bothfeet* (www.bothfeet.com.au) an. Ausführliche Routenvorschläge und Übernachtungsmöglichkeiten sind auf der Internetseite www.greatoceanwalk.com.au oder in den Nationalparkbüros zu finden.

Port Campbell

Port Campbell ist eine beschauliche Hafenstadt mit Krabbenfischern und einem schönen Badestrand in der Two Mile Bay. Der Ort bietet sich gut als Übernachtungsstätte nahe der Highlights des Nationalparks an.

Infos

In der **Tourist Information** (26 Morris St, Tel. 03-55986089, tägl. 9–17 Uhr) sind Auskünfte und Routenskizzen zu den Nationalparks und den Highlights entlang der Strecke erhältlich. Eine gute Möglichkeit, die faszinierende Küstenlandschaft in kurzer Zeit und aus der Luft zu genießen, sind Hubschrauberrundflüge (12 Apostles Helicopters, 9400 Great Ocean Rd, Port Campbell, Tel. 03-55986161, www.12ah.com).

Unterkunft und Camping

*** **Great Ocean Road Motor Inn**, 10 Great Ocean Rd,
Tel. 03-55986522; gutes Hotel im Zentrum.
* **Port Campbell YHA,** 18 Tregea St, Tel. 03-55896305;
große Jugendherberge, die auch Transfers in die Umgebung anbietet.
Port Campbell Caravan Park, Morris St, Tel. 03-55986492;
Campingplatz mit Cabins.

Von Port Campbell bis Lavers Hill

Der Port Campbell National Park setzt sich nach Osten fort. Der erste Stopp nach Port Campbell ist die **Loch Ard Gorge.** In dieser Felsschlucht kenterte 1878 das britische Segelschiff Loch Ard. Vom Parkplatz führen drei kurze Wanderwege (jeweils 1,5 km) in die Umgebung und bieten hervorragende Ausblicke auf die wilde Küste und ihre Felsformationen. Wer im Januar/Februar hier ist, sollte von der Schlucht ein

Stück weit nach Westen wandern. Auf dem vorgelagerten **Muttonbird Island** brüten bis zu 50.000 weitgereiste Sturmtaucher (Muttonbirds). Sie fliegen im Winter bis nach Alaska.

Der nächste Höhepunkt der wilden Küstenregion lässt nicht lange auf sich warten. Nach einigen Kilometern sind die berühmten und vielfotografierten **Twelve Apostles** erreicht. Die gigantischen Gesteinsnadeln, die bis zu 65 m aus dem Ozean stechen und von Wind und Wasser umpeitscht werden, präsentieren sich bei gutem Wetter als eine lange Formation. Zwei dieser Kolosse stürzten im Sommer 2005 ein. Das Licht der untergehenden Sonne modelliert sie besonders schön. Wer nach Sonnenuntergang auf der Aussichtsplattform verweilt, kann eine Kolonie Weißflügelpinguine (Little Penguins) auf ihrem Weg vom Meer zu den Nestern verfolgen (Fernglas sinnvoll). Im Besucherzentrum am Parkplatz sind Informationen zum Nationalpark erhältlich. Die steilen und teilweise sehr rutschigen Stufen **Gibson Steps** führen hinunter zum gleichnamigen Strand. Auch von hier aus lassen sich wunderbare Fotomotive einfangen.

Das Städtchen **Princetown** bietet außer einem Campingplatz mit Backpackerunterkunft (Post Office Rd, Tel. 03-5598819) sowie einem Motel (Twelve Apostels Motel, 1435 Boringa Rd, Tel. 03-55988277) nicht viel.

Eine kleine Straße (Moonlight Head Road) zweigt in Wattle Hill zur höchsten Klippe des australischen Festlandes ab. Am **Moonlight Head** endet die sagenumwobene Shipwreck Coast.

Anschließend schlängelt sich die Great Ocean Road einige Kilometer weit ins Landesinnere. Der **Melba Gully State Park** schützt ein Stück dichten, grünen Regenwalds, der Heimat riesiger Myrten-Südbuchen (Myrtle Beech Trees) und Baumfarne (Tree-Ferns) ist. Insbesondere gegen Abend ist der Wanderpfad *Madsen's Track Nature Walk* lohnend (35 Min.). In der kühlen, moosbewachsenen Welt des Regenwaldes sieht man viele Glühwürmchen (Taschenlampe nicht vergessen). Mit etwas Glück lässt sich noch ein scheues Possum, ein Riesenbeutelmarder (Spot-tailled Quoll) oder ein Sumpfwallabie (Swamp Wallaby) blicken.

Lavers Hill

Lavers Hill, ein kleiner Ferienort in der Otway Range, bietet gemütliche Unterkünfte und einladende Cafés (Tearooms) abseits der Küste. Der Abstecher zum längsten „Tree Top Walk" der Welt, dem **Otway Fly,** ist ausgeschildert (Juli–Nov 9–17 Uhr, Dez–Juni bis 19 Uhr). Die an dem spiralförmigen Turm befestigten Baumwipfel-Stege sind 600 m lang und hängen 25 m hoch in der Luft. Keine Angst, wenn es wackelt! Der Architekt meint, es könnten sogar Elefanten über die Stege marschieren!

Kurz nach Lavers Hill zweigt eine Piste zum bekannten Surfstrand **Johanna Beach** ab. Ein weiterer guter Stopp ist der Aussichtspunkt **Castle Cove.**

Otway National Park

Im Otway National Park stehen die letzten Urwälder des südlichen Australiens. Mannshohe Farne, riesige Eukalypten, steile Wasserfälle und eine reiche Tierwelt zeichnen den 130 qkm großen Park aus. Mehrere Wanderwege und Campingplätze sind im Park verteilt. Der erste lohnende Stopp ist die kurze Wanderung auf den **Escarpment Lookout,** der über die *Hordern Vale Road* und einen 4 km Fußweg ab Aire River East Campground erreichbar ist.

An der folgenden T-Junction führt die *Cape Otway Lighthouse Road* zum südlichsten Punkt der Great Ocean Road, zum **Cape Otway** und dem 1848 erbauten Leuchtturm (Übernachtung und Besichtigungen sind möglich, Tel. 03-52379240). Etwa auf halbem Weg zum Kap befindet sich der einzige private Campingplatz des Parks (Bimbi Park, Tel. 03-52379246, mit Cabins). Von der Lighthouse Road führt die Blanket Bay Road nach Osten zu weiteren Campingplätzen und Wanderwegen. Empfehlenswert ist die einfache Rundwanderung von Parker Hill über Point Franklin (3 km).

Weiter auf der Great Ocean Road in Richtung Apollo Bay lohnt der durch den „kalten" Küstenregenwald führende Kurzwanderweg bei **Maits Rest** (20 Min.).

Apollo Bay

Die ehemalige Walfangstation Apollo Bay ist heute ein lebhaftes Ferien- und Fischerstädtchen. In den Sommermonaten kommen viele Gäste aus Melbourne, um ihren Urlaub hier zu verbringen.

Wer gern Fisch und Meeresfrüchte speist, sollte die Chance nutzen, den **fangfrischen Fisch** in einem der „Seafood-Restaurants" zu genießen. Bei der *Apollo Bay Fishermen's Co-operative* (Breakwater Rd) können Sie Fisch für die eigenen Kochkünste kaufen.

Infos

Im **Tourist-Office** (Great Ocean Rd, Tel. 03-52376529, tägl. 9–17 Uhr) sind genaue Auskünfte zur gesamten Great Ocean Road, den Nationalparks und Wandertipps sowie zu Unterkünften in der Stadt erhältlich.

Unterkunft und Camping

Während der Ferienzeit und an langen Wochenenden kann es mit den Zimmern und Campingplätzen eng werden. Um Weihnachten sollte man über eine bestätigte Reservierung verfügen!

*** **Comfort Inn The International**, 37 Great Ocean Rd,
Tel. 03-52376100; gepflegtes Hotel im Zentrum.

*** **Skenes Creek Lodge**, 61 Great Ocean Rd, Tel. 03-52376918;
Lodge auf der Anhöhe mit Blick auf die Küste und schöner Gartenanlage.

* **Surfside Backpackers**, Ecke Great Ocean Rd/Gampier St,
Tel. 03-52377263; kleines Backpacker-Hostel nahe dem Strand.

Marengo Headland Holiday Park, Marengo Cres, Tel. 03-52376162; schöner Caravan Park 2,5 km südwestlich am Meer, mit gut ausgestatteten Cabins.

Kooringal Holiday Park, 27 Cawood St, Tel. 03-52377111;
Campingplatz 1 km nördlich des Zentrums mit Cabins.

Weiterfahrt nach Lorne

Auf dem weiteren Weg nach Lorne reichen die Berge der **Otway Ranges** bis an die Küste heran. Fast 3000, aus dem Ersten Weltkrieg heimgekehrte Soldaten schlugen im Rahmen eines Arbeitsbeschaffungsprogramms die gewagte Straße durch die dichten Eukalyptuswälder und die Steilküste. Der erste Abschnitt von Apollo Bay bis Lorne wurde 1919 begonnen und drei Jahre später eröffnet. Zehn weitere Jahre brauchte es, bis der letzte Abschnitt der Great Ocean Road bis Geelong fertig gestellt war.

Die kleineren **Küstenorte** wie Skenes Creek, Wongara und Kennett River verfügen über familiäre B&B-Unterkünfte und Campingplätze, die wegen ihrer Bootsrampen vor allem bei Anglern beliebt sind. Einen hervorragenden Küstenblick bietet der **Cape Patton Lookout** kurz vor Kennett River. In **Wye River** (16 km südwestlich von Lorne) befindet sich der schön gelegene, tierreiche Campingplatz *Wye River Valley Tourist Park* (Tel. 03-52890241). Auf der kurvenreichen Straße bieten sich immer wieder herrliche Blicke auf die offene See.

Lorne

Lorne (1200 Ew.) ist ein beliebter Bade- und Urlaubsort. In den Sommerferien kommen Hunderte von Gästen aus Melbourne und füllen die Hotels, Apartments und Selbstversorger-Cottages mit Leben. Die herrlichen Strände entlang der Loutit Bay sind zum Baden und Surfen gleichermaßen gut geeignet.

Am Ortseingang von Lorne eröffnet sich von **Teddy's Lookout** (3 km landeinwärts über die Otway Street erreichbar) ein hervorragender Blick auf die Mündung des George Rivers und die kurvenreiche Great Ocean Road.

Infos

Das **Visitor Centre** befindet sich an der Strandpromenade (144 Mountjoy Pde, Tel. 03-52891152, tägl. 9–17 Uhr, www.visitsurfcoast.com).

Unterkunft und Camping

**** **Comfort Inn Lorne Main Beach**, 3 Bay St, Tel. 03-52891199; das beste Hotel der Stadt.
*** **Lorne Coachman Inn**, 1 Deans Marsh Rd, Tel. 03-52892244; Mittelklasse-Hotel.
*** **Great Ocean Road Cottages**, 10 Erskine Ave, Tel. 03-52891070; Selbstversorger Hütten mit Komfort, für längere Aufenthalte ab 3 Nächten.
* **YHA Great Ocean Road Backpackers,** 10 Erskine Ave, Tel. 03-52981809.
Lorne Foreshore Camping Reserve; Erskine River Section, Great Ocean Rd, Tel. 03-52891382; naturnaher Campingplatz am Meer.

Weiterfahrt nach Aireys Inlet

8 km nördlich von Lorne sind die **Erskine Falls** sehenswert. Die Wasserfälle sind per Fahrzeug auf einer asphaltierten Straße oder auf dem markierten Wanderweg (7,5 km, ab Erskinville-Campingplatz) erreichbar. Für motivierte Wanderer bieten sich noch die Touren zu den Cumberland Falls (6 km, anspruchsvoll) und Sheoak Falls (7 km, anstrengend) an. Die Ausgangspunkte sind, südlich von Lorne, an der Great Ocean Road markiert. ▸ Weitere Informationen und detaillierte Karten zum Park sind im Visitor Centre in Apollo Bay bzw. Lorne erhältlich.

Auf dem Weg nach Aireys Inlet liegt der schöne Sandstrand **Fairhaven Beach** (bewacht). Das kleine *Surfcoast Backpackers* (Tel. 03-52896886) unmittelbar am Wasser zählt bei Rucksackreisenden zu den beliebtesten Hostels der Great Ocean Road.

Leuchtturmfreunde kommen bei **Split Point** (kurz vor Aireys Inlet) auf ihre Kosten. Der 1891 an der stürmischen Küste erbaute Leuchtturm berichtet von Schiffskatastrophen und Ertrunkenen, für die das Leuchtfeuer keine Hilfe war.

Aireys Inlet

Das beschauliche Aireys Inlet ist eine der ältesten Siedlungen entlang der Küstenstraße. Das Städtchen besitzt schöne Strände und gemütliche Unterkünfte.

Infos
Aireys Inlet Tourist Information, Tel. 52896230, www.aireysinlet.org.au

Unterkunft
****** Lighthouse Keeper's Cottages**, Federal St (neben dem Leuchtturm); einzigartige Unterkunft in den Leuchtturmwärter-Wohnungen, aber teuer. Unbedingt reservieren!
***** Aireys by the Light B&B**, 2 Federal St, Tel. 03-52896134; Mittelklasse-Hotel.
Airey Inlet Holiday Park CP, Great Ocean Rd, Tel. 03-52986230; Campingplatz, mit Cabins.

Anglesea

Der Ferienort Anglesea ist wegen der schwachen Brandung seiner schönen Strände besonders bei Familien beliebt. Anglesea ist auch bekannt wegen seiner großen Känguruh-Population, die, vornehmlich auf dem Golfplatz in der Noble Street, den Rasen kurz hält. Ansonsten erinnert das Städtchen mit seinen weißen Holzhäusern und gepflegten Gärten an das viktorianische England.

Unterkunft und Camping
***** Surfcoast Resort**, 105 Great Ocean Rd, Tel. 52633363; Mittelklasse-Hotel.
Anglesea Big 4 Holiday Park CP, 45 Murray St, Tel. 1-800-631640; Campingplatz mit Cabins.

Die Great Ocean Road verläuft nun bis Torquay etwas weiter im Landesinneren. Wegen des schönen Blicks auf Küste und Meer lohnt der kurze Abstecher nach **Point Addis** (ca. 11 km nördlich von Anglesea). Ein Stück weiter zweigt eine Stichstraße nach **Bells Beach** ab. Hier findet jährlich zu Ostern der bekannte Rip Curl Surf-Weltcup statt.

Torquay

In Australiens Surf-Hauptstadt Torquay treffen sich Surfer aus der ganzen Welt. Wie Seehunde liegen Sie mit ihren Brettern auf dem Wasser und warten auf die große Welle. In den Straßen des Urlaubsortes reihen sich Surfshops mit bekannten Szene-Namen wie *Rip Curl* und *Quiksilver* aneinander. Zum Shoppen lädt am Highway das Einkaufszentrum *Surf City Plaza* ein. Wer selbst mal auf einem Brett liegen oder stehen möchte, kann bei der *Westcoast Surf School* (Tel. 03-52612241) oder bei *Go Ride A Wave* (Tel. 03-52632111) Trainingsstunden buchen und Ausrüstung mieten.

Infos
Interessantes zum Thema „Wellenreiten" erfährt man im **Surfworld Museum & Visitor Centre** (Beach Rd, Surf City Plaza, tägl. 9–17 Uhr, Tel. 03-52614219, www.surfworld.org.au).

Vom kleinen Vergnügungspark *Tiger Moth World Adventure Park* (325 Blackgate Rd, Tel. 03-52615100, tägl. 10–17 Uhr, www.tigermothworld.com) können spektakuläre Rundflüge in alten Doppeldeckern entlang der Küste unternommen werden.

Unterkunft und Camping

*** **Surf City Motel**, 35 Esplanade, Tel. 03-52613492;
zentral gelegenes Mittelklasse-Motel.
* **Bells Beach Backpackers**, 51 Surfcoast Hwy, Tel. 1-800-819883;
empfehlenwertes Hostel mit Fahrrad- und Surfboardvermietung.
Zeally Bay Caravan Park, Ecke Darian Rd/The Esplanande,
Tel. 03-52612400; Campingplatz mit Cabins in der Nähe des Fisherman's Beach.

Geelong

Vom Ende der Great Ocean Road in Torquay führt der *Surf Coast Highway* in die 200.000-Einwohner-Stadt Geelong.

Einst war die Stadt an der Corio Bay das Eingangstor der Goldgräber und stand in Konkurrenz zu Melbourne. Heute zählt sie zu den bedeutendsten Frachthäfen des Bundesstaates. Durch die Ford-Automobilwerke (und das Football-Team) hat die Stadt einen bekannten Namen in Australien.

Im **National Wool Museum** (26 Moorabool St, tägl. 9.30–17 Uhr) wird die Geschichte der Wollproduktion und des -handels ausführlich dargestellt. Entlang der Pro-menade der Corio Bay hat sich die Stadt viel Mühe gegeben, das Bild des Industriehafens durch Kunst-werke, elegante Bauten und Grünflächen zu verschönern.

Infos

Die Besucherzentren im Wool Museum und am Princes Hwy, (Tel. 1-800-620888, tägl. 9–17 Uhr, www.visitgeelong.org) informieren über die Sehenswürdigkeiten sowie Unterkünfte in und um die Stadt. Als Übernachtungsort sollte das hübsche Queenscliff auf der Bellarine Halbinsel gewählt werden.

Bellarine Peninsula

(Karte ▸ s.S. 443, Melbourne Umgebung)

Die Halbinsel östlich von Geelong bildet die westliche Begrenzung der **Port Phillip Bay.** Im Gegensatz zur östlich gelegenen Mornington Halbinsel geht es in den Ortschaften weniger mondän und ruhiger zu. Einladend sind vor allem die geschützten Strände, die sich von Clifton Springs im Norden bis an die Landspitze Point Lonsdale ziehen. Wellen und Surfer-Brandung findet man an den Ozeanstränden Ocean Grove und Point Lonsdale.

Queenscliff, das in den 1830er Jahren als militärischer Außenposten gegründet und danach von Fischern besiedelt wurde, hatte sich bereits Anfang des 20. Jh. zum beliebten Ferien- und Wochenendziel der Melbournesider entwickelt. Die herrschaftlichen Hotels legen davon noch Zeugnis ab. Vom Hafen werden von September bis April regelmäßig Bootsfahrten mit der Möglichkeit zum Schwimmen und Schnorcheln mit

Seehunden und Delphinen angeboten (Dolphin Swims, Tel. 03-52583889, www.dolphinswims.com.au, Reservierung notwendig). Bei gutem Wetter lohnt der Spaziergang entlang des Strandes in die 5 km westlich gelegene Gemeinde **Point Lonsdale** und zum malerischen Leuchtturm.

Infos

Im **Visitor Centre** in Queenscliff (55 Hesse St, Tel. 03-52584843, tägl. 9–17 Uhr) ist man bei der Suche von Unterkünften gerne behilflich.

Unterkunft und Camping

**** **Vue Grand Hotel**, 46 Hesse St, Tel. 52581544;
restauriertes Luxushotel aus dem Jahre 1864.
*** **Ozone-Hotel**, 42 Gellibrand St, Tel. 52581011,
altes Grandhotel, das nach dem Dampfer „Ozone" benannt wurde,
der 1925 bei St Leonhards (nördlich von Queenscliff) gesunken ist.
Beacon Resort Holiday Park CP, 78 Bellarine Hwy, Tel. 1-800-351152;
komfortabel und komplett ausgestatteter Campingplatz.

Fähre zur Mornington Peninsula

Stündlich verkehren eine **Autofähre** (Tel. 03-52583244, www.searoad.com.au) sowie ein Personenschiff (Tel. 03-59841602) zwischen Queenscliff und Sorrento auf der Mornington Halbinsel (▶ s. „Umgebung von Melbourne") – eine ideale Möglichkeit, entweder Melbourne zu umfahren oder sich Melbourne von Osten aus zu nähern!

Abstecher nach Ballarat und zu den Goldfeldern

Fahrtroute

Von Geelong nach Nordosten führt der Midland Highway (A300) in die einstige Goldgräbermetropole Ballarat (87 km).

Ballarat

Als man in der Region 1851 das erste Gold fand, strömten aus aller Welt Tausende von Glücksrittern nach Victoria, um sich schnellen Reichtum zu sichern. Das rapide Wachstum führte noch im selben Jahr zur Gründung des Bundesstaates Victoria. „Livehaftig" können Besucher das historische Ballarat von vor 150 Jahren im Freilichtmuseum **Sovereign Hill** erleben (3 km südlich der City). Mit Schaustellern werden Handwerksbetriebe, Geschäfte, einfach das gesamte Leben der Goldgräberstadt realistisch nachgestellt. Beim Goldwaschen kann jedermann sein Glück versuchen (tägl. 10–17 Uhr, Tel. 03-53311944, www.sovereignhill.com.au, Eintritt A$ 32,50) – ein lohnender Besuch! Abends folgt die sehenswerte Vorführung „Blood on the Southern Cross".

Von geschichtlicher Bedeutung war in Ballarat der Bürgeraufstand

Eureka Stockade von 1854. Eine Gruppe Goldgräber probte den Aufstand gegen überhöhte Schürflizenzen und fehlendes Wahlrecht. Die Polizei bereitete dem Aufstand ein rasches und brutales Ende. 35 Menschen zahlten mit ihrem Leben. Trotzdem führten die britischen Verwalter das bis heute geltende *Miner's Right* ein, das eine gerechtere Claimverteilung zu angemessenen Preisen vorsieht. In der **Eureka Exhibition** (602 Eureka St, tägl. 9–17 Uhr) ist der Aufstand dargestellt.

Goldsucher

Bei einem Bummel durch die Stadt fallen die aufwendig restaurierten Gebäude des 19. Jahrhunderts auf, wie z.B. das Majesty's Theatre. Im **Goldmuseum** geht es um Kunstwerke, Goldmünzen und den mühevollen Prozess des Goldsuchens (Bradshow St, tägl. 9.30–17 Uhr). Im **Ballarat Wildlife Park** (Ecke York/Fussell Sts, tägl. 9–17 Uhr) leben heimische Tierarten wie Wombat, Koala und Känguruh.

Von Ballarat bieten sich Ausflüge nach Norden ins australische „Spa Country" an: Zu den Thermal- und Mineralquellen von **Daylesford** (www.daylesford.net.au) und den **Hepburn Springs** (www.hepburnspa.com.au). Eine weitere Vertiefung der Geschichte der Goldgräberzeit erfährt man beim Besuch der liebevoll restaurierten Städte **Castlemaine** (www.castlemaine.org.au), **Maldon** (www.maldon.org.au) und **Bendigo** (www.bendigotourism.com) – Beschreibung ▶ s. „Alternativstrecke Adelaide – Melbourne via Broken Hill".

ADL ▶ MEL

Infos **Ballarat Visitor Information Centre**, 39 Sturt St,
Tel. 1-800-648450, www.ballarat.com. Tägl. 9–17 Uhr.

Unterkunft und Camping
*** **Comfort Inn Main Lead**, 312 Main Rd, Tel. 03-53317533.
Kleines Mittelklassehotel zwischen der City und Sovereign Hill.
* **Sovereign Hill Lodge YHA,** Magpie St, Tel. 03-53333409.
Kleine Jugendherberge auf dem Gelände des Freiluftmuseums.
Ballarat Goldfields Holiday Park CP, 108 Clayton St, Tel. 1-800-632237.
Ausgezeichneter Big4 Campingplatz mit Pools und Bungalows.

Von Geelong nach Melbourne

Entlang des *Princes Highway* in Richtung Victorias Hauptstadt passiert man die Ortschaft **Werribee** mit einem beeindruckenden Zoo (K Road, tägl. ab 9 Uhr, tägl. Shuttleservice von Flinders Street Station, Melbourne). Nach weiteren 35 km ist die Innenstadt Melbournes erreicht.

Autobahngebühren

Achtung: Da Mietwagen und Camper nicht über die elektronische Erfassungsplakette verfügen, muss bei der Einfahrt nach Melbourne die **Autobahngebühr „City Link Tollway"** per Telefon und Kreditkarte bezahlt werden. Rufen Sie deshalb unbedingt vorher unter Tel. 132629 an, um die Bezahlung vorzunehmen. Um ein Bußgeld zu vermeiden, sollte dies unbedingt befolgt werden! (▶ s.a. Melbourne, „Adressen & Service")

Alternativstrecken: Von Adelaide über Broken Hill nach Melbourne bzw. Sydney

Überblick

Interessant ist die Strecke für diejenigen, die die Great Ocean Road bereits kennen und auf anderen Wegen nach Melbourne bzw. Sydney reisen wollen.

Die Fahrt führt zuerst durch fruchtbares Farmland entlang des **Murray River** und dann in das gut erreichbare Outback rund um die Bergbaustadt **Broken Hill** mit den sehenswerten Nationalparks Kinchega und Mungo und dem Opalnest White Cliffs.

Auf dem Weg von **Broken Hill** nach **Melbourne** passiert man die alten **Goldgräberstädte** Bendigo und Ballarat.

Von **Broken Hill** nach **Sydney** fährt man auf dem *Barrier Highway* durch kaum besiedelte Regionen nach **Dubbo.** Das weitläufige Outback von New South Wales wird durchquert, d.h. die Etappen sind in beiden Fällen teilweise recht lang und eintönig.

Für die Route ist ein **Allradfahrzeug** nicht unbedingt erforderlich, für die Einfahrt in zahlreiche Nationalparks rund um Broken Hill jedoch empfehlenswert. (Karte ▸ s.S. 388, Adelaide – Melbourne).

Zwei Routenvorschläge (erste vier Tage identisch)

8 Tage

Adelaide – Melbourne via Broken Hill, Gesamtstrecke ca. 2300 km

1. Tag: Adelaide – Renmark (*Sturt Hwy*, 252 km)
2. Tag: Renmark – Mildura (*Sturt Hwy*, 130 km)
3. Tag: Mildura – Mungo NP (4WD-Tagesausflug oder selbst fahren), ca. 200 km
4. Tag: Mildura – Kinchega NP – Broken Hill (4WD, ca. 400 km)
5. Tag: Broken Hill – Ausflug Silverton, Mutawindji NP, White Cliffs (ca. 500 km, 4WD oder Tagesausflug, evt. in White Cliffs übernachten!)
6. Tag: Broken Hill – Mildura – Swan Hill – (*Silver City Hwy/ Sturt Hwy/Murray Hwy*, 465 km)
7. Tag: Swan Hill – Bendigo (*Loddon Valley Hwy*, 190 km)
8. Tag: Bendigo – Melbourne (*McIvor Hwy*, 160 km)

8 Tage

Adelaide – Sydney via Broken Hill, Gesamtstrecke ca. 2300 km

1. Tag: Adelaide – Renmark (*Sturt Hwy*, 252 km)
2. Tag: Renmark – Mildura (*Sturt Hwy*, 130 km)
3. Tag: Mildura – Mungo NP (4WD-Tagesausflug oder Selbstfahren), ca. 200 km
4. Tag: Mildura – Kinchega NP – Broken Hill (4WD, ca. 400 km)
5. Tag: Broken Hill – Ausflug Silverton, Mutawindji NP, White Cliffs (250 km, teilweise 4WD)
6. Tag: Whitecliffs – Wilcannia – Cobar – Dubbo (*Barrier Hwy/Mitchell Hwy*, 596 km)
7. Tag: Dubbo – Katoomba/Blue Mountains (*Mitchell Hwy*, 330 km)
8. Tag: Blue Mountains – Sydney (140 km)

Entlang des Murray Rivers

Von Adelaide fährt man auf dem *Sturt Highway* über Gawler zunächst nach **Blanchetown** am Murray River und erreicht so das „Riverland of South Australia“. 1863 wurde das Städtchen zum Flusshafen erklärt. Die ersten Schleusen (Lock) des Flusses wurden 1922 hier gebaut. Dies ermöglichte, dass der Wasserweg fortan für Fracht- und Schaufelraddampfer schiffbar war. 50 km nördlich liegt am sogenannten „Ellenbogen" des Flusses der Ort **Morgan**.

Vogelfreunde sollten an einer der zahlreichen Lagunen rund um **Waikerie** Rast machen. Und wer es den Vögeln nachtun will, kann einen Rundflug im Segelflugzeug unternehmen (wetterabhängig, Waikerie Gliding Club, Tel. 08-85412644, www.waikerieglidingclub.com.au).

Eine Flussschleife führt nach **Loxton** mit dem Freilichtmuseum *Loxton Historical Village* (tägl. 10–16 Uhr) und in den südlichen Teil des **Murray River National Park.**

Im Park gibt es entlang des Flussufers idyllische Campingspots für Angler und Vogelbeobachter. Informationen und Karten im Nationalparkbüro in Berri.

Barmera

Wer nicht über Loxton fährt, folgt dem Sturt Highway geradewegs nach Barmera. Der dort befindliche Lake Bonney gilt bei Wassersportlern als wahres Paradies. Der Campingplatz liegt direkt am Ufer, und man kann Boote aller Art mieten.

Infos **Barmera Visitor Centre**, Barwell Ave, Tel. 08-85882289, www.murray-river.net.

Unterkunft und Camping *** **Barmera Lake Resort Motel,** Lakeside Dve, Barmera, Tel. 08-85882555; am See gelegene Anlage mit gutem Restaurant.

* **Barmera Backpackers YHA,** 6 Bice St, Barmera, Tel. 08-85883007; kleines Hostel im Zentrum.

Lake Bonney Holiday Park CP, Lakeside Dve, Barmera, Tel. 08-85882234; großer Platz am See.

Berri

Die Stadt ist eines der Verwaltungs- und Handelszentren am westlichen Murray-River. Die riesige Orange am Ortseingang ist Symbol für den ertragreichen Anbau von Zitrusfrüchten in der Region (z.B. Berri-Fruchtsaft). An den zahlreichen Obstständen entlang der Straße lassen sich frische Erzeugnisse erwerben. Weinbau wird seit einigen Jahren und dank des idealen Klimas in verstärktem Maße betrieben. Einige Kellereien bieten Weinproben an.

Infos **Berri Visitor Centre**, Riverview Dve, Berri, Tel. 08-85821922, www.riverland.info.

National Park Service, 28 Vaughan Terrace, Berri, Tel. 08-85952111, www.environment.sa.gov.au/parks.

Tipp Kaufen Sie nicht zu viel Obst und Gemüse ein, da sich an den Staatsgrenzen sog. **Fruit Controls** befinden. Zum Schutz vor der Fruchtfliege, die in einigen Anbaugebieten die Ernte befällt, muss sämtliches Frischobst entsorgt oder im Beisein des Beamten verzehrt werden!

Renmark

Renmark gilt als Zentrum der Riverlands. Die kanadischen Brüder Chaffey entwickelten bereits 1887 das erste künstliche Bewässerungsprojekt und ermöglichten dadurch den Anbau von Obst und Gemüse. Das denkmalgeschützte Haus der Chaffeys heißt Olivewood und beheimatet ein kleines

Museum. Renmarks Klima hat sich auch für die Rosenzucht als perfekt erwiesen. Von September bis Juli erblühen die prächtigen Blumen entlang der Hauptstraße. Wer bisher noch keine Bootstour auf dem Murray unternommen hat, sollte sich an der Wharft einer Fahrt anschließen oder vielleicht sogar ein Hausboot mieten (Autoführerschein genügt). Der Schaufelraddampfer „PS Industries" liegt direkt hinter dem Tourist-Office und kann besichtigt werden. Sonntags schippert er den Fluss entlang.

Infos

Renmark Paringa Visitor Centre, 84 Murray Ave, Renmark, Tel. 08-85866704, www.renmarkparinga.sa.gov.au.

Unterkunft und Camping

*** **Renmark Hotel/Motel**, Murray Ave, Renmark, Tel. 08-85866755; Mittelklasse-Motel.

Renmark Riverfront CP, Sturt Hwy, Renmark, Tel. 08-85866315; schöner Platz am Flussufer mit Cabins und Kanuvermietung.

Zweimal täglich hebt sich in **Paringa** die Spannbrücke über dem Fluss, damit der Schiffsverkehr passieren kann. Nach Paringa, das das östliche Ende der Riverlands darstellt, führt der Sturt Highway schnurgerade nach Mildura in Victoria.

Mildura

Mildura, eine ganzjährig sonnenverwöhnte Oase mit Weinreben und Orangenplantagen, bildet einen markanten Gegensatz zur heißen und trockenen Landschaft der Umgebung. Auch hier waren es die Gebrüder Chaffey, die in den 1880er Jahren mit ihren Bewässerungsanlagen die Felder fruchtbar machten. In der Stadt sind entlang des ausgeschilderten *Chaffey Trail* zahlreiche historische Relikte und Gebäude erhalten. Die Chaffey-Brüder waren es auch, die der Stadt das nordamerikanisch rechtwinklige Straßenlayout verpassten: Die *Avenues* führen von Nord nach Süd, die *Streets* von West nach Ost. Das ehemalige Wohnhaus der Chaffeys (Rio Vista) beheimatet heute das **Mildura Arts Centre** (199 Cureton St, tägl. 10–17 Uhr) mit Kunstgalerie, Museum und Theater.

Infos

Im **Mildura Visitor Centre** (180–190 Deakin Ave, Tel. 03-50188380, www.visitmildura.com.au, tägl. 9–17 Uhr) werden detaillierte Auskünfte zu den Sehenswürdigkeiten und Unterkünften der Stadt erteilt.

Unterkunft und Camping

**** **Rockford Mildura**, 373 Deakin Ave, Tel. 03-50233823; gepflegte und großzügige Hotelanlage.

*** **Mildura Grand Hotel**, Seventh St, Tel. 03-50230511; Mittelklassehotel mit italienischem Restaurant gegenüber vom Bahnhof.

* **Riverboat Bungalow Backpackers,** 27 Chaffey Ave, Tel. 03-50215315; Hostel in historischem Haus, vermittelt auch Jobs.

Golden River CP, Flora Ave, Tel. 03-50212299; nördlich der Stadt, direkt am Murray River gelegener Campingplatz mit Bungalows und Cabins.

Weiterfahrt

Auf dem asphaltierten *Silver City Highway* führt der direkte Weg über das Städtchen **Wentworth,** hier treffen der Murray und der Darling River zusammen, nach **Broken Hill** (297 km). Interessanter ist die Allrad-Variante über **Mungo NP** und **Kinchega NP** (▶ s. „Von Broken Hill zurück nach Mildura").

Touren: Wer nicht selbst in den Mungo National Park fahren möchte, sollte sich in Mildura bzw. Wentworth den Touren von *Harry Nanya Tours* anschließen (buchbar im Visitor Centre in Mildura oder unter www.harrynanyatours.com.au). Auf den Ausflügen wird die Natur von Aboriginal-Guides anschaulich erklärt, außerdem gibt es ein leckeres BBQ bei Sonnenuntergang.

Broken Hill

Obwohl die Stadt abseits sämtlicher Metropolen liegt, ist sie per Flugzeug, Bus und Eisenbahn bestens mit den Kapitalen des Landes verbunden. Daher auch der Werbeslogan „Broken Hill – The Accessible Outback" („Das erreichbare Outback"). Bekannt ist Broken Hill in erster Linie wegen seiner reichen Bodenschätze wie Silber, Zink, Blei und Zinn. Bereits 1885 wurde die Bergwerksgesellschaft *Broken Hill Proprietary (BHP)* gegründet, die heute zu den größten Firmenimperien Australiens zählt. Ihr Aktienkurs weist steil nach oben, denn der weltweite Bedarf an Rohstoffen wird weiter steigen. Die Stadt selbst wirkt bei der Einfahrt zwar etwas eintönig, aber dennoch einladend. Schaut man genauer hin, hat Broken Hill sogar einige Sehenswürdigkeiten sowie eine gute Infrastruktur zu bieten. Besonders begeistert aber die Umgebung mit ihren kuriosen Outback-Orten und faszinierenden Nationalparks.

Sehenswertes

In der Innenstadt befinden sich das **Railway, Mineral & Train Museum** (Ecke Bromide/Blende Sts, tägl. 10–15 Uhr), die **School of the Air** (Lane St, Mo–Fr 8.20 Uhr, Reservierung am Vortag im Visitor Centre) sowie das **Geo Centre** mit interessanter Mineralienausstellung (Ecke Bromide/Crystal Std, Mo–Fr 10–16.45 Uhr, Sa/So ab 13 Uhr). Zahlreiche Künstler haben sich in Broken Hill niedergelassen und stellen ihre Werke in eigenen Galerien aus. Etwas außerhalb, am Flughafen, liegt die Basis des **Royal Flying Doctor Service** (Tel. 08-80801777, Mo–Fr 9–17 Uhr, Sa/So 11–16 Uhr, mit Shop und Museum).

Ein Muss bei Sonnenuntergang ist der Besuch des Skulpturenparks **Living Desert & Sculpture Symposium** 11 km nordwestlich der Stadt. Für den Parkzugang mit dem Fahrzeug benötigt man einen Schlüssel für das Gate, der im Visitor Centre gegen Pfandhinterlegung erhältlich ist.

Minenstadt heißt natürlich auch „Bergwerksführung". Eine Tour durch den Untergrund der **Delprat's Mine** sollte bei Interesse im Visitor Centre gebucht werden (Mo–Fr 10.30 Uhr, Sa 14 Uhr, Tel. 08-80881604, Kinder unter 6 Jahren dürfen nicht teilnehmen! Anfahrt: Über die Schienen bei der Iodidie St, etwa 5 Min. auf der Schotterstraße).

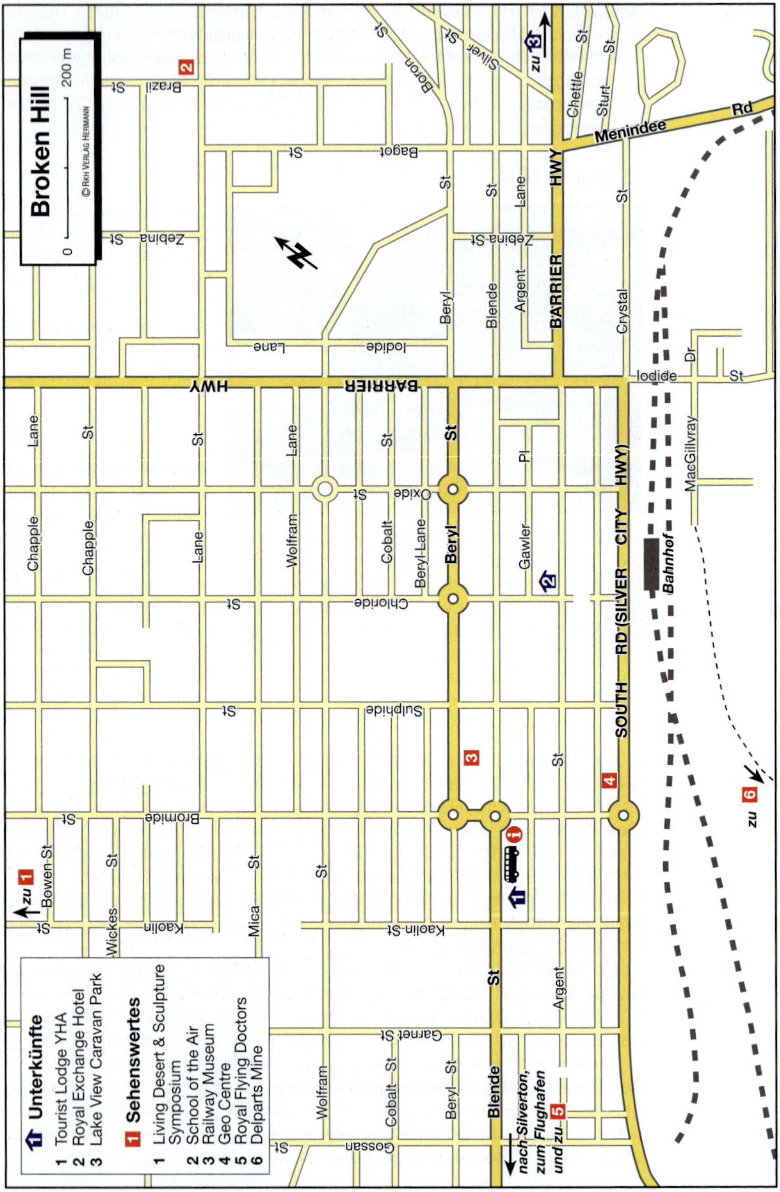
Broken Hill
0
200 m
© RKH Verlag Hermann
Unterkünfte
1 Tourist Lodge YHA
2 Royal Exchange Hotel
3 Lake View Caravan Park
Sehenswertes
1 Living Desert & Sculpture Symposium
2 School of the Air
3 Railway Museum
4 Geo Centre
5 Royal Flying Doctors
6 Delparts Mine
BARRIER HWY
SOUTH RD (SILVER CITY HWY)
Menindee Rd
Beryl St
Blende St
Argent St
Crystal St
Chettle St
Sturt St
Boron St
Silver St
Brazil St
Bagot St
Zebina St
Lane
Iodide St
Oxide St
Chloride St
Sulphide St
Bromide St
Kaolin St
Garnet St
Gossan St
Chapple Lane
Chapple St
Wolfram St
Cobalt St
Beryl-Lane
Gawler Pl
Mica St
Wickes St
Bowen St
MacGillivray Dr
Bahnhof
zu
nach Silverton, zum Flughafen und zu 5

Infos
Broken Hill Visitor Information Centre, Ecke Blende/Bromide Sts, Tel. 08-80876077, www.murrayoutback.org.au, tägl. 8.30–17 Uhr. Das informative Zentrum bietet auch Duschgelegenheiten und Shop für (Bus-)Reisende.
Nationalparkbüro (NPWS), 183 Argent St, Tel. 08-80803200. Auskünfte zum Kinchega, Mutawintji und Peery National Park.

Unterkunft und Camping
**** **Royal Exchange Hotel**, 320 Argent St, Tel. 08-80872308; elegantes Hotel im Art Deco Stil direkt im Zentrum.
* **The Tourist Lodge YHA,** 100 Argent St, Tel. 08-80882086. Jugendherberge in der Innenstadt.
Lake View CP, 1 Mann St, Tel. 08-80882250; schattiger Platz mit Cabins 3 km nordöstlich der City.

Essen und Trinken
Der **Legion's Club** (170 Crystal St) ist ein typisch australischer Club mit Spielautomaten und einem guten Restaurant. Ansonsten bieten zahlreiche Pubs günstige Counter Meals.

Touren
Wer nicht selbst fahren möchte oder mangels eines Allradfahrzeugs nicht überall hinfahren kann, sollte sich einer der sehr gut organisierten Touren von *Broken Hill's Outback Tours* anschließen (Tel. 08-80877800, www.outbacktours.net, auch Touren ab Sydney und Adelaide).

Umgebung von Broken Hill

Autofahrer, Achtung!
Die Region südlich des Dingo-Zauns (▶ s.S. 353 – Dog Fence) ist ausgesprochen reich an Kängurus und Emus. Für Autofahrer bedeutet dies erhöhte Vorsicht bei Fahrten in der Dämmerung und bei Nacht – die Gefahr einer Kollision ist immens hoch!

Silverton
Die Geisterstadt Silverton (25 km nordwestlich, asphaltierte Straße) war Kulisse namhafter Spielfilme (Mad Max II, Town like Alice, Priscilla, Fliegende Ärzte) sowie zahlreicher Dokumentar- und Werbefilme. Im Silverton Goal House sind Relikte der Vergangenheit ausgestellt, und in verschiedenen Galerien zeigen Outbackkünstler ihre Werke. 8 km westlich von Silverton eröffnet sich vom **Mundi Mundi Lookout** ein großartiger Blick auf das weite Outback – besonders schön bei Sonnenuntergang!

Mutawintji National Park
Der Nationalpark (130 km nordöstlich) in der Byngano Range bildet mit seinen ruhigen Wasserlöchern, kleinen Schluchten und der reichen Tierwelt (Riesenkänguruhs, Emus) einen deutlichen Kontrast zur trockenen, öden Umgebung. Die Hauptattraktion des Parks sind uralte Aboriginal-Felszeichnungen und -gravuren. Im **Mutawintji Cultural Centre** werden die Zeichnungen erklärt, aber nur gemeinsam mit einem Ranger können sie besichtigt werden! Im Park ist ein einfacher Campingplatz vorhanden. Wanderwege in die Schluchten sind markiert. ▶ Weitere Informationen im NPWS-Büro in Broken Hill. Die Zufahrt in den Park erfolgt auf Staubpisten, die bei Trockenheit auch mit Pkw befahrbar sind.

White Cliffs
Die Siedlung wurde mit dem ersten Opalfund in den 1890er Jahren gegründet. Heute leben nur noch einige wenige echte Outback-Charaktere in der einsamen Gegend. Wie auch im südaustralischen Coober Pedy leben die meisten Opalsucher in Dugouts und verbringen die heiße Zeit des Tages unter der Erde in den Wohnhöhlen. Übernachten? Am besten im einzigartigen *Underground Motel* (Tel. 08-80916677). Die Anfahrt nach White Cliffs erfolgt entweder über die Staubpiste über den Mutawintji National Park (250 km) oder über Wilcannia (297 km, weitgehend asphaltiert).

Von Broken Hill zurück nach Mildura

Entweder Sie wählen die schnelle und asphaltierte Variante über den Silver City Highway zurück nach Mildura oder die sehr naturnahe Route über Menindee und die Nationalparks Kinchega und Mungo (nicht asphaltiert).

Menindee

Die erste Siedlung am Darling River liegt 110 km südöstlich von Broken Hill. Das einfache *Burke & Wills Hotel* (Tel. 08-80914313) macht Menindee zum Ausgangspunkt für den **Kinchega National Park.** Der Park rund um die Seenplatte ist ein Paradies für Ornithologen wie auch für Wassersportler und Angler. Das Besucherzentrum liegt 10 km innerhalb des Parks, bei **Kinchega Woolshed,** einem alten Schafscherer-Gebäude. Eine gut markierte Naturstraße führt durch den Park. Am Ufer des Flusses liegen idyllische NP-Campingplätze.

Mungo National Park

Auf der Strecke nach Süden zweigt hinter Pooncarie eine Sandpiste in den **Mungo National Park** ab. Am Parkeingang befindet sich ein Visitor Centre. Das bekannteste und wohl auch spektakulärste Wahrzeichen des Parks sind die **Walls of China.** Diese vielfarbigen, durch Wind und Wetter geschliffenen Sanddünen sind großartige Fotomotive. In archäologischer Hinsicht wurde der Nationalpark durch seine 40.000 Jahre alten Funde von Aboriginalrelikten berühmt. Zwei einfache NP-Campingplätze sind im Park vorhanden. Touren ▶ s.S. 413.

Straßenzustände in den Parks

Die in die Nationalparks führenden Pisten sind bei Trockenheit auch mit Pkw gut befahrbar. Nach Regenfällen (selten) werden die Pisten allerdings matschig und praktisch unpassierbar. Erkundigen Sie sich dann in den Besucherzentren in Mildura oder Broken Hill nach den Straßenzuständen!

Streckenhinweis ab Mildura

Wer in Richtung Südküste und Grampians Nationalpark fährt, nimmt ab Mildura den *Calder Highway* nach Horsham. Unterwegs lohnt ein Abstecher in den **Hattah-Kulkyne National Park,** welcher aus einigen, allerdings meist ausgetrockneten Binnenseen besteht und eine reiche Vogelwelt aufweist. NP-Campingplatz vorhanden.

Weiter auf dem Sturt Highway

Swan Hill

Auf dem *Sturt Highway* (später *Murray Valley Highway)* ist **Swan Hill** schnell erreicht. Die Ortschaft ist von Weizenfeldern und Weideland umgeben und präsentiert sich als typische Versorgungsstadt der umliegenden Farmen. Durch den Einsatz von Schaufelraddampfern mit wenig Tiefgang konnte der flache Murray River selbst bei Niedrigwasser befahren werden und verhalf der Stadt dadurch zum Aufschwung. Die Geschichte der Region ist in der Freiluftausstellung des **Pioneer Settlement Museum** dargestellt (Horseshoe Bend, tägl. geöffnet). Flussfahrten können auf dem 105 Jahre alten Raddampfer „PS Pyap" unternommen werden. An der Anlegestelle Murray Downs werden Hausboote vermietet.

Infos

Informationen zur Stadt und den Schaufelraddampfern sind im **Visitor Centre** erhältlich (306 Campbell St, Tel. 1-800-625373).

Unterkunft und Camping

*** **Sundowner Swan Hill Resort,** 405 Campbell St, Tel. 1-800-034220; komfortables Mittelklasse-Hotel.
Swan Hill Riverside CP, 1 Monash Dve, Tel. 03-50321494; Campingplatz mit Cabins.

Weiterfahrt Der Highway entfernt sich vom Murray River und folgt, vorbei an zahlreichen Seen, der Eisenbahntrasse nach Südosten. Zum Teil werden die Gewässer von Wassersportlern genutzt (Wasserski, Jetski). Am **Lake Reedy** (nördlich Kerang) brütet eine große Kolonie Ibisse. Ein Beobachtungspunkt ist am Highway markiert.

In Kerang zweigt der *Loddon Valley Highway* (B260) zur Goldgräberstadt Bendigo ab.

Echuca-Moama

Echuca

Die nächstgrößere Stadt heißt Echuca bzw. Echuca-Moama, benannt nach der Partnerstadt am nördlichen Ufer des Murray, das bereits zu New South Wales gehört. Der Name bedeutet soviel wie „Treffpunkt des Wassers“, denn hier münden die Flüsse Goulbourn und Campaspe in den Murray. Die 1853 gegründete Stadt ist der größte Binnenhafen Australiens. Das aufwendig restaurierte Hafenviertel **Old Port** (tägl. 9–17 Uhr) ist daher auch die interessanteste Sehenswürdigkeit. Koloniale Häuser, ein Museum und Dampferfahrten sind im Eintrittsgeld enthalten. Vom Flussufer lassen sich die beschaulich dahinfahrenden Schaufelraddampfer beobachten – es ist, als wäre man in die Vergangenheit versetzt.

Infos Das **Echuca-Moama Visitor Centre** (2 Heygarth-St, Tel. 1-800-804446, www.echucamoama.com) liefert Informationen zu Aktivitäten in der Stadt und bucht Bootsausflüge.

Unterkunft und Camping

*** **Nirebo Motel**, 251 Hare St, Echuca, Tel. 03-54822033; Motel mit Blick auf den Murray River.

* **YHA Echuca Gardens und B&B,** 103 Mitchell St, Echuca, Tel. 03-54806522; familäre Unterkunft östlich der Bahnlinie.

Maidens Inn Holiday Park CP, 100 Chanter St, Moama, Tel. 1-800-825235; gepflegter Big 4-Campingplatz am Fluss mit Schwimmbad und Cabins.

MEL ▸ SYD

Bendigo

Als im Jahr 1851 Gold in Bendigo gefunden wurde, strömten Tausende von Glücksrittern in die Gegend. 1880 wurde Bendigo zum reichsten Goldfeld der Erde proklamiert. Mit dem Wohlstand entstanden prachtvolle Verwaltungsgebäude, die sich entlang der Fußgängerzone **Pall Mall** aneinander reihen und heute teilweise edle Boutiquen und Hotels beherbergen. Die wichtigste Touristenattraktion sind das kleine **Golden Dragon Museum** (5–13 Bridge St, tägl. 9.30–17 Uhr) und die **Central Deborah Mine** (76 Violet St, tägl. 9.30–17 Uhr). Beide Einrichtungen zeigen das entbehrungsreiche Leben der Goldsucher.

Infos Das **Visitor Centre** befindet sich im historischen Post Office in der Pall Mall (Tel. 03-54444445 oder 1-800-813153, www.bendigotourism.com.au, tägl. 9–17 Uhr).

Unterkunft und Camping

**** **Shamrock Hotel**; Ecke Pall Mall/Wiliamsons St, Tel. 03-54430333; historisches Kolonialhotel.
* **Bendigo YHA,** 33 Creek St, Tel. 03-54437680; Jugendherberge.
Central City CP, 362 High St, Tel. 03-54436937; zentral gelegener Campingplatz.

Castlemaine

In Castlemaine (38 km südlich von Bendigo), dem ehemaligen Zentrum der *Mount Alexander Goldfields,* wurde bereits während der Goldgräberzeit das bekannte Bier „Castlemaine XXXX“ gebraut, welches noch heute vertrieben wird. Sehenswert ist das neoklassizistische Gebäude *Old Castlemaine Market* sowie die *Castlemaine Art Gallery* (Lyssleton St) in der sich eine Sammlung kolonialer und zeitgenössischer Kunstwerke sowie ein Heimatmuseum befinden.

Maldon

18 km nordwestlich liegt das verträumte Maldon, eine der besterhaltenen Goldgräberstädte Victorias. Kaum zu glauben, dass hier einst 30.000 Menschen gelebt haben sollen. Zahlreiche historische Gebäude sind detailgetreu restauriert und bieten Unterkünfte (Hotels und B&B). Im *Visitor Centre* ist man bei der Auswahl gerne behilflich (93 High St, Tel. 03-54752569, www.maldon.org.au).

Spa Country

Zwischen Castlemaine und Ballarat liegen, rund um **Daylesford** und **Hepburn Springs,** über 70 Mineralquellen. Im Daylesford Visitor Centre (Vincent St, Tel. 03-53481339, tägl. 9–17 Uhr, www.macedonandspa.com.au) sind Auskünfte zu den entspannenden und gesundheitsfördernden Quellen sowie zu Unterkünften erhältlich.

Ballarat ist im Kapitel „Von Adelaide nach Melbourne entlang der Küste / Great Ocean Road“ beschrieben, ▸ s.S. 408)

Alternativroute: Von Broken Hill nach Sydney

Mehr oder weniger schnurgerade Highways führen von **Broken Hill** in östlicher Richtung nach Sydney (ca. 1200 km). Reisenden bietet sich neben der Fahrt mit dem Mietwagen (dieser könnte in Broken Hill abgegeben werden!) auch die Möglichkeit, den Greyhound-Bus zu nehmen oder mit dem „Indian Pacific“-Fernreisezug zu fahren. Der Zug hält auf seinem Weg von Sydney nach Perth (bzw. umgekehrt) zweimal pro Woche in Broken Hill.

Der Barrier Highway und Mitchell Highway müssen aufgrund gähnender Langeweile in „Gewaltetappen“ zurückgelegt werden.

In der Outbackstadt **Dubbo** sollte ein Stopp eingelegt werden, um den großartigen **Western Plains Zoo** zu besuchen (www.zoo.nsw.gov.au). Erfolgreiche Aufzuchtprogramme gefährdeter Tierarten haben ihn über die Grenzen Australiens hinaus bekannt gemacht. Informationen zu Unterkünften erteilt das *Visitor Centre* (48-52 Wingewarra St, Tel. 02-68835318, www.heartland.com.au, www.dubbo.com.au). Allmählich führt die weitere Strecke dann hinauf zu den östlichen Ausläufern der Great Dividing Range. Nach Bathurst und Lithgow sind die Blue Mountains mit dem Hauptort Katoomba erreicht (▸ s.S. 144).

Victoria

Überblick

Australiens zweitkleinster Bundesstaat ist der am dichtesten besiedelte und am stärksten industrialisierte Landesteil. Auf 227.600 qkm Fläche leben in Victoria rund 4,85 Mio. Einwohner, davon allein 3,3 Mio. in der Hauptstadt Melbourne. Weitere größere Städte sind Geelong (191.000), Ballarat (85.000) und Bendigo (79.000).

Bergige Regionen im Nordosten und Halbwüsten im Nordwesten sowie eine prächtige Küstenlandschaft im Süden zeichnen den Bundesstaat aus. Der Großteil des Landes wird für die Landwirtschaft genutzt. Gärten und Parks haben Victoria den Beinamen „Garden State" eingebracht.

Klima

Victoria liegt in der gemäßigten Klimazone der südlichen Hemisphäre. Das Wetter wird stark vom Meer beeinflusst und variiert daher stark. Heftige Regenfälle mit Überschwemmungen und dauerhafte sommerliche Hitzeperioden mit verheerenden Dürreperioden sind die klimatischen Extrema. Im Sommer (Dez–März) liegen die Temperaturen bei durchschnittlich 25 °C.

Eine Ausnahme bilden die Wüstenregionen im äußersten Nordwesten. Die Winter sind mild, wobei das Quecksilber in den Bergen aber schon unter den Gefrierpunkt sinkt. In den höher gelegenen Bergregionen fällt Schnee, und es gibt tatsächlich richtige Skigebiete.

Wirtschaft

Wirtschaftlich lebt Victoria von der Auto-, Papier, Nahrungs- und Genussmittelindustrie, von der Landwirtschaft (Getreide, Fleisch, Milch, Wolle) sowie von den großen Braunkohle- und Erdgasvorkommen. Melbourne ist zudem die Finanzhauptstadt Australiens, und der Frachthafen gehört zu den bedeutendsten des Kontinents.

Highlights

Zu den Schönheiten des Staates zählt die quirlige und internationale Großstadt Melbourne, die beeindruckende Küstenlandschaft der Great Ocean Road, die Nationalparks Grampians und Wilsons Promontory, die Goldgräberstädte Ballarat und Bendigo sowie die Viktorianischen Alpen.

Internet-Infos

Tourism Vic, Tel. 132842,
www.visitmelbourne.com und www.tourism.vic.gov.au

Nationalparkbehörde Victoria / Parks Victoria Information Centre, Tel. 131963, www.parkweb.vic.gov.au; eine hervorragende Website mit allen Nationalparks sowie der Möglichkeit, interessante Broschüren und Faltblätter, z.B. mit Wanderungen, herunterzuladen.

Festival in Melbourne

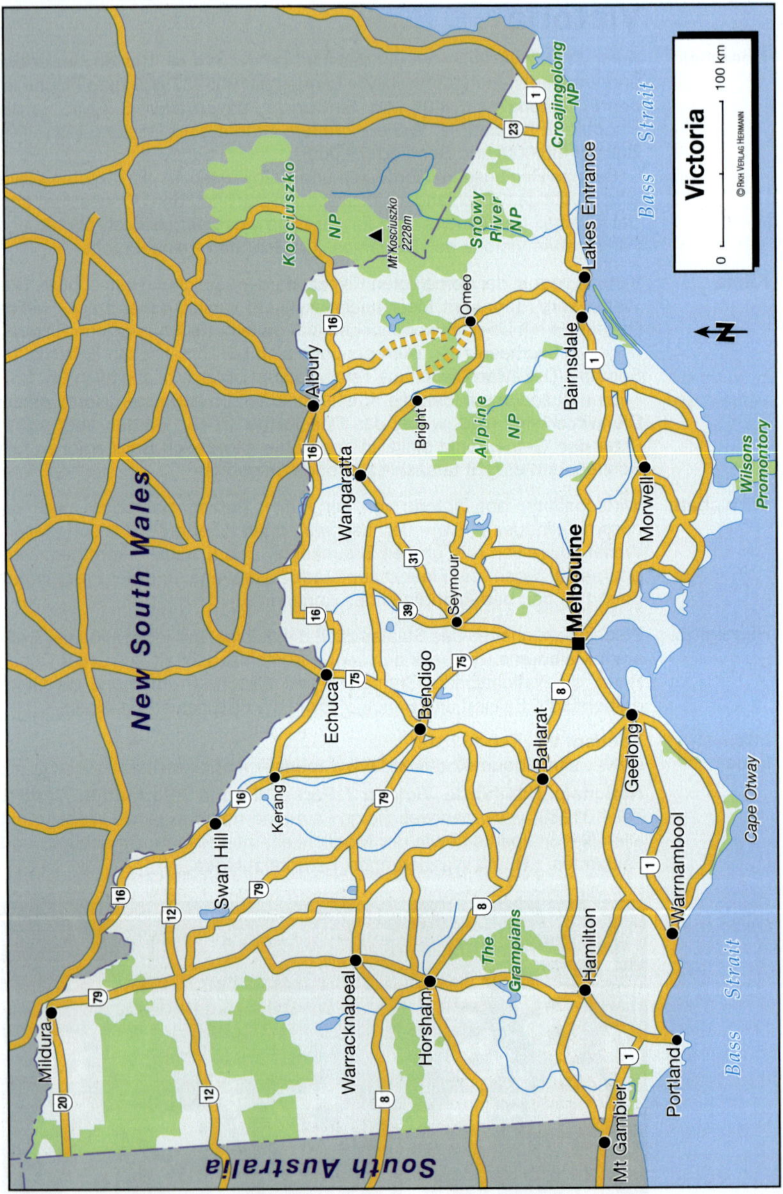
Victoria
0
100 km
©RKH VERLAG HERMANN
New South Wales
South Australia
Bass Strait
Bass Strait
Melbourne
Kosciuszko NP
Mt Kosciuszko 2228m
Snowy River NP
Croajingolong NP
Alpine NP
The Grampians
Wilsons Promontory
Cape Otway
Lakes Entrance
Bairnsdale
Omeo
Bright
Albury
Wangaratta
Seymour
Morwell
Echuca
Bendigo
Ballarat
Geelong
Kerang
Swan Hill
Warrnambool
Hamilton
Horsham
Warracknabeal
Mildura
Portland
Mt Gambier
1
23
16
31
39
75
8
79
12
20

Melbourne

Überblick

Kosmopolitisch geht es in der historisch noch recht jungen Stadt am Yarra River zu. Vollbesetzte Straßencafés, hupende Autos, gehetzte Geschäftsleute, volle Straßenbahnen und ein internationales Sprachengewirr sind die ersten Eindrücke bei einem Bummel durch die Innenstadt. Alte viktorianische Gebäude und moderne Wolkenkratzer aus Stahl und Glas erzeugen in den schachbrettförmig angelegten Straßen der Innenstadt eine „europäische" Mischung. Von der in den Medien beschworenen Konkurrenz zu Sydney ist in Melbourne nichts zu spüren. Die Finanz- und Kulturmetropole Australiens muss sich mit ihren zahlreichen Galerien, Museen und Theatern nicht verstecken. Eine große Leidenschaft der „Melbournians", wie sich die 3,6 Mio. Einwohner nennen, ist der Sport. Dies war einer der Gründe, die ersten Olympischen Spiele auf der südlichen Hemisphäre 1956 in Melbourne stattfinden zu lassen. Noch heute sind die bedeutendsten Sportevents Australiens in Melbourne beheimatet (▶ s.a. „Wie, wo, was ... / Sport", S. 431).

Melbourne bietet eine enorme Vielfalt internationaler Restaurants und Einkaufsmöglichkeiten. Von geschäftigen Märkten über schicke Designerläden bis zu riesigen Einkaufszentren ist alles vertreten.

Folgt man den grünen Parkanlagen stadtauswärts, so gelangt man zum Badeort St Kilda, oder in die lebhaften Straßen des Stadtteils Carlton, oder zum Bummeln und Flanieren in das neugestaltete Hafenviertel Docklands. Abwechslung bietet Melbourne zur Genüge.

Die Kapitale Victorias ist wegen seiner guten internationalen Verkehrsanbindungen ein gerne genutzter Ausgangs- oder Endpunkt einer Australienreise. Sie sollten sich wenigstens zwei volle Tage Zeit für die Stadt nehmen.

Klima

Das Klima in Victorias Hauptstadt ist gemäßigt. Es herrschen vier ausgeprägte Jahreszeiten, vergleichbar mit denen Mitteleuropas. Die Niederschläge verteilen sich gleichmäßig über das ganze Jahr. Im Sommer (Okt–März) sind die Tage warm bis heiß (14–25 °C). Von Juni bis September kühlt es merklich ab und die Temperaturen überschreiten am Tage kaum die 15 °C.

Geschichte

Im Mai 1835 kaufte der Brite John Batman in gängiger weißer Siedlermanier den am Ufer des Yarra Rivers ansässigen Woiworung-Aboriginals gegen ein paar Wolldecken, Messer, Hemden und Spiegel ein 240.000 Hektar großes Stück Land ab. Stolz darauf, keine Sträflingskolonie zu sein, wurde – trotz des offiziell ungültigen Kaufvertrags – im Jahr 1837 die Stadt Melbourne gegründet. Richard Hoddle entwarf vier breite Straßen am Nordufer des Yarra River. Sie tragen bis heute die Namen *Flinders, Collins, Bourke* und *Lonsdale Street* und bilden den kompakten Stadtkern.

Benannt wurde die Stadt nach dem damaligen Premierminister Englands, *Lord Melbourne.* Mit den Goldfunden in Ballarat und Bendigo folgte eine rasante Entwicklung. Der Hafen wurde der wichtigste Umschlagplatz für alles, was mit dem Goldrausch zu tun hatte. Banken und Bergbauunternehmen ließen sich nieder, und 1860 lebten bereits eine halbe Million

Menschen in Melbourne. 1851 wurde Melbourne der Regierungssitz Victorias, 1853 eröffnete die Universität, und ein Jahr später wurde die erste Eisenbahnstrecke Australiens gebaut. Mit der Weltausstellung 1880 erlangte die Stadt weltweite Bekanntheit. Von 1901 bis 1927 war Melbourne sogar die offizielle Hauptstadt Australiens.

Nach dem Zweiten Weltkrieg bereicherte der starke Zustrom von Einwanderern aus aller Welt die Kultur Melbournes enorm. Anfang der 1990er Jahre litt Victoria stark unter der Wirtschaftskrise und der damit verbundenen Arbeitslosigkeit. Erst mit der Regierungsübernahme der konservativen Partei wurde der Niedergang gestoppt. Ehrgeizige Bauprojekte wie das *South Gate Centre* am Yarra River, der *Federation Square* oder das neue Stadtviertel *Docklands* an der Wasserfront verhalfen der Stadt zu ihrer heutigen Bedeutung. 2004 wurde Melbourne von der Zeitschrift „Economist" bereits zum zweiten Mal zur „lebenswertesten Stadt der Welt" gekürt.

Adressen & Service Melbourne

An- und Abreise

Per Flugzeug

Der internationale Flughafen Tullamarine liegt 25 km nordwestlich des Stadtzentrums, nationale Flüge landen und starten ebenfalls von diesem Flughafen. www.melbourne-airport.com.au.

Der **SkyBus** (Tel. 03-93352811) bietet einen Shuttle Service vom Flughafen in die Innenstadt und zu den Stadthotels (tägl. 24 h, tagsüber alle 15 Min., nachts alle 30 bis 60 Min., einfach A$ 15, H/R A$ 24). Öffentliche Busse verkehren vom Terminal in die Vororte Melbournes und zu anderen Zielen Victorias (▶ s. „Öffentliche Verkehrsmittel").

Per Taxi dauert die Fahrt in die Innenstadt außerhalb der Rushhour ca. 30 Min. und kostet A$ 40–45. Bei hohem Verkehrsaufkommen (Ankunft am Vormittag) kann es erheblich teurer werden – da nimmt man besser den Shuttle-Bus.

Per Bahn und Bus

Fast alle Überlandbusse (V-Line und Firefly) enden bzw. starten am **Spencer Street Coach Terminal** (44 Spencer St, Tel. 96293848). Greyhound-Busse verkehren allerdings vom **Melbourne Transit Centre** (58 Franklin St).

Fernzüge fahren in den **Hauptbahnhof Spencer St Station.** Fahrpläne und Buchungen im Booking Office (Spencer St Station) oder im City Booking Office (589 Collins St).

Tägliche **Zugverbindungen** bestehen nach Sydney, Canberra, Adelaide und allen größeren Städten in Victoria (▶ s. „Züge“). Lokale und regionale Züge fahren ab/bis Flinders Street Station.

Per Auto Achtung!

Mautpflicht auf den Ein- und Ausfallstraßen

Wer mit dem Auto oder Wohnmobil nach Melbourne „ein- oder ausreist“, trifft auf der Autobahn M1 (South Eastern Freeway und West Gate Freeway) zwangsläufig auf „mautpflichtige“ Passagen. Australische Autofahrer werden elektronisch per „e-tag“ abkassiert. Besucher müssen entweder runter von der Autobahn und die umständliche, staugeplagte Route durch die Vororte in Kauf nehmen oder sich ein Tagesticket kaufen (Day-Pass, ca. A$ 9). Es gibt keine Mautstationen an der Straße, die Pässe sind nur bei der Post oder per Telefon unter Tel. 132629 erhältlich. Die Gebühr wird von der Kreditkarte abgebucht. „Mautprellern“ droht eine saftige Strafe (100 A$), die Ihnen der Vermieter, zuzüglich einer Bearbeitungsgebühr, weiterberechnet!

Hinweis

Autofahren in Melbournes Innenstadt

Beim Rechtsabbiegen in der City (z.B. Elisabeth St) gilt eine Sonderregelung. Da die Straßenbahnen so gut wie immer Vorfahrt haben, muss an markierten Kreuzungen („Hook Turn“-Schilder) beim Rechtsabbiegen zunächst am linken Fahrbahnrand gewartet werden, bis der geradeausfahrende Verkehr die Kreuzung passiert hat. Erst dann darf rechts abgebogen werden.

Infos

Victoria Visitor Information Centre, Federation Square, Tel. 98177700, tägl. 9–17 Uhr, www.visitmelbourne.com oder www.melbourne.citysearch.com.au. Neugestaltetes Info-Zentrum mit Auskünften zu Stadt, Unterkünften, Restaurants und Veranstaltungen. Kostenlose, empfehlenswerte Broschüren für einen Aufenthalt in Melbourne sind der „Melbourne Official Visitor Guide“, „This Week in Melbourne“ und die Tageszeitungen „The Age“ (www.theage.com.au) oder „Herald Sun“ (www.heraldsun.com.au) mit aktuellen Veranstaltungstipps. Internet-Terminals sind vorhanden.

Kleinere Infozentren befinden sich am **City Square** (Ecke Swanston Walk/Collins St) und in der **Bourke St Mall** (Infostand).

Department of Conservation and Environment, 240 Victoria Parade, Tel. 03-94124011, www.parkweb.vic.gov.au; ausführliche Materialien und Informationen über die Nationalparks Victorias.

Die Karte **Melbourne & Beyond Smartvisit Card** bietet Ermäßigungen und z.T. kostenlose Eintritte für mehr als 50 Touristenattraktionen wie Museen, Tierparks usw. in Melbourne und Umgebung. Die Karte ist für ein, zwei, drei und sieben Tage erhältlich und kostet für Erwachsene A$ 65, 99, 129 und 199. ▶ Weitere Infos im Internet unter www.seemelbournecard.com.

Öffentliche Verkehrsmittel

Das öffentliche Nahverkehrsnetz zählt zu einem der besten Australiens. In der Stadt sind die günstigsten und meist auch schnellsten Verbindungen die **Straßenbahnen, Busse und Züge** der MET. Rund um den CBD verkehrt die kostenlose **City Circle Tram** auf festgelegter Route. Besuchen Sie Melbourne am besten ohne Auto, oder lassen Sie es am Hotel oder Campingplatz stehen. Der Verkehr ist gewöhnungsbedürftig und Parkplätze sind Mangelware.

Busse, Bahnen und Trams fahren Mo–Sa von 5–24 Uhr. Am Wochenende verkehrt der **Night-Rider-Bus** stündlich von 0.30–4.30 Uhr vom City Square (Swanston St). Die Straßenbahnen, die nach und nach durch moderne Wagen ersetzt werden, fahren häufiger als Busse (unter der Woche etwa alle 15–20 Min.). Am Wochenende werden allerdings öfters Busse (mit gleicher Streckennummer) eingesetzt.

Um in die Vororte zu gelangen, stehen Busse und Züge zur Verfügung. Züge verkehren ab der **Flinders Street Station.** Eine U-Bahn verbindet die Stationen Spencer St, Flinders St, Parliament, Museum und Flagstaff.

Fahrkarten

Die Fahrkarten (MET-Tickets) sind für Straßenbahnen, Busse und Züge gültig. Die Fahrpreise richten sich nach der Zonenanzahl (insgesamt drei Zonen für das gesamte Netz). Das Kurzstrecken- und das 2-Stunden-Tikket (Innenstadtzone, A$ 3,10) wird im Verkehrsmittel selbst oder an Automaten an den Haltestellen verkauft (ab 18 Uhr gilt es 6 Std.). Wenn Sie nur eine Strecke im CBD fahren wollen, dann ist das City Saver Ticket (A$ 2,20) das kostengünstigste. Lohnend ist die Tagesfahrkarte (Daily Ticket, Innenstadt A$ 6,10). Ab 5 Tagen ist die Wochenkarte das günstigste Ticket (Weekly Ticket, A$ 26,70). Studententarife gelten nur für Schüler und Studenten aus Victoria. Mehrtageskarten sind im Visitor Centre, im MET Shop und bei zahlreichen Kiosken und Shops („Metcards sold here") erhältlich. Alle Karten müssen bei Fahrtantritt entwertet werden (Automaten in den Fahrzeugen).

Auskünfte zu Fahrplänen und Tickets sind im MET Shop erhältlich (Metropolitan Transit Authority, 103 Elisabeth St, Tel. 6170900, tägl. 9–17 Uhr; Tel. 131638, www.victrip.com.au).

Stadtrundfahrten

Eine bequeme Angelegenheit sind **Stadtrundfahrten** mit dem **City Explorer Bus** (Tel. 131304, A$ 20, tägl. 10–16 Uhr, jede volle Stunde ab Flinders Street Station). Die roten Busse stoppen an den wichtigsten Sehenswürdigkeiten der Stadt. Man kann ein- und aussteigen so oft und die Fahrt unterbrechen so lange man möchte. Haltestellen befinden sich am Museum of Victoria, Old Melbourne Gaol (Gefängnis), Queen Victoria Market, Melbourne Zoo, Lygon St, Cooks Cottage in Fitzroy Gardens. Mit dem Bustikket gelten für die Sehenswürdigkeiten reduzierte Eintrittspreise.

Eine andere Möglichkeit, die Stadt zu erkunden, ist der **City Wanderer,** ein roter Doppeldeckerbus, der von 10–15 Uhr ab Flinders Street Station über die Westgate Bridge nach Williamstown pendelt.

Wie, wo, was ...

Automobilclub *Royal Automobil Club of Victoria (RACV),* 123 Queen Street, Tel. 03-96072222 oder 1-800-337743, www.racv.com.au; gute Landkarten und Informationen für Auto- und Camperreisende. Mitgliedsausweis europäischer Automobilclubs für Rabatte vorlegen.

Auto- und Campervermietungen Alle namhaften Autovermieter haben Stationen in der Stadt und am Flughafen. Hinzu kommen noch einige lokale Anbieter, deren Einsatzbereich in der Regel nur auf das Stadtgebiet beschränkt ist.

- *Apollo Camper,* 11 Mareno Rd, Tullamarine, Tel. 03-93303877.
- *Avis Car Rental,* 20–24 Franklin St, Tel. 03-96636366 oder 1-800-225533; Flughafen Tel. 03-93381800.
- *Britz/Maui Campers,* Central West Business Park, South Rd, Braybrook, Tel. 03-83798866.
- *Budget Cars,* 398 Elizabeth St, Tel. 03-92034845; Flughafen Tel. 03-92416366.
- *Hertz Cars,* 97 Franklin St, Tel. 03-96636244; Flughafen 03-93384044.
- *Kea Campers,* 250 Ballarat Rd, Braybrook, Tel. 03-93185900.
- *Thrifty Cars,* 390 Elisabeth St, Tel. 03-86616000; Flughafen Tel. 03-92416100

Banken Alle großen Bankhäuser haben Filialen in der Collins Street. Geschäftszeiten sind Mo–Do 9.30–16 Uhr, Fr bis 17 Uhr.

Behindertenhilfe Disabled Support Centre, 169 Swanston St, Tel. 96542600.

Busse Die Überlandbusse fahren von den Terminals in der Spencer Street bzw. Franklin Street.

Wer auf den stark frequentierten Strecken nach Sydney, Adelaide oder Canberra reisen will, sollte Preisvergleiche vornehmen.

V-Line fährt mit Bussen und Bahnen fast 300 Orte in Victoria an. Für Vielfahrer lohnt der Victoria Pass für unbegrenztes Fahren mit Verkehrsmitteln der V-Line (ab A$ 150).

Informationen zu Bussen, Fahrplänen und Preisen im **Bus Booking Centre** (44 Spencer St, Tel. 03-96293848) oder **Interstate & Country Bus Services** (1-250 Flinders St, Tel. 03-96548477).

Greyhound, 58 Franklin St, Tel. 03-96633299 oder 132030, www.greyhound.com.au. V-Line, 589 Collins St, Tel. 03-96198080 oder 132232.

Einkaufen

Die Geschäftszeiten in der Innenstadt sind in der Regel Mo–Mi 9–18 Uhr, Do–Fr 9–21 Uhr, Sa 9–17 Uhr, So 10–17 Uhr. Supermärkte sind häufig rund um die Uhr geöffnet.

Die wichtigsten Shopping-Meilen sind die Bourke St, Elisabeth St und Swanston St im Stadtzentrum. Die **Fußgängerzone Bourke Street Mall** befindet sich zwischen Elisabeth und Swanston Street. Hier reihen sich die großen Kaufhäuser wie Myers, David Jones und Target aneinander. Weitere Geschäfte sind im **Galleria Shopping Plaza** (Ecke Bourke/Elizabeth Sts) und in den Arkaden zwischen Bourke, Little Collins und Collins Streets (The Block, Collins Two3Four, The Royal Arcade). Wegen seiner

Architektur und der zahlreichen Shops lohnt der Besuch des **Melbourne Central** – ein Einkaufzentrums mit riesiger Glaskuppel und 170 Geschäften (2 Blocks von Lonsdale St bis Latrobe St auf Höhe der Elizabeth St). Am Südufer des Yarra Rivers (gegenüber der Flinders St Station) bietet das **Southgate Shopping Centre** neben Restaurants, Bars und Galerien Tag und Nacht Einkaufsvergnügen auf drei Stockwerken.

Souvenirs Aboriginalkunst ist zwar erhältlich, doch die Auswahl ist nicht besonders groß. Die Preise sind im Vergleich zu Alice Springs oder Darwin eher hoch. Eine gute Adresse ist die Aboriginal-*Gallery of Dreamings* (73-75 Bourke St, beim Parliament House).

Buschkleidung wie Hüte, Working Boots und Öljacken (Driza Bone) offeriert R.M. Williams (180 Collins St). Designerkleidung und -gegenstände von namhaften australischen Produzenten sind in den 60 Fachgeschäften im Einkaufszentrum Australia On Collins (260 Collins St, beim Novotel) und im Nobelvorort South Yarra zu erstehen.

Bücher und Landkarten Dymocks Melbourne (234 Collins St) hat eine riesige Buchauswahl. Map Land (372 Bourke St) ist bei Reiseliteratur und Landkarten gut sortiert. Im ABC Shop (Galleria Shopping Plaza) werden hauptsächlich australische Literatur und Musik verkauft. Der Australian Geographic Shop (300 Lonsdale St) bietet Landkarten, Bücher und australientypische Souvenirs.

Alltagsbedarf und Lebensmittel sind bei Coles Express (2–26 Elizabeth St, Richtung Flinders St, 24 h geöffnet) und den 7-Eleven Stores (Ecke Flinders/Elizabeth Sts) in der Innenstadt erhältlich. Die kleinen, über die ganze Stadt verteilten Convenience Stores haben rund um die Uhr geöffnet und bieten Getränke, Essen und Hygieneartikel.

Camping- und Outdoorartikel Zahlreiche Outdoorgeschäfte sind im Viertel zwischen Hardware Lane und Little Bourke Street angesiedelt. Häufig sind die Läden auf Ski fahren und Surfen ausgerichtet. Bei Sam Bear (225 Russell St) sind rustikale Arbeitskleidung und Campingausrüstung erhältlich.

Märkte Auf dem lebhaften **Queen Victoria Market** (Ecke Elizabeth/ Victoria St, Di/Do 6–14 Uhr, Fr bis 18 Uhr, Sa bis 15 Uhr, So 9–16 Uhr) werden an Wochentagen frische Lebensmittel (Obst, Gemüse, Fleisch, Fisch), Souvenirs, Kleidung und allerlei Ramsch an ungefähr 1000 Ständen verkauft. Am Wochenende gibt es zusätzlich noch einen Wein-Markt mit Weinproben.

Auf dem **Sunday Market** am Arts Centre (100 St Kilda Rd, So 10–17 Uhr) werden Handwerkskunst, Souvenirs, Keramik und Spielzeug feilgeboten. Daneben gibt es verschiedene Imbissstände.

Auch in den Vororten Prahan (Commercial Rd, Di/Do/Fr/Sa 6–17 Uhr), South Melbourne (Ecke Cecil/York St, Mi/Fr/Sa/So 8–16 Uhr) und in St Kilda (Upper Esplanade, So 10–16 Uhr) gibt es Lebensmittel- und Trödelmärkte.

Essen und Trinken

Melbournes multiethnische Gesellschaft sorgt für kulinarische Vielfalt. Mit mehr als 3000 Restaurants ist so gut wie jede Küche der Welt in der Stadt vertreten. Bei der Restaurantwahl helfen die Donnerstags- und Sonntagsausgaben der Tageszeitungen „The Age" und „Herald Sun" sowie die Internetseiten:

- www.mdg.com.au
- www.melbourne.citysearch.com.au.

Chinesisch isst man in Chinatown (Little Bourke St: teuer, Tatersalls und Hefernan Lanes: günstiger), **griechisch** in Richmond (Bridge Rd), **italienisch** in der Lygon Street, **spanisch** und **portugiesisch** in Fitzroy (Johnston St) und bunt gemischt in der Brunswick Street.

Elegante Restaurants und Cafés sind im Southgate Centre entlang des Yarra Rivers angesiedelt. Trendige und schicke Einkehrmöglichkeiten (Fisch und Meeresfrüchte) sind in St Kilda mit einem herrlichen Blick auf die Stadt oder das Meer verbunden.

Ein besonderes Erlebnis ist die Fahrt mit der umgebauten Straßenbahn **Colonial Tramcar Restaurant**, in der auf einer abendlichen Stadtrundfahrt ein köstliches Dinner serviert wird (Tel. 03-96964000 Reservierung notwendig, www.tramrestaurant.com.au).

Für einen Mittagssnack bieten sich die Food Malls in den Einkaufszentren (z.B. Myers) an.

Hinweis

In einigen Restaurants gilt noch immer *BYO* (Bring Your Own). Lediglich ein sog. Korkengeld („Corkage") wird hier für mitgebrachte Weinflaschen berechnet. Viele Gaststätten sind sonntags geschlossen.

Restaurants

Felt at Hotel Lindrum (26 Flinders St, Tel. 03-96681111) offeriert moderne australische Küche in gepflegtem Ambiente (Hauptgerichte ab A$ 20).

Daniel's Steak & Seafood Restaurant, (525 Collins St, Tel. 03-96147135): gehobenes Restaurant im Stadtzentrum (Hauptgerichte ab A$ 15).

Grossi Florentino (80 Bourke St, Tel. 03-96621811) bietet edle italienisch-französische Gerichte; schicke Kellerbar (Hauptgerichte ab A$ 30).

Flower Drum (17 Market Lane, Tel. 03-96623655) zählt zu den besten Chinarestaurants der Stadt. Frühzeitige Reservierung unbedingt notwendig (Hauptgerichte ab A$ 30).

Mietta's, (7 Albert Place, Tel. 96542366), exzellentes französisches Lokal.

Dock of the Bay (10–18 Jacka Boulevard, St Kilda, Tel. 03-95370144), schönes Restaurant mit Blick auf die Port Phillip Bay. Seafood und italienischer Küche (Hauptgerichte ab A$ 16).

Stephanie's (405 Tooringa Rd, Hawthorn East, Tel. 03-98228944), in einem alten viktorianischen Gebäude im Vorort Hawthorn werden kulinarische Köstlichkeiten serviert.

Pellegrini's (66 Bourke St), bekannte Espresso-Bar und Pasta-Restaurant (Hauptgerichte ab A$ 12).

Pubs und Bars

Young & Jackson's Hotel (1 Swanston St, gegenüber Flinders St Station) hat günstige Mahlzeiten und gute Pub-Atmosphäre am Abend.

Charles Dickens Tavern (290 Collins St); altenglischer Pub.

The Redback Brewery, (75 Flemington St, North Melbourne), Pub mit eigener Brauerei.

Mac's Hotel (34 Franklin St), ältester Pub der Stadt von 1853.

Limericks Arms Hotel (364 Clarendon St); Pub von 1855.

Fahrradvermietung/-shops *Hire a Bicyle* (Princes Bridge, Tel. 03-97857811) und *St Kilda Cycles* (11 Carlisle St, Tel. 03-95343074) vermieten und verkaufen Fahrräder und Mountainbikes sowie das Equipment dazu.

Fluggesellschaften Fast alle internationalen Fluggesellschaften fliegen neben Sydney auch Melbourne an.

- Air New Zealand, Tel. 132476
- Cathay Pacific, Tel. 131747
- Emirates, Tel. 1-300-303777
- Malaysia Airlines, Tel. 132627
- Qantas, Tel. 131313 (national) oder Tel. 131211 (international)
- Singapore Airlines, Tel. 131011
- Thai Airways, Tel. 1-300-651960
- United Airlines, Tel. 131777
- Virgin Blue, Tel. 136789

Die Adressen der Stadtbüros der Fluggesellschaften sind den jeweils aktuellen Flugplänen bzw. den „Gelben Seiten" (Yellow Pages) zu entnehmen.

Fähren nach Tasmanien Von Melbourne nach Tasmanien existiert eine regelmäßige Fährverbindung mit den beiden Schiffen „Spirit of Tasmania I und II". Die beiden **Autofähren** für je 1000 Passagiere und 350 Fahrzeuge verkehren von November bis März täglich von Melbourne (Station Pier, Port Melbourne, Abfahrt 21 Uhr) nach Devonport (Bass Strait Terminal, The Esplanade, East Devonport, Ankunft nächster Tag 7 Uhr). Die Fahrzeit beträgt etwa zehn Stunden. Reservierungen sind in den Sommermonaten unbedingt erforderlich. Die Fahrpreise richten sich nach Saison, Kabinen- und Fahrzeugtyp. Camper dürfen in der Regel mitgenommen werden, müssen aber wieder auf dem Festland zurückgegeben werden.

Transfer in Melbourne: Der Skybus bringt Passagiere vom Busterminal Spencer Street zum Fährhafen (Station Pier, Port Melbourne).

Information und Buchung: www.spiritoftasmania.com.au oder Tel. 1-800-634906.

Foto/Video Die meisten Fotoläden befinden sich in der Elizabeth Street zwischen Bourke und Lonsdale Street. Im Vintech Camera Service Centre (385 Lonsdale St, 5ter Stock, Tel. 03-96021820) werden Fotoausrüstungen repariert. Fast alle Fotoläden brennen CDs von digitalen Speicherkarten.

Internet Global Gossip (440 Elizabeth St, tägl. 8–24 Uhr) bietet jeglichen Service rund um die Kommunikation (Internet, Telefon, Faxservice etc.)

Konsulate

- Deutsches Konsulat, 480 Punt Rd, South Yarra, Tel. 03-98646888
- Österreichisches Konsulat, 93 Nicholson St, Carlton Tel. 03-93495999
- Schweizer Konsulat, 420 St Kilda Rd, Melbourne, Tel. 03-98254000.

Krankenhäuser Royal Melbourne Hospital, Gratan St, Parkville, Tel. 03-93427000.
St. Vincent's Public Hospital, 41 Victoria Pde, Fitzroy, Tel. 03-92882211.
Royal Dental Hospital (Zahnklinik), 711 Elizabeth St, Melbourne, Tel. 03-93410222.

Kultur- und Unterhaltungsangebote

Der aktuelle Veranstaltungskalender findet sich in der Freitagsausgabe der Tageszeitung „The Age“ und in der Donnerstagsausgabe der „Herald Sun“. Die wichtigsten Events sind außerdem in den Gratisbroschüren „This Week in Melbourne“ (www.thisweekinaustralia.com) und „Offical Visitors’ Guide of Melbourne“ aufgeführt.

Eintrittskarten sind telefonisch (mit Kreditkarte bei späterer Abholung) bei **Ticketmaster** erhältlich (Sport, Tel. 136122; Theater/Musik Tel. 136166, www.ticketek.com.au). Vergünstigte Karten am Tag der Veranstaltung werden im Büro von **Half Tix** veräußert (Melbourne Town Hall, Swanston St, keine telefonische Reservierung, nur Barzahlung).

Musik, Theater und Tanz

Am Südufer des Yarra Rivers liegt das Kulturviertel **Arts Precinct** an der St Kilda Road. Das **Victorian Arts Centre** (100 St Kilda Rd, www.artscentre.net.au) besteht aus vier Theatern und einer Konzerthalle (Melbourne Concert Hall, State Theatre, Playhouse, George Fairfax Studio). Mit seinem charakteristischen, 115 m hohen Turm ist das 1984 erbaute Arts Centre nicht zu übersehen. Wochentags werden von 11–15 Uhr geführte Rundgänge angeboten.

Im **Princess Theatre** (165 Spring St/ gegenüber dem Parlament, Tel. 03-96633300) werden in erster Linie Musicals gespielt. Das 1928 nach einem Brand wiederaufgebaute **Her Majesty’s Theatre** (219 Exhibition St, Tel. 03-96633211) hatte mit dem Musical „Cats“ 1988 seinen größten Erfolg zu verzeichnen. In der **Sidney Myer Music Bowl** (King’s Domain, Alexandra Ave), das der Kaufhausboss Myer gestiftet hat, werden im Sommer klassische Freiluftkonzerte veranstaltet.

Kinos

Die großen Kinozentren der Stadt liegen in der Bourke Street (Hoyts Cinema Centre, Village Cinema Centre, Midcity Cinema) und der Russell Street (Russel St Cinema). Im Imax Theater (Melbourne Museum, Rathdowne St, Carlton) werden täglich ab 10 Uhr 3D-Filme gezeigt.

In den Vororten existiert eine große Zahl kleinerer Theater und Programmkinos. In den Sommermonaten öffnet das Open-Air Moonlight Cinema in den Royal Botanic Gardens seine Pforten (Tel. 1900-9338990; Eingang F von der Birdwood Ave, Tickets am Eingang oder über Ticketmaster ▸ s.o.).

Casino

Das Crown Resort & Casino am Südufer des Yarra Rivers (Southbank) ist das größte Casino Australiens und rund um die Uhr geöffnet. Der Komplex umfasst ein Kongress- und Hotelzentrum sowie das Southgate Shopping Centre.

Galerien und Museen

Das **Melbourne Museum** (Carlton Gardens, Carlton, tägl. 10–18 Uhr, www.museum.vic.gov.au; mit der Straßenbahn City Circle Haltestelle Victoria St) ist ein riesiges und sehr innovatives Museum mit den Bereichen Aboriginalkultur, Science & Life Gallery, Childrens Museum und vielem mehr.

Immigration Museum (400 Flinders St, tägl. 10–17 Uhr, ▸ s. „Stadtbesichtigung“).

Old Melbourne Gaol (Russell St, tägl. 9–17 Uhr). Gefängnismuseum im historischen Knast (▸ s. „Stadtbesichtigung“).

Polly Woodside Melbourne Maritime Museum (Lorimer St, East Southbank, tägl. 10–16 Uhr). Der prachtvolle Dreimaster Polly Woodside ist Teil des Museums.

The Ian Potter Centre – NGV Australia (Federation Square, tägl. geöffnet, Eintritt frei), eine hervorragende Sammlung nationaler Kunst mit Aboriginal-Sektion.

National Gallery of Victoria (180 St Kilda Rd, Mo–Do 9–17 Uhr, Fr bis 21 Uhr, Sa/So bis 18 Uhr, Eintritt frei), fantastisches Gebäude mit nationaler und internationaler Kunst sowie wechselnden Ausstellungen.

Australian Gallery of Sport und Olympic Museum (Melbourne Cricket Ground, Jolimont St, tägl. 9–17 Uhr), hier werden die typischen Aussie-Sportarten wie Cricket, Australian Rules Football sowie die Geschichte der Olympischen Spiele dargestellt.

Live-Musik

Kneipen und Bars mit Live-Musik sind in allen Stadtvierteln zu finden. Hochburgen sind North Melbourne, Carlton, Fitzroy und St Kilda. Das umfangreiche Programm kann der Tagespresse oder den Szeneblättern, wie z.B. „Beat“, „Inpress“ und „Storm“, entnommen werden. Empfehlenswert sind:

The Club (132 Smith St, Collingwood): Freitag und Samstag Live-Musik mit typischen Aussie-Bands.

The Punters Club (376 Brunswick St, Fitzroy), zählt zu den wahren In-Treffs in Sachen Bands (tägl. Live-Musik).

Bridge Hotel, (642 Bridge Rd, Richmond), klassischer Jazz-Pub.

The Stage (231 Smith St, Collingwood), Live-Bands spielen afrikanische und südamerikanische Musik, mit Tanzfläche (Do–So ab 20 Uhr).

Festivals

Februar: Mitte des Monats feiern die Chinesen ihr Neujahrsfest – nicht nur für Chinesen ist das ein Highlight (Chinatown).

März: Das Momba-Festival ist Australiens größtes Outdoor-Ereignis, mit kostenlosen Veranstaltungen in den Alexandra Gardens am Yarra River.

Juli: International Film Festival.

Okt/Nov: Zu den Theater-, Musik- und Kunstfestspielen Melbourne International Festival kommen Künstler aus aller Welt. Das Fringe Festival bietet Veranstaltungen der Alternativkulturen.

Notfall

Notruf (Polizei, Feuerwehr, Rettungswagen) Tel. 000. Polizeistationen in der Innenstadt: 228-232 Flinders Lane und 637 Flinders St (bei der Spencer St).

Parken

In der Stadt mangelt es an Parkraum, daher lieber das Fahrzeug außerhalb oder beim Hotel stehen lassen. Beim Queen Victoria Market (Einfahrt von der Franklin St) befindet sich ein größerer Parkplatz. Die Parkhäuser in der City sind meist voll und sehr teuer (und für hohe Wohnmobile nicht geeignet!). Entlang der Straßen gibt es tagsüber fast nur Kurzparkerzonen.

Post

General Post Office, 250 Elizabeth St, Mo–Fr 8.15–17.30 Uhr, Sa 10–13 Uhr. Weitere Poststellen befinden sich in 246 Flinders Lane, 209 Little Bourke St, 440 Collins St und 410 Elizabeth St. Postlagerndadresse: Poste Restante, Melbourne GPO, VIC 3000.

Sport

In Melbourne sind die Bewohner noch einen Tick sportbegeisterter als anderswo in Australien. Daher ist das Angebot zum Zuschauen und Mitmachen riesig.

Highlight im Januar ist das Grand Slam Tennisturnier **Australian Open** im Flinders Park National Tennis Centre (Batman Ave /Yarra Ufer, Tel. 03-96551244, www.ausopen.org).

Im März lockt der **Formel Eins Grand Prix** im Albert Park die Massen (www.grandprix.com.au).

Von März bis September finden im Telstra Dome die Spiele der **Australian Football League** statt (www.afl.com.au). Am letzten Samstag im September endet diese Spektakel mit dem Grand Final – für Fans ein Nationalfeiertag.

Cricket wird von November bis März im Melbourne Cricket Ground („The G", Yarra Park) gespielt. Dem Stadion sind die Gallery of Sport and das Olympic Museum angeschlossen (▸ s.S. 429).

Am ersten Dienstag im November, ein offizieller Feiertag in Victoria, startet das berühmteste Pferderennen des Kontinents, der **Melbourne Cup** auf dem Caulfield Racecourse. Das Victorian Racing Museum an der Rennbahn (Di, Do und an Renntagen 10–16 Uhr) informiert über die Geschichte des australischen Pferdesports.

Tickets für Sportevents sind ebenfalls über Ticketmaster erhältlich (▸ s. „Kultur- und Unterhaltungsangebote").

Wer sich lieber selbst bewegt, findet im **Melbourne Sports & Aquatic Centre** (Aughtie Drive, Albert Park, Mo–Fr 6–22 Uhr, Sa/So 7–20 Uhr, Straßenbahn Nr. 12) Wellenbad, Schwimm- und Tauchbecken sowie Fitnesscenter, Squash und Basketball-Courts.

Die **Tennisplätze** der Australian Open im Flinders Park Tennis Centre können außerhalb des Turniers gemietet werden (Tel. 03-92861244). Zum **Joggen** und Walken eignen sich die Rad- und Fußwege rund um die Port Phillip Bay in St Kilda oder das Südufers des Yarra River. Ein öffentlicher **Golfplatz** befindet sich im Vorort Altona (Altona Public Golf Course & Driving Range, Mason St, Altona, Tel. 03-93991029).

Strände

Einen relativ kleinen, am Wochenende überfüllten Stadtstrand gibt es innerhalb von Melbourne nur in St Kilda. Wer ein Fahrzeug hat, sollte nach Süden auf die Bellarine oder Mornington Halbinsel fahren.

Taxis

Black Cabs, Tel. 132277. – Silver Top, Tel. 131008. – Arrow, Tel. 132211

Touren

Stadtrundfahrten

(▸ s. „Öffentliche Verkehrsmittel").

Fahrten auf dem Yarra River bietet Melbourne River Cruises (Karten am Kiosk auf der Princes Bridge, gegenüber der Flinder St Station, Tel. 03-96141215).

Ausflüge in die Umgebung werden u.a. von folgenden Veranstaltern angeboten:

- *AAT Kings,* Tel. 03-96633377; vielfältiges Tourenangebot, buchbar über Reiseveranstalter oder in Hotels.
- *Wayward Bus Touring Company* (Tel. 1-800-882823) bietet alternative Busreisen in Kleingruppen an, z.B. Melbourne – Adelaide in 3,5 Tagen entlang der Great Ocean Road.
- *Magic Tours* (Tel. 03-53420527) veranstaltet empfehlenswerte deutschsprachige Kleingruppentouren Melbourne-Adelaide in 6 Tagen.
- *Australian Kookaburra Tours,* Tel. 03-98444890; deutschsprachig geführte Kleingruppentouren (Stadtrundfahrten, Phillip Island, Great Ocean Road u.a.)

Züge Fernzüge fahren ab Spencer Street Station. Regionale Züge fahren ab/bis Flinders Street Station. Innerhalb Victorias verkehren die Züge der Bahngesellschaft VicRail. Der „Gippslander" fährt nach Bairnsdale, Ballarat und Ararata. Der „Great Northlander" steuert Bendigo und Northland an. Fahrkarten sind am Bahnhof erhältlich. Infos und Fahrpläne unter Tel. 136196 und www.vlinepassenger.com.au.

Unterkunft und Camping

Als Finanz- und Handelshauptstadt hat Melbourne natürlich eine breite Auswahl an Unterkünften. Dennoch kommt es unter der Woche und während der Dauer von Veranstaltungen zu Engpässen und starken Preisanstiegen (Australian Open, Formel 1 etc.).

Wie in allen Großstädten empfiehlt sich eine Reservierung. Wer das außergewöhnliche sucht, dem empfiehlt sich eines der Luxushotels in historischen Gebäuden (Le Meridien at Rialto, The Windsor). In den Stadtteilen St Kilda, Carlton und South Yarra sind die Preise für Übernachtungen meist etwas günstiger als in der Innenstadt. Budgetunterkünfte wie Hostels und Motels sind über die gesamte Stadt verteilt. Einige von ihnen bieten Transfers zu den Busbahnhöfen an. Die großen Hotels in der Innenstadt verfügen meist über ein Parkhaus.

Hotels

***** **Crown Towers**, 8 Whiteman St, Southbank, Tel. 03-92926868; First-Class-Hotel über dem Casino-Komplex.

***** **The Windsor,** 103 Spring St, Tel. 03-96336002; das 1883 eröffnete, im viktorianischen Stil gehaltene Haus zählt zu den besten Adressen in Melbourne.

***** **Le Meridien at Rialto Melbourne**, 495 Collins St, Tel. 03-96209111; das Hotel wurde unter Aufsicht des National Trust gebaut und zählt zu den feinsten Häusern der Stadt. Zwei Gebäude des 19. Jahrhunderts sind durch ein Glasatrium miteinander verbunden und bieten First-Class-Komfort.

**** **Hotel Lindrum,** 26 Flinders St, Tel. 03-96681111; gepflegtes Boutique-Hotel in zentraler Lage.

**** **Novotel St Kilda,** 16 Esplanade, Tel. 03-95255522; Strandhotel der gehobenen Kategorie.

**** **Tullarmarine Airport Motor Inn,** 265 Mickleham Rd, Tel. 03-93383222; nahe zum Flughafen mit 24-h-Shuttle Service zum Terminal.

*** **Downtowner on Lygon Hotel,** 66 Lygon St, Carlton, Tel. 03-96625555; gutes Mittelklasse-Hotel im Herzen der Lygon Street.
*** **Travellodge Soutbank,** Ecke Southgate Ave/Riverside Quay, Southbank, Tel. 03-89969600; neues Hotel mit bekannt gutem Service am Südufer des Yarra Rivers.
*** **Ibis Little Bourke Street,** 600 Little Bourke St, Tel. 03-96720000; sehr zentral gelegenes Haus mit eher kleinen Zimmern.

Apartments

**** **Saville on Russell,** 222 Russell St, Tel. 03-99152500; modernes 4-Sterne-Haus mit großen Zimmern und Apartments mit Küche, inmitten der City, mit Parkhaus.
**** **Punt Hill Serviced Apartments**, Tel. 03-96501299; bietet in der Innenstadt, in St Kilda Road, South Yarra, North Melbourne, Armadale und Burwood moderne Studios und Apartments mit komplett eingerichteten Küchen für bis zu 6 Personen an.

Gästehäuser und B&B

**** **Bishopsgate B&B**, 57 Mary St, St Kilda West, Tel. 03-95254512; freundliche Frühstückspension in einem 1890 erbauten Haus.
*** **Richmond Hill Hotel,** 353 Churche St, Richmond, Tel. 03-94286501; B&B im Boutique Stil im Zentrum von Richmond.

Jugendherbergen

* **Chapman Gardens YHA,** 76 Chapman St, Tel. 03 93283595; ordentliche Jugendherberge im Norden der Stadt.
* **Queensberry Hill YHA,** 78 Howard St, North Melbourne, Tel. 03-93298599; große, moderne Jugendherberge mit Doppel-, Einzel-, Mehrbett- und Familienzimmern, etwa 10 Min. Fußweg zum Melbourne Busterminal.

Viele Hostels befinden sich im angesagten Vorort St Kilda. Allerdings wechseln Szene und Besitzer in der Backpackerwelt sehr schnell. Lassen Sie sich die Zimmer vorher zeigen.

* **Flinders Station Hotel Backpacker**, 35 Elizabeth St (Ecke Flinders Lane), Tel. 03-96205100; großes Hostel in zentraler Lage.
* **Nomads Market Inn**, 115 Cecil St, South Melbourne, Tel. 03-96202220 oder 1-800-241445.
* **St Kilda Coffee Palace Backpackers Inn,** 24 Grey St, St Kilda, Tel. 03-95345283; lebhaftes Hostel mit vielen Aktivitäten.

Camping

Zu Zeiten von Großereignissen (z.B. Grand-Prix Formel 1) empfiehlt sich auch für die Campingplätze eine frühzeitige Reservierung.

Melbourne Holiday Park, 265 Elisabeth St, Coburg East, Tel. 03-93543533 oder 1-800-802678.

Empfehlenswerter und sauberer Big4-Campingplatz 9 km außerhalb der City mit Pool und Cabins. Bus- und Straßenbahnverbindung in die Innenstadt.

Ashley Gardens Big4 Holiday Village, 129 Ashely St, Braybrook, Tel. 03-93186866; gepflegter Campingplatz 10 km nordwestlich der Innenstadt, in der Nähe einiger Camperdepots, mit Pool, Cabins und guter Busverbindung in die City.

Stadtbesichtigung

Innenstadt

Im Central Business District (CBD) ist alles zu Fuß bzw. mit den kostenlosen Straßenbahnlinien erreichbar (▶ s. „Öffentliche Verkehrsmittel").

Die **Gratis-Broschüre** „Walking Tours of Melbourne" vom National Trust Bookshop (6 Tasma Tce, Parliament Place, Tel. 03-96544711) ist ein guter Begleiter zu den historisch interessanten Gebäuden und Plätzen der Stadt.

Der Stadtrundgang beginnt am **Melbourne Observation Deck** mit der Aussicht vom Rialto Tower (525 Collins St, tägl. 10–22 Uhr). Im dazugehörigen Theater wird ein interessanter Kurzfilm zur Geschichte und zu den Sehenswürdigkeiten der Stadt gezeigt.

Über die William Street nach Süden gelangt man zum sehenswerten, interaktiv gestalteten **Immigration Museum** (400 Flinders St) im ehemaligen Zollhaus (Coustoms House). Hier ist die Geschichte der Einwanderer anschaulich dargestellt.

Für Freunde des Meeres ist das **Melbourne Aquarium** am Nordufer des Yarra interessant (Ecke Queens Wharf Rd/Kings Way, tägl. 9.30–18 Uhr).

Entlang der Flinders Street nach Osten trifft man auf die **Flinders Street Railway Station,** eine der schönsten Bahnhofsfassaden Australiens.

Gegenüber erstrahlt der neue **Federation Square** mit seinen futuristisch anmutenden Gebäuden. Ziel des 430 Mio. Dollar teuren Projekts war es, eine Verbindung zwischen der Innenstadt und dem Südufer des Yarra mit einem zentralen Treffpunkt zu schaffen. In den modernen Gebäuden rund um den Platz sind das **Visitor Centre** sowie die Kunstausstellung **The Ian Potter Centre – NGV Australia** untergebracht.

Federation Square

An der Ecke Swanston/Flinders Streets steht die neugotische Kirche **St Paul's Cathedral.** Ein Blick in das Innere lohnt wegen der kunstvollen Decken und Fenster.

Der Swanston Street nach Norden folgend, vorbei am **City Square,** erreicht man die neoklassizistische **Melbourne Town Hall** aus dem Jahre 1870.

Einige Blocks weiter nördlich taucht man in die engen und dicht bevölkerten Gassen von Melbournes **Chinatown** ein (Little Collins St). An die Zeiten der Mitte des 19. Jahrhunderts, als sich die chinesischen Goldsucher hier niederließen, erinnert das kleine **Chinese Museum** (22 Cohen Place, tägl. 10–16.30 Uhr). Ausgezeichnete Restaurants und asiatische Läden stimmen auf „Multikulti-Melbourne" ein.

Die große **State Library** (an der Kreuzung Swanston St) ist die älteste öffentliche Bibliothek Australiens. Sie wurde 1856 eröffnet und weist den enormen Bestand von über 12 Mio. Büchern auf.

Geradeaus liegt an der Russell Street das 1862 aus Sandstein erbaute **Old Melbourne Goal.** Im Innern des Gefängnisses erwarten Sie ein Museum mit Zellen, Galgen und Geschichten. 1880 wurde der landesweit bekannte Buschräuber Ned Kelly hier gehängt (▶ s.u.)

Ned Kelly – der Räuber mit der eisernen Maske

In den Anfangsjahren der Häftlingskolonie Australien flüchteten entlaufene Gefangene oft in den undurchdringlichen, vermeintlich sicheren Busch, wo sie ihre Raubzüge vorbereiteten. Vom Volk wurden sie Bushranger genannt. Als Einzeltäter oder in Banden drangen sie in die Dörfer ein und überfielen Banken und Kaufleute. In jenen frühen Jahren, in denen die Mehrzahl der weißen Australier Häftlinge oder deren Abkömmlinge waren, genoss die Polizei keine besondere Wertschätzung. So wurden viele Bushranger zu Volkshelden stilisiert. Oft heißt es, die Bushranger hätten nur die Reichen beraubt und die Beute unter den Armen verteilt.

Edward „Ned" Kelly war Australiens berühmtester Bushranger. Im 19. Jahrhundert trieb er vor allem in den Bergen von Victoria (High Country) sein Unwesen. Der Outlaw, der bei seinen Überfällen oft einen monströsen eisernen Helm trug, ging als eine Art Robin Hood in die Geschichte Australiens ein. Denn er raubte nicht nur, sondern kämpfte auch gegen die britische Herrschaft. Aber auch Ned Kelly wurde schließlich gefasst und am 11.11.1880 im Gefängnis von Melbourne gehängt. Literaturtipp: Peter Carey, Die wahre Geschichte von Ned Kelly und seiner Gang, Frankfurt a.M. 2002.

Über die McKenzie und Victoria Street gelangt man in die **Carltons Gardens.** Hinter dem prachtvollen **Royal Exhibition Building,** das für die Weltausstellung 1861 erbaut wurde, liegt das neue **Melbourne Museum** (▶ s. „Museen und Galerien"). Seine beeindruckende Architektur und die interaktiven Ausstellungen enttäuschen keinen Besucher.

Südlich davon, in der Spring Street zwischen Little Bourke und Bourke Street, liegt das 1854 erbaute **Princess Theatre,** in dem aktuelle Musicals gezeigt werden. Schräg gegenüber, am Ende der Bourke Street und in erhöhter Lage, fällt das **State Parliament House** mit seiner säulenbewehrten Fassade ins Auge. Der Bau des Parlamentshauses wurde 1856, während der Glanzzeit des Goldrausches, begonnen und stetig erweitert. Von 1901 bis 1927 dienten die Hallen als Regierungssitz für das australische Parlament. Seit die Bundesregierung nach Canberra verlagert wurde, tagt das Landesparlament Victorias hier. Bei einer kostenlosen Führung (außerhalb der Sitzungszeiten) können Sie die reich verzierten Räumlichkeiten besichtigen (Mo–Fr um 10, 11, 12, 14, 15 und 15.45 Uhr, Tel. 03-96518483, www.parliament.vic.gov.au).

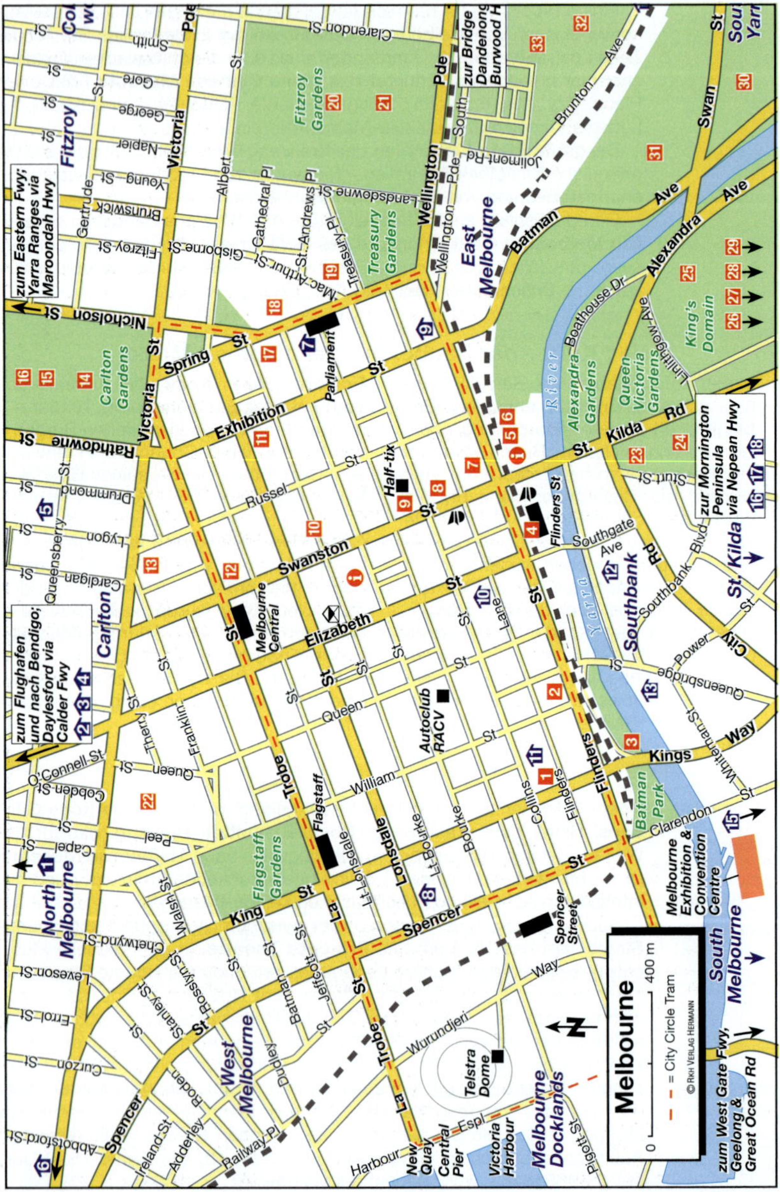
Melbourne
0
400 m
= City Circle Tram
© RKH VERLAG HERMANN
zum Eastern Fwy; Yarra Ranges via Maroondah Hwy
zum Flughafen und nach Bendigo; Daylesford via Calder Fwy
zur Mornington Peninsula via Nepean Hwy
zum West Gate Fwy, Geelong & Great Ocean Rd
zur Bridge Dandenong Burwood H
Fitzroy
Carlton
Carlton Gardens
North Melbourne
West Melbourne
East Melbourne
Fitzroy Gardens
Treasury Gardens
Flagstaff Gardens
Alexandra Gardens
Queen Victoria Gardens
King's Domain
Batman Park
Southbank
St. Kilda
South Melbourne
Melbourne Docklands
Victoria Harbour
New Quay
Central Pier
Telstra Dome
Spencer Street
Flagstaff
Melbourne Central
Parliament
Flinders St
Half-tix
Autoclub RACV
Melbourne Exhibition & Convention Centre
Yarra River
Victoria Pde
Nicholson St
Spring St
Exhibition St
Swanston St
Elizabeth St
Queen St
William St
King St
Spencer St
La Trobe St
Lonsdale St
Lt Lonsdale St
Bourke St
Lt Bourke St
Collins St
Flinders St
Flinders Lane
Wellington Pde
Batman Ave
Alexandra Ave
St. Kilda Rd
Kings Way
City Rd
Southbank Blvd
Southgate Ave
Queensbridge St
Whiteman St
Power St
Clarendon St
Wurundjeri Way
Harbour Espl
Rathdowne St
Drummond St
Lygon St
Cardigan St
Russel St
Queensberry St
Brunswick St
Gertrude St
Smith St
Gore St
George St
Napier St
Young St
Fitzroy St
Gisborne St
Albert St
Cathedral Pl
St. Andrews Pl
Mac Arthur St
Treasury Pl
Landsdowne St
Jolimont Rd
Brunton Ave
Swan St
Boathouse Dr
Linlithgow Ave
Stuart St
Peel St
Capel St
Cobden St
O'Connell St
Franklin St
Therry St
Walsh St
Chetwynd St
Leveson St
Errol St
Curzon St
Abbotsford St
Stanley St
Rosslyn St
Roden St
Adderley St
Ireland St
Railway Pl
Dudley St
Batman St
Jeffcott St
Pigott St
1 2 3 4 5 6 7 8 9 10 11 12 13 14 15 16 17 18 19 20 21 22 23 24 25 26 27 28 29 30 31 32 33

Auf der anderen Straßenseite prangt schräg gegenüber das luxuriöse **Windsor Hotel.** Der Blick ins Innere lohnt sich, insbesondere das Foyer und der Grand Ballroom sind sehenswert. Das **Gold Treasury Museum** (Spring St, tägl. 10–16 Uhr) ist in einem der ältesten Gebäude der Stadt (von 1858) untergebracht und zeigt die Geschichte des Goldrausches.

In den grünen **Fitzroy Gardens,** östlich des Parlaments, geht es, im Vergleich zur hektischen City, angenehm ruhig zu. **Captain Cook's Cottage,** sein 1755 erbautes Wohnhaus, wurde 1934 vom englischen Yorkshire in über 300 Kisten auf den Fünften Kontinent geschickt und hier originalgetreu wiederaufgebaut. Es beherbergt eine kleine Ausstellung über den weitgereisten Entdecker (tägl. 9–17 Uhr).

Nach soviel Kultur und Museen bietet sich die Straßenbahnfahrt (alle Linien nach Norden entlang der Elizabeth oder William Street) zum lebhaften **Queen Victoria Market** an (▶ s. „Märkte"). Der seit 1869 stattfindende Lebensmittelmarkt wird durch einen großen Krämermarkt (Kleidung, Spielzeug, Haushaltswaren) ergänzt. Sonntags herrscht Volksfeststimmung. Dann untermalen zahlreiche Straßenmusikanten und Schausteller die herrliche Atmosphäre. Hungrigen Besuchern bietet der „Lower Market" eine gute Auswahl an Snacks und Leckereien. Rund um die Markthallen haben sich gemütliche Straßencafés angesiedelt.

Südlich der Innenstadt

Vom Federation Square / Flinders Street Station gelangt man über die geschwungene Princess Bridge zum südlichen Yarra Ufer. Die in den 1990er Jahren neu gestaltete **Uferpromenade Southbank** lädt mit Unterhaltungs-, Hotel- und Einkaufskomplex zum Bummeln ein. Abends müssen hungrige Mägen hier nicht lange suchen.

Der schnurgeraden **St Kilda Road** nach Süden folgend erstreckt sich rechterhand das Kunst- und Kulturviertel mit dem **Victorian Arts Centre** und der aufwendig renovierten **National Gallery of Victoria** (▶ s. „Galerien und Museen"). Am Arts Centre findet sonntags ein hervorragender Kunstmarkt statt, auf dem unter anderem auch Aboriginal-Werke feilgeboten werden (▶ s. „Märkte").

Sehenswertes		Unterkünfte
1 Melbourne Observation Deck (Rialto Tower)	**19** Gold Treasury Museum	**1** Queensberry Hill YHA
2 Immigration Museum	**20** Fitzroy Gardens	**2** Melbourne Holiday Park CP
3 Melbourne Aquarium	**21** Captain Cook's Cottage	**3** Tullarmarine Airport Motor Inn
4 Flinders St Railway Station	**22** Queen Victoria Market	**4** Chapman Gardens YHA
5 Federation Sq	**23** Victorian Arts Centre	**5** Downtowner on Lygon Hotel
6 The Ian Potter Centre	**24** National Gallery of Victoria	**6** Ashley Gardens CP
7 St Pauls Cathedral	**25** Sidney Myer Music Bowl	**7** The Windsor
8 City Square	**26** Shrine of Remembrance	**8** Ibis Little Burke St
9 Town Hall	**27** La Trobe Cottage	**9** Hotel Lindrum
10 Chinatown	**28** Government House	**10** Flinders Station Hotel Backpacker
11 Chinese Museum	**29** Royal Botanic Gardens	**11** Le Meridien at Rialto
12 State Library	**30** Olympic Park	**12** Travellodge Southbank
13 Old Melbourne Goal	**31** National Tennis Centre	**13** Crown Towers
14 Carltons Gardens	**32** Melbourne Cricket Ground	**14** Richmond Hill Hotel
15 Royal Exhibition Building	**33** Australian Gallery of Sport / Olympic Museum	**15** Nomads Market Inn
16 Melbourne Museum		**16** Novotel St. Kilda
17 Princess Theatre		**17** Bishopsgate B&B
18 State Parliament House		**18** St Kilda Coffee Palace

Tipp: Für die Erkundung der Gegend bietet sich als ideales Fortbewegungsmittel das **Fahrrad** an. Eine Vermietung befindet sich gleich an der Princess Bridge (▶ s. „Fahrradvermietungen“).

Links der St Kilda Road erstreckt sich, in Form schöner Parks, die grüne Lunge der Stadt. **Alexandra Gardens, Queen Victoria Gardens** und **King's Domain**, in dem sich die Freilichtbühne **Sidney Myer Music Bowl** befindet (▶ s. „Kultur und Unterhaltung“), laden zum Spazieren und Entspannen ein. Am Südende des King's Domain fällt das tempelartige Denkmal **Shrine of Remembrance** auf, das der gefallenen Soldaten gedenkt. Von der Anhöhe aus eröffnet sich ein guter Blick auf die Skyline der Stadt. Unauffälliger ist das kleine **Governor La Trobe's Cottage,** die Behausung des ersten Gouverneurs von Victoria (tägl. 10–16 Uhr). Im Herzen des Parks erinnert das eingezäunte, imposante **Government House** stark an britische Bauten (Besichtigung nur im Rahmen von Führungen, Tel. 03-96544711). Im Süden schließen sich die **Royal Botanic Gardens** nahtlos an. In dessen Visitor Centre (Brooks Drive, tägl. 10–17 Uhr, www.rbgmelb.org.au) sind Informationen zu den über 12.000 Pflanzenarten erhältlich sowie geführte Parktouren buchbar. Das angeschlossene Café eignet sich wunderbar für ein Päuschen.

Sportzentrum

Nicht nur für Sportinteressierte lohnt sich der Weg, über den Yarra in östlicher Richtung, zu den Sportanlagen der Stadt. Der **Olympic Park** war Austragungsort der Olympischen Sommerspiele 1956. Nördlich der Swan Street liegt das **National Tennis Centre,** in dem alljährlich im Januar im Melbourne Park die „Australian Open“ stattfinden (▶ s. „Sport“). Im gigantischen **Melbourne Cricket Ground** sind die Australian Gallery of Sport und das Olympic Museum integriert (▶ s. „Galerien und Museen“).

Weitere Sehenswürdigkeiten in den Stadtteilen

Melbourne Zoo

Der 1862 eröffnete Tierpark, 3 km nördlich der City, (Elliot Ave, Parkville, tägl. 9–17 Uhr, www.zoo.org.au) war der erste Australiens. Er zählt zugleich zu den ältesten Zoos der Welt. Neben einem großen australischen Tierbestand werden afrikanische und asiatische Tiere gehalten.

Anfahrt mit der Tram: Der Zoo (Stop 25) ist wochentags mit der Tram 55 von der William Street und sonntags mit der Tram 68 von der Elizabeth Street erreichbar.

Anfahrt mit dem Auto: Über die Elizabeth Street nach Norden in Richtung Hume Freeway (M31).

Carlton

Little Italy nennen die Melbournians den von Espresso- und Pasta-Geruch erfüllten, nördlich der Innenstadt gelegenen Stadtteil Carlton. Das Zentrum italienischer Kultur und Küche ist die **Lygon Street.** Im Dezember findet hier das lebhafte Straßenfestival „Lygon Street Festa“ statt. In den Parallel- und Querstraßen der Hauptstraße stehen wunderschöne Gebäude in kolonialem Stil. Kleine Buch- und Antiquitätenläden laden zum Stöbern ein. Die University of Melbourne, in den Carltons Gardens, ist die zweitälteste Universität Australiens (1852). Besucher können durch die historischen Gebäude und alten Hallen schlendern.

Anfahrt: Mit der Tram Nr. 1 oder 22 von der Swanston Street bis zum Stopp 112 direkt ins Herz der Lygon Street.

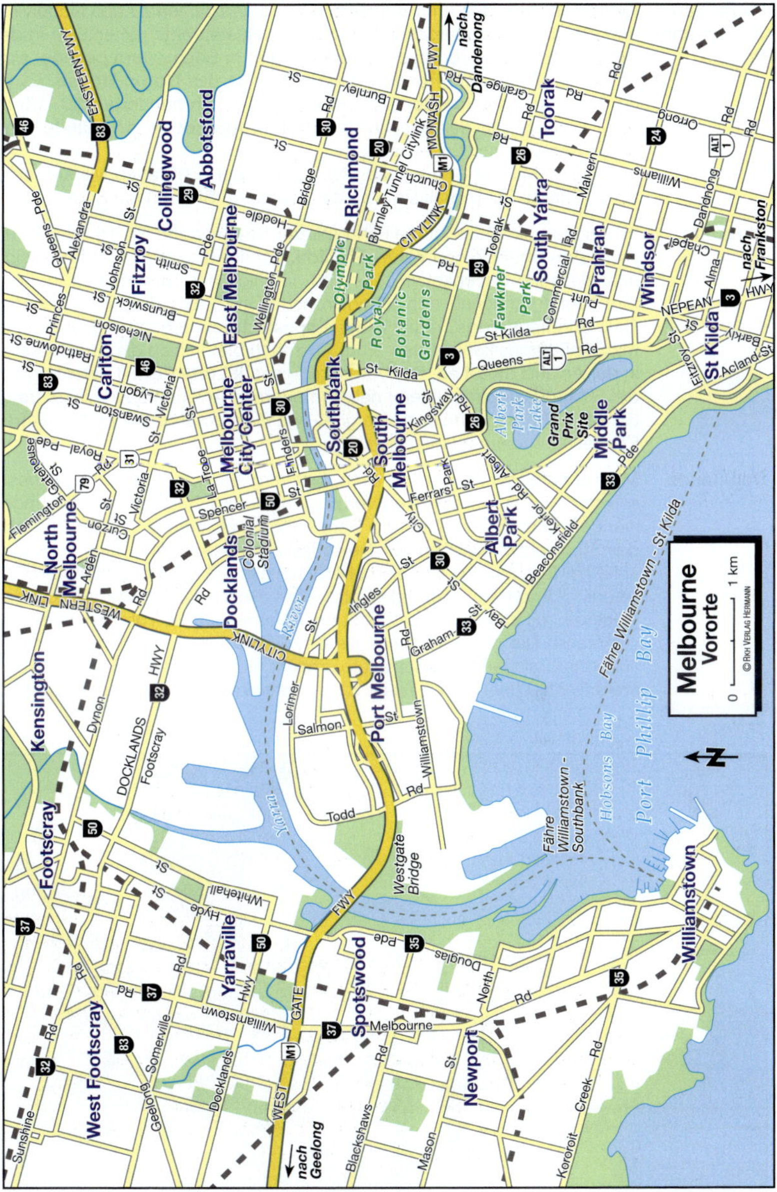
Melbourne
Vororte
0
1 km
© RKH Verlag Hermann
Kensington
North Melbourne
Carlton
Fitzroy
Collingwood
Abbotsford
East Melbourne
Richmond
Melbourne City Center
Docklands
Southbank
South Melbourne
Port Melbourne
Albert Park
Middle Park
St Kilda
South Yarra
Toorak
Prahran
Windsor
Footscray
West Footscray
Yarraville
Spotswood
Newport
Williamstown
Royal Botanic Gardens
Olympic Park
Fawkner Park
Albert Park Lake
Grand Prix Site
Colonial Stadium
Yarra River
Hobsons Bay
Port Phillip Bay
Fähre Williamstown - St Kilda
Fähre Williamstown - Southbank
Westgate Bridge
nach Geelong
nach Dandenong
nach Frankston
EASTERN FWY
MONASH FWY
CITYLINK
WESTERN LINK
WEST GATE FWY
NEPEAN HWY
DOCKLANDS HWY

South Yarra, Toorak und Prahan Die Stadtteile liegen am Südufer des Yarra und zählen zu den Nobelvierteln. Schicke Designergeschäfte und edle Restaurants reihen sich in der Chapel Street und Toorak Road aneinander. In South Yarra befindet sich an der Ecke Williams Road/ Lechlade Avenue das **Como House.** Es ist ein Prachtstück kolonialer Architektur des 19. Jahrhunderts (tägl. 10–17 Uhr). Lohnend ist der Besuch des **Prahan Market** (▶ s. „Märkte") mit Obst, Gemüse und Backwaren.

Anfahrt: Mit der Straßenbahn Nr. 72 (Chapel St/ Prahan Market) oder Nr. 8 (Chapel St/ Toorak Rd) von der Swanston Street nach Süden.

St Kilda Fast schon ein Muss ist die Fahrt mit der Straßenbahn Nr. 16 oder 96 ab Swanston Street in den Vorort **St Kilda.** Schrille Kneipen und Shops, eine ausgelassene Backpackerszene und natürlich das Strandleben (bei gutem Wetter) machen den lebensfrohen Vorort zu einem interessanten Ziel. Sonntags findet entlang der **Esplanade** ein lebhafter Trödelmarkt mit Straßenmusikanten statt. Zum Ausruhen bieten sich die Straßencafés in der Acland Street an. Der Vergnügungspark **Luna Park** (Lower Esplande, Fr/Sa/So geöffnet) bietet neben modernen Anlagen auch einige traditionelle Fahrgeschäfte und eine gruselige Geisterbahn. Der Eintritt ist frei, Fahrten sind extra zu bezahlen.

Docklands Mit viel Aufwand wurden die alten, fast vergessenen Hafenanlagen westlich der City in ein schickes Vergnügungs- und Geschäftsviertel umgewandelt. Die Restaurants und Bars haben sich bereits zu den In-Treffs der Stadt entwickelt. An der Newquay Promenade lohnt sich zum Beispiel ein Besuch des wie eine überdimensionale Eistüte gestalteten Eissalons „Limonetto" oder des gläsernen Restaurants „Cargo", dessen gläserne Toilettenwände sich erst beim Verriegeln der Tür verdunkeln.

Anfahrt: Die gratis verkehrende City Circle Tram stoppt direkt an der Harbour Esplanade. Mit dem Auto erreicht man den großen Parkplatz (kostenpflichtig) über die La Trobe Street. Internet: www.harbouroflife.com.

Strandszenerie von St Kilda

Port Melbourne Auch das einst öde Hafenviertel hat in den letzten Jahren den verblüffenden Wandel zur trendigen Restaurant- und Barmeile mit palmengesäumter Strandpromenade vollzogen. In der geschäftigen **Bay Street** gibt es eine Vielzahl guter Restaurants und historischer Geschäfte (z.B. Faram Brothers Hardware, Nr. 405, das seit 1919 existiert).

Williamstown Der älteste Stadtteil Melbournes ist der pittoreske Hafen von Williamstown. Seine stimmungsvollen Pubs, Bars und Restaurants liegen an der Wasserfront und sind dank der liebevoll renovierten Häuserzeilen und dem exzellenten Blick auf die Skyline einen Ausflug wert. Das Visitor Centre verteilt Info-Broschüren mit den Sehenswürdigkeiten (Ecke Nelson Place/ Syme St, tägl. 9–19 Uhr, Tel. 03-93973791, www.williamstowninfo.com.au).

Anfahrt: Mit dem Auto ist Williamstown über die West Gate Bridge erreichbar. Ein Zug fährt von der Spencer St Station (Williamstown Line) direkt dorthin. Die schönste Variante ist die Schifffahrt auf dem Yarra, ab Southgate (von der Princess Bridge die Treppe hinunter nach rechts zur Bucht Nr. 7; Williamstown Bay & River Cruises, Tel. 03-96829555, Mo–Sa von 10.30–18 Uhr, So bis 17.30 Uhr).

Die Umgebung von Melbourne

Überblick Die beiden Halbinseln **Mornington** und **Bellarine Peninsula** umschließen die Port Phillip Bay nach Süden hin. Beide Regionen haben schöne Strände sowie eine gute touristische Infrastruktur und sind an den Wochenenden beliebte Ausflugs- und Naherholungsziele. Wer einen Tagesausflug von Melbourne aus plant, kann die Halbinseln durch eine **Fährfahrt** von Sorrento nach Queenscliff (bzw. umgekehrt) miteinander verbinden. Natürlich eignet sich diese Möglichkeit auch für die Weiterfahrt in Richtung Great Ocean Road.

Südöstlich der Mornington Peninsula liegt die für ihre Pinguinkolonie bekannte Insel **Phillip Island.** Für den Besuch der Pinguin-Parade bucht man am besten einen Tages- oder Halbtagesausflug von Melbourne aus. Wer länger bleibt, wird außerdem die schöne Flora der Insel schätzen lernen.

Nordöstlich von Melbourne erstreckt sich das Weinbaugebiet **Yarra Valley** mit Victorias Vorzeigeweingütern und einer schmackhaften Küche. Ein beeindruckendes Kontrastprogramm zur Großstadt bietet der östlich gelegene **Dandenongs Ranges Nationalpark** (Wanderwege, historische Dampfeisenbahn, Regenwald).

Mornington Peninsula

Die Halbinsel erstreckt sich entlang der östlichen Port Phillip Bay und endet bei Point Nepean. Strandleben und Feriensiedlungen prägen die Küstenlandschaft.

Die stilvollen, historischen Orte **Sorrento** und **Portsea** am südlichen Zipfel der Halbinsel beheimaten Antiquitätenläden, Galerien, Cafés und gemütliche B&B-Unterkünfte. Die Felspools in Sorrento verführen bei Ebbe zum Baden. Bootstouren zur Delphinbeobachtung (z.T. auch „Schwimmen mit Delphinen") sind die Attraktion der Strandgemeinde.

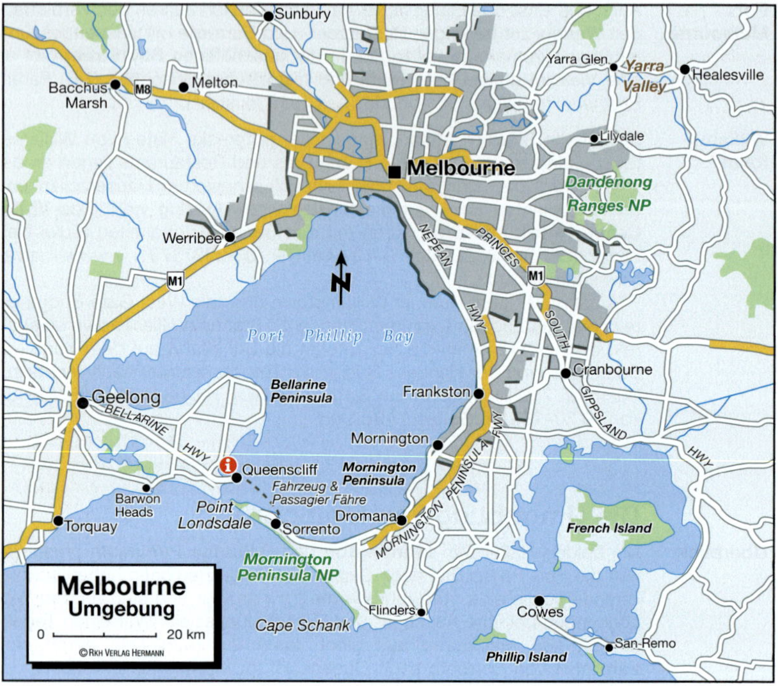

Tipp: Wer gerne mal mit den Tümmlern schwimmen möchte, sollte sich einer der Touren von Polperro Dolphin Swimming anschließen (Okt - April, tägl. 8.30 und 13.30 Uhr Abfahrt am Sorrento Pier, Anmeldung erforderlich, Tel. 03-59888437, www.polperro.com.au).

Im Hinterland liegen, rund um den Ort **Red Hill,** einige der exklusivsten Weingüter.

Der **Mornington Peninsula National Park,** der sich von der Spitze **Point Nepean** entlang der Südküste bis **Cape Schank** erstreckt, vereint schroffe Küstenlinien, tosende Surfstrände und einsame Wanderwege. Der Inlandsteil **Green Bush** beherbergt viele Tier- und Pflanzenarten. Empfehlenswerte Wanderungen sind die Tour zur Festung Fort Nepean vom Gunners Carpark (1,5 km einfach) und der Bushrangers Bay Walk vom Cape Schank Leuchtturm (6 km hin und zurück). Eine Karte und Informationen zum Park sind im Visitor Centre in Dromana erhältlich, oder im Internet unter www.parkweb.vic.gov.au. Camping ist im Nationalpark nicht gestattet.

Infos **Peninsula Visitor Centre** (3598 Pt Nepean Rd, Dromana, Tel. 03-59873078 oder 1-800-804009, tägl. 9–17 Uhr, www.melbournesbays.org). Auskünfte und Broschüren zur gesamten Halbinsel.

Anreise Mit dem Zug ab Melbourne bis Frankston und weiter per Bus bis Sorrento und Portsea (Portsea Passenger Busses, Tel. 03-59865666).

Fähre nach Queenscliff/ Bellarine Peninsula
Eine **Autofähre** (Tel. 03-52583244) und ein **Personenschiff** (Tel. 03-59841602) verkehren stündlich zwischen Sorrento und Queenscliff (Bellarine Peninsula). Weiterfahrt per Bus nach Geelong. Von dort regelmäßige Zugverbindungen der V/Line nach Melbourne (Tel. 136196, www.vlinespassenger.com.au).

Unterkunft und Camping
****** Hotel Sorrento,** 5–15 Hotham Rd, Sorrento, Tel. 03-59844777; Mittelklassehotel mit Seeblick.
***** Eastcliff Cottage B&B**, 881-883 Melbourne Rd, Sorrento, Tel. 03-59840668; gemütliche Privatpension in historischem Gebäude.
*** Sorrento YHA,** 3 Miranda St, Sorrento, Tel. 03-59844323; gut ausgestattete Jugendherberge mit Tauch-, Schnorchel- und Reitangeboten.
Kangerong Holiday Park CP, 105 Nepean Rd, Dromana, Tel. 1-800-670859; Big4 Campingplatz nahe zum Strand mit Cabins.

Bellarine Peninsula

Die südwestlich von Melbourne liegende Halbinsel ist im Kapitel „Von Adelaide nach Melbourne entlang der Küste" beschrieben, ▸ s.S. 407).

Phillip Island

Die 135 Autokilometer südöstlich von Melbourne gelegene Insel ist ein „Muss" für Tierfreunde. Das Eiland ist wegen seiner abendlichen „Pinguin-Parade" bekannt, die stets eine große Anzahl Schaulustiger anzieht. Wer mehr als nur die possierlichen Zwergpinguine sehen möchte, sollte mindestens einen ganzen Tag auf der Insel verbringen.

Vom Festland kommend ist das Visitor Centre (▸ s. „Infos") die erste Station für Besucher. Nördlich davon liegt die kleine Insel **Churchill Island,** die mit historischen Gebäuden, Wanderwegen und einer vielfältigen Vogelwelt aufwartet. Nach Süden zweigt eine Straße zum **Cape Woolamai** ab. Der Strand zwischen den schwarzen Granitklippen ist bei Surfern sehr beliebt. Von den Wanderwegen und Aussichtsplattformen können Sie eine große Kolonie Kurzschwanzsturmtaucher (Short-tailed Shearwaters) beobachten.

Weiter auf der *Phillip Island Tourist Road* erreichen Sie das ausgeschilderte **Koala Conservation Centre.** Hier sitzen die trägen Tiere im natürlichen Buschland und lassen sich von den Besuchern und Fotografen nicht stören (tägl. 10–17.30 Uhr). Ein Stück weiter nördlich liegt **Rhyll Inlet,** ein Paradies für Ornithologen. Von befestigten Stegen aus, die durch die Mangrovensümpfe führen, und von einem Aussichtsturm können die Vögel aus nächster Nähe beobachtet werden.

Die Inselhauptstadt **Cowes** an der Nordküste bietet viele Unterkünfte, Restaurants und eine urige Kneipenszene in der Hafengegend.

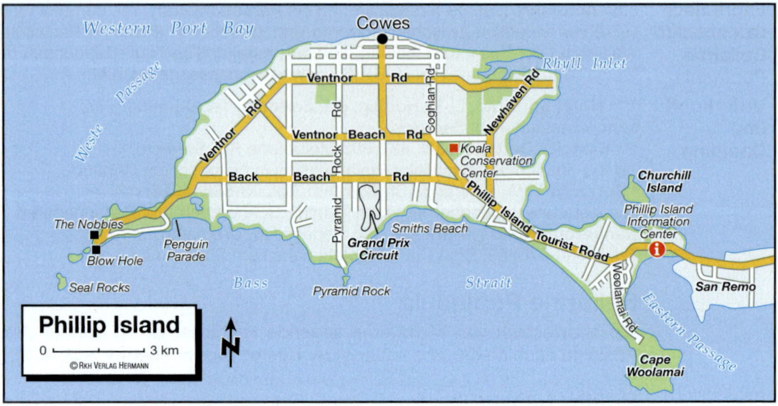

Vor der Westspitze der Insel liegen die Felsen **The Nobbies.** Auf den Steinen tummeln sich zur Brutzeit (Okt–Dez) bis zu 13.000 australische Seebären (Australian Fur Seals), die vom Boot aus beim Faulenzen, Tauchen und Spielen beobachtet werden können. Im **Seal Rock Sea Life Centre** (tägl. 10 Uhr bis Sonnenuntergang) wird das Leben der Tiere auf einer Großbildleinwand übertragen.

In der **Summerland Bay,** an der Südküste der Insel, befindet sich das Gelände der bekannten **Penguin Parade.** Das informative Besucherzentrum (tägl. ab 10 Uhr) vermittelt viele Hintergrundinformationen. Das allabendliche Spektakel zum Sonnenuntergang ist nicht jedermanns Sache, da es ein rechter Massenbetrieb ist. Dennoch ist es schön anzusehen, wie die kleinen Zwergpinguine (sie werden nicht größer als 33 cm) nach einem anstrengenden Tag im Meer zu ihren Nestern über den Strand spazieren. Fotografieren und Videofilmen ist verboten!

Auch das gibt's auf Phillip Island: Auf der Motorradrennstrecke **Phillip Island Circuit** an der Südküste der Insel werden seit 1928 nationale und internationale Rennen ausgetragen. Die Strecke und das angeschlossene Info-Zentrum sind für Besucher geöffnet (Back Beach Rd, Smiths Beach, Tel. 03-59529400, www.phillipislandcircuit.com.au, tägl. 10–17 Uhr).

Infos
Phillip Island Visitor Centre (895 Phillip Island Tourist Rd, Newhaven, Tel. 03-1300-366422, www.phillipisland.net.au, tägl. 9–17 Uhr)
Phillip Island Nature Park (Tel. 03-59512800, www.penguins.org.au) führt die Touren (Penguin Parade) durch.

Tipp
Wenn Sie planen, alle drei Attraktionen, also Pinguine, Koalas und Churchill Island, zu besuchen, so lohnt das **Rediscover Nature Ticket,** das im Visitor Centre oder am Eingang der jeweiligen Attraktionen erhältlich ist.

Anfahrt mit dem Auto
Von Melbourne über den Monash Freeway (M1) über Dandenong und von hier über den South Gippsland Hwy/Bass Hwy zur Brücke nach Newhaven auf Phillip Island.

Anfahrt mit Bus / als Tour
Ein V-Line Bus verkehrt täglich am Nachmittag von Melbourne nach Cowes. Das Problem besteht darin, von dort zur Pinguinparade zu gelangen. Einfacher ist es daher, sich einer Tagestour von Melbourne aus anzuschließen (▶ s. „Melbourne / Touren“).

Unterkunft und Camping

**** **The Continental Philip Island**, 5 Esplanade, Cowes, Tel. 03-59521878; gepflegtes Hotel mit Blick aufs Meer, mit gutem Restaurant.
* **Amaroo Park YHA,** 97 Church St, Cowes, Tel. 03-59522548; Jugendherberge im Ortszentrum, mit Transfers von und nach Melbourne sowie Touren und Fahrradvermietung.
Beach Park Tourist CP, 2 McKenzie Rd, Cowes, Tel. 03-59522113; Big4 Campingplatz am Strand.

Yarra Valley

Das bekannteste Weinanbaugebiet Victorias liegt 60 km nordöstlich der Metropole. Rund um die Ortschaften **Lilydale, Seville, Healesville** und **Yarra Glen** haben sich über 40 Winzereien niedergelassen. Namhafte Produzenten der Gegend sind *Domaine Chandon*, *Rochford's*, *Eyton* und *De Bortoli,* deren Betriebe Besuchern für Weinproben und -käufe offen stehen und nebenbei vorzügliche Restaurants bieten.

Eine weitere Attraktion ist das **Healesville Sanctuary** (Badger Creek Rd, tägl. 9–17 Uhr). Der natürlich angelegte Tierpark beheimatet eine große Sammlung australischer Tiere wie Wombats, Dingos, Koalas und Greifvögel.

Unterkünfte, insbesondere gemütliche Gästehäuser und B&Bs, sind über die gesamte Region verstreut. Auskünfte erteilen die Visitor Centres in Melbourne und Healesville.

Tipp: Wer einen Tagesausflug von Melbourne in das Yarra Valley plant, sollte sich aufgrund der Entfernungen auf das Tal entlang des *Maroondah Highway* von Lilydale bis Healesville beschränken.

Infos

Yarra Valley Visitor Centre (The Old Court House, Harker St, Healesville, Tel. 03-59622600, tägl. 9–17 Uhr, www.yarrarangestourism.com).
Interessante Fakten zu den Weinen in Victoria vermittelt die Internetseite www.visitvictoria.com/wineries.

Anfahrt mit dem Auto

Über den Eastern Freeway bis zur Springvale Road, dann auf dem Maroondah Highway über Lilydale nach Healesville.

Anfahrt mit Zug und Bus

Die Nahverkehrszüge fahren bis Lilydale (Lilydale Line). Von dort verkehrt ein Bus nach Healesville.

Touren

Touren in kleinen Gruppen von Melbourne in das Yarra Valley bietet z.B. *Yarra Valley Winery Tours* an (Tel. 03-59623870, www.yarravalleywinerytours.com.au).

Dandenong Ranges

Die mit Eukalyptuswäldern und Farnbäumen (Fern Trees) bewachsene Hügelkette der Dandenong Ranges steigt bis auf 630 m und liegt dabei nur 35 km östlich von Melbourne. Wanderungen im kleinen **Dandenong National Park,** ein Besuch in den **Rhododendron Gardens** in Olinda und eine Fahrt mit der alten Dampfeisenbahn **Puffing Billy** (Fahrplan Tel. 1900-937069, www.puffingbilly.com.au) von Belgrave nach Gembrook sind typische Aktivitäten eines Tagesausflugs.

Infos

Dandenong Ranges Visitor Centre (1211 Burwood Hwy, Upper Ferntree Gully, Tel. 03-97587522 oder 1-800-645505, www.yarrarangestourism.com, tägl. 9–17 Uhr).

Anfahrt von Melbourne

Per Auto: Über den Monash Freeway (M1) bis zur Ausfahrt Toorak Road, dann über Ferntree Gully auf der Dandenong Tourist Road nach Belgrave.
Per Zug: V/Line fährt von Melbourne nach Belgrave (Belgrave Line).

Von Melbourne über Canberra nach Sydney

Melbourne – Wilsons Promontory National Park – Australische Alpen – Canberra – Royal National Park – Sydney

Überblick

Fahrt von Melbourne in südöstlicher Richtung in den **Küstennationalpark Wilsons Promontory.**

Durch die Gippsland Seenregion nach Bairnsdale. Anschließend steigt die **Great Alpine Road** durch dichte Farn- und Eukalyptuswälder in die alpinen Regionen hinauf.

Mount Buffalo Nationalpark und **Alpine National Park** sind die Highlights der viktorianischen Alpen. In New South Wales schließen sich die **Snowy Mountains** mit dem höchsten Berg des Kontinents an.

Canberra, die Hauptstadt Australiens, ist wegen ihrer modernen Architektur sehenswert.

30 km vor Sydney lohnt schließlich der **Royal National Park** wegen seiner schönen Strände einen kurzen Besuch.

Natürlich wäre auch der direkte Weg auf dem *Hume Highway* möglich. Doch die abwechslungsreiche Strecke entlang der Küste und durch das Hochland ist, wegen ihrer Wandermöglichkeiten und landschaftlichen Reize, um ein Vielfaches interessanter. Die Mehrkilometer lohnen auf jeden Fall! Die beste Reisezeit für den Südosten ist von Oktober bis April. Im australischen Winter (Juni–Aug) muss in den hohen Lagen mit Schneefall gerechnet werden.

Routenvorschlag Melbourne – Sydney

11 Tage

Gesamtstrecke ca. 1620 km

1. Tag: Melbourne – Foster – Wilsons Promontory (230 km)
2. Tag: Wilsons Promontory National Park
3. Tag: Wilsons Promontory – Sale – Bairnsdale (256 km)
4. Tag: Bairnsdale – Mt Buffalo National Park (261 km)
5. Tag: Mt Buffalo National Park
6. Tag: Mt Buffalo National Park – Thredbo/Jindabyne (350 km)
7. Tag: Kosciuszko National Park
8. Tag: Thredbo/Jindabyne – Canberra (202 km)
9. Tag: Canberra
10. Tag: Canberra – Shellharbour (223 km)
11. Tag: Shellharbour – Royal National Park – Sydney (126 km)

8 Tage

Gesamtstrecke ca. 1552 km

1. Tag: Melbourne – Wilsons Promontory National Park (230 km)
2. Tag: Wilsons Promontory National Park – Omeo (375 km)
3. Tag: Omeo – Mt Buffalo National Park (142 km)
4. Tag: Mt Buffalo National Park – Thredbo/Jindabyne (322 km/356 km)
5. Tag: Kosciuszko National Park
6. Tag: Thredbo/Jindabyne – Canberra (202 km/168 km)
7. Tag: Canberra
8. Tag: Canberra – Sydney via Hume Highway (281 km)

Ausfahrt aus Melbourne

Über den *South Eastern Freeway* (Achtung: mautpflichtige Autobahn, ▶ s. Kapitel „Melbourne / An- und Abreise“) hat man die Großstadt schnell verlassen. In Dandenong zweigt der *Gippsland Highway* (M420) nach

Südosten ab. In Korumburra befindet sich das *Prom Country Information Centre* (South Gippsland Hwy, Tel. 1-800-630704, www.promcountry-tourism.vic.gov.au, tägl. 9–17 Uhr), in dem ausführliche Informationen zur gesamten Region erhältlich sind. Über Leongatha und Foster ist nach 230 km der Wilsons Promontory National Park erreicht. Foster ist die letzte größere Ortschaft vor dem Park (Supermarkt, Bank, Hotels). In den Orten Waratah Bay, Fish Creek und Yanakie sind ebenfalls Unterkünfte vorhanden (falls der Wilsons Prom NP in den Ferienzeiten ausgebucht sein sollte).

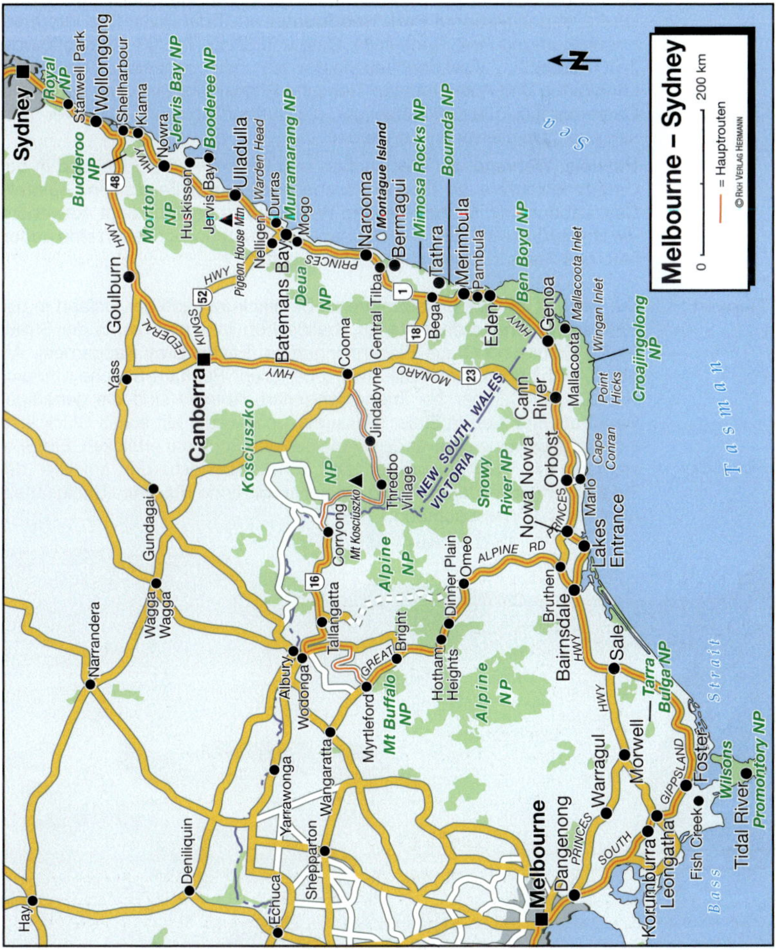

Wilsons Promontory National Park

Als weit in die Bass Strait ragender Südzipfel des australischen Kontinents stellt sich die Halbinsel Wilsons Promontory auf der Landkarte dar. Die als Nationalpark ausgewiesene Region, kurz auch Wilsons Prom oder „The Prom“ genannt, bietet dem Besucher eine enorme Vielfalt. Kilometerlange Sandstrände, schroffe Granitfelsen und dichte kühlgemäßigte Regenwälder. Nicht zu vergessen die reiche Tierwelt, der man in Tidal River und auf zahlreichen markierten Wanderwegen begegnet. Planen Sie mindestens einen ganzen Tag für den Aufenthalt im Park ein!

Infos

Ausgangspunkt für alle Aktivitäten im Park und das Buchen der Unterkünfte ist das **National Park Headquater** am Tidal River. Das Informationszentrum mit Post, Tankstelle, Café und Shop (Tel. 03-56809500 oder 1-800-350552, www.parkweb.vic.gov.au) hält zahlreiche Faltblätter, Landkarten und Auskünfte zur Tier- und Pflanzenwelt im Park bereit. Der Campingplatz (500 Stellplätze) und die Hütten/Cabins in Tidal River müssen ebenfalls hier reserviert werden.

Hinweis: Während der Weihnachts- und Ferienzeit (Dez/Jan) und in den Osterferien sowie an langen Wochenenden und Feiertagen (Australia Day, Labour Day, Melbourne Cup Weekend) ist es unbedingt notwendig, die Unterkünfte frühzeitig zu buchen. Ausweichmöglichkeiten sind außerhalb des Parks zu finden (▶ s. „Unterkünfte“).

Tierwelt

Die Tierwelt im Park ist faszinierend. Bereits kurz nach der Einfahrt in den Park sieht man auf den offenen Grasflächen links und rechts der Straße häufig Emus und Graue Riesenkänguruhs (Easter Grey Kangaroos). Auf dem Campingplatz am Tidal River „überfallen“ Pennant-Sittiche (Crimson Rosella) die Camper bei ihren Mahlzeiten. Abends sind die gefräßigen Wombats und Kletterbeutler (Possums) unterwegs. Mit etwas Glück lässt sich auch der eine oder andere Ameisenigel (Echidna) erblicken. Ein Spaziergang mit Taschenlampe in den frühen Abendstunden am Ufer des Tidal River (letzte Campground-Reihe) sorgt für so manches Erfolgserlebnis bei der Tierbeobachtung.

Picnic Bay

Bitte füttern Sie die Tiere nicht – sie sind aufdringlich genug! An den Wasserläufen und am Strand halten sich unzählige Vogelarten auf. Schwarze Schwäne (Black Swans), Isabella-Brachvögel (Eastern Curlew) und gefleckte Austernfischer (Pied Oystercatcher) sind nur einige der Arten, die im Park beheimatet sind.

Wanderungen

South Norman/Little Oberon Bay (4,1 km, ab/bis Tidal River)
Durch lichten Eukalyptuswald zum Strand und von dort am Meer zurück. Guter Blick über die Bucht. Ideal für Familien mit Kindern.

Squeaky Beach – Picnic Bay (3,8 km)
Vom Parkplatz Squeaky Beach über spärlich bewachsenes Land in die malerische Picknick Bay. Die Tour kann auch in Tidal River begonnen werden (Squeaky Beach Nature Walk) und bis in die Whiskey Bay verlängert werden.

Mount Oberon Nature Walk (6,8 km)
Der Weg auf der breiten Naturstraße beginnt am Telegraph Sattle Parkplatz. Der etwas eintönige Aufstieg auf den 558 m hohen Mount Oberon lohnt nur bei klarer Sicht. Vom Gipfel bietet sich ein fantastischer Blick über den Park und die zerklüftete Küste.

South East Point Walk (36,8 km H/R, 5–6 Std. pro Weg)
Anstrengende Tageswanderung vom Mt Oberon Parkplatz zum Leuchtturm im Südosten. Die eigentliche Südspitze mit dem Leuchtturm (Besteigung bei Voranmeldung möglich) ist durch den South Point Walking Track erschlossen.

Sealers Cove – Refuge Bay – Waterloo Bay (36 km, 2–3 Tage)
Rundwanderung in den Ostteil des Parks ab/bis Mt Oberon Parkplatz. Für die Nationalpark-Campingplätze ist eine Anmeldung im Visitor Centre erforderlich.

In den **Broschüren** „Overnight Hikes“ und „Discover the Prom“ findet man nähere Beschreibungen der Touren. Beide sind im Visitor Centre erhältlich.

Unterkunft und Camping

Erste Wahl sind der Campingplatz und die Cabins in Tidal River, dem Zentrum des Nationalparks. Der Campingplatz ist riesig, und während der Hauptsaison ist der Trubel recht groß. Sind die Stellplätze oder die (einfach ausgestatteten) Cabins belegt, so muss außerhalb des Parks übernachtet werden.

** **Tidal River Cabins und Campingplatz**, Tel. 03-56809500 oder 1-800-350552, www.parkweb.vic.gov.au; Campingplatz mit 500 Stellplätzen, begrenzte Zahl rustikaler Holzhütten.
*** **Foster Motel**, South Gippsland Hwy, Foster, Tel. 1-800-036140; Mittelklassehotel am Stadtrand von Foster.
*** **Waratah Park Country House**, Thomson Rd, Waratah Bay, Tel. 03-56832575, www.wpe.com.au; schönes Landhaus 11,6 km südlich von Fish Creek, in der Waratah Bucht mit Blick auf den Wilsons Prom.
* **Foster Backpacker Hostel**, 17 Pioneer St, Tel. 03-56822614; Hostel mit Shuttleservice in den Park, mit Serviceschwächen.
** **Yanakie Black Cockatoo Cottages**, 60 Foley Rd, Yanakie, Tel. 03-56871306; komfortable Holzhütten für Selbstversorger nahe am Nationalpark.
Prom Central Caravan Park, Nelson St, Foster, Tel. 03-56822440.
Yanakie Caravan Park, 390 Foley Rd, Yanakie, Tel. 03-56871295; einfacher Platz 8 km östlich des Straßendorfs.

Weiterfahrt nach Bairnsdale

Von Foster bis Sale verläuft der Gippsland Highway kurvenreich durch flaches Weideland. Auf der Anhöhe erkennt man den modernen Windanlagen-Park. 7 km südlich von Sale zweigt die C485 ab zu den Dünenlandschaften des **Ninety Mile Beach,** Paradise Beach und Golden Beach – eine Campingmöglichkeit ist jeweils vorhanden. Für die Strandfahrt bis zum Anglerort **Seaspray** (Campingplatz) ist ein 4WD erforderlich.

Abstecher zum Tarra-Bulga National Park

In Yarram zweigt die C484 zum Tarra-Bulga National Park ab. Der Park ist einer der letzten Überreste der dichten, kaltgemäßigten Regenwälder Victorias. Empfehlenswert ist der Fern Gully Nature Walk (1,2 km), der auf einer Hängebrücke über den Wald führt. In **Balook** befindet sich das Visitor Centre des Parks (nur Sa/So und in den Ferien geöffnet).

Sale

Am Kreuzungspunkt von South Gippsland Hwy und Princes Hwy liegt **Sale,** die Hauptstadt der Gippslands. Abgesehen von einigen historischen Häusern, Einkaufs- und Einkehrmöglichkeiten bietet die 13.000-Einwohner-Stadt nicht sehr viel.

Infos

Central Gippsland Information Centre, 8 Forster St, Tel. 1-800-677520, www.gippslandinfo.com, tägl. 9–17 Uhr.

Bairnsdale

Die 1842 gegründete Stadt wuchs rapide mit den Goldfunden in den 1860er Jahren. Davon zeugen noch heute die prachtvollen Gebäude in den Straßen. Sehenswert ist **St Mary's Church** mit ihren prachtvollen Deckengemälden und der Ausstellung **Krowathunkooloong Keeping Place,** die die Geschichte der lokalen Gunai-Kurnai Aboriginals erzählt (Dalmohoy St, Mo–Fr 9–17 Uhr).

Infos

Visitor Centre, 240 Main St, Tel. 03-51523444 oder 1-800-637060, www.lakesandwilderness.com.au, tägl. 9–17 Uhr.

Unterkunft und Camping

*** **Mitchell Motor Inn,** 295 Main St, Tel. 03-51525012.
Bairnsdale Tourist & Caravan Park, 139 Princes Hwy, Tel. 03-51524066; Big4 Caravan Park mit Pool, Sauna und Cabins.

Hinweis

Die weitere Küstenroute (via Lakes Entrance) bis Sydney ist im Kapitel „Alternativstrecke: Von Melbourne nach Sydney entlang der Küste" beschrieben, ▶ s.S. 477ff.

Great Alpine Road

Die *Great Alpine Road* führt in das bergige Landesinnere. Von Bairnsdale bis Omeo windet sich die kurvenreiche Straße, entlang des Tambo Rivers, durch grüne Farn- und Eukalytpuswälder allmählich die Berge hinauf.

Infos

Informationen zur Region sind in den örtlichen Tourist Offices sowie unter www.thealpinehighcountry.info erhältlich.

Landkarten

Alpine Region Tourism: „The Alpine High Country Touring Map" (nur Victoria). Australian Alps National Parks: „Australian Alps National Parks Touring Map". Beide Karten sind in den Besucherzentren entlang der Strecke erhältlich.

Omeo

Die ehemalige Goldgräberstadt hat heute nur noch 300 Einwohner. Sie ist von lichten Eukalyptuswäldern und Weideland umgeben. Das kleine Bergdorf mit seinen alten Häusern besitzt ein beschauliches Flair. Im **Omeo Historic Park & Museum** (tägl. 10–14 Uhr) sind die historischen Gebäude erklärt. In den **Oriental Gold Claims,** 2 km nördlich der Stadt, arbeiteten einst chinesische Goldgräber.

Infos **Tourist Information,** Cuckoo Clock Shop, Main Road, Tel. 03-51591552; Auskünfte zu Sehenswürdigkeiten und Unterkünften der Region.

Unterkunft / Camping *** **Colonial Motel Omeo**, 159 Day Ave, Tel. 03-51591388.
Holstons Caravan Park, Livingstone Creek, Tel. 03-51591351.

Alpine National Park

In Richtung der Stadt Bright durchquert die Great Alpine Road den **Alpine National Park** mit den außerhalb der Skisaison nahezu ausgestorbenen, modernen Skiorten **Dinner Plain** und **Mount Hotham Alpine Village.** In Dinner Plain hat im Sommer wenigstens das eine oder andere Hotel geöffnet, und Wanderwege sind ausgeschildert.

Der 6460 qkm große, in drei Sektionen geteilte Park, umfasst die Mehrzahl der höchsten Gipfel Victorias, z.B. Mt Hotham (1862 m), Mt Bogong (1986 m) und Mt Feathertop (1922 m). Es sind aber vor allem die endlos scheinenden, eher flachen, bewaldeten Hügel, die für Cross-Country Ski-Langläufer interessant sind.

Im Sommer locken hingegen die tiefen Täler mit ihren idyllisch dahin fließenden Bächen Mountainbiker und Wanderer an, die hier ausgezeichnete Pfade vorfinden. Der längste Wanderweg ist der 650 km lange **Australian Alps Walking Track,** der von Walhalla (30 km nördlich von Traralgon) über die Alpen bis nach Canberra führt (www.australianalps.deh.gov.au). Für kürzere Touren ist der überschaubare Mount Buffalo National Park besser geeignet.

Infos ▶ Weitere Informationen zum Park sind in den Nationalparkbüros in Melbourne, Bairnsdale, Omeo, Bright (Tel. 131963) und im Internet unter www.parkweb.vic.gov.au erhältlich.

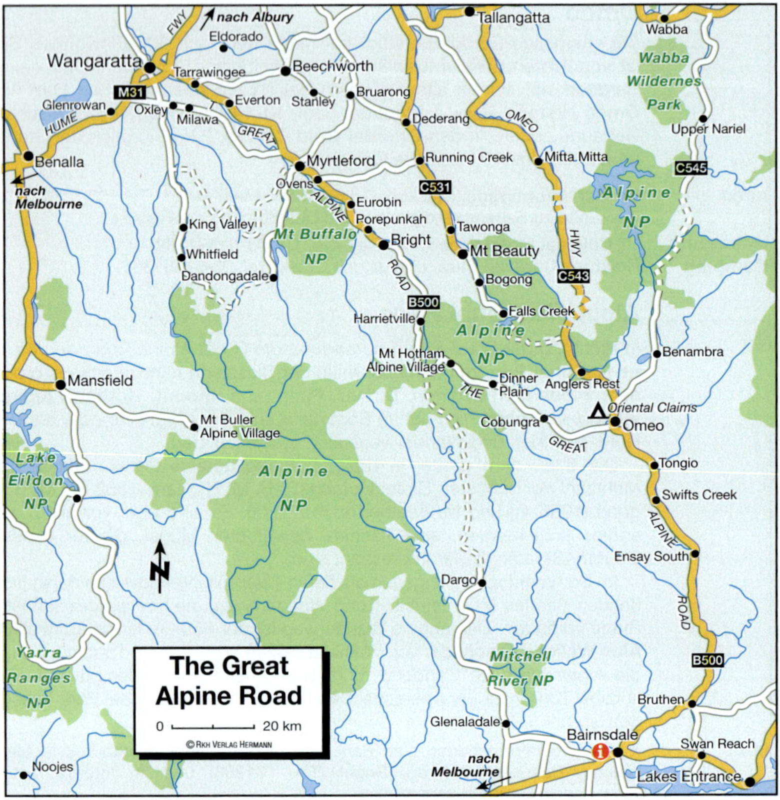

Bright

Das 2000 Einwohner zählende **Bright** ist mit seinen baumgesäumten Alleen, netten Cafés und kleinen Geschäften ein Ort zum Wohlfühlen. Schon seit 1870 zählt die kleine Stadt wegen ihres angenehmen Klimas zu den beliebtesten Ferienorten Victorias. Besonders schön ist es hier im Herbst, wenn sich die Blätter der Bäume leuchtend rot und gelb verfärben – wer hätte gedacht, dass man auch in Australien einen „Indian Summer" erleben kann? Im Tal und entlang der Forststraßen in den umliegenden Bergen sind Mountainbike-Touren ausgeschildert. *Cycle Path* vermietet Räder und bietet geführte Touren an (Information: www.cyclepath.com.au).

Infos Im **Visitor Centre** (119 Gavan St, Tel. 1-800-500117 oder 03-57552275, tägl. 9–17 Uhr) sind Informationen zu Unterkünften und zum Mt Buffalo National Park erhältlich.

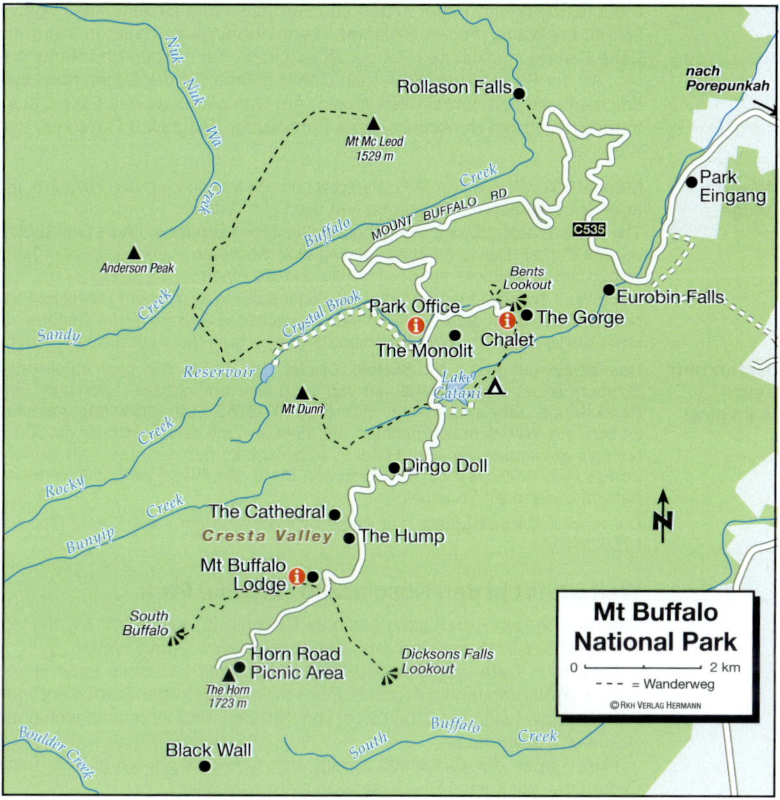

Unterkunft und Camping

*** **High Country Motor Inn**, 13 Great Alpine Rd, Tel. 03-57551244; ländliches Motel mit großem Garten, Pool, Sauna und Whirlpool.
* **Bright Hikers Backpackers**, 4 Ireland St, Tel. 03-57501244; gutes Hostel im Ortszentrum, viele Aktivitäten im Angebot.
Alpine Cabins Holiday Park CP, 1 Mountbatten Ave., Tel. 03-57551064; gepflegter Campingplatz am Fluss, 400 m vom Zentrum, mit Cabins und Bungalows.

Mount Buffalo National Park

Die Zufahrt zum Park erfolgt über die *Mt Buffalo Tourist Road,* 6 km nördlich von Bright. Bereits 1898 wurde die faszinierende Landschaft des Mount Buffalo-Plateaus zum Nationalpark erklärt. Vom Parkeingang windet sich die steile Straße in unzähligen Kurven zur Hochebene hinauf. Die markanten Hügel und Granitfelsen rund um den eigentlichen Berg **Mount Buffalo** (1500 m) sind ein Paradies für Wanderfreunde. Im Sommer starten Drachenflieger (Hanggleider) von der Plattform beim Chalet. Kletterer,

Mountainbiker und Reiter finden ebenfalls allerhand Betätigungsmöglichkeiten. Im Winter frönen Skifahrer ihrem Hobby beim Skilift in Tatra. Im **Lake Catani** (südlich des Ranger Büros) kann man baden und Kanu fahren. An der Straße zum Mt Buffalo Chalet sollten Sie die Augen nach Leierschwänzen (Lyrebirds) offen halten. Am Campingplatz des Lake Catani tummeln sich bei Dunkelheit gerne Ringbeutler (Ringtailed Possums) und Wombats.

Wanderwege

Monolith Track (1,8 km). Vom Parkplatz am Park Office auf den Felsturm, mit toller Aussicht auf die Umgebung und den Lake Catani.

The Horn Track (1,5 km). Ausgangspunkt ist die Horn Picnic Area (am Südende des Parks). Der gemäßigte Anstieg zum höchsten Punkt des Parks lohnt wegen des 360°-Blicks auf das Plateau und die Alpen.

Back Wall Track (12 km). Am Anfang verläuft der Weg auf dem Dicksons Falls Nature Walk, dann geht es durch eine bewachsene und tierreiche Gegend zur steil abfallenden Back Wall. Hier bietet sich eine gute Sicht auf die südl. Alpen.

Unterkunft und Camping

Das altehrwürdige *** **Mt Buffalo Chalet** am Rande der steil abfallenden Schlucht bietet in den Gemäuern von 1910 eine brauchbare Unterkunft. Eine Renovierung täte dem Hotel gut (Tel. 03-57551500, www.mtbuffalochalet.com.au). Wer nicht übernachten will, kann im Café einkehren oder die 300 m hohen Felswänden vor dem Hotel in Augenschein nehmen. Die * **Mt Buffalo Lodge** (Tel. 03-57551988) am südlichen Ende des Parks verfügt über Mehrbettzimmer und ein Restaurant.

Der einzige **Campingplatz** des Parks befindet sich am Lake Catani (Tel. 03-57562328).

Weiterfahrt in den Kosciuszko National Park

Die Fahrt in den Kosciuszko National Park (NSW) führt über Myrtleford, Tallangatta (C531) und Corryong (B400) nach New South Wales.

Die Stadt **Tallangatta** wurde für den Bau des Stausees Lake Hume umgesiedelt. Von einem Aussichtspunkt 7 km östlich der Stadt sieht man bei Niedrigwasser die Überreste von Straßen und Eisenbahnschienen des alten Tallangatta.

Kurz hinter der Ortschaft zweigt der *Omeo Highway* (C543) nach Omeo ab – ein kurzes Stück ist noch nicht asphaltiert.

Auf dem *Murray Valley Highway* verbleibend gilt die von Rinderzucht und Forstwirtschaft geprägte Stadt **Corryong** als das westliche Eingangstor zum Kosciuszko National Park.

Das **Man from Snowy River Folk Museum** (103 Hansen St, tägl. 10–12 u. 14–16 Uhr, Juni/Aug. geschlossen) erinnert an die Pioniere des Hochlandes und die lokale Geschichte. Im Ort sind einige Privatunterkünfte und ein Campingplatz vorhanden.

Snowy Mountains

Als Snowy Mountains oder **The Snowies** wird der Teil der Australischen Alpen bezeichnet, der sich auf dem Boden des Bundesstaates New South Wales befindet. Der höchste Berg des australischen Festlandes, **Mt Kosciuszko** (2228 m), liegt hier inmitten des Hauptgebirgszuges (Main Range) nahe der Grenze zu Victoria. Der größte Teil der Snowies ist als **Kosciuszko National Park** ausgewiesen. Fast alle australischen Zweitausender liegen in der Main Range.

Die weiten, größtenteils baumfreien Hochebenen verwöhnen das Auge im Frühling mit einer farbenprächtigen Wildblumenvegetation. In den Sommermonaten zählen sie zu den schönsten Wandergebieten Australiens. Die kahlen Bergrücken erlauben fantastische Ausblicke auf die durch Gletscherbewegungen vergangener Jahrtausende entstandenen Landschaften. Unglaublich klingt für europäische Besucher die Aussage, dass die schneebedeckten Flächen der Australischen Alpen (Victoria und New South Wales) größer sind als die der Schweiz. In einer der schneesichersten Regionen Australiens finden sich natürlich auch einige Skigebiete, wobei sich die meisten Pisten und Lifte in der Nähe des Mt Kosciuszko befinden. Information: www.snowymountains.com.au

The Man From Snowy River

In der Literatur wurde den Snowy Mountains durch das Epos „The Man from Snowy River" ein Denkmal gesetzt. Der Roman von A.B. „Banjo" Paterson erzählt die Geschichte eines Viehtreibers und dessen Leben im Hochland. Paterson schrieb das Buch in Anlehnung an Jack Riley, den er 1890 getroffen hatte. 1986 wurde das Buch in den Snowy Mountains verfilmt.

In Corryong (VIC) findet jedes Jahr im April das „The Man from Snowy River Bush Festival" mit Paraden, Lesungen und Verköstigung statt (www.manfromsnowyriverbushfestival.com.au). Passend zur Geschichte wurde ein Countrysong mit gleichem Titel komponiert, der mittlerweile fast so populär ist wie die „Waltzing Matilda" (▶ s.S. 167).

Kraftwerke Eine gigantische „man-made"-Attraktion ist das Stausee-System **Snowy Mountains Hydro-Electric Scheme:** 16 Staudämme, 7 Kraftwerke, 140 km Tunnel und mehrere große Stauseen (Lake Eucumbene, Lake Jindabyne, Dartmouth Dam). Das von über 100.000 Arbeitern in 25jähriger Bauzeit verwirklichte Projekt liefert saubere Energie für den Südosten Australiens. Nachdenklich stimmt nur der immense Landschaftsverbrauch des Projekts. Drei der Kraftwerke sind Besuchern zugänglich: Murray 1 (10 km östlich von Khancoban), Tumut 2 (Elliott Way, 13 km von Cabramurra, Reservierung erforderlich unter Tel. 1-800-623776) sowie Tumut 3 (6 km südlich von Talbingo). Ein Info-Zentrum befindet sich in Cooma (Monaro Hwy, 2 km nördlich von Cooma, Tel. 1-800-623776, Mo–Fr 8–17 Uhr, Sa/So bis 13 Uhr, www.snowyhydro.com.au).

Kosciuszko National Park

Der größte Nationalpark von NSW erstreckt sich über eine Länge von 200 km, von der Ortschaft Tumut im Norden bis zur Grenze Victorias im Süden. Er umfasst eine Fläche von 6500 qkm. Wichtigste Stadt des Parks ist **Jindabyne** mit einem informativen Besucherzentrum, Einkaufsmöglichkeiten und zahlreichen Unterkünften. Das Skidorf **Thredbo** an der Gebirgstrasse *Alpine Way* ist das „Aktivzentrum" des Parks. Der Mt Kosciuszko und die größten Skigebiete befinden sich im Süden des Nationalparks. **Charlotte Pass** ist die höchste Feriensiedlung Australiens und nur 8 km vom Gipfel des Mt Kosciuszko entfernt.

Im Visitor Centre von **Khancoban** (25 km östlich von Corryong) erhalten Sie sämtliche Karten und Informationen (auch über Straßenzustände) sowie die Eintrittskarte zum Park. Auf dem durchgängig asphaltierten *Alpine Way* passiert man das Kraftwerk Murray 1 Power Station (▶ s.o.) und den Aussichtspunkt **Scammels Spur Lookout,** von dem aus sich ein toller Bergblick eröffnet.

Thredbo, das bekannteste australische Ski-Resort, erscheint auf den ersten Blick wie ein gemütliches Bergdorf der europäischen Alpen. Bei näherem Hinsehen stellt man fest, dass es außer modernen Apartmenthäusern, Restaurants und Geschäften nicht viel gibt. Dennoch bieten sich hier im Sommer tolle Möglichkeiten für Wanderungen und Mountainbiketouren sowie im Winter für Abfahrtslauf und Cross-Country Skiing.

Wandern im Nationalpark

In den Informationsstellen in Jindabyne und Thredbo sind genaue Wanderkarten und aktuelle Tourentipps erhältlich. Für Mehrtagestouren stehen 23 Nationalpark-Campingplätze sowie 143 Berghütten zur Verfügung. Beachten Sie die Höhe, und rüsten Sie sich gegen schnelle Wetterumschwünge (auch im Sommer sind heftige Gewitter möglich) mit entsprechender Kleidung und festem Schuhwerk.

Besteigung des Mt Kosciuszko

Bei guter Sicht ist der Blick vom höchsten Berg des Kontinents fantastisch. Von Thredbo aus ist der Aufstieg ein Kinderspiel (6,5 km einfach, ab Bergstation). Per Sessellift ist eine Höhe von 1930 m schnell erreicht.

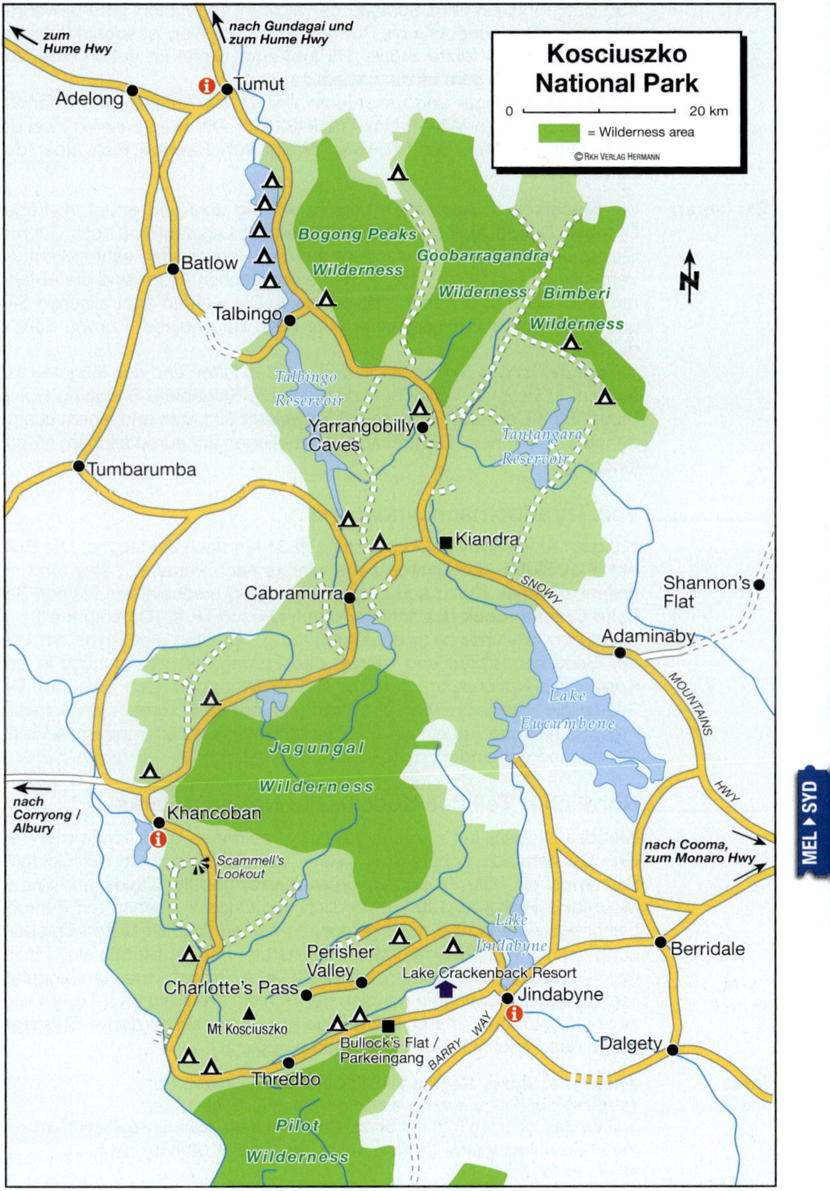
Kosciuszko National Park
0 20 km
= Wilderness area
© RKH Verlag Hermann
zum Hume Hwy
nach Gundagai und zum Hume Hwy
Tumut
Adelong
Batlow
Talbingo
Bogong Peaks Wilderness
Goobarragandra Wilderness
Bimberi Wilderness
Talbingo Reservoir
Yarrangobilly Caves
Tantangara Reservoir
Tumbarumba
Kiandra
Cabramurra
Snowy
Shannon's Flat
Adaminaby
Mountains Hwy
Lake Eucumbene
Jagungal Wilderness
nach Corryong / Albury
Khancoban
Scammell's Lookout
nach Cooma, zum Monaro Hwy
Lake Jindabyne
Perisher Valley
Berridale
Lake Crackenback Resort
Charlotte's Pass
Jindabyne
Mt Kosciuszko
Bullock's Flat / Parkeingang
Barry Way
Dalgety
Thredbo
Pilot Wilderness
MEL ▸ SYD

Von dort führt ein zum Schutze der alpinen Vegetation gitterbewehrter Weg über die Hochebene bis Rawson Pass. Der Weg ist sogar kinderwagentauglich. Das letzte Stück (1,5 km) zum Gipfel ist geschottert. Auf dem selben Weg geht es dann wieder zurück.

Wesentlich länger und anspruchsvoller ist der Aufstieg von Charlotte Pass aus über den Main Range Track (32 km). Der Weg passiert zwei der fünf Gletscherseen. Der Rückweg erfolgt von Rawson Pass über den Summit Walk.

Ski fahren

Die **Skisaison in Australien** beginnt Anfang Juni und endet im frühen Oktober. Neben Alpinski und Snowboard ist Langlaufen (Cross Country Skiing) und Schneeschuhwandern auf den Hochebenen sehr beliebt. Im Vergleich zu den Skigebieten in den europäischen Alpen sind die Abfahrten recht flach und wenig anspruchsvoll. Die wahren australischen Ski- und Boarderfreaks reisen daher eher nach Neuseeland, Europa oder in die USA.

Thredbo ist das Skigebiet mit den meisten Liften und den längsten Abfahrten. In Perisher Valley befinden sich die Skigebiete Smigging Holes, Mount Blue Cow und Guthega mit insgesamt 50 Liften und einem ausgedehnten Loipennetz. Die Liftkartenpreise liegen auf europäischem Niveau (hoch).

Von Thredbo nach Jindabyne

Auf dem Alpine Way gelangt man nach 34 km nach Jindabyne. Der **Bullock Flat Skilift,** der sommers wie winters nach Perisher Valley führt, ist gekennzeichnet. Kurz nach dem Parkausgang erscheint am kleinen See **Lake Crackenback** das schöne Novotel Resort (▶ s. „Unterkünfte“).

Jindabyne wurde nach der Überflutung des alten Jindabyne am Ufer des Sees neu erbaut und ist nun das Sprungbrett für Ausflüge in den Kosciuszko Nationalpark (tägliche Busverbindungen nach Thredbo). Der See ist die Hauptattraktion der Stadt und lädt im Sommer zum Schwimmen, Segeln und Angeln ein. Zahlreiche Hotels und ein modernes Visitor Centre sind vorhanden.

Nördlicher Teil des Kosciuszko National Parks

Kiandra ist zwar auf den Landkarten verzeichnet, doch kaum mehr als eine Geisterstadt. Schautafeln weisen auf die Geschichte der Goldgräbercamps hin. Die Tropfsteinhöhlen **Yarrangobilly Caves** am Snowy Mountains Highway (120 km nördlich von Cooma) können mit Führung besichtigt werden. Die nahe gelegenen heißen Quellen bieten Entspannung nach langen Wanderungen oder Autofahrten. Auskünfte sind im angeschlossenen Visitor Centre erhältlich (▶ s. „Infos“). Ein Campingplatz liegt wenige Autominuten nördlich der Höhlen. Die Kleinstadt **Tumut** liegt zwar offiziell nicht mehr im Nationalpark, gilt aber als nördliche Eingangspforte des Parks (mit Hotels und Campingplatz).

Infos

Jindabyne: Snowy Region Visitor Centre, Kosciuszko Rd,
Tel. 02-64505600, www.npws.nsw.gov.au, tägl. 8.30–17 Uhr;
großes Besucherzentrum mit Shop, Café und Kino beim Einkaufszentrum.

Perisher Valley: Visitor Centre, Kosciuzko Rd, Tel. 02-64575214,
Mo–Fr 8–16 Uhr.

Khancoban: Information Centre, Ecke Scott St/ Mitchell Ave, Tel. 02-60769373, tägl. 8.30–12 Uhr und 13-16 Uhr.

Yarrangobilly Caves: Visitor Centre, 4,7 km westlich des Snowy Mt Hwy, Tel. 02-64549597, tägl. 9–17 Uhr. Das Büro verkauft Tickets für Höhlen-Touren und für die heißen Quellen.

Tumut: The Old Butter Factory, 5 Adelong Rd, Tel. 02-69471849, tägl. 8–17 Uhr.

Unterkunft und Camping

**** **Novotel Lake Crackenback Resort**; Alpine Way (auf dem Weg Jindabyne-Thredbo), Tel. 02-64562960; großzügiges Apartment-Hotel mit allem Komfort und gutem Restaurant, direkt am kleinen Lake Crackenback gelegen.
*** **Thredbo Alpine Hotel**, Fri Dve, Tel. 02-64594200; die erste Adresse im Skiort mit Sauna, Pool und guter Aussicht.
*** **Banjo Paterson Inn**, Jindabyne, 1 Kosciuszko Rd, Tel. 02-64562372; gepflegte Studios mit Balkon und Bistro.
*** **House of Ullr**, Thredbo, Mowamba Place, Tel. 02-64576210; gemütliche Unterkunft mit Bergblick.
*** **Alpine Inn**, Alpine Way, Khancoban, Tel. 02-60769471; Motel mit Pub und angeschlossenem Hostel.
* **Thredbo YHA,** 8 Jack Adams Pathway, Thredbo, Tel. 02-64576376; gepflegte Jugendherberge, von Juni bis Okt. muss zwingend über YHA Travel Centre in Sydney reserviert werden (Tel. 02-92611111, www.yha.com.au).
* **Snowy Mountains Backpackers**, Jindabyne, 7-8 Gippsland St, Tel. 02-64561500; modernes Hostel mit großem Ausflugs- und Sportangebot.
Khancoban Lakeside CP, Alpine Way, Khancoban, Tel. 02-60769488.
Snowline CP, Jindabyne, Ecke Kosciuszko Rd/Alpine Way, Tel. 1-800-248148; Campingplatz direkt am Seeufer (2 km in Richtung Nationalpark).

Cooma

„Capital of the Snowy Mountains“ – gern bezeichnet sich Cooma als Hauptstadt der Bergregion. In den Monaro Graslands gelegen, sieht man von den höchsten Bergen allerdings noch nicht viel. Als Hauptstützpunkt für den Bau des Staudammprojekts zogen Arbeiter aus aller Welt für eine Zeitlang nach Cooma. Die Fahnen entlang der *Avenue of Flags* stehen für die Nationen, die am Bau des Energieprojekts beteiligt waren.

Das **Cooma Visitors Centre** hilft bei Fragen weiter (Sharp St, Tel. 1-800-636525, www.visitcooma.com.au).

Routenhinweise

Von den Bergen an die Küste

Wer von Cooma aus direkt zur Küste fahren möchte, hat verschiedene Möglichkeiten, dies auf direktem Weg, dabei aber auf teilweise unbefestigten Pisten zu tun. So z.B. auf der Route Cooma – Numeralla – Belowra – Nerringundah – Bodalla (Eurobodalla Coast) oder dem *Monaro Hwy/ Snowy Mts Hwy* in die Käsestadt Bega (▶ s.S. 481) folgend.

Weiterfahrt nach Canberra

Über den Monaro Highway sind es von Cooma nur zügige 112 km bis nach Canberra, der Hauptstadt Australiens.

Australian Capital Territory

Überblick

Das kleinste Territorium Australiens nimmt nur eine Fläche von 2538 qkm ein. Zu Beginn des 20. Jahrhunderts entstand auf der Fläche des Bundesstaats New South Wales das selbständige „Australian Capital Territory" (ACT). Zuvor hatte das Parlament die Gründung einer neuen Hauptstadt beschlossen. Um der Kapitale auch einen Zugang zum Meer zu verschaffen, wurde noch Jervis Bay (Jervis Bay Territory) dem ACT zugeschlagen. Rund um die Hauptstadt prägen weite Ebenen und Weideland mit sanften Hügeln das Landschaftsbild. Deutlich bergiger ist der Süden mit dem Namadgi National Park und der Bergkette Brindabella Range.

Im ACT leben 315.600 Menschen, die sich fast alle in Canberra niedergelassen haben.

600 m über dem Meer herrschen im Sommer tagsüber warme bis heiße Temperaturen. Nachts kühlt es merklich ab. Die Wintertage in Canberra sind sogar eisig. Daher reist man am besten im Frühling oder Herbst in die Hauptstadt.

Das Territorium erwirtschaftet kaum etwas selbst, abgesehen von den wenigen landwirtschaftlichen Produkten aus den Farmbetrieben. Ansonsten wird in der „Beamtenstadt" nur verwaltet. Die Hauptsehenswürdigkeit ist zweifellos Canberra selbst mit seinen Museen und dem Parlamentsgebäude.

Internet-Infos

www.canberratourism.com.au

Canberra

Überblick

Im Gegensatz zu vielen anderen Metropolen erwarten den Besucher in Canberra weder prachtvolle Skylines noch großstädtisches Verkehrschaos. Vielmehr entdeckt man eine weitläufige, grüne und absolut ruhige Stadt, angelegt am Ufer eines künstlichen Sees. Tatsächlich erinnert Canberra mehr an einen riesigen Stadtpark, so entspannt geht es zu.

Interessanterweise gehen die Meinungen über Canberra bei Einheimischen und Besuchern ziemlich auseinander. Die einen lieben es seiner Ruhe und seines milden Klimas wegen, andere empfinden die Stadt als langweilig und zu wenig hauptstädtisch. Ohne Auto geht aufgrund der weiten Entfernungen (fast) gar nichts. Die am Reißbrett entstandene Kapitale birgt Sehenswürdigkeiten, die mehr oder weniger alle mit der Geschichte Australiens in Verbindung stehen. Ein Besuchstag in Canberra ist daher sicherlich mit dem einen oder anderen Museumsbesuch verbunden.

Geschichte

In den 1820er Jahren ließen sich die ersten europäischen Siedler in den Tälern und Ebenen nördlich der Snowy Mountains nieder, ganz in der Nähe der heutigen Stadt. Im Jahre 1824 steckte der Schafzüchter *Joshua Moore* ein Stück Land ab und benannte es „Canberry". In der lokalen Aboriginalsprache bedeutet „kamberra" soviel wie „Treffpunkt" (Meeting Place).

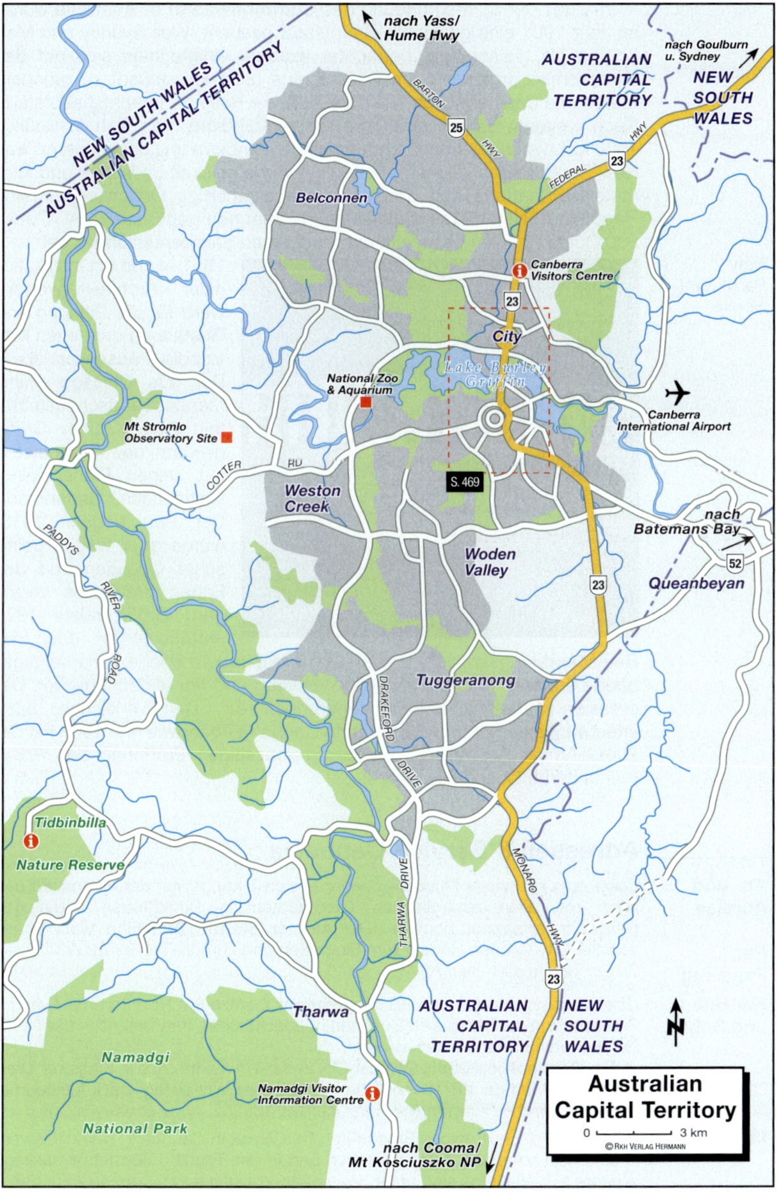
nach Yass/
Hume Hwy
NEW SOUTH WALES
AUSTRALIAN CAPITAL TERRITORY
AUSTRALIAN
CAPITAL
TERRITORY
nach Goulburn
u. Sydney
NEW
SOUTH
WALES
BARTON
HWY
25
FEDERAL
HWY
23
Belconnen
Canberra
Visitors Centre
23
City
Lake Burley
Griffin
National Zoo
& Aquarium
Canberra
International Airport
Mt Stromlo
Observatory Site
COTTER
RD
S. 469
Weston
Creek
nach
Batemans Bay
PADDYS
RIVER
ROAD
Woden
Valley
52
23
Queanbeyan
Tuggeranong
DRAKEFORD
DRIVE
Tidbinbilla
Nature Reserve
THARWA
DRIVE
MONARO
HWY
23
Tharwa
AUSTRALIAN
CAPITAL
TERRITORY
NEW
SOUTH
WALES
Namadgi
National Park
Namadgi Visitor
Information Centre
nach Cooma/
Mt Kosciuszko NP
Australian
Capital Territory
0
3 km
© RKH VERLAG HERMANN

MEL ▸ SYD

Im Zuge der Staatsgründung des **Commonwealth of Australia** wurde im Jahr 1901 eine geeignete Hauptstadt gesucht. Weil Sydney und Melbourne als gleichrangig betrachtet wurden, einigte man sich auf den Kompromiss, irgendwo „im Busch" eine neue Hauptstadt zu gründen. Melbourne übernahm von 1901 bis 1927 die Rolle als Interimshauptstadt. Nach weiteren Jahren der Debatten verständigte man sich schließlich 1908 auf die unbekannte Landgemeinde Canberra im „backcountry" von New South Wales. Glühend heiß im Sommer, eiskalt im Winter und kilometerweit entfernt von allem – welch eigenartige Örtlichkeit für eine Hauptstadt! New South Wales steuerte zum neu gegründeten ACT etwa 900 Quadratmeilen des meist unbrauchbaren Steppenumlandes bei.

New Parliament House

1911 wurde ein internationaler Architekturwettbewerb für die Planung und Gestaltung der neuen Metropole ausgeschrieben. Der aus Chicago stammende Landschaftsarchitekt *Walter Burley Griffin* gewann den Wettbewerb mit seinen Plänen einer weitläufigen Gartenstadt. Der Bau begann 1913, wurde aber wegen politischer Querelen und des Ersten Weltkriegs verzögert. Griffin reiste 1920 enttäuscht ab, doch der Bau schritt langsam voran. 1927 wurde das provisorische Parlamentsgebäude eröffnet. Mit dem Zweiten Weltkrieg und der wirtschaftlichen Depression traten weitere Verzögerungen ein. Den wirklichen, auch internationalen Durchbruch schaffte Canberra irgendwie erst 1988 mit der 200-Jahrfeier Australiens und der gleichzeitigen Eröffnung des Parlaments durch Queen Elisabeth II.

Adressen & Service Canberra

An- und Abreise

Per Flugzeug

Canberras nationaler Flughafen befindet sich 7 km östlich der Innenstadt und wird von allen australischen Großstädten in Direktflügen angeflogen (www.canberraairport.com.au). Der **Airliner Shuttle Bus** fährt wochentags von der City (großen Hotels) zum Flughafen und zurück (Tel. 02-62993722, A$ 7). Ein Taxi kostet etwa A$ 15.

Per Bus und Bahn

Überlandbusse fahren ab und bis **Jolimont Centre** (67 Northbourne Ave). Im Reisezentrum befinden sich Duschen, Gepäckfächer, Internetanschluss sowie Fahrkarteninformation und -verkauf.

Der **Bahnhof** liegt südöstlich der City in der Wentworth Ave in Kingston. Dreimal täglich fährt der XPT-Schnellzug nach Sydney, einmal tägl. nach Melbourne. Fahrpläne sind bei *Countrylink* erhältlich, Tel. 132232, www.countrylink.info.

Infos

Hilfreich ist die kostenlose Broschüre „This Week in Canberra" (www.thisweekinaustralia.com), die in Unterkünften und in der Tourist Information ausliegt. Weitere aktuelle Infos sind unter www.canberra.citysearch.com.au zu finden.

Canberra Visitor's Centre (330 Northbourne Ave, Dickson, Tel. 02-62050044 oder 1-800-100660, www.canberratourism.com.au, Mo–Fr 9–17 Uhr, Sa/So bis 16 Uhr).
Praktische Computerterminals mit Stadtinformationen stehen an wichtigen Punkten in der gesamten City (Flughafen, Bahnhof, Busterminal, Einkaufszentrum Bunda St).

Stadtpläne und -führer sind auch bei Traveller Maps and Guides im Jolimont Centre (67 Northbourne Ave) erhältlich.

Öffentliche Verkehrsmittel

Die öffentlichen Verkehrsmittel bestehen aus Bussen, die tagsüber und unter der Woche alle Vororte und Sehenswürdigkeiten verbinden, abends und am Wochenende jedoch sehr selten oder gar nicht verkehren. Zur Fortbewegung eignen sich in der ausgedehnten Stadt vor allem das eigene Fahrzeug oder ein Fahrrad (▶ s. „Fahrradvermietung"). Parkplätze sind ausreichend und meist kostenlos vorhanden.

Lokale Busse: Die orange-blauen Busse der Gesellschaft *Action* verbinden das Zentrum mit allen anderen Stadtteilen (abends und an Wochenenden höchstens stündlich). Der lokale **Busterminal** befindet sich an der Ecke East Row/ Alinga St. Dort sind auch Fahrplanauskünfte erhältlich (Tel. 131710, www.action.act.gov.au). Fahrkarten werden in den Bussen, in vielen Zeitungsläden und im Visitor Centre verkauft. Das Tagesticket für die gesamte Stadt kostet A$ 6.

Stadtrundfahrt: Es gibt einige Tourrveranstalter, die recht teure geführte Tagestouren durch die Stadt anbieten (z.B. Cannberra Day Tours, Tel. 02-62983344, www.canberradaytours.com.au). Billiger geht es mit dem öffentlichen Bus Nr. 34. Die Linie verläuft entlang der wichtigsten Sehenswürdigkeiten.

Wie, wo, was ...

Automobilclub

NRMA, 92 Northbourne Ave, Braddon, Tel. 02-62438800 oder 131111, www.nrma.com.au, www.mynrma.com.au. Mitgliedsausweis europäischer Automobilclubs für Rabatte vorlegen!

Auto- und Campervermietungen

Alle großen Mietwagenfirmen haben neben den Stadtbüros Stationen am Flughafen. Wohnmobilanbieter haben keine Depots in Canberra.

- *Avis Cars,* 17 Lonsdale St, Braddon, Tel. 02-62496088; Flughafen Tel. 02-62491601.
- *Budget Cars,* Shell-Tankstelle Ecke Mort/Girraween St, Braddon, Tel. 02-62572200; Flughafen Tel. 02-62571305.
- *Hertz Cars,* 32 Mort St, Tel. 02-62574877, Flughafen Tel. 02-62496211.
- *Thrifty Cars,* 29 Lonsdale St, Braddon, Tel. 02-62477422; Flughafen Tel. 1-300-367227.

Banken

Alle namhaften Banken haben Niederlassungen am London Circuit. Die Geschäftszeiten sind (beamtenmäßig) von Mo–Do 9.30–16 Uhr, Fr bis 17 Uhr.

Botschaften

Adressen ▶ s. „Teil I: Reisevorbereitungen/ Einreise"

Busgesellschaften

Alle Busse fahren ab und zum **Jolimont Centre** (▶ s. „An- und Abreise"). Ein Preisvergleich für die Hauptrouten nach Melbourne und Sydney ist ratsam.

- *Greyhound Pioneer* (Tel. 02-62496006 oder 132030) und weitere Firmen bieten tägliche Verbindungen von Canberra nach Sydney, Adelaide, Melbourne und umgekehrt. Im Sommer existiert ein regelmäßiger Service nach Thredbo (Kosciuszko National Park).
- *Capital Coachlines* (Tel.: 02-62929412); regelmäßige Verbindungen nach Dubbo.
- *Countrylink* (Tel. 132232, www.countrylink.info); täglicher Busservice zwischen Canberra und der Südküste von New South Wales.
- *Murrays Australia* (Tel. 132251); Verbindung nach Sydney, Wollongong und zur Südküste.

Fahrradvermietung **Mr Spoke's Bike Hire** (Barrine Dve, Acton, Tel. 02-62571188) vermietet Räder und Inlineskates. Daneben bietet Mr. Spoke als alternative Form der Stadtbesichtigung geführte Radtouren an – für Canberra bestens geeignet! Die Jugendherberge und verschiedene Hostels vermieten ebenfalls Räder.

Fluggesellschaften Qantas (Jolimont Centre, Tel. 131313), Virgin Blue (Tel: 136789) und Regional Express (Tel: 131713) verbinden Canberra mehrmals täglich mit Sydney, Melbourne, Adelaide und Brisbane. Die aktuellen Adressen der Stadtbüros findet man in den Gelben Seiten (Yellow Pages).

Internet *Café Cactus* (Cinema Centre Building, Bunda St, Civic Centre, tägl. 9–21 Uhr) und das Reisezentrum im Jolimont Centre verfügen über Terminals.

Krankenhs. Canberra Hospital, Yamba Dve, Garran, Tel. 02-62442222.

Notfall Notruf (Polizei, Feuerwehr, Rettungswagen) Tel. 000. – Polizei 131444. – Giftnotruf 131126.

Post General Post Office (GPO), 53-73 Alinga St, Canberra City, geöffnet Mo–Fr 9–17 Uhr. Postlageradresse: Poste Restante, Canberra GPO, ACT 2601.
Weitere Postfilialen befinden sich im Canberra Centre (Bunda St), in Braddon (Unit 2/18 Lonsdale St), in der Universität (Union Building) und im O'Connor Shopping Centre (9 Sargood St, O'Connor).

Sport Das berühmte *Australian Institute of Sport* (Leverrier Crs, Bruce, Tel. 02-62141444, www.aisport.com.au, Touren tägl. um 10, 11.30, 13 und 14.30 Uhr) ist die Medaillenschmiede der Nation. Topathleten können beim Training beobachtet werden. Ein Großteil der australischen Kadersportler trainiert und wohnt im Institut.
Zum Joggen und Inlineskaten (▶ s. „Fahrradvermietung/-shops") eignet sich der Radweg rund um die Seen. Rudern und Kanu fahren sind beliebte Aktivitäten (Bootsvermietung am Ferry Terminal in Acton).
Der *Olympic Swimming Pool* (Ecke Constitution Ave/ Allara St, City) ist ganzjährig geöffnet.
Im *Yowani Golf & Country Club* (Northbourne Ave, Federal Highway Lyneham, Tel: 02-62413377) dürfen Gastspieler gegen eine geringe Gebühr spielen.

Taxis Canberra Cabs, Tel. 132227.

Touren Canberra Cruises (Acton Ferry Terminal, Tel. 0419-418846); Bootsausflüge auf dem Lake Burley Griffin.
Busveranstalter wie Murrays (Tel. 02-62953611) bieten Stadtrundfahrten und Ausflüge in die Snowy Mountains an.

Einkaufen

Reguläre Ladenöffnungszeiten sind Mo–Do 9–17.30 Uhr, Fr bis 21 Uhr, Sa bis 16 Uhr. Kaufhäuser und kleine Lebensmittelgeschäfte haben auch sonntags geöffnet. Die Haupt-Shopping-Meilen sind Alinga, Petrie, Akuna und Ballumbir Streets. Dort befindet sich auch das große **Einkaufszentrum Canberra Centre** mit über 100 Geschäften.

Souvenirs Eine große Auswahl australischer Souvenirs sind im *Parliament Shop* im Parliament House erhältlich. Münzen verkauft der *Coin Shop* (Royal Australian Mint, Denison St, Deakin).

Bücher und Landkarten Der *Co-op Bookshop* am südlichen Ende der North Road in Acton hat eine gute Auswahl. Im *Government Info Shop* (10 Mort St) sind landeskundliche Drucksachen und Videos erhältlich. Landkarten sind beim Autoclub sowie im Map Shop im Jolimont Centre erhältlich.

Lebensmittel Ein täglich geöffneter Supermarkt befindet sich im **City Market** (Ecke Bunda St/Ainslie Ave. In den Satelliten-Vororten befinden sich große Einkaufskomplexe, die bis spät abends geöffnet sind.

Märkte **Gorman House Markets** (Ainslie Ave, City, Sa 10–16 Uhr) ; Trödelmarkt in der City. – **Old Bus Depot Markets** (Wentworth Ave, Kingston, So 10–16 Uhr); Kunst und Handwerksmarkt.

Essen und Trinken

Um den Botschaftern der Länder gerecht zu werden, werden in der Hauptstadt Spezialitäten aus aller Herren Länder angeboten. Fast 400 Restaurants, Cafés und Bars sind über die ganze Stadt verteilt. Im Stadtzentrum **(Civic Centre)** liegen die Schwerpunkte der Restaurant-Szene in den Straßen East Row, Alinga St, Northbourne Ave/ Garema Place (Fußgängerzone), Woolley St/ Dickson St und im Universitätsviertel Acton (2 km westlich).

Zum Mittagessen lädt der **Glebe Park Food Court** (15 Coranderrk St, Stadtteil Reid, am Eingang des National Convention Centre) ein. Die reichhaltig bestückte Food-Mall bietet internationale Gerichte und Fastfood.

Restaurant-Auswahl *Axis Restaurant* (Acton Peninsula, Tel. 02-62085176); edles Lokal direkt am Seeufer mit internationaler Küche, Frühstück, Mittag- und Abendessen (Hauptgerichte ab A$ 25).

The Tower Restaurant (Telstra-Tower, Black Mountain, 3 km westlich, Tel. 02-62486162); Drehrestaurant mit Superblick auf die Stadt (Hauptgerichte ab A$ 20).

Gundaroo Pub (Cork St, Gundaroo, Tel. 02-62368125); rustikales „Outback-Restaurant" mit australischer Busch-Küche. Spezialitäten wie Känguruhschwanz-Suppe, Billy Tea und Damper stehen auf der Speisekarte.

The Pancake Parlor (28 Woolley St, Dickson); Café Restaurant, bis 24 Uhr geöffnet.

The Canberra Tradesmen's Union Club (Badham St, Dickson); bietet mittags und am frühen Abend günstige Gerichte sowie Unterhaltung (meist Sportübertragungen).

Public Dining Room (Parliament House, tägl. 9–17 Uhr); Parlaments-Caféteria mit gepflegter Mittagskarte.

Canberra Dinner Cruises (ab Acton Ferry Terminal, Tel. 62953244); romantisches Abendessen während eines Bootsausfluges auf dem Lake Burley Griffin. Buchung im Visitor Centre.

Bars und Nachtclubs *Pandora's* (Ecke Mort/Alinga St) und *Bobby McGee's* (im Rydges Hotel, London Circuit) bieten kühles Bier und Nachtclubstimmung.

Kultur- und Unterhaltung

Hilfreich bei der Veranstaltungssuche ist die Donnerstags-Ausgabe der „Canberra Times" mit Veranstaltungstipps, sowie die Gratis-Broschüre „Canberra What's On", die im Visitor Centre und in Hotels ausliegt.

Musik, Konzerte, Theater Canberra Theatre Centre (London Circuit, Civic Centre, Tel. 62435711): Verschiedene Theatersäle, in denen von Ballett bis zum Rockkonzert alles stattfindet.

Kinos *Centre Cinema* (Bunda St, Tel. 02-62497979) und *Greater Union* (6 Mort St, Tel. 02-62475522) sind die beiden großen Kinozentren der City.

Casino *Casino Canberra* (21 Binara St, tägl. ab 12 Uhr). Vor 19 Uhr wird der Einlass auch in gepflegter Freizeitkleidung gewährt, danach sollten Männer schon ein Jacket tragen.

Galerien und Museen

National Museum of Australia
(Lawson Crs, Acton Peninsula, www.nma.gov.au, tägl. 9–17 Uhr); im architektonisch eindrucksvollen Bau werden Geschichte und Technik in interaktiven Ausstellungen präsentiert.

National Gallery of Australia (Parkes Place, Parkes, tägl. 10–17 Uhr, www.nga.gov.au);
Austellung nationaler und internationaler Kunst mit wechselnden Themen.

Questacon – The National Science & Technology Centre
(King Edward Tce, Parkes, tägl. 9–17 Uhr, www.questacon.edu.au); faszinierendes interaktives Museum, nicht nur für Technikfans.

Screen Sound Australia (McCoy Circuit, Acton, Mo–Fr 9–17 Uhr, Sa/So ab 10 Uhr); lohnendes Film- und Tonmuseum.

Royal Australian Mint (Denison St, Deakin, Mo–Fr 9–16 Uhr, Sa/So ab 10 Uhr); von der Galerie lässt sich der Herstellungs- und Prägeprozess der Münzen beobachten.

Live-Musik

Auch wenn die (Innen-)Stadt auf den ersten Blick ausgestorben wirkt, Pubs und Clubs mit Live-Musik sind reichlich vorhanden, wenn auch weit verstreut.
PJ O'Reillys (Ecke West Row /Alinga St, Tel. 02-62304752); Irish Pub.
Déjà Vu (im Obergeschoss des Casinos, 21 Binara St); beliebte Jazz-Bar.
Moosehead's Pub (Sydney Building, 105 London Circuit); Kneipe mit Live-Musik und Diskothek.

Festivals

Das **Canberra Festival** mit zahlreichen Kultur- und Sportereignissen, Feuerwerk und Straßenparade findet alljährlich im März statt.

Unterkunft und Camping

Im Vergleich zu sonstigen Hauptstädten sind die Unterkünfte recht günstig. Insbesondere am Wochenende sind Sonderangebote verfügbar. Das Angebot an Budget-Zimmern (Backpacker-Hostels) ist allerdings eher dürftig.

Hotels und Hostels

**** **Hyatt Canberra**, Commonwealth Ave, Yarralumla, Tel. 02-62701234; First-Class-Hotel, im Botschaftsviertel gelegen.

*** **Comfort Inn Downtown**, 82 Northbourne Ave, City, Tel. 02-62491388; Mitteklasse-Hotel in zentraler Lage.

*** **Olims Canberra Hotel**, Ecke Ainslie St/Limestone Ave, City, Tel. 02-62485511; komfortables Mittelklasse-Hotel mit Restaurant und Bar.

*** **Miranda & Parkview Lodge**; 534 Northbourne Ave, Downer, Tel. 02-62498038; Bed&Breakfast-Haus im Motelstil, 4 km nördlich.

** **Victor Lodge**, 29 Dawes St, Kingston, Tel. 02-62957777; familiäres Gästehaus mit Transferservice und Radvermietung.

* **Canberra YHA,** 191 Dryandra St, O'Connor, Tel. 02-62489155, 4 km nördlich der City, mit Bus Nr. 380 ab Miller St erreichbar; komfortable Jugendherberge mit Mehrbett-, Doppel- und Einzelzimmern.

* **Canberra City Backpackers**, 7 Akuna St, Civic, Tel. 1-800-300488; großes Hostel in zentraler Lage.

Camping

Canberra South Motor Park, Ecke Monaro Hwy/ Canberra Ave, Fyshwick, Tel. 02-62806176; Campingplatz mit Motelzimmern und Cabins, ca. 5 km südlich des Parlaments.

Crestview Tourist Park, 81 Donald Rd, Queanbeyan, Tel. 1-800-883310; ruhiger Platz mit Cabins, 13 km östlich des Parlaments.

Stadtbesichtigung

Ein Tipp vorweg: Besichtigen Sie die Stadt am besten mit dem Fahrzeug. Parkplätze sind so gut wie überall kostenlos vorhanden. Eine gute Alternative zum Auto ist das Fahrrad (▶ s. „Fahrradvermietung") oder der Bus (▶ s. „Öffentliche Verkehrsmittel"). Wer zu Fuß gehen will, sollte sich der großen Entfernungen zwischen den einzelnen Sehenswürdigkeiten und der eintönigen, schnurgeraden Straßenzüge bewusst sein.

Der künstlich angelegte Lake Burley Griffin teilt die Stadt in zwei Hälften. Die eigentliche Innenstadt (CBD) mit Geschäften, Theatern und Restaurants befindet sich nördlich des Sees, rund um den zentralen Platz *City Hill.* Die südlichen Stadtteile sind über die Commonwealth Bridge erreichbar. Auf dem *Capital Hill,* von dem Ausfallstraßen in alle Himmelsrichtungen abgehen, thront das neue Parlamentsgebäude.

Aussichtsturm

Um sich einen Überblick über die geometrisch angelegte Stadt und das Umland zu verschaffen, lohnt ein Besuch auf dem 195 m hohen **Telstra Tower,** auf dem Gipfel des Black Mountain, im Westen der Stadt (Black Mt Drive, tägl. 9–12 Uhr).

Südliche Stadtteile

Beginnen Sie ihre Stadtrundfahrt am **New Parliament House,** der wortwörtlich herausragenden Sehenswürdigkeit der Stadt. Es ist täglich von 9–17 Uhr geöffnet, kostenlose Touren finden alle halbe Stunde statt. Das 1988 zur 200-Jahrfeier des Landes auf dem Capital Hill von Queen Elisabeth II eröffnete Bauwerk ist von der Ferne durch seine markanten, 81 m hohen Fahnenmasten erkennbar. Außen wie innen besticht das Gebäude durch seine faszinierende Architektur. Die lichtdurchfluteten Räume schmücken zu größten Teilen Werke australischer Künstler (über 300 Objekte). Um Bürgernähe zu demonstrieren, kann jeder Besucher (nach einer Sicherheitskontrolle) das Foyer, die Great Hall sowie die Tribünen der beiden Parlamentskammern besichtigen. In der Caféteria – mit Terrasse und herrlicher Aussicht – gibt es Erfrischungen und Snacks.

Unterhalb des Capital Hill, zwischen Commonwealth und Kings Avenue, liegt das sogenannte „Parlamentsdreieck" mit weiteren Sehenswürdigkeiten. Das einfache, im neoklassizistischen Stil erbaute **Old Parliament House** (King George Tce) war von 1927 bis 1988 Sitz des australischen Parlaments. Für Besucher zugänglich beherbergt es heute wechselnde Ausstellungen zur Geschichte des Landes (tägl. 9–17 Uhr, www.oldparliamenthouse.gov.au).

Am südlichen Seeufer steht die eindrucksvolle **National Library of Australia** (Parkes Place, tägl. 9–17 Uhr). Umgeben von den Skulpturen internationaler Künstler beherbergt die Bücherei mehr als fünf Millionen Bücher, unter anderem das Reisetagebuch von James Cook aus den Jahren 1768-1771. Internationale Zeitungen und Zeitschriften liegen im Leseraum aus (Mo–Do 9–21 Uhr, Fr/Sa bis 17 Uhr, So 13.30–17 Uhr).

Das benachbarte **Questacon – The National Science & Technology Centre** (▶ s. „Galerien und Museen") regt mit über 200 Ausstellungsstükken und Experimenten zum Mitmachen und Staunen an. Insbesondere für Technikfreunde, Kinder und Jugendliche lohnt sich der Besuch dieses 1988 eröffneten australisch-japanischen Projekts.

Questacon

Schräg hinter dem Technikmuseum bildet der neu errichtete **Commonwealth Place** ein Forum für Konzerte, Versammlungen und Ausstellungen. Im hoch aufragenden Gebäude des **High Court of Australia,** am Südufer des Lake Burley Griffin, tagt das höchste Gericht des Landes (Besichtigungen Mo–Fr 9.45–16 Uhr).

Gegenüber befindet sich die **National Gallery of Australia** (▶ s. „Galerien und Museen"). Die sehenswerte Galerie präsentiert internationale und nationale Künstler. Die australischen Vertreter reichen von zeitgenössischen Künstlern wie Sidney Nolan, Arthur Boyd und Albert Tucker bis zu traditioneller Aboriginalkunst.

Westlich des Capital Hill erreicht man über die Adelaide Avenue den Stadtteil Deakin mit der **Royal Australian Mint.** Dort werden die australische Währung und Münzen anderer Staaten geprägt (▶ s. „Galerien").

Eine Rundfahrt durch das **Diplomaten-Viertel Yarralumla** (zwischen Forster Cres Empire Circuit und Adelaide Ave) ist ein guter Abschluss des „politischen" Besichtigungsprogramms. Die Vertretungen der Länder wurden von der australischen Regierung gebeten, ihre Domizile in möglichst landestypischer Architektur zu bauen. So entstand ein abwechslungsreicher Stadtteil mit den unterschiedlichsten Interpretationen. Sehenswert sind die amerikanische, thailändische und indonesische Botschaft, aber auch die Residenz des Vertreters aus Papua Neuguinea.

Nördliche Stadtteile

Von der **Commonwealth Brücke** bietet sich ein guter Anblick auf den **Captain Cook Memorial Jet,** der seine Wasserfontäne 140 m hoch schießt (nur bei günstigen Winden, von 10–12 Uhr und von 14–16 Uhr).

Östlich der Brücke, am Regatta Point, liegt die **National Capital Exhibition** (tägl. 10–17 Uhr). Die Ausstellung erzählt anhand von Bildern, Karten und Filmen die Entwicklung der Stadt, beginnend mit den Ureinwohnern über die Ankunft der weißen Siedler bis zur Planung und Konstruktion der neuen Hauptstadt.

Sehenswertes		Botschaften
1 Telstra Tower	11 Captain Cook Memorial Jet	1 Papua New Guinea
2 New Parliament House	12 National Capital Exhibition	2 Indonesien
3 Old Parliament House	13 Blundells Cottage	3 USA
4 National Library of Australia	14 Austalian War Memorial	4 Deutschland
5 Questacon	15 Mt Ainslie	5 Thailand
6 Commonwealth Place	16 Casino	6 Schweiz
7 High Court of Australia	17 Screen Sound Australia	7 Österreich
8 National Gallery of Australia	18 National Museum of Australia	
9 Royal Australian Mint	19 National Zoo & Aquarium	
10 Commonwealth Bridge	20 Australian Institute of Sport (AIS)	

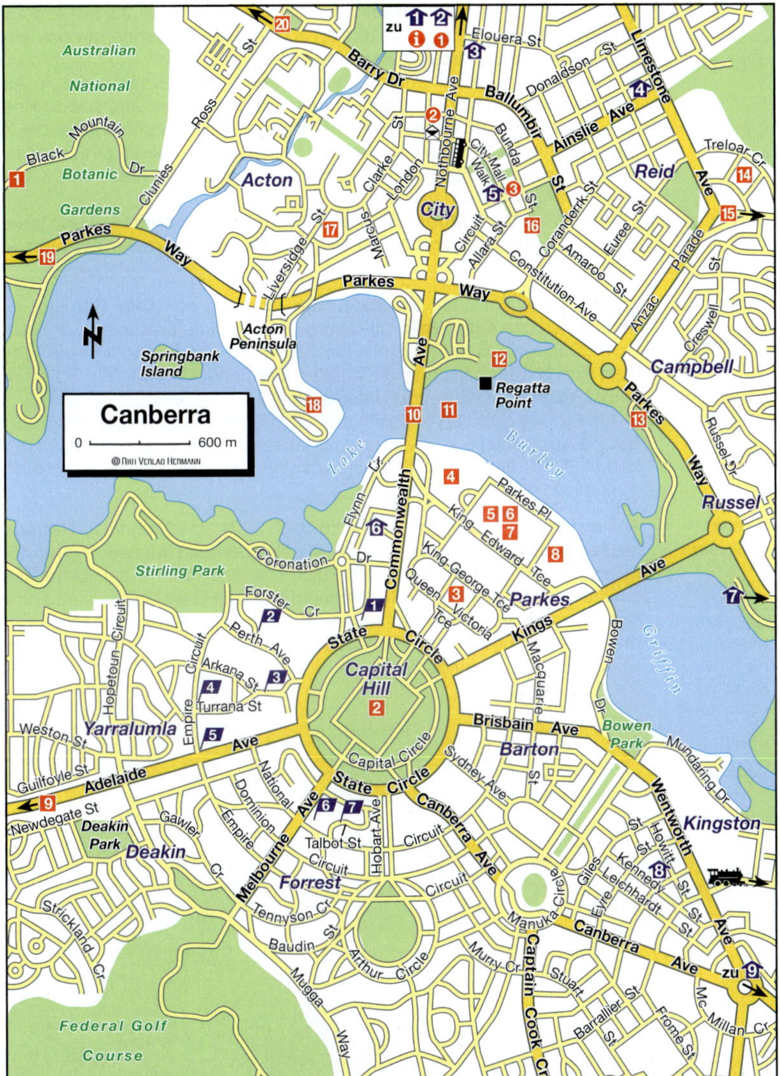

Unterkünfte

1 Miranda & Parview Lodge
2 Canberra YHA
3 Comfort Inn Downtown
4 Olims Canberra Hotel
5 Canberra City Backpackers
6 Hyatt Canberra
7 Crestview Tourist Park
8 Victor Lodge
9 Canberra South Motor Park

Sonstiges

1 Autoclub
2 Jolimont Centre
3 Canberra Theatre Centre

Ein Stück weiter östlich erinnert das in den 1860er Jahren erbaute **Blundells Cottage** (tägl. 11–16 Uhr) an die Zeit, als Canberra noch eine unbedeutende Farmregion war.

Die breite und schier endlos lange **Anzac Parade** führt direkt zum **Australian War Memorial,** das den australischen Opfern aus sieben Kriegen der letzten 100 Jahre gewidmet wurde. In der Gedenkstätte, die zu den von Australiern meistbesuchten Sehenswürdigkeiten zählt, werden alle Konflikte mit australischer Beteiligung dargestellt (tägl. 10–17 Uhr, Eintritt frei, www.awm.gov.au).

Der 842 m hohe **Mount Ainslie** überragt das War Memorial und bietet einen Ausblick auf den Capital Hill (Zufahrt über Fairbank Ave und Mt Ainslie Drive).

Rund um den City Hill

Zurück im eigentlichen **Stadtzentrum** rund um den **City Hill** liegt die Fußgängerzone **City Walk** mit dem größten Einkaufskomplex der Stadt, dem „Canberra Centre". Am südlichen Ende der Shoppingmeile kann man sich im europäisch eingerichteten **Canberra Casino** dem Spieltrieb hingeben (▶ s. „Kultur- und Unterhaltung").

Am McCoy Circuit (Westseite des City Hill) zeigt das Museum **Screen-Sound Australia** (▶ s. „Galerien und Museen") alles zum Thema „Australischer Film". In Film- und Tonausschnitten wird zudem die Geschichte Australiens wiedergegeben.

Acton Halbinsel

Auf der **Acton Halbinsel** wurde im Jahr 2001 das grandiose **National Museum of Australia** eröffnet (▶ s. „Galerien und Museen"). Der 155 Millionen Dollar teure Bau beeindruckt mit einer betont schlichten und asymetrischen Architektur. Im Museum wird die Geschichte des Landes sowie das Leben und die Kultur ihrer Bewohner in allen erdenklichen Formen und mit modernster Informationstechnik dargestellt. Ein halber Tag ist hier schnell vergangen!

Wasserumschlungen: National Museum of Australia

Der **National Zoo & Aquarium** (Lady Denman Drive, Scrivener Dam, tägl. 9–17 Uhr), am westlichen Ende des Lake Burley Griffin, beherbergt einheimische und exotische Tiere.

Sport-zentrum Nordwestlich der City, im Stadtteil Bruce, werden im **Australian Institute of Sport (AIS)** die Spitzenathleten der Nation trainiert. Neben geführten Touren durch die Anlagen (▶ s. „Sport") gibt es auch einige Sporteinrichtungen, die für Besucher nutzbar sind (Schwimmbad, Tennisplätze).

Umgebung von Canberra

Mt Stromlo Observatory 15 km südwestlich von Canberra befindet sich die astronomische Forschungseinrichtung **Mt Stromlo Observatory** mit einem hochtechnisierten Teleskop zur Erforschung des Weltraums. Führungen werden nur tagsüber angeboten. Das Observatorium zählt den besten der Welt, vor allem wegen der klaren Luft und der geringen „Lichtverschmutzung" in der wenig bevölkerten Region (Off Cotter Road, Weston Creek tägl. 9.30–16.30 Uhr. Tel. 02-62490232, www.mso.anu.edu.au/msovc/).

Nationalparks und Reservate

Südlich der Hauptstadt erstrecken sich einige kleinere Nationalparks, die sich sehr gut für Wanderungen eignen. Der Fernwanderweg **Australian Alps Walking Track** zieht seine letzten Kurven in der Region von Canberra.

Information: www.act.gov.au/environ bzw. im Visitor Centre in Canberra.

Im Naturreservat **Tidbinbilla** (40 km südwestlich) sind einfache Wanderpfade markiert. Ein Visitor Centre am Parkeingang (tägl. 9–16.30 Uhr, Tel. 02-62051233) hält ein Faltblatt bereit. Das Reservat ist wegen seiner Koalas, Känguruhs und Wasservögel bekannt.

Der **Namadgi National Park** bedeckt über die Hälfte des ACT. Seine Berge erreichen Höhen bis zu 1900 m – rüsten SIe sich daher für kühlere Temperaturen. Campingplätze sind im Süden (Mount Clear CP) und im Norden (Orroal Valley) eingerichtet. Die Zufahrt in den Park erfolgt über den Ort **Tharwa.** Ein paar Kilometer südlich, an der Nass Road, befindet sich das Besucherzentrum des Parks (tägl. 9–16 Uhr, Tel. 02-62072900).

Von Canberra nach Nordwesten bis nach Yass verläuft der Poachers Trail. Eine Themenstraße, deren Hauptanliegen es ist, die heimischen Produkte wie Früchte, Wein und Kunst den Besuchern näher zu bringen. Ein Begleitheft mit den Sehenswürdigkeiten unterwegs ist in den Visitorcentren in Canberra und Yass (Tel. 02-62262557) sowie im Internet unter www.poacherstrail.com.au erhältlich.

Canberra – Sydney

Von Canberra aus sind mehrere Routen nach Sydney möglich. Die schnellste, aber recht eintönige Variante führt auf dem Hume Highway direkt nach Sydney.

Bei etwas mehr Zeit ist die **Küstenroute** über Wollongong und durch den **Royal National Park** empfehlenswerter. Oder man wählt die **Bergroute** über Oberon und die Blue Mountains nach Sydney.

Entlang der Küste und durch den Royal National Park

Von Canberra führt die Fahrt zunächst über den Federal Highway nach Goulburn. Auf dem Illawarra Highway (Nr. 48) ist die Küste schnell erreicht. Unterwegs bietet im **Macquarie Pass National Park** ein 2 km langer, zu einem Wasserfall führender Regenwald-Pfad eine willkommene Abwechslung.

Im Dörfchen Robertson zweigt eine schmale Naturstraße in den **Budderoo National Park** und zum **Minnamurra Rainforest Centre** ab (Minnamurra Falls Road, Jamberoo, Tel. 02-42360469, tägl. 9–17 Uhr). Ein rollstuhltauglicher Weg führt zu den schönen Wasserfällen. Die unter Artenschutz gestellten Graurückenleierschwänze (Superb Lyrebirds) sind hier aktiv und singen laut.

Der Küstenort **Shellharbour** ist eine typische Feriensiedlung der Sydneysider mit unzähligen Wochenend-Residenzen und einem Campingplatz direkt am Strand (Beachside Tourist Park, John St, Tel. 02-42951123). Auf der schmalen Verbindungsstraße zwischen Pazifik und Lake Illawarra folgen weitere Campingplätze und Hotels (z.B. Comfort Inn Fairways, 24 Golf Place, Primbee, Tel. 02-42747274).

Wollongong

Der Abstecher vom Highway in die industriell geprägte Stadt Wollongong, genannt „The Gong", ist sicherlich kein Muss. Wer jedoch in ein gutes Restaurant an der Promenade einkehren will oder etwas einkaufen möchte, hat in der drittgrößten Stadt von New South Wales (396.400 Ew.) eine große Auswahl. Das größte Stahlwerk Australiens, südlich der Stadt, kann auf Touren besichtigt werden (Springhill Rd, Coniston, Tel. 02-42757023 oder www.aiw.org.au, Touren Mi und Fr 9.30 Uhr, Anmeldung erforderlich). Das Visitor Centre (93 Crown St, Tel. 1-800-240737, www.tourismwollongong.com) erteilt Auskünfte zu Unterkünften und Sehenswürdigkeiten.

Alternativ zum schnellen Southern Freeway verläuft von Wollongong der Tourist Drive Nr. 10 entlang der Küste durch zahlreiche kleine Strandgemeinden (meist mit Campingplätzen und Hotels). In **Stanwell Park** stürzen sich wagemutige Drachenflieger von den steilen Felsklippen vom Lawrence Hargrave Aussichtspunkt.

Royal National Park

Nur 30 Kilometer südlich von Sydney wurde der erste Nationalpark Australiens als „The National Park" 1879 etabliert. Nachdem Queen Elizabeth II Australien 1954 besuchte, wurde der Park in **Royal National Park** umbenannt. Als Ausgleich zum Stadtleben sollte der „Volkspark" den Sydneysidern Erholung inmitten der Natur bieten. Tatsächlich pilgern Tausende Bewohner Sydneys an den Wochenenden in den 15.014 Hektar (150 qkm) großen Park und bevölkern die wunderschönen Strände und Wanderwege. Unter der Woche können Sie die lichten Eukalyptuswälder, die steilen Sandsteinküsten und die herrlichen Pazifik-Strände jedoch fast allein genießen. Von August bis September blühen Wildblumen im Park, und von Juni bis Juli ziehen Buckelwale die Küste entlang.

Trotz der Stadtnähe haben über 240 Vogelarten, zahlreiche Säugetiere wie Ameisenigel, Possums, Wallabies und Koalas in den großflächigen Rückzugsgebieten überlebt. Die verheerenden Buschbrände von 1994 und 2002 verwüsteten über 90% der Vegetation. Doch es ist interessant festzustellen, wie schnell sich die australische Vegetation davon erholt und wieder in saftigem Grün erscheint.

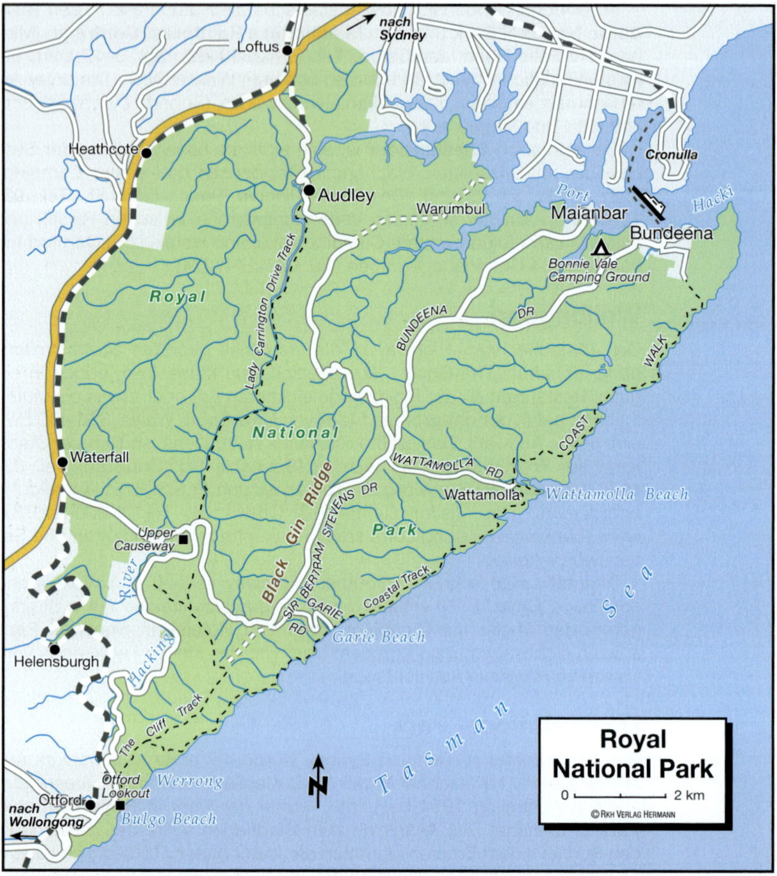

Rundfahrt im Park

Von Süden kommend schlängelt sich der Lady Wakehurst Drive entlang des Hacking River bis zur Kreuzung (Picknickplatz) Upper Causeway. Beim **Otford Lookout** beginnt bzw. endet der 26 km lange Wanderweg **Coast Walk**, der sich entlang der Küste durch den gesamten Park bis nach **Bundeena** zieht. Nach Osten führt der Sir Bertram Stevens Drive auf dem Höhenzug **Black Gin Ridge** durch den Park.

Der erste Abzweig zum Meer ist bei **Garie Beach,** einem beliebten Surf-Strand mit Kiosk (nur am Wochenende). Am Strand befindet sich auch die einfach ausgestattete Jugendherberge (▶ s. „Unterkunft und Camping"). Zum Baden ist der weiter nördlich gelegene **Wattamolla Beach,** mit Wasserfall und Lagune, ein Traum. Camping ist leider verboten und der Kiosk nur am Wochenende geöffnet.

Kurz nach dem Abzweig zum Strand teilt sich die Hauptstraße. Auf dem Bundera Drive ist die Ortschaft **Bundeena** schnell erreicht. Der einzige, mit dem Auto erreichbare **Campingplatz Bonnie Vale** befindet sich hier (▶ s. „Unterkunft und Camping“). Das kleine Hafendorf Bundeena bietet einige Cafés und Unterkünfte. Eine Fähre verbindet den Ort mit Cronulla am Nordufer des Hacking River (▶ s. „Anreise“).

Die Hauptstraße (Bertram Stevens Drive) führt nach **Audley,** dem einstigen Zentrum des Parks. Eine Boot- und Fahrradvermietung sowie ein Kiosk sind vorhanden. Auf dem alten Kutschweg Lady Carrington Drive, mit historischen Brunnen und Zierbäumen, kann man entlang des Flusses radeln oder wandern.

Nur wenige Autominuten in Richtung Norden weisen große Schilder auf das **Visitor Centre** des Parks hin (▶ s. „Infos“).

Infos

Das **Visitor Centre** befindet sich im Nordteil des Parks bei Audley (Farnell Rd, Tel. 02-95420648, tägl. 8.30–16.30 Uhr, www.npws.nsw.gov.au). Bücher, Karten und Souvenirs sind im Angebot, Permits für die Campingplätze werden vergeben. Bei der Einfahrt (A$ 11 pro Fahrzeug) erhält jeder Besucher eine nützliche Landkarte. Die Zufahrtsstraßen in den Park und zu den Stränden werden nachts abgeriegelt!

Unterkunft und Camping

Der einzige, mit dem Auto zugängliche **Nationalpark-Campingplatz** befindet sich in **Bonnie Vale,** westlich von Bundeena. Eine Anmeldung und Genehmigung vom Visitor Centre ist unbedingt erforderlich. Weitere Zeltplätze sind entlang der Wanderwege im ganzen Park angelegt, hierfür sind ebenfalls Permits erforderlich.

Am Surfstrand **Garie Beach** befindet sich die einfache **Garie Beach YHA** (ohne Strom, Telefon und Essen), die nur von Mitgliedern nach Voranmeldung genutzt werden darf (YHA Travel Centre Sydney, 422 Kent St, Tel. 02-92611111). Besser ausgestattet ist die **Cronulla Beach YHA** in der Nähe des Fähranlegers (40–42 Kingsway, Cronulla, Tel. 02-95277772).
Der **Bundeena Caravan Park** (74 Scarborough St, Bundeena, Tel. 02-95239520); kommerzieller Caravan Park.
Beachhaven B&B (13 Bundeena Dve, Bundeena, Tel. 02-95441333); gemütliches Bed&Breakfast Haus.

Wattamolla Beach

MEL ▶ SYD

Anreise mit öffentlichen Verkehrsmitteln

Der Park ist zwar mit der Bahn und dem Schiff erreichbar, jedoch gibt es innerhalb des Parks keine Verkehrsmittel, so dass man auf Trampen, Wandern oder ein Fahrrad angewiesen ist.
Die **Eisenbahnlinie Sydney – Wollongong** verläuft an der der Westgrenze des Parks. Der beste Ausstieg ist die Haltestelle Loftus, 4 km vom Parkeingang und 6 km vom Vistor Centre entfernt. Alternativ mit der CityRail nach Cronulla und von dort per Fähre nach Bundeena (Mo–Fr 5.30–8.30, Sa/So 8.30–17.30 Uhr, jeweils zur halben Stunde).

Weiterfahrt nach Sydney

Um vom Parkausgang direkt nach Sydney zu gelangen, bleiben Sie auf dem Princes Highway (Nr. 1), der über die Georges River Bridge, am Flughafen vorbei, direkt ins Zentrum von Sydney führt.

Alternativrouten von Canberra nach Sydney

Durch die Blue Mountains

Die Strecke Goulburn – Taralga – Oberon (Blue Mountains) ist, bis auf einen etwa 70 km langen Abschnitt in der Mitte, asphaltiert. Vom kleinen Bergdorf Oberon besteht die Möglichkeit, die nahe gelegenen Jenolan Caves zu besuchen. Weitere Informationen zu den Blue Mountains: ▶ s. „Umgebung von Sydney“.

Auf dem Hume Highway via Goulbourn

Das 1833 gegründete **Goulbourn** (21.500 Ew.) liegt inmitten riesiger Weideflächen und ist ein Zentrum der Schafzucht, wie das überdimensionale Schaf (Big Merino) am alten Hume Highway verdeutlichen soll. Der neue Highway führt um die Stadt herum. Breite Straßen und historische Gebäude verleihen der Stadt einen ländlichen Charakter. Interessant ist die **Old Goulburn Brewery** (Bungonia Rd, Tel. 02-48216071, tägl. ab 11 Uhr Bierproben), die seit 1836 Bier braut. Im **Tourist Office** (201 Sloan St, Tel. 02-48234492, www.goulburn.nsw.gov.au) sind Auskünfte zum Besuch von Schaffarmen, Unterkünften und weiteren Sehenswürdigkeiten erhältlich.

60 km nordöstlich von Goulborn hat sich das 1000-Einwohner-Dorf **Berrima** seit seiner Gründung 1831 nur wenig verändert. Highlight ist der Pub, der angeblich seit 1831 ohne Unterbrechung Alkohol ausschenkt.

Noch etwas weiter nördlich liegt die Gemeinde **Mittagong** – das Eingangstor zu den Southern Highlands. Die Ortschaft ist Ausgangspunkt für Ausflüge in die westlich gelegenen **Wombeyan Caves** (Tel. 02-48435976, www.jenolancaves.org.au, tägl. 8.30–17 Uhr). Die spektakulären Tropfsteinhöhlen sind über eine kurvenreiche, unbefestigte Piste durch wunderschönes Bergland (65 km) erreichbar. Ein Campingplatz mit Cabins befindet sich bei den Höhlen. Nach weiteren 100 Kilometern Fahrt sind Sie im Zentrum Sydneys.

Alternativstrecke: Von Melbourne nach Sydney entlang der Küste

Die Strecke im Überblick

Hinweis vorab: Die Fahrtroute von Melbourne über den Wilsons Promontory National Park und durch die Gippsland-Region bis Bairnsdale ist auf der Hauptroute (▶ s. Kapitel „Von Melbourne über Canberra nach Sydney") beschrieben. Der folgende Routenverlauf beschreibt die Fortsetzung von Lakes Entrance bis Sydney entlang der Küste.

Am östlichen Rande der Gippsland Seenplatte liegt die Stadt **Lakes Entrance.** Der Princes Highway trifft hier erstmals wieder auf das Meer, die Tasman Sea.

Ein landschaftliches Highlight ist der **Croajingolong National Park** mit herrlichen Stränden, wilden Campingplätzen und fantastischen Ausblikken.

Nach dem Grenzübertritt in den Bundesstaat New South Wales folgen die Stadt **Eden** und der schöne **Ben Boyd National Park.** Über **Bega** und **Narooma** wird die **Eurobodalla Coast** angesteuert.

Zwischen **Batemans Bay,** einer beliebten Ferienregion für die Einwohner des nur 150 km entfernten Canberras ,und **Ulladulla** liegt der lohnende **Pebbly Beach** im **Murramarang National Park.**

Nördlich der **Jervis Bay** befindet sich ein beliebtes Wassersportrevier an der Mündung des Shoalhaven River mit den Ortschaften **Nowra** und **Bomaderry.**

Attraktiv sind außerdem der **Seven Mile Beach National Park** sowie die kleine Küstengemeinde **Kiama,** von der sich ein toller Blick auf die Küste eröffnet. Auf dem Princes Highway ist schließlich Sydney bzw. der fast schon vor den Stadttoren liegende **Royal National Park** (▶ s. „Von Melbourne über Canberra nach Sydney" erreicht, s.S. 463) erreicht.

Einige Nationalparkstraßen und -zufahrten sind nach wie vor nicht asphaltiert. Ein Geländewagen mag dann selbst im Südosten des Kontinents sinnvoll erscheinen.

Campingplätze und Hotels sind entlang der Strecke in ausreichender Zahl vorhanden. Außerhalb der Sommerferien (Dez–Jan) sollte es keine Probleme geben, eine Unterkunft zu finden. Planen Sie bei gutem Wetter viel Zeit zum „Beachen" ein – viele Strände sind wirklich verlockend und absolut einsam!

Routenvorschlag Melbourne – Sydney entlang der Küste

9 Tage

Gesamtstrecke ca. 1390 km

1. Tag: Melbourne – Wilsons Promontory National Park (230 km)
2. Tag: Aufenthalt im Wilsons Promontory National Park
3. Tag: Wilsons Promontory National Park – Lakes Entrance (291 km)
4. Tag: Lakes Entrance – Croajingolong National Park (Cann River, 183 km)
5. Tag: Croajingolong National Park – Eden (151 km)
6. Tag: Eden – Batemans Bay/Pebbly Beach (ca. 224 km)
7. Tag: Batemans Bay/Pebbly Beach – Huskisson (ca. 100 km)
8. Tag: Huskisson – Royal National Park (162 km)
9. Tag: Royal National Park – Sydney (53 km)

6 Tage **Gesamtstrecke ca. 1370 km**

1. Tag: Melbourne – Wilsons Promontory National Park (230 km)
2. Tag: Wilsons Promontory National Park – Marlo/Cape Cornan (ca. 390 km)
3. Tag: Marlo/Cape Conran – Croajingolong National Park (Mallacoota), ca. 150 km
4. Tag: Croajingolong National Park/Mallacoota – Batemans Bay (ca. 310 km)
5. Tag: Batemans Bay – Royal National Park (265 km)
6. Tag: Royal National Park – Sydney (53 km)

East Gippsland

Die Küste Victorias östlich von Sale ist durch die riesige Seenplatte der **Gippsland Lakes** geprägt. Die von Flüssen aus den Bergen gespeisten Binnenseen (Inlets), die nur durch ein schmales Dünensystem vom Meer getrennt sind, gelten als wahres Paradies für Wassersportfreunde wie Segler, Angler und Ruderer.

Von **Bairnsdale** am Ufer des Lake King verläuft der *Princes Highway* in steilen Serpentinen hinunter in das Straßendorf **Lakes Entrance.** Unbedingt stoppen sollten Sie an **Jemmys Point** (2 km westlich der Stadt), um einen Blick auf das 400 qkm große Wasserlandschaft zu werfen. Der Name der Stadt entspricht seiner Geographie: Dort wo der See eine schmale Verbindung mit dem Meer knüpft, liegt „der Eingang der Seen“.

Tipp: Wer als Abwechslung zu den langen Autofahrten eine Wanderung einschieben möchte, sollte sich das kostenlose Faltblatt „Best Walks Along The Princes Highway“ in einem der Tourist Offices unterwegs besorgen.

Lakes Entrance

Gleich am westlichen Ortseingang liegt das Informationsbüro (Ecke Esplanade/Marine Pde, Tel. 03-51551966 oder 1-800-637060, www.lakesandwilderness.com.au, tägl. 9–17 Uhr). An der lang gezogenen Hauptstraße reihen sich Restaurants, Fish-&-Chips Buden, Geschäfte und Hotels aneinander. Über eine Fußgängerbrücke gelangt man zum **Ninety Mile Beach,** wo es alle Arten von Wasserfahrzeugen zu mieten gibt. Angelausflüge werden an der Esplanade direkt an den Anlegestellen angeboten.

Unterkunft und Camping:

*** **Flag Sherwood Lodge Motor Inn**, 151 Esplanade, Tel. 03-51551444; Mittelklassehotel direkt an der Esplanade.
* **Riviera Backpackers YHA,** 5 Clarkes Rd, Tel. 03-51552444; freundliche Herberge, nur 50 m zum Busterminal.
Waters Edge Holiday Park CP, 623 Esplanade, Tel. 1-800-679327; gepflegter Campingplatz nahe der Fußgängerbrücke.

Abstecher zum Buchan Caves Reserve und in den Snowy River National Park

In **Nowa Nowa** zweigt die C620 nach Buchan ab (33 km). Die sehenswerten Tropfsteinhöhlen können auf Touren besichtigt werden (Tel. 03-51559264, Touren tägl. 10–15.30 Uhr, www.parkweb.vic.gov.au). Ein schöner Campingplatz mit Cabins ist angeschlossen.

Im weiteren Verlauf schlängelt sich die Straße an den Ausläufern des **Snowy River National Parks** vorbei. Die bergige Region des Nationalparks grenzt direkt an den Kosciuszko National Park in New South Wales. Sehenswert sind die spektakuläre Little River Gorge und die 250 m lange McKillops Bridge, unter der man im Snowy River ein erfrischendes Bad nehmen kann. Über Deddick und Bonang (Naturstraße) führt der Rundkurs wieder zum *Princes Highway* nach Orbost.

Orbost

Im Städtchen kreuzt der Snowy River den Highway und fließt bei Marlo ins Meer. Im **Lakes and Wilderness Tourism Office** (Lochiel St, Tel. 03-51542424 oder 1-800-637060, www.lakesandwilderness.com.au, tägl. 9–17 Uhr) sind ausführliche Informationen zu den umliegenden Nationalparks Errinundra, Snowy River und Croajingolong erhältlich. Außerdem sind ein Campingplatz und Motels vorhanden.

Marlo und zurück zum Highway

Dem Flusslauf durch liebliche Weidelandschaft an die Küste folgend, findet man im verschlafenen Küstendorf **Marlo** Campingplätze, einen Laden und ein Motel. Die Mündung des Snowy River (Snowy River Inlet) wird von Anglern wegen ihres Fischreichtums geschätzt. 18 km weiter östlich ist der herrliche **Cape Conran Coastal Park** erreicht. Am Kap können spielende Seehunde in Strandnähe beobachtet werden. Ein schön gelegener, einfacher Campingplatz, schöne Hütten und Cabins laden zum Übernachten ein (Tel. 03-51548438, www.parkweb.vic.gov.au).

Cann River

Das Straßendorf am Princes Highway ist kaum mehr als ein Kreuzungspunkt der Highways, aber auch Ausgangspunkt für den westlichen Teil des *Croajingolong National Park* (▶ s.u.).

Tankstelle, Motel, Campingplatz, Laden und Nationalpark-Büro (Tel. 03-51586351, www.parkweb.vic.gov.au) sind vorhanden.

Monaro Highway

Vom Ort zweigt der kaum befahrene, aber perfekt ausgebaute *Monaro Highway* nach Norden ab. Er schlängelt sich durch saftig-grünes Busch- und Waldland auf die Hochebene von NSW. Hier ist das Bergstädtchen *Cooma* Ausgangspunkt für Touren in den Kosciuszko National Park ist.

Croajingolong National Park

Die einsame Küstenregion des 100 km langen **Croajingolong National Park** wurde 1770 von Captain James Cook entdeckt. Seit der Sichtung hat sich kaum etwas an der Szenerie verändert: Einsame Strände, die mit mächtigen Granitbouldern gespickt sind, feuchte Regenwälder, lichte Eukalyptushaine sowie eine immense Pflanzen- und Tierwelt mit über 1000 Pflanzensorten und über 300 Vogelarten.

Mehrere Zufahrten erschließen Teile der Küste, u.a. bei **Bemm River, Tamboon, Point Hicks, Wingan Inlet** und **Mallacoota.** Einige Straßen innerhalb der Nationalparks sind sandig und erfordern ein Allradfahrzeug. Recht einfache Nationalpark-Campingplätze befinden sich bei Peachtree Creek/Tamboon, Thurra River (Zufahrt über Cann River), Wingan Inlet (Zufahrt über den Princes Hwy) und Shipwreck Creek (Zufahrt über Mallacoota).

Schöne Wanderungen

Besonders empfehlenswert ist die einfache Wanderung (4,5 km H+R) vom Parkplatz am Ende der Point Hicks Road zum **Leuchtturm Point Hicks,** wo nach Anmeldung auch übernachtet werden kann (Tel. 03-51584268). Die Aussicht von der felsigen Landzunge kann ohne Übertreibung als grandios bezeichnet werden. Zwischen Mai und Juli sowie Oktober und Dezember lassen sich vom Steinobelisken mit ein wenig Glück Wale sichten.

Eine weitere schöne Wanderung ist der *Dunes Walk* (4 km H+R) in das weitläufige Dünensystem am Thurra River. Der Fernwanderweg **Wilderness Coast Walk** führt über 100 km entlang der Küste, vom Sydenham Inlet bis Wonboyn im Nadgee Nature Reserve (NSW). Nähere Informationen bei den Nationalparkbüros in Orbost, Cann River und Mallacoota.

Von Cann River zur Grenze New South Wales

Auf der Strecke zwischen Cann River und Genoa können Sie sich die Beine auf dem *Drummer Rainforest Walk* (1 km) vertreten. Augen auf, hier leben Australiens größte Kakadus, die Ruß- oder Gelbohrkakadus (Yellow Tailed Black Cockatoos). Die zwischen 63 und 68 cm großen Gesellen geben interessante Töne von sich („ree-ah, ree-ah…").

Der nächste Abzweig kurz vor Genoa führt zum **Genoa Peak,** einem guten Aussichtsberg. Ein etwa einstündiger Fußmarsch führt zu ihm hinauf. Das mit zahlreichen Unterkünften aufwartende Feriendorf **Mallacoota** liegt am gleichnamigen Inlet, rund 22 km südlich des Highways. Von hier ist ein Abschnitt des östlichen Teils des Croajingolong Nationalparks erschlossen. Bootstouren auf den Flüssen Geno und Wallagaraugh sind vor allem für Angler interessant. Zum **Übernachten** bieten sich der *Mallacoota Caravan Park* (Allan Drive, Tel. 03-51580300) direkt am Wasser oder das freundliche *Mallacoota Youth Hostel* an (51–55 Maurice Ave, Tel. 03-51580455). In wunderbarer Umgebung liegt die *Gipsy Point Lodge* (Gipsy Point, Tel. 03-51588205, www.gipsypoint.com) mit gutem Restaurant und reicher Vogelwelt.

Grenze von New South Wales

14 km östlich von Genoa ist die Grenze zu New South Wales erreicht. Der Küstenabschnitt bis Bermagui wird nun als **Sapphire Coast** bezeichnet (www.sapphirecoast.com.au). Eine teilweise nicht asphaltierte Straße zweigt nach 33 km in den **Ben Boyd National Park** ab: schöne Strände, schroffe Felsformationen vor der Küste, guter Ausblick vom Boyd's Tower, Campingmöglichkeiten. **Übernachtung** ist nach Voranmeldung in den Leuchtturmwärter-Unterkünften von Green Cape im Süden des Parks möglich (Tel. 02-64955001, www.nationalparks.nsw.gov.au).

Eden

Die ehemalige Walfangstation **Eden** an der Twofold Bay ist die erste größere Ansiedlung nördlich der Grenze. Das **Eden Killer Whale Museum** (Imlay St, Mo–Sa 9.15–15.45 Uhr, So ab 11.15 Uhr) erzählt von den Walfängern,

Ureinwohnern und der Holz- und Fischindustrie. Von Ende September bis November schwimmen häufig Südliche Glattwale (Southern Right Whales), Buckelwale (Humpback Whales), Schwertwale (Orcas) wie auch die gefährdeten Blauwale (Blue Whales) in der Bucht vor Eden. **Whale-Watching-Touren** werden während der Saison angeboten.

Für **Übernachtungen** ist der *Eden Tourist Park* (Aslings Beach, Tel. 02-64961139) mit Cabins direkt am Meer und das historische *Crown & Anchor Inn B&B* (239 Imlay St, Tel. 02-64961017) zu empfehlen. ▶ Weitere Informationen sind im **Visitor Centre** (Princes Hwy, Tel. 03-64961953) erhältlich.

Vor **Pambula** zweigt eine weitere Piste in den nördlichen Teil des **Ben Boyd National Park** ab. Dort bieten sich von Haycock Point und Pinnacles Wanderwege zu den Klippen an, die in den Abendstunden, rot leuchtend, jedes Fotografenherz erfreuen.

Merimbula

Umgeben von Stränden und begrenzt durch eine lebhafte Esplanade, ist die Hafengemeinde im Sommer eine beliebte Urlaubsdestination der Großstädter. Die Binnenseen rund um die Stadt reizen Angler und Surfer. Die nahe gelegenen Schiffswracks und Höhlen sind für erfahrene Taucher interessant.

Im **Visitor Centre** (Beach St, Tel. 02-64974901) können Touren und Unterkünfte gebucht werden. Das **Nationalpark Büro** (Ecke Merimbula/ Sapphire Coast Drives, Tel. 02-64955001, Mo–Fr 8.30–16.30 Uhr, www.nationalparks.nsw.gov.au) erteilt Auskünfte zu den umliegenden Parks. Eine empfehlenswerte **Unterkunft** ist das *Hillcrest Motor Inn* (Merimbula Drive, Tel. 04-64951587) am Ortsausgang. Im dem preiswerten Motel (Zimmer mit Meerblick!) werden allmorgendlich Vogelfütterungen mit unzähligen Papageien und Sittichen abgehalten. Der *South Haven Caravan Park* (Elizabeth St, Tel. 1-800-424183), mit Cabins, liegt nahe beim Merimbula Beach. Etwas dahinter befindet sich die *Wandarrah Lodge YHA* (8 Marine Pde, Tel. 02-64953503).

Bournda National Park

Parallel zum Princes Highway verläuft der *Sapphire Coast Drive* nach Tathra durch den **Bournda National Park.** Im kleinen Küstendorf **Tathra,** mit schönen Stränden, einer historischen Anlegestelle und einem am Strand gelegenen Campingplatz (Seabreeze Holiday Park, Tel. 02-64941350), zweigt eine Straße in das Landesinnere nach Bega ab.

Hinweis: Die Küstenstraße nach Norden durch den **Mimosa Rocks National Park** ist nicht durchgängig asphaltiert.

Bega – Batemans Bay

Inmitten grüner Hügel und Kuhweiden liegt das Städtchen **Bega.** Hier werden preisgekrönte Käsesorten produziert. Im *Bega Cheese Heritage Centre* (Lagoon St, tägl. 9–17 Uhr) werden sämtliche Produkte auch verkauft.

Der *Snowy Mountains Highway* führt direkt nach **Cooma** und in die Berge von NSW. 16 km östlich von Cobargo liegt, direkt am Meer, **Bermagui.** Für ambitionierte Angler ist der Ort ein bekannter Name, insbesondere wegen seiner prächtigen Schwertfische.

Die Küstenregion nördlich von Tilba Tilba wird als **Eurobodalla Nature Coast** (www.naturecoast-tourism.com.au) bezeichnet. Die Hinterlandgemeinden **Tilba Tilba** und **Central Tilba** leben von der ertragreichen Milchwirtschaft und der damit verbundenen Käseproduktion. In der *Tilba Bakery* (18 Bate St, Central Tilba) gibt es ausgezeichneten Kuchen.

Vor **Narooma** am Wagonga Inlet liegt **Montague Island.** Die Insel mit dem historischen Leuchtturm ist ein Refugium für Seevögel und Meerestiere. Rund um die Insel gibt es hervorragende Tauchplätze, die zu den besten der südlichen Hemisphäre zählen. Von Juli bis September ziehen Wale vorbei. Informationen zu Whale-Watching- und Tauchtouren sowie zu Unterkünften sind im **Narooma Visitor Centre** erhältlich (Princes Hwy, Tel. 02-44762881, tägl. 9–17 Uhr).

Bis Batemans Bay verläuft der Princes Highway abseits der Küste durch bewaldete Regionen. 10 km südlich der Stadt liegt das historische Goldgräberstädtchen **Old Mogo Town,** heute ein Themenpark, in dem das Leben der Goldgräber im 19. Jahrhundert dokumentiert wird (tägl. 10–16 Uhr, www.oldmogotown.com.au).

Batemans Bay

Die Feriensiedlung Batemans Bay ist wegen ihrer guten Erreichbarkeit bei Urlaubern aus Canberra und Sydney gleichermaßen beliebt. Die Gemeinde am der Mündung des Clyde River besteht aus den Orten **Batehaven**, **Catalina** und **Surfside**. In den beiden erstgenannten Orten (südlich des Flusses) befinden sich zahlreiche Hotels, Restaurants und Angelgeschäfte. Das **Informationszentrum** der Stadt (Princes Hwy, Tel. 02-44726900) liegt an der Hauptstraße südlich der Stahlbrücke. Bootstouren und Angelausflüge sind buchbar. Gleich hinter der Brücke zweigt der Kings Highway in die Berge nach Canberra ab (149 km).

Übernachten

*** **Flag Mariners on Waterfront**, Orient St, Tel. 02-44726222;
moderne Hotelanlage direkt an der Flussmündung gelegen.
East Riverside Holiday Park CP, Wharf Rd, Tel. 02-44724048;
Campingplatz mit Cabins, am Flussufer gelegen.

Batemans Bay – Ulladulla

Nördlich von Batemans Bay erstreckt sich entlang der Küste der 120 qkm große **Murramarang National Park.** Schöne Sandstrände, große Eukalyptus-Wälder und der Süßwassersee Duras Lake kennzeichnen den Park. Mehrere nicht asphaltierte Zufahrtsstraßen führen in die verschiedenen Teilabschnitte des Parks. Südlich des Sees liegt das Dorf **Durras,** mit schönen Campingplätzen am Strand.

Weiter nördlich sollten Sie die Abzweige zum malerischen **Pebbly Beach** nicht versäumen (Mt Agony Road oder Pebbly Beach Forest Road, je 8 km gute Naturstraße). Der feinsandige Strand ist von Wiesengrund umgeben, auf dem häufig Känguruhs und Wallabies grasen. Im Meer sind Delphine kein seltener Anblick! Ein Nationalpark-Campingplatz (Tel. 02-44786023) sowie Duschen sind vorhanden (www.nationalparks.nsw.gov.au).

8 km vor Ulladulla zweigt eine Naturstraße zum 710 m hohen **Pigeon House Mountain** im **Morton National Park** ab. Der Gipfel lässt sich mit einem dreistündigen Fußmarsch erreichen.

Ulladulla

Der von italienischen Einwanderern in den 1930er Jahren gegründete Ort lebt in erster Linie vom Fischfang. Die überschaubare Fangflotte wird jedes Jahr am Ostersonntag im Rahmen eines Festes mit Parade, Feuerwerk und Sportwettkämpfen gesegnet. **Frischer Fisch** ist am Fishermen's Co-op (tägl. geöffnet) an der Wharft und in den örtlichen Restaurants erhältlich. Ein guter Blick auf die Küste eröffnet sich vom **Warden Head Lighthouse** und entlang des *Coomie Nulunga Walking Track* (beides über die Deering St erreichbar). Ein **Visitor Centre** beantwortet weitere Fragen (Civic Centre, Princes Hwy, Tel. 02-44551269, Mo–Fr 10–17 Uhr, Sa/So ab 9 Uhr).

Jervis Bay

Vorbei am St Georges Basin führt der Tourist Drive Nr. 4 nach **Jervis Bay.** Die große, beinahe von allen Seiten durch Land geschützte Bucht gehört zum Australian Capital Territory (ACT). So kann Canberra als Hauptstadt wenigstens auch einen Meereszugang vorweisen.

Die südliche Halbinsel der Bucht, mit dem Ort **Jervis Bay** und dem **Booderee Nationalpark,** eigenet sich gut zum Campieren und Baden. Der Park wird von der Wreck Bay Aboriginal Community verwaltet (deshalb gilt hier der Nationalparkpass nicht). Sie führen im Sommer interessante Touren durch, Informationen am Parkeingang (Tel. 02-44430977).

Dem Tourist Drive nach Norden folgend, liegen schöne Hotels, B&B-Häuser und Campingplätze direkt am Meer. Das Wasser ist sehr ruhig und ideal zum Baden. Der Anblick von Delphinen ist keine Seltenheit. Im beschaulichen Fischerort **Huskisson** lassen sich die Fischer morgens und abends beim Wiegen ihrer Fänge beobachten.

Übernachten

***** **Paperbark Lodge,** 605 Woollamia Rd, Huskisson,
Tel. 02-44416066, www.paperbarkcamp.com.au, Reservierung erforderlich; luxuriöses Zeltcamp inmitten der Natur, mit hervorragender Küche.
*** **Huskisson Beach Motel,** 9–11 Hawke St, Huskisson,
Tel. 02-44416387; direkt am Meer gelegenes Mittelklasse-Hotel.
White Sands Holiday Park, Huskisson, Ecke Nowra/Beach St,
Tel. 1-300-733028; Strand-Campingplatz, mit Cabins.

Nowra

Zurück auf dem Princes Highway ist **Nowra** das nächste Etappenziel (25.000 Ew.). Das Verwaltungszentrum der Region liegt an der breiten Mündung des *Shoalhaven River*. Das **Visitor Centre** befindet sich an der Hauptstraße südlich des Flusses (Ecke Princes Hwy/ Pleasant Way, Tel. 1-300-662808, tägl. 9–17 Uhr, www.shoalhaven.nsw.gov.au). Hier erhalten Sie Auskünfte zur gesamten Shoalhaven Region und zu den umliegenden Nationalparks. Für Freunde der Luftfahrt lohnt der Besuch des **Australia's Museum of Flight** (8 km südwestlich des Stadtzentrums, tägl. 10–16 Uhr, www.museum-of-flight.org.au).

Am Nordufer des Flusses liegt die Industriestadt **Bomaderry.** Hier endet die Bahnlinie, die Sydney mit den südlich gelegenen Städten verbindet.

Im Kangaroo Valley

Abstecher Kangaroo Valley

Ein abwechslungsreicher, sehr kurvenreicher Abstecher in das bergige Hinterland führt von Bomaderry nach **Kangaroo Valley,** einem kleinen Bergdorf mit einer Hängebrücke aus dem Jahre 1898.

Kiama

Südlich der Küstenstadt Kiama bietet der **Mt Pleasant Lookout** einen schönen Blick auf die Küste.

Die Hauptattraktion Kiamas sind die **Blowholes** am Kiama Harbour. Durch Felslöcher in den Klippen schießt das Meerwasser je nach Brandung und Gezeiten meterhoch in die Luft. Ein bequemer Fußweg ist angelegt.

Infos

Die **Tourist Information** befindet sich am Blowhole Point (Tel. 02-42323322, www.kiama.com.au, tägl. 9–17 Uhr), wo auch der malerische Leuchtturm steht.

Unterkunft und Camping

*** **Kiama Terrace Motor Lodge**, 45-51 Collins St,
Tel. 02-42331100; Mittelklasse-Hotel.
* **Kiama Backpacker Hostel**, 31 Bong Bong St, Tel. 02-42331881.
Blowhole Point Holiday Park CP, Tel. 02-4232 2707;
Campingplatz gleich unterhalb des Blowhole Point.

Budderoo National Park

Über den Tourist Drive Nr. 9 gelangt man in den **Budderoo National Park.** Das Minnamurra Rainforest Centre bei den gleichnamigen Wasserfällen (2,6 km Spazierweg) erteilt nähere Informationen.

Hinweis: Der **Royal National Park** ist im Kapitel „Von Melbourne über Canberra nach Sydney“ beschrieben (▶ s.S. 473).

Tasmanien

Überblick

Die Insel Tasmanien bildet ein Kontrastprogramm zum kontinentalen Australien. Hier dominieren nicht rote Erde, Sonnenschein und Strandleben, sondern ein meist kühleres Klima, wilde Bergregionen, unberührte Wildnis und fruchtbare, bewirtschaftete Böden. Die Bewohner Tasmaniens bezeichnen sich als „Tassies" und nicht als „Aussies". Von denen wird das Inselvolk manchmal mit schrägem Blick als langsam und rückständig verunglimpft. Tatsächlich leben die Tasmanier mit sich und der Natur im Einklang, fern jeglicher Hektik und Betriebsamkeit. Tasmanien ist ein Reiseziel für Naturfreunde und Outdoor-Enthusiasten. Geschichtlich interessant ist die Vergangenheit der Insel als Sträflingskolonie.

Der Inselstaat liegt 240 km von der südöstlichen Ecke des australischen Kontinents entfernt und ist vom Festland durch die Wasserstraße Bass Strait getrennt. Mit einer Fläche von 68.331 qkm ist Tasmanien der kleinste Bundesstaat Australiens.

Die Insel misst von Nord nach Süd 286 km. Gerade einmal 470.000 Menschen leben hier, davon über 190.000 in der Hauptstadt Hobart, knapp 100.000 in Launceston und noch mal rund 74.000 in Burnie und Devonport. Das Elland birgt bergige Landschaften mit Seen und Wasserfällen, weite Weideflächen und, im Südwesten, riesige Wildnisgebiete mit unerschlossenen kaltgemäßigten Regenwäldern.

Klima

Das Klima auf Tasmanien ist mit Durchschnittstemperaturen von 21 °C im Sommer und 12 °C im Winter gemäßigt. An der Westküste treten die höchsten jährlichen Niederschläge Australiens auf. Hingegen ist das lediglich 120 km weiter östlich liegende Hobart die zweittrockenste australische Hauptstadt. Die vorherrschenden Westwinde (Roaring Forties) sorgen für unvergleichlich klare, saubere Luft und eine stetige, frische Brise. Die beste Reisezeit für Tasmanien ist Dezember bis März.

Wirtschaft

Ökonomisch dominieren Landwirtschaft, Obst-, Gemüse- und Getreideanbau, sowie Schafzucht, Fischerei, Holzwirtschaft und Bodenschätzen (Kohle, Kupfer, Gold, Eisen, Zinn, Blei). Aber auch Tourismus und der Dienstleistungssektor tragen ordentlich zum Bruttosozialprodukt der Insulaner bei.

Highlights

Touristische und landschaftliche Highlights sind die zentralen Bergregionen mit den Cradle Mountains, die Westküste mit dem Gordon-Franklin-River National Park und die Ostküste mit dem Mount William und Freycinet National Park. Die Städte Hobart und Launceston warten mit geschichtsträchtigen Gebäuden, Museen und gemütlichen Einkehrmöglichkeiten auf. In Port Arthur ist der Besuch der berühmten Sträflingssiedlung ein Muss. Hinzu kommt eine einzigartige Tier- und Pflanzenwelt, die sich durch die Isolation der Insel weitgehend endemisch entwickeln konnte.

Informationen zu Tasmanien

Anreise

Fähren

Von **Melbourne** verkehren täglich die **Autofähren** „Spirit of Tasmania I und II" nach Devonport an der Nordküste von Tasmanien (Fahrzeit pro Strecke 15 h).

Der Fährservice von **Sydney** nach Devonport (August–Mai, 3 x wöchentlich) wurde im Jahr 2004 neu aufgenommen.

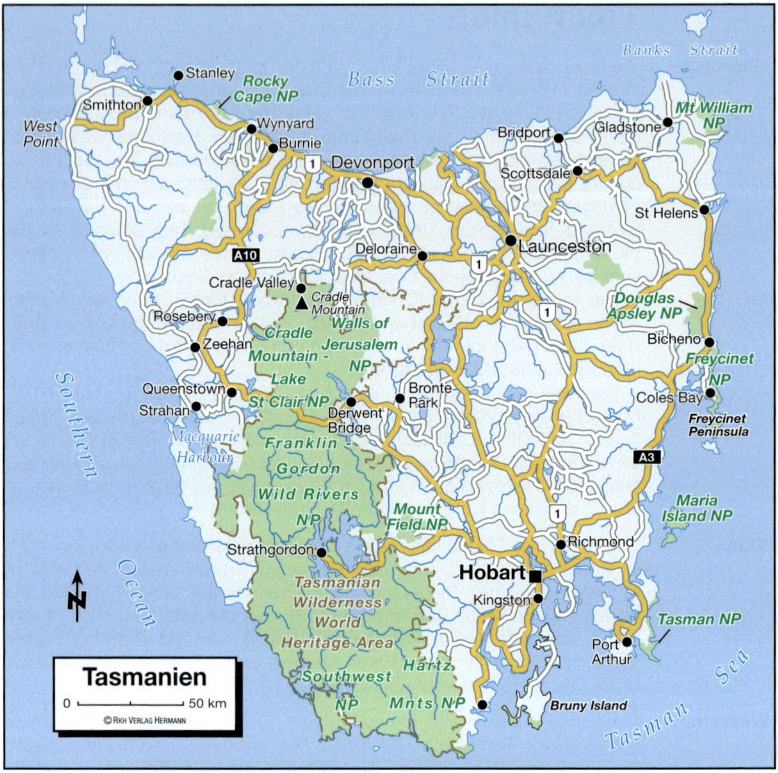

Information und Buchung: www.spiritoftasmania.com.au oder Tel. **1-800-634906** (▸ s. bei Sydney und Melbourne: „Fähren nach Tasmanien“).

Hinweis: Wenn Sie Ihr Mietfahrzeug vom Festland mitbringen wollen, erkundigen Sie sich bitte zuvor beim Vermieter, ob Überfahrten nach Tasmanien erlaubt sind. Die meisten Vermieter von Campern gestatten die Mitnahme mittlerweile, nicht jedoch die Abgabe auf der Insel. Zu bestimmten Saisonzeiten gewährt die Fähre die Gratis-Mitnahme der Fahrzeuge!

Flüge

Von **Melbourne** und **Sydney** fliegt man mit *Qantas* (www.qantas.com, Tel. 131313) oder *Virgin Blue* (www.virginblue.com.au, Tel. 136789 oder 07-2952296) in knapp einer Stunde nach Tasmanien. Außerdem bietet *Aus-Air* (Tel. 03-95806166) tägliche Verbindungen von Melbourne (Moorabbin Airport) nach Devonport, Launceston und Burnie.

Infos

Einen guten Überblick vermittelt die kostenlose Broschüre „Tasmania Holiday Planner“, sowie die Homepage der Tourismusbehörde www.discovertasmania.com. ▸ Weitere Infos sind unter www.tasmania.citysearch.com.au zu finden.

In Hobart, Launceston, Devonport und Burnie sind große Info-Zentren. Auf dem Festland befinden sich in Sydney, Melbourne, Adelaide, Brisbane und Canberra Zweigstellen der Tasmanian Travel Centres, die unter anderem Fährfahrten für Sie buchen.

National-parks Informationen zu den zahlreichen Nationalparks sind in der Broschüre „National Parks, Forests & Waterways Tasmania. A Visitor's Guide" oder unter www.parks.tas.gov.au erhältlich.

Tipp: Fast alle Nationalparks auf Tasmanien kosten Eintritt. Günstig ist daher der Erwerb des Holiday-Passes für alle Parks (A$ 33 pro Auto mit max. 8 Pers., 2 Monate Gültigkeit), der an den Parkeingängen, in den Visitor Centres der Städte oder online erhältlich ist.

Autoclub *Royal Automobil Club of Tasmania (RACT):* www.ract.com.au. Pannendienst, Tel. 131111.

Unterkunft und Camping Die Insel bietet einsame, naturnahe, meist einfach ausgestattete Campingplätze in den Nationalparks und komfortable Caravan Parks mit Cabins und Bungalows, die sich meist in den Städten befinden. Wildnis-Lodges, Hotels, Motels, B&Bs, Backpacker-Hostels und Jugendherbergen sind über die gesamte Insel verstreut. Während der Hauptferienzeit (Dez–Jan) sollten Sie Unterkünfte vorbuchen, ansonsten ist das Übernachten kein Problem.

Mietwagen und Wohnmobile Mietwagen können bei Avis, Budget, Europcar, Hertz und Thrifty in den Stadtbüros und an den Flughäfen von Hobart, Launceston und Devonport angemietet werden.

Wohnmobile vermieten auf der Insel Britz/Maui (Hobart, Tel. 03-62484168), Hertz AutoRent (Tel. Hobart, Devonport, Tel. 1-800-067222) und Trailmaster (Tel. 03-62485155).

Öffentliche Busse Tasmanian Redline Coaches (TRC, Tel. 1-800-030033) und Tigerline Coaches (Tel. 1-300653633) verbinden die wichtigsten Orte und Städte miteinander. Für Busreisende wird der Tassie Pass angeboten, der für das gesamte Streckennetz gilt.

Tassie Link (Tel. 1-300300520) ist ideal für Wanderer, denn die Busse fahren auch abgelegene Regionen und Nationalparks an. Der Tassie Wild Pass ist ein flexibler Buspass, z.B. mit 14tägiger Gültigkeitsdauer.

Hobart

Im Süden der Insel liegt die Hauptstadt Hobart. Die 1803 als Sträflingskolonie gegründete und 1842 als Hauptstadt der Kolonie ausgerufene Stadt breitet sich im Mündungsbereich des Derwent Rivers aus. Über den breiten Fluss ist die markante Tasman Bridge gespannt. Sie verbindet die westlichen Vororte mit der Innenstadt. Der geschützte und tiefe Naturhafen, der in frühen Jahren von Walfängern genutzt wurde, ist für große Frachter ebenso wie für Weltumsegler und Hobbykapitäne eine wichtige Anlaufstation. Hobart ist das gefeierte Ziel der jedes Jahr am 26. Dezember startenden Regatta Sydney-Hobart.

Einen wunderbaren Blick auf die Stadt und ihre Umgebung bietet sich, 22 km westlich der Stadt, vom 1270 m hohen **Mt Wellington.**

Das Zentrum der Stadt liegt rund um die Bucht **Sullivans Cove.** Die Hauptstraße Macquarie Street mit ihren zahlreichen historischen Gebäuden, die Fußgängerzone Elizabeth Street sowie die Hafengegend lohnen einen ausgedehnten Stadtrundgang. Am lebhaften **Salamanca Place** wurden alte Lagerhäuser zu Galerien und Kunstmärkten umgebaut. Restaurants und Cafés säumen den Platz.

Infos

Tasmanian Travel & Information Centre, Ecke Davey/ Elizabeth Sts, Tel. 03-62308233, Mo–Fr 8.30–17 Uhr, Sa/So 9–16 Uhr.
RACT Autoclub, Ecke Murray/ Patrick St, Tel. 03-62326300.

Unterkunft und Camping

**** **Hotel Grand Chancellor,** 1 Davey St, Tel. 03-62354535; komfortables Hotel direkt am Hafen.
**** **Rydges Hobart,** Ecke Argyle/ Lewis Sts, Tel. 03-62311588; Mittelklassehotel im Kolonialstil, 2 km vom Zentrum entfernt.
**** **Corinda's Cottage B&B,** 17 Glebe St, Hobart, Tel. 03-62341590; stattlicher Herrensitz, der liebevoll renoviert wurde und mit schönen alten Möbeln ausgestattet ist.
** **Cromwell Cottage,** 6 Cromwell St, Battery Point, Tel. 03-62236734; gepflegtes B&B in denkmalgeschütztem Gebäude.
* **Adelphi Court YHA,** 17 Stoke St, New Town, Tel. 03-62284829; gut ausgestattete Jugendherberge.
Barilla Holiday Park CP, 75 Richmond Rd, Cambridge, Tel. 03-62485453; Big4 Campingplatz, 14 km östlich der Stadt.

Rundreise Tasmanien

Um die Natur in Ruhe erleben und genießen zu können, empfiehlt es sich, für eine Rundreise wenigstens 10 Tage auf der Insel einzuplanen, jeder weitere Tag ist ein Gewinn. Ein Kurztrip sollte wenigstens Hobart, Strahan und die Cradle Mountains beinhalten. Kompakte geführte Touren (mit deutschsprachiger Reiseleitung z.B. von *Naturally Tasmania Tours)* sind gleichfalls eine gute Idee.

Hafen von Hobart

Etappenvorschlag Rundfahrt Tasmanien

8 Tage

1. Tag: Ankunft in Hobart, Stadtbesichtigung oder Ausflug Port Arthur
2. Tag: Hobart – Coles Bay (Freycinet National Park)
3. Tag: Freycinet National Park
4. Tag: Coles Bay – Mount William National Park
5. Tag: Mount William National Park – Launceston
6. Tag: Launceston – Cradle Valley (Cradle Mountains)
7. Tag: Cradle Mountains
8. Tag: Cradle Mountains – Strahan
9. Tag: Strahan – Hobart
10. Tag: Abflug von Hobart

Von Hobart aus ist das erste Ziel das historische Dorf **Richmond** (26 km nordöstlich) mit dem sehenswerten alten Gefängnis, Teestuben und zahlreichen Souvenirshops.

Über den *Port Arthur Highway* gelangt man auf kurvenreicher Strecke zur ehemaligen Sträflingskolonie **Port Arthur** auf der Tasman Peninsula. Auf dem Gelände der Gefängnisanlage mit Zuchthaus, Werkstätten, Krankenhaus und Kirche,wurden zwischen 1830 und 1877 bis zu 12.000 Gefangene gehalten. Abends findet auf dem Gelände die schaurig-unterhaltsame „Ghost Tour" statt.

An der Ostküste zählt der **Freycinet National Park** zu den wahren Naturschönheiten der Insel. Mit paradiesischen Stränden und Buchten, wie zum Beispiel der **Wineglass Bay,** sowie ausgezeichneten Wandermöglichkeiten, lässt es sich problemlos ein bis zwei Tage im Park aushalten. Übernachten ist in der edlen *Freycinet Lodge* oder im Ferienort Coles Bay möglich.

Die ehemalige Walfangstation **Bicheno,** mit dem sicheren Waubs Boat Harbour, ist heute eine Ferienstadt mit mildem Klima, flachen Stränden und einem großen Angebot von Unterkünften. Nur wenige Kilometer nördlich liegt der **Douglas Apsley National Park** mit Felsschluchten, Wasserfällen, Eukalyptuswäldern und Wanderwegen. Der Bade- und Fischerort **St Helens,** an der George Bay, ist der größte und älteste Ort entlang der Ostküste. Rund um die Bucht befinden sich herrliche Strände und zahlreiche Campingplätze. Eine fantastische Küstenwanderung ist in **Bay of Fires** möglich (geführte Tour *Bay of Fires Walk:* www.bayoffires.com.au).

Auf Nebenstraßen, oder über das Dorf **Gladstone,** erreicht man den tierreichen **Mount William National Park** im äußersten Osten der Insel. Graue Forester-Känguruhs springen in Scharen durch den Park, aber auch Wallabies, Wombats und, mit etwas Glück, der scheue Beutelteufel (Tasmanian Devil) lassen sich blicken. Von Gladstone gelangt man in den kleinen Ferienort **Bridport** an der Nordküste (Anderson Bay). Von hier verkehren Schiffe nach **Flinders Island.**

Launceston, die zweitgrößte Stadt der Insel, wurde 1804 am Tamar River gegründet. Aus dieser Zeit stammen zahlreiche historische Gebäude, wie beispielsweise das Lagerhaus **Macquarie House** (Civic Square) oder der **Old Umbrella Shop** (60 George St). 15 Gehminuten außerhalb der City liegt die beeindruckende **Cataract Gorge.** Eine halbstündige Wanderung führt in die tiefe Felsschlucht (Bademöglichkeit). **Penny Royal World** ist ein bekannter Vergnügungspark in Launceston, in dem

Handwerk aus dem späten 18. Jahrhundert sowie eine historische Eisenbahn ausgestellt sind.

Auf dem Weg von Launceston nach Devonport ist ein Abstecher in den **Küstennationalpark Narawntapu** möglich – ein einfacher Campingplatz liegt am Bakers Beach.

Auf dem *Bass Highway* (Nr. 1) geht die Reise nach **Devonport.** In der überschaubaren Stadt, beiderseits des Mersey Rivers gelegen, beginnt für viele Tasmanienbesucher, die mit der Fähre vom Festland kommen, die Reise (▶ s. „Anreise“) auf der Insel. Sehenswert sind das Tiagarra Aboriginal-Kulturzentrum, das Maritime und Railway Museum.

Weiter westlich ist das Handels- und Geschäftszentrum **Burnie** erreicht. Die industriell geprägte Stadt erstreckt sich einige Kilometer entlang der Küste. Kurz nach Burnie zweigt der *Murchison Highway* nach Süden ab. Westlich liegt der mit schönen Stränden und Wanderpfaden versehene **Rocky Cape National Park.**

Das historische Städtchen **Stanley,** mit dem markanten Felsen **The Nut,** lohnt die Fahrt. Vom 150 m hohen Berggipfel (Sessellift vorhanden) bietet sich ein fantastischer Ausblick auf die Küste und das Landesinnere.

Der äußerste Nordwesten ist über **Smithton** erreichbar. Eine unbefestigte Stichstraße führt zum **Cape Grim,** wo die angeblich „sauberste Luft der Welt“ geatmet werden kann.

Über die teilweise noch unbefestigte Westküstenroute (C214, C249), die durch unbesiedelte Landstriche von **Marrawah** nach **Zeehan** führt, kann die Inselumrundung komplettiert werden.

Auf dem *Murchison Highway* gelangt man von Burnie in das Inselinnere, in den nördlichen Teil des **Cradle Mountain – Lake St Clair National Park.**

Cradle Valley heißt das Zentrum im Nordteil des Parks, wo man stilvoll in der *Cradle Mountain Lodge* oder günstig auf Campingplätzen übernachtet. Von hier aus führen herrliche Wanderwege in die Bergwelt Tasmaniens. Neben verschiedenen Tagestouren lockt der 80 km lange *Overland Track* engagierte Fernwanderer. Der höchste Berg der Insel, Mt Ossa (1617 m), kann im Zuge der Wandertour bestiegen werden. Der Weg endet im Süden des Nationalparks am Lake St Clair (Information: www.park.tas.gov.au). *Cradle Mountain Huts* veranstaltet geführte sechstägige Touren durch die Bergwelt.

Der *Murchison Highway* führt nach Süden in die historische Minenstadt **Zeehan.** Entlang der alten Eisenbahnlinie „West Coast Railway“ ist nach 50 km das hübsche Westküstenstädtchen **Strahan** erreicht. Eine Bootsausflug oder ein Rundflug über den **Macquarie Harbour** und in die Wildnisgebiete des **Gorden River** ist ein absolutes Muss.

Die Mondlandschaft rund um die Minenstadt **Queenstown** ist eine Folge der brutalen Abholzung und Luftverschmutzung durch den Betrieb der Kupferminen – ein krasser Gegensatz zur malerischen Küste.

Auf dem *Lyell Highway* wird der nahezu unerschlossene **Franklin Gordon Wild River National Park** durchquert. In der Ferne erkennt man den markanten Felsdom „Frenchman's Cap“ (1442 m).

In **Derwent Bridge** führt eine Stichstraße zum tiefblauen Gletschersee **Lake St Clair. Cynthia Bay** ist das südliche Zentrum des Nationalparks, zugleich Ausgangspunkt für zahlreiche ausgeschilderte Wandertouren und Endpunkt des *Overland-Track*.

Auf dem Weg nach Hobart passiert man den **Mount Field National Park.** Wanderwege führen zu Wasserfällen und auf ein Hochplateau mit Aussichten auf die Berge Mt Field West (1439 m) und Mt Field East (1270 m).

Einsame tasmanische Wildnis erwartet den Reisenden auf der Fahrt nach **Strathgordon.** Die Ortschaft zwischen den zwei riesigen Stauseen **Lake Gordon** und **Lake Pedder** ist beliebt bei Anglern und Wanderern. Der Fernwanderweg *Port Davey Track* durchquert auf 120 km den South West National Park, durch den keinerlei Straßen führen.

Über die historische Stadt **New Norfolk** ist Hobart auf dem Lyell Highway schnell erreicht. Ist noch Zeit, so lohnt der Besuch des fruchtbaren **Huon Valley,** südlich von Hobart. Der *Huon Highway* führt weiter zu den beeindruckenden Tropfsteinhöhlen **Hastings Caves.**

Eine Autofähre (Abfahrt in Kettering) überquert den D`Entrecasteaux Channel zur Insel **Bruny Island.** Die langgezogene, beinahe zweigeteilte Insel bietet schöne Strände, einen sehenswerten Leuchtturm und Pinguin-Kolonien.

Bruny Island

ANHANG

Anhang

Abkürzungen

4WD	4-Wheeldrive / allradangetriebenes Fahrzeug	**NT**	Northern Territory
ACT	Australian Capital Territory	**NP**	Nationalpark
Ave	Avenue	**Pde**	Parade
B&B	Bed & Breakfast-Unterkunft	**s.**	siehe
BYO	Bring Your Own	**s.S.**	siehe Seite
CBD	Central Business District	**SA**	South Australia
CP	Caravan Park	**St**	Street
Con Park	Conservation Park	**Sts**	Streets
Dve	Drive	**TAS**	Tasmania
ggf.	gegebenenfalls	**Tce**	Terrace
GPO	General Post Office	**u.v.m.**	und vieles mehr
H/R	Hin- und Rückfahrt/-weg	**Ü**	Übernachtung
Hwy	Highway	**VIC**	Victoria
NP	Nationalpark	**WA**	Western Australia
NSW	New South Wales	**YHA**	Youth Hostel der YHA-Association

Nützliche Internetseiten

Hier noch weitere Adressen, die unterwegs von Interesse sein können:

Allgemeine Reiseinformationen
Australisches Fremdenverkehrsbüro www.australia.com
Stadtpläne: www.arta.com.au, www.wilmap.com.au
Australien-Info Service: www.australien-info.de
Informationsportal für Camping und 4WD: www.exploreoz.com
Reiseplanung/Infos: www.walkabout.com.au, www.planbooktravel.com
Reiseplanung für Selbstfahrer in QLD: www.driveqld.com.au

Unterkünfte
Australian Farmhost & Farm Stays: www.australiafarmhost.com
Australian Bed & Breakfast Council: www.australianbedandbreakfast.com.au
Jugendherbergen: www.yha.com.au
Vip Backpackers: www.vipbackpackers.com
Nomads Accomodation (Backpacker): www.nomadsworld.com
Big4 Campingplätze: www.big4.com.au
Top Tourist Campingplätze: www.toptouristparks.com.au

Auskünfte
Telefonbuch www.whitepages.com.au
Branchenbuch: www.yellowpages.com.au
Städteinformationen: www.citysearch.com.au

Presse
Sydney Morning Herald www.smh.com.au
The Australian: www.news.com.au
Australian Geographic: www.australiangeographic.com.au

Sonstiges
Automobilclub Australien: www.aaa.asn.au; www.aaatourism.com.au
Restaurantführer: www.bestrestaurants.com.au
Eisenbahnen: www.railaustralia.com.au
Eisenbahnen (Ghan, Overlander, Indian Pacific): www.gsr.com.au
Überlandbusse: www.greyhound.com.au
Veranstaltungstickets: www.ticketmaster.com.au
Zollbestimmungen: www.customs.gov.au
Einreisebestimmungen: www.immi.gov.au
Australisches Film- und Tonarchiv: www.screensound.gov.au

Entfernungstabelle (Straßenkilometer, jeweils kürzeste Distanz)

	Adelaide	Alice Springs	Brisbane	Broken Hill	Broome	Cairns	Canberra	Cape York	Carnarvon	Darwin	Katherine	Melbourne	Mildura	Mount Isa	Perth	Rockhampton	Sydney	Townsville
Alice Springs	1540																	
Brisbane	2103	3111																
Broken Hill	505	1603	1598															
Broome	5170	2630	4712	4233														
Cairns	3545	2370	1703	3040	4020													
Canberra	1198	2638	1347	1120	5518	3050												
Cape York	4554	3379	2712	4049	5058	1009	4059											
Carnarvon	3675	4125	5397	3799	1495	5515	4377	6524										
Darwin	2947	1407	3489	3010	1865	2845	4295	3854	3360									
Katherine	2626	1086	3168	2689	1544	2524	3895	3533	3039	321								
Melbourne	741	2181	1702	858	5649	3116	670	4125	4564	3836	3373							
Mildura	392	1725	1656	293	5603	3070	978	4079	3999	3303	2917	166						
Mount Isa	2716	1176	1886	2385	2826	1194	2585	2203	4321	1651	1282	2716	2678					
Perth	2770	3535	4492	2894	2248	5905	3798	6914	905	4113	3792	3472	3016	4711				
Rockhampton	2447	2478	633	1942	4128	1070	1980	2079	6010	2905	2584	2046	2000	1302	6013			
Sydney	1394	2766	1019	1163	5502	2722	328	3731	5040	3967	3563	998	1023	2519	4057	1652		
Townsville	3205	2059	1363	2672	3709	340	2710	1349	5252	2534	2165	2776	2730	883	5594	730	2382	
Yulara	1573	437	3334	1636	3067	2807	2836	3816	4562	1844	1523	2214	1858	1613	3668	2915	2899	2496

Literaturhinweise

Deutschsprachige Literatur

Bachmann, Bill: Australiens Farben. Menschen, Bilder Landschaften – ein hervorragend gemachter Bildband.

Blotz, Herbert: Märchen der australischen Ureinwohner. In das Deutsche übersetzte Aboriginal-Märchen – gute Einführung in die Mythologie der Ureinwohner.

Bryson, Bill: Frühstück mit Kängurus. Hervorragend geschriebener Reisebericht des bekannten Autors über die Eigenheiten und das Land Australien. Ein Muss für jeden Touristen.

Burns, Jenna: Australische Strandhäuser. Bildband über die schönen Strandhäuser – nicht nur für Architekten sehenswert.

Cerny, Christina: Heilgeheimnisse der Aboriginals. Beschreibung der Naturheilpflanzen und Heilmethoden der Aboriginal People.

Chatwin, Bruce: Traumpfade. Chatwin folgt den mystischen Traumpfaden der Ureinwohner – erfolgreiches literarisches Werk.

Craan, Robert: Geheimnisvolle Kultur der Traumzeit. Kenntnisreicher Einblick in die Kultur und die spirituellen Wurzeln der australischen Ureinwohner.

Davidson, Robyn: Spuren. Eine Frau zieht mit Kamelen allein durch die Wüste – leidenschaftliche Erzählung.

Dornseif, Andrea: Kopfüber. Ein anderer Reiseführer: In 30 Skizzen beschreibt die Autorin ihre Begegnungen mit Menschen und deren Umwelt.

Fehling, Lutz: Australien Natur-Reiseführer. Das handliche Buch sollte im Reisegepäck nicht fehlen. Detaillierte Beschreibung von Pflanzen und Tieren mit Bildern.

Haviland, John: Rückkehr zu den Ahnen. Geschichte des letzten Überlebenden eines Aboriginal-Clans, der von Weißen ausgelöscht wurde. Aus Erinnerungen

und Gesprächen entsteht ein Bild der faszinierenden Welt der Ureinwohner.
Heermann, Inge: Gemaltes Land. Beschreibung der Kunst der Arnhemland-Aboriginals, ihrer sozialen und kulturellen Bezugspunkte und Kunststile. Das Buch ermöglicht einen Einblick in die komplexe Bildwelt der Künstler.
Lambert, Johanna: Weise Frauen aus der Traumzeit. Lehrreiche Traumzeitgeschichten, nicht nur für und über Frauen, sondern über das allgemeine Leben im Einklang mit der Natur.
McKinley, Tamara: Mathildas letzter Walzer. Familienepos in der Tradition der Dornenvögel. Von der Autorin stammen noch weitere Romane, u.a. Der Duft des Jacaranda.
Pilkington, Doris: Long Walk Home (engl. Rabbit Prove Fence). Erschütternder und mutiger Bericht über die „Stolen Generation", das staatlich verordnete Kidnapping junger Aboriginal-Kinder, das bis in die 1970er Jahr andauerte. Das Buch wurde erfolgreich verfilmt.
Shaw, Patricia: Die Große Australien Saga. Spannende Romane über Pioniere und Abenteurer, u.a. „Südland", „Sonnenfeuer", „Weites Wildes Land", „Heiße Erde"
Upfield, Arthur: Der Schwarze Brunnen, Wer war der zweite Mann? u.a. Upfields Krimis sind spannende Reiseliteratur, die u.a. in der Kimberley-Region Westaustraliens spielen. Auch in englischer Sprache recht gut zu lesen.

Englischsprachige Literatur

Beadell, Len: Too Long in the Bush u.a. Geschichten des letzten Erforschers und berühmten Straßenbauers Len Beadell.
Chapman, John: Bushwalking in Australia, Lonely Planet. Detaillierte Beschreibung der australischen Fernwanderwege.
Cook, James: The Explorations of Captain James Cook in the Pacific. Die Tagebücher Cooks auf seinen Pazifikreisen.
Cronin, Leonhard: Key Guide to Australian Wildflowers. Führer durch die Wildblumenwiesen Australiens.
Henderson, Sara: From Strength to Strength. Autobiographie einer australischen Farmerin.
MacDonald, J.D.: Birds Of Australia. Umfassender ornithologischer Führer.
Mayer, Wolf: Australia's Rocks, Minerals and Gemstones. Geologischer Führer über Felsen, Mineralien und Edelsteine.
Molony, John: History of Australia, Penguin Books. 200 Jahre australische Geschichte – kompakt zusammengefaßt.
Moon, Ron: Outback Australia, Lonely Planet. Umfangreicher Spezialreiseführer für alle Outbackrouten und -pisten des Landes.
Neidjie, Bill: Australia's Kakadu Man. Ltd. Aboriginal-Texte, Geschichten und Fotos.
Nicholson, Margaret: Little Aussie Fact Book. Jährlich neu erscheinendes Faktenbuch über Australien: Politik, Wirtschaft, Geschichte, Kunst, Kultur, Sport, Prominente und mehr in Kurzform.
Watson, Don: The Story of Australia. Illustrierte Geschichte des Landes – leicht verständliches Jugendbuch.

Fotos

alle von Veronika Pavel, außer:

- Titelbild: Flinders Ranges, South Australia Tourist Commission
- Helmut Hermann: S. 95, 132, 135, 313, 331
- Wilhelm Banzhaf: S. 332
- Fremdenverkehrsämter von New South Wales, Queensland, Victoria, South Australia, Four Wheel Drive Hire Service

Stichwortverzeichnis

A

B